Aufholen nach Corona?

Die Deutsche Schule

Zeitschrift für Erziehungswissenschaft, Bildungspolitik und pädagogische Praxis

Herausgegeben von der Gewerkschaft
Erziehung und Wissenschaft

19. Beiheft

Marcel Helbig, Benjamin Edelstein,
Detlef Fickermann und Carolin Zink

Aufholen nach Corona?

Maßnahmen der Länder im Kontext des
Aktionsprogramms von Bund und Ländern

Mit einem Beitrag von Armin Himmelrath

Waxmann 2022
Münster · New York

Die Open-Access-Publikation wurde gefördert durch den Publikationsfonds für Open-Access-Monografien der Leibniz-Gemeinschaft und durch einen Publikationszuschuss vom Wissenschaftszentrum Berlin für Sozialforschung.

WZB

Wissenschaftszentrum Berlin
für Sozialforschung

Bibliografische Informationen der Deutschen Nationalbibliothek
Die Deutsche Nationalbibliothek verzeichnet diese Publikation in der Deutschen Nationalbibliografie; detaillierte bibliografische Daten sind im Internet über http://dnb.dnb.de abrufbar.

Print-ISBN   978-3-8309-4603-8
E-Book-ISBN   978-3-8309-9603-3
https://doi.org/10.31244/9783830996033 (Open Access)

© Waxmann Verlag GmbH, 2022
Steinfurter Straße 555, 48159 Münster

www.waxmann.com
info@waxmann.com

Umschlaggestaltung: Anne Breitenbach, Münster
Satz: Roger Stoddart, Münster
Druck: CPI books GmbH, Leck

Gedruckt auf alterungsbeständigem Papier,
säurefrei gemäß ISO 9706

DDS – Die Deutsche Schule
Zeitschrift für Erziehungswissenschaft,
Bildungspolitik und pädagogische Praxis
Beiheft 19, 2022
https://doi.org/10.31244/9783830996033

INHALT

Armin Himmelrath
Schulische Aufholprogramme nach Corona –
finanzielle Rahmenbedingungen im internationalen Vergleich 335

Executive Summary

In dieser Studie haben wir die Konzeption und Umsetzung des Aktionsprogramms *Aufholen nach Corona* untersucht, mit dem Bund und Länder, in einer gemeinsamen Anstrengung, die pandemiebedingten Lernrückstände von Schüler*innen in Deutschland mildern wollten. Zur Aufarbeitung der Programme, die in den 16 Ländern aufgelegt wurden, haben wir umfassende Dokumentenanalysen sowie Interviews mit Vertreter*innen aller Landesverbände der Gewerkschaft Erziehung und Wissenschaft (GEW) durchgeführt.

Dafür, dass während der Corona-Schuljahre zusätzliche Lernlücken entstanden sind, und dies gerade bei Kindern und Jugendlichen aus sozial benachteiligten Familien und mit Migrationshintergrund, gibt es mittlerweile eindeutige empirische Belege. Inwieweit es aber mit den Aufholprogrammen gelungen ist, diese zu verringern, bleibt eine offene Frage.

Klar ist: Im Zuge der Aufholprogramme der Länder wurden viele Fachkräfte mit unterschiedlichsten Profilen an Schulen neu eingestellt. Es wurden Kooperationen aufgebaut oder vertieft und neue pädagogische Angebote geschaffen, so dass vielerorts auch längerfristige Impulse für die Schulentwicklung zu erwarten sind. Ferner gibt es Hinweise darauf, dass die Aktivitäten rund um die Pandemie und das Aktionsprogramm zu einer stärkeren Kommunikation und Kooperation der Länder untereinander beigetragen haben. Daher steht zu hoffen, dass die Länder voneinander lernen und Ansätze einzelner Aufholprogramme, die sich als erfolgreich erwiesen haben, mittelfristig auch in anderen Ländern Verbreitung finden.

Betrachtet man jedoch die Ziele, die sich Bund und Länder mit dem Aufholprogramm gesteckt haben und vergegenwärtigt sich die Hinweise, die die Ständige Wissenschaftliche Kommission der Kultusminister*innenkonferenz den Ländern gegeben hat, so ist festzuhalten, dass diese in den Landesprogrammen kaum erreicht bzw. beachtet wurden.

Zwar wurde in vielen Ländern angekündigt, Unterstützungsangebote besonders in den *Kernfächern* vorzuhalten, doch bleibt für die Mehrzahl der Länder fraglich, inwieweit dies tatsächlich bisher gelang. Auch die geplante Konzentration auf Klassenstufen, in denen *Schulwegeentscheidungen* anstehen, erfolgte nur vereinzelt.

Ein wichtiges Ziel, um die Mittel der Aufholprogramme effizient einsetzen zu können, war ihre Fokussierung auf die am *stärksten betroffenen Gruppen*. Während in einigen Ländern versucht wurde, Mittel auf Grundlage von Lernstanderhebungen (Bremen, Brandenburg), Sozialindizes (Berlin, Bremen, Hamburg, Hessen, Saarland und mit Einschränkungen Nordrhein-Westfalen) oder weiterer Schulmerkmalen (Sachsen-Anhalt, Rheinland-Pfalz) an die Schulen zu verteilen, erfolgte die Zuteilung der Mittel in den übrigen Ländern weitgehend nach dem „Gießkannenprinzip". Dadurch erhielten vergleichsweise privilegierte Schulen wie etwa Gymnasien oder Privatschulen Mittel in demselben Umfang wie sozial belastete Schulen. Darüber hinaus gibt es Hinweise, dass außerschulische Maßnahmen (wie z. B. private Nachhilfe oder freiwillige Ferienkurse), die in vielen Landesprogrammen ein starkes Gewicht haben, gerade benachteiligte und besonders förderbedürftige Schüler*innen nicht im angestrebten Umfang erreichen.

Die systematische Erfassung von Lernrückständen, die einen zentralen Aspekt des Bund-Länder-Programms bilden sollte, wurde weit überwiegend so umgesetzt, dass Lehrkräfte in eigener Verantwortung Lernstandsdiagnosen durchführen sollten, um besonders betroffene Schüler*innen zu identifizieren und sie passenden Fördermaßnahmen zuzuführen. Da Lernstandserhebungen damit jedoch fast ausschließlich dezentral und häufig in nicht standardisierter Form durchgeführt wurden und man die gewonnen Daten auch nicht systematisch zusammenführte, ist eine Wirkungsanalyse der Aufholprogramme kaum möglich. Auch die bestehenden Angebote und deren Nutzung durch die Schüler*innen sind größtenteils unzureichend dokumentiert oder bisher nicht veröffentlicht worden. Dies gilt etwa für die inhaltlichen Schwerpunkte der Maßnahmen, ihren zeitlichen Umfang, ihre regionale Verteilung und vieles andere, was für eine Evaluation der Programme relevant gewesen wäre.

Die wichtigste Herausforderung bei der Umsetzung der Aufholprogramme ist der Mangel an pädagogischem Personal. Bereits in der Planung bewirkte dieser, dass einige Länder die Mittel überwiegend für außerschulische Maßnahmen einsetzen (z. B. klassische Nachhilfe oder von Honorarkräften durchgeführte Kursangebote), was die Abstimmung der Förderung mit den Lehrkräften in der Schule erschwert. Auch konnte (fast) kein Land seine selbst gesteckten Personalziele erreichen, sei es gemessen an den (befristeten) Einstellungen oder an der Zahl der durchgeführten Förderangebote. Auch die zeitliche Umsetzung der Aufholprogramme wurde durch den Personalmangel verzögert, da nach den Erhebungen der Lernstände zum Schuljahresbeginn oftmals entsprechende Förderangebote noch nicht existierten.

Schulsysteme sind schwer veränderlich, weshalb sich die Implementation neuer schulorganisatorischer und pädagogischer Elemente, wie sie sich in den Aufholprogrammen finden, nicht kurzfristig realisieren lässt. Individuelle Förderung zum Abbau von Lernrückständen gelingt daher am ehesten dort, wo bereits Strukturen bestehen, in die sich entsprechende Maßnahmen einfügen lassen. Hier ist gerade Hamburg mit der im Schulgesetz verankerten Lernförderung und den ausgebauten Ganztagsschulstrukturen ein sehr gutes Beispiel. Vielerorts aber werden die neuen Förderinfrastrukturen mit dem Ende des Aufholprogramms nicht nachhaltig etabliert sein und daher womöglich auch schnell wieder eingestellt werden.

Vorwort

Nachdem wir uns in den vergangenen beiden Jahren bereits ausführlich mit verschiedenen Facetten des Themas „Schule und Corona" beschäftigt hatten (Fickermann, 2021; Fickermann & Edelstein, 2020, 2021; Fickermann et al., 2021; Fickermann & Hoffmann, 2021; Helbig, 2021a, b, c), war es uns ein großes wissenschaftliches Anliegen, zu untersuchen, wie das von Bund und Ländern vereinbarte Aktionsprogramm *Aufholen nach Corona* konzipiert und umgesetzt worden ist bzw. noch umgesetzt wird. Unser wissenschaftliches Interesse traf sich dabei mit den Interessen politischer Akteure. Der Fraktion DIE LINKE im Thüringer Landtag war es im Sommer 2021 ein politisches Anliegen, mehr darüber zu erfahren, wie die Bundesländer die Lernrückstände der Schüler*innen infolge der „Corona-Schuljahre" 2019/2020 und 2020/2021 beheben wollten. Im gemeinsamen Gespräch konnten wir aus unseren wechselseitigen Interessen ein Forschungsvorhaben konzipieren, dessen Umsetzung zunächst von September 2021 bis Januar 2022 von der Fraktion DIE LINKE im Thüringer Landtag finanziell unterstützt worden ist.

In unserem Forschungsvorhaben sollte es nicht nur darum gehen, wie die Bundesländer mit den coronabedingten Herausforderungen im Schulbereich umgehen wollten, sondern auch darum, Beweggründe und Begründungsmuster zu identifizieren, die sich in der Konzeption der Länderprogramme zum Aufholen von coronabedingten Lernrückständen wiederfinden. Diese wollten wir in erster Linie mittels Expert*inneninterviews mit den Staatssekretär*innen bzw. Staatsrät*innen der sechzehn für den Schulbereich zuständigen Ministerien bzw. Behörden erheben. Diese Aspekte waren uns auch deshalb wichtig, weil sie im heutigen Politikbetrieb kaum thematisiert werden. Politische Zielkonflikte werden selten öffentlich dargestellt und es werden zumeist ausschließlich „Lösungen" für „politische Herausforderungen" präsentiert. Dass es beim Aufholen von Lernrückständen nach und mit Corona keine einfachen Lösungen geben kann, haben wir bereits an anderer Stelle dargelegt (Helbig, 2021c).

Am 16.09.2021 wandten wir uns mit unserer Bitte um Termine für entsprechende Expert*inneninterviews an die Amtschef*innen der für Schulen zuständigen Ministerien bzw. Behörden. Nach längeren Diskussionen beschlossen die Amtschef*innen dann in ihrer Konferenz am 20.01.2022, dass sie für die von uns gewünschten Interviews nicht zur Verfügung stehen (zu Einzelheiten der Diskussion mit den Amtschef*innen und dem Sekretariat der KMK vgl. Kap. 5).

Ohne Gesprächspartner*innen, die mit den jeweiligen Landesaufholprogrammen vertieft befasst sind, und ohne eine Anschlussfinanzierung, die durch die sehr späte Absage der Amtschef*innen nötig wurde, hätten wir unsere Untersuchungsziele kaum erreichen können. Die Anschlussfinanzierung von Februar bis Mai 2022 wurde dankenswerterweise von der Max-Träger-Stiftung übernommen. Gleichzeitig standen uns kompetente Vertreter*innen aus den Landesverbänden der Gewerkschaft Erziehung und Wissenschaft (GEW) für Expert*inneninterviews zur Verfügung.

Die vorliegende Untersuchung ist das Ergebnis einer Kooperation von Politik (Fraktion DIE LINKE im Thüringer Landtag), Gewerkschaft (GEW) und Wissenschaft (WZB). Die wissenschaftliche Konzeption und Durchführung lagen dabei allein bei uns.

Der Waxmann Verlag hat unsere Idee eines vierten Beiheftes zum Thema „Schule und Corona" wiederum engagiert aufgegriffen und unterstützt. Ohne dieses Engagement und die außerordentliche Flexibilität in den Abläufen wäre es auch diesmal wieder kaum möglich gewesen, das Beiheft in vergleichsweise kurzer Zeit nach Abschluss unserer Untersuchungen erscheinen zu lassen.

Dem Monografienfonds der Leibniz-Gemeinschaft und dem Wissenschaftszentrum Berlin für Sozialforschung (WZB) danken wir für die finanzielle Förderung der Publikation.

Unser besonderer Dank gilt erneut Frau Dr. Monika Palowski-Göpfert für ihr außerordentliches Engagement bei der Herstellung der Druckfassung und für ihr wie immer sehr gründliches Endlektorat unserer Texte.

Marcel Helbig, Benjamin Edelstein, Detlef Fickermann & Carolin Zink

1 Einleitung

In den Schuljahren 2019/2020 und 2020/2021 sind in deutschen Schulen viele Unterrichtsstunden in Präsenz ausgefallen. Die Organization for Economic Cooperation and Development (OECD) weist aus, dass die Grundschulen an insgesamt 64 Tagen und die Schulen der Sekundarstufe I an 85 Tagen vollständig geschlossen waren. Zwischen März 2020 und Mai 2021 öffneten die deutschen Bildungseinrichtungen an weiteren 103 Tagen nur teilweise, etwa für Wechsel- oder Hybridunterricht (OECD, 2021). Auch wenn Deutschland und andere Länder in der Pandemie zu einer Digitalisierung des Schulbetriebs im Eiltempo gezwungen wurden und der Distanzunterricht im Verlauf der Pandemie in vielen Schulen und Klassen besser wurde, gibt es wohl niemanden, der behaupten würde, dass die deutschen Schüler*innen im Distanzunterricht im Allgemeinen genauso gut und genauso viel lernen würden wie im Präsenzunterricht. Hinzu kommt, dass sowohl die Dauer der Schulschließungen als auch die Begleitumstände des Distanzunterrichts sich enorm unterscheiden. Wie der Distanzunterricht erlebt wurde, wie effektiv er war und welche psychosozialen, mit den Schulschließungen zusammenhängenden Folgen entstanden, unterscheidet sich nach der sozialen Lage der Familie, der Familiensprache im Haushalt, der Region, der Klassenstufe und der Umsetzung des Distanzunterrichts durch die jeweilige Lehrkraft (vgl. Helbig, 2021c).

In ihrer Sitzung am 8. Februar 2021 setzten sich die Kultusminister*innen u. a. mit coronabedingten Lernrückständen der Schüler*innen auseinander und beschlossen gezielte Fördermaßnahmen insbesondere für benachteiligte Schüler*innen. Durch den ausgefallenen Präsenzunterricht und den Distanzunterricht entstandene Lernrückstände sollten in Form von Differenzierung, Intensivierung und etwaigen bedarfsgerechten zusätzlichen Angeboten in den Jahren 2021 und 2022 ausgeglichen werden. In diesem Zusammenhang begrüßten die Kultusminister*innen die Bereitschaft des Bundes, sich an einem gemeinsamen Förderprogramm zu beteiligen (KMK, 2021b). In der Folge entstand das Aktionsprogramm *Aufholen nach Corona*, das zusätzliche Mittel für das Aufholen von Lernrückständen und für die Bewältigung von psychosozialen Folgen für die Schüler*innen bereitstellte. Für die Umsetzung des Programms gibt es allerdings nur wenige Vorgaben für die Länder. Zudem waren einige Bundesländer auch schon vor dem Aufholprogramm aktiv geworden, um die Folgen der „Corona-Schuljahre" abzufedern.

Ähnlich wie bei den Regelungen zu lokalen Infektionsrichtlinien ist es schwierig, einen Überblick darüber zu gewinnen, welche Maßnahmen in welchen Bundesländern mit welchen Zielen umgesetzt werden. Im vorliegenden Projekt haben wir versucht, dieser Frage nachzugehen. Wir wollten wissen, wie in den Bundesländern die Corona-Folgen für die Kinder eingeschätzt wurden – sowohl im Hinblick auf Lernrückstände als auch im Hinblick auf die psychosozialen Folgen durch die Schulschließungen. Wir wollten wissen, welche Maßnahmen für welche Zielgruppen in den Bundesländern entwickelt wurden und wie diese umgesetzt werden bzw. noch umgesetzt werden sollen. Darüber hinaus wollten wir wissen, wie die zur Verfügung stehenden Mittel effektiv verteilt werden bzw. verteilt werden sollen und wie das erforderliche Personal für die Unterstützungsmaßnahmen rekrutiert wird. Grundlegend geht es uns darum, die Wege zu beschreiben, die die Bundesländer im Zusammenhang mit dem Programm *Aufholen nach Corona* eingeschlagen haben, und einige allgemeine Schlüsse aus der Umsetzung des Aktionsprogramms für die Konzeption ähnlicher Bund-Länder-Programme zu ziehen.

Zu den einzelnen Kapiteln:

Im folgenden zweiten Kapitel fassen wir kurz die Entstehungsgeschichte des Aktionsprogramms zusammen, beschreiben die verschiedenen Bestandteile des Programms und die zwischen Bund und Ländern vereinbarten Ziele für den Schulbereich. Zudem weisen wir die Höhe der den einzelnen Ländern für den Schulbereich zur Verfügung stehenden Mittel und die Höhe der Mittel, die für eine einzelne Schülerin bzw. einen einzelnen Schüler zu Verfügung stehen, aus.

In einem Exkurs setzen wir uns dann mit der Frage auseinander, was wir zum Zeitpunkt des Abschlusses der Bund-Länder-Vereinbarung über coronabedingte Lernlücken wussten, was wir jetzt darüber wissen und, vor allem, was wir immer noch nicht wissen.

Im dritten Kapitel diskutieren wir konzeptionelle Herausforderungen beim Schließen von Lernlücken und legen dar, dass es in Bezug auf die Frage, wie Lernrückstände aufgeholt werden können, keine einfachen Antworten gibt. Auftretende Unwägbarkeiten und Zielkonflikte bei dem Versuch, coronabedingte Lernrückstände zu schließen, werden benannt.

Unsere Forschungsleitenden Fragen beschreiben wir im anschließenden vierten Kapitel. Darauf folgt die Beschreibung unseres methodischen Vorgehens (Kap. 5).

Das sechste und umfangreichste Kapitel umfasst die sechzehn von uns erstellten Länderberichte mit Ausführungen darüber, welche Maßnahmen wie in den Ländern geplant und umgesetzt worden sind, ob und wann zentrale Lernstandserhebungen stattgefunden haben und wie deren Ergebnisse in die Programmplanung eingeflossen sind, und schließlich, wie und wofür die Mittel des Bund-Länder-Programms eingesetzt wurden bzw. noch eingesetzt werden sollen. Dabei gleichen wir unsere Recherchen mit dem von den Ländern vereinbarungsgemäß zum 31.03.2022 vorgelegten Zwischenbericht zu den von ihnen eingeleiteten und noch geplanten Maßnahmen ab (KMK, 2022d, e).

Bei unseren Auswertungen der Ländermaßnahmen ist für uns deutlich geworden, dass die Länder bei der Planung und Umsetzung eines solchen Bund-Länder-Programms vor einigen grundlegenden Herausforderungen stehen. Hierauf und wie die Länder mit den im dritten Kapitel aufgezeigten Zielkonflikten umgehen sowie auf weitere offene Fragen gehen wir im siebten Kapitel länderübergreifend ein.

Aus unseren vergleichenden und übergreifenden Auswertungen leiten wir im abschließenden achten Kapitel einige allgemeine Schlussfolgerungen für die Planung und Umsetzung von Bund-Länder-Programmen im Schulbereich ab.

Auf ein umfangreiches Literatur- und Quellenverzeichnis (neuntes Kapitel) folgt ein zusätzlich aufgenommener Beitrag von Armin Himmelrath, der sich international vergleichend den finanziellen Rahmenbedingungen für schulische Aufholprogramme widmet. Dieser Abschnitt ist während des Aufenthalts von Armin Himmelrath am WZB im Rahmen des sogenannten „Journalist in Residence"-Programms entstanden.

2 Entstehung und Grundzüge des Bund-Länder-Programms *Aufholen nach Corona*

Zu Beginn des Jahres 2021 wurde in der Öffentlichkeit und im politischen Raum zunehmend diskutiert, dass die Schüler*innen aufgrund der pandemiebedingten Schulschließungen und des stattdessen angebotenen Distanzunterrichts im Vergleich zu früheren Schüler*innenjahrgängen vermutlich weniger gelernt hätten bzw. lernen würden und infolgedessen Lernlücken aufweisen würden. Ein besonderer Fokus der Diskussion lag dabei auf sozioökonomisch benachteiligten Schüler*innen. Geschätzt wurde, dass ca. 20 bis 25 Prozent der Schüler*innen Lernlücken aufweisen würden (zur vermutlichen Herkunft der Schätzung vgl. Kap. 3.7).

Die Kultusminister*innen griffen die Diskussion auf und beschlossen, die coronabedingten Lernrückstände der Schüler*innen mit gezielten Fördermaßnahmen insbesondere für benachteiligte Schüler*innen möglichst abzubauen. Zwischenzeitlich hatte sich auch die amtierende Bundesbildungsministerin zum Thema Lernrückstände geäußert und die Bereitschaft des Bundes signalisiert, sich an einem gemeinsamen Förderprogramm zu beteiligen, was von der Kultusminister*innenkonferenz begrüßt wurde (KMK, 2021b).

In den anschließenden Verhandlungen zwischen Bund und Ländern waren die von der Bundesbildungsministerin geforderten Lernstandserhebungen als Grundlage für Fördermaßnahmen sehr lange umstritten. Nach Abschluss der Verhandlungen beschloss das Bundeskabinett am 05.05.2021 Eckpunkte für das Aktionsprogramm *Aufholen nach Corona* (Bundesregierung, 2021). Die zuvor geforderten verpflichtenden Lernstandserhebungen waren nicht mehr enthalten.

Da die Schüler*innen nicht nur Lernrückstände aufweisen würden, sondern auch im Alltag auf viele Dinge, wie Kontakte mit Gleichaltrigen, Sport und Bewegung, Spielen und Austausch in der Gruppe, Kultur und Reisen, auch als Familie, hätten verzichten müssen, sahen die Eckpunkte der Bundesregierung eine Milliarde Euro zum Abbau von Lernrückständen und eine Milliarde Euro zur Förderung frühkindlicher Bildung, für Freizeit-, Ferien- und Sportaktivitäten sowie für die Begleitung von Kindern und Jugendlichen im Alltag und in der Schule vor (ebd.).

Unmittelbar vor der Sommerpause und dem Ende der Legislaturperiode beschloss der Bundestag das Aktionsprogramm im Rahmen des Gesetzes zur erleichterten Umsetzung der Reform der Grundsteuer und Änderung weiterer steuerrechtlicher Vorschriften (Grundsteuerreform-Umsetzungsgesetz – GrStRefUG) und stimmte damit der Finanzierung des Aufholprogramms über eine Änderung der Aufteilung der Umsatzsteuer zwischen Bund und Ländern zu (Bundestag, 2021b, S. 30131 f.).[1] Am 25.06.2021 stimmte dann auch der Bundesrat zu (Bundesrat, 2021a; 2021b, S. 334).

---

1 Zu weiteren Einzelheiten der Entstehungsgeschichte des Aktionsprogramms und zum Gesetzgebungsverfahren vgl. Fickermann et al. (2021, S. 19 ff.).

Die beschlossene Regelung des Aktionsprogramms sieht einen vertikalen Finanzausgleich zwischen Bund und Ländern vor. Abbildung 1 zeigt, welche Mittel für welche Zwecke vorgesehen sind.

Abb. 1: Maßnahmen des Aktionsprogramms *Aufholen nach Corona*

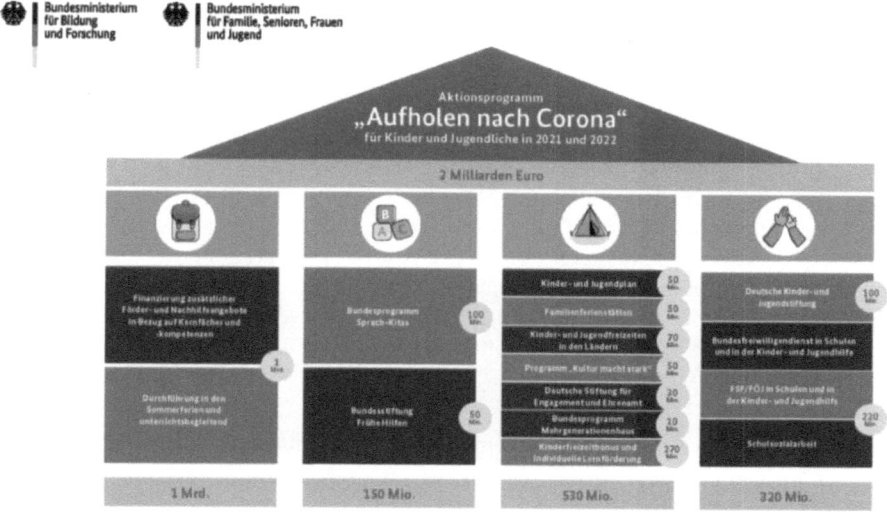

Quelle: BMBF & BMFSFJ, 2021, S. 9.

Grundlage für die Bereitstellung der Mittel ist die „Vereinbarung zur Umsetzung des ‚Aktionsprogramms Aufholen nach Corona für Kinder und Jugendliche‘ für die Jahre 2021 und 2022 von Bund und Ländern" (BMBF, 2021). Um die Maßnahmen der Länder besser einordnen zu können (vgl. Kap. 6), zitieren wir die Vereinbarung in ihren wesentlichen Punkten etwas ausführlicher. In der Vereinbarung sind folgende Ziele formuliert:

> „Ziel der Initiative ist einerseits die individuelle/zielorientierte Unterstützung aller Schülerinnen und Schüler, bei der Bewältigung pandemiebedingter Lernrückstände in Kernfächern auf der Basis festgestellter Lernrückstände sowie die Förderung von Kernkompetenzen. Schwerpunkte sollten insbesondere in Klassenstufen gesetzt werden, in denen Schulwegentscheidungen bevorstehen und die Maßnahmen daher besonders schnell und nachhaltig wirken müssen. Dies betrifft etwa die Klassenstufe 4 bzw. Klassenstufe 6 der Grundschule, die Klassenstufen 9 und 10 sowie die auf das Abitur vorbereitenden Jahrgangsstufen. Die Initiative soll trägerneutral und schulformunabhängig umgesetzt werden. Die Maßnahmen gelten für den allgemeinbildenden und berufsbildenden Bereich.
>
> Kinder und Jugendliche haben in dieser Zeit nicht nur etliche Schulstunden verpasst und Lernstoff versäumt, sondern sie waren anderseits in

vielen Lebensbereichen von erheblichen Kontaktbeschränkungen betroffen: Kontakte mit Gleichaltrigen, Sport und Bewegung, Spielen und Austausch in der Gruppe, Kultur und Reisen oder das Zusammensein in der erweiterten Familie waren während des Pandemieverlaufs über lange Phasen hinweg nur in eingeschränktem Umfang möglich. Kinder und Jugendliche haben während der Pandemie zwar auch neue Erfahrungen gemacht und Kompetenzen erworben, Perspektiven und Zukunftsvorstellungen gerieten jedoch bei vielen ins Wanken, die Stimmung zu Hause war teils angespannt.

Um diese abfedern zu können und um die Grundlagen für eine kognitive Kompetenzentwicklung zu legen, soll daher auch die soziale Kompetenzentwicklung gefördert werden. Es gilt zu verhindern, dass diese Zeit lange nachwirkt und bestehende Ungleichheiten manifestiert werden. Kinder und Jugendliche brauchen zudem Gelegenheiten zum sozialen Lernen und Erholungsangebote, um wieder Kraft tanken zu können. Hierzu sollen Maßnahmen der Schulsozialarbeit, außerschulische Jugendarbeit und Angebote der Kinder- und Jugendhilfe vor Ort verstärkt sowie günstige Ferien- und Wochenendfreizeiten beziehungsweise Jugendbegegnungen ermöglicht werden" (ebd., S. 2).

Bund und Länder haben sich in der Vereinbarung auf folgende Maßnahmen zur Erreichung ihrer Ziele verständigt, wobei die operative Durchführung den Ländern obliegt:

„1. Abbau von Lernrückständen
Analysen zum Lernstand: Die Lehrkräfte vor Ort können ihre Schülerinnen und Schüler am besten einschätzen und mögliche Lernrückstände in den Blick nehmen. Sie werden dabei mit geeigneten Testmaterialien und Diagnoseinstrumenten unterstützt, die die Länder gemeinsam zur Verfügung stellen. Sie sollten soweit wie möglich für Lernstandsermittlungen eingesetzt und gezielt für die Ermittlung der Förderbedarfe und sozialen Unterstützungsbedarfe genutzt werden.

Förderangebote: Basierend auf der Analyse […] werden verbindlich Förderangebote – soweit nicht bereits erfolgt – entwickelt und durchgeführt: Das betrifft sowohl unterrichtsergänzende Fördermaßnahmen (einschließlich sog. „Drehtürmodelle") wie auch Zusatzangebote in den Ferien. Die Angebote richten sich sowohl an einzelne Schülerinnen und Schüler als auch an Kleingruppen. Das Land wird den Lehrerinnen und Lehrern hierzu geeignete Unterstützungsmaßnahmen wie Tests, Materialien und Fortbildungen zur Verfügung stellen. Um die notwendigen Personalkapazitäten für die Förderangebote zu akquirieren, soll eine Zusammenarbeit insbesondere mit Stiftungen, Vereinen (z. B. Migrantenorganisationen), Initiativen (z. B. „Teach First"), Volkshochschulen, kommerziellen Nachhilfeanbietern und kommunalen sowie freien Trägern erfolgen. Die Länder haben zudem die Möglichkeit, pensionierte Lehrkräfte, Lehramtsstudierende, sozialpädagogische Fachkräfte sowie sonstige Honorarkräfte einzusetzen.

2. Kinder und Jugendliche mit Freiwilligendienstleistenden und zusätzlicher Sozialarbeit an Schulen unterstützen und fördern
An Schulen sollen im Rahmen des Zeitraums des Aktionsprogramms mehr Angebote der Schulsozialarbeit bereitgestellt werden, um Kinder und Jugendliche bei der Bewältigung von Belastungen durch die Corona-Pandemie und beim Wiedereinstieg in den schulischen Präsenzbetrieb zu unterstützen.

Zudem sollen Freiwilligendienstleistende Kinder und Jugendliche gezielt in Schulen und Einrichtungen der Kinder- und Jugendhilfe unterstützen. Die Länder werden zur Umsetzung dieser Ziele mit den zusätzlichen Mitteln die für [sic] die Sozialarbeit an den Schulen ausweiten und zudem in den Freiwilligendiensten, Freiwilliges Soziales Jahr (FSJ) und Freiwilliges Ökologisches Jahr (FÖJ) mehr Möglichkeiten für Freiwillige schaffen, die sich in Schulen und Einrichtungen der Kinder- und Jugendhilfe engagieren wollen.

3. Kinder- und Jugendfreizeiten, außerschulische Jugendarbeit und Angebote der Kinder- und Jugendhilfe
Kinder und Jugendliche sind von den coronabedingten Einschränkungen besonders betroffen, denn sie befinden sich in ihrer Entwicklungs- und Lernphase. Von zentraler Bedeutung sind für die Kinder und Jugendlichen Kontakte zu Gleichaltrigen. Der Wegfall von sozialen Räumen mit Gleichaltrigen nimmt den jungen Menschen auch alltägliche Bewältigungsmöglichkeiten, die für den psychosozialen Ausgleich in dieser Lebensphase zentral sind. Die Aktivität junger Menschen nimmt aktuell deutlich ab und junge Menschen ziehen sich zunehmend zurück. Maßnahmen der außerschulischen Jugendbildung, der Jugendarbeit, der internationalen Jugendarbeit, der Kinder- und Jugenderholung sowie der Jugendberatung sollen gestärkt werden. Ebenso sollen günstige Ferien- und Wochenendfreizeiten sowie Jugendbegegnungen ermöglicht werden. Diese werden von den freien Trägern der Kinder- und Jugendhilfe, von öffentlichen Trägern, von Jugendherbergen und von nichtkommerziellen Reiseveranstaltern angeboten" (BMBF, 2021, S. 3).

Von den insgesamt zur Verfügung stehenden 1.290 Millionen Euro (Haushaltsjahr 2021: 430 Millionen; Haushaltsjahr 2022: 860 Millionen) sollen

„1. 1.000 Millionen Euro für Maßnahmen zum Abbau von Lernrückständen bei Schülerinnen und Schülern,

2. 70 Millionen Euro für die Stärkung der Kinder- und Jugendfreizeiten, außerschulische Jugendarbeit und Angebote der Kinder- und Jugendhilfe und

3. 220 Millionen Euro für die Unterstützung und Förderung von Kindern und Jugendlichen mit Freiwilligendienstleistenden, Jugendsozialarbeit und zusätzlicher Sozialarbeit an Schulen verwendet werden" (BMBF, 2021, S. 4).

Tabelle 1 weist die Höhe der den Ländern zusätzlich zur Verfügung gestellten Mittel aus. Zusätzlich ausgewiesen ist auch der Betrag, der einer Schülerin bzw. einem Schüler des Landes durchschnittlich aus dem Aktionsprogramm zur Verfügung steht (vgl. hierzu auch Fickermann & Hoffmann, 2021 sowie Fickermann et al., 2022).

Tab. 1: Mittel des Aktionsprogramms *Aufholen nach Corona* je Schüler*in des Jahres 2020

Land	Umsatzsteuer-anteil der Länder 2020 (v. H.)	Mittel aus dem Aktionsprogramm (Euro)	Mittel je Schüler*in (Euro)	
			A und B	nur A
Baden-Württemberg	13,3561	172.293.948	115,42	155,80
Bayern	15,7882	203.667.135	126,91	162,84
Berlin	4,4061	56.839.077	124,62	152,51
Brandenburg	3,0375	39.183.105	132,96	155,29
Bremen	0,8175	10.545.879	114,57	155,70
Hamburg	2,2199	28.636.452	113,68	141,93
Hessen	7,5656	97.595.724	119,95	152,18
Mecklenburg-Vorpommern	1,9361	24.976.077	133,15	162,64
Niedersachsen	9,6196	124.092.195	113,76	147,51
Nordrhein-Westfalen	21,5727	278.287.314	109,16	144,97
Rheinland-Pfalz	4,9236	63.514.569	121,98	155,14
Saarland	1,1848	15.284.049	126,91	167,81
Sachsen	4,8884	63.060.618	128,30	162,69
Sachsen-Anhalt	2,6307	33.935.514	133,86	171,04
Schleswig-Holstein	3,4964	45.103.689	118,97	155,34
Thüringen	2,5569	32.984.526	128,59	167,02
Deutschland	**100,00000**	**1.290.000.000**	**118,83**	**153,92**

Anm.: A = allgemeinbildende Schulen; B = berufliche Schulen

Quelle: Fickermann et al., 2022

Darüber hinaus haben sich die Länder verpflichtet,

> „mit eigenen Mitteln zur Umsetzung der […] genannten Maßnahmen beizutragen, zumindest beim Abbau von Lernrückständen mit paritätischen, eigenen Beiträgen, und über diese Maßnahmen zu berichten" und dem Bund „bis zum 31.03.2022 einen Zwischenbericht über die Umsetzung der […] aufgeführten Maßnahmen sowie zusätzlicher Maßnahmen und der Mittelverwendung in 2021 einschließlich der vom Land eingebrachten Mittel" vorzulegen (BMBF, 2021, S. 4).[2]

---

2 Die Länder nehmen in ihren Veröffentlichungen teilweise nur Bezug auf die Mittel, die sie zum Abbau von Lernlücken erhalten haben (1 Milliarde). Teilweise weisen sie die Bundesmittel und die von ihnen bereitgestellten Mittel zusammen aus. Soweit als möglich versu-

Verschiedene Interviewpartner*innen haben uns bestätigt, dass die Finanzierung des Aufholprogramms über eine Änderung der Umsatzsteueranteile dem Bund keinerlei juristische Rechte einräumt, die Verwendung der Mittel zu überprüfen. Nicht einmal der Einsatz der Mittel im Schulbereich ist juristisch abgesichert.[3] Der gewählte Weg zur Bereitstellung über eine Änderung der Umsatzsteueranteile stellt insofern für den Geschäftsbereich des Bundesministeriums für Bildung und Forschung (BMBF) ein Novum dar. „Die Finanzierung über den höheren Umsatzsteueranteil stellt", nach dem hessischen Kultusminister Lorz, „eine Blaupause für weitere Programme dar, mit denen Aufgaben im Bildungsbereich künftig finanziert werden können" (KMK, 2022d).

Wegen der föderalen Zuständigkeit der Länder für den Schulbereich kann das BMBF den Ländern zudem keine Vorschriften über die inhaltliche Ausgestaltung des Aufholprogramms machen, denn die „Grundsätze des Finanzverfassungsrechts gebieten eine prinzipielle haushaltsrechtliche Selbständigkeit und Unabhängigkeit der Länder und enthalten ein klares Verbot der Mischfinanzierung" (WD, 2020, S. 11).

Exkurs zu Lernlücken

E.1 Was wussten wir zum Abschluss der Bund-Länder-Vereinbarung zum Aktionsprogramm über Lernlücken?

Ende des Jahres 2020/Anfang 2021 setzte eine Diskussion darüber ein, wie die durch die pandemiebedingten Schulschließungen entstandenen Lernlücken geschlossen werden könnten. Weitestgehend ohne Ergebnisse von Leistungsuntersuchungen wurde angenommen, dass ca. 25 Prozent der Schüler*innen Lernlücken durch den ersten Lockdown aufweisen würden. Gestützt wurde diese Annahme durch Befragungen von Lehrkräften, Eltern und auch Schüler*innen.

Ergebnisse von Untersuchungen in anderen Ländern zeigten z. T. erhebliche Lernlücken, deren Größe zudem von sozioökonomischen Hintergrundmerkmalen der Schüler*innen abhingen. Zu nennen sind die Untersuchung von Tomasik, Helblink und Moser (2020) für die Schweiz (veröffentlicht am 24.11.2020) und die Untersuchung von Engzell, Frey und Verhagen (2021) in den Niederlanden (als Preprint am 26.10.2020 veröffentlicht).

Eine erste deutsche Untersuchung mit Ergebnissen von Kompetenzfeststellungsverfahren[4] in Hamburg wurden Ende Januar 2021 veröffentlicht (Depping et al.,

---

chen wir in den Länderberichten in Kapitel 6 deutlich zu machen, worauf sich die Finanzangaben der Länder jeweils beziehen.

3   Politisch gehen die Länder natürlich insofern eine Verpflichtung gegenüber dem Bund ein, als eine Zweckentfremdung der Mittel ihre Verhandlungsposition gegenüber dem Bund bei zukünftigen Programmen schwächen würde.

4   Auf die diversen Befragungsstudien bei Lehrkräften, Eltern und Schüler*innen zu den von ihnen eingeschätzten Lernlücken gehen wir im Folgenden nicht ein, da in der Regel nur äu-

2021). Es folgten die Ergebnisse der Untersuchung von Schult, Mahler, Fauth und Lindner in Baden-Württemberg (2021), veröffentlicht als Preprint am 11.03.2021.

Hervorzuheben ist, dass die in den beiden deutschen Untersuchungen festgestellten Lernrückstände zum Teil deutlich geringer sind als die in der Schweiz oder den Niederlanden festgestellten.

Mittlerweile sind eine ganze Reihe von Studien und darauf aufbauende Reviews zur Frage veröffentlicht worden, wie sich die Kompetenzen von Schüler*innen entwickelt haben, während die Schulen pandemiebedingt geschlossen waren und der Unterricht überwiegend digital stattfand. Die Studien von Böttger und Zierer (2021), Helm, Huber und Postlbauer (2021) und Hammerstein, König, Dreisörner und Frey (2021) sind drei Beispiele für derartige Reviews.

In den Reviews zeichnet sich kein einheitlicher Forschungsstand ab. Zwar findet die überwiegende Mehrzahl der Studien Lernrückstände in Mathematik und im Lesen. Es werden aber auch Studien referiert, die dies nicht finden bzw. sogar von positiven Effekten des Distanzlernens berichten. In den genannten Übersichtsstudien fällt zudem auf, dass zwar die Anzahl der betrachteten Studien steigt, für die Leser*innen aber nicht deutlich wird, wo die Besonderheiten und Limitationen der jeweiligen Studien liegen könnten. Notwendig wäre eine stärkere Einordnung der Ergebnisse durch diese oder ähnliche Reviews, um besonders qualitätsvolle Studien von jenen unterscheiden zu können, die methodische Limitationen aufweisen. So sind bei der vorliegenden Fragestellung etwa Studien vorzuziehen, die mit Vollerhebungen oder großen repräsentativen Stichproben arbeiten, für deren Stichprobe keine nennenswerte (soziale) Selektion festzustellen ist, für die Wiederholungsmessungen von Kompetenzen (in mehreren Domänen) zum gleichen Zeitpunkt wie in den Vorjahren vorliegen, sowie im besten Fall Studien, in denen im Längsschnitt mehrmals in den entsprechenden Jahren die gleichen Kompetenzen gemessen wurden.

Mit Blick auf eine bedarfsorientierte Mittelzuweisung und eine mögliche Wirkungsevaluation des Aktionsprogramms *Aufholen nach Corona* wäre es angesichts der vorhandenen Datenlage äußerst wichtig gewesen, dass der Bund bei den Verhandlungen zur Ausgestaltung des Aktionsprogramms an den von ihm geforderten Lernstandserhebungen festgehalten[5] und sich mit den Ländern auf eine umfassende Datenstrategie verständigt hätte, wie sie beispielsweise von Kuhn und Voges (2021), Fickermann (2021) oder auch von der Ständigen Wissenschaftlichen Kommission der KMK (2021) gefordert wurde.

ßerst schwer zu beurteilen ist, wie valide die Einschätzungen und wie repräsentativ die Befragungen sind.

5   Zu Einzelheiten der Entstehungsgeschichte des Aktionsprogramms vgl. Fickermann et al. (2021, S. 19 ff.).

E.2 Was wissen wir jetzt über Lernlücken?

Die genannten Reviews gingen ausschließlich auf Studien ein, die über Lernrückstände, erreichte Kompetenzniveaus oder Kompetenzentwicklungen für den ersten Lockdown berichten. Gerade für den deutlich längeren und potenziell folgeschwereren zweiten Lockdown wussten wir bis Anfang 2022 relativ wenig. Mittlerweile sind jedoch zwei Meta-Analysen erschienen, die u. a. Daten aus Studien einbeziehen, in denen auch Leistungsdaten des Jahres 2021, also aus der Phase nach dem zweiten Lockdown, berücksichtigt wurden. Die dort zusammengefassten Studien beziehen sich sowohl auf Studien aus Ländern mit sehr langen Schullockdowns, wie Mexiko oder Südafrika, in denen die Schulen mindestens 12 Monate geschlossen waren (Partinos et al., 2022), als auch auf Studien aus der westlichen Welt, wo die Schulen deutlich kürzer geschlossen waren.

Bettenhäuser et al. (2022) kommen in einer Meta-Analyse zu 34 Studien aus 12 Ländern (fast ausschließlich aus der westlichen Welt) zu dem Ergebnis, dass den untersuchten Schüler*innen 42 Prozent (0,17 Standardabweichungen) „des Lernwerts eines Schuljahres entgangen sind" (Bettenhäuser et al., 2022, S. 4). Diese Defizite sind früh in der Pandemie entstanden und bleiben bis Ende 2021 (dem Zeitpunkt, zu dem die jüngsten Studien vorliegen) bestehen. Zudem sind die Lerndefizite vor allem in armen Ländern und weniger in reichen Ländern festzustellen.

Partinos et al. (2022) betrachteten 35 Studien aus 20 Ländern mit einem sehr diversen Ländersample. Die Autoren kommen trotz des anderen Studiensamples ebenso wie Bettenhäuser et al. (2022) auf Lernverluste von exakt 0,17 Standardabweichungen. Darüber hinaus finden Partinos et al. (2022) überwiegend eine größere Auswirkung auf sozial benachteiligte Gruppen und höhere Defizite bei Schüler*innen, die vor der Pandemie leistungsschwächer waren. Beide Metaanalysen zeigen umso größere Lerndefizite, desto länger die Schulen geschlossen waren. Ebenfalls zeigen beide, dass Rückstände in Mathematik größer sind als im Lesen. Nichtsdestotrotz zeigen sich in beiden Analysen einige Studien, die keine oder fast keine Lerndefizite dokumentieren. Ob dies bessere Strategien einzelner Länder nahelegt, mit dem Fernunterricht umzugehen, oder auf methodische Eigenheiten der jeweiligen Studien zurückzuführen ist, kann bisher noch nicht beantwortet werden. Grundsätzlich weisen auch die neueren internationalen Studien darauf hin, dass es durch die Schulschließungen Lerndefizite gibt, die auch Ende 2021 noch substantiell Bestand haben. Auch die sich verstärkenden sozialen Ungleichheiten werden weitgehend bestätigt.

Auch der Forschungsstand, der mittlerweile zu Deutschland vorliegt, ist recht divers. Mitte März 2022 wurde die erste wissenschaftlich unabhängige[6] Studie vorgestellt, die Aussagen von Lernrückständen nach dem zweiten Lockdown in Deutschland zulässt. Ludewig et al. (2022) vergleichen darin die deutsche Stichprobe von IGLU 2016 mit einer Erhebung an den gleichen Schulen 2022. Für beide Erhebungen

---

6 Mit unabhängig meinen wir, dass diese Studie nicht durch ein Landesinstitut veröffentlicht wurde, das direkt einem Bildungsministerium unterstellt ist.

liegen Daten zu gut 2.000 Viertklässler*innen vor. Die Studie kommt zu dem Ergebnis, dass die durchschnittlichen Lesekompetenzwerte statistisch signifikant zurückgegangen sind. Die Autor*innen ordnen den gemessenen Unterschied von 2016 zu 2021 als einen Lernrückstand von rund einem halben Jahr ein. Beachtet man, dass sich die Schüler*innenzusammensetzung verändert hat (mehr Kinder mit Migrationshintergrund und mit sonderpädagogischem Förderbedarf), stellt sich der Rückstand als Unterschied von rund drei Monaten dar.[7] Aufschlussreich sind die Ergebnisse der Studie auch, wenn man betrachtet, wie sich die Anteile starker und schwacher Leser*innen verschoben haben. Die Gruppe starker Leser*innen (Kompetenzstufen IV und V) ist um 7 Prozentpunkte kleiner geworden (44 zu 37 %). Der Anteil schwacher Leser*innen (Kompetenzstufen I und II) ist um 6 Prozentpunkte angestiegen (22 zu 28 %). Dies kann zumindest als ein Indiz dahingehend verstanden werden, dass sich die Gruppe von Schüler*innen mit erheblichen coronabedingten Lernrückständen nicht etwa im Bereich von 20 bis 25 Prozent aller Schüler*innen bewegt, sondern eher im Bereich von 13 Prozent.[8] Allerdings bezieht sich die Studie von Ludewig et al. (2022) eben auch nur auf Lesekompetenzen von Viertklässler*innen und damit nur auf eine Kompetenzdomäne in einem Jahrgang. Die Studie findet zudem nur einen minimalen Anstieg sozialer Ungleichheiten (der nicht statistisch signifikant ist). Leider lässt die Untersuchung keine Aussagen für einzelne Bundesländer zu.

In einigen Bundesländern wurden Lernstandserhebungen durchgeführt, um die Lernrückstände zu messen. Die Art der Veröffentlichung der Ergebnisse und deren Kommunikation in die Öffentlichkeit ist teilweise intransparent und nicht immer nachvollziehbar. Von der Öffentlichkeit fast unbemerkt (außer: Weser Kurier, 2021) wurden bereits Ende Juli in Bremen die Ergebnisse von VERA 8 (Vergleichsarbeiten) vorgestellt, die in Bremen im Februar/März 2021 durchgeführt wurde. Die dort präsentierten Befunde (SenKB HB, 2021j) zeigen zwar, dass die Mathematikleistungen der Bremer Achtklässler*innen besorgniserregend niedrig sind. Im Vergleich zur Vor-Corona-Zeit haben sich jedoch die Leistungsergebnisse nicht verschoben. Es wird in der Darstellung der Ergebnisse in der Pressemitteilung zwar darauf hingewiesen, dass soziale Ungleichheiten größer geworden seien. Dies wird aus dem mitgelieferten Zah-

---

7   Nun lässt sich darüber diskutieren, ob man sich auf die reinen Kompetenzunterschiede ohne Kontrolle sozialer Merkmale beziehen sollte (also 6 Monate), oder einbeziehen sollte, dass sich die Schüler*innenpopulation verändert hat (also 3 Monate). Für beide Sichtweisen gibt es gute Gründe. So werden auch in Bundesländervergleichen nie bereinigte Werte dargestellt, die berücksichtigen, dass z. B. die Kinderarmutsquote in Berlin oder Bremen viel höher ist als in Bayern. Auf der anderen Seite sollte aus unserer Sicht der gestiegene Anteil von Kindern mit sonderpädagogischem Förderbedarf statistisch kontrolliert werden. Der zunehmende Anteil dieser Gruppe ist ein Merkmal von stärkerer Inklusion im deutschen Schulsystem. Wenn diese eher kompetenzschwachen Kinder 2016 nicht an Grundschulen getestet werden konnten, weil sie in Förderschulen beschult wurden, so ist ein Vergleich mit 2021 wenig aufschlussreich, wenn diese Kinder nun einbezogen werden.

8   Es kam zum einen zu einer Verschiebung von höheren zu mittleren Kompetenzniveaus im Umfang von sieben Prozentpunkten und darüber hinaus zu einem Absinken von mittleren zu unteren Kompetenzniveaus im Umfang von sechs Prozentpunkten.

lenmaterial allerding nicht ersichtlich. Solange hierzu keine Studie nach wissenschaftlichen Standards vorliegt, sind solche Ergebnisse mit Vorsicht zu behandeln.

Ähnlich wie in Bremen sah die Veröffentlichungsstrategie in Hamburg für die dortigen Drittklässler*innen aus. Auch diese konnten im Frühjahr 2021 im Rahmen der VERA-Testung (die in Hamburg KERMIT heißt) getestet werden. Hier wurden Anfang September 2021 erste Ergebnisse im Rahmen einer Pressemitteilung veröffentlicht, die den Eindruck vermittelte, dass Hamburger Drittklässler*innen in der Pandemie in ihren Leistungen messbar zurückgefallen und die sozialen Ungleichheiten größer geworden seien (BSB, 2021j). Aus der Pressemitteilung wird zwar ersichtlich, dass der Anteil von Kindern, die im Lesen die Basiskompetenzen nicht erreichen, um elf Prozent gestiegen ist und in Mathematik um knapp neun Prozent. Dabei werden aber nicht einmal die Bezugszahlen genannt. Je nachdem wie hoch der Anteil von Kindern unterhalb der Basiskompetenz vor Corona war, kann man diese Zahlen als besorgniserregend oder aber als normale Schwankungen interpretieren (vgl. hierzu auch das Interview mit Martina Diedrich, der Direktorin des Instituts für Bildungsmonitoring und Qualitätsentwicklung (IfBQ) in Hamburg, Das Deutsche Schulportal, 2021a).

Ende Februar 2022 wurden die Ergebnisse der KERMIT-Testungen für die Klassen 3, 5 und 7 veröffentlicht (IfBQ, 2022), die weder durch eine Pressemitteilung kommuniziert, noch – so unser Eindruck – von der Öffentlichkeit wahrgenommen wurden. Verglichen wurden die Testwerte des Schuljahres 2021 mit denen von vier Vorgängererhebungen für den jeweiligen Jahrgang. Es zeigten sich für die Drittklässler*innen statistisch bedeutsame Lernrückstände im Lesen für alle sozialen Gruppen. Besonders stark sind die festgestellten Lernrückstände an Schulen in sozial benachteiligter Lage. Hier beträgt der Kompetenzrückgang über 50 Punkte (von gut 400 auf knapp 350 Punkte). Dieser Rückgang ist sogar noch größer als für Migrant*innen der ersten Generation im IQB-Bildungstrend (s. u.).

In Mathematik wurden nur für sozial benachteiligte Schulen Lernrückstände festgestellt. Die Werte für Rechtschreibung in der 3. Klasse sind im Vergleich zu den Jahren zuvor gleichgeblieben. Für die 5. Klassen lassen sich Defizite in den Lesekompetenzen an Schulen in mittlerer und sozial benachteiligter Lage feststellen. In Rechtschreibung, Mathematik und Englisch-Hörverstehen wurden keine Lernlücken beobachtet. In Englisch-Hörverstehen erzielten die Hamburger Fünftklässler*innen sogar bessere Ergebnisse als die Vergleichskohorten vor Corona. In den Naturwissenschaften geht die Schere zwischen den sozialen Gruppen auf. Während die Gymnasiast*innen in sozial wenig belasteten Nachbarschaften höhere Kompetenzwerte aufweisen als vor Corona, sind die Werte für Naturwissenschaften in den sozial belasteten Stadtteilschulen gesunken.

In den 7. Klassen wurden im Leseverständnis keine Veränderungen der durchschnittlichen Kompetenz festgestellt. Das gleiche gilt für Rechtschreibung und Englisch-Hörverstehen. Im Englisch-Leseverstehen sind die Leistungen der Siebtklässler*innen sogar besser als die der Kohorten vor Corona. Lernrückstände bestehen in den 7. Klassen in Mathematik und Naturwissenschaft an den Stadtteilschulen.

Aus Sicht des IfBQ sind die gefundenen Lernrückstände zwar insgesamt noch nicht so groß, dass eine Kompensation nicht mehr möglich wäre, aber dennoch ausgeprägt genug, um Handlungsbedarf anzuzeigen (IfBQ, 2022, S. 6).[9]

Am 17.03.2022 wurden die Ergebnisse zu den 5. Klassen in Baden-Württemberg veröffentlicht (IBBW, 2022). Die Schüler*innen wurden wie in den Vorjahren direkt zum Schuljahresbeginn getestet. Der Ergebnisbericht zeigt im Vergleich zu den vorpandemischen Jahren beim Leseverständnis keinerlei Veränderung. Wenn überhaupt, gibt es 2021 mehr sehr gute Leser*innen als vor der Pandemie. Auch im mathematischen Teilbereich Zahlenverständnis zeigt sich keinerlei Verschlechterung der Ergebnisse im Jahr 2021 im Vergleich zu den Vorjahren. Nur im mathematischen Teilbereich Operationsverständnis sind die Kompetenzen im Jahr 2021 niedriger. Hier sind im unteren Kompetenzbereich mehr Schüler*innen zu finden als vor der Pandemie und im obersten Kompetenzbereich etwas weniger. Im Vergleich zu den Ergebnissen von 2020, auf die Schult et al. (2021) vertieft eingehen, hat es von 2020 zu 2021 keine größeren Veränderungen gegeben und die Lernrückstände in diesem Bereich müssten (analog zu Schult et al., 2021 nach dem 1. Lockdown) bei rund einem Monat liegen. Wie auch in Hamburg wurden die Ergebnisse aus Baden-Württemberg nicht der Öffentlichkeit, z. B. mittels einer Pressemitteilung, bekannt gemacht.

Auch in Schleswig-Holstein wurden die Vergleichsarbeiten (VERA) am Ende des Schuljahres 2020/2021 geschrieben. Die Ergebnisse hierzu wurden Ende 2021 veröffentlicht. Karin Prien (CDU), Bildungsministerin in Schleswig-Holstein und aktuelle Präsidentin der KMK, äußerte sich in einem Zeitungsartikel in der Schleswig-Holsteinischen Zeitung zu den Ergebnissen. Der Anteil der Risikoschüler*innen bei den Drittklässler*innen sei in Lesen und Mathematik um jeweils 10 Prozent gestiegen (SHZ, 2021). Da keine Publikation vorliegt, in der die Ergebnisse der Vergleichsarbeiten in Schleswig-Holstein vor und nach der Pandemie vergleichend berichtet werden, war es erforderlich, die einzelnen Veröffentlichungen von VERA-Ergebnissen (die seit 2011 veröffentlicht werden) einzeln zu recherchieren und zusammenzustellen.

Die Ergebnisse für das Lesen bei VERA 3 von 2011 bis 2021 finden sich in Abbildung 2.[10] Dargestellt sind die Testleistungen der Schüler*innen auf Kompetenzstufe 5 (Optimalstandard) und Kompetenzstufe 1 (unter Mindeststandard – Risikoschüler*innen).

Dabei zeigt sich bereits von 2011 bis 2019 (vor Corona) eine sehr starke Streuung. Auf Kompetenzstufe 1 streuen die Werte von 9,5 Prozent (2015) bis 18,9 Prozent (2018) und auf Kompetenzstufe 5 von 16,5 (2013) bis 27,7 Prozent (2012). Diese

---

9   Anders als wir weiter unten zu Schleswig-Holstein sehen werden, sind die KERMIT-Ergebnisse vor Corona nicht von stärkeren Schwankungen betroffen und können als vergleichsweise valide Datengrundlage verwendet werden, um Lernrückstände durch die Schullockdowns zu messen. Dies kann daran liegen, dass Hamburg, anders als alle anderen Bundesländer, für die Vergleichsarbeiten nicht Lehrkräfte, sondern geschulte Testleiter*innen einsetzt.

10 Für Mathematik konnten wir die Ergebnisse nicht in dieser Form darstellen, weil im Zeitverlauf unterschiedliche Teilleistungen von Mathematik verwendet wurden (z. B. Raum und Form; Daten, Häufigkeit und Wahrscheinlichkeit).

Abb. 2: VERA 3 in Schleswig-Holstein. Anteil von Drittklässler*innen mit sehr schlechten und sehr guten Lesekompetenzen.

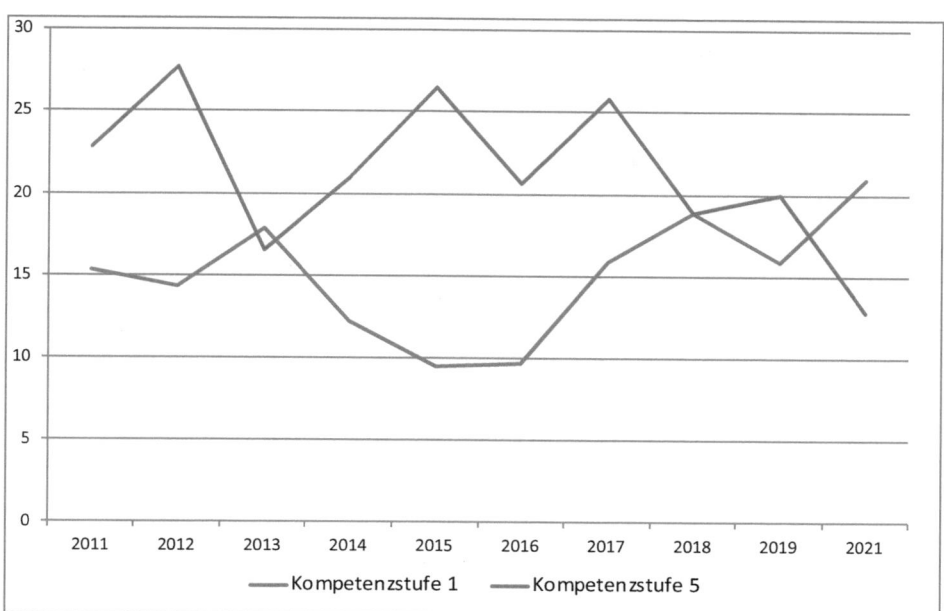

Quelle: Landesregierung Schleswig-Holstein, 2022; eigene Zusammenstellung. Im Jahr 2020 konnten pandemiebedingt keine Vergleichsarbeiten geschrieben werden.

starken Veränderungen der Leseleistungen können nach allem, was wir wissen, nicht Folge tatsächlich unterschiedlicher Fähigkeiten sein. Die Ergebnisse deuten eher darauf hin, dass die VERA-Testungen in Schleswig-Holstein (und darüber hinaus auch in anderen Ländern) nicht gut geeignet sind, um sie für Zeitreihen zu verwenden.[11] Ob dies an der Vergleichbarkeit der Tests oder der Durchführung und Eingabe vor Ort liegt, kann hier nicht diskutiert werden. Gute Voraussetzungen für ein Monitoring der Lernrückstände anhand der Vergleichsarbeiten sind dies natürlich nicht. Vielleicht ist dies auch einer der Gründe, warum die Ergebnisse zu den Lernrückständen in den Bundesländern bisher unzureichend aufbereitet und der Öffentlichkeit zugänglich gemacht wurden.[12] Nichtsdestotrotz zeigt die Erhebung des Jahres 2021 zu den

---

11 Zu dieser Kritik wird manchmal angemerkt, dass VERA ein Diagnoseinstrument für Lehrkräfte sein soll, um den eigenen Unterricht anzupassen. Wenn die Vergleichbarkeit über die Zeit jedoch nur unzureichend möglich ist, wie sollen Lehrkräfte dann zu validen Einschätzungen kommen, wie sich Unterrichtsanpassungen ihrerseits auf die Kompetenzen der Schüler*innen auswirken?

12 Kürzlich veröffentlichte die Open Knowledge Foundation Deutschland (2021) die Werte der öffentlich vorliegenden Vergleichsarbeiten (VERA) für die 3. Klassen. Auch unter „wo-ist-vera.de" kann man ab dem Jahr 2010 die Daten für die Bundesländer Schleswig-Holstein, Hamburg, Nordrhein-Westfalen, Rheinland-Pfalz, Baden-Württemberg, Berlin, Brandenburg und Mecklenburg-Vorpommern nachlesen. Auch für die anderen Bundesländer wird deutlich, wie volatil diese von Jahr zu Jahr sind.

Lesekompetenzen, dass der Anteil der Schüler*innen auf der höchsten Kompetenzstufe in den letzten 10 Jahren nie so gering (12,8 %) und der Anteil derjenigen auf der niedrigsten nie so groß war (20,9 %). Die Frage ist nun, auf welchen Wert (vor Corona) man sich bezieht, um die Größe von Lernlücken anzugeben. Nimmt man z. B. den Anteil der Schüler*innen auf Kompetenzstufe 1 der Jahre 2015 und 2016 als Basis, hat sich ihr Anteil verdoppelt und gleichzeitig der Anteil der Schüler*innen auf Kompetenzstufe 5 halbiert. Nimmt man die Jahre 2018 und 2019 als Basis, stellt sich die Situation dagegen weit weniger dramatisch dar.

Aus keinem weiteren Bundesland sind nach unseren Recherchen vergleichbare Daten veröffentlicht bzw. erhoben worden.[13]

Auch die Vergleichsarbeiten der 8. Klassen, auf die wir an dieser Stelle nicht ausführlich eingehen wollen, zeigen eine gewisse Volatilität. Die Ergebnisse in Lesen, Orthografie und Mathematik deuten für die Achtklässler*innen nicht auf deutliche Verschiebungen der Kompetenzen hin.[14]

Am 01.07.2022 wurden erste Ergebnisse des IQB-Bildungstrends 2021 als Kurzbericht veröffentlicht. Für die dort getesteten 26.844 Viertklässler*innen liegen Daten zu ihren Kompetenzen in Deutsch (Lesen, Zuhören und Orthografie) und Mathematik vor. Diese wurden mit den Ergebnissen der Bildungstrends 2011 und 2016 für die gleiche Schüler*innenpopulation verglichen. Bundesländerspezifische Ergebnisse, die mit dem IQB-Bildungstrend möglich sind, erscheinen voraussichtlich erst im Herbst 2022. Im Kurzbericht werden die Ergebnisse im Vergleich zum Bildungstrend des Jahres 2016 so eingeschätzt, dass es Kompetenzrückstände im Lesen von etwa einem Drittel eines Schuljahres gibt, von einem halben Schuljahr im Zuhören, sowie jeweils von einem Viertel eines Schuljahres in Orthografie und im Fach Mathematik (Stanat et al., 2022, S. 20). Die Schüler*innenleistungen sind nach dem IQB-Bildungstrend also auf breiter Front eingebrochen. Aber nicht nur im Durchschnitt sind die Schüler*innenleistungen schlechter geworden. Besonders der Anteil der Schüler*innen, die nicht einmal die Mindeststandards erfüllen, ist deutlich angestiegen.

Zudem ist die Streuung der Leistungen in allen untersuchten Teildomänen größer geworden (ebd., S. 10). Dies gilt besonders in Abhängigkeit von der sozialen Lage der

---

13 Nur in Brandenburg und Mecklenburg-Vorpommern haben die zuständigen Ministerien zumindest flächendeckend versucht, sich einen Überblick über Lernrückstände zu verschaffen. In Brandenburg – mehr auf Diagnosetools (z. B. ILeA plus) gestützt als in Mecklenburg-Vorpommern – wurden die Schulleitungen darum gebeten, eine Rückmeldung über bestehende Lernrückstände an ihrer Schule zu geben. Die Rückmeldungen der einzelnen Schulen erfolgten meist global. In Brandenburg sollte z. B. eine Prognose darüber gemacht werden, ob die Bildungsziele des kommenden Schuljahres erreicht werden können und ob die Schulen Unterstützungsbedarf dafür benötigen (MBJS BB, 2020b, 2021d, S. 7 f.). So ist es kaum möglich, die Situation differenziert zu bewerten, zumal wenn, wie die GEW in Brandenburg und Mecklenburg-Vorpommern vermutet, die Schulleitungen die Situation nicht zu schwerwiegend darstellen, um keinen schlechten Eindruck auf die Schulaufsicht zu machen. In Sachsen-Anhalt versuchte man eine ähnliche Abfrage bei den Schulleitungen. Diese scheiterte aber am Widerstand der Lehrkräfte.

14 Diese Aussage bezieht sich auf die Testungen von 2019 und 2020 (Tage bzw. Wochen vor dem 1. Lockdown) und 2021.

Schüler*innen. Der soziale Gradient, also der Grad der Abhängigkeit der Leistungen von der sozialen Herkunft (gemessen am beruflichen Status der Eltern), ist je nach Domäne zwischen 2016 und 2021 um 10 bis 22 Prozent angewachsen (ebd., S. 13; eigene Berechnungen).

Auch zuwanderungsbedingte Unterschiede sind in allen Domänen größer geworden. Zwar sind auch die Kompetenzen von Kindern ohne Zuwanderungsgeschichte zurückgegangen. Bei zugewanderten Kindern der 2. Generation zeigt sich dieser Effekt jedoch in größerem Ausmaß. Bei zugewanderten Kindern der 1. Generation sind die Kompetenzlücken 2021 gegenüber 2016 am größten.

Die Ergebnisse des IQB- Bildungstrend 2021 bestätigen die Ergebnisse von Ludewig et al. (2022) mit IGLU-Daten im Bereich Lesen. Auch bei den Hamburger Drittklässler*innen zeigt sich ein substantieller Einbruch im Lesen (IfBQ, 2022), der sich aber bei den Baden-Württembergischen Fünftklässler*innen (IBBW, 2021) nicht zeigt. Ergebnisse aus Bremen und Hamburg deuten darauf hin, dass es in den weiterführenden Schulen kaum Leistungseinbußen gibt. Hier gilt es abzuwarten, welche Ergebnisse der IQB-Bildungstrend 2022 und die PISA-Erhebungen 2022 erbringen.

Unklar bleibt, was wir aus dem Forschungsstand zu den Lernlücken lernen können. Auch wenn die Studien zu dieser Frage alle ihre Berechtigung hatten und haben, so überrascht das Ergebnis, dass während der Lockdowns Kompetenzrückstände bzw. Lernlücken entstanden sind, natürlich nicht. Ob diese dann so groß sind wie Kompetenzen, die in einem, zwei oder sechs Monaten Unterricht typischerweise zu erwarten gewesen wären, bleibt eine abstrakte Größe. Diese Messungen tragen auch wenig dazu bei, objektiv zu bewerten, wie diese Rückstände aufgeholt werden sollen und mit welchem finanziellen und zeitlichen Aufwand dies geschehen kann bzw. soll.

Die jüngeren internationalen Metaanalysen und die Ergebnisse aus den Bundesländern, die auch die Situation nach den Schulschließungen im Winter 2020/2021 einbeziehen konnten, tragen zumindest ein wenig zur Klarheit bei. Speziell in den Grundschulen ist die Situation in Deutsch als sehr problematisch zu bezeichnen (IfBQ, 2022; Ludewig et al., 2022; Stanat et al., 2022). Gerade in den sozial belasteten Schulen (IfBQ, 2022; Stanat et al. 2022), aber nicht nur dort, sind die Leistungsrückstände enorm. Während man bei kleinen Rückständen ggf. noch wenig zusätzlichen Einsatz rechtfertigen könnte, dürfte dies jedoch bei größeren und sehr großen Rückständen keinesfalls ausreichen. Erforderlich sind dann mittel- und langfristige Maßnahmenpakete mit zusätzlich bereitgestellten Ressourcen in erheblichem Umfang. Besonders die mangelnde Transparenz bei der Veröffentlichung und die fehlende Diskussion der Bundesländerergebnisse aus Bremen, Baden-Württemberg, Hamburg und Schleswig-Holstein spricht nicht dafür, dass diese Fragen überhaupt evidenzbasiert adressiert werden sollen. Gerade der IQB-Bildungstrend könnte den Druck auf die Bundesländer allerdings stark erhöhen, im Bildungsbereich mehr zu tun.

E.3 Lernlücken (Kompetenzen) versus Bildungswege und Bildungszertifikate

Obwohl die „Corona-Schuljahre" wohl eher dazu geführt haben dürften, dass viele Schüler*innen im Durchschnitt geringere Lernfortschritte gemacht haben, gibt es auch andere Bildungsoutcomes, die in eine ganz andere Richtung deuten. In Sachsen wurde im Februar 2021 veröffentlicht, dass 53,9 Prozent der Viertklässler*innen eine Gymnasialempfehlung erhalten haben. Vor Corona traf dies nur auf 47,6 Prozent zu. Die Gründe für den Anstieg führt das Kultusministerium auch auf die Corona-Pandemie zurück. Da die Schüler*innen zu Hause unter unterschiedlichen Bedingungen lernten, sollten die Lehrkräfte bei der Benotung eher zugunsten des jeweiligen Schülers oder der jeweiligen Schülerin entscheiden, hieß es (SMK SA, 2021a). Auch für das Schuljahr 2022/2023 erhielten 53,2 Prozent aller Viertklässler*innen die Empfehlung für das Gymnasium, was immer noch fast sechs Prozent über dem Niveau von vor der Pandemie liegt (SMK SA, 2022).

Mittlerweile liegen aus acht Ländern[15] Daten zu den Übergangsquoten auf die weiterführenden Schulen für das Schuljahr 2021/2022 vor (vgl. Tab. 2). Diese Schüler*innen entstammen jenem Viertklässler*innen-Jahrgang, für die der IQB-Bildungstrend (vgl. Stanat et al., 2022) einen starken Rückgang der Kompetenzen feststellte, einen Rückgang beim Erreichen des Regelstandards und einen Anstieg beim Nichterreichen des Mindeststandards. Im Vergleich zu den Vorjahren zeigt sich in Baden-Württemberg, Hessen, Nordrhein-Westfalen und Sachsen eher ein Anstieg der Übergangsquoten auf das Gymnasium bzw. ein höherer Anteil von Fünftklässler*innen an Gymnasien. In Berlin bleiben die Quoten nahezu konstant und in Brandenburg, Sachsen-Anhalt und Thüringen gehen die Gymnasialquoten eher zurück, wobei der rückläufige Trend in den drei ostdeutschen Ländern bereits seit 2018/2019 einsetzte und sich die Übergansquoten vom Schuljahr 2020/2021 zu 2021/2022 kaum verändert haben.[16]

Entgegen dem, was man aus den rückläufigen Kompetenzen aus dem IQB-Bildungstrend erwarten könnte, ist es in keinem Bundesland zu einem deutlichen Rückgang der Übergangsquoten zum Gymnasium gekommen. Im Gegenteil, in einigen Bundesländern hat sich die Übergangsquote sogar weiter erhöht. Es deutet also einiges darauf hin, dass sich die Lehrkräfte in diesen Bundesländern ähnlich verhielten wie jene in Sachsen und ihre Bewertungskriterien anpassten.

---

15 Neben den angeführten Ländern liegen auch Daten für Bremen vor. Hier sind die Gymnasialplätze aber stark reglementiert, so dass es nicht sinnvoll ist, die Übergangsquoten aus Bremen hier aufzunehmen.

16 Alle drei Länder gehören zu denjenigen, in denen die Schüler*innenzahlen in den letzten Jahren im betreffenden Jahrgang mit am stärksten angestiegen sind (seit 2016/2017 um 7,1 bis 9,9 Prozent – vgl. Statistische Ämter des Bundes und der Länder, o.J.a; eigene Berechnungen). Folgt man Helbig und Schmolke (2015), dann ist bei steigenden Schüler*innenzahlen auch ein Rückgang der Gymnasialquoten zu erwarten. Allerdings hätte man dann auch ein ähnliches Muster in Sachsen beobachten können, wo die Schüler*innenzahlen ebenfalls sehr stark angestiegen sind.

Tab. 2: Schüler*innen in der 5. Klasse eines Gymnasiums an allen Fünftklässler*innen in Prozent

Land	Schuljahr				Durchschnitt der Schuljahre 2018/2019 bis 2020/2021
	2018/ 2019	2019/ 2020	2020/ 2021	2021/ 2022	
Baden-Württemberg	43,3	43,3	42,5	44,1	43,0
Brandenburg	42,6	41,4	41,1	40,8	41,7
Berlin	46,2	45,9	45,9	46,2	46,0
Hessen	46,9	46,3	46,1	47,5	46,5
Nordrhein-Westfalen	39,5	38,6	38,9	39,6	39,0
Sachsen	43,8	43,7	42,9	44,6	43,5
Sachsen-Anhalt	42,2	41,5	41,0	41,1	41,6
Thüringen	39,8	38,8	38,1	38,1	38,9

Anm.: Für Brandenburg, Baden-Württemberg, Sachsen-Anhalt und Thüringen ist die Übergangsquote von der Grundschule ins Gymnasium auf alle Kinder bezogen, die auf weiterführende Schulen übergehen.

Quellen: Baden-Württemberg, Brandenburg und Sachsen-Anhalt: Statische Ämter des Bundes und der Länder (o. J.b); Berlin: SenBJF (o. J.); Hessen: Statistik.Hessen (o. J.), Teil 1-4, für die anderen Jahrgänge: Statistische Ämter des Bundes und der Länder (o. J.b); NRW: Information und Technik NRW – Statistisches Landesamt (o. J.); Sachsen: Statistisches Landesamt des Freistaates Sachsen (o. J.); Thüringen: TMBJS (o. J.i)

Tabelle 3 weist die Durchschnittsnoten der Abiturient*innen der Schuljahre 2013/2014 bis 2020/2021 nach Ländern aus. Zusätzlich wird der Durchschnitt der Abiturnoten der Schuljahre 2013/2014 bis 2019/2020 mit denen des Schuljahres 2020/2021 verglichen. Tabelle 4 weist ferner zusätzlich die Quoten der nicht bestandenen Abiturprüfungen aus. In Thüringen gab es im Schuljahr 2020/2021 den besten Abiturjahrgang seit der statistischen Aufzeichnung durch die KMK im Jahr 2003 (Thüringen im Blick, 2021). Mit einem Notendurchschnitt von 2,06 dürfte es sogar das beste Ergebnis gewesen sein, das je in einem Bundesland erreicht wurde. Auch in allen anderen Ländern erreichten die Abiturient*innen 2021 zum Teil deutlich bessere Durchschnittsnoten als in den Jahren zuvor.

Nicht nur die Abiturnoten des Schuljahres 2020/2021 sind besser als die der vorherigen Schuljahre, auch die Quote der nicht bestandenen Abiturprüfungen ist in der überwiegenden Mehrzahl der Bundesländer niedriger. Die guten Abiturnoten bestätigen sich auch beim Abiturjahrgang 2022. Von den elf Bundesländern, zu denen bereits Daten vorliegen, schnitten Bayern (2,15), Berlin (2,2), Hessen (2,23), Brandenburg (2,1), Mecklenburg-Vorpommern (2,2), Sachsen (2,07) und Sachsen-Anhalt (2,22) noch einmal leicht besser ab als 2021, Bremens (2,32) und Niedersachsens (2,38) Schnitt ist unverändert und Hamburg (2,28) und Schleswig-Holstein (2,42) schnitten minimal schlechter ab (Hessenschau, 2022; NDR, 2022; Neue Westfälische, 2022; Sächsische Zeitung, 2022b; Süddeutsche Zeitung, 2022b).

Tab. 3: Mittelwerte der Abiturnoten nach Schuljahren und Ländern

Land	Mittelwerte der Abiturnoten nach Schuljahren und Ländern									
	2013/ 2014	2014/ 2015	2015/ 2016	2016/ 2017	2017/ 2018	2018/ 2019	2019/ 2020	2020/ 2021	Ø 2013/2014 bis 2019/2020*	Differenz zu 2020/2021
Baden-Württemberg	2,46	2,44	2,43	2,42	2,44	2,41	2,38	2,38	2,42	-0,05
Bayern	2,33	2,31	2,32	2,31	2,31	2,32	2,29	2,18	2,31	-0,14
Berlin	2,42	2,39	2,39	2,41	2,42	2,42	2,35	2,24	2,40	-0,16
Brandenburg	2,31	2,30	2,28	2,27	2,29	2,27	2,28	2,17	2,29	-0,12
Bremen	2,46	2,45	2,44	2,47	2,41	2,40	2,40	2,32	2,43	-0,12
Hamburg	2,43	2,43	2,44	2,43	2,41	2,42	2,36	2,27	2,42	-0,15
Hessen	2,43	2,43	2,40	2,41	2,39	2,37	2,33	2,25	2,40	-0,15
Mecklenburg-Vorpommern	2,37	2,34	2,31	2,32	2,33	2,34	2,34	2,21	2,33	-0,13
Niedersachsen	2,61	2,59	2,58	2,57	2,57	2,56	2,67	2,38	2,58	-0,20
Nordrhein-Westfalen	2,50	2,47	2,46	2,45	2,45	2,44	2,43	2,35	2,46	-0,10
Rheinland-Pfalz	2,54	2,52	2,50	2,49	2,48	2,49	2,48	2,48	2,50	-0,02**
Saarland	2,44	2,38	2,40	2,37	2,38	2,37	2,37	2,26	2,39	-0,12
Sachsen	2,34	2,32	2,32	2,28	2,25	2,24	2,20	2,12	2,27	-0,16
Sachsen-Anhalt	2,42	2,39	2,39	2,31	2,32	2,32	2,33	2,25	2,35	-0,10
Schleswig-Holstein	2,54	2,52	2,50	2,56	2,55	2,55	2,52	2,40	2,53	-0,13
Thüringen	2,16	2,16	2,18	2,18	2,16	2,18	2,16	2,06	2,17	-0,11
Deutschland*	2,45	2,44	2,43	2,42	2,42	2,41	2,38	2,31	2,42	-0,11

Anm.: * mit der Zahl der Prüfungen gewichteter Mittelwert; ** zu berücksichtigen sind die anderen Termine für die Abiturprüfungen in Rheinland-Pfalz
Quelle: KMK, 2022c; eigene Zusammenstellung und Berechnung

Tab. 4: Quote der nicht bestandenen Abiturprüfungen nach Schuljahren und Ländern

Land	Quote der nicht bestandenen Abiturprüfungen nach Schuljahren und Ländern									
	2013/ 2014	2014/ 2015	2015/ 2016	2016/ 2017	2017/ 2018	2018/ 2019	2019/ 2020	2020/ 2021	Ø 2013/2014 bis 2019/2020*	Differenz zu 2020/ 2021
Baden-Württemberg	2,9	2,5	2,7	3,0	3,5	3,1	2,0	2,0	2,8	-0,8
Bayern	3,3	3,5	3,1	3,5	3,6	3,9	2,7	3,0	3,4	-0,3
Berlin	4,6	3,8	5,0	6,0	9,3	5,2	3,5	3,3	5,4	-2,1
Brandenburg	4,4	4,2	4,4	4,1	4,3	4,8	4,5	4,5	4,4	0,1
Bremen	5,0	4,1	4,1	5,8	5,7	5,1	4,3	4,6	4,8	-0,2
Hamburg	3,7	3,9	4,7	5,2	3,9	4,9	2,7	2,2	4,2	-2,0
Hessen	2,9	3,0	3,5	3,6	4,1	3,8	3,6	3,3	3,5	-0,2
Mecklenburg-Vorpommern	6,5	6,9	6,6	7,0	6,1	7,3	6,1	3,7	6,6	-2,9
Niedersachsen	4,4	4,1	4,3	4,5	5,5	5,5	5,6	2,9	4,8	-1,9
Nordrhein-Westfalen	2,8	2,9	3,1	3,5	3,5	3,3	3,1	3,6	3,2	0,4
Rheinland-Pfalz	2,3	2,4	2,7	2,5	2,8	3,4	3,0	3,0	2,7	0,3**
Saarland	2,6	2,2	3,0	2,5	3,1	3,7	2,6	3,4	2,8	0,6
Sachsen	2,5	2,5	3,0	3,1	3,5	3,1	3,1	2,8	3,0	-0,2
Sachsen-Anhalt	5,6	4,7	4,3	4,9	4,8	5,1	0,0	3,9	4,2	-0,3
Schleswig-Holstein	3,5	3,6	3,9	4,5	5,0	5,3	4,7	4,0	4,4	-0,3
Thüringen	1,9	2,1	2,9	2,1	2,0	2,3	1,6	1,7	2,1	-0,4
Deutschland*	3,3	3,2	3,4	3,8	4,2	3,9	3,1	3,1	3,6	-0,5

Anm.: * mit der Zahl der Prüfungen gewichteter Mittelwert; ** zu berücksichtigen sind die anderen Termine für die Abiturprüfungen in Rheinland-Pfalz
Quelle: KMK, 2022c; eigene Zusammenstellung und Berechnung

Die Ergebnisse in Hamburg und Schleswig-Holstein sind aber dennoch deutlich besser als vor der Pandemie.

Wie ist dies zu erklären? Haben die Abiturient*innen während des Lockdowns mehr gelernt, weil Ablenkungen gefehlt haben? Haben sie anders gelernt? Oder liegt die Veränderung an veränderten Leistungsansprüchen?

Schon am 12.03.2020 haben sich die Mitglieder der Kultusminister*innenkonferenz auf ein abgestimmtes Handeln und ein einheitliches Vorgehen beim Umgang mit dem Coronavirus verständigt. Durch flexible Regelungen (z. B. mehrere Nachschreibetermine) soll sichergestellt werden, dass alle Schüler*innen ihre Prüfungen absolvieren und ihre Abschlüsse im laufenden Schuljahr erreichen können. Sie vereinbaren ferner, gegenseitig alle so erworbenen Abschlüsse anzuerkennen (KMK, 2020a). Am 25.03.2020 bestärkten sie noch einmal, die erreichten Abschlüsse des Schuljahres 2019/2020 auf der Basis gemeinsamer Regelungen gegenseitig anzuerkennen (KMK, 2020b). Ähnliche Beschlüsse fassten sie am 21.01.2021 (KMK, 2021a) und am 13.01.2022 (KMK, 2022a).

In ihren Beschlüssen vom 21.01.2021 und vom 13.01.2022 führten sie wortgleich aus, welche Maßnahmen den Ländern zur Verfügung stehen, um verlässliche und vergleichbare Rahmenbedingungen für die Abschlussprüfungen zu gewährleisten und die Schüler*innen in ihrer Prüfungsvorbereitung zu unterstützen, ohne das von der Kultusminister*innenkonferenz definierte Anspruchsniveau[17] abzusenken.

> „Solche Maßnahmen können etwa sein:
> - Verschiebung von Prüfungsterminen zur Gewinnung von mehr Lernzeit, soweit es die Ferientermine zulassen
> - Reduzierung der Anzahl von Klassenarbeiten/Klausuren zur Gewinnung von mehr Lernzeit
> - Präzisierung der länderinternen Prüfungshinweise, z. B. Schwerpunktsetzung oder Ermöglichung von Wahlthemen
> - Bereitstellung einer höheren Anzahl von Prüfungsaufgaben zur Auswahl und/oder entsprechende Erhöhung der Arbeits-/Auswahlzeit (Zeitzuschlag um 30 Minuten)
> - Auswahl von zentral gestellten Prüfungsaufgaben durch die Schulen"
> (KMK, 2021a, 2022a).

Sie vereinbaren ferner, sich in der Kultusminister*innenkonferenz gegenseitig über die angewandten Maßnahmen zu informieren (ebd.).

---

17 „Grundlage für die Vergabe und gegenseitige Anerkennung sowie das erforderliche Anspruchsniveau von Abschlüssen sind die einschlägigen Vereinbarungen der Kultusministerkonferenz, insbesondere die Vereinbarung über die Schularten und Bildungsgänge im Sekundarbereich I, die Vereinbarung zur Gestaltung der gymnasialen Oberstufe und der Abiturprüfung, die Bildungsstandards in ausgewählten Fächern und die Einheitlichen Anforderungen in der Abiturprüfung (EPA) sowie die Rahmenvereinbarungen über die Schularten der beruflichen Schulen in Verbindung mit den jeweiligen Kompetenz- bzw. Qualifikationsprofilen" (KMK, 2022a).

Festzuhalten ist das Bemühen der Kultusminister*innen, einerseits die Abiturprüfungen zu erleichtern, andererseits aber das Anspruchsniveau zu halten, damit ein Abitur in den Corona-Jahren „vergleichbar" bleibt mit früher erworbenen Abituren und nicht als „Billigabitur" diskreditiert werden kann.

Insofern bleibt die Frage offen, wie die besseren Abiturnoten erklärt werden können. Paul Munzinger fordert in einem Kommentar in der Süddeutschen Zeitung am 27.04.2022, sich die verblüffend guten Corona-Noten genauer anzusehen:

> „Schüler, die unterwegs weniger Klausuren haben, haben am Ende mehr Zeit, um auf ihre Abi-Prüfungen zu lernen. Und Schülerinnen, die mehr Zeit zum Lernen haben, schreiben bessere Noten, weil sie den Stoff nicht nur inhalieren, sondern im Idealfall verstehen. […] Lehrer mussten in den vergangenen zwei Jahren erleben, dass es nicht der Lehrplan ist, der sie einschnürt und ihnen die Freiheit nimmt, auf die Herausforderungen der Pandemie flexibel zu reagieren. Sondern das enge Korsett von Prüfungen und Noten. Und Schüler und ihre Eltern mussten die Erfahrung machen, dass an der Schule fast alle Systeme ausfallen können – doch die Leistungsnachweiserhebungsmaschine braucht immer neues Futter. Die Notensammelwut einer strengen Prüfung zu unterziehen, ist ein Auftrag der Pandemie an die Kultusministerien. Und das Abitur zeigt: Das muss nicht auf Kosten des Anspruchs gehen" (Süddeutsche Zeitung, 2022a).

Ob die besseren Abiturnoten nicht doch einen geminderten Anspruch widerspiegeln, ist schwer zu beantworten. Gefordert sind empirische Bildungsforscher*innen der Frage nachzugehen, wie die besseren Abiturnoten erklärt werden können, und die Kultusminister*innen, ihnen hierfür die notwendigen Daten zur Verfügung zu stellen und ihnen den Zugang zum Untersuchungsfeld zu ermöglichen. Ob dies bei einer so brisanten Frage wie der Qualität der Abiturprüfungen ermöglicht wird, ist hingegen fraglich.

Auch die Regelungen zu den Klassenwiederholungen wurden verändert. Zum einen wurden vielerorts „unfreiwillige" Klassenwiederholungen ausgesetzt und dafür freiwillige Klassenwiederholungen (ohne Anrechnung auf die Höchstzahl von Wiederholungen in einem Bildungsgang) ermöglicht. Dies geschah, um Schüler*innen mit großen Lerndefiziten die Möglichkeit zu geben, den verpassten Lernstoff zu wiederholen. Mittlerweile liegen die Zahlen zu den Klassenwiederholungen am Ende der Schuljahre 2019/2020 und 2020/2021 vor (vgl. Tab. 5). Direkt nach dem ersten Lockdown veränderten sich die die Klassenwiederholungen kaum im Vergleich zum „Vor-Corona-Schuljahr". Nur in Hessen und Sachsen-Anhalt kam es überhaupt zu einer nennenswerten Reduktion der Klassenwiederholungen um 0,2 Prozentpunkte. In allen anderen Bundesländern betrug die Veränderung nirgendwo mehr als 0,1 Prozentpunkte. Die Veränderungen zum Schuljahr 2020/2021, nach dem zweiten Lockdown, sind hingegen ungleich höher. Zudem zeigt sich, dass die Klassenwiederholungen in allen Bundesländern zurückgehen. Dabei beträgt die Reduktion in den Stadtstaaten, Schleswig-Holstein, Sachsen und Sachsen-Anhalt noch unter 20 Prozent im Vergleich zum Ausgangsniveau 2018/2019. In Baden-Württemberg, Brandenburg, Niedersachsen, Rheinland-Pfalz liegt der Rückgang der Klassenwiederholungen bei über 35 Prozent und in Hessen sogar bei 58 Prozent. Die Befürchtung, dass eine Vielzahl von Schüler*innen von einer freiwilligen Klassenwiederholung Gebrauch machen würden (vgl. Helbig, 2021a, c), weil sie oder ihre Eltern die Lernrückstände als sehr hoch einschätzen, ist anscheinend nicht zutreffend. Es deutet mehr darauf hin, dass freiwillige Klassenwiederholungen selten in Anspruch genommen wurden, weil Klassenwiederholungen erstens ein Stigma darstellen und zweitens die sozialen Folgen (z.B. der Verlust des Freundeskreises in der Ursprungsklasse) als zu folgenschwer angesehen werden (Helbig, 2021a, c). In den von uns geführten Expert*innengesprächen wurde uns allerdings in zwei Fällen berichtet, dass freiwillige Klassenwiederholungen untersagt worden seien, weil beispielsweise ganze Klassen die Klassenstufe wiederholen wollten.

Tab. 5: Anteil der Klassenwiederholungen (in v. H.) in den Schuljahren 2018/2019 bis 2020/2021

| Land | Anteil der Klassenwiederholungen (v. H.) | | | |
	2018/ 2019	2019/ 2020	2020/ 2021	Rückgang der Klassenwiederholungen in Prozent zwischen 2018/2019 und 2020/2021
Baden-Württemberg	1,6	1,6	1,0	37,5
Bayern	3,9	3,8	2,8	28,2
Berlin	1,1	1,1	0,9	18,2
Brandenburg	2,2	2,1	1,4	36,4
Bremen	1,8	1,8	1,7	5,6
Hamburg	1,3	1,3	1,1	15,4
Hessen	2,4	2,2	1	58,3
Mecklenburg-Vorpommern	3,2	3,1	2,5	21,9
Niedersachsen	2,4	2,3	1,5	37,5
Nordrhein-Westfalen	2,3	2,2	1,0	56,5
Rheinland-Pfalz	2,1	2	1,3	38,1
Saarland	1,6	1,7	1,2	25,0
Sachsen	1,8	1,9	1,5	16,7
Sachsen-Anhalt	2,8	2,6	2,3	17,9
Schleswig-Holstein	1,3	1,3	1,2	7,7
Thüringen	2,4	2,3	1,5	37,5

Quelle: Destatis, 2020, 2022.

Sinkende Quoten von Klassenwiederholungen, konstante Übergangsquoten auf das Gymnasium und bessere Abschlussnoten als Beleg dafür zu nehmen, dass die coronabedingten Schulschließungen nicht zu Lernlücken geführt haben, ist sicherlich falsch. Die Zahlen und Ergebnisse deuten eher darauf hin, dass formale Leistungsansprüche durch institutionelle Regelungen flexibilisiert wurden und dass erworbene Kompetenzen einerseits und Bildungszertifikate bzw. Bildungsverläufe andererseits in einem fließenden Verhältnis zueinander stehen können. Die Frage für die Zukunft wird sein, ob und wann sich die institutionellen Regelungen für den Erwerb von Bildungszertifikaten wieder „normalisieren" und welche Folgen dies dann hat. Sollten in beträchtlichem Umfang pandemiebedingte Lernlücken entstanden sein, worauf zumindest die Ergebnisse von Lernstandserhebungen hindeuten (vgl. Ludewig et al., 2022; Stanat et al., 2022), und sollten diese nicht kompensiert werden können, müsste es in einem standardisierten Bildungssystem auch zu einem starken Anstieg der Klassenwiederholungen bzw. zu einer Verschlechterung der Abschlussnoten und zu einem Anstieg der Durchfallquoten kommen. Es gibt aber auch gute Gründe dafür, anzunehmen, dass die Bildungsverlaufsindikatoren nicht oder kaum auf mögliche Kompetenzeinbußen reagieren. So bewerten Lehrkräfte Schüler*innen nicht nur nach absoluten Kriterien, sondern auch in Bezug auf die umgebende Schulklasse. So kann eine gesamte Klasse zwar in ihrem Kompetenzniveau absinken, der Notenspiegel, der ungleich wichtiger ist für die Bildungsverläufe, hingegen stabil bleiben, wenn die Lehrkraft z. B. darauf achtet, dass die Schulklasse im Schnitt eine bestimmte Note erreichen soll. Auch leistungsfremde Kriterien, wie etwa die demografische Entwicklung und das damit zusammenhängende Platzangebot an Schulen, haben in der Vergangenheit Bildungsverläufe merklich beeinflusst (z. B. Helbig & Schmolke, 2015; Helbig & Steinmetz, 2021).

3 Schließung von Lernlücken – konzeptionelle Ansätze

Das Aufholen von Lernlücken ist naturgemäß eher ein individuelles Thema. Das einzelne Schüler*innen oder Gruppen von Schüler*innen dem Unterricht nicht folgen können, ist von jeher schon Teil von Schule. Die Antworten, welche die Institution Schule für Schüler*innen bereithält, waren zumindest in Deutschland durch wenig Innovationen geprägt. Schüler*innen, die in ihrem Lernstand zurückhängen, können Nachhilfe durch einen zumeist privaten Anbieter nachfragen. Wenn sie trotz Nachhilfe das Klassenziel nicht erreichen, können sie entweder in einen weniger anspruchsvollen Bildungsgang wechseln (z. B. „Abschulung" von Realschule zu Hauptschule), oder die Jahrgangsstufe wiederholen. Sowohl private Nachhilfe als auch Klassenwiederholungen haben relativ schlechte „Noten" bekommen, wenn es darum geht, Lernlücken effektiv und nachhaltig aufzuholen (Klemm, 2009; Klemm & Hollenbach-Biele, 2016). Spätestens mit der beginnenden bzw. weitgehenden Abschaffung von Klassenwiederholungen in einigen Bundesländern (z. B. in Hamburg) wurden auch vor Corona bereits neue Lernformen etabliert, die eng an der jeweiligen Schule angegliedert sind, darunter z. B. Lernferien zum Nachholen von Schulstoff in den regulären Ferien oder die Etablierung von Kleingruppen nach oder neben dem regulären Unterricht. Zudem gibt es in vielen Bundesländern die Möglichkeit, in einer Schuleingangsphase im Jahrgangsübergreifenden Lernen der ersten und zweiten Klassen flexibler ins Schulsystem einzumünden. Gerade den Schüler*innen mit geringerem Kompetenzniveau wird es somit ermöglicht, die ersten beiden Klassenstufen in drei Jahren zu absolvieren. Auch wenn dies faktisch auch einer Klassenwiederholung in den ersten beiden Jahrganssstufen gleichkommt, so soll die flexible Schuleingangsphase pädagogisch stärker als bisher auf die Beseitigung von Leistungsheterogenität zwischen Schüler*innen ausgerichtet sein.

Durch die pandemiebedingten Schulschließungen und den Ersatz von Präsenz- durch Distanzunterricht wechselte das Thema „Aufholen von Lernlücken" von einer individuellen auf eine kollektive Ebene, da nicht mehr einige wenige Schüler*innen die gesteckten Lernziele nicht mehr erreichten, sondern vermutlich größere Teile der Schüler*innenschaft.

Darüber, wie Lernlücken bei einer großen Zahl von Schüler*innen im laufenden Schulbetrieb behoben werden können, ist (naturgemäß) relativ wenig bekannt. Bekannt ist hingegen, was passiert, wenn man nichts bzw. nicht das Richtige tut. Andrabi et al. (2020) analysieren, welche Auswirkungen dreimonatige Schulschließungen in Pakistan nach einem Erdbeben hatten. Kaffenberger (2021) überträgt diese Erkenntnisse auf die aktuelle Situation nach Corona. Aus beiden Studien lässt sich ableiten, dass Bildungspolitik, die nicht ausreichend auf entstandene Lernlücken reagiert, ein hohes Risiko eingeht, dass aus Lernrückständen einiger Monate mittelfristig Lernrückstände von mehr als einem Jahr werden können. Wenn Schüler*innen nicht dort abgeholt werden, wo sie stehen, dann besteht die Gefahr, dass diese Kinder Jahr für

Jahr weiter zurückfallen, weil sie auf einem höheren Niveau unterrichtet werden, als sie bewältigen können.

Mit Bezug auf Veröffentlichungen von Helbig (2021a, b, c) wollen wir zunächst auf ein einige grundlegende Herausforderungen beim Schließen von coronabedingten Lernrückständen eingehen und prüfen, ob und wie sich die Länder ggf. den Herausforderungen gestellt haben.

3.1 Anpassung von Standards versus Qualitätssicherung?

Wie im Anschnitt E.3 dargestellt, deuten erste Befunde (z. B. die Verbesserungen der Durchschnittsnoten beim Abitur) darauf hin, dass die Qualitätsanforderungen für Abschlussprüfungen pandemiebedingt angepasst worden sein könnten. Eine Einschränkung der Anzahl der Prüfungsfragen und eine stärkere Fokussierung der Prüfungsthemen im Unterricht könnten zu den besseren Durchschnittsnoten geführt haben, ohne dass die Prüfungsaufgaben an sich „leichter" waren.

Auf der anderen Seite gilt es, die Qualitätsstandards hoch zu halten, damit z. B. Hochschulen und Arbeitgeber*innen sehen, dass auch ein „Corona-Bewerber" mit einer Abiturnote von 2,0 die gleichen Fähigkeiten besitzt wie ein*e Abiturient*in vor Corona mit den gleichen Noten. Die KMK hat deshalb Ende 2021 bekräftigt, dass auch die Abschlussprüfungen 2022 nach den regulären Standards erfolgen sollen und eine „Reihe von Maßnahmen zur Verfügung [gestellt], die Hilfestellung geben, ohne das von der Kultusministerkonferenz definierte Anspruchsniveau abzusenken" (KMK, 2021c; vgl. ausführlicher hierzu Kap. E.3).

Auch wenn Prüfungserleichterungen angemessen sein sollten, so kann z. B. die Verschiebung von Prüfungen eine längere Vorbereitungszeit sicherstellen, die Reduzierung von Klassenarbeiten und Klausuren kann zu besseren Vornoten führen und die Schwerpunktsetzung von Prüfungsthemen sowie eine höhere Anzahl derselben den zu erarbeitenden Lehrstoff beschränken. Die Anpassungen bei den Abschlussprüfungen durch die Bundesländer wurden von der KMK tabellarisch zusammengestellt und uns zur Auswertung zur Verfügung gestellt (KMK, 2022b).

Ein Beleg, dass an den bisherigen Qualitätsstandards von Bildung festgehalten werden soll, findet sich auch im Bund-Länder-Programm *Aufholen nach Corona*, denn es wird suggeriert, dass es objektive Standards gibt, die nicht erreicht wurden und deshalb aufgeholt werden müssten. Dass der nicht erteilte Unterrichtsstoff nachgeholt werden soll, liegt aber auch an der inneren Logik des Bildungssystems, nach der der Lernstoff oftmals aufeinander aufbaut bzw. aufbauen soll. Ergeben sich Lernlücken in Institutionen der früheren Bildungsetappen, dann kann in späteren folglich nicht darauf aufgebaut werden. Besonders bei dem Wechsel von Bildungsinstitutionen, von Grundschulen zu weiterführenden Schulen und von weiterführenden Schulen in die Berufsausbildung oder zu Hochschulen, erwächst aus verpasstem Lernstoff so ein erhöhtes Risiko des Scheiterns in den nachfolgenden Bildungsetappen.

Unterstrichen wird diese Argumentation durch bildungsökonomische Studien, die z. B. Ludger Wößmann (2020) zusammengefasst hat. Insgesamt kommt er zu dem Ergebnis, dass verpasste Unterrichtszeit sich langfristig auf Lebenseinkommen und Arbeitsmarktchancen auswirkt. Unklar bei den bildungsökonomischen Studien ist allerdings, ob und, falls ja, in welchen Bereichen Lernlücken bzw. nicht erworbene fachliche Kompetenzen zu ungünstigeren individuellen Outcomes im Erwachsenenalter geführt haben.

Wenn das Festhalten von Qualitätsstandards essenziell ist, kann daraus auch abgeleitet werden, dass Schulstoff insgesamt unverzichtbar ist. Wieso gibt es sonst ein über Jahrzehnte entwickeltes und ausgefeiltes Curriculum, wenn auf Teile davon verzichtet werden könnte?

Mit Dauer der Schulschließungen gibt es hierzu jedoch abweichende (pragmatische) Positionen. Zuerst sprach sich eine Expert*innenkommission der Friedrich-Ebert-Stiftung (2021) dafür aus, dass für das Schuljahr 2020/2021 und ggf. 2021/2022 eine inhaltliche Schwerpunktsetzung und Priorisierung des Schulstoffs notwendig sei (ebd., S. 5), falls keine zusätzlichen Lernzeiten generiert werden könnten (ebd., S. 15). Besonderes Augenmerk der inhaltlichen Schwerpunktsetzung soll dabei in den „versetzungs- und abschlussrelevanten" (ebd.) Fächern vorgenommen werden. Perspektivisch wird von der Kommission angeregt, die Bildungspläne mit dem Ziel der Festlegung eines bundesweit einheitlichen inhaltlichen „Kerns" der Fächer zu überarbeiten.

Auch die neu eingesetzte Ständige Wissenschaftliche Kommission der KMK (SWK) plädiert für eine Fokussierung auf „sprachliche und mathematische Basiskompetenzen" (SWK, 2021, S. 12). Allerdings wird nicht deutlich, ob dieses Vorgehen die Beschreibung des Machbaren oder des Nötigen ist. Die SWK argumentiert, dass es um die „Sicherung von Basiskompetenzen in Mathematik und Lesen gehe, die die Grundlage für alle anspruchsvollen kognitiven Prozesse legen und die vertiefte Auseinandersetzung mit abstrakten Sachverhalten ermöglichen" (ebd.).

Insgesamt spielt bei der Diskussion um das *Aufholen nach Corona* die Frage nach Qualitätsstandards eine wichtige, meist implizite Rolle (vgl. hierzu vertiefend das Kap. 7.2).

3.2 Basiskompetenzen versus Aufholen in allen Fächern

Im Zusammenhang mit der Einhaltung von Qualitätsstandards wird auch darüber diskutiert, wo ggf. auf Lernstoff verzichtet werden kann. Wie bereits angesprochen, ist für die SWK und die Expert*innenkommission der Friedrich-Ebert-Stiftung eine Fokussierung auf „versetzungs- und abschlussrelevante" bzw. „sprachliche und mathematische Basiskompetenzen" von zentraler Bedeutung. Im Umkehrschluss bedeutet dies, dass Schulstunden in jenen Fächern teilweise entfallen (und entsprechende Kompetenzen nicht erworben werden) sollen, die gemeinhin als „kleine" Fächer bezeichnet werden.

Spätestens dann, wenn es konkret wird, ist es, so Helbig (2021c), jedoch schwierig zu entscheiden, was wichtig und was weniger wichtig ist. Beispiel Ethik: Sicherlich ist es für die Erlangung des mittleren Schulabschlusses eher unwichtig, den Schüler*innen moralische Grundlagen unseres Gemeinwesens, den Respekt gegenüber anderen Religionen und Weltanschauungen, oder das Verhältnis von Menschen zur Umwelt näher zu bringen. Aber diese Aspekte sind für einen umfassenderen Bildungsbegriff, wie ihn sicherlich sehr viele Menschen teilen, unerlässlich. Beispiel (Heimat- und) Sachunterricht in der Grundschule: Ob nun die kulturellen und geschichtlichen Hintergründe der jeweiligen Heimatregion gelehrt werden, ist für eine erfolgreiche Schullaufbahn vermutlich eher unwichtig. Für viele Kinder, gerade im Spiegel steigender Migrationsanteile, ist dieser Unterricht jedoch oftmals die einzige Möglichkeit, um etwas über ihre (neue) Heimat zu erfahren. Ist dies wirklich verzichtbare Bildung?

Bedenklich bei der Diskussion um die „kleinen Fächer" ist, dass es in keinem dieser Fächer anerkannte Kompetenzerhebungen mit Breitenwirkung gibt. Wo das erworbene Wissen auch nicht gemessen wird, so könnte man argumentieren, kann man auch nicht zweifelsfrei nachweisen, dass hier „Lernlücken" existieren – ganz anders als in den Kernfächern Mathematik oder Deutsch.

Neben den normalen Fächern im Curriculum gibt es auch noch weitere schulische Veranstaltungen und Inhalte in bestimmten Klassenstufen, die durchgeführt bzw. erlernt werden sollen. Hierzu gehören die Schwimmkurse, die zumeist in den 3. Jahrgangsstufen stattfinden, Fahrsicherheitstrainings, besondere regionale Sportangebote, wie z. B. Eisschnelllauf, oder aber auch berufsvorbereitende Angebote wie Schulpraktika oder eine allgemeine Berufsvorbereitung. Diese Angebote sind in den „Corona-Schuljahren" meist entfallen und konnten nicht aufgeholt werden. Für Abschlussklassen wird dies in Bezug auf berufsvorbereitende Maßnahmen und Praktika kaum möglich sein, weil diese bereits die Schule verlassen haben. Bei anderen Angeboten, wie Schwimmkursen, müssen nun mehrere Jahrgänge durch diese Kurse geschleust werden. Auch hier haben sich Aufholprogramme damit auseinanderzusetzen, ob und wie diese Angebote aufgeholt werden sollen.

3.3 Zielgruppenadäquate Förderung versus Überforderung

Zur Zielgruppe von Aufholprogrammen sollten in erster Linie Kinder und Jugendliche zählen, die die größten Lernlücken und Lerndefizite haben. Gerade diese Gruppen zählen wohl zu jenen, die eine hohe Schulentfremdung aufweisen bzw. zu denjenigen, die mit den digitalen Unterrichtsangeboten weniger gut zurechtkamen oder weniger motiviert sind und die schon vor Corona geringere Lesekompetenzen und eine geringere Anstrengungsbereitschaft aufwiesen (Lockl et al., 2021). Auch die SWK (2021, S. 6) weist diesbezüglich darauf hin, dass „leistungsbezogene und emotional-psychische Probleme häufig dieselben Kinder und Jugendlichen betreffen, allerdings bei der Unterstützungsqualität oft nicht systematisch zusammengedacht werden". Das man Schüler*innen mit großen Lernrückständen nicht mit ausufernden Lernangeboten belasten kann, stellte z. B. der hessische Kultusminister Lorz fest, der vor einer Überforderung dieser Schüler*innen warnte (Hessischer Landtag, 2021a, S. 19 f.).

Besonders problematisch erscheint es in diesem Zusammenhang, dass die Schüler*innen mit den größten Lernlücken nicht nur den verlorenen Schulstoff nachholen, sondern weiterhin mit den anderen Schüler*innen Schritt halten und gleichzeitig den Stoff aus dem laufenden Schuljahr bewältigen müssen. Wie eine zielgruppenadäquate Förderung ohne gleichzeitige Überforderung der Schwächsten gelingen kann, ist weitgehend offen.

3.4 Freiwilliges „Mittelschichtsprogramm" versus verpflichtendes Programm zur zielgenauen Förderung

Eine weitere Frage, die sich stellt, ist, ob angebotene additive Kurse freiwillig sein oder aber verpflichtend durch diejenigen besucht werden sollen, die die größten Lernlücken aufweisen. Diese Frage ist für eine zielgenaue Förderung, aber auch juristisch relevant, weil gerade in der Ferienzeit weder Schüler*innen noch Lehrkräfte dazu verpflichtet werden dürfen, zusätzliche Unterrichtskurse zu besuchen bzw. zu geben. Inwieweit zumindest verpflichtende additive Kurse am Nachmittag für Schüler*innen möglich sind, ist aus unserer Sicht rechtlich offen.

Mit freiwilligem Förderunterricht, kostenloser Nachhilfe und Ferienkursen wurden nach einer Studie von Wößmann et al. (2021) leistungsstärkere und leistungsschwächere Schüler*innen in gleicher Weise erreicht. Nur bei bezahlter Nachhilfe finden sich eher leistungsschwächere Schüler*innen wieder. Insgesamt erreichen diese Maßnahmen aber nicht in dem Ausmaß leistungsschwächere Schüler*innen, wie man es erwarten würde. Ferner zeigt die Studie von Wößmann et al. (2021, S. 49), dass die freiwilligen Lernangebote von Kindern aus akademischen Elternhäusern fast doppelt so oft angenommen werden wie von Kindern aus nicht-akademischen Elternhäusern. Überspitzt gesagt sind freiwillige Lernangebote in der Realität auf bildungsnahe Familien ausgerichtet, obwohl sie eher sozial benachteiligten Gruppen zu Gute kommen sollen. Gerade bei Schüler*innen mit Migrationshintergrund, z. B. aus der Türkei, aus Rumänien oder dem Balkan kommt speziell bei den Ferienkursen hinzu, dass die Ferien oft genutzt werden, um die Verwandten in der Herkunftsregion zu besuchen. Obwohl von der Gesundheitspolitik Verwandtschaftsbesuche in diese Länder häufig mit einem Corona-Eintrag von außen in Verbindung gebracht wurden (BR24, 2021; Tagesschau, 2021), wurde unseres Wissens politisch nie thematisiert, dass diese Kinder dann auch nur schwer an freiwilligen Ferienprogrammen teilnehmen können.

3.5 Bedarfsorientierte Steuerung versus Verteilung mit der „Gießkanne" auf Schulebene

Ein Befund, bei dem sich fast alle Beobachter*innen einig waren, ist, dass sich soziale Ungleichheiten bei der Kompetenzverteilung und damit soziale Unterschiede der Lernrückstände während der „Corona-Schuljahre" vergrößert haben. Jüngste Studien bestätigen diese Erwartung überwiegend (für einen Überblick vgl. Weber et al., 2021). Darüber hinaus erwartet Helbig (2021c) weitere Diversität im Hinblick auf z. B. Klassenstufe, Land-Stadt-Unterschiede und Familiensprache, für deren Multidimensionalität es auch einige empirische Belege gibt. Ein genaueres Verständnis dieser Multidimensionalität ist auch für das zielgenaue Ansetzen von Maßnahmen zur Bewältigung coronabedingter Lernrückstände von Relevanz. Gerade mit begrenzten Mitteln ist dies noch zentraler. Die Verteilung der vorhandenen Mittel mit der „Gießkanne" entspricht jedenfalls nicht der vorliegenden Problemstellung. Nach welchen Kriterien können Mittel also verteilt werden? Zweifellos wäre es die beste Option, dort anzusetzen, wo Corona die größten Lücken gerissen hat, also bei den schulischen Kompetenzen der Schüler*innen. Wie oben im Exkurs zu Lernlücken dargelegt, liegen hierfür flächendeckend jedoch nur wenige Erkenntnisse vor. Eine andere Möglichkeit wäre es, Schulen stärker zu unterstützen, die auch vor der Pandemie schon relativ niedrige Leistungswerte aufwiesen. So sind auch die Einlassungen der SWK (2021, S. 7) zu verstehen, die eine Förderung der ohnehin leistungsschwächsten Schulen nach den VERA-3- und VERA-8-Ergebnissen auf Einzelschulebene für sinnvoll hält. Allerdings ist, wie im Kapitel E.2 ausgeführt, VERA hierfür nur bedingt geeignet. Dass nahezu kein Bundesland auf Leistungsmessungen als Grundlage zur Mittelverteilung zurückgreift, könnte auch so interpretiert werden, dass Bildungspolitik und -administration die Geeignetheit von VERA auf individueller bzw. Einzelschulebene (zu Recht) in Frage stellen.

Eine andere Möglichkeit, Ressourcen bedarfsorientiert einzusetzen, wäre eine Mittelverteilung über bereits etablierte Maße wie beispielsweise über sogenannte Sozialindizes. Gelder würden dann entlang der sozialen und teilweise ethnischen Zusammensetzung der Schüler*innenschaft verteilt. Hierfür setzte Hamburg in der Vergangenheit Befragungen zur sozioökonomischen Lage der Elternschaft an den Hamburger Schulen ein und bildete daraus den sogenannten KESS-Index – jetzt Sozialindex genannt, auf dessen Grundlage zusätzliche Mittel für „sozial belastete" Schulen bereitgestellt werden. Berlin nutzt u. a. den Anteil von Lernmittelbefreiten („armen") Kindern an einer Schule. Gleiches wäre in Rheinland-Pfalz möglich, wo dieser Indikator auf Schulebene ebenfalls existiert. Mittlerweile sind auch in Bremen und Nordrhein-Westfalen Sozialindizes installiert worden, die sich aus der kleinräumigen Verteilung von Kinderarmut in den Quartieren ableiten, aus denen die Schüler*innen einer Schule kommen. Soweit wir dies nachvollziehen können, gibt es auch in Hessen und Schleswig-Holstein zumindest Sozialraumindizes, die immerhin ansatzweise eine Mittelverteilung nach sozialen Kriterien ermöglichen würden. In den ostdeutschen Bundesländern gibt es bisher keinen Index, anhand dessen sich die soziale Zusammensetzung von Schulen rechtssicher ableiten ließe.[18] Gleiches gilt auch für Baden-Württemberg und Bayern.

In der Quintessenz würde eine Verteilung von Ressourcen nach Sozialindizes mehr Geld für jene Schulen zur Folge haben, die von mehr sozial benachteiligten bzw. armen Kindern besucht werden. Dies führt nicht nur zu einer ungleichen Mittelverteilung innerhalb von Städten (z. B. Villenviertel versus sozialer Brennpunkt), sondern hat auch eine ungleiche Mittelverteilung zwischen Schulformen (z. B. Hauptschule versus Gymnasium) und Trägerschaften (öffentlich versus privat) zur Folge. Der Einsatz der Mittel mit der „Gießkanne" würde jede*n Schüler*in an einem Gymnasium oder einer privaten Schule genauso unterstützen wie ein Kind an einer öffentlichen Hauptschule. Dies hätte mit einer bedarfsgerechten Förderung allerdings wenig zu tun, weil Gymnasiast*innen ebenso wie Schüler*innen privater Schulen im Durchschnitt aus sozial privilegierteren Schichten kommen und es Hinweise darauf gibt, dass gerade Gymnasien besser mit dem Distanzlernen umgehen konnten. Durch eine Verteilung mit der „Gießkanne" besteht zudem die Gefahr, dass sozial stark belastete Schulen kaum die Möglichkeit haben, die zugewiesenen Mittel adäquat einzusetzen, weil zu wenig Mittel für zu viele Schüler*innen mit Leistungsrückständen vorhanden wären.

3.6 Gleiche Instruktionszeit für mehr Lernstoff

Verknüpft mit den Fragestellungen, die in den Kapiteln 3.1 bis 3.3 diskutiert wurden, ist die Feststellung, dass Schulstoff, der in den „Corona-Schuljahren" hätte erarbeitet werden müssen, nicht überall erarbeitet werden konnte. Will man diesen nun aufholen, muss dieses Unterfangen parallel zum normalen Unterricht erfolgen. Wie der hessische Kultusminister Lorz deutlich macht, steht Zeit für Schüler*innen jedoch nicht unbegrenzt zur Verfügung: Die Pflichtstundenanzahl „kann man nicht beliebig anheben, ohne dass bei vielen Schülerinnen und Schülern eine Überforderung eintreten würde, die dem eigentlichen Ansinnen des Landesprogramms [...] entgegenstünde" (Hessischer Landtag, 2021, S. 19 f.). Wie es gelingen kann, mehr Zeit zu generieren, um Lernlücken zu schließen, ohne dabei Schüler*innen zu überfordern, ist eine weitere zentrale Herausforderung, mit der die Aufholprogramme umgehen müssen.

Aber nicht nur aus der Perspektive der Schüler*innen, sondern auch auf der Seite des Lehrpersonals braucht es mehr Instruktionszeit. Diese könnte man beispielsweise durch höhere Unterrichtsverpflichtungen generieren. Dies ist allerdings nur in begrenztem Umfang, z. B. bei teilzeitbeschäftigten Lehrkräften, möglich.

---

18 Darüber hinaus ist gerade hier der Zusammenhang zwischen ethnischer und sozialer Zusammensetzung von Schulen und Quartieren nicht so stark korreliert wie in einigen westdeutschen Städten (Helbig & Jähnen, 2018). Somit ist auch der Migrant*innenanteil auf Schulebene (der mittlerweile überall vorliegt) kein zielgenaues Maß zur bedarfsorientierten Förderung.

Alternativ kann versucht werden, mehr Personal zu gewinnen. Dies kann im Hinblick auf qualifiziertes Personal nur dann gelingen, wenn auf dem Arbeitsmarkt bzw. am Rande des Arbeitsmarkts (Lehramtsstudierende oder pensionierte Lehrkräfte) genügend qualifizierte Personen vorhanden sind. Oder aber das Lehrpersonal wird indirekt über Kooperationen mit externen Partner*innen (z.B. Stiftungen) rekrutiert, wobei die Frage der Qualifikationssicherung der eingesetzten pädagogischen Kräfte an die jeweiligen Kooperationspartner*innen „outgesourct" wird. Problematisch ist in diesem Zusammenhang der eklatante Mangel an pädagogischem Personal – gerade in den ostdeutschen Ländern.

Dass dieser Mangel keine Erfindung von Lehrkräftegewerkschaften und -verbänden ist, kann man an dem Anteil von Seiteneinsteiger*innen an allen Lehrkrafteinstellungen in den letzten zehn Jahren sehen (vgl. Tab. 6). Besonders in den neuen Bundesländern liegt deren Anteil an allen Lehrkrafteinstellungen bei über 10 Prozent, in Berlin und Brandenburg zuletzt bei einem Viertel, in Mecklenburg-Vorpommern bei knapp einem Drittel und Sachsen-Anhalt bei fast der Hälfte. Nur in Sachsen und in Thüringen liegt der Anteil von Seiteneinsteigenden „nur" bei rund 15 Prozent, wobei dieser Wert in Sachsen, bis zur Neueinführung der Verbeamtung von Lehrkräften am 01.01.2019, sogar kurzzeitig bei 50 Prozent lag. An den nicht-gymnasialen Schulformen sind sogar noch deutlich höhere Werte zu erwarten, wie zuletzt eine parlamentarische Anfrage aus Brandenburg zeigte (Landtag Brandenburg, 2022). Auch im ländlichen Raum sind regional noch weitaus höhere Werte zu erwarten, wie die von uns interviewten Expert*innen berichteten. Da man Seiteneinsteiger*innen im Allgemeinen deshalb einstellt, weil keine qualifizierten Lehrkräfte mehr verfügbar sind, sind Seiteneinsteiger*innenquoten von 10 bis teilweise 50 Prozent ein Beleg dafür, dass es vor Ort kaum pädagogische Unterstützung geben kann, weil auch das pädagogische Personal ohne Lehramtsausbildung bereits ins Lehramt gewechselt ist.

In Sachsen-Anhalt stellt sich die Situation sogar so dramatisch dar, dass es ab dem Schuljahr 2022/2023 in einigen Schulen Modellversuche mit einer 4-Tage-Woche gibt. Das heißt, die Schüler*innen sollen an einem Tag in der Woche zu Hause lernen. Auch wenn das Bildungsministerium in Sachsen-Anhalt dementiert, dass dies mit dem Lehrkräftemangel im Zusammenhang stünde, liegt es doch sehr nahe, dass dies der Fall ist. Gerade, dass die Modellversuche an Sekundar- und Gemeinschaftsschulen stattfinden, wo der Lehrkräftemangel besonders ausgeprägt ist, spricht dafür.

Tab. 6: Anteil von Seiteneinsteiger*innen an allen Neueinstellungen ins Lehramt in den Jahren 2011 bis 2021

Land	Jahr										
	2011	2012	2013	2014	2015	2016	2017	2018	2019	2020	2021
Baden-Württemberg	2,7	1,5	3,2	2,6	2,7	2,9	2,2	2,3	0,3	3,0	1,4
Bayern	1,6	2,4	0,0	0,0	0,0	0,0	0,0	0,0	0,0	0,0	0,0
Berlin	5,8	8,0	10,2	16,7	19,6	28,8	41,5	40,1	24,3	23,4	24,5
Brandenburg	0,0	0,0	4,2	7,9	8,3	16,1	25,3	32,4	42,9	39,1	27,2
Bremen	4,3	3,2	4,5	5,5	2,3	7,6	20,7	25,5	19,9	6,5	5,5
Hamburg	2,0	2,2	2,7	2,8	2,6	4,8	2,9	3,3	3,9	4,6	5,0
Hessen	0,0	0,0	0,0	0,0	0,0	0,0	0,0	1,5	1,1	0,3	2,9
Mecklenburg-Vorpommern	3,4	5,9	2,0	0,0	3,0	5,7	20,7	22,9	30,0	34,1	30,3
Niedersachsen	3,1	2,8	2,4	3,8	5,5	10,6	13,4	13,6	8,4	7,5	5,8
Nordrhein-Westfalen	10,5	6,4	2,8	2,3	3,1	6,7	10,3	12,3	9,0	8,8	7,1
Rheinland-Pfalz	2,8	0,6	0,3	0,2	0,8	0,7	0,7	0,8	0,2	0,4	0,0
Saarland	4,0	1,4	0,0	0,6	1,5	0,0	0,0	0,0	0,0	0,0	1,4
Sachsen	2,9	2,8	3,3	1,1	17,6	34,6	46,6	50,6	23,5	10,2	15,2
Sachsen-Anhalt	2,3	2,5	2,4	2,1	2,7	6,6	12,7	27,7	24,7	40,6	45,6
Schleswig-Holstein	3,7	3,1	3,2	2,8	1,6	2,2	2,8	2,8	3,7	3,9	9,8
Thüringen	2,8	3,9	2,4	0,5	0,4	2,8	11,4	8,4	4,4	18,3	13,5

Anm.: hellgrau unterlegt: mindestens 10 Prozent Seiteneinsteiger*innen; dunkelgrau unterlegt: mindestens 20 Prozent Seiteneinsteiger*innen

Quelle: KMK, 2021d; eigene Zusammenstellung und Berechnungen für Neueinstellungen in allgemeinbildenden Schulen ab 2019, bis 2018 noch mit beruflichen Schulen. In Bayern ohne kommunale Einstellungen.

3.7 Coronabedingte Lernrückstände versus grundlegende systemische Problemlagen

Eine wichtige Frage, die sich die Bildungspolitik wie auch die Wissenschaft stellt, ist, wie viele Kinder von (großen) Lernrückständen betroffen sind. Ex-Bildungsministerin Anja Karliczek (CDU) ging bereits im März 2021 davon aus, dass „20 bis 25 Prozent der Schüler vermutlich große Lernrückstände [haben] – vielleicht sogar dramatische" (RND, 2021c) und forderte für das Aufholprogramm zunächst flächendeckende Lernstandserhebungen.[19] Auch Hans-Peter-Meidinger, Vorsitzender des Deutschen Philologenverbandes, äußerte sich bereits im März 2021 in ähnlicher Weise, dass mindestens 20 Prozent der Schüler*innen wegen der Corona-Krise einen stark erhöh-

---

19 Vgl. hierzu und zu weiteren Einzelheiten der Entstehungsgeschichte des Aktionsprogramms Fickermann et al. (2021, S. 20 f.).

ten Förderbedarf haben würden (News4Teachers, 2021a). Auch in den Bundesländern wird diese Größenordnung bei der Beschreibung der Lernprogramme, wie z. B. in Berlin, wiedergegeben (SenBJ BE, 2021c).

Eine empirische Basis für diese 20 bis 25 Prozent gibt es unseres Wissens nicht und wir können auch nicht eindeutig nachvollziehen, wer diese Zahl als erstes nannte, die sich im Zeitverlauf auch nicht veränderte, trotz weitergehender Schulschließungen bis teilweise in den Mai 2021 hinein (zu dem, was zum Zeitpunkt des Abschlusses der Bund-Länder-Vereinbarung zum Aktionsprogramm über Lernlücken empirisch bekannt war und was wir jetzt empirisch über Lernlücken wissen vgl. Kap. E.1 und E.2). Auch die SWK spricht Anfang Juni 2021 von 20 bis 25 Prozent Schüler*innen, allerdings nicht von Schüler*innen mit coronabedingten Lernrückständen, sondern von Schüler*innen, die die schulischen Mindestanforderungen in den sprachlichen und mathematischen Basiskompetenzbereichen nicht erreichen (SWK, 2021). Es handelt sich dabei um jene „Risikogruppe", die die PISA-Studien bereits vor der Pandemie in Deutschland identifiziert haben. Dies wird auch in dem 8. Ad-hoc-Gutachten der Leopoldina in ähnlicher Weise festgehalten (Nationale Akademie der Wissenschaften Leopoldina, 2021). Darüber, wie viele Schüler*innen die Aufholprogramme der Länder nun adressieren sollen, machen beide Kommissionen keine Aussagen. Dennoch lassen sich die Ausführungen auch so interpretieren, dass es zentral ist, eben diese Risikoschüler*innen zu adressieren, die auch schon vor Corona geringe Kompetenzstände aufwiesen.

Durch die unzureichende Definition der zu adressierenden Gruppen, die auch auf eine mangelhafte Datenlage in Deutschland zurückzuführen ist, werden nicht, wie bereits oben beschrieben, coronabedingte Lernrückstände thematisiert, sondern Schüler*innen mit fehlenden Basiskompetenzen. Durch diese implizite oder explizite Fokussierung auf die Risikopopulation werden jedoch unrealistische Erwartungen an die Aufholprogramme geweckt. Denn sie sollen in dieser Lesart nun nicht mehr pandemiebedingte temporäre Probleme lösen, sondern auch zentrale Problemlagen des deutschen Schulsystems, die auch schon vor Corona bestanden.

Die SWK hat in ihrem Gutachten empfohlen, die Mittel sehr fokussiert und bedarfsorientiert einzusetzen, weil sonst die Zielgruppe des Programms nicht effektiv erreicht werden könne. Das Geld vor allem an den Gelenkstellen des Schulsystems einzusetzen (z. B. am Übergang auf die weiterführenden Schulen) führt wiederum zu Problemen, weil natürlich auch Schüler*innen der zweiten oder siebten Jahrgangsstufen unter der Pandemie gelitten haben. Diesen Schüler*innen bzw. ihren Eltern mitzuteilen, dass sie über die länderspezifischen Aufholprogramme nicht gefördert werden sollen, ist schwer zu kommunizieren.

Die mangelhafte Eingrenzung der zu adressierenden Schüler*innenpopulationen und die zu weit gefassten Ziele des Aufholprogramms werden ein zentrales Problem darstellen, schlussendlich den „Erfolg" der Aufholprogramme herauszuarbeiten. Wenn alle Beteiligten (das BMBF und die Bundesländer) von 20 bis 25 Prozent adressierter Schüler*innen als Zielgröße für die Verwendungsnachweise der Länder beim Bund ausgehen, besteht unweigerlich ein Konfliktpotenzial. Entweder wird der Bund unzufrieden sein, weil zu wenige Schüler*innen durch die Programme erreicht wurden, oder die Bildungsakteure vor Ort werden unzufrieden sein, weil die Mittel für die eingesetzten Maßnahmen zu knapp bemessen sind, um die angestrebten 20 bis 25 Prozent der Schüler*innen erreichen zu können.

Tab. 7:   Anteil von Kindern unterhalb des Mindeststandards in den Bundesländern

Land	Anteil in v. H. der Schüler*innen, die die Mindeststandards in Mathematik nicht erreicht haben in der …	
	… 9. Jahrgangsstufe (2018)	… 4. Jahrgangsstufe (2018)
Baden-Württemberg	22,5	15,5
Bayern	17,2	8,3
Berlin	33,9	27,6
Brandenburg	24,2	14,7
Bremen	40,6	35,4
Hamburg	28,8	21,2
Hessen	27,5	14,6
Mecklenburg-Vorpommern	29,0	14,8
Niedersachsen	23,5	16,3
Nordrhein-Westfalen	27,7	19,2
Rheinland-Pfalz	27,2	15,8
Saarland	31,2	13,9
Sachsen	14,0	8,8
Sachsen-Anhalt	24,9	12,1
Schleswig-Holstein	28,5	13,2
Thüringen	19,5	12,6
Deutschland	24,3	15,4

Quelle: Kohrt et al. (2017, S. 142); Kölm & Mahler (2019, S. 160)

Hinzu kommt ein weiteres Problem, wenn man vor allem auf die Risikoschüler*innenpopulation abstellt/abstellen würde: Die Größe dieser Population unterscheidet sich zwischen den Bundesländern erheblich. In Tabelle 7 ist der Anteil der Schüler*innen dargestellt, die in der vierten und neunten Klasse die Mindeststandards in Mathematik nicht erreicht haben. Die Spannbreite reicht bei den Neuntklässler*innen von 14 Prozent in Sachsen bis zu 40,6 Prozent in Bremen (bei einem Mittelwert von 24,3 %). In den vierten Klassen reicht sie von 8,3 Prozent in Bayern bis zu 35,4 Prozent in Bremen (bei einem Mittelwert von 15,4 %). Diese großen Spannbreiten führen erstens zu der Feststellung, dass, wenn es um die Risikoschüler*innen gehen soll, in einigen Ländern deutlich mehr Kinder adressiert werden müssten als in anderen. Zweitens führt dies zu dem Schluss, dass die Mittel aus dem Aufholprogramm allein schon gemessen an diesem Kriterium nicht bedarfsgerecht auf die Länder verteilt worden sind.

Die nicht bedarfsgerechte Mittelverteilung gilt nicht nur mit Blick auf die Größe der Risikoschüler*innenpopulationen. Auch bei der sozialen Zusammensetzung der Schüler*innenschaften gibt es ausgeprägte Bundesländerunterschiede. Hier reicht die Quote von Kindern, die in Haushalten mit SGB-II-Bezug wohnen, von knapp 31 Prozent in Bremen über rund 18 Prozent in Nordrhein-Westfalen, dem Saarland und Sachsen-Anhalt bis hin zu unter 8 Prozent in Baden-Württemberg und Bayern (Stand 2019) (vgl. auch Bundesinstitut für Bau-, Stadt- und Raumforschung, 2022; Fickermann et al., 2022; Fickermann & Hoffmann, 2021).

Bedarfsgerecht wäre es sicherlich gewesen, nach sozialen Indikatoren oder der Risikopopulation die Gelder für das Aufholprogramm an die Bundesländer zu verteilen. Demgegenüber steht aber erstens die Feststellung, dass nicht nur sozial schwache Schüler*innen unter der Pandemie gelitten haben und dass sich die Aufholprogramme den coronabedingten Lernrückständen zuwenden sollen und nicht der Vor-Corona-Risikopopulation. Zweitens werden Bundesmittel im Schulbereich auch in anderen Kontexten nicht nach unterschiedlichen Bedarfen verteilt, auch wenn sie noch so offensichtlich sind (vgl. die von Fickermann et al., 2022 exemplarisch angeführten Beispiele). Wie ein multipler Benachteiligungsindex als Grundlage für eine Alternative zum Königsteiner Schlüssel oder für eine Mittelverteilung auf der Basis von Umsatzsteueranteilen aussehen könnte, haben Fickermann et al. in einem von der GEW in Auftrag gegeben Gutachten ausgeführt (ebd.)

3.8 Zeitliche Umsetzung der Maßnahmen

Ein weiterer Punkt, der bei der Umsetzung der Aufholprogramme zu beachten ist, ist die häufig getroffene Feststellung, dass das System Schule schwer veränderlich ist (vgl. z.B. Edelstein, 2016). Die Planung und Implementation schulorganisatorischer Innovationen ist typischerweise voraussetzungsvoll. Dementsprechend sollte es gerade Bundesländern, die bereits in spezifische individuelle oder gruppenbezogene Lernförderung investiert haben, leichter fallen, die Mittel aus dem Aufholprogramm zu kanalisieren. Überall dort, wo dies nicht der Fall ist bzw. die Programmmittel nicht in bestehende Strukturen eingepasst werden können, ist aus einer organisationssoziologischen Perspektive von Reibungsverlusten auszugehen. Die Kultusministerin von Brandenburg und damalige KMK-Vorsitzende Britta Ernst hielt bei der Plenarsitzung, in der das Aufholprogramm in Brandenburg beschlossen wurde, fest, dass man vor der logistischen Herausforderung stehe, die beschlossene Summe auch an die Kinder zu bringen (Landtag Brandenburg, 2021a, S. 45). Dieses Problem werden wir auch in anderen Bundesländern sehen. Aus der Einlassung wird immerhin klar, dass man dieses Problem zumindest als eine zentrale Herausforderung wahrgenommen hatte.

Die zeitliche Dimension führt auch zu einem Konflikt bezüglich der bedarfsgesteuerten Förderung. Auf der einen Seite soll Hilfe möglichst schnell zur Verfügung stehen. Auf der anderen Seite muss diese Hilfe geplant und in den meisten Fällen mit zusätzlichem Personal in (teilweise) neuen Strukturen ausgestaltet werden. Das Bund-Länder-Programm zum Aufholen von Lernrückständen wurde am 01.06.2021 beschlossen. Dies war kurz vor den Sommerferien einiger Bundesländer. Somit war es wohl auch unrealistisch, von zusätzlich eingestelltem pädagogischem Personal nach den Sommerferien auszugehen, das aus den Bundesmitteln finanziert werden konnte.

Ferner werden bestimmte Personalgruppen fast ausschließlich zum Schuljahresbeginn eingestellt. Dies gilt z. B. für Personen, die ein freiwilliges soziales Jahr (FSJ) absolvieren wollen. Mit den im Juni freigegebenen Mitteln konnten zum Schuljahr 2021/2022 kaum neue FSJ-Stellen geschaffen werden, die in einigen Bundesländern als zusätzliches Personal zum Aufholen von Lernrückständen und der Kompensation von sozialen und psychischen Problemen zur Verfügung stehen sollten. Dementsprechend kommt auch der Arbeitskreis FSJ zu dem kritischen Urteil,

> „dass es aufgrund der Kurzfristigkeit der aufgelegten Programme für viele Träger außerordentlich schwierig ist, Freiwilligenplätze zu schaffen und Bewerber*innen zu finden. Durch die befristete Laufzeit des Programms ist die Zusammenarbeit mit neuen Einsatzstellen zudem kaum nachhaltig gestaltbar" (BAK FSJ, 2021, S. 2).

3.9 Zwischenfazit

In diesem Kapitel haben wir versucht darzustellen, dass es bei der Frage, wie Lernrückstände aufgeholt werden können, keine einfachen Antworten gibt. Es gibt eine ganze Reihe von Punkten, bei denen in Bezug auf das angestrebte Ziel des Aufholprogramms (coronabedingte Lernrückstände aufzuholen) Unwägbarkeiten und Zielkonflikte vorliegen. Abgewogen werden muss zwischen

1) einer Anpassung von Standards und der Sicherung von Qualität bei Prüfungen und Bildungsübergängen,
2) der Sicherung von Basiskompetenzen und der Vermittlung von Lerninhalten in allen Fächern,
3) einer zielgruppenadäquaten Förderung und einer Überforderung von Schüler*innen,
4) einem freiwilligem „Mittelschichtsprogramm" und einem verpflichtenden Programm zur zielgenauen Förderung,
5) einer bedarfsorientierten Steuerung auf Schulebene und einer (unbürokratischen) Verteilung der Mittel mit der „Gießkanne",
6) dem Mehraufwand an Instruktionszeit und dem Mangel an Personal,

7) coronabedingten Lernrückständen und grundlegenden systemischen Problemlagen sowie

8) zwischen schneller Hilfe und einem schwer veränderlichen System.

Über diese Aspekte gibt es weder Vereinbarungen im Bund-Länder-Programm noch Absprachen zwischen den Ländern. Deshalb sollten sich in der Ausgestaltung der Landesprogramme immer auch implizit die Antworten auf die hier formulierten Problematiken und Zielkonflikte wiederfinden.

4 Forschungsleitende Fragen

Mit dem Ziel, Lernlücken zu schließen, sind eine ganze Reihe offener pädagogischer, organisatorischer und politischer Fragen verbunden, mit denen sich Bildungspolitiker*innen im Bund und in den 16 Bundesländern und auch zahlreiche Bildungsforscher*innen nicht erst seit der Verabschiedung des Bund-Länder-Programms zum Aufholen von Lernrückständen auseinandersetzen. Antworten auf diese offenen Fragen sind deshalb nicht nur für das Aufholen von pandemiebedingten Lernrückständen relevant, sondern haben auch eine darüber hinausgehende Bedeutung. Die vorliegende Studie kann deshalb auch als eine Fallstudie zu der Frage angesehen werden, wie Kooperationen von Bund und Ländern im Bildungsbereich gestaltet werden können und welche Voraussetzungen gegeben sein müssen, um drängenden Herausforderungen im Schulbereich effizient und effektiv gemeinsam zu begegnen.

Unsere Forschungsleitenden Fragen lassen sich in drei Blöcke gliedern. Im ersten Block geht es um den Bezug der Ländermaßnahmen zu den in der Verwaltungsvereinbarung zum Aktionsprogramm genannten Zielen.

1) Welche Maßnahmen (z. B. Förder- oder Nachhilfeprogramme innerhalb und außerhalb des Regelunterrichts) wurden und werden in den Ländern zur Schließung von pandemiebedingten Lernlücken umgesetzt? Wie hoch ist die Summe der dafür eingesetzten Finanzmittel?

2) Welche Zielvorstellungen zur Zahl der durch die Maßnahmen adressierten Schüler*innen haben die Länder? Liegen (empirische) Begründungen dafür vor, warum ggf. nur ein bestimmter Anteil von Schüler*innen an den Maßnahmen partizipieren soll?

3) Sollen die ergriffenen bzw. noch geplanten Maßnahmen bedarfsorientiert (z. B. nach Schulform oder sozialer Zusammensetzung einer Schule) eingesetzt werden? Wenn ja, an welchen Parametern soll eine Bedarfsorientierung festgemacht werden?

4) Wann und wie (z. B. Testungen von Schüler*innen, Lehrkräftebefragung) und in welchen Fächern und Klassenstufen sind Lernstandserhebungen durchgeführt worden bzw. sollen noch Lernstandserhebungen durchgeführt werden?

5) Gibt es konkrete Vorstellungen darüber, wie man mit den Ergebnissen der Lernstandserhebungen umgehen will? Sollen diese als individuelles Diagnosetool genutzt werden, um bedarfsorientiert zu fördern? Wenn ja, sollen nur jene Schüler*innen gefördert werden, die eine bestimmte „Basiskompetenz" nicht erreichen, oder auch Kinder, die ihre „Potenziale" in den „Corona-Schuljahren" nicht voll ausschöpfen konnten? Sollen mit diesem Instrument zusätzlich Aussagen darüber abgeleitet werden, wie groß die Lernlücken der Schüler*innen in Abhängigkeit individueller und struktureller Einflussfaktoren sind?

6) Werden neben Maßnahmen zur Schließung von Lernrückständen auch andere Maßnahmen in den Ländern durchgeführt, z. B. zur Förderung der sozialen Entwicklung der Kinder oder berufsvorbereitende Maßnahmen?

7) Gibt es spezielle Regelungen für Schüler*innen an Förderschulen bzw. für Kinder mit sonderpädagogischen Förderbedarfen in inklusiven Kontexten?

8) Wie wurde seitens der Kultusministerien mit den schulischen Akteuren (Lehrkräfte, Schulen und Eltern) kommuniziert?

Der zweite Block unserer forschungsleitenden Fragen widmet sich eher dem schulrechtlichen bzw. schulorganisatorischen Umgang (z. B. freiwillige Klassenwiederholung, Änderungen von Prüfungsanforderungen, Verlängerung der Schulzeit) mit Lernlücken.

1) Gibt es Maßnahmen, die nicht auf individuelle Förderung bzw. das Aufholen von Lerninhalten ausgerichtet sind, sondern stattdessen systematisch alle Schüler*innen gleichermaßen adressieren (Verschiebung von Lerninhalten, Verzicht auf Lerninhalte, Verlängerung der Schulzeit)?

2) Inwieweit wurden „Qualitätsstandards" während der Pandemie gesenkt? Gab es z. B. „Abmilderungsverordnungen" in den Schuljahren 2019/2020 und 2020/2021, mit denen die bisherigen Regelungen zur Klassenwiederholung, für Bildungsübergänge und für Abschlussprüfungen modifiziert wurden? Sollen solche „Abmilderungsverordnungen" ggf. auch für das Schuljahr 2021/2022 weiter gelten?

Der dritte Block adressiert allgemeine Fragen zur Umsetzung der Maßnahmen im Aktionsprogramm.

1) Welche Strategien wurden bzw. werden von den Kultusministerien bzw. von den Schulen eingesetzt, um rechtzeitig und flächendeckend über genügend Personal für die eingeleiteten Maßnahmen verfügen zu können?

2) Werden die Mittel aus dem Programm bis zum Ende des Haushaltsjahres 2022 genutzt, oder werden die Mittel bis zum Ende Schuljahres 2022/2023 (über den Länderanteil) genutzt?

3) Gibt es eine langfristige Strategie, die aufgebaute digitale Infrastruktur weiterzuentwickeln und für die Post-Corona-Zeit nutzbar zu machen, ggf. um individuell Lernrückstände aufholen zu können? Wenn ja, gibt es hierfür bereits Eckpunkte zu den Inhalten und zur Finanzierung?

Die Beantwortung der oben gestellten Fragen ermöglicht es herauszuarbeiten, inwieweit erstens die in der Verwaltungsvereinbarung aufgeführten Ziele des Aktionsprogramms für die Länder handlungsleitend waren bzw. sind, und zweitens die ergriffenen Maßnahmen im Spiegel der Herausforderungen aus den „Corona-Schuljahren" zu bewerten. Drittens können möglicherweise allgemeine Rahmenbedingungen benannt werden, die den „Erfolg" von ergriffenen Maßnahmen beeinflussen. Viertens können ggf. „Best-Practice"-Modelle identifiziert werden, von denen die Länder wechselseitig profitieren können und die zum Abbau bestehender Bildungsbenachteiligungen auch längerfristig genutzt werden können. Fünftens kann herausgearbeitet werden, inwieweit die Aufholprogramme mit bestehenden (Förder-)Angeboten in den Bundesländern verknüpft wurden und inwieweit die Existenz solcher (Förder-)Angebote die Umsetzung von Maßnahmen des Aufholprogramms erleichtert. Schlussendlich können sechstens Anforderungen an künftige Bund-Länder-Vereinbarungen herausgearbeitet werden, die erfüllt sein müssen, damit die zur Verfügung stehenden Mittel effektiv und effizient eingesetzt werden können.

5 Methodisches Vorgehen und Ablauf der Datenerhebung

Zur Beantwortung unserer Forschungsfragen haben wir Informationen aus mehreren Quellen genutzt. Zum einen haben wir die Webseiten der Kultusministerien der Länder regelmäßig auf einschlägige Informationen hin durchsucht sowie Pressemitteilungen der Ministerien und, soweit öffentlich zugänglich, Rundbriefe und sonstige Informationen für Schulen und Eltern ausgewertet. Plenar- und Ausschussprotokolle der Landesparlamente sowie die Antworten auf parlamentarische Anfragen sind die zweite wesentliche Quelle für unsere Dokumentenanalyse. Ferner haben wir mitunter auch Presseartikel zu den Landesprogrammen einbezogen. In unserer Dokumentenanalyse haben wir vor allem Dokumente ab Februar 2021, dem Zeitpunkt, ab dem verstärkt über Maßnahmen zur Schließung von Lernlücken diskutiert worden ist, bis ca. Mitte März 2022 berücksichtigt. In Einzelfällen nutzten wir auch jüngere Dokumente, z. B. Antworten auf parlamentarische Anfragen, die erst Ende März oder im April 2022 vorlagen. Durch die Dokumentationspflichten der Länder im Bund-Länder-Programm lassen sich einzelne Maßnahmen zur Behebung von Lernrückständen inhaltlich vergleichsweise gut dem Bund-Länder-Programm zuordnen. Schwierigkeiten bei der Zuordnung liegen dann vor, wenn es sich um Maßnahmen handelt, für die kein zusätzlicher Einsatz von Finanzmitteln notwendig wird, wie z. B. für die Veränderung von Prüfungsordnungen. Hierfür haben wir dankenswerterweise vom Sekretariat der KMK eine Übersicht über solche Maßnahmen erhalten (KMK, 2022b). Ebenfalls schwierig ist es, finanzielle Mittel dem Bund-Länder-Programm zuzuordnen, wenn bestehende Strukturen der Länder ausgebaut worden sind bzw. ausgebaut werden sollen. Hier ist kaum zu trennen, welcher Mittelaufwuchs auch ohne das Bund-Länder-Programm geplant war und welcher erst durch das Bund-Länder-Programm möglich wurde.

Neben der Dokumentenanalyse hatten wir zunächst geplant, mit den Vertreter*innen der 16 Bildungs- bzw. Kultusministerien Interviews zu führen, um mehr über die Überlegungen zu erfahren, die den Aufholprogrammen zu Grunde liegen. Konkret haben wir im September 2021 die 16 Staatssekretär*innen und Staatsrät*innen der für den Schulbereich zuständigen Ministerien und Behörden der Länder mit der Bitte um ein Interview ab November 2021 kontaktiert. Nach rascher Zustimmung aus sechs Ländern haben sich die Amtschef*innen in der Amtschefkonferenz der KMK dahingehend verständigt, zunächst noch nicht für Interviews zur Verfügung stehen zu wollen. Stattdessen wurde zunächst um ein klärendes Gespräch mit dem Generalsekretär der KMK gebeten, in dem wir unser Forschungsprojekt und unsere Forschungsziele vorstellen sollten. Unser Anliegen sollte danach erneut in der Amtschefkonferenz der KMK Ende November 2021 beraten werden. Nach der Amtschefkonferenz im November wurden wir gebeten, unser Anliegen noch ein weiteres Mal, diesmal persönlich in der Amtschefkonferenz am 20.01.2022, vorzutragen und eventuelle Nachfragen der Staatssekretär*innen und Staatsrät*innen der Länder zu beantworten. Nachdem wir die Sitzung verlassen hatten, fassten die Amtschef*innen einen Beschluss, mit dem sich nunmehr alle Bundesländer verpflichteten, uns nicht für ein Interview zur Verfügung zu stehen. So blieb uns nur ein Interview mit Hamburg, unterhalb der Staatsratsebene, das wir bereits Ende Oktober 2021 führen konnten. Es ist an dieser Stelle müßig zu diskutieren, warum die Amtschef*innen uns im Rahmen eines wissenschaftlichen Projekts Expert*inneninterviews verweigerten. Bemerkenswert und unseres Wissens nach einzigartig ist die Tatsache, dass alle Amtschef*innen diesem Beschluss folgten, obwohl durchaus einige Mitglieder der Amtschefkonferenz für ein Interview zur Verfügung stehen wollten.

Durch die sehr späte Absage der Amtschef*innen am 20.01.2022 (vier Monate nach unserem ersten Anschreiben) war die Erreichung der Ziele unseres Forschungsprojektes hochgradig gefährdet. Zum einen waren die notwendigen finanziellen Mittel für einen kürzeren Zeitraum veranschlagt (die Untersuchung sollte ursprünglich Ende Januar 2022 abgeschlossen sein) und zum anderen fehlten uns nun die notwendigen Hintergrundinformationen, um mögliche Beweggründe und Begründungsmuster identifizieren zu können, die sich in der Konzeption der Länderprogramme zum Aufholen von coronabedingten Lernrückständen wiederfinden.

Mittels einer Anschlussfinanzierung durch die Max-Träger-Stiftung konnten wir den Projektzeitraum glücklicherweise bis Ende Mai 2022 verlängern. Die verlängerte Laufzeit ermöglichte uns dann auch, die Zwischenberichte der Länder an den Bund (Ende März 2022) in unsere Auswertungen einzubeziehen. Durch diese Berichte, vor allem aber auch durch das Commitment der Gewerkschaft Erziehung und Wissenschaft (GEW) erhielten wir schließlich doch noch Zugang zu Informationen zur praktischen Umsetzung der Länderprogramme und den dabei auftretenden Herausforderungen und Problemlagen.

Im Januar 2022 haben wir die Vorsitzenden der GEW-Landesverbände mit Bitte um Expert*inneninterviews zu den Landesaufholprogrammen kontaktiert. Unsere Interviewbitte war dabei nicht nur an die Landesvorsitzenden adressiert, sondern auch an kompetente Ansprechpartner*innen, die möglichst früh in Diskussionen über die Landesprogramme mit den jeweiligen Kultusministerien involviert waren und uns über die Umsetzungspraxis Auskunft geben konnten. Durch die Absage der Amtschef*innen verloren wir Interviewpartner*innen, die uns über die politischen Abwägungsprozesse zu den Aufholprozessen hätten Auskunft geben können. Auf der anderen Seite gewannen wir Ansprechpartner*innen, die uns Einblicke in die Kommunikation der Ministerien mit relevanten Interessengruppen ermöglichten und zudem einen Einblick in die Umsetzung der Aufholprogramme gewährten.

In einigen Fällen, bei weitem aber nicht in allen, führten wir Interviews mit den GEW-Landesvorsitzenden. Hinzu kamen weitere kompetente Ansprechpartner*innen, die uns durch die Landesvorsitzenden benannt wurden. Die leitfadengestützten narrativen Interviews zu unseren im vorherigen Kapitel formulierten Forschungsfragen fanden über die Videoplattform Zoom mit einer*einem bis fünf Interviewpartner*innen[20] statt. Der verwendete Leitfaden kann bei den Autoren und der Autorin angefordert werden. Die Interviews fanden zwischen dem 01.02. und dem 14.04.2022 statt.

Aufgrund unserer begrenzten Ressourcen und des engen Zeitrahmens war es uns leider nicht möglich, weitere Interviews mit Vertreter*innen anderer Verbände oder aus der Praxis zu führen. Uns ist bewusst, dass die Bandbreite der durch die Interviews abgebildeten Erfahrungen und Positionen dadurch notwendiger Weise begrenzt ist.

Über die Gespräche mit den GEW-Vertreter*innen hinaus führten wir noch ein Hintergrundgespräch mit einer Vertreterin bzw. einem Vertreter des Bundesministeriums für Bildung und Forschung, aus dem wir einige Informationen für das zweite Kapitel verwenden konnten.

Die gesammelten Informationen aus der Dokumentenanalyse und den Interviews wurden von uns zu Länderberichten verdichtet (vgl. Kap. 6).

Nachdem die KMK am 10.05.2022 den dem BMBF am 31.03.2022 vorgelegten Zwischenbericht der Länder zu den Maßnahmen zur Umsetzung des Aktionsprogramms veröffentlicht hat, konnten wir unsere Recherchen auf der Basis öffentlich zugänglicher Quellen und der geführten Expert*inneninterviews mit den Angaben der Länder in dem Zwischenbericht abgleichen und zugleich den von ihnen ausgewiesenen Mitteleinsatz den ihnen vom Bund zur Verfügung gestellten Mitteln gegenüberstellen.

Den Zwischenbericht wollte uns weder die KMK noch das BMBF zugänglich machen. Sie verwiesen jeweils auf die andere Seite, mit der eine Veröffentlichung nicht vereinbart worden sei. Deshalb haben wir am 05.04.2022 mit Bezug auf das Informationsfreiheitsgesetz (IfG) des Bundes das BMBF gebeten, uns den Zwischenbericht zu übermitteln. Dieser wurde uns am 09.05.2022 (vier Tage nach der gesetzlichen Frist) zugänglich gemacht. Einen Tag später veröffentlichte die KMK den Zwischenbericht dann von sich aus (KMK, 2022e). Ob unsere Anfrage nach dem IfG oder die Veröffentlichung eines Artikels im Spiegel (2022a) zum Zwischenbericht am 09.05.2022 ursächlich für seine Veröffentlichung war, wissen wir nicht. Dass die KMK den Zwischenbericht zu diesem Zeitpunkt von sich aus veröffentlicht hätte, erscheint uns eher unwahrscheinlich.

Zusammenfassend gehen wir auf die Umsetzung der Länderprogramme im siebten Kapitel ein. Hierzu beschreiben wir die Länderprogramme anhand ausgewählter Dimensionen (Kap. 7.1). Ferner stellen wir dar, wie die einzelnen Bundesländer mit den in Kapitel 3 beschriebenen Zielkonflikten bei der Umsetzung ihrer Landesprogramme umgegangen sind bzw. ob diese überhaupt explizit oder implizit thematisiert wurden (Kap. 7.2). Schließlich setzen wir uns noch mit der politischen Kommunikation der zentralen Akteure aus Bildungspolitik und -administration zum Bund-Länder-Programm auseinander (Kap. 7.3).

---

20 Aus Gründen der Anonymität zitieren wir in den Länderberichten des 6. Kapitels Aussagen unserer *Interviewpartner*innen*, unabhängig von deren Geschlecht und unabhängig davon, ob wir ein Einzel- oder ein Gruppeninterview durchgeführt haben.

Unsere Auswertungen verdichten wir im achten Kapitel zu eher allgemeinen Schlussfolgerungen für die Planung und Durchführung von Bund-Länder-Programmen im Schulbereich. Hierzu versuchen wir eine erste Antwort auf die Frage zu geben, ob die Ziele des Bund-Länder-Programms erreicht wurden (Kap. 8.1). Anschließend fassen wir Faktoren und Gestaltungsmerkmale zusammen, die unseres Erachtens dazu beigetragen haben, dass bestimmte Programmbausteine in einzelnen Ländern vergleichsweise gut funktioniert haben (Kap. 8.2). Das Kapitel schließt mit einem Ausblick (Kap. 8.3) auf die (ab Herbst 2022) anstehenden bildungspolitischen Debatten zwischen Bund und Ländern zur Schließung von (nicht nur coronabedingten) Lernlücken und zur Förderung von benachteiligten Schüler*innen.

6 Länderberichte[21]

In diesem Kapitel beschreiben wir anhand von 16 Länderberichten die Förder- und Unterstützungsmaßnahmen, die von den Ländern im Rahmen ihrer Aufholprogramme geplant und/oder umgesetzt werden. Dabei versuchen wir, auf die in den Kapiteln 3 und 4 aufgeworfenen Fragen Antworten zu geben. Aus Platzgründen ist es uns dabei leider nicht möglich, alle Landesprogramme in vergleichbarer Tiefe zu behandeln. Für die meisten Länder haben wir uns daher auf die Darstellung der Konzeption und die Umsetzung der einzelnen Maßnahmen beschränkt. Für vier Länder haben wir jedoch exemplarisch vertiefende Auswertungen vorgenommen, die insbesondere auch Fragen der Programmsteuerung größere Aufmerksamkeit schenken. Hierfür ausgewählt haben wir mit Bayern und Nordrhein-Westfalen die zwei bevölkerungsreichsten westdeutschen Bundesländer, mit Hamburg einen Stadtstaat und mit Sachsen-Anhalt ein ostdeutsches Bundesland.

6.1 Länderbericht Baden-Württemberg

6.1.1 Genese des Landesprogramms und Problemwahrnehmung der Akteure

Baden-Württemberg ging 2021 gemeinsam mit Bayern als letztes Bundesland in die Ferien (29.07.2021). Daher war es in Baden-Württemberg noch am Ende des Schuljahrs 2020/2021 möglich zu planen, wie die Lernrückstände aufgeholt werden könnten. Zudem ermöglichte der späte Ferienbeginn auch etwas mehr Vorbereitungszeit für das Schuljahr 2021/2022.

Die Grundzüge des Landesaufholprogramms wurden in Baden-Württemberg Ende Mai bzw. Anfang Juni vorgestellt. Die drei Hauptbestandteile des Programms heißen *Bridge the gap*, *Lernbrücken* und *Lernen mit Rückenwind*.

6.1.2 Landesaufholprogramm

Bridge the gap (Überbrückt die Lücke) ist ein Programm, das in den ersten 14 Tagen nach den Pfingstferien (05.06.2021) starten und bis zu den Sommerferien dauern sollte (Bildungsklick, 2021a). Es richtete sich an Lehramtsstudierende, welche die Schüler*innen in einigen Schulen bei der Behebung von Lernrückständen unterstützen sollen.

Die Maßnahme *Lernbrücken* sollte in den letzten beiden Wochen der Sommerferien 2021 stattfinden. Diese Form der zusätzlichen Kurse in den Sommerferien gab es

---

21 Die Quellenangaben zu Verweisen auf länderspezifische Parlamentsdokumente sowie auf Dokumente aus Ministerien und ihren nachgeordneten Dienststellen sind im Kapitel 9.2 zur leichteren Orientierung nach Ländern sortiert aufgeführt.

bereits im Sommer 2020. Der Umfang des darin implementierten Förderunterrichts in Kleingruppen sollte drei Zeitstunden (oder vier Unterrichtsstunden) betragen. Ziel war es vor allem, basale Kompetenzen in Deutsch, Mathematik und Fremdsprachen zu erwerben. Insgesamt wurden für die *Lernbrücken* 8 Mill. Euro veranschlagt. Die Teilnahme fiel dabei 2020 leicht höher aus als 2021 (61.000 versus 54.000 Schüler*innen) (SWR, 2021a). Dies entspricht jeweils rund 5 Prozent aller Schüler*innen in Baden-Württemberg (Destatis, 2021a; eigene Berechnungen). *Lernbrücken* hat es laut Kultusministerium an 1.900 Standorten und damit an rund 46 Prozent aller allgemeinbildenden Schulen gegeben. Dies ist ein relativ hoher Anteil im Bundesländervergleich. Im Kultusministerium gab es darüber hinaus Überlegungen, *Lernbrücken* bereits in den Pfingstferien 2021 einzusetzen (WirtschaftsWoche, 2021). Dieses Vorhaben wurde aber anscheinend nicht weiterverfolgt. *Lernbrücken* sollte überwiegend durch vorhandenes Lehrpersonal an den Schulen durchgeführt werden.

Ab den Osterferien 2022 sollte das *Ferienband* mit Lernunterstützung in den Ferien folgen. Hierfür sollen wie bei *Lernen mit Rückenwind* nun externe Kräfte eingesetzt werden (KMK, 2022e). Von unseren Interviewpartner*innen der GEW Baden-Württemberg wird an *Lernbrücken* kritisiert, dass eher Schüler*innen von bildungsinteressierten Eltern daran teilnähmen als jene mit den größten Bedarfen. Insbesondere viele Familien z. B. aus der Türkei, dem Kosovo oder Italien seien in den Ferien in ihre Herkunftsregionen gefahren. Somit hätten ihre Kinder auch nicht an den *Lernbrücken*-Angeboten teilnehmen können.

Lernen mit Rückenwind sollte nach den Herbstferien 2021 starten und ist der mit Abstand größte Programmteil. Freiwillige Personen von außen sollen die Schüler*innen in Förderkursen unterstützen. An *Lernen mit Rückenwind* kann man beobachten, wie sich einzelne Programmelemente im Zeitverlauf veränderten. Unseren Recherchen zufolge wurde zumindest bis vor den Sommerferien 2021 davon gesprochen, dass 25.000 bis 30.000 Personen gefunden werden sollen, die nach den Sommerferien zusammen mit den Schüler*innen deren Lernlücken schließen sollten. Dies hat nach Pressenangaben sowohl die Kultusstaatssekretärin Sandra Boser Anfang Juli im Bildungsausschuss des Landtags berichtet (SWR, 2021b) als auch das Ministerium auf eine weitere Presseanfrage bestätigt (Rhein-Neckar-Zeitung, 2022). Mittlerweile wird nicht mehr von der anfänglich angegebenen Personenzahl gesprochen, sondern von 25.000 Förderkursen. Diese Veränderung kann natürlich mit veränderten Bedarfen zusammenhängen, die man anfänglich höher eingeschätzt hatte. Es könnte aber auch damit zusammenhängen, dass die Resonanz auf das Programm seitens des adressierten Personals nicht besonders groß ist. Nach Aussage unserer Interviewpartner*innen der GEW Baden-Württemberg sei der zweite Aspekt der ausschlaggebende.

Die Kommunikation des Bildungsministeriums wird von ihnen so beschrieben, dass regelmäßige Austauschtreffen mit den Lehrkräftevertretungen und teilweise auch mit Eltern- und Schüler*innenvertretungen stattgefunden hätten. Im Zeitverlauf seien die Vertretungen bei den Treffen aber eher über die Maßnahmen des Ministeriums informiert worden.

6.1.2.1 Zentrale Lernstandserhebungen, Leistungsüberprüfungen und Diagnostik

Baden-Württemberg verfügt mit den flächendeckenden Erhebungen des Lernstandes der Schüler*innen in der 5. Jahrgangsstufe (Lernstand 5) über ein sehr gut geeignetes Instrument, um die coronabedingten Lernrückstände-Folgen direkt nach dem Übergang auf die weiterführenden Schulen zu erfassen. Die Erhebungen der Lernstände fanden sowohl 2020 als auch 2021 direkt nach den Sommerferien statt. Die ersten Ergebnisse wurden im März 2021 von Schult et al. weitgehend unbeachtet auf einem sogenannten Pre-Print-Server veröffentlicht und gaben Auskunft über die Lernstände nach dem ersten Lockdown (Schult et al., 2021). Obwohl die Publikation der Ergebnisse durch das dem Kultusministerium direkt unterstellte Institut für Bildungsanalysen Baden-Württemberg (IBBW) erfolgte, wurden die Ergebnisse unseren Recherchen zufolge durch das Ministerium nicht nach außen kommuniziert. Vertiefende Ergebnisse zum Lernstand 5 aus dem Sommer 2020, z. B. zu möglichen Unterschieden zwischen Schulen und Regionen, sind bisher nicht bekannt. Die Ergebnisse von Lernstand 5 des Jahres 2020 wurden zwar mittlerweile in einer Fachzeitschrift veröffentlicht (Schult et al., 2022). Am 17.03.2022 wurden die Ergebnisse zu den 5. Klassen 2021 veröffentlicht (IBBW, 2022). Aber auch hierauf wurde nicht in geeigneter Form, z. B. durch eine Pressemitteilung, öffentlich hingewiesen. Die erfassten Lernrückstände sind in beiden Erhebungen kaum nachweisbar (vgl. hierzu auch Kap. E.2).

Neben der Erfassung des Lernstandes in der 5. Jahrgangsstufe sollten Anfang des Schuljahres 2021/2022 die Vergleichsarbeiten VERA 3 und 8 als VERA 4 und 9 flächendeckend nachgeholt werden. Eine detailliertere Auswertung der Ergebnisse für alle genannten Lernstandserhebungen soll im Rahmen der Bildungsberichterstattung erfolgen und entsprechende Berichte sollen auf der Homepage des IBBW veröffentlicht werden (Landtag Baden-Württemberg, 2021a, S. 5).

Darüber hinaus werden im Kontext von *Lernen mit Rückenwind* weitere Diagnoseinstrumente in den Fächern Deutsch, Mathematik und Englisch bereitgestellt, die die Lehrkräfte zu Beginn und während des neuen Schuljahres 2021/2022 nutzen können. Für die Grundschule ist z. B. der Einsatz von ILeA (Individuelle Lernstandsanalysen) des Landesinstituts für Schule und Medien Berlin-Brandenburg (LISUM) als Ergänzung vorgesehen (KM BW, 2021b).

> „Jede Schule erstellt auch auf Basis der Ergebnisse der Lernstandserhebungen ein kompaktes, schuleigenes Förderkonzept. Ausgehend von den erhobenen Bedarfen der einzelnen Schülerinnen und Schüler werden die angezeigten Fördermaßnahmen durch die jeweilige Lehrkraft festgelegt" (Landtag Baden-Württemberg, 2021a, S. 5).

6.1.2.2 Pädagogische Maßnahmen

Integrierte kognitive Förderung

Im Rahmen von *Rückenwind* sind integrative Angebote am Vormittag ebenso möglich wie additive Angebote am Nachmittag (KM BW, 2021a). Bei den integrativen Angeboten wird im Zwischenbericht der Länder an den Bund eine zusätzliche Unterstützung durch pädagogische Assistenzen und sonstige Personen aufgeführt. Es werden jedoch keine Angaben darüber gemacht, wie viele zusätzliche Unterstützungskräfte hierfür gewonnen werden konnten und wie viele Schüler*innen davon profitieren.

Additive kognitive Förderung

Lernen mit Rückenwind wird seit dem Schuljahr 2021/2022 angeboten und hat eine Laufzeit bis zum Ende des Schuljahres 2022/2023. Die Durchführung des Programms erfolgt in drei Phasen (Landtag Baden-Württemberg, 2021a, S. 2 f.): Die erste *Phase des Ankommens* beginnt ab September 2021. Im Fokus stehen die angesprochenen Lernstanderhebungen und die Stärkung von sozialen und emotionalen Kompetenzen. Nach der Lernstandserhebung erfolgt die Auswahl förderungswürdiger Schüler*innengruppen unter Einbeziehung der schulischen Gremien. Anschließend wird ein kompaktes, schuleigenes Förderkonzept erstellt. Die Durchführung der Lernstandserhebungen jeglicher Art, deren Auswertung sowie eine daran anschließende Förderplanung gehören zu den Aufgaben der Lehrkräfte.

In der zweiten *Phase des Übergangs* sollen die Schulen ab Oktober 2021 Unterstützungskräfte und Kooperationspartner*innen gewinnen. Hierfür gibt es den virtuellen Marktplatz „Lehrkräfte Online Baden-Württemberg (LOBW)-RW-Verfahren". Als Vermittlungsplattform sollen hier auf der einen Seite Schulen mit Bedarfen und auf der anderen Seite Unterstützungskräfte bzw. Kooperationspartner*innen (Vereine, Stiftungen, etc.) zueinander finden. Im Kursmodul der Plattform können Förderangebote, für die eine Schule Unterstützungskräfte bzw. Kooperationspartner*innen benötigt, ausgeschrieben werden. Den Schulen stehen hier die Alternativen *Kooperationsmodell* und *Gutscheinmodell* zur Verfügung. Dabei können öffentliche Schulen nur Kooperationen mit Partner*innen eingehen, die eine Rahmenvereinbarung mit dem Land geschlossen haben und im LOBW-RW-Verfahren angezeigt werden. Anschließend können die Schulen mit den Kooperationspartner*innen einen Kooperationsvertrag abschließen. Im Rahmen des Kooperationsmodells können für festgelegte Schüler*innengruppen Angebote zur Lernförderung oder zur sozialen und emotionalen Förderung an der jeweiligen Schule durchgeführt werden (KM BW, 2021a). Für die einzelnen Fördermaßnahmen sind ca. zwei bis vier Unterrichtsstunden pro Woche je Schüler*in zu veranschlagen (ebd.). Insgesamt sollen durch das Kooperationsmodul rund 70.000 Schüler*innen erreicht worden sein (Stand Februar 2022) (KMK, 2022e).

Beim *Gutscheinmodell* erfolgt die Gutscheinausgabe durch die Schulen. Hierbei erklärt die Kooperationspartnerin bzw. der Kooperationspartner die Bereitschaft, ausgegebene Bildungsgutscheine im Rahmen seines Angebots anzunehmen und die entsprechende Leistung zu erbringen. Soziale und emotionale Fördermaßnahmen sind im *Gutscheinmodell* ausgeschlossen (KM BW, 2021a).

> „Im Gutscheinmodell werden von den Schulen an Schülerinnen und Schüler Bildungsgutscheine zu einem Wert von 50 Euro (brutto) für 5 Fördereinheiten zu 45 Minuten ausgegeben. Die maximale Gruppengröße für diese Förderung beim Anbieter soll 5 Personen nicht überschreiten" (ebd.)

Das *Gutscheinmodell* sei auf klassische Nachhilfeanbietende ausgerichtet, so unsere Interviewpartner*innen des GEW Landesverbands Baden-Württemberg. Anders als z. B. in Mecklenburg-Vorpommern behält Baden-Württemberg es sich aber zunächst vor, eine Rahmenvereinbarung mit diesen Anbietern abzuschließen. Zu der Zahl der Schüler*innen, die bisher über das *Gutscheinmodell* erreicht werden konnten, liegen keine Angaben vor.

Die dritte *Phase der Lernförderung* startet ab Anfang/Mitte November 2021.

> „Umfängliche Unterstützungsmaterialien wie Handreichungen, Checklisten, Orientierungs- und Planungshilfen, Vorlagen, Formulare sowie Mustervordrucke für Kooperationsverträge sollen den Schulleitungen die Planung und Umsetzung des Programms erleichtern. Das Kultusministerium legt größten Wert darauf, dass bei allen Maßnahmen zur Umsetzung des Programms der Aufwand für die Schulleitungen so gering wie möglich gehalten wird" (Landtag Baden-Württemberg, 2021a, S. 3).

Der Verband Bildung und Erziehung (VBE) Baden-Württemberg hat 119 Schulen (VBE BW, 2021a) aus ganz Baden-Württemberg befragt, wie *Lernen mit Rückenwind* in der Praxis angenommen wird. Die Erhebung lief parallel zum Start der dritten Phase des Förderprogramms in den beiden ersten Wochen nach dem Ende der Herbstferien. Nach Ansicht des Verbandes ergibt sich aus der Studie, „dass es an Zeit, Personal und Ressourcen mangelt, um ‚Lernen mit Rückenwind' wirkungsvoll in die Praxis umsetzen zu können" (Bildungsklick, 2021b). Von den Schulen, die an der Befragung teilgenommen haben, nehmen 73 Prozent an *Rückenwind* teil. Von den teilnehmenden Schulen geben 83 Prozent einen vermehrten Aufwand für die Lehrkräfte an, der in erster Linie auf das Anwerben und Einarbeiten von Freiwilligen, die Schüler*innenauswahl, die Kursplanung und die Materialbeschaffung zurückzuführen ist. Die Schulleitungen geben zu knapp 90 Prozent an, dass sie keine Zeit haben, das Programm zu planen und zu koordinieren. Während sich knapp die Hälfte der Schulen noch gut über das Programm informiert fühlt, geben gut 60 Prozent an, nicht ausreichend unterstützt zu werden (VBE BW, 2021b).

Die Freiwilligen, die als Einzelpersonen *Rückenwind* unterstützen, werden als Pädagogische Assistent*innen eingestellt und fallen in die Entgeltgruppe S8a. Dies entspricht einem Bruttoverdienst von ca. 16 bis 18 Euro pro Stunde (KM BW, 2021a).

Die Auswahl der Unterstützungskräfte erfolgt durch die Schulen. Eine Beschäftigung von Einzelpersonen ist i. d. R. zunächst bis Schuljahresende 2021/2022, zumindest jedoch bis zum Ende des Schulhalbjahres, vorgesehen (ebd.). Prinzipiell wird die Beschäftigung der pädagogischen Assistent*innen als Unterstützung von Lehrkräften von unseren Interviewpartner*innen aus der GEW Baden-Württemberg vom Ansatz her positiv eingeschätzt. Die Umsetzung in der Fläche sei allerdings kaum gelungen.

In den gesamten Ferien 2022 (Ostern, Pfingsten, Sommer und Herbst) soll im Rahmen von *Rückenwind* das freiwillige *Ferienband 2022* stattfinden. Für die Förderangebote im *Ferienband* können sowohl die außerschulischen Kooperationspartner*innen als auch Nachhilfeinstitute und Volkshochschulen eingesetzt werden. Es gelten dabei die gleichen Rahmenbedingungen wie bei *Lernen mit Rückenwind*. Beim Aufholen stehen die Fächer Deutsch, Mathematik und Englisch im Vordergrund. Auch soziale und emotionale Förderangebote sind möglich, sofern sie Bezug zum Lernen haben. Der Philologenverband kritisiert diese Maßnahme ungewöhnlich scharf:

> „Die Schüler und Lehrkräfte sind bereits jetzt zu einem großen Teil an ihrer Belastungsgrenze oder darüber hinaus. Sie hoffen auf die nächste unterrichtsfreie Zeit, um wieder Energie tanken zu können. Vor diesem Hintergrund droht das „Ferienband", ein großes Fiasko zu werden, bei dem einem großen organisatorischen Aufwand aufgrund einer sehr geringen Teilnahme nur ein äußerst geringer Ertrag gegenübersteht" (Philologenverband Baden-Württemberg, 2022).

Unsere Interviewpartner*innen des GEW-Landesverbands Baden-Württemberg teilten diese Kritik.

Im Bericht der Länder an das BMBF führt Baden-Württemberg noch eine Reihe weiterer Unterstützungsangebote, wie psychologische Unterstützungen, Zusammenarbeit von Schulen mit Vereinen, Akteuren aus dem Bereich Theater, Kunst und Musik, Schwimm-AGs und Sport an Schulen an. Diese Maßnahmen haben aber einen vergleichsweise kleinen Planungsansatz von insgesamt rund 1 Mill. Euro (KMK, 2022e). Zusätzlich werden noch rund 15 Mill. Euro für „sonstiges und weitere Planungen (Lernstandserhebungen, Evaluation, Personal etc.)" veranschlagt (ebd.).

6.1.2.3 Personaleinsatz

Bridge the gap: Insgesamt waren 550 Plätze für das Programm vorgesehen. Die Resonanz auf das Programm schien zunächst groß zu sein. Am Ende konnten aber nur knapp 400 Lehramtsstudierende an die Schulen vermittelt werden (News4Teachers, 2021b). Andere Quellen sprechen von 440 Lehramtsstudierenden an 280 Schulen (vgl. z. B. MWFK BW, o. J.). Als Grund für die geringere Zahl gab Kultusministerin Theresa Schopper an, „dass die angehenden Lehrkräfte nicht immer den weiten Weg aus den Universitätsstädten wie Freiburg, Tübingen und Heidelberg auf das Land in Kauf nehmen wollten" (News4Teachers, 2021b). Diese Aussage verwundert insoweit, da es in dem Programm ohnehin angelegt war, dass die Lehramtsstudierenden im Umkreis der pädagogischen Hochschulen tätig werden sollten (Bildungsklick, 2021a; Landtag Baden-Württemberg, 2021d, S. 2).

Mit 400 Lehramtsstudierenden auf knapp 50.000 Klassen an rund 4.150 Schulen in Baden-Württemberg war ohnehin kein flächendeckender Einsatz zu gewährleisten. Laut Kultusministerium sollten mit diesem Programm vielmehr wichtige Erfahrungen gewonnen werden, die für die weiteren geplanten Fördermaßnahmen in den Sommerferien und im Schuljahr 2021/2022 nötig sein würden (Bildungsklick, 2021a).

Rückenwind: Laut Angaben des Ministeriums konnten nach den Herbstferien 2021 erst gut 6.000 Förderkurse vereinbart werden. Vor allem im ländlichen Raum fehlten Anfang November Freiwillige (Stimme, 2021). Anfänglich wurde öffentlich kommuniziert, dass die Förderkurse nur durch externe Kräfte durchgeführt werden sollen. Seit Oktober 2021 wurde zudem die Möglichkeit geschaffen, dass auch Bestandslehrkräfte und Pädagogische Assistent*innen im Rahmen des Förderprogramms unterstützen können. Die geleisteten Stunden der Lehrkräfte werden über die MAU-Regelung (Mehrarbeitsunterricht) vergütet. Pädagogische Assistent*innen und Bestandslehrkräfte können ihren bisherigen Vertrag befristet aufstocken (KM BW, 2021a; Landtag Baden-Württemberg, 2021a, S. 3). Die Vergütung der Mehrarbeit erfolgt aus einem separaten Haushaltstitel, um die Zuordnung der Mittel zum Förderprogramm zu gewährleisten (Landtag Baden-Württemberg, 2021a, S. 6). Bis zum 11.03.2022 wurden insgesamt 8.000 Unterstützungskräfte registriert. Und im Rahmen des Programms haben Schulen über 2.000 Kooperationsverträge (bei rund 5.200 Schulen) mit Vertragspartner*innen wie Nachhilfeinstituten oder Volkshochschulen geschlossen und Bildungsgutscheine ausgegeben. Insgesamt sollen 160.000 Schüler*innen in über 16.000 Kursen „in dem System eingeplant worden" sein (KMK, 2022e). Ob dies bedeutet, dass tatsächlich 160.000 Schüler*innen an dem Programm teilgenommen haben, ergibt sich aus der Quelle ebenso wenig wie die Dauer und die Art der Förderung. Wenn sich die 160.000 Schüler*innen auf alle Schüler*innen beziehen, die an dem Programm teilgenommen haben, entspricht dies knapp 15 Prozent aller Schüler*innen Baden-Württembergs.

6.1.2.4 Finanzierung und Verteilung der Mittel

Finanzvolumen

Beim Finanzvolumen des Programms wurde vorläufig zunächst von 270 Mill. Euro, aufgebracht jeweils zur Hälfte von Bund und Land, gesprochen (Landtag Baden-Württemberg, 2021b, S. 3). Am Ende sollten es (Stand Dezember 2021) 260 Mill. Euro sein, die für die Schüler*innen Baden-Württembergs zur Verfügung stehen (SWR, 2021a). Pro Schüler*in an allgemeinbildenden Schulen entspricht dies ungefähr 236 Euro. Der mit Abstand größte Teil dieses Geldes fließt in die Maßnahme *Lernen mit Rückenwind*.

Haushaltstechnische Verteilung der Mittel an die Schulen

Um *Rückenwind* in den Schulen umsetzen zu können, erhalten die Schulen ein Budget, welches sich schuljahresbezogen aus einem Sockelbetrag von 2.500 Euro plus ca. 50 Euro je Schüler*in der Schule zusammensetzt. Dieses Budget wird von der Schulverwaltung zugewiesen und ist von der Schule zu verwalten. Das bedeutet, dass Kosten für personelle Unterstützung, Gutscheine und Sachmittel mit Blick auf das Gesamtbudget zu berücksichtigen sind. Die Schulen müssen somit Sachmittel, Honorarkräfte (z. B. für Theaterpädagog*innen o. Ä.) und Nachhilfe (5 Stunden kostenlose Nachhilfe pro Kind) aus diesem Budget finanzieren. Nicht verausgabte Mittel flössen laut Aussage unserer Interviewpartner*innen der GEW Baden-Württemberg wieder zurück an die Schulverwaltung. Gerade die Beschäftigung zusätzlicher Honorarkräfte für Förderangebote führe in den Schulen zu einem starken Mehraufwand, weshalb viele von ihnen solche Förderangebote nicht anbieten würden. Kostenlose Nachhilfe sei hingegen sehr einfach abzurechnen.

Kriterien und Verfahren der Ressourcenallokation

In Baden-Württemberg wurden die Mittel mit der „Gießkanne" verteilt. Die Mittel wurden weder nach sozialen noch nach schulformspezifischen Kriterien oder nach Träger (privat versus öffentlich) zugewiesen, so unsere Interviewpartner*innen des GEW-Landesverbands Baden-Württemberg.

6.1.3 Übergreifende Maßnahmen

6.1.3.1 Anpassung von Verordnungen

Um den Schüler*innen der „Corona-Jahrgänge" weiterhin faire Bedingungen für die Abschlussprüfungen bieten zu können, wurden auch 2022 in allen Prüfungsfächern den Lehrkräften Prüfungsaufgaben zur Vorauswahl vorgelegt. Dies gilt für die schriftliche Hauptschulabschlussprüfung, Werkrealschulabschlussprüfung und Realschulabschlussprüfung sowie für das Abitur. So soll eine optimale Passung des Unterrichts im Schuljahr 2020/2021 und 2021/2022 zu den von den Schüler*innen zu bearbeitenden Prüfungsaufgaben erreicht werden. Die Anzahl, Art und Struktur der Aufgaben, die den Schüler*innen vorgelegt werden, bleiben in den einzelnen Fächern dabei vollständig erhalten. Die prüfungsrelevanten Vorgaben durch die Bildungspläne sowie ggf. Prüfungserlasse hatten unverändert Gültigkeit (Landtag Baden-Württemberg, 2021b, S. 2). Im Vergleich zur Abiturprüfung 2020 waren die Durchschnittsnoten 2021 deutlich besser (2,31 zu 2,14). Die Durchfallquote liegt auf dem Niveau der Vorjahre (ebd., S. 3). Zumindest für den Abiturjahrgang hat die damalige Kultusministerin Eisenmann vor einem „Puddingabitur" gewarnt. Eine erleichterte Reifeprüfung wäre aus ihrer Sicht ein Nachteil, der die Schüler*innen „ein Leben lang begleitet" (Zeit Online, 2021a).

6.2 Länderbericht Bayern

6.2.1 Genese des Landesprogramms und Problemwahrnehmung der Akteure

Nachdem die bayerische Staatsregierung schon am 23.03.2021 den Beschluss gefasst hatte, mit *gemeinsam.Brücken.bauen* ein Förderprogramm zum Ausgleich pandemiebedingter Nachteile für Schüler*innen auf den Weg zu bringen (Bayerischer Landtag, 2021c, S. 3), wurde dieses am 12.05.2021 der Öffentlichkeit vorgestellt (StMUK BY, 2021a). Zeitgleich legte das Kultusministerium ein erstes Rahmenkonzept vor, das die Architektur des Programms skizziert und die ihm zugrunde liegenden Überlegungen ebenso wie die im Einzelnen vorgesehenen Maßnahmen erläutert (StMUK BY, 2021b). Für das Programm waren zunächst 40 Mill. Euro aus Landesmitteln vorgesehen und es richtete sich ausschließlich an staatliche Schulen und private Förderschulen. Ihnen standen somit bereits für den Zeitraum zwischen dem Ende der Pfingstferien und dem Ende der Sommerferien 2021 Mittel zur Verfügung, um über eine befristete Anstellung von Unterstützungskräften und Mehrarbeit von Bestandskräften Fördermaßnahmen zum Abbau pandemiebedingter Lernrückstände zu realisieren (Bayerischer Landtag, 2021c, S. 2).

Parallel zur Verabschiedung des Bund-Länder-Aktionsprogramms wurde das Landesprogramm auf die Schulen in kommunaler und privater Trägerschaft ausgeweitet. Für sie legte das Ministerium am 30.07.2021 ein eigenes Rahmenkonzept vor, das dem für die staatlichen Schulen verabschiedeten im Hinblick auf die geplanten Fördermaßnahmen und ihre Umsetzung weitgehend entspricht (StMUK BY, 2021j), wenn auch der Abruf von Mitteln aus dem Programm für diese Schulen verfahrenstechnisch anders organisiert ist (s. u.).

6.2.2 Landesaufholprogramm

Seit Beginn des Schuljahres 2021/2022 können nunmehr alle öffentlichen, staatlich anerkannten und staatlich genehmigten Schulen an dem Förderprogramm *gemeinsam.Brücken.bauen* partizipieren (StMUK BY, 2021g, S. 2), das ursprünglich bis zum 31.07.2022 befristet war, mittlerweile aber ohne wesentliche Änderungen um ein Jahr verlängert worden ist (StMUK BY, o. J.). Gemäß dem Rahmenkonzept des Ministeriums setzt sich das Programm aus zwei gleichberechtigten Säulen zusammen, denen jeweils eine Reihe von Einzelbausteinen zugeordnet sind: Die erste Säule des Programms ist auf Lernförderung ausgerichtet und trägt die Bezeichnung *Potenziale erschließen* (StMUK BY, 2021b, S. 2–6). Sie sieht zunächst – als Ausgangspunkt für alle im Rahmen der Programmsäule vorgesehenen Fördermaßnahmen – eine „Einschätzung zum Lernstand nach Wideraufnahme des Präsenzbetriebs" durch die vor Ort tätigen Lehrkräfte vor (ebd., S. 2). Am Ende des Schuljahres sollen Schüler*innen, die aus Sicht der Lehrkräfte weiterhin einen erhöhten Förderbedarf haben, dann nochmals eine differenzierte Rückmeldung zu ihrem Lernstand erhalten.

Das eigentliche Fundament der Programmsäule *Potenzial erschließen* bilden zusätzliche Personalmittel, aus denen Schulen eine Aufstockung oder Mehrarbeit von Bestandskräften ebenso wie eine (befristete) Einstellung von zusätzlichen Fachkräften finanzieren sollen. Die hinzugewonnen Personalkapazitäten können dann für eine personelle Unterstützung von Stammlehrkräften oder die Teilung von Lerngruppen zwecks Intensivierung der individuellen Förderung im Regelunterricht, für die Durchführung von Brückenkursen an Unterrichtstagen ergänzend zum Regelunterricht sowie für die Veranstaltung von Ferienkursen eingesetzt werden. Des Weiteren umfasst die Programmsäule – einzig für staatliche Schulen – das Tutor*innenprogramm *Schüler helfen Schülern*. Eine Nachhilfe-Komponente, wie sie in diversen anderen Bundesländern über die Vergabe von Bildungsgutscheinen realisiert wurde, beinhaltet das bayerische Aufholprogramm nicht.

Die zweite Säule des bayerischen Aufholprogramms ist auf die Förderung sozialer Kompetenzen ausgerichtet und trägt die Bezeichnung *Gemeinschaft erleben* (StMUK BY, 2021b, S. 6–8). Anders als in der Säule zur Lernförderung stellt das Ministerium hier nicht so sehr auf zusätzliche Angebote und Maßnahmen ab, sondern formuliert eine Reihe von allgemeinen Empfehlungen, wie den sozio-emotionalen Bedürfnissen der Schüler*innen im Schul- und Unterrichtsgeschehen Rechnung getragen werden kann. Zusätzliche Ressourcen werden in dieser Säule allein für den Ausbau freizeitpädagogisch ausgerichteter Ferienangebote zur Verfügung gestellt.

Flankierend zu den beiden Säulen sieht das Rahmenkonzept *Grundlegende Begleitmaßnahmen* vor (StMUK BY, 2021b, S. 8–9), worunter Schwerpunktsetzungen im Lehrplan, eine Flexibilisierung der Regelungen zum Vorrücken und Wiederholen sowie eine Stärkung der (pädagogisch-psychologischen) Beratung gefasst werden.

Die Auswahl der Bausteine sowie deren konkreter Zuschnitt erfolgt, so heißt es im Rahmenkonzept, schulartspezifisch (StMUK BY, 2021b, S. 2), was sich etwa in Unterschieden bezüglich der im Rahmen der Fördermaßnahmen zu adressierenden Fächer bzw. Kompetenzbereiche äußert (StMUK BY, 2021i), aber z.B. auch in differierenden Regelungen hinsichtlich der Einbindung von Honorarkräften und externen Kooperationspartner*innen (StMUK BY, 2021l).

Formal ist das bayerische Aufholprogramm in drei Phasen untergliedert: Die Anlaufphase erstreckte sich über die Zeit nach den Pfingstferien bis zu den Sommerferien 2021, die zweite Phase umfasste die Sommerferien 2021. In diesem Zeitraum war das Programm, wie erwähnt, auf die staatlichen Schulen und privaten Förderschulen begrenzt. Die dritte Phase – gewissermaßen die Verstetigungsphase – lief zum Schuljahr 2021/2022 an, bezog jetzt auch die nicht-staatlichen Schulen ein und wurde im Hinblick auf die Zuweisung von Personalressourcen etwas anders ausgestaltet als die beiden vorangehenden (StMUK BY, 2021k, S. 2, StMUK BY, 2021l, S. 5-9). Die für die dritte Phase festgeschriebenen Verfahrensmodalitäten gelten mehr oder weniger unverändert auch für das Schuljahr 2022/2023 (StMUK BY, 2022b, S. 2–3).

6.2.2.1 Zentrale Lernstandserhebungen, Leistungsüberprüfungen und Diagnostik

Die Diagnose von Lernständen hat im bayerischen Aufholprogramm konzeptionell einen zentralen Stellenwert. Ausweislich der „Richtlinie zur Förderung von Maßnahmen im Rahmen des Programms ‚gemeinsam.Brücken.bauen' zum Abbau pandemiebedingter Lernrückstände (gBb-R)" (StMUK BY, 2021h), welche das Ministerium für die kommunalen und privaten Schulen erlassen hat, ist die Durchführung und Dokumentation von Lernstandsanalysen durch die Lehrkräfte an den Schulen – „in einer der Altersstufe, dem Fach und dem Lernfortschritt in der Klasse angemessenen Form (ggf. auch unter Heranziehung digitaler Hilfsmittel)" – formale Voraussetzung dafür, dass überhaupt Mittel aus dem Programm beantragt werden können (ebd., Punkt 4.1). Für die staatlichen Schulen erfolgt die Ressourcenzuweisung ohne ein entsprechendes Antragsverfahren – ihnen wird einfach ein zusätzliches Personalbudget gewährt (s. u.) –, doch ist die Durchführung von Lernstandsanalysen als Grundlage für die Planung von Fördermaßnahmen für sie nicht minder verbindlich (vgl. z. B. StMUK BY, 2021l, Punkt 2.2).

Somit entsteht zunächst der Eindruck einer im Bundesländervergleich sehr engen Verzahnung zwischen Lernstandsanalysen und einzurichtenden Fördermaßnahmen. Dieser Eindruck wird relativiert, wenn man näher betrachtet, was das Kultusministerium unter Lernstandsanalysen konkret versteht. So wird auf einem von der Abteilung Qualitätsagentur des Bayerischen Landesamts für Schule (LAS) eingerichteten Internetportal (vgl. Bayerisches Landesamt für Schule, o. J.a), das die diagnostische Arbeit der Schulen unterstützen soll, klargestellt, dass „[u]nter einer Lernstandserhebung […] jedes Instrument verstanden werden [kann], das zu *Informationen über den Lernstand* eines Schülers oder einer Schülerin führt". Die Spannbreite der infrage kommenden Formate, so wird erläutert, reiche

> „von einem fachlichen Gespräch zwischen Lehrkraft und Lerner bzw. Lernerin bis hin zu standardisierten und onlinebasierten Testungen. So können z. B. *an den Bildungsstandards orientierte Diagnoseverfahren* zum Einsatz kommen, die die Kompetenzen der Schülerinnen und Schüler objektiv messen (z. B. VerA-3, VerA-8). Andererseits kann der Lernstand auch mit *an den Curricula angelehnten Verfahren* beschrieben werden, wie z. B. den bayerischen Jahrgangsstufentests. Zahlreiche Schulen haben zudem interne, meist *curricular ausgerichtete Instrumente* entworfen, die ebenfalls in bewährter Weise der Lernstandserhebung dienen" (ebd., Hervorhebungen im Original).

Insofern Lehrkräfte dezidiert dafür geschult seien, „passgenaue Diagnose- und Fördermaßnahmen anzuwenden", handelt es sich nach Auffassung des Ministeriums bei den geforderten „Maßnahmen der Lernstandsdiagnose und -feststellung […] um eine pädagogische Routineaufgabe einer jeder [sic] Lehrkraft" (Bayerischen Landtag,

2022b, S. 2). Vor diesem Hintergrund ist die betreffende Zuwendungsvoraussetzung keine formale Hürde für den Abruf von Fördermitteln.

Für Schulen und Lehrkräfte, die bestrebt sind, ihre Fördermaßnahmen auf stärker formalisierte Lernstandserhebungen aufzubauen, stellt das erwähnte Internetportal des LAS gleichwohl eine gut sortierte Auswahl von diagnostischen Tools zur Verfügung.

Gegenüber anderen Bundesländern besteht eine Besonderheit der im Rahmen des bayerischen Aufholprogramms vorgesehenen individuellen Lernstandsdiagnostik in dem schon erwähnten Umstand, dass Schüler*innen „am Ende des Schuljahres eine zusätzliche Rückmeldung zu ihrem aktuellen Lernstand erhalten, falls aus Sicht der Lehrkräfte eine Förderung sinnvoll erscheint, um vorhandene Lernrückstände aufzuholen". In Verbindung damit soll dann auch „eine Teilnahmeempfehlung für geeignete Förderangebote an der Schule ausgesprochen" werden. Ferner soll

> „[b]eim Vorrücken in die nächste Jahrgangsstufe bzw. beim Übertritt und beim Wechsel an eine andere Schule [...] eine klare, auf die einzelne Klasse und auf das jeweilige Fach bezogene Dokumentation der nicht oder nicht in der vorgesehenen Tiefe behandelten Inhalte des Lehrplans erfolgen" (StMUK BY, 2021b, S. 3–4).

Zentrale Lernstandserhebungen – etwa die Orientierungsarbeiten, Lernstand 5, VERA 3 und VERA 8 – wurden im Schuljahr 2020/2021 ausschließlich auf freiwilliger Basis durchgeführt, wobei die Schulen VERA 3 und VERA 8 auch zu einem Nachholtermin im September 2021 mit den Jahrgangsstufen 4 und 9 durchführen konnten, „um sich zu Beginn des Schuljahres auf die Bedürfnisse vor Ort zu fokussieren" (Bayerischer Landtag, 2022a, S. 2). Auch die für das Frühjahr 2022 terminierten zentralen Lernstandserhebungen erfolgten sämtlich auf freiwilliger Basis. Was die aus diesen freiwilligen Erhebungen mit Blick auf die bayerische Gesamtsituation zu gewinnenden Erkenntnisse angeht, hat das Ministerium dargelegt, „dass die Ergebnisse [...] aufgrund der sehr kleinen Stichprobe statistisch nicht belastbar" (ebd., S. 3) seien. Ohnehin hat die Funktion dieser Erhebungen aus Sicht des Ministeriums vor allem darin bestanden, „jeder Schülerin und jedem Schüler ein qualifiziertes und individuelles Feedback zu den erreichten fachlichen Kompetenzen zu geben" (ebd., S. 2). Von einer zusätzlichen Erhebung von Kennziffern zum Leistungsstand sei abgesehen worden, „da sie einen enormen Verwaltungsaufwand, eine hohe zusätzliche Belastung der Schulen und keinen gesicherten pädagogischen Erkenntnisgewinn bedeuten" (ebd.) würde.

6.2.2.2 Pädagogische Maßnahmen

Das Verfahren, nach dem Mittel aus dem Aufholprogramm abgerufen werden können, unterscheidet sich je nachdem, ob es sich um staatliche oder nicht-staatliche (kommunale oder private) Schulen handelt. Inhaltlich, also mit Blick auf die vorgesehenen Förderbereiche und -formate, ist das Aufholprogramm jedoch über die Schulträger hinweg weitgehend identisch. Daher wird im Folgenden zum Zweck der Illustration mitunter nur die Förderrichtlinie für kommunale und private Schulen (gBr-R) (StMUK BY, 2021h) herangezogen, auch wenn diese für die staatlichen Schulen formal keine Geltung hat. Analoge Ausführungen mit teils wortgleichen Formulierungen finden sich für die staatlichen Schulen in Kultusministeriellen Schreiben an die Schulen der einzelnen Schularten (vgl. z. B. StMUK BY, 2021i) ebenso wie auf der Webseite des Kultusministeriums (StMUK BY, 2021m).

Sämtliche inner- wie außerschulischen Fördermaßnahmen sollen, so heißt es in der besagten Förderrichtlinie, auf „die Bewältigung pandemiebedingter Lernrückstände in Kernfächern bzw. auf die Förderung von Kernkompetenzen" (StMUK BY, 2021h, Punkt 2) ausgerichtet werden, wobei diese in einer der Richtlinie beigefügten Anlage schulartenspezifisch definiert werden (StMUK BY, 2021i): Demnach stehen für die Grundschulen „Deutsch, Mathematik, Heimat- und Sachunterricht, Lernen lernen" im Fokus; die Fördermaßnahmen in den Mittelschulen sollen sich auf „Mathematik, Deutsch, Englisch, Berufliche Orientierung (z. B. berufsorientierende Wahlpflichtfächer, Projekt, Betriebspraktikum), Lernen lernen und Arbeits(platz)organisation" richten; in den beruflichen Oberschulen geht es um „Mathematik, Deutsch, Englisch, Profilfach der Ausbildungsrichtung". Im Falle der Realschulen geht es, neben beruflicher Orientierung, um die sog. „Vorrückungsfächer": „Deutsch, Englisch, Mathematik, Physik, Betriebswirtschafslehre/Rechnungswesen, Französisch, Chemie" sowie – je nach Prüfungsfach – um „Kunst, Werken, Sozialwesen oder das Fach Ernährung und Gesundheit" (§ 18 Abs. 1 RSO); im Falle der Gymnasien sind die „Kernfächer [...] Deutsch, zwei Fremdsprachen, Mathematik und Physik" relevant sowie – je nach fachlichem Schwerpunkt des Gymnasiums – Griechisch, eine dritte Fremdsprache, Chemie, Musik, das Fach Wirtschaft und Recht oder das Fach Politik und Gesellschaft (§ 16 Abs. 1–3 GSO). Für die Förderschulen und Schulen für Erkrankte wird auf ein uns nicht vorliegendes Schreiben vom 18.05.2021 verwiesen, doch werden auf der Webseite des Kultusministeriums für diese Schulart die „Lernbereiche Deutsch (Lesen, Schriftspracherwerb, Sprachförderung), Mathematik, Berufliche Orientierung, Lernstrategien, Lernmotivation und Arbeits(platz)organisation" genannt. Für alle Schularten gilt zudem, dass „zusätzlich zu den fachbezogenen Lehrplaninhalten [...] auch dem Erwerb grundlegender Arbeits- und Lernstrategien sowie der Sozialkompetenzförderung eine besondere Bedeutung zugemessen werden" kann (ebd., Fußnote 1).

Was die Ausgestaltung der jeweiligen Förderformate angeht, nimmt das Ministerium im Rahmen der Richtlinie für nichtstaatliche Schulen keine inhaltlichen Konkretisierungen vor. Anders nimmt sich dies für den Bereich der staatlichen Schulen aus, wo in schulartspezifischen Kultusministeriellen Schreiben einiges an konkreten Anregungen zur möglichen Konzeption von Maßnahmen gegeben wird (vgl. z. B. StMUK BY, 2021e, S. 1–5). Grundsätzlich gilt aber auch hier, dass die Konzeption spezifischer Fördermaßnahmen in die „Eigenverantwortung der Schule" gestellt ist und sich „nach den konkreten Bedarfen und den Rahmenbedingungen vor Ort" richten soll (StMUK BY, 2021l, S. 2). Getreu dem für das Aufholprogramm insgesamt formulierten Grundsatz „Vorhandene Förderinstrumente stärken – neue Angebote schaffen" (StMUK BY, 2021b, S. 1), sollen Schulen dabei soweit möglich „auf bereits etablierte Förderangebote (Ergänzungs- und Förderunterricht, Begleitung des Übertritts, Intensivierungsstunden, Brückenkurse, Tutorenprogramme, Schüler helfen Schülern) sowie Differenzierungsmaßnahmen" zurückgreifen und diese ausweiten. (ebd.). Als „Schwerpunkte der schuleigenen Konzepte" soll dabei – so heißt es jedenfalls für die Realschulen – „neben der bedarfsorientierten Wiederholung, Übung und Vertiefung von Stoffinhalten, der Einübung grundlegender Kompetenzen sowie Arbeits- und Lernstrategien auch die Förderung von Sozialkompetenzen" in den Blick genommen werden (StMUK BY, 2021k, S. 2).

Um Schulen zusätzliche Orientierung zu geben, wie die Fördermaßnahmen des Aufholprogramms im Einzelnen organisiert und ausgestaltet werden können, werden auf einem Portal des Staatsinstituts für Schulqualität und Bildungsforschung (ISB) namens *gemeinsam Brücken bauen. Kompetenzen stärken und Gemeinschaft erleben* verschiedene Möglichkeiten zur Umsetzung der einzelnen Förderformate beschrieben, wobei mitunter auch konkrete Praxis-Beispiele aus der Programmarbeit einzelner Schulen zur Verfügung gestellt werden (ISB, o. J.a).

Integrierte kognitive Förderung

„Um den unterschiedlichen Leistungsständen innerhalb einer Klasse […] gerecht zu werden", so heißt es im Rahmenkonzept des Ministeriums, kommt „der Binnendifferenzierung als wesentlichem Instrument zur individuellen Förderung" (StMUK BY, 2021b, S. 3) eine zentrale Rolle zu. Daher sollen die im Rahmen des Programms zur Verfügung gestellten Personalmittel u. a. dafür genutzt werden, zusätzliche Fachkräfte für „Gruppenteilungen im Regelunterricht" und/oder eine „erweiterte […] Binnendifferenzierung durch eine zusätzliche pädagogische Kraft in einer Lerngruppe" (StMUK BY, 2021h, Punkt 2) zu finanzieren. Damit sticht Bayern als ein Bundesland hervor, das die Ressourcen des Aufholprogramms – jedenfalls konzeptionell – entschiedener als andere Länder dem Regelunterricht zugutekommen lässt.

Auf dem erwähnten Portal des ISB werden die Möglichkeiten zur Umsetzung des Aufholprogramms im Regelunterricht in drei Varianten konkretisiert (vgl. zu den nachfolgenden Ausführungen und Zitaten ISB, o. J.a): Bei der *Unterstützung der Lehrkraft im Regelunterricht* soll die Zusatzkraft „die jeweilige Fach- bzw. Klassenlehrkraft" unterstützen, indem sie „einzelnen Schülerinnen und Schülern oder einer kleinen Gruppe […] individuelle Hilfestellungen bei der Arbeitsorganisation und beim Lernen innerhalb des Klassenverbandes" gibt. Durch eine *Teilung der Klasse* sollen Schüler*innen „in den kleineren Lerngruppen individuell stärker gefördert werden", wobei unterschiedliche Varianten denkbar seien. So könne die Zusatzkraft in einzelnen Wochenstunden des zu fördernden Fachs – bei prinzipiell gleichem Unterrichtsinhalt – die Hälfte der Klasse übernehmen oder aber eine Kleingruppe außerhalb des Klassenverbands individuell fördern, wobei hier dann über das Lerntempo oder „intensiv nachzuarbeitende Inhalte" differenziert werde. Denkbar sei aber auch eine klassenübergreifende *Binnendifferenzierung*, z. B. durch *Lernschienen* innerhalb einer Jahrgangsstufe: „Bereits bei der Festlegung des Stundenplans zu Schuljahresbeginn" soll darauf geachtet werden,

> „innerhalb einer Jahrgangstufe für bestimmte Stunden das gleiche Fach, z. B. Mathematik, einzuplanen. Nun können alle Schülerinnen und Schüler dieser Jahrgangsstufe für dieses Fach in Lerngruppen eingeteilt werden [sic]. Es können so viele Lerngruppen [sic] gebildet werden, wie unterrichtende Lehrkräfte zzgl. der Zusatzkräfte in dieser Stunde zu Verfügung stehen" (ISB, o. J.a).

Additive kognitive Förderung

Auch jenseits der regulären Unterrichtszeiten sieht das bayerische Aufholprogramm eine Reihe von Förderformaten vor. Als eine im weiteren Sinne innerschulische Maßnahme sind hier zunächst sog. Brückenkurse zu nennen, die zusätzlich zum Pflichtunterricht auf freiwilliger Basis besucht werden können. Dabei handelt es sich um zusätzlichen „Unterricht außerhalb des Pflicht- und Wahlpflichtunterrichts gemäß der für die Schule geltenden Stundentafel, auch in Form eines Blockunterrichts, an Unterrichtstagen" (StMUK BY, 2021h, Punkt 4.2.1). „Diese Förderangebote", so heißt es im Rahmenkonzept, „umfassen insbesondere die Kernfächer bzw. an den Grund-/Mittel- und Förderschulen die fachlichen Kernbereiche und Lernvoraussetzungen", wobei hier auch „dem Erwerb grundlegender Arbeits- und Lernstrategien" besondere Bedeutung beigemessen wird (StMUK BY, 2021b, S. 3). Auf dem Internetportal des ISB werden die Brückenkurse als „intensive Betreuungsangebote" charakterisiert, „die vor allem eine Unterstützung bzw. Begleitung bei der Bearbeitung von (Haus-)aufgaben [sic] vorsehen, oder als Unterricht (mit planmäßig initiierten und gesteuerten Lernprozessen) eingerichtet werden" können. Zur Veranschaulichung des Spektrums prinzipieller Umsetzungsmöglichkeiten wird exemplarisch auf Förderkonzepte verwiesen, die im Schuljahr 2020/2021 an einzelnen Schulen – allerdings außerhalb des Programms – umgesetzt worden sind (vgl. ISB, o. J.a).

Für diese Förderformate gilt ebenso wie für die vorangehend skizzierten innerschulischen Maßnahmen, dass Daten darüber, wie viele Schulen welche Fördermaßnahmen in der Programmlaufzeit eingerichtet haben bzw. wie viel Personal – und mit welchen Qualifikationen – hierfür eingesetzt wurde und wie viele Schüler*innen teilgenommen haben, nach unseren Recherchen nicht vorliegen bzw. nicht veröffentlicht worden sind.

Ein weiteres additives Förderangebot im Rahmen des bayerischen Aufholprogramms besteht in Kursen, die „während der Ferien als sonstige schulische Veranstaltung im Sinne des Art. 30 BayEUG (Ferienkurse)" eingerichtet werden können und an denen Schüler*innen „auf freiwilliger Basis, nach erfolgter Anmeldung jedoch verbindlich teilnehmen" (StMUK BY, 2021h, Punkt 4.2.2). Die Terminierung, Organisation und Durchführung solcher Kurse, die grundsätzlich in den schulischen Räumlichkeiten stattfinden, erfolgt in unmittelbarer Verantwortung der Schule, wenn auch für die Durchführung vorrangig auf externe Kräfte zurückgegriffen werden soll. Ein Engagement von Lehrkräften auf freiwilliger Basis wird gleichwohl begrüßt und kann im Rahmen vergüteter Mehrarbeit abgegolten werden (StMUK BY, 2021b, S. 10–11). Dabei ist „je nach Bedarf, Nachfrage und Situation vor Ort […] auch eine Zusammenarbeit benachbarter Schulen" möglich – jedoch ausdrücklich nur, insoweit es sich um Schulen derselben Schulart handelt. Insbesondere im ländlichen Raum sind zur Vermeidung längerer Fahrtwege auch digitale Formate zulässig, wenngleich das Ministerium ausdrücklich betont, dass Präsenzangebote zu favorisieren sind (ebd., S. 5). Zu erwähnen ist in diesem Zusammenhang allerdings, dass für die Ferienangebote grundsätzlich kein Anspruch auf Schüler*innenbeförderung besteht (StMUK BY, 2021l, S. 4), sodass womöglich gerade für Schüler*innen aus sozioökonomisch benachteiligten Haushalten und aus ländlichen Gegenden Teilnahmehürden bestehen.

Ferienkurse sollen nach Möglichkeit von jeder Schule angeboten werden und mindestens zwei Kernfächer abdecken (ISB, o. J.a). Sie sollen insgesamt zwei Wochen umfassen, entweder am Stück oder aufgeteilt auf zwei Kurseinheiten zu Beginn und am Ende der Ferien (StMUK BY, 2021b, S. 5). Im Mittelpunkt der konzeptionellen Überlegungen sollen dabei die Förderbedarfe von Schüler*innen stehen,

> „die auf Probe in die nächsthöhere Jahrgangsstufe vorgerückt sind, im Schuljahr 2021/2022 ihren Schulabschluss anstreben oder durch familiäre und individuelle Umstände Orientierung verloren und sich vom Lernen im schulischen Kontext entfernt haben" (ebd.).

Weitere Vorgaben zur inhaltlichen Ausgestaltung macht das Ministerium nicht – die Schulen erhalten, so heißt es, „bewusst Spielraum, den sie kreativ, pädagogisch attraktiv und an den Bedürfnissen der Schülerinnen und Schüler orientiert ausgestalten können". Gleichwohl werden auf dem Portal des ISB (vgl. ISB, o. J.a) auch für dieses Förderformat für alle Schularten Beispielkonzepte angeboten, denen konkrete Anregungen zur zeitlichen und inhaltlichen Strukturierung des Kursprogramms und des für die einzelnen Komponenten einsetzbaren Personals entnommen werden können (ebd.). Auffallend bei der Durchsicht der hinterlegten Beispielkonzepte ist ein relativ geringes Tagespensum insbesondere im Bereich der Grundschulen mit einer (fachlichen) Förderung von 90 Minuten pro Tag.

Anders als für die zuvor erörterten Bausteine des Aufholprogramms hat das Ministerium für die Ferienkurse bereits Daten veröffentlicht. Im Zwischenbericht an das BMBF werden für die „Sommerschule '21" – also für Kursangebote in den Sommerferien 2021 – 72.000 Teilnehmende angegeben, wobei hier auch Schüler*innen beruflicher Schulen eingeschlossen sind (KMK 2022e, S. 72). Dabei variierte, dies wird aus der Antwort des Ministeriums auf eine entsprechende parlamentarische Anfrage deutlich, die Beteiligungsrate erheblich zwischen den Schularten: Während z. B. von den Förderschüler*innen gerade einmal 2 Prozent und von den Mittelschüler*innen 4 Prozent Ferienkursangebote wahrnahmen, lag die Beteiligung bei den Realschulen bei 8 und den Gymnasien sogar bei 10 Prozent (Bayerischer Landtag, 2022a, S. 4).

Das Ministerium macht in Bezug auf die hier berichteten Daten auf Folgendes aufmerksam:

> „Die Umfrage richtete sich vor allem an die staatlichen Schulen, die Schulen in privater und kommunaler Trägerschaft waren nicht zur Teilnahme verpflichtet. Auch deshalb bilden die Ergebnisse der Umfrage nicht alle Schulen in Bayern ab" (ebd., S. 3).

Inwieweit Ferienkurse in Form von Distanz- oder Präsenzunterricht stattgefunden haben, wurde, so geht aus der Antwort auf eine weitere parlamentarische Anfrage hervor, nicht erhoben (Bayerischer Landtag, 2021d, S. 3).

Die berichteten Partizipationsraten sind dabei allerdings nicht als Ausweis eines in der Fläche insgesamt geringen Angebots zu betrachten, denn der Anteil der (allgemeinbildenden) Schulen, die im Sommer 2021 Kurse angeboten haben, liegt mit etwa 50 Prozent bedeutend höher (StMUK BY, 2021b, Tab. 1, S. 8 ff. sowie Destatis 2021a, Tab. 2.1; eigene Berechnung), wenn auch weit entfernt von der Zielsetzung des Ministeriums, dass jede Schule Ferienkurse veranstalten soll.

Ein weiterer additiver Baustein des bayerischen Aufholprogramms, der im Schuljahr 2021/2022 zunächst noch einzig für staatliche Schulen vorgesehen war (StMUK BY, 2022b, S. 3), ist schließlich das Tutor*innenprogramm *Schüler helfen Schülern*, in dem leistungsstarke Schüler*innen dafür gewonnen werden sollen, leistungsschwächere bzw. jüngere Schüler*innen individuell oder in Kleingruppen beim Aufholen von Lernrückständen zu unterstützen (StMUK BY, 2021b, S. 4). Das Ministerium hat hier insbesondere Schüler*innen höherer Jahrgangsstufen der Realschulen, Gymnasien und der beruflichen Schulen im Blick, wobei auch eine Verzahnung zwischen unterschiedlichen Schularten (z. B. der Einsatz von Gymnasiast*innen an Grundschulen) möglich ist, „wenn sich dies schulorganisatorisch und von der räumlichen Lage der Schulen her anbietet und die teilnehmenden Schulen dies in Abstimmung mit dem jeweiligen Sachaufwandsträger einvernehmlich vereinbaren" (StMUK BY, 2021f, o. S.). Das Tätigkeitsfeld von Tutor*innen ist breit angelegt. Sie können z. B. für Hausaufgabenbetreuung und/oder für die Nachbereitung von Unterrichtsstoff außerhalb der Unterrichtszeiten eingesetzt (StMUK BY, 2021l, S. 11), aber auch unmittelbar in Förderformate des Aufholprogramms einbezogen werden, etwa als Unterstützungskräfte im Rahmen von Brückenkursen oder Lernferien. So sind z. B. im Ferienkurskonzept, das das ISB auf seinem Portal als Anschauungsbeispiel für den Bereich der Gymnasien präsentiert, für die Beaufsichtigung von Übungsphasen explizit Tutor*innen angedacht (vgl. ISB, o. J.a).

Nach welchen Kriterien geeignete Tutor*innen ausgewählt werden, mit welchen Aufgaben sie im Einzelnen betraut werden und wie sie auf diese vorbereitet werden, ist grundsätzlich den Schulen überlassen. Ihre Tätigkeit soll ehrenamtlich gegen eine pauschale Aufwandsentschädigung erfolgen, die „unabhängig von den tatsächlichen Aufwendungen" maximal 70 Euro im Monat betragen darf (StMUK BY, 2022c, S. 11). Die für den Einsatz von Tutor*innen erforderlichen Mittel sind dabei nicht Teil der den Schulen zur Verfügung gestellten Personalmittel, sondern werden aus einem gesonderten Topf finanziert, wobei das Ministerium Schulen im Zuge der Bekanntmachung des Aufholprogramms nachdrücklich auffordert, auch diese Ressourcen „im Sinne eines möglichst umfangreichen Unterstützungsangebots intensiv zu nutzen" (StMUK BY, 2021l, S. 4). Laut dem Zwischenbericht an das BMBF (KMK, 2022e) waren in der Berichtsperiode rund 24.000 Schüler*innen als Tutor*innen tätig. Die Anzahl der auf diesem Wege unterstützen Schüler*innen, so geht aus einer Antwort des Ministeriums auf eine entsprechende Anfrage hervor, wurde hingegen nicht erfasst (Bayerischer Landtag, 2021d, S. 4).

Sozial-emotionale Förderung

Das bayerische Aufholprogramm hat mit *Gemeinschaft erleben* eine zweite Säule, die auf die Förderung sozialer Kompetenzen ausgerichtet ist, wobei es insbesondere auch darum gehen soll, „emotionale und psychische Belastungen der Schülerinnen und Schüler abzufedern" (Bayerischer Landtag, 2021b, S. 4). Diese Programmsäule setzt sich aus einer schulischen und einer außerschulischen Komponente zusammen, wobei auffällt, dass vor allem für letztere tatsächlich auch zusätzliche Ressourcen zur Verfügung gestellt werden. Mit Blick auf die schulische Sozialkompetenzförderung erschöpft sich das Portfolio des Ministeriums im Prinzip in Empfehlungen zur Gestaltung von Schulleben und pädagogischer Interaktion (StMUK BY 2021b, S. 6–8): Schule müsse „in der nächsten Zeit stärker als je zuvor als Ort der sozialen Begegnung in Erscheinung treten, die Sozialkompetenzförderung eine noch wichtigere Rolle einnehmen".

Von diesen auf die gesamte Schüler*innenschaft bezogenen, vorwiegend pädagogischen Gesichtspunkten lassen sich Angebote und Maßnahmen der individuellen Problembewältigung abgrenzen, die in der Konzeption des bayerischen Aufholprogramms unter die *Grundlegenden Begleitmaßnahmen* fallen. Zur Aufarbeitung der Erfahrungen und Belastungen der Pandemie bestünden, so führt das Ministerium in Antwort auf eine entsprechende parlamentarische Anfrage aus, im Rahmen der Staatlichen Schulberatung „vielfältige psychologische und soziale Unterstützungsangebote und Beratungsmöglichkeiten". Für individuelle Beratungsgespräche bei persönlichen Krisen und zur etwaigen Vermittlung von außerschulischen Hilfs- und Therapieangeboten stünden „die für die jeweilige Schule zuständige Beratungslehrkraft und insbesondere die Schulpsychologin bzw. der Schulpsychologe […] als Ansprechpersonen" bereit (Bayerischer Landtag, 2021b, S. 4). Entsprechend werden im Zwischenbericht an das BMBF Mittel für ein „flächendeckendes Unterstützungssystem" von Beratungslehrkräften und Schulpsycholog*innen ausgewiesen, das auf die „[p]ädagogisch-psychologische Unterstützung von Schülerinnen und Schülern mit psychosozialen Belastungen" ausgerichtet ist (KMK, 2022e, S. 26). Nachdem die Beratungskapazitäten im Rahmen des Programms „Schule öffnet sich" schon seit dem Schuljahr 2018/2019 um insgesamt 170 Vollzeitäquivalente erhöht worden seien, so heißt es im Rahmenkonzept, würden in den Schuljahren 2021/2022 und 2022/2023 nunmehr jeweils weitere 65 Vollzeitäquivalente geschaffen. Dies entspreche einer Erhöhung „der zur Verfügung stehenden Stellenäquivalente um ein Drittel gegenüber dem derzeitigen Stand", also dem Frühjahr 2021 (StMUK BY, 2021b, S. 9).

Schließlich beinhaltet die Fördersäule *Gemeinschaft erleben* eine Aufstockung der Gelder für organisierte Feriengruppenangebote. Sie werden durch den Bayerischen Jugendring (BJR) verwaltet, der als Körperschaft des öffentlichen Rechts in Bayern als überörtlicher Träger der Jugendhilfe fungiert. Durch diese Angebote und ihre kapazitive Ausweitung soll die „Förderung der Sozialkompetenz der Kinder und Jugendlichen […] auch in der unterrichtsfreien Zeit der Ferien" fortgesetzt werden, wobei die „bewusste Entkopplung des Angebots vom schulischen Rahmen […] noch einmal neue Impulse" (StMUK BY, 2021b, S. 8) setze. Zur Umsetzung wurde mit dem „Sonderprogramm zur Förderung von Ferienangeboten" eine Förderrichtlinie aufgelegt, über die im Bereich der Kinder- und Jugendarbeit tätige Träger Mittel für die Ausrichtung von Angeboten beantragen können, insofern diese „zusätzlich zu den bestehenden bzw. angekündigten Angeboten des jeweiligen Trägers eingerichtet werden bzw. die sonst üblichen Angebote des Trägers zeitlich erweitern" (BJR, 2021, Punkt 4.1). Gemäß dieser Richtlinie sollen die Angebote „eine freizeitpädagogische Ausrichtung" aufweisen, ergänzend aber auch „Maßnahmen zum Abbau von Corona-bedingten Lernrückstanden bzw. sozialpädagogische Maßnahmen zum Abbau psychosozialer Belastungen infolge der Corona-Pandemie" beinhalten können (ebd., Punkt 2). Sie richten sich an Schüler*innen der Jahrgangsstufen 1 bis 10, die mindestens vier Stunden pro Tag teilnehmen und sollen Gruppengrößen von zwölf Teilnehmer*innen nicht überschreiten. Der wöchentliche Höchstbetrag der für die Ausrichtung eines Ferienangebots abrufbaren Förderung liegt bei 2.000 Euro für Personal (bei täglich 8 Stunden Betreuungszeit), 200 Euro für Sach- und 300 Euro für Raumkosten, wobei die zu erhebenden Teilnahmebeiträge von maximal 50 Euro pro Kind und Woche „für die reine Betreuungsleistung" als Eigenanteil in die Finanzierung einzubringen sind. Verpflegungskosten, Eintrittsgelder, Fahrtkosten u. a. m. können den Teilnehmer*innen zusätzlich in Rechnung gestellt werden (ebd., Punkt 4.5 und 5.3). Sämtliche Ferienangebote sind auf einem Internetportal, dem sog. BJR-Ferienportal, zentral erfasst (vgl. BJR, 2022). Auf einer interaktiven Karte können sie nach verschiedenen Kriterien gefiltert werden, wobei für die einzelnen Angebote neben Kurzbeschreibungen und Kontaktinformationen auch Informationen zur Verfügbarkeit von Plätzen hinterlegt sind. Laut Zwischenbericht an das BMBF wurden mit entsprechenden Angeboten in den Pfingst-/Sommer- und Herbstferien 2021– so der „vorläufige" Stand – rund 23.000 Schüler*innen erreicht (KMK, 2022e, S. 23).

6.2.2.3 Personaleinsatz

Das Programm *gemeinsam.Brücken.bauen* ist – vom BJR-Ferienprogramm einmal abgesehen – ausschließlich auf die Finanzierung von zusätzlichem Personal angelegt; zusätzliche Sachmittel sind, anders als in vielen anderen Bundesländern, im Rahmen des Programms nicht vorgesehen.

Gemäß den schulartenübergreifenden „Vollzugshinweisen zum Personaleinsatz im Rahmen von ‚gemeinsam.Brücken.bauen'" kommen für eine befristete Neuanstellung zur Durchführung der verschiedenen Förderformate insbesondere folgende Personalgruppen infrage:

> „Studierende aller Fächer, insbesondere Lehramtsstudierende, pensionierte Lehrkräfte, ehemalige reguläre Aushilfs- bzw. Teamlehrkräfte, Dozentinnen und Dozenten der Erwachsenenbildung, Kräfte aus dem Ganztagsbereich, Drittkräfte, Fachkräfte der Sprach- und Lernpraxis, Schulassistenzen oder sonstige fachlich und pädagogisch geeignete Personen" (StMUK BY, 2022c, S. 2).

In welchen Feldern die gewonnen Fachkräfte konkret eingesetzt werden können, richtet sich nach der Qualifikation. So wird z. B. in einem Kultusministeriellen Schreiben an die staatlichen Mittelschulen klargestellt, dass

> „[f]ür den Einsatz in (Teil-)Bereichen des Unterrichts […] Personal mit einer Lehramtsbefähigung, mit einer ersten Lehramtsprüfung oder – für Studierende höherer Semester – mit der entsprechenden Fächerkombination im (Lehramts-)Studium"

vorzusehen ist; zur Durchführung von „Maßnahmen der Sprachförderung ist ein akademischer Abschluss oder eine abgeschlossene Berufsausbildung im sprachlichen oder pädagogischen Bereich" notwendig; „Maßnahmen der Berufsorientierung und Projekte aus dem musischen Bereich" erfordern „fachliche Qualifikationen bzw. abgeschlossene Ausbildungen mindestens auf Berufsfachschulniveau" (StMUK BY, 2021e, S. 7).

Für die von Schulen neu gewonnenen Unterstützungskräfte unterhält die Akademie für Lehrerfortbildung und Personalführung (ALP) Dillingen ein Fortbildungsangebot mit Selbstlernkursen und virtuellen Formaten (ALP, o. J.), das laut Rahmenkonzept „speziell auf diese Personengruppe zugeschnitten ist und ihr das notwendige Wissen in den Bereichen individuelle Förderung, Binnendifferenzierung und Feedback" vermitteln soll (StMUK BY, 2021b, S. 4). Ferner können im Wege vergüteter Mehrarbeit auch Personen mit laufenden Arbeitsverträgen auf freiwilliger Basis mit der Durchführung von Förderangeboten betraut werden, allen voran Vertretungs- und Teamlehrkräfte, Lehrkräfte im Vorbereitungsdienst sowie verbeamtete und unbefristet beschäftigte Lehrkräfte. Darüber hinaus können für bestimmte „punktuelle Aufgaben", etwa zur Durchführung von Projekten und Workshops (nicht aber im engeren Sinne lernbezogenen Förderangeboten) Honorarkräfte eingesetzt werden sowie schließlich die oben bereits erwähnten ehrenamtlichen Tutor*innen (StMUK BY, 2021f, o. S.; 2021k, S. 4; 2022c, S. 7).

Ein weiterer Weg der Personalgewinnung, der allerdings nur einer Teilgruppe der bayerischen Schulen bzw. Schularten offensteht, besteht in der Zusammenarbeit mit freien Trägern als externen Kooperationspartner*innen. Im Falle der kommunalen und privaten Schulen ist die Einbeziehung externer Kooperationspartner*innen zur Umsetzung von Maßnahmen des Aufholprogramms allen Schularten gleichermaßen gestattet (StMUK BY, 2021h, Punkt 4.4); in Falle der staatlichen Schulen hingegen ist dies allein den Grund-, Mittel- und Förderschulen vorbehalten (StMUK BY, 2021l). Wenngleich das Ministerium darauf hinweist, dass „[d]ie Einstellung von Personal […] vorrangig zu nutzen ist" (StMUK BY, 2021m), können staatliche Schulen dieser Schularten prinzipiell frei darüber entscheiden, ob sie das ihnen zugeteilte Budget für befristete Einstellungen, Aufstockungen und/oder Mehrarbeit von Bestandskräften einsetzen oder aber für die Zusammenarbeit mit einem freien Träger oder kommunalen Anbietenden. Dabei wird die Entscheidung für eine der beiden Varianten einheitlich für die gesamte Schule getroffen; sie können nicht kombiniert werden (StMUK BY, 2022d, S. 7). Hat sich eine Schule für die Variante „Kooperationsvertrag" entschieden und eine geeignete Kooperationspartnerin ins Auge gefasst, so hat sie die Eignung des von ihr benannten Personals zu prüfen und der zuständigen Schulaufsichtsbehörde unter Nennung des vorgesehenen Budgets einen entsprechenden Vorschlag zur Prüfung zu unterbreiten. Das Schließen eines Kooperationsvertrags obliegt dann den Regierungen – wobei im Falle der Grund- und Mittelschulen im Vorfeld auch das Staatliche Schulamt konsultiert werden muss (StMUK BY, 2022e). Benachbarte Schulen haben dabei grundsätzlich auch die Möglichkeit, einen Kooperationspartner zur Umsetzung von gemeinsamen Fördermaßnahmen zu beauftragen (StMUK BY, 2022d, S. 7).

Wie bereits erläutert, unterscheidet sich das Verfahren, nach dem Mittel für die im Rahmen des Aufholprogramms vorgesehenen unterrichtsintegrierten wie additiven Fördermaßnahmen an die Schulen vergeben werden, je nach Schulträgerschaft. Staatliche Schulen, aber auch die Förderschulen in privater Trägerschaft, erhalten einen unmittelbaren zweckgebundenen Budgetzuschlag in Form eines sich nach den Schüler*innenzahlen richtenden (Wochen-)Stundenbudgets.

Spezifische Angaben zur Größenordnung des Stundenbudgets liegen uns leider nicht für alle Schularten vor, so dass hier nur exemplarisch für die staatlichen Realschulen berichtet werden kann: Im Schuljahr 2021/2022 (Phase 3 des Aufholprogramms) standen z. B. für einen Schulstandort mit bis zu 300 Schüler*innen sechs und einen mit bis zu 1.000 Schüler*innen 14 zusätzliche Wochenstunden zur Verfügung (StMUK BY, 2021k, S. 2). 14 zusätzliche Wochenstunden an einer Schule mit 1.000 Schüler*innen zur Aufarbeitung von Lernlücken in den Kernfächern (an Realschulen Deutsch, Englisch, Mathematik, Physik, Betriebswirtschafslehre/Rechnungswesen, Französisch, Chemie) erscheinen nicht besonders üppig.

Für die Phasen 1 und 2, den Zeitraum zwischen dem 17.06.2021 und dem 12.09.2021, wurde den Schulen hingegen ein Gesamtstundenbudget aus zwei separaten Töpfen zur Verfügung gestellt. Für Mehrarbeit von Bestandskräften (Topf B) standen z. B. einem Schulstandort mit bis zu 300 Schüler*innen 46 und einem mit bis zu 1.000 Schüler*innen 125 zusätzliche Unterrichtsstunden zur Verfügung; für alle sonstigen Zwecke – etwa für Arbeitszeiterhöhungen von Teilzeitkräften, Neueinstellungen, Honorarkräfte – standen einem Schulstandort mit bis zu 300 Schüler*innen weitere

42 und einem mit bis zu 1.000 Schüler*innen 125 zusätzliche Unterrichtsstunden zur Verfügung (StMUK BY, 2021l, S. 6–7.). Ob bzw. in welchem Ausmaß die den Schulen zur Verfügung gestellten Stundendeputate zwischen Schularten variieren, können wir auf Grundlage der uns vorliegenden Informationen nicht sagen.

Für Schulen in kommunaler und privater Trägerschaft – dies sind knapp 22 Prozent der bayerischen beruflichen und allgemeinbildenden Schulen (9 % kommunale Schulen vorwiegend in städtischen Räumen, 12 % private Schulen) (StMUK BY, 2022a, Tab. I.1; eigene Berechnungen) – läuft die Mittelvergabe hingegen nicht über pauschale Stundenbudgetzuweisungen, sondern über ein Antragsverfahren auf Grundlage der „Richtlinie zur Förderung von Maßnahmen im Rahmen des Programms *gemeinsam.Brücken.bauen* zum Abbau pandemiebedingter Lernrückstände an kommunalen Schulen sowie an privaten Ersatzschulen" (gBb-R) (StMUK BY, 2021h). Dazu hat das Ministerium für die einzelnen kommunalen und privaten Schulträger – auch hier offenbar auf Grundlage der Schüler*innenzahlen – Höchstbeträge definiert, die für die Umsetzung von Fördermaßnahmen im Sinne des Programms in Anspruch genommen werden können. Da die Höchstbudgets in der veröffentlichen Aufstellung bezogen auf die einzelnen Träger und ohne Angabe der jeweiligen Schüler*innenzahlen ausgewiesen sind, lässt sich schwer beurteilen, welcher Betrag hier letztlich pro Schüler*in zugewiesen wird und ob es diesbezüglich Unterschiede nach kommunaler und privater Trägerschaft oder auch nach Schularten gibt. Nach exemplarischen Recherchen scheint der Betrag jedenfalls bei den privaten allgemeinbildenden Schulen einheitlich im Bereich um 65 Euro je Schüler*in zu liegen. Inwieweit die privaten und kommunalen Schulen hinsichtlich des Umfangs der ihnen zur Verfügung stehenden Mittel mit den staatlichen Schulen ihres Typs gleichgestellt sind, können wir aufgrund der unterschiedlichen Zuweisungsmodalitäten (schulbezogene Personalstunden versus Trägerbudgets) nicht beurteilen.

Um aus den Schulträgerbudgets zu schöpfen, mussten die Schulträger in Rücksprache mit ihren Schulen beim *Landesamt für Schule (LAS)* bis zum 28.02.2022 einen Förderantrag stellen, in dem die an den einzelnen Schulen geplanten Maßnahmen zu beschreiben und die anfallenden Kosten zu beziffern waren (StMUK BY 2021h, Punkt 8.1; 2021n). Wie im Falle der staatlichen Schulen sind dabei grundsätzlich nur Personalausgaben sowie – analog zum Bereich der staatlichen Grund-, Mittel- und Förderschulen – Ausgaben für Kooperationspartnerschaften zuwendungsfähig, nicht aber Sachausgaben. Ob sich die Schulträger als Antragsteller und Zuwendungsempfänger bei der Verteilung von Mitteln auf ihre Schulen ebenfalls nach den Schüler*innenzahlen zu richten haben oder diesbezüglich Spielräume haben, konnten wir mit unseren Recherchen nicht klären.

Die Rekrutierung von geeignetem Personal für die Umsetzung des Aufholprogramms liegt in der Verantwortung der Schulen bzw. Schulleitungen, die in einem aktuellen Kultusministeriellen Schreiben aufgefordert werden, „alles zu versuchen, eigenständig entsprechendes Personal zu gewinnen, um Förderangebote in der vollen Höhe des zugestandenen Budgetzuschlags" einrichten zu können (StMUK BY, 2022b, S. 5). Um die Personalrekrutierung zu unterstützen, unterhält das Ministerium eine

Vermittlungsbörse, auf der sich Personen der oben genannten Personalgruppen, die im Rahmen des Aufholprogramms als Unterstützungskraft tätig werden möchten, registrieren können. Über sie können Schulen, Staatliche Schulämter und Regierungen mit interessierten Bewerber*innen in Kontakt treten.

Inwieweit es den Schulen tatsächlich gelungen ist, ausreichend Personal zu rekrutieren und die vorgesehenen Budgets auszuschöpfen, ist freilich eine offene Frage. „Belastbare Daten zu den im Jahr 2021 abgerufenen Mitteln und den an den Schulen eingerichteten Fördermaßnahmen" so teilt die Staatsregierung auf eine entsprechende parlamentarische Anfrage hin am 21.12.2021 mit, „liegen voraussichtlich am Ende des 1. Quartals 2022 vor" (Bayerischer Landtag, 2021a, S. 6). Entsprechend finden sich auch im Zwischenbericht an das BMBF (KMK, 2022e) dazu keine Angaben. Unsere Interviewpartner*innen des GEW-Landesverbands Bayern beurteilen die Personalsituation zumindest mit Blick auf einzelne Schularten, allen voran die Grund-, Mittel-, und Förderschulen, als kritisch und meinen, dass die Gewinnung von Zusatzkräften für das Programm hier nur sehr bedingt möglich sei. Dies ist auch eine denkbare Erklärung dafür, dass im Falle dieser Schulen explizit auch die Zusammenarbeit mit freien Trägern als externen Kooperationspartner*innen zulässig ist. Ebenso wenig liegen – von den oben berichteten Daten zu den Ferienkursen des Jahres 2021 abgesehen – nach unseren Recherchen Angaben zur Anzahl der Schüler*innen vor, die an Fördermaßnahmen des Programms partizipiert haben. Zu dieser Frage wird es wohl auch zukünftig keine Informationen geben. Da eine entsprechende Erhebung zwecks Vergleichbarkeit der Daten ausführlicher Erläuterungen durch die Schulen bedürfe, so das Ministerium, sei darauf verzichtet worden, „um die Zusatzbelastung für die Schulleitungen in einem noch zumutbaren Rahmen zu halten" (Bayerischer Landtag, 2022c, S. 4).

6.2.2.4 Finanzierung und Verteilung der Mittel

Finanzvolumen

In einer Pressemitteilung des Ministeriums vom 09.09.2021 wird das Finanzvolumen von *gemeinsam.Brücken.bauen* auf insgesamt 210 Mill. Euro beziffert (StMUK BY, 2021c). Auf Basis der uns vorliegenden Dokumente können wir diese Angabe jedoch nicht rekonstruieren. Eine systematische Aufstellung der für die einzelnen Programmbausteine eingeplanten Finanzvolumina ist durch das Ministerium nach unseren Recherchen nicht veröffentlicht worden und auch der Zwischenbericht an das BMBF (KMK, 2022e) weist keine Planzahlen aus. Aus den uns vorliegenden Dokumenten können zwar für diverse Programmbausteine Angaben entnommen werden, jedoch bleibt das Bild lückenhaft und mitunter widersprüchlich.

Laut Rahmenkonzept wurden zu Beginn des Programms *gemeinsam.Brücken. bauen* zunächst Landesmittel in einer Höhe von 40 Mill. Euro in Aussicht gestellt (StMUK BY, 2021b, S. 10), wobei sich das Programm zu diesem Zeitpunkt noch allein an staatliche (allgemeinbildende und berufliche) Schulen sowie private Förderschulen richtete. In der Antwort auf eine parlamentarische Anfrage vom 20.01.2022 heißt es demgegenüber, dass für die staatlichen Schulen im Schuljahr 2021/2022 „insgesamt 70,7 Mill. Euro für die Anstellung von zusätzlichen Unterstützungskräften sowie für die Vergütung von Mehrarbeit im Rahmen von *gemeinsam.Brücken.bauen* eingeplant" sind (Bayerischer Landtag, 2021d, S. 5). Bei einer angenommenen Gleichverteilung über die Schularten entspräche dies rechnerisch einem Betrag von knapp 59 Euro pro Schüler*in (StMUK BY, 2022a, Tab I.1; eigene Berechnung).

Zum Schuljahr 2021/2022 wurde das Programm auf die privaten und kommunalen Schulen des Landes ausgeweitet (s. o.). Für sie beträgt das Fördervolumen für das Schuljahr 2021/2022 insgesamt etwa 19 Mill. Euro (Bayerischer Landtag, 2021a, S. 5). Dies entspräche – wiederum bei angenommener Gleichverteilung über die Schularten und unter Abzug der privaten Förderschulen, die nach den Modalitäten der staatlichen Schulen gefördert werden – einem Betrag von knapp 58 Euro je Schüler*in (StMUK BY, 2021l, Tab I.1; eigene Berechnung).

Für das Tutor*innenprogramm *Schüler helfen Schülern*, das aus einem gesonderten Topf finanziert wird, waren im Bereich der staatlichen Realschulen, der staatlichen Gymnasien und der Beruflichen Schulen im Schuljahr 2021/2022 1,7 Mill. Euro vorgesehen (Bayerischer Landtag 2021c, S. 5), von denen laut Zwischenbericht an das BMBF etwa 1,4 Mill. Euro verausgabt wurden (KMK, 2022e, S. 23). Für kommunale und private Schulen ist dieser Programmbaustein erst im Schuljahr 2022/2023 vorgesehen.

Für das vom BJR koordinierte Ferienprogramm standen nach einer Pressemitteilung vom 14.05.2021 insgesamt 5 Mill. Euro zur Verfügung (StMUK BY, 2021d), von denen laut Zwischenbericht an das BMBF für Angebote in den Pfingst-/Sommer- und Herbstferien 2021 rund 3,3 Mill. Euro aufgewendet wurden (KMK, 2022e, S. 23).

Für die pädagogisch-psychologische Unterstützung von Schüler*innen durch Beratungslehrkräfte und Schulpsycholog*innen im Rahmen der *grundlegenden Begleitmaßnahmen* des Aufholprogramms liegen uns keine Informationen zur Höhe des insgesamt eingeplanten Budgets vor. Laut Zwischenbericht an das BMBF wurden hierfür in der Berichtsperiode 13 Mill. Euro aufgewendet (ebd., S. 26).

Im Zwischenbericht an das BMBF werden schließlich noch knapp 85 Mill. Euro für Programme bzw. Maßnahmen ausgewiesen, die außerhalb des konzeptionellen Rahmens von *gemeinsam.Brücken.bauen* liegen, also auch nicht im Zuge des bayerischen Aufholprogramms thematisiert wurden. Die mit Abstand größten Posten sind hier *Sprachförderung Drittkräfte* für unterrichtsbegleitende Sprachförderangebote und interkulturelle Projekte für neu zugewanderte Schüler*innen (rund 13 Mill. Euro), *Kooperative Angebote für Jugendliche ohne Ausbildungsplatz, Berufsintegrationsklassen und Deutschklassen an Berufsschulen*, die auf ergänzende berufssprachliche Förderung, den Erwerb grundlegender Kompetenzen und Zusatzstunden für Gruppenteilungen oder additiven Unterricht ausgerichtet sind (27,3 Mill. Euro) sowie *Teamlehrkräfte* zur Unterstützung von Stammlehrkräften, die coronabedingt keinen Präsenzunterricht erteilen können (ebd.). Zu der Frage, ob diese Förderprojekte im Rahmen des Aufholprogramms aufgestockt worden sind, liegen uns keine Information vor.

Mit Unterzeichnung der Bund-Länder-Vereinbarung zum Aktionsprogramm *Aufholen nach Corona* hat das Land Bayern 158 Mill. Euro an Bundesmitteln erhalten, die laut Ministerium unter anderem (!) zur Ausweitung und Fortsetzung des initiierten Landesprogramms in den Schuljahren 2021/2022 und 2022/2023 eingesetzt werden (Bayerischer Landtag, 2021d, S. 6). In welchem Umfang diese Bundesmittel in den einzelnen, hier berichteten Plan- bzw. Abrufzahlen enthalten sind, können wir an Hand der uns vorliegenden Dokumente nicht sagen. Im Zwischenbericht an das BMBF wird lediglich die Gesamtsumme aufgewendeter Bundesmitteln berichtet; sie beträgt gut 85 Mill. Euro (KMK 2022e, S. 26).

Haushaltstechnische Verteilung der Mittel an die Schulen

Die haushaltstechnische Verteilung der Mittel des bayerischen Aufholprogramms unterscheidet sich nach der Trägerschaft der Schulen. Die staatlichen Schulen erhalten zweckgebundene Budgetzuschüsse in Form von Lehrkräfte(wochen)stunden, die von den Schulen weitgehend frei bewirtschaftet werden können. Weiterreichende Abstimmungen mit den Schulaufsichtsbehörden sind hier nur bei den Grund-, Mittel- und Förderschulen erforderlich, insofern die von der Schule ins Auge gefassten Fördermaßnahmen im Rahmen von Kooperationsverträgen mit freien oder kommunalen Trägern umgesetzt werden. In diesem Fall werden die Mittel von den Bezirksregierungen nach Rechnungslegung direkt an die Kooperationspartnerinnen ausgezahlt.

Im Falle der kommunalen und privaten Schulen erfolgt die Verteilung der Mittel auf Grundlage des bereits geschilderten Antragsverfahrens nach der Richtlinie gBb-R (StMUK BY, 2021h). Hier werden die vom Landesamt für Schule bewilligten Fördermittel an die Schulträger ausgezahlt, die die Mittel dann an ihre Schulen weiterreichen. Wie die Zuteilung der Mittel an die Einzelschulen dann genau abläuft – ob z.B. ein Schulträger mit mehreren Schulen als zentraler Antragsteller und Zuwendungsempfänger einzelne Schulen bei der Antragstellung begünstigen darf – konnten wir mit unseren Recherchen nicht klären.

Kriterien und Verfahren der Ressourcenallokation

Obgleich das Programm *gemeinsam.Brücken.bauen* das Ziel hat, „Chancengleichheit und Bildungsgerechtigkeit für die bayerischen Schülerinnen und Schüler" zu gewährleisten (z.B. StMUK BY, 2021b, S. 4; StMUK BY, 2021f, Präambel), spielen konkrete und vor allem auch soziale Bedarfskriterien – soweit wir dies recherchieren konnten – bei der Ressourcenzuweisung an die einzelnen Schulen keine Rolle. Grundlage der Mittelzuweisung sind sowohl im Bereich der staatlichen wie auch im Bereich der kommunalen und privaten Schulen einzig die Schüler*innenzahlen (StMUK BY, 2021b, S. 10).

Einschränkend ist hier gleichwohl anzumerken, dass wir für den Bereich der staatlichen Schulen nicht abschließend klären konnten, ob die vom Ministerium angesetzten Budgetzuschüsse schulartspezifisch variieren, ob also z.B. Mittelschulen in Anbetracht ihrer vergleichsweise weniger privilegierten Schüler*innenschaft höhere

Zuschüsse erhalten als Gymnasien. Die verfügbaren Informationen – aber auch die oben berichteten Recherchen für den Bereich der kommunalen und privaten Schulen – legen nahe, dass dies nicht der Fall ist.

Hinzuweisen ist in diesem Kontext aber auf die soeben erwähnten, außerhalb von *gemeinsam.Brücken.bauen* stehenden Programme Sprachförderung Drittkräfte und Kooperative Angebote für Jugendliche ohne Ausbildungsplatz, Berufsintegrationsklassen und Deutschklassen an Berufsschulen, die erkennbar auf Schüler*innen mit besonderen Schwierigkeiten ausgerichtet sind und mit zusammengenommen gut 40 Mill. Euro eine substanzielle Größenordnung haben. Unklar ist allerdings, inwieweit es sich hier tatsächlich um zusätzliche Mittel handelt, die ohne das Bund-Länder-Programm nicht aufgewendet worden wären.

6.2.3 Übergreifende Maßnahmen

6.2.3.1 Anpassung von Verordnungen

Im Kontext der *grundlegenden Maßnahmen* des Aufholprogramms hat das Ministerium die Regelungen zum Vorrücken und Wiederholen flexibilisiert. So wurde das bayerische Schulgesetz dahingehend geändert, dass Klassenwiederholungen – die auch vor der Pandemie schon auf freiwilliger Basis möglich waren – in den Schuljahren 2019/2020 und 2020/2021 nicht auf die Höchstausbildungsdauer angerechnet werden (Bayerischer Landtag, 2021a, S. 2–3). Ferner werden den Lehrer*innenkonferenzen am Schuljahresende im Hinblick auf die Versetzungsentscheidung „großzügige Ermessensspielräume" eingeräumt, so dass Schüler*innen auf Probe vorrücken können und somit „die Möglichkeit erhalten, etwaige Lernrückstände über einen längeren Zeitraum hinweg auszugleichen" (StMUK BY, 2021b, S. 9). Darüber hinaus seien „Härtefallregelungen möglich" (Bayerischer Landtag, 2021a, S. 2), deren Inhalt aber nicht weiter spezifiziert wird. In Antwort auf eine parlamentarische Anfrage vom 06.12.2021 hat das Ministerium Zahlen sowohl zu den Schüler*innen vorgelegt, die am Ende des Schuljahres 2019/2020 das Klassenziel nicht erreicht haben als auch zu jenen, die zum Schuljahr 2020/2021 auf Probe in die nächste Klassenstufen vorgerückt sind. Sie zeigen, dass das Instrument des Vorrückens auf Probe in der schulischen Praxis in der Tat große Bedeutung hatte, wobei diesbezüglich aber sehr große Unterschiede zwischen den Schularten bestehen. So sind von den 1.780 Grundschüler*innen, die das Klassenziel verfehlt haben, nur knapp 4 Prozent auf Probe vorgerückt; bei den Mittelschüler*innen waren es knapp 13 Prozent (von 1.999 Schüler*innen). Bei den Realschüler*innen rückten dagegen knapp 66 Prozent (von 6.755 Schüler*innen) und unter den Gymnasiast*innen sogar gut 69 Prozent (von 8.033 Schüler*innen) auf Probe vor (Bayerischer Landtag, 2022a, S. 4).

Ferner gewährt das Ministerium den Schüler*innen bei den Abschlussprüfungen Erleichterungen. So richten sich die inhaltlichen Anforderungen bei der besonderen Leistungsfeststellung zum qualifizierenden Abschluss der Mittelschule, der zentralen Realschulabschlussprüfungen (Realschule) sowie der Prüfungen zum mittleren Abschluss (Mittelschule) nach den für das Schuljahr vorgenommenen Schwerpunktsetzungen im Lehrplan (s. u.). Beim Abitur werden die Prüfungsinhalte in den schriftlichen Prüfungsfächern begrenzt und zudem die verpflichtende Anzahl an Leistungsnachweisen in der Jahrgangsstufe 11 verringert (KMK, 2022b).

6.2.3.2 Bestimmungen bzw. Empfehlungen zu Unterrichtsinhalten

In Reaktion auf die pandemiebedingten Einschränkungen des Schulbetriebs hat das Ministerium für sämtliche allgemeinbildenden und beruflichen Schularten „verbindliche Schwerpunktsetzungen" in den Lehrplänen der zentralen Prüfungsfächer vorgenommen. Sie wurden als eine „grundlegende Maßnahme" ins Rahmenkonzept des Ministeriums übernommen und haben laut diesem den Zweck,

> „zusätzliche Zeit für die Sicherung grundlegender Kompetenzen und Inhalte zu gewinnen und so Druck zu minimieren. Wo erforderlich und mit Blick auf Übergänge im Schulsystem und in den Beruf möglich, sollen die Lehrkräfte zudem die Behandlung des Lehrplans […] bis in das nächste Schuljahr hinein ausdehnen können" (StMUK BY, 2021g, S. 8).

Entsprechende „verbindliche Hinweise", nach Schulart, Fach und Jahrgangsstufe differenziert, können die Schulen auf dem Internetportal *Distanzunterricht in Bayern* abrufen, das ebenfalls vom ISB unterhalten wird (vgl. zu den nachfolgenden Ausführungen und Zitaten ISB, o. J.b). Hier finden sich auch allgemeine Erläuterungen zu den vorgenommenen Schwerpunktsetzungen. Hauptkriterium für die Gewichtung der Unterrichtsinhalte ist es demnach,

> „die Voraussetzungen für einen gelingenden Kompetenzerwerb in der nächsthöheren Jahrgangsstufe und für das Erreichen der Bildungsstandards zu schaffen sowie angemessen auf Abschlussprüfungen und ggf. den Wechsel in eine andere Schulart vorzubereiten".

Inwieweit die vom Ministerium auf diesem Wege eröffneten Möglichkeiten zum Aussparen bzw. Verschieben von Unterrichtsinhalten in Anspruch genommen werden, ist den einzelnen Schulen überlassen. Hier soll unter Koordination der Schulleitung durch „Absprachen in den Fachschaften, in den Jahrgangsstufenteams und auch unter allen Lehrkräften einer Klasse" entschieden werden, was unter den spezifischen örtlichen Gegebenheiten erforderlich ist. Als „Richtkriterien" für diese Entscheidung sollen dabei unter anderem „die Lernausgangslage, z. B. coronabedingte Lernrückstände aus den vergangenen Schuljahren", die „Dauer des Distanz- bzw. Wechselunterrichts" an der Schule sowie die „Erreichbarkeit der Schülerinnen und Schüler während des Distanz- bzw. Wechselunterrichts" herangezogen werden. Die „nicht oder nicht in der vorgesehenen Tiefe behandelten Inhalte" sollen sodann genau dokumentiert werden, um den „Lehrkräften des folgenden Schuljahrs wichtige Anhaltspunkte für die weitere Arbeit" zu liefern.

6.3 Länderbericht Berlin

6.3.1 Genese des Landesprogramms und Problemwahrnehmung der Akteure

Die ersten Maßnahmen zur Bewältigung der Folgen des ersten Lockdowns setzten in Berlin sogar noch während dieses ersten Lockdowns ein. Mit dem Programm *Lernbrücken* wurden Kinder sozialpädagogisch begleitet, die zu Hause kein unterstützendes Umfeld für die Zeit des Distanzunterrichts hatten (Abgeordnetenhaus Berlin, 2020b). Die *Lernbrücken* fanden sowohl während der Schulschließungen als auch während der Teilöffnung der Schulen statt. Bis Ende Juli 2020 wurden 5,2 Mill. Euro aus Landesmitteln eingesetzt. Die Durchführung geschah größtenteils durch die Deutsche Kinder- und Jugendstiftung (ebd.). Hierzu liegt auch eine Wirkungsanalyse auf Basis einer Befragung aller beteiligten Akteure vor. Aus dieser geht hervor, dass die Lernbrücken als äußerst erfolgreich erlebt wurden (Abgeordnetenhaus Berlin, 2021a, S. 2). Insgesamt wurden zwischen dem ersten Lockdown und November 2020 durch die *Lernbrücken* 9.125 Kinder im Bereich häuslichen Lernens erreicht. Der Großteil war 7 bis 11 Jahre alt (DJKS, 2021, S. 10). In Berlin befinden sich ca. 135.000 Schüler*innen in dieser Altersklasse. Die *Lernbrücken* wurden vor allem an Bonusschulen (sozial benachteiligte Schulen) in Berlin angeboten (ebd., S. 11 ff.) und werden auch durch unsere Interviewpartner*innen der GEW Berlin positiv bewertet.

Auch Sommerschulen wurden bereits im Sommer 2020 für die Jahrgangsstufen 1 und 2 sowie 7, 8 und 9 durch Förderkräfte auf Honorarbasis durchgeführt. Die Sommerschulen umfassten insgesamt 15 Stunden pro Woche. Für die Grundschulen fanden sie an der jeweiligen Stammgrundschule oder Nachbargrundschule statt, für die 7. bis 9. Klassen gab es dezentrale Angebote. Die Angebote richteten sich vor allem an Kinder mit Lernrückständen und Kinder mit Anspruch auf Leistungen des Bildung-und-Teilhabe-Programms (Abgeordnetenhaus Berlin, 2020b, S. 3). Grund für die Beschränkung auf bestimmte Klassenstufen waren begrenzte Kapazitäten. Die Klassen 5 und 6 wurden ausgeschlossen, weil sie als erste wieder in Präsenzunterricht starteten (Abgeordnetenhaus Berlin, 2020c, S. 4).

In den Sommerferien 2020 nahmen 8.798 Schüler*innen der allgemeinbildenden Schulen teil, im Herbst 2020 noch einmal 6.495 Schüler*innen. Auch an beruflichen Schulen gab es in derselben Zeit Sommerschulen (Abgeordnetenhaus Berlin, 2021a).

Dabei wurden auch die Lehrkräfte verpflichtend in die Durchführung der Sommerschulen einbezogen, indem sie an der Vorbereitung sowie Nachbereitung mitwirken sollten. Nach den Ferienangeboten sollten individuelle Auswertungsgespräche zu den gelernten Inhalten stattfinden, an denen die Schüler*innen, die Lehrkraft, die Eltern und die Förderkräfte der Ferienschule teilnehmen sollten (Abgeordnetenhaus Berlin, 2020c, S. 5). Die Lernmaterialien sollten dabei von den Lehrkräften vorbereitet und die Lerninhalte in einem Förderplan festgehalten werden (Abgeordnetenhaus Berlin, 2020a, S. 5).

> „Als Förderkräfte sollen in erster Linie pensionierte Lehrkräfte, Lehramtsstudierende, Willkommensklassenlehrkräfte, Pädagoginnen und Pädagogen etc. auf Honorarbasis über einen freien Träger beschäftigt werden" (ebd., S. 4).

Die Kommunikation zwischen Förderkräften und Lehrer*innen war sehr unterschiedlich, weil für einen Teil der Schulen erst während der Sommerferien 2020 Förderkräfte gefunden werden konnten (Abgeordnetenhaus Berlin, 2020c, S. 3). Aus Sicht unserer Interviewpartner*innen des GEW-Landesverbands Berlin haben Förderkräfte und Lehrkräfte kaum Kontakt miteinander gehabt.

Insgesamt gab es eine Übernachfrage nach Plätzen in den Sommerschulen, insbesondere für die Jahrgangsstufen 1 und 2 (Abgeordnetenhaus Berlin, 2020d). Für die Sommerschulen 2020 wurden 6 Mill. Euro zur Verfügung gestellt, von denen 4,5 Mill. Euro abgerufen wurden (Abgeordnetenhaus Berlin, 2021c, S. 5). Die Sommerschulen wurden auch 2021 durchgeführt (ebd.).

Nach einem ähnlichen Prinzip wie die Sommerschulen fanden teilweise auch Wochenendschulen statt. Nach den Sommerferien 2021 sollte das Landesaufholprogramm *Stark trotz Corona* beginnen.

Die Regierungskoalition in Berlin lehnte es ab, private Nachhilfeangebote im Rahmen des Aufholprogramms zu finanzieren. Die CDU hingegen hatte im Mai 2021 Fördergutscheine für private Nachhilfe für rund 35.000 Grundschüler*innen gefordert (Abgeordnetenhaus Berlin, 2021e).

Insgesamt orientierte man sich in Berlin bei der Definition der Zielgruppe sehr stark an den Aussagen der Bund-Länder-Vereinbarung, dass 20 bis 25 Prozent der Schüler*innen Lernrückstände aufweisen. Vertreter*innen der CDU gingen in einer Plenardebatte sogar davon aus, dass zu diesen 20 bis 25 Prozent noch einmal 25 bis 30 Prozent hinzukommen, die im Grundschulbereich schon vor Corona Sprachdefizite hatten (Abgeordnetenhaus Berlin, 2021f).

6.3.2 Landesaufholprogramm

Das Programm zum Aufholen von Lernrückständen trägt in Berlin den Namen *Stark trotz Corona* und sollte nach den Sommerferien 2021 mit individuellen Lernstandserhebungen durch die Lehrkräfte starten, um festzustellen, wo jede einzelne Schülerin bzw. jeder einzelne Schüler steht. Anschließend sollten die Lehrkräfte mit den Eltern und Schüler*innen individuelle Einzelgespräche führen, um gemeinsam den Förderbedarf zu erörtern und sie hinsichtlich geeigneter und an der Schule verfügbarer Angebote zu beraten. Die zentrale Lernstandserhebung sowie die individuellen Einzelgespräche sollten bis zu den Herbstferien abgeschlossen sein (SenBJF BE, 2021e, S. 4).

Die Umsetzung der Fördermaßnahmen wird von mindestens zwei Feedbackgesprächen mit den Eltern und Schüler*innen begleitet, in denen die Wirksamkeit der ergriffenen Maßnahmen reflektiert werden soll (ebd.).

Die erste Säule des Berlineraufholprogramms, *Lernrückstände aufholen,* ist in drei Bereiche unterteilt:

1) Lernrückstände aufholen in sprachlichen und mathematischen Basiskompetenzen sowie in fachbezogenen bzw. überfachlichen Kernkompetenzen wie Lernen lernen, Methodenkompetenzen, berufliche Kompetenzen, Schwimmen, Radfahren usw.;
2) Lernrückstände aufholen in psychosozialen Kompetenzbereichen; Bildungsangebote mit einem persönlichkeitsfördernden, aktivierenden und strukturstärkenden Schwerpunkt, Demokratieerziehung, Gewaltprävention;
3) Besondere Maßnahmen für Schulen mit einem hohen Anteil besonders betroffener Schüler*innen (Schulen mit mehr als 50 Prozent Schüler*innen, die in der Primarstufe die Mindeststandards von VERA verfehlen oder weiterführende Schulen mit einem hohen Anteil von Schüler*innen ohne Schulabschluss), (SenBJF BE, 2021a, S. 2).

Die Förderung soll bevorzugt für Schüler*innen aus Übergangs- und Abschlussklassen eingesetzt werden (SenBJF BE, 2021a, S. 8). Auch berufliche und private Schulen sollen von dem Programm profitieren. Die Einbeziehung der beruflichen Schulen in Berlin ist insoweit bemerkenswert, weil diese nur in wenigen Landesprogrammen geschieht.

Neben den genannten Fördermaßnahmen sollten in Berlin Intensivschwimmkurse für Dritt- bis Sechstklässler*innen in den Ferien (Ostern, Sommer, Herbst) angeboten werden. In den Sommerferien 2021 sollten Angebote für 8.000 Schüler*innen durchgeführt werden (SenBJF BE, 2021f). Dies entspricht immerhin rund 10 Prozent aller Dritt- bis Sechstklässler*innen in Berlin (Destatis, 2021a; eigene Berechnung).

Zudem sollen in der vierten Säule (*Aktion Zukunft*) 100 zusätzliche FSJ-Stellen zur Unterstützung der Sozialarbeit an den Schulen geschaffen werden (SenBJF BE, 2021e, S. 10). An anderer Stelle ist die Rede von 118 zusätzlichen Stellen.

Eine Beteiligung unterschiedlicher Akteure bei der Erarbeitung des Programms habe, so unsere Interviewpartner*innen der GEW Berlin, nicht stattgefunden. Dies gelte nicht nur für die GEW, sondern auch für alle anderen relevanten Interessengruppen. Aus Sicht der Interviewpartner*innen unterschied sich die Kommunikation zum Aufholprogramm auch zu typischen Beteiligungsformaten in Berlin. Es habe sich um einen reinen Top-Down-Prozess gehandelt.

6.3.2.1 Zentrale Lernstandserhebungen, Leistungsüberprüfungen und Diagnostik

Für die Lehrkräfte standen in Berlin verschiedene Diagnosetools zur Verfügung. Dies sind Lernauslage Berlin (LauBe) für Jahrgangstufe 1, ILeA(plus) für die Klassen 2 bis 6, VERA 3, ISQ-Lesecheck (Klasse 3 und 4), LaL 7 (Lernauslagen Klasse 7) und VERA 8 (Abgeordnetenhaus Berlin, 2021b; für differenziertere Angaben vgl. SenBJF BE, 2021a, S. 6 f.).

In den ersten vier Wochen des Schuljahres 2021/2022 sollten in allen Schulen für die Kernfächer Deutsch, Mathematik und 1. Fremdsprache die Lernstände ermittelt werden. Dafür konnten alle Instrumente eingesetzt werden, die in den Schulen auch bisher genutzt wurden. Lernstandserhebungen dienen im Rahmen des Bund-Länder-Programms *Aufholen nach Corona* der schulinternen Identifizierung von Lernrückständen von Schüler*innen, die einer besonderen Förderung bedürfen (SenBJF BE, 2021c). Rückmeldungen seitens der Schulen an die Senatsverwaltung zu den Leistungsständen für einen Gesamtüberblick hat es nicht gegeben. Aufgrund der verschiedenen Tests, die eingesetzt wurden, wäre ein solcher Überblick auch nur schwer möglich gewesen.

Die Durchführung der individuellen Lernstandserhebung wird aufgrund einer Vorgabe des BMBF dokumentiert (SenBJF BE, 2021e, S. 4). Die Ergebnisse der Lernstandserhebung sollen mit Eltern und Kindern besprochen werden. Dies soll unter anderem auch der Aktivierung der Schüler*innen dienen (SenBJF BE, 2021a, S. 7). In den Gesprächen verständigt man sich auf individuelle Förderpläne und es können ggf. Lernverträge geschlossen werden. Die Lernstände sollen in der Schüler*innenakte dokumentiert werden (ebd.). Teil der Gespräche sind in der Grundschule Kompetenzen im Schwimmen und Radfahren, in den Klassen 9 und 10 der bevorstehende Übergang in die Ausbildung, das Studium oder die Beschäftigung. Auch in den beruflichen Schulen werden diese Feedbackgespräche geführt (SenBJF BE, 2021e). Schüler*innen der gymnasialen Oberstufe sind auch dann förderfähig, wenn sie im Zeugnis 2020/2021 weniger als 5 Punkte in einem einbringungspflichtigen Kurs hatten (SenBJF BE, 2021a, S. 9).

Berlin stellt damit allen Lehrkräften jahrgangsadäquate Diagnosetools zur Verfügung. Besonders die verpflichtenden, teilweise mehrfach stattfindenden Feedbackgespräche mit Eltern und Schüler*innen stellen in der Anlage des Programms eine Besonderheit bei dem Umgang mit den Lernrückständen im Bundesländervergleich dar. Nach Einschätzung unserer Interviewpartner*innen des GEW-Landesverbands Berlin haben die Erhebungen der Leistungsstände an fast allen Berliner Schulen stattgefunden. Feedbackgespräche seien häufiger durch eine schriftliche Rückmeldung an die Eltern ersetzt worden. Die Hauptschwierigkeit sei aber gewesen, dass die Gespräche zu einem Zeitpunkt stattgefunden hätten, zu dem noch gar keine Unterstützungsangebote vorhanden waren. Das Ziel, ein Kind komme inklusive seiner Eltern zum Gespräch und die Lehrkraft unterbreitet schon konkrete Fördermaßnahmen, hätte so gar nicht erreicht werden können. Die Ausschreibung für die Honorarkräfte für die Fördermaßnahmen erfolgte in Berlin erst, als die Gespräche mit Eltern und Kinder stattgefunden hatten (Deutsche EVergabe, 2021).

6.3.2.2 Pädagogische Maßnahmen

Die Maßnahmen, die in Berlin angewendet werden sollen, um Lernrückstände abzubauen und sozial-emotionalen Problemen zu begegnen (s. o.), werden sehr differenziert dargestellt. Dies liegt daran, dass zur Rekrutierung des Personals zwei öffentliche Ausschreibungen erfolgten (vgl. Kap. 6.3.2.3), in denen die einzelnen Maßnahmen detailliert aufgelistet sind.

Additive kognitive Förderung

Die Förderung basiert auf der Erhebung des Lernstandes durch die Lehrkraft, die dann mit den Eltern und den Schüler*innen Feedbackgespräche führt und Förderpläne erarbeitet. Die Umsetzung der Förderpläne erfolgt in Abstimmung mit externen Kräften additiv zum regulären Unterricht. In mindestens zwei Feedbackgesprächen mit den Eltern und Schüler*innen soll die Wirksamkeit der ergriffenen Maßnahmen reflektiert werden (SenBJF BE, 2021a).

Die ausgeschriebenen Maßnahmen sind im Programmschwerpunkt A *Abbau von Lernrückständen* wie folgt beschrieben:

- Ergänzende Lernförderung nach dem BuT;
- Temporäre Lerngruppen;
- Latein und Altgriechisch;
- Wochenendschulen;
- Lerncoaching;
- Kleingruppen mit Lerntherapeutischem Fokus;
- Personelle Assistenz schulischer Praktika bei Schüler*innen mit schwerer Behinderung.

Im Programmschwerpunkt B *Aufholen von Defiziten im psychosozialen Bereich* sind folgende Maßnahmen vorgesehen:

- Mentoring durch ältere Schüler*innen oder Studierende;
- Handlungsorientierte Lernerfahrungen in umwelt- und naturnahen Lernumfeldern;
- Maßnahmen zur Förderung des sozialen Wohlbefindens.

Und im Programmschwerpunkt C *Prozessbegleitung* geht es um

- Angebote zur Begleitung von Schulleitungsteams in Qualitätsentwicklungsprozessen und Unterstützung bei der schulinternen Organisation des Programms *Stark trotz Corona*. Zielgruppe sind Schulen mit einem hohen Anteil besonders betroffener Schüler*innen (20%-Schulen mit zusätzlicher Ausstattung). Die Schulen sollen bei der schulinternen Organisation unterstützt werden (max. 5 Zeitstunden je Woche).

An den beruflichen Schulen werden zu den bereits genannten Programmpunkten noch Sprachförderung für neu Zugewanderte, pädagogisch-psychologische Unterstützung und Entrepreneurship-Education (NFTE) angeboten.

Diese Aufzählung von Programmpunkten zeigt zwar, dass man sich in der Berliner Senatsverwaltung einige Gedanken darüber gemacht hat, wie Lernförderung und psychosoziale Unterstützung aussehen können. Dieser Rahmen ist aber in erster Linie für die Ausschreibung wichtig, damit etwaige Träger wissen, auf welche Programmpunkte sie sich bewerben können.

6.3.2.3 Personaleinsatz

Bei der Personalgewinnung geht Berlin einen eigenen Weg. Zum Zweck der Personalgewinnung gab es bis Januar 2022 zwei öffentliche Ausschreibungen: Erstens die Ausschreibung *Beschaffung von Fachkräften für das Aktionsprogramm „Stark trotz Corona"* mit einem Ausschreibungszeitraum vom 06.09. bis zum 06.10.2021 und einem Volumen von 27 Mill. Euro (Deutsche EVergabe, 2021). Zweitens sollte Personal durch die Ausschreibung *„Aufholen nach Corona für Kinder und Jugendliche" / Verwendung des Budgets für Schulen „Stark trotz Corona"* (Säule 1 «Lernrückstände aufholen») gewonnen werden (Ausschreibungszeitraum 20.12.2021 bis 28.1.2022) (EFG GmbH, 2021a, S. 6). Berlin ist damit das einzige Bundesland, das die für das Programm benötigten Honorarkräfte über öffentliche Ausschreibungen rekrutiert.

Die Senatsverwaltung beabsichtigte, nach den Ausschreibungen Rahmenvereinbarungen mit mehreren Anbietenden abzuschließen. Ziel war es, einen größtmöglichen Kreis an Fachkräften (= Fachkräftepool) auf Basis vorab definierter Honorare über die Rahmenvereinbarung zu binden und den Berliner Schulen ohne größeren Verwaltungsaufwand zeitnah zur Verfügung zu stellen. Die Schulen sind jeweils berechtigt, aus dem Fachkräftepool eine versierte Fachkraft auszuwählen und deren Einzelbeauftragung zu veranlassen (Deutsche EVergabe, 2021). Fachkräfte müssen mindestens über die allgemeine Hochschulreife verfügen. Insofern noch kein abgeschlossenes Hochschulstudium vorliegt, müssen sie als Student*in immatrikuliert sein oder eine Berufsausbildung abgeschlossen haben (EFG GmbH, 2021a, S. 9).

Die Finanzierung der Honorarkräfte erfolgt über die Schulbudgets. Dies kann aber aus Sicht der Administration nur über eine Datenbank geschehen (Eureka-Datenbank), in der Anbietende gelistet sind, die bei den beiden Ausschreibungen einen Zuschlag erhalten haben. Eine andere Möglichkeit der Finanzierung über die Mittel des Schulbudgets besteht nicht (Abgeordnetenhaus Berlin, 2021i, S. 4). Unsere Interviewpartner*innen der GEW Berlin kritisierten das Verfahren als zu bürokratisch. Begründet worden sei das Verfahren gegenüber den Verbänden mit den Rechenschaftspflichten Berlins gegenüber dem BMBF. So sei etwa gegenüber dem Landesschulbeirat bei jeder Sitzung kommuniziert worden, dass Lernstandserhebungen und die Dokumentation darüber Voraussetzung für den Mittelfluss seien. Das Paradoxe daran sei jedoch, dass nicht kommuniziert worden sei, wie dies zu dokumentieren sei.

In der Datenbank fanden sich am 09.12.2021 253 Anbietende, darunter 120 Träger und 133 Einzelkräfte. 176 Schulen haben zu diesem Zeitpunkt Verträge mit den Anbietenden abgeschlossen. Aufgrund der vergleichsweise günstigen Sozialstruktur des Bezirks ist es wenig überraschend, dass die Schulen in Steglitz-Zehlendorf die meisten Verträge abgeschlossen hatten (Abgeordnetenhaus Berlin, 2021i, S. 3).

Das Verfahren wurde damit begründet, dass durch den Einsatz des Dienstleisters (Eureka-Datenbank) die teilnehmenden Schulen u. a. von einem aufwändigen Ausschreibungsverfahren entlastet werden. Dadurch könnten die Schulen sich auf die Durchführung der Lernstandserhebungen, die lernprozessbegleitenden Feedbackgespräche und die Nutzung der Eureka-Datenbank konzentrieren. Auch die Abrechnung der Mittel über Zwischen- und Schlussberichte gegenüber dem BMBF könne aus Sicht der Senatsverwaltung voraussichtlich ohne weitere Belastung der Schulen mit den Daten aus der Eureka-Datenbank erfolgen (ebd. S. 4). Hierin sieht auch die Abgeordnete Burkert-Eulitz (GRÜNE) einen wichtigen Grund, auf dieses Verfahren zurückzugreifen (Abgeordnetenhaus Berlin, 2022, S. 162).

Zudem werden nach Ansicht des Abgeordneten Marcel Hopp (SPD) keine weiteren Personalstellen in der Administration benötigt, „wodurch die Bundesmittel zu einem höchstmöglichen Anteil direkt in die Förderung der Kinder und Jugendlichen fließen" (ebd., S. 160).

Für freie Träger der Jugendhilfe mag dieses Verfahren noch üblich sein. Privatpersonen können hierdurch jedoch eher abgeschreckt werden. Zur zweiten Ausschreibung gehören insgesamt 20 Anlagen. Von diesen müssen acht ausgefüllt werden, die restlichen werden zum Vertragsbestandteil, wenn der Antrag angenommen wird (EFG GmbH, 2021, S. 16ff.). Für einen zu hohen bürokratischen Aufwand für Einzelpersonen spricht auch, dass sich bis Dezember 2021 nur 133 Einzelkräfte beworben haben. Reguläre Lehrkräfte mit einem gültigen Arbeitsvertrag haben neben den angesprochenen Aufgaben bei Lernstandserhebungen und Feedbackgesprächen keine Möglichkeit, sich über die Datenbank als Honorarkräfte zu bewerben (SenBJF BE, 2021d). Das Verfahren gilt zudem auch nicht für Schulen in freier Trägerschaft, die ihre Honorarkräfte selbst suchen können.

Die CDU stellte am 05.12.2021 den Antrag, die Vergabe von Honorarverträgen auch ohne Eureka-Datenbank zu ermöglichen (Abgeordnetenhaus Berlin, 2021h). Sie begründet den Antrag damit, dass das Verfahren zu unflexibel sei und viele Anbietende von einer Teilnahme abgehalten würden, was unter anderem daran deutlich werde, dass von den Mitteln zum Aufholen von Lernrückständen bis zum 09.12.2021 erst 10 Prozent abgerufen wurden.

Abgeordnete der LINKEN und der SPD des Abgeordnetenhauses geben mit Berufung auf die Bildungsverwaltung am 13.01.2022 im Plenarprotokoll an, dass der Mittelabruf stark zugenommen habe und die Bildungsverwaltung davon ausgehe, dass die Mittel im Laufe des Jahres 2022 zu 90 Prozent abgerufen werden (Abgeordnetenhaus Berlin, 2022, S. 164). Ein Artikel in der taz (2022) zitiert die Bildungsverwaltung, dass zum Stichtag 25.03.2022 „inzwischen 18,7 Mill. Euro der Mittel zum Aufholen von Lernrückständen gebunden" seien, „ein Anteil von 45 Prozent". 600 von 756 antragsberechtigten Schulen hätten inzwischen Anträge gestellt.

6.3.2.4 Finanzierung und Verteilung der Mittel

Finanzvolumen

Das Finanzvolumen des Berliner Programms beträgt 44 Mill. Euro, die seitens des Bundes zur Verfügung gestellt werden. Das Gesamtvolumen der Bundeszuwendung beträgt 63,8 Mill. Euro (Abgeordnetenhaus Berlin, 2021i). Der Landesanteil beträgt damit 19,8 Mill. Euro. „Die Kofinanzierung des Landes Berlin in diesem Programm kann aus bereits geleisteten bzw. veranschlagten Ausgaben der Jahre 2021 bis zum 25.08.2023 nachgewiesen werden" (SenBJF BE, 2021g).

Die Mittel, die für die Behebung von Lernrückständen eingesetzt werden sollen, entsprechen ca. 171,50 Euro pro Schüler*in.

Problematisch beim Berliner Aufholprogramm ist, wie auch in anderen Bundesländern, der langsame Mittelabfluss. Bis zum 09.12.2021 wurden gerade einmal 5,3 von 44 Mill. Euro Bundesmitteln abgerufen (Abgeordnetenhaus Berlin, 2021i, S. 2). Ende März 2022 waren 18,7 Mill. Euro der Mittel zum Aufholen von Lernrückständen gebunden (s. o.). Im Zwischenbericht an das BMBF sind 12,23 Mill. Euro für Maßnahmen, die direkt im Zusammenhang mit dem Aufholen von Lernrückständen stehen, ausgewiesen (KMK, 2022e). Im Zwischenbericht wird darüber hinaus über weitere Maßnahmen zum Aufholen von Lernrückständen berichtet, die im Kontext des Bund-Länder-Programms nicht thematisiert wurden. Hierzu gehören 93 Mill. Euro für Sprachförderung für 336.000 Schüler*innen, an der 1.200 Lehrkräfte beteiligt sind, 32 Mill. Euro für Schulsozialarbeit und 4,17 Mill. Euro für schulische Assistent*innen (KMK, 2022e). Im Zwischenbericht an das BMBF sollten die Länder ihre Eigenleistungen angeben. Damit sind aber zusätzliche Maßnahmen im Kontext des Aufholprogramms gemeint. Die hier aufgeführten Mittel sind sicherlich auch für das Aufholen von Lernrückständen geeignet, aber keine zusätzlichen Maßnahmen im Sinn des Aufholprogramms.

Haushaltstechnische Verteilung der Mittel an die Schulen

Ein Großteil des Programms zum Aufholen von Lernrückständen fließt in die Schulbudgets. Die Schulen sollen dann über das Eureka-Portal (vgl. Kap. 6.3.2.3 zum Personaleinsatz) Förderkurse mit Honorarkräften durchführen. Nicht abgerufenes Geld aus dem Schulbudget kann nicht auf andere Schulen übertragen werden und verbleibt laut Aussage unserer Interviewpartner*innen des GEW-Landesverbands Berlin bei der Senatsverwaltung.

Die Aufstockung des Schulbudgets *Stark trotz Corona* erfolgt anhand der Schüler*innenzahl. Hierfür werden 60 Euro je Schüler*in als Basisbetrag bis Ende 2022 angesetzt (SenBJF BE, 2021a, S. 5). Schulen mit überdurchschnittlich vielen Schüler*innen, die in der Primarstufe die Mindeststandards verfehlen (mehr als 50 %) oder weiterführende Schulen mit vielen Schüler*innen, die die Schule ohne Schulabschluss verlassen (mehr als 20 %), sowie der Bildungsgang IBA sollen im Programm *Stark trotz Corona* zusätzlich unterstützt werden (SenBJF BE, 2021e). Diese Schulen erhalten pro Schüler*in an allgemeinbildenden Schulen 54 Euro und pro Schüler*in an beruflichen Schulen (IBA) 60 Euro. Hinzu kommen 600 Euro für jede Schule, um mögliche Zuwächse bei der Zahl der Schüler*innen auszugleichen (SenBJF BE, 2021a, S. 5). Für Schüler*innen mit sonderpädagogischem Förderschwerpunkt (SPF) erfolgt bis zur Klasse 7 eine gesonderte Berechnung. „Die Angebote zur Förderung sollen dazu dienen, mindestens 20 bis 25 Prozent der SuS jeder Schule eine Förderung zukommen zu lassen" (SenBJF BE, 2021e, S. 1). Das Schulbudget soll zu 70 Prozent für den Programmteil A (Lernrückstände) verwendet werden (vgl. Kap. 6.3.2). Zudem sollen Sachmittelausgaben in der Regel 20 Prozent des Budgets der Schule nicht überschreiten (SenBJF BE, 2021e).

Kriterien und Verfahren der Ressourcenallokation

Diejenigen Schulen sollen eine erhöhtes Schulbudget erhalten, die bereits vor der Pandemie niedrige Kompetenzwerte erzielten (Primarstufe) und an denen viele Schüler*innen ohne Abschluss die Schule verlassen (Sekundarstufe). Hinzu kommt, dass für Schüler*innen mit einem sonderpädagogischen Förderbedarf eine gesonderte Berechnung erfolgen soll. Schulen in besonders schwieriger Lage sollen im Programmteil C Angebote zur Begleitung von Schulleitungsteams in Qualitätsentwicklungsprozessen und Unterstützung bei der schulinternen Organisation des Programms erhalten. Die Unterstützung bei der schulinternen Organisation soll max. 5 Stunden pro Woche umfassen und steht 20 Prozent der besonders betroffenen Schulen in Berlin zu.

6.3.3 Übergreifende Maßnahmen

6.3.3.1 Anpassung von Verordnungen

Wie auch in anderen Ländern wurde in Berlin frühzeitig auf die Möglichkeit hingewiesen, ein Schuljahr freiwillig wiederholen zu können. Dies wurde in Berlin sehr kontrovers diskutiert. Insgesamt zeigten bereits die Daten von Ende April 2021 (bis dahin sollte die Anmeldung für freiwilliges Wiederholen erfolgen) keinerlei Anstieg für freiwilliges Wiederholen. Die meisten freiwilligen Wiederholungen in Berlin sind für die 10. Klasse festzustellen (Abgeordnetenhaus Berlin, 2021d, S. 9165). Die geringe Inanspruchnahme freiwilligen Wiederholens zeigte sich auch bei der Quote der Klassenwiederholungen. Die ohnehin niedrige Quote für Klassenwiederholungen (vor Corona) sank im Schuljahr 2020/2021 von 1,1 Prozent auf 0,9 Prozent.

Zudem macht Berlin besonders weitreichend von den Möglichkeiten Gebrauch, die sich aus der KMK-Vereinbarung zur Anpassung der Prüfungen ergeben (KMK, 2021a, 2021c). So gab es für die Abiturprüfung 2021 folgende Anpassungen:

- es wurden zusätzliche Aufgaben zur Verfügung gestellt oder fachspezifisch veränderte Wahloptionen eröffnet;
- Lehrkräfte erhielten am jeweiligen Prüfungstag in der Regel die Möglichkeit, vor der Schüler*innenwahl Aufgaben abzuwählen;
- in einigen Fächern wurden weitere Hinweise zur Priorisierung von Prüfungsschwerpunkten gegeben;
- Abiturient*innen erhielten 9 Tage mehr Vorbereitungszeit;
- es wurden Ersatzaufgaben vorgehalten, wenn die Aufgaben nicht zu dem im Unterricht behandelten Themen passten;
- die Bearbeitungszeit in allen schriftlichen Prüfungsfächern wurde um 30 Minuten verlängert;
- in mündlichen Prüfungen wurden zwei Aufgaben gestellt (vgl. SenBJF BE, 2021b).

Diese Regelungen wurden in großen Teilen auch für die Abiturprüfung 2022 beibehalten (KMK, 2021c). Darüber hinaus wurde die Anzahl der zu prüfenden Kompetenzbereiche beim Hauptschulabschluss und Mittleren Schulabschluss reduziert.

6.4 Länderbericht Brandenburg

6.4.1 Genese des Landesprogramms und Problemwahrnehmung der Akteure

Brandenburg hat die Herausforderungen der Pandemie und der entstandenen Lernrückstände der Schüler*innen früh angenommen. Dies zeigt der Blick in eine online verfügbare Chronologie des Bildungsministeriums, in der alle wesentlichen Informationen über den Umgang mit der Pandemie festgehalten sind (MBJS BB, 2020a). Auf dieser Website befinden sich darüber hinaus auch alle Mitteilungen des Ministeriums an den Landtagsausschuss für Bildung, Jugend und Sport. Diese Mitteilungen, die es auch in anderen Bundesländern gibt, sind selten so transparent und frei zugänglich wie in Brandenburg. Darüber hinaus sind die Mitteilungen so ergiebig, dass die Abgeordneten des Landtags und interessierte Bürger*innen vergleichsweise gut über den Umsetzungsstand des Aufholprogramms informiert sind.

Aber auch über diese außergewöhnliche Transparenz hinaus zeigt sich Brandenburg als eines der Länder, die frühzeitig auf die Pandemie reagierten. So gab es bereits in den Sommerferien 2020 erste freizeitpädagogische Angebote. Von den hierfür bereitgestellten 2,7 Mill. Euro wurden (wohl auch aufgrund der Kurzfristigkeit) bis zum 21.10.2020 nur 782.719 Euro abgerufen. Bereits bewilligte Fördermittel können noch bis Ende des Jahres abgerufen werden (Landtag Brandenburg, 2020).

Darüber hinaus sollten für das Schuljahr 2020/2021 für jede Schule Notfallpläne entwickelt werden, falls die Schulen wieder in Distanzunterricht gehen müssten (ebd.). Diese angestrebte Vorbereitung auf einen möglichen zweiten Lockdown haben wir bei unseren Recherchen in dieser Klarheit in keinem anderen Bundesland wahrgenommen. Nach den Aussagen unserer Interviewpartner*innen der GEW Brandenburg ging es hierbei allerdings eher um Hygiene- denn um pädagogische Maßnahmen.

Auch weitere Aspekte des späteren Landesaufholprogramms wurden bereits Anfang des Schuljahres 2020/2021 umgesetzt bzw. auf den Weg gebracht. So wurde zu Beginn des Schuljahres 2020/2021 eine Lernstandserhebung durch die Lehrkräfte durchgeführt und die Ergebnisse an das Ministerium zurückgemeldet (s. u.). Man kann über die wissenschaftliche Qualität der Rückmeldungen streiten. Brandenburg war nach unseren Recherchen jedoch das erste Bundesland, das durch die Einschätzungen der Lehrkräfte und Schulen über Informationen über die Lernstände der Schüler*innen verfügte.

Darüber hinaus wurden bereits im Oktober 2020 1 Mill. Euro aus dem Rettungsschirm des Landes für Studierende freigegeben, die unterstützend in den Schulen tätig werden sollten. Zudem wurden der Vertretungsfonds um 1,8 Mill. Euro aufgestockt (MBJS BB, 2020b) und Honorarkräfte für unterrichtsbegleitende und ergänzende Maßnahmen eingestellt (MBJS BB, 2020a).

Diese Maßnahmen wurden im Wesentlichen auch in das Landesaufholprogramm übernommen. Kultusministerin Britta Ernst hielt bei der Plenarsitzung, auf der das Aufholprogramm beschlossen wurde, fest, dass man vor der logistischen Herausforderung stehe, die beschlossene Summe auch an die Kinder zu bringen (Landtag Brandenburg, 2021a, S. 45). Aus der Einlassung von Frau Ernst (damals auch Präsidentin der KMK) wird deutlich, dass die Umsetzung des Aufholprogramms als Problem wahrgenommen worden ist. Vor dieser Herausforderung stehen auch die anderen Bundesländer, wie die entsprechenden Länderberichte in der vorliegenden Publikation zeigen.

6.4.2 Landesaufholprogramm

Das Landesaufholprogramm hat in Brandenburg keinen eigenen Namen, es trägt den Namen des Bund-Länder-Aktionsprogramms *Aufholen nach Corona*. Am 29.04.2021 wurden für die Sommerferien Maßnahmen zur Feriengestaltung durch verschiedene Träger angekündigt. Dabei waren insbesondere die sozialen Begegnungen für die Kinder und Jugendlichen wichtig, aber es bestand auch die Möglichkeit, Lernlücken zu schließen und für das weitere Lernen motiviert zu werden. Hierfür standen 3,1 Mill. Euro zur Verfügung, von denen über 1 Mill. Euro für die Herbstferien genutzt werden mussten bzw. konnten (MBJS BB, 2021a). Gefördert wurden Ferienprogramme von Trägern der Jugendarbeit, die Lernangebote in Zusammenarbeit mit Lehrkräften und anderen schulpädagogischen Fachkräften, die freiwillig auf Honorarbasis tätig werden, unterbreiten (vgl. MBJS BB, 2021b zu weiteren Details). Die Ferienangebote sollten explizit keine Lernferien sein. Sie wurden in der Regel in Form von Projekten bzw. Aktivitäten durchgeführt, die Interessen, Motivation und Lernkompetenzen sowie das soziale Miteinander fördern sollten (MBJS BB, 2021b, S. 7). Britta Ernst grenzte sich diesbezüglich auch explizit von Hamburg ab (Landtag Brandenburg, 2021a, S. 77). Schlussendlich nahmen insgesamt 13.973 Schüler*innen (5,5 % aller Brandenburger Schüler*innen) in den Sommer- und Herbstferien 2021 an diesen Ferienangeboten teil. 2,4 Mill. Euro konnten verausgabt werden (MBJS BB, 2021i, S. 3).

Eine Hauptsäule des Landesaufholprogramms sind schulergänzende und außerschulische Maßnahmen, für die 23,4 Mill. Euro zur Verfügung stehen. Die zweite Hauptsäule ist die Bezahlung zusätzlicher Lehrkräftestellen im Umfang von 24,1 Mill. Euro (MBJS BB, 2021a).

Des Weiteren soll der Einsatz von Studierenden im Rahmen des Programms *Studentische Lehr-Lernassistenzen an Brandenburger Schulen* weitergeführt werden. Hierfür stehen 3 Mill. Euro zur Verfügung (ebd.). Darüber hinaus werden 3,1 Mill. Euro an zusätzlichen Mitteln für FSJ- und FÖJ-Stellen (Freiwilliges Soziales Jahr und Freiwilliges Ökologisches Jahr) zur Verfügung gestellt.

Daneben hinaus gibt es auch in Brandenburg Intensiv-Schwimmkurse für Schüler*innen, die nicht schwimmen können, im Umfang von 500.000 Euro. Diese werden in Kooperation mit den Sportorganisationen durchgeführt (ebd.). Ende Januar 2022 hatten 2.077 Kinder dieses Angebot wahrgenommen und es lagen weitere 1.176 Interessenbekundungen von Eltern vor (KMK, 2022e).

Anfang 2022 wurde das Programm noch um 2 Mill. Euro für Projekte der Kinder- und Jugendfreizeit erweitert. Mit dieser Förderung sollen Maßnahmen der außerschulischen Jugendbildung, der Jugendarbeit, der internationalen Jugendarbeit, der Kinder- und Jugenderholung sowie der Jugendberatung gestärkt werden. Ebenso sollen günstige Ferien- und Wochenendfreizeiten sowie Jugendbegegnungen ermöglicht werden.

6.4.2.1 Zentrale Lernstandserhebungen, Leistungsüberprüfungen und Diagnostik

Brandenburg zählt zu einem der wenigen Bundesländer, das bereits nach dem ersten Lockdown versucht hat, sich einen Überblick über die Lernstände der Schüler*innen zu verschaffen. Dies geschah nach den Sommerferien 2020. Der Lernstand sollte wie folgt erhoben werden: Zunächst sollten die im vorhergehenden Schuljahr vermittelten Lerninhalte dokumentiert und dann die Lernstände in allen Schulstufen erhoben werden. Zur Erhebung des Lernstandes sollten neben den bekannten Instrumenten der Individuellen Lernstandsanalyse (ILeA plus/ILeA) für Deutsch und Mathematik sowie der Lernausgangslage (LAL) in den Fächern Deutsch, Englisch, Mathematik und in den naturwissenschaftlichen Fächern sieben weitere Testinstrumente bereitgestellt werden (MBJS BB, 2020b; 2021d, S. 7f.). In der Folge sollten die Schulen dem Ministerium (nach Klassenstufen gestaffelt) rückmelden, ob die Bildungsziele im laufenden Schuljahr voraussichtlich erreicht werden können und ggf. Unterstützungsbedarf anmelden.

Das Bildungsministerium leitete aus den Rückmeldungen der Schulen zu den Lernausgangslagen folgende Implikationen ab:

> „Die Ergebnisse der umfangreichen Lernstanderhebungen, die zu Schuljahresbeginn an den Grund- und weiterführenden Schulen durchgeführt wurden, liegen vor: Die überwiegende Mehrheit der Schulen hat keine Probleme für das Erreichen der Bildungsziele angezeigt. Daraus folgt, dass flächendeckender Unterricht in den Ferien oder Samstagsunterricht nicht notwendig sind, auch nicht regional oder schulformbezogen. Fast alle Schulen können die Bildungsziele durch eigene Schwerpunktsetzungen z. B. in der Stundentafel an den Schulen erreichen. Wenige Schulen unterschiedlicher Schulformen fordern personelle Unterstützung an, diese werden auch erfüllt" (MBJS BB, 2020a).

Die Erhebung des Lernstandes geschah in gleicher Weise im Jahr 2021 noch einmal. Bei der Veröffentlichung der Ergebnisse hätte man in Brandenburg durchaus transparenter vorgehen können. Sie erfolgte in nicht immer nachvollziehbarer Weise zunächst als Pressemitteilung mit einem zusätzlichen Power-Point-Foliensatz im Jahr 2020 (MBJS BB, 2020b) und nur als Pressemitteilung im Jahr 2021 (MBJS BB, 2021f). So ist es auch schwer zu bewerten, wie sich die Situation in Brandenburg nach dem zweiten Lockdown tatsächlich darstellte. Zudem wird nicht klar, wie die Ergebnisse der Lerndiagnostik in die Rückmeldung des Ministeriums eingingen. Ferner kann nicht ausgeschlossen werden, dass bei der Rückmeldung der einen oder anderen Schule strategische Überlegungen eine Rolle gespielt haben könnten. Hier sehen auch unsere Interviewpartner*innen des GEW-Landesverbands Brandenburg ein zentrales Problem. Sie gehen eher davon aus, dass die Rückmeldungen die tatsächlichen Leistungsrückstände unterschätzen. Dies führen sie erstens darauf zurück, dass Schulleiter*innen die Situation gegenüber dem Ministerium weniger schlimm darstellten, um vor dem Ministerium nicht schlecht dazustehen. Zweitens führten sie an, dass man ohnehin keine große Hilfe erwartet hätte und deshalb die Lernrückstände nicht so dramatisch darstellte.

Brandenburg war unseren Recherchen zufolge das einzige Bundesland, das eine derartige Abfrage 2020 und 2021 durchführte, die Ergebnisse dieser Abfrage zumindest rudimentär veröffentlichte (vor allem 2020) und auf dieser Grundlage (zumindest 2021) die Mittel bedarfsorientiert zuwies (Mecklenburg-Vorpommern erhob die Lernstände in ähnlicher Weise, band diese aber nicht an Mittelzuweisungen).

Wie Hamburg mit KERMIT setzte Brandenburg mit ILeA bereits weit vor Corona Diagnosetools für mehrere Klassenstufen ein. Erstmals wurde ILeA 2006/2007 flächendeckend in den Brandenburger Grundschulen angewandt (Kuhl & Sheikh, 2008). Auch wenn die Rückmeldung an das Bildungsministerium in Brandenburg prognostischer Natur ist, so scheint die lange Etablierung von Diagnosetools auch Möglichkeitsräume für die Nutzung während der und nach den „Corona-Schuljahren" geschaffen zu haben.

Zudem sollten VERA 3 und 8 wieder regulär im Schuljahr 2021/2022 durchgeführt werden, um weitere Rückschlüsse zu erhalten (MBJS BB, 2021d, S. 8).

6.4.2.2 Pädagogische Maßnahmen

Integrierte kognitive Förderung

Auf Grundlage der Lernstandserhebungen sollten die Fachkonferenzen in den Schulen Ableitungen für die Anpassung der Schwerpunktsetzungen für die einzelnen Unterrichtsfächer treffen. „Die Schwerpunktsetzungen wurden in nahezu allen Grund- sowie Förderschulen und weiterführenden Schulen angepasst" (MBJS BB, 2021f). Was dies im Einzelnen bedeutet, können wir auf der Basis unserer Recherchen nicht klären. So steht zumindest die Strategie, Schwerpunktsetzungen an allen Schulen anzupassen, nicht im Einklang mit den Ergebnissen der Lernstandserfassung, wonach erstens die Mehrzahl der Schulen die Bildungsziele in den einzelnen Fächern und Jahrgangsstufen für voraussichtlich erreichbar hält und zweitens nur ein Drittel der Schulen Unterstützungsbedarfe an das Ministerium zurückmeldete. Dies kann aber auch als Hinweis darauf verstanden werden, dass die Mehrzahl der Brandenburger Schulen zwar hinsichtlich der Lernlücken Handlungsbedarfe wahrgenommen hat, die Lernlücken aber im Rahmen des Regelunterrichts über angepasste Schwerpunktsetzung für behebbar hält.

Für die Schulen, die Unterstützungsbedarf angemeldet haben, sollen bis zu 200 zusätzliche Lehrkräfte oder sonstige pädagogische Mitarbeiter*innen (178 an öffentlichen Schulen) eingestellt werden (vgl. Kap. 6.4.2.3 unten).

Des Weiteren sollen Studierende im Rahmen des Programms *Studentische Lehr-Lernassistenzen an Brandenburger Schulen* eingesetzt werden. Die Studierenden begleiten und fördern Schüler*innen mit Lernrückständen individuell oder in kleinen Gruppen zusätzlich zur schulischen Förderung. Besonders für die Absicherung der sprachlichen und mathematischen Basiskompetenzen bei den Schüler*innen erhalten die Studierenden entsprechende Qualifizierungsangebote (MBJS BB, 2021a).

Additive kognitive Förderung

Die schulergänzenden und außerschulischen Maßnahmen sollen in zwei Stufen erfolgen. In der ersten Stufe sollen alle Schulen im August 2021 ein Budget von 3.000 Euro erhalten. Damit können zu Beginn des Schuljahres in Zusammenarbeit mit verschiedenen Trägern Projekte zur Stärkung z. B. des sozialen Lernens ermöglicht werden. Die Mittel können nur mit externen Partner*innen abgerechnet werden. Innerhalb der Schule können die Mittel nicht abgerechnet werden (MBJS BB, 2021j). Die Schulen sollten hierfür vor allem auf bewährte Partner*innen zugehen (MBJS BB, 2021i). Eine inhaltliche Prüfung der Abrechnungen erfolgte nicht und die Projekte der ersten Stufe durften vom 09.08.2021 bis zum 30.11.2021 erfolgen. Insgesamt wurden mit Stand März 2022 1,9 Mill. Euro in der ersten Stufe abgerufen und 73,3 Prozent aller Schulen haben an dieser Stufe teilgenommen (MBJS BB, 2022d, S. 3).

In der zweiten Stufe sollen die Mittel zielgerichteter eingesetzt werden: Vorgesehen ist, dass diejenigen Schulen ein bestimmtes Budget erhalten, deren Schüler*innen auf der Basis der Lernausgangslagen sowie einer Einschätzung ihrer psychosozialen Lage besonders große Unterstützungsbedarfe haben. Mit diesem Budget können

Lerngruppen gebildet oder Projekte umgesetzt werden. Die Umsetzung der Maßnahmen erfolgt durch freie, öffentliche oder gewerbliche Träger (MBJS BB, 2021i). Die Förderung soll ab dem 01.12.2021 ergänzend zu den schulischen Angeboten erfolgen (ebd.). Den staatlichen Schulämtern wurde dazu zunächst bis zu den Osterferien 2022 ein Budget zur Förderung außerschulischer Angebote als Planungsgröße zugewiesen. Wie viele Mittel davon den Einzelschulen zur Durchführung entsprechender außerschulischer Angebote zur Verfügung stehen, legt das zuständige staatliche Schulamt auf der Grundlage der Bedarfsmeldungen (Leistungsstandermittlung) und unter Gewichtung des Gesamtrahmens der Einzelschulen fest (ebd.). Über eventuelle Förderbedarfe soll mit den Schüler*innen und Eltern erst gesprochen werden, wenn die Finanzierung durch das Schulamt geklärt ist und ein Angebot zur Verfügung steht. Die Umsetzung und Kontaktierung externer Anbietender soll erst nach einer Rückmeldung durch das staatliche Schulamt erfolgen (ebd., S. 3).

Als Anbietende kommen grundsätzlich nur Träger in Frage, die auf einer Träger- und Angebotsplattform gelistet sind und deren Angebote zugelassen wurden (ebd., S. 3). Die Angebots- und Trägerplattform ist recht bedienerfreundlich gestaltet. Sie wird von der kobra.net GmbH im Auftrag des Ministeriums für Bildung, Jugend und Sport betrieben und dient Schulen zur Auswahl geeigneter Anbietender und Angebote zur Umsetzung außerschulischer Maßnahmen im Rahmen der zweiten Stufe des Aktionsprogramms *Aufholen nach Corona* im Land Brandenburg (kobra.net, o. J.).

Vor Abschluss der Vereinbarung mit der*dem Anbietenden informiert die Schule die in Frage kommenden Schüler*innen und deren Eltern über die Fördermöglichkeit und holt die Zustimmung der Eltern bzw. der Schülerin oder des Schülers zur Teilnahme an der Maßnahme ein (MBJS BB, 2021i, S. 4).

Sofern Verträge mit Einzelpersonen zur fachlichen Kompetenzförderung geschlossen werden sollen, ist deren Listung auf der Träger- und Angebotsplattform nicht notwendig, da diese Personen den Schulen in der Regel bekannt sind (ebd.). Die Honorarhöhe liegt bei 40 bis 70 Euro je Stunde (á 60 Min.) für Gruppengrößen von 5 bis über 15 Schüler*innen (MBJS BB, 2022b, S. 13).

Mit Stand vom 20.05.2022 erhielten 505 Schulen (öffentlich und privat) eine Bewilligung ihres angeforderten Budgets und es wurden bis dahin 554.000 Euro verausgabt. Für das Schuljahr 2022/2023 sollen wieder freie Budgets (analog zu Stufe 1) an alle Schulen vergeben werden (MBJS BB, 2022f).

Sozial-emotionale Förderung

Die sozial-emotionale Förderung spielt in den oben angeführten außerschulischen Fördermaßnahmen eine zentrale Rolle. Auch das Ferienprogramm (Sommer und Herbst) 2021 war auf sozial-emotionale Förderung und nicht auf Lerninhalte ausgerichtet. Insgesamt führte Corona für Ministerin Ernst nicht nur zu einer Reduktion von Lernzeit, sondern zu weniger Bewegung, schlechter Ernährung und psychosomatischen Folgen (Landtag Brandenburg, 2021b, S. 87).

6.4.2.3 Personaleinsatz

Zur Förderung von Schüler*innen mit besonderen Lernrückständen sollten für die Dauer von zwei Schuljahren 200 zusätzliche Lehrkräfte oder sonstiges pädagogisches Personal, 178 an öffentlichen Schulen und 22 an privaten Schulen, eingestellt werden. In diesem Zusammenhang sei nach Maßgabe des Bildungsministeriums ebenso eine Aufstockung der Arbeitszeit von Teilzeit-Lehrkräften möglich. Insgesamt stehen dafür 24,1 Mill. Euro aus dem Corona-Rettungsschirm zur Verfügung. Basis für die Zuweisung der Stellen an die Schulen sind die Ergebnisse der Lernstandserhebungen. Das Personal sollte ab Oktober 2021 tätig werden können (MBJS BB, 2021a; 2021e, S. 6).

Die Verteilung zusätzlicher Lehrer*innenstunden nach Schulen und Jahrgangsstufen sollte durch die Schulämter erfolgen (MBJS BB, 2021j). Mit Stand Dezember 2021 konnten bisher 70 der 178 Vollzeitlehrer*innenstellen in den öffentlichen Schulen besetzt werden (MBJS BB, 2022a). Diese Zahl blieb bis Februar 2022 stabil. Bei den bestehenden 70 vollzeitäquivalenten Stellen (VZÄ) an insgesamt 146 Schulen handelt es sich aber nicht nur um Neueinstellungen, sondern auch um Aufstockungen von bestehenden Lehrkräften oder Neueinstellungen (auch in Teilzeit) von verschiedenen Lehrkräften mit unterschiedlichen Fachkombinationen und Lehrämtern sowie Hochschulabsolvent*innen nicht pädagogischer Fachrichtungen und mit verschiedenen Abschlüssen (z.B. Master, Bachelor, Diplom). Im Februar 2022 sind insgesamt „211 Personen eingesetzt, von denen 115 Personen über eine Lehrbefähigung verfügen" (MBJS BB, 2022b, S. 14). 97 Personen konnten zusätzlich eingestellt werden. Nach den Angaben des Ministeriums konnten bis zum 23.02.2022 105 VZÄ den Schulen bedarfsgerecht zur Verfügung gestellt werden. Davon wurden allerdings nur 90 VZÄ personell untersetzt (KMK, 2022e; MBJS BB, 2022d).[22]

Dass die Befristung bis zum Ende des Schuljahres 2021/2022 vorgenommen wurde, erhöht die Attraktivität dieser Stellen nicht. Der Anteil der Seiteneinsteiger*innen an den bislang für das Aufholprogramm zusätzlich Eingestellten ist hoch (MBJS BB, 2022d, S. 14).

Im September 2021 war Ministerin Britta Ernst noch davon überzeugt, dass die geplanten 200 VZÄ besetzt werden könnten, auch wenn die Umsetzbarkeit bereits in der zugehörigen Landtagsdebatte kontrovers diskutiert wurde (Landtag Brandenburg, 2021c). Auch von unseren Interviewpartner*innen der GEW Brandenburg wurde dieses Ziel kritisch eingeordnet. Bereits in den letzten vier Jahren habe man auf 21 bis 33 Prozent aller ausgeschriebenen Lehrer*innenstellen „nur noch" Seiteneinsteiger*innen gefunden (MBJS BB, 2021b). Wenn man schon in regulären entfristeten Verfahren nicht genügend Lehrkräfte fände, wie solle das dann mit befristeten Kräften gelingen? Es sei eher davon auszugehen, dass sich auf diese Stellen am ehesten „sonstiges pädagogisches Personal" (z.B. Erzieher*innen) bewerben würden, die dann wiederum an anderen Stellen Lücken reißen, so unsere Interviewpartner*innen.

---

22 Diese Werte erhöhten sich noch einmal leicht bis zum 03.05.2022. 122,5 Vollzeitäquivalente wurden zur Verfügung gestellt, von denen 96,4 besetzt sind (MBJS, 2022e).

Zu den 200 VZÄ sollten zusätzlich Studierende im Rahmen des Programms *Studentische Lehr-Lernassistenzen an Brandenburger Schulen* eingesetzt werden. Dieses Programm, an dem 400 Studierende beteiligt waren, begann bereits im Schuljahr 2020/2021. Die Studierenden begleiten und fördern Schüler*innen mit Lernrückständen zusätzlich zur schulischen Förderung individuell oder in kleinen Gruppen. Besonders für die Absicherung der sprachlichen und mathematischen Basiskompetenzen bei den Schüler*innen erhalten die Studierenden entsprechende Qualifizierungsangebote. Für dieses Handlungsfeld stehen 3 Mill. Euro in den Schuljahren 2021/2022 und 2022/2023 zur Verfügung (MBJS BB, 2021a). In 2021 sind davon 617.235 Euro abgerufen worden (MBJS BB, 2022b, S. 2). Auf dem eigens in Kooperation mit der Universität Potsdam eingerichteten Portal *Lernassistenz.de* für das Matching mit den Schulen sind mit Stand Februar 2022 729 Studierende aktiv angemeldet (von insgesamt 864 Teilnehmenden seit 2020) (ebd., S. 14). Ende Februar 2022 waren 497 Lehramtsstudierende im Rahmen des Programms tätig. Wie auch in anderen Bundesländern zeigt sich auch in Brandenburg eine sehr ungleiche Verteilung der Lehramtsstudierenden auf die verschiedenen Regionen. Auf der einen Seite kommen in der Universitätsstadt Potsdam 4,5 Studierende, die in dem Programm teilnehmen, auf 1.000 Schüler*innen. Auf der anderen Seite kommen in der Uckermark und in Frankfurt an der Oder gerade einmal 0,3 bis 0,4 Studierende auf 1.000 Schüler*innen. Die restlichen Brandenburger Kreise weisen Werte von 0,6 (Märkisch-Oderland) bis 3,0 auf (Brandenburg an der Havel) (Statistische Ämter des Bundes und der Länder, o. J.a; MBJS BB, 2022d; eigene Berechnungen). Besonders in den nord-östlichen Kreisen Brandenburgs ist eine relativ geringe Abdeckung mit Lehramtsstudierenden zu beobachten, während vor allem in und um Potsdam, aber auch in einigen südlichen Kreisen vergleichsweise viele Studierende eingesetzt werden konnten. Wobei sich natürlich darüber streiten lässt, ob 2 bis 4,5 Studierende auf 1.000 Schüler*innen eine ausreichende Zahl ist, um allen Bedarfen gerecht zu werden. Dass diese Daten überhaupt vorliegen, liegt an einer im Ländervergleich sehr transparenten Kommunikation Brandenburgs.

Zudem sollen die Jugendfreiwilligendienstleistenden in Zusammenarbeit mit den Lehrkräften den Kindern und Jugendlichen Hilfestellung beim Aufholen von Lernrückständen geben. Für zusätzliche Plätze im FSJ und FÖJ sind im Zeitraum ab dem 01.09.2021 3,1 Mill. Euro vorgesehen. Damit sollten ca. 213 zusätzliche Plätze angeboten werden können. Insgesamt konnten 191 zusätzliche Plätze im FSJ für das Schuljahr 2021/2022 bewilligt werden. Von diesen konnten 110 (Stand Januar 2022) besetzt werden. Für das Schuljahr 2022/2023 werden wohl bis zu 80 Plätze realisiert (KMK, 2022e). Mit dem Einsatz von FSJlern für die Behebung von Lernrückständen scheint Brandenburg eine andere Konnotation vorzunehmen. Denn die FSJler wurden in anderen Bundesländern eher zur „Sozialmilliarde" aus dem BMFSJ gerechnet und nicht zur „Aufholmilliarde" des BMBF. Wie bei den Lehrkräften konnte auch bei den FSJlern die angestrebte Zahl nicht erreicht werden. Ob dies für das Schuljahr 2021/2022 daran lag, dass die Neueinstellungen zu kurzfristig hätten vorgenommen werden müssen, oder ob sich insgesamt nicht genügend FSJler finden ließen, werden die Zahlen für das Schuljahr 2022/2023 zeigen.

Ferner soll jeder Landkreis drei zusätzliche Stellen für die Schulsozialarbeit erhalten (Befristung 01.08.2021 bis 31.07.2023). Die Jugendämter entscheiden über die Verteilung der Mittel, wobei die Schulämter gehört werden sollen. Die Ausführungen in den Berichterstattungen des Ministeriums an den Bildungsausschuss legen allerdings nahe, dass kaum eine Sozialarbeiterin bzw. ein Sozialarbeiter noch im Jahr 2021 vor Ort zum Einsatz kam, da die Fördermittel für die Verstärkung der Schulsozialarbeit den Jugendämtern nach erfolgter Antragstellung erst im Dezember 2021 zugewiesen worden sind (MBJS BB, 2022a, S. 8).

6.4.2.4 Finanzierung und Verteilung der Mittel

Finanzvolumen

In Brandenburg werden 68,7 Mill. Euro für die Dauer von zwei Schuljahren für das Aufholprogramm eingesetzt (bis Mitte 2023). Der Bund steuert 38,7 Mill. Euro bei, davon 7,4 Mill. Euro für die Schulsozialarbeit. Das Land setzt noch einmal 30 Mill. Euro aus dem Corona-Rettungsschirm ein (MBJS BB, 2021a). Bezogen auf die Schüler*innenzahl in Brandenburg stehen somit 245 Euro pro Schüler*in zum Aufholen von Lernrückständen zur Verfügung (ohne die Gelder für die Schulsozialarbeit). Laut Zwischenbericht an das BMBF wurden bis Ende 2021 rund 6 Mill. Euro des Programms abgerufen (KMK, 2022e).

Kriterien und Verfahren der Ressourcenallokation

Für Britta Ernst bestand die „große Herausforderung" darin, dass man „nicht mit der Gießkanne agieren, sondern [das] Geld klug einsetzen und die Maßnahmen verzahnen" sollte (Landtag Brandenburg, 2021b, S. 87). Wie in den Abschnitten zur Lernstandserhebung und zum Personal ausgeführt, agierte Brandenburg in dieser Beziehung vorbildlich. Die Lernstände sollten durch die Lehrkräfte erhoben werden und an das Ministerium weitergeleitet werden. Die Rückmeldung der Schulen bot dem Ministerium wiederum die Grundlage dafür, das Geld in Form von Personal (inner- und außerschulisch) an die „bedürftigen" Schulen weiterzuleiten. Aus der Perspektive bedarfsgesteuerter Mittelzuweisung hat Brandenburg einen (von außen betrachtet) sinnvollen Weg der Ressourcenallokation gewählt.

6.4.3 Übergreifende Maßnahmen

6.4.3.1 Anpassung von Verordnungen

Nach dem Beginn des Schuljahres 2021/2022 berichtete das MBJS über Maßnahmen zur Eindämmung der Pandemie im schulischen Bereich. Neben Hygiene- und allgemeinen Schutzmaßnahmen ging es dabei auch auf die Organisation des Unterrichts im neuen Schuljahr ein. Im Bereich der Leistungsbewertung positionierte es sich wie folgt und plädierte insbesondere für eine Entlastung sowohl von Schüler*innen als auch von Lehrkräften:

> „Im Interesse des behutsamen Einlebens in den regulären Schulbetrieb – auch in Bezug auf die Bewertung von Leistungen und die Leistungsnachweise – sind die Lehrkräfte gebeten, besonderes pädagogisches Augenmaß zu wahren und insbesondere auf Klassenarbeiten und Klausuren in den ersten sechs Wochen des Schuljahres zu verzichten. Die Änderung der Verwaltungsvorschrift zur Leistungsbewertung erfolgt mit dem Ziel, dass die Unterrichtszeit zum Aufholen von Lernrückständen genutzt wird. Gleichfalls erfolgt eine Entlastung der Lehrkräfte durch die Reduktion der Anzahl der Klassenarbeiten" (MBJS BB, 2021c, S. 10).

Neben den beschriebenen Erleichterungen der Leistungsbewertung sind auch in Brandenburg die zentralen Abschlussprüfungen als Reaktion auf die pandemiebedingten Einschränkungen des Schulbetriebs angepasst worden. In einer Pressemitteilung zu den Regelungen für den Abschlussjahrgang 2022 hob das MBJS jedoch hervor, dass es allen Schüler*innen einen bundesweit vergleichbaren Schulabschluss ermöglichen wolle, der auch die Standards der vorhergehenden Jahrgänge erfüllt. Hierzu hieß es wie folgt:

> „An den zentralen Prüfungen und den damit verbundenen Standards wird festgehalten, um allen Schülerinnen und Schülern in den künftigen Abschlussklassen einen bundesweit anerkannten Schulabschluss zu gewährleisten. Dennoch wird es Anpassungen für die Prüfungen geben müssen. Sowohl für die Prüfungen in der Jahrgangsstufe 10 als auch im Abitur werden Schwerpunkte gesetzt bzw. die Prüfungsschwerpunkte konkretisiert, um eine gezielte Vorbereitung zu ermöglichen. Für die schriftlichen Prüfungsarbeiten 2022 in der Jahrgangsstufe 10 werden fachlich-inhaltliche Themenbereiche bekanntgegeben, die nicht für die Bearbeitung der Prüfungsaufgaben von Bedeutung sind. […] Mit der Anpassung der Prüfungsschwerpunkte ist keine Niveauabsenkung verbunden, sodass das Abitur 2022 ein gleichwertiges Abitur ist" (MBJS BB, 2021c, S. 9).

Darüber hinaus bestand die Möglichkeit zur freiwilligen Klassenwiederholung, die in Brandenburg jedoch regulär, d.h. unabhängig von der Corona-Pandemie, im Schulgesetz (§ 59 Abs. 5) verankert ist. Freiwillige Wiederholungen sind vom Schuljahr 2019/2020 auf das Schuljahr 2020/2021 von 2.393 auf 2.748 angestiegen. Gleichzeitig gingen aber unfreiwillige Nichtversetzungen von 2.042 auf 283 im gleichen Zeitraum zurück, wodurch die Klassenwiederholungen von 4.435 auf 3.031 insgesamt deutlich zurückgingen (MBJS BB, 2021c, S. 10).

6.4.3.2 Bestimmungen bzw. Empfehlungen zu Unterrichtsinhalten

Zur Anpassung der Unterrichtsinhalte bemerkt Bildungsministerin Britta Ernst, dass man natürlich Hinweise zum Rahmenlehrplan geben werde. Weiter sagt sie hierzu, dass der „Plan […] Rahmenlehrplan [heißt], weil er einen Rahmen bietet und nicht alles, was darin enthalten ist, 1:1 umgesetzt werden muss. Das bedeutet, dass die Schulen ausdrücklich einen Spielraum haben" (Landtag Brandenburg, 2021a, S. 46). Diesen Spielraum sollten die Fachkonferenzen der Schulen, wie oben bereits angesprochen, ausnutzen, um Anpassungen bei der Schwerpunktsetzung vorzunehmen.

6.5 Länderbericht Bremen

6.5.1 Genese des Landesprogramms und Problemwahrnehmung der Akteure

Bremen gehört zu den Ländern, die in den „Corona-Jahren" schulpolitisch schon frühzeitig ein vergleichsweise hohes Maß an Aktivität zeigten. Wie in kaum einem anderen Land war die Senatsverwaltung für Kinder und Bildung[23] bestrebt, auch bei hohen Infektionszahlen soweit möglich Präsenzunterricht aufrechtzuhalten, wobei jüngere und sozial benachteiligte Schüler*innen sowie auch jene in den Prüfungsjahrgängen priorisiert wurden. Auch wurden bereits im Laufe des Jahres 2020 Maßnahmen auf den Weg gebracht, um negativen Auswirkungen der Pandemie auf die Bildungschancen der Schüler*innen entgegenzuwirken. Zu nennen sind hier etwa die Anschaffung von digitalen Endgeräten für sämtliche Lehrkräfte und Schüler*innen und ein damit verbundenes Fortbildungsprogramm für deren Einsatz (Bund-Länder Demografie Portal, o. J.), vor allem aber auch die Organisation von Lernferien mit einem Fokus auf sozial benachteiligte Kinder und Jugendliche (SenKB HB, 2020b) und externer Unterstützungskurse zur Prüfungsvorbereitung auf der digitalen Lernplattform *itslearning* (SenKB HB, 2021b). Bereits zum Schuljahr 2020/2021 legte die Senatsverwaltung ferner ein differenziertes Rahmenkonzept für den *Corona-Regelbetrieb* vor, in dem sich vom Ansatz und den geplanten Maßnahmen her in verschiedenen Punkten ebenfalls schon das im Folgejahr initiierte Aufholprogramm abzeichnet (SenKB HB, 2020a): Für alle Jahrgänge, so wird darin einleitend konstatiert, bestehe „die besondere Herausforderung darin, sicherzustellen, dass wesentliche Inhalte des zweiten Schulhalbjahrs 2019/2020 – soweit notwendig – nachgeholt und gleichzeitig die wesentlichen Inhalte des neuen Schuljahres 2020/2021 vermittelt" würden, was „eine auf die einzelne Schülerin bzw. den einzelnen Schüler bezogene Herangehensweise" erfordere (ebd., S. 2). Entsprechend wurden mit Blick auf den Unterrichtsausfall im Schuljahr 2019/2020 Lernstandserhebungen insbesondere in den übergangsrelevanten Jahrgangsstufen geplant und dafür diagnostische Instrumente zur Verfügung

---

23 Offiziell heißt das Bremische Bildungsressort „Die Senatorin für Kinder und Bildung". Um dieses sprachlich klar von der Person der Senatorin unterscheiden zu können, nutzen wir im Folgenden die Bezeichnung „Senats*verwaltung* für Kinder und Bildung".

gestellt, um im Rahmen bestehender Unterstützungsstrukturen kompensatorische Fördermaßnahmen einzuleiten. Speziell für Schüler*innen in den auf die schulische Integration von Geflüchteten ausgerichteten Vorkursen, Schüler*innen mit sonderpädagogischem Förderbedarf, aber solche mit „anderweitigen Benachteiligungen beim Lernen" sollten darüber hinaus besondere Unterstützungsangebote in Kleingruppen eingerichtet werden (ebd., S. 6).

Die Umsetzung dieser Maßnahmen – so heißt es im Strategiepapier zum Bremischen Aufholprogramm, das die Senatsverwaltung am 26.05.2021 der städtischen Deputation zur Beschlussfassung vorlegte (SenKB HB, 2021d), habe gleichwohl „nicht verhindern [können], dass das unstete Schuljahr auch mit gravierenden, negativen Folgen für Schüler:innen verbunden" gewesen sei. Es gebe deutliche Hinweise dafür, dass die in den Bildungsplänen vorgegebenen Inhalte nur bedingt erreicht worden seien, sich Leistungsunterschiede in Abhängigkeit von der sozialen Herkunft verstärkt hätten und ein hoher Anteil der Schüler*innen mit psychoemotionalen und körperlich-motorischen Folgen zu kämpfen habe. Diesen Problemlagen gelte es in den kommenden zwei Jahren konsequent zu begegnen (ebd., S. 379 ff.).

6.5.2 Landesaufholprogramm

Nach einem längeren Vorlauf, der nicht zuletzt eine Phase der Beobachtung und pädagogischen Diagnostik an allen Schulen einschloss (SenKB HB, 2021g) (s. u.), fiel der offizielle Startschuss für das Bremische Aufholprogramm *Bremens Schüler:innen stärken – Maßnahmen zur Kompensation von Bildungsverlusten* erst nach den Herbstferien 2021 (SenKB HB, 2021k). Es besteht aus vier Programmsäulen (KMK, 2022e, S. 9; SenKB HB, 2021k, l): Die erste Säule *Digitales* bündelt digitalen Content und Materialien zur Lernförderung, für die Landeslizenzen bestehen, etwa das adaptive Mathematik-Lernsystem *bettermarks* oder die von der EU geförderte Lern-App *Anton*. Die zweite Säule *Stärkendes* umfasst sämtliche Unterstützungsmaßnahmen, die von der Senatsverwaltung zentral gesteuert werden, sei es, weil es sich um schulexterne Angebote mit begrenzten Kapazitäten handelt (z. B. das von der Universität Bremen angebotene Programm *rent a teacherman*) oder weil, wie z. B. im Fall der Ferien- und Prüfungsvorbereitungskurse, die Organisation bzw. Umsetzung – auch zur Entlastung der Schulen – in Verantwortung der Senatsverwaltung erfolgt. Die dritte Säule *Freies* bezieht sich auf Maßnahmen und Projekte, die Schulen im Lichte der wahrgenommenen Bedürfnisse ihrer Schüler*innen und der pädagogischen Diagnostik zusätzlich und nach eigenen Vorstellungen umsetzen können. Hierzu wurde ein Antragsverfahren mit mehreren Antragszeitpunkten eingerichtet. Die vierte und letzte Säule *Zusätzliches* zielte auf Maßnahmen und Projekte, für die Schulen auf Mittel des Programms *Aufleben* der Deutschen Kinder- und Jugendstiftung zurückgreifen können. Letzteres wurde schlussendlich nicht umgesetzt (KMK, 2022e, S. 50) und findet daher im Folgenden keine weitere Beachtung.

Demgegenüber wird im Strategiepapier der Senatsverwaltung bei der Beschreibung der vorgesehenen Maßnahmen, die in ihrer Gesamtheit „auf einen Dreiklang der Kompensation von fachlichen Defiziten, sozialer Ungleichheit und psychoemotionalen und körperlichen Folgen gerichtet" seien, zwischen unterrichtsintegrierten, unterrichtsbegleitenden und außerschulischen Fördermaßnahmen unterschieden (SenKB HB, 2021d, S. 2). Auf die hier jeweils genannten Maßnahmen, die zu den gerade beschriebenen Programmsäulen querliegen, wird an späterer Stelle genauer eingegangen. Insgesamt, so lässt sich aber vorwegnehmen, zeichnet sich das Bremische Aufholprogramm durch eine sehr breite Palette von Angeboten und Maßnahmen aus, die zu substanziellen Teilen aber nicht erst in Verbindung mit dem Aufholprogramm geschaffen wurden, sondern schon vor der Pandemie Bestandteil der schulischen Unterstützungsstrukturen des Landes waren oder es im Zuge der Pandemie geworden sind. Auch wenn das Landesprogramm in seiner spezifischen Verfasstheit zum Ende des Schuljahres 2022/2023 enden soll (SenKB HB, 2022a), werden folglich viele der es charakterisierenden Angebote und Maßnahmen auch nach Auslaufen des Programms, jedenfalls in einem gewissen Umfang, Bestand haben.

6.5.2.1 Zentrale Lernstandserhebungen, Leistungsüberprüfungen und Diagnostik

Die Erhebung von Lernständen hat im Rahmen des Bremischen Aufholprogramms einen zentralen Stellenwert, und zwar sowohl im Hinblick auf eine individuelle Diagnostik durch die Lehrkräfte als auch bezogen auf standardisierte Verfahren, die geeignet sind, über die Situation im Land insgesamt Aufschluss zu geben.

Wie bereits erwähnt, waren die Lehrkräfte aufgefordert, das Schuljahr 2021/2022 mit einer „Phase der intensiven Beobachtung und pädagogischen Diagnostik" (SenKB HB, 2021g, o. S.) beginnen zu lassen – ein Prozedere, das nunmehr auch für das Schuljahr 2022/2023 vorgesehen ist (SenKB HB, 2022g). Bis Ende September sollte in den einzelnen Schulen geklärt werden, wo die „Schüler:innen stehen und was diese besonders benötigen", wobei sich die Beobachtung „auf den Lernstand in den Kernfächern, aber auch auf das soziale Miteinander und auf die körperlich-motorische Entwicklung" beziehen sollte (SenKB HB, 2021g). „Grundlegend und in erster Linie", so heißt es in der entsprechenden Mitteilung vom 14.07.2021, werde dabei „auf die diagnostische Kompetenz der Teams an den Schulen vertraut", doch könnten auch „standardisierte oder pilotierte Lernstandserhebungen und Testverfahren eingesetzt werden" (ebd.). Dazu erhielten die Schulen eine nach Jahrgangsstufen und Fächern differenzierte Übersicht einsetzbarer Instrumente (SenKB HB, 2021h), die zum Schuljahresbeginn auf der Lernplattform *itslearning* auch digital bereitgestellt werden sollten. Damit verband sich das Angebot, sich bei Bedarf vom zuständigen Referat hinsichtlich der Auswahl beraten zu lassen sowie die Ankündigung, Hinweise und Hilfen zur Durchführung in Form von Webinaren und Erklärvideos zur Verfügung zu stellen (SenKB HB, 2021g).

Am Ende der mehrwöchigen Beobachtungsphase sollte „für jede Lerngruppe eine knappe Dokumentation des festgestellten Entwicklungsstandes" (ebd.) vorliegen. Die Form der Dokumentation wurde den Schulen freigestellt, zur Orientierung aber ein „knappes Formblatt" zur Verfügung gestellt. Um die Ergebnisse zu bündeln und schulintern zu reflektieren, sollten die Schulen bis Ende September schließlich einen „pädagogischen Tag" abhalten, an dem lediglich eine Notbetreuung für die Klassenstufen 1 bis 6 sichergestellt werden sollte (ebd.). Ein in weiten Teilen identisches Prozedere war auch für die beruflichen Schulen vorgesehen (SenKB HB, 2021f).

Soweit uns bekannt, ist Bremen neben Brandenburg das einzige Land, in dem Ergebnisse der Diagnostik in die Ausgestaltung des Programms einflossen. Damit zusammenhängend ist Bremen neben Brandenburg und Mecklenburg-Vorpommern das einzige Land, in dem die Schulen gehalten waren, die Ergebnisse der dezentralen Diagnostik an die Senatsverwaltung zurückzumelden. Dazu sollte mit Blick auf die einzelnen Kernfächer (Deutsch, Mathematik, Englisch) ebenso wie auf die Bereiche körperlich-motorische und sozial-emotionale Entwicklung offenbar für jede*n Schüler*in eine der folgenden drei Gesamtbewertungen vorgenommen werden: „Überwiegend gute Kompetenzen bereits vorhanden", „überwiegend im Regelbetrieb zu kompensierende Schwächen" oder „überwiegend durch Sondermaßnahmen zu kompensierende Schwächen" (SenKB HB, 2022c, S. 1) Dieses Verfahren unterscheidet sich nach unseren Recherchen insofern von dem in den ostdeutschen Ländern, als dort zusammengefasste Ergebnisse der Schulen an die Bildungsministerien gemeldet wurden.

Die Schulen erhielten von der Senatsverwaltung aggregierte Kurzberichte ihrer Ergebnisse sowie zusammengefasste Ergebnisse der Schulen der jeweiligen Schulart in der Region sowie der Stadtgemeinde insgesamt (SenKB HB, 2022c, S. 4), die „im Rahmen von thematischen Dienstberatungen zwischen Schulleitung und Schulaufsicht" reflektiert wurden. Am 02.11.2021 wurden alle Schulleitungen des Landes über die im Rahmen des Landesprogramms verfügbaren Unterstützungsmaßnahmen informiert (SenKB HB, 2022c, S. 3-4).

Zusätzlich zu den Ergebnissen der dezentralen Diagnostik konnten für die Förder- und Programmplanung in Bremen aber auch Daten der Vergleichsarbeiten herangezogen werden. Zwar wurde VERA 3, wie in vielen anderen Ländern, auf den Beginn des Schuljahres 2021/2022 verschoben (SenKB HB, 2021c). VERA 8 hingegen fand trotz der pandemischen Lage turnusgemäß im Februar/März für alle Schulen verpflichtend (Mathematik) statt (SenKB HB, 2021a), sodass der Senatsverwaltung zumindest für die 8. Klassenstufe noch vor dem Programmstart repräsentative und über Schulen hinweg vergleichbare Daten zu den Lernständen der Schüler*innenschaft vorlagen. Öffentlich wurde über die VERA-Ergebnisse unseres Wissens allerdings nur in Form einer Pressemitteilung berichtet. Ihr zufolge zeigten sich im Vergleich zur letzten Vollerhebung, die im Jahr 2018 stattgefunden hatte, ähnliche Kompetenzwerte, was die Senatsverwaltung zu folgern veranlasste, dass „kein pandemiebedingter Leistungsabfall feststellbar" und „der Bremer Weg, die Schulen möglichst lange offen zu halten und für eine gute digitale Ausstattung zu sorgen", insgesamt erfolgreich gewesen sei (SenKB HB, 2021j).

Gemessen an den Datengrundlagen, die den meisten anderen Ländern zur Planung und Steuerung ihrer Aufholprogramme zur Verfügung standen, sticht Bremen aber sehr positiv hervor.

6.5.2.2 Pädagogische Maßnahmen

Mit dem Abschluss der Phase der Diagnostik und Datengewinnung lief nach den Herbstferien das eigentliche Aufholprogramm an. Auf Grundlage von gesonderten Bedarfsabfragen bei den Schulen wurden nun die von der Senatsverwaltung zentral koordinierten Angebote der Säule *Stärkendes* für Schüler*innen zugänglich gemacht. Auch begann nun die erste Antragsphase für Unterstützungsprojekte und Maßnahmen im Rahmen der Säule *Freies*, die Schulen entsprechend den vor Ort wahrgenommenen Bedarfen zusätzlich umzusetzen können; eine zweite Phase folgte im Januar 2022, eine dritte wurde für Mai 2022 angekündigt (KMK, 2022e, S. 50; SenKB HB, 2022a). Neben den einzelnen Schulen können dabei grundsätzlich auch Trägerinstitutionen Anträge stellen (SenKB HB, 2022a). Ausgehend von den seitens der Schulen diagnostizierten Lernständen, kann fachliche Unterstützung für Schüler*innen laut Strategiepapier prinzipiell auf zwei Wegen realisiert werden: über gruppenbezogene Förderangebote oder bezogen auf den*die einzelne Schüler*in auf Grundlage eines individuellen Förderplans (SenKB HB, 2021d, S. 5). Der Instrumentenkoffer, auf den die Schulen bei ihren Förderplanungen zurückgreifen können, besteht aus den im folgenden skizzierten Förderformaten. Dabei handelt es sich zum Teil um Angebote und Maßnahmen, die auch schon vor der Pandemie Bestandteil der Unterstützungsstrukturen des Bremischen Schulsystems waren, deren Kapazitäten im Rahmen des Aufholprogramms aber mitunter hochgefahren wurden.

Vorausgeschickt sei, dass die im Zwischenbericht an das BMBF ausgewiesenen Zahlen den einzelnen Förderformaten nicht durchgehend zugeordnet werden, so dass zu diesen z. T. keine Zahlen berichtet werden können. Insbesondere über die Fördermaßnahmen, die ausgehend von der fachlichen und überfachlichen Diagnostik von den Schulen nach dem erwähnten Antragsverfahren realisiert wurden, kann auf Grundlage der im Zwischenbericht enthaltenen Informationen kaum etwas ausgesagt werden. Für diese Maßnahmen kann hier lediglich festgehalten werden, dass bis Februar 2022 – bei insgesamt knapp 300 allgemeinbildenden und beruflichen Schulen im Lande (Destatis, 2021a, Tab. 2.1; 2021b, Tab. 1.2) – 956 Anträge bewilligt und 10 Mill. Euro verausgabt wurden, wobei der Bedarf noch deutlich höher gewesen sei als die zur Verfügung stehenden Mittel (KMK, 2022e, S. 50). Dies spricht also dafür, dass die Schulen von dem eingerichteten Antragsverfahren intensiv Gebrauch gemacht haben, wenn auch unklar bleibt, auf welche Formate und Förderbereiche die von der Senatsverwaltung bewilligten Projekte entfielen. Unsere Interviewpartner*innen des GEW-Landesverbands Bremen kritisierten, dass der administrative Aufwand für die Beantragung und Umsetzung solcher Projekte vergleichsweise hoch sei und gerade Schulen, die unter schwierigen sozialen und/oder personellen Bedingungen arbeiten, dies nicht ohne weiteres bewältigen könnten. Schulen, die in der Vergangenheit schon Erfahrungen in der Kooperation mit externen Partner*innen gesammelt hätten, seien hier deutlich im Vorteil gewesen.

Integrierte kognitive Förderung

Im Bereich der in den Unterricht integrierten Fördermaßnahmen setzt die Bremer Senatsverwaltung stark auf digitale Tools und Anwendungen. So wird im Strategiepapier der Senatsverwaltung angekündigt „bereits vorhandene, digitale Unterstützungsprogramme nach Möglichkeit [zu] verlängern und ggf. über Beschaffungen" auszuweiten (SenKB HB, 2021d, S. 6). Genannt werden in diesem Zusammenhang adaptive Lernsysteme für Mathematik, Content-Plattformen für Lern- und Erklärvideos mit einem breitem Fächerspektrum (einschließlich solcher, die von Sprachanfänger*innen und Schüler*innen mit Deutsch als Zweitsprache genutzt werden können), auf wissenschaftlicher Basis entwickelte Lernsysteme zur Sprach- und Leseförderung, Programme zur Bereitstellung individueller Arbeits- und Übungsmaterialien mit einem Rückkanal zur Übermittlung von Arbeitsergebnissen sowie Angebote zur gezielten Förderung von Schüler*innen mit besonderen Bedarfen in den Bereichen Lesen und/oder Rechtschreibung (LRS) (ebd.). Da die Nutzung solcher digitaler Tools durch die Schüler*innen „in der Regel ohne direkte pädagogische Unterstützung" (ebd., S. 7) erfolge, stellt die Senatsverwaltung bei der Auswahl eine hohe Benutzerfreundlichkeit im Sinne der Barrierefreiheit sowie der Integrierbarkeit in die bestehende IT-Infrastruktur in den Vordergrund. Zudem werde auf die Einhaltung des Datenschutzes geachtet (ebd.). Laut Zwischenbericht an das BMBF wurden für den Erwerb schulartenspezifischer Landeslizenzen 2 Mill. Euro verausgabt und 90.000 Schüler*innen erreicht, was grob der Zahl der Schüler*innen aller allgemeinbildenden und beruflichen Schulen entspricht (Destatis, 2021a, b). Gezählt werden hier also offenbar alle Schüler*innen, die im Rahmen der vom Land gehaltenen Lizenzen theoretisch Zugang zu den Tools haben.

Dass für die unterrichtsintegrierte Förderung von Schüler*innen, jedenfalls im Hinblick auf zentral koordinierte Angebote, nahezu ausschließlich auf digitale Anwendungen gesetzt wird, erscheint auf den ersten Blick überraschend und durchaus kritikwürdig. Allerdings muss dies vor dem Hintergrund gesehen werden, dass Schüler*innen wie Lehrkräfte in Bremen, wie schon erwähnt, bereits zum Ende des Jahres 2020 sämtlich mit digitalen Endgeräten (iPads) ausgestattet wurden und es seither – auch vor dem Hintergrund des Distanzunterrichts während der Pandemie – intensive Fortbildungsaktivitäten für die Arbeit mit diesen Geräten gegeben hat (Weser Kurier, 2020). Insofern dürfte das (auch individualisierte) Lernen und Arbeiten mit diesen Geräten, jedenfalls an einem Teil der Schulen, inzwischen durchaus verbreitete Praxis sein, an die im Zuge des Aufholprogramms angeknüpft werden soll. Darüber hinaus könnte der Weg über digitales Lernen eine Antwort auf den strukturellen Personalmangel im Land sein, vor dessen Hintergrund eine Strategie, die im Hinblick auf die Unterstützung von Schüler*innen vornehmlich auf zusätzliches Personal an den Schulen setzt, möglicherweise als wenig realistisch beurteilt wurde.

Additive kognitive Förderung

Ein Förderformat, dass sich an den Grenzen von integrierter und additiver Förderung bewegt, ist die Teilnahme an regionalen Kursen des Bremer-Lese-Intensivkurses *BLIK*, deren Zahl im Rahmen des Aufholprogramms „abhängig von der Anzahl der zur Verfügung stehenden Kursleitungen" (SenKB HB, 2021d, S. 6) erhöht werde. In diesem Angebot werden Schüler*innen über einen Zeitraum von etwa 9 Wochen in Kleingruppen von maximal 6 Kindern gefördert und kehren anschließend an ihre Schule zurück, wo die Förderung in integrativer Form weitergeführt wird (ReBuZ, o.J.). Im Rahmen des Aufholprogramms ist diese Maßnahme insbesondere für Schüler*innen vorgesehen, die zum Schuljahr 2020/2021 eingeschult wurden (SenKB HB, 2021d, S. 6).

Im Bereich der genuin unterrichtsergänzenden Fördermaßnahmen sieht das Bremer Aufholprogramm ausweislich des Strategiepapiers eine Vielzahl von Maßnahmen und Angeboten vor. Ihre Nutzung erfolgt je nach Art des Förderformats entweder gemäß der Kapazitätsplanungen, welche die Senatsverwaltung im Zuge der Bedarfsabfragen an den Schulen vorgenommen hat oder aber auf Antrag der einzelnen Schule im Rahmen der Säule *Freies*, in diesem Fall dann unter Rückgriff auf ein den Schulen zur Verfügung gestelltes virtuelles Budget.

Eine erste Möglichkeit für additive Förderformate, in diesem Fall im Rahmen des Antragsverfahrens, ist die Einrichtung gruppenbezogener Förderangebote „in mindestens einem Kernfach (Mathematik, Deutsch, Englisch)" (SenKB HB, 2021d, S. 5), beispielsweise in Form von Lernförderkursen an ausgewählten Nachmittagen bzw. an Samstagen. Im Hinblick auf individuelle Nachholbedarfe besteht ferner, ebenfalls im Rahmen des Antragsverfahrens, die Möglichkeit, Schüler*innen der Jahrgangsstufen 3 bis 5 in regionalen LRS-Förderkursen zu platzieren. Leistungsstarke Schüler*innen sollen demgegenüber „unterrichtsersetzend oder -begleitend an digitalen, interessengeleiteten Workshops" im Rahmen des Projekts *Digitale Drehtür* teilnehmen können, das von verschiedenen Landesinstituten und anderen Bildungsakteuren eingerichtet worden ist, um „interessengeleitetes und individualisiertes Lernen digital im Schulalltag verankern" (Digitale Drehtür, o.J.).

Weiterhin erhalten Schüler*innen laut Strategiepapier die Möglichkeit, an zentral koordinierten digitalen Unterstützungsangeboten teilzunehmen, die durch externe Kooperationspartner*innen wie Chancenwerk e.V. und Nachhilfeinstitute umgesetzt werden. In der Sekundarstufe I können die Schüler*innen eine solche Förderung in einem Fach ihrer Wahl (Deutsch, Mathematik, Englisch, Natur- und Gesellschaftswissenschaften) in Anspruch nehmen; Schüler*innen der Eingangsphase der Sekundarstufe II können dies in zwei der genannten Fächer tun; Schüler*innen der Qualifikationsphase können auf diese Weise in einem Leistungs- und einem Grundkurs gefördert werden. Entsprechende Angebote gibt es auch zur Unterstützung der Vorbereitung von Abschlussprüfungen. Hier kann zur Vorbereitung auf die Erweiterte Berufsbildungsreife bzw. den Mittleren Schulabschluss (MSA) in einem Prüfungsfach Förderung in Anspruch genommen werden (Deutsch, Mathematik, Englisch; mündliches Prüfungsfach), im Fall der Vorbereitung auf das Abitur in einem Grund- *oder* einem Leistungskurs (SenKB HB, 2021d, S. 6). Aus dem Zwischenbericht an die KMK geht hervor, dass – jedenfalls im Fall der Prüfungsvorbereitungskurse – die Förderung in diesem Bereich offenbar auch in analoger Form stattfindet, wobei angemerkt wird, dass hierfür nicht genügend Anbietende zur Verfügung stehen bzw. diese Schwierigkeiten bei der Personalrekrutierung haben (KMK, 2022e, S. 48). Konkrete Zahlen werden im Zwischenbericht auch allein für diese Kurse berichtet. Demzufolge wurden für insgesamt 1.600 angemeldete Schüler*innen im Jahr 2022 400.000 Euro verausgabt (ebd.). Legt man die Zahl der Schulabsolvent*innen des Jahres 2020 zugrunde, entspricht dies in etwa einem Drittel (Destatis, 2021a, Tab. 6.3; eigene Berechnung). Für das Jahr 2023 wird mit 2.000 Schüler*innen und einem Betrag von 600.000 Euro geplant.

Des Weiteren werden im Rahmen des Landesprogramms im Einzelfall auch Kosten für individuelle Nachhilfe in Kleingruppen übernommen, insofern sie durch geprüfte bremische Nachhilfeinstitute durchgeführt wird. Diese Maßnahme, so wird erläutert, ergänze „die Lernförderung nach dem Bildungs- und Teilhabepaket" und stehe damit nunmehr auch einer größeren Zahl von Schüler*innen zur Verfügung (SenKB HB, 2021l). Genauere Informationen darüber, wem diese Angebote unter welchen Bedingungen zusätzlich offenstehen, haben wir im Rahmen unserer Recherchen nicht gefunden.

Schließlich umfasst die additive Förderung die in Bremen schon seit längerem etablierten *Lernferien*, die „in den Ferienzeiten 2021 und 2022 jedoch deutlich ausgeweitet und um weitere Lernangebote für Schüler:innen der Sek. I und II ergänzt" (SenKB HB, 2021d, S. 3) werden sollten. Die Lernferien werden von der Senatsverwaltung in Kooperation mit externen Trägern und Schulvereinen zentral koordiniert und sind über alle Schularten und -stufen hinweg auf eine Dauer von 2 Wochen angelegt. Im Bereich der Grundschulen (Angebote für Klassenstufe 3) werden sie gemäß der im Strategiepapier ausgewiesenen Planungen von Studierenden durchgeführt, und bedienen die Bereiche Deutsch/Sprachförderung, Mathematik sowie soziale Interaktion und Kultur. Im Bereich der Sekundarstufe I (Angebote für die Klassenstufen 5/6, 7/8 und 9) sind neben Studierenden pensionierte Lehrkräfte und Abiturient*innen eingeplant und als Förderbereiche Deutsch, Mathematik, Handwerken und soziale Interaktion vorgesehen. Hier gibt es zusätzlich auch eine von Nachhilfeinstituten umgesetzte *Feriennachhilfe* für die Fächer Deutsch, Mathematik und Englisch. Für Schüler*innen der gymnasialen Oberstufe sind die Lernferien demgegenüber in digitaler Form geplant, werden von Studierenden sowie Mitarbeiter*innen von Chancenwerk e. V. durchgeführt und haben hinsichtlich der zu fördernden Fächer keine spezifischen Vorgaben. Im Zwischenbericht an das BMBF werden Zahlen lediglich für die Primar- und Sekundarstufe I berichtet – und hier auch nur die verausgabten Mittel. Sie beliefen sich für das Jahr 2021 auf 800.000 Euro (bis Juli 2023 sollen es 3 Mill. Euro sein) (KMK, 2022e, S. 47). Im Strategiepapier der Senatsverwaltung waren indes für die *Lernferien* in den einzelnen Schulstufen bereits Kapazitätsplanungen ausgewiesen. Diesen Planungen zufolge sollten für Schüler*innen im Primar- und Sekundarbereich I bis zu 3.900 Plätze geschaffen werden; für Schüler*innen der gymnasialen Oberstufe bis zu 1.500 (SenKB HB, 2021d, S. 3; eigene Berechnung). Dies entspricht Plätzen für etwa 7 bzw. 16 Prozent der jeweiligen Schüler*innen (Destatis, 2021a, Tab. 3.3; eigene Berechnung), wobei zu bedenken ist, dass im ersten Fall in Kleingruppen vor Ort und im zweiten Fall mit digitalen Formaten gearbeitet wird.

Darüber hinaus sind unter den von der Senatsverwaltung in Aussicht gestellten Ferienangeboten auch zweiwöchige Schwimmkurse sowie einwöchige Fahrradtrainings. Im Zwischenbericht an das BMBF werden jedoch lediglich Zahlen zu den *Schwimmferien* berichtet, an denen bis Februar 2022 demnach 1.000 Schüler*innen teilgenommen haben.

Sozial-emotionale Förderung

Auch das Bremer Aufholprogramm startete mit einer mehrwöchigen Phase des Ankommens, die der pädagogischen Diagnostik gewidmet war. Die „schulorganisatorische Umsetzung" dieser Phase, so heißt es in dem die Leitlinien der Diagnostik aufführenden Schulbrief, könne „vielfältig geplant" werden. Viele Schulen hätten hier „gute Erfahrungen mit Projekt- und Themenwochen" und speziellen Unterrichtsformen gemacht, die „beibehalten und durch die diagnostische Perspektive ergänzt" werden könnten (SenKB HB, 2021g). Erinnert sei an dieser Stelle noch einmal daran, dass die Schulen explizit aufgefordert wurden, im Rahmen der Diagnostik auch das soziale Miteinander sowie die körperlich-motorische Entwicklung in den Blick zu nehmen. Gerade die von den Schulen über das Antragsverfahren zu realisierenden Projekte haben sich, ausweislich des Zwischenberichts an das BMBF, auch diesen Förderbereichen gewidmet, wenn hier auch, wie bereits angemerkt, offenbleiben muss, in welcher quantitativen Relation die in diesem Bereich bewilligten Projekte zu solchen der kognitiven Lernförderung standen.

Der, soweit wir sehen können, einzige Bereich, in dem das Bremer Aufholprogramm einen Baustein zur Personalaufstockung beinhaltet, ist die Schulsozialarbeit bzw. die Beschäftigung von pädagogischem Personal im Sinne von Erzieher*innen. Hier konnten in einem gewissen Umfang in Teilzeit arbeitende Fachkräfte aufgestockt werden, wobei der Bedarf von der Senatsverwaltung zu Beginn des Schuljahres 2021/2022 abgefragt wurde (SenKB HB, 2021l). Da sich in den vergangenen Monaten ein höherer Bedarf an pädagogischer Begleitung gezeigt habe und bei den Jugendlichen vermehrt psychosoziale Schwierigkeiten wie Aufmerksamkeitsprobleme und Aggressionen zu beobachten seien, werden darüber hinaus 120.000 Euro aus der „Sozialmilliarde" eingesetzt, um eine *Fach- und Beratungsstelle für psychosoziale Beratung, Wegweiserberatung und zur Schulung der pädagogischen Fachkräfte in den Freiwilligendiensten* mit einer Laufzeit bis zum 31.08.2023 einzurichten. Hinzu kommen etwa 26 zusätzliche Einsatzstellen bei freien Trägern im FSJ und im FÖJ, „um Kinder und Jugendliche gezielt in Schulen und Einrichtungen der Kinder- und Jugendhilfe unterstützen zu können". Zusätzlich würden durch die Einrichtung weiterer Einsatzstellen „ganz gezielt Schulabgänger:innen aller Schularten eine Chance zur Orientierung als Freiwilligendienstleistende geboten". Hierfür wurden Mittel in Höhe von 575.000 Euro veranschlagt (SenKB HB & SSJIS, 2021, S. 5).

6.5.2.3 Personaleinsatz

Soweit wir sehen können, sind im Rahmen des Aufholprogramms lediglich im Bereich der (sozial-)pädagogischen Fachkräfte Aufstockungsmöglichkeiten vorgesehen, deren konkreter Umfang uns aber nicht bekannt ist. Im Zwischenbericht an das BMBF findet sich unter dem vorgenannten Programmbaustein neben den Kürzeln „Soz.päd." und „Erz." auch das Kürzel „LK". Demnach scheint aus den Mitteln dieses Bausteins auch eine Aufstockung von in Teilzeit arbeitenden Lehrkräften möglich gewesen zu sein. Ob dies generell, nur unter bestimmten Voraussetzungen oder lediglich im Einzelfall möglich war, können wir nicht sagen. In den offiziellen Programminformationen sind Lehrkräfte in diesem Baustein nicht eingeschlossen (SenKB HB, 2021i). In einem begrenzten Rahmen können insbesondere Grundschulen zudem über das von der Universität Bremen in Kooperation mit der Senatsverwaltung durchgeführte Projekte *rent a teacherman* (männliche) Lehramtsstudierende rekrutieren (SenKB HB, 2021l).

Unsere Interviewpartner*innen aus dem GEW-Landesverband berichteten von einer sehr angespannten Personalsituation in sämtlichen Bereichen. An vielen Schulen sei schon vor der Pandemie mit teils erheblich weniger Personal gearbeitet worden als im Stellenplan vorgesehen. Dies erschwere in der gegenwärtigen Situation natürlich auch das kompensatorische Fördern und beschränke überdies auch die Möglichkeiten der Schulen, Projekte nach dem Antragsverfahren der Säule *Freies* zu realisieren. Denn zum einen fehle es an personellen Kapazitäten für die Projektkonzeption, Antragstellung und das Aufsetzen entsprechender Verträge. Zum anderen erweise sich, gerade im fachlichen Bereich, die Personalrekrutierung für Projekte als Herausforderung.

In den von der Senatsverwaltung zentral koordinierten externen Angeboten und Maßnahmen wird auf Personal der beteiligten Träger und Institutionen zurückgegriffen, darunter insbesondere (pensionierte) Lehrkräfte, Studierende und Mitarbeiter*innen von Nachhilfeinstituten, aber auch auf die pädagogischen Expert*innen der schulischen Unterstützungsagenturen.

In den von den Schulen beantragten Projekten dürfte das Spektrum des mitwirkenden Personals so breit sein wie der Charakter der bewilligten Projekte und neben fachlich versiertem Personal z. B. auch Kunst- und Kulturschaffende, handwerklich Tätige und Personen aus dem Sport- und Vereinswesen umfassen. Konkrete Informationen hierzu liegen uns nicht vor. In Bezug auf die schuleigenen Maßnahmen obliegt es den Schulen selbst, nach bewilligtem Antrag das benötigte Personal zu rekrutieren bzw. Kooperationspartner*innen zu gewinnen. Dazu können sie im Rahmen der bewilligten Mittel Werk-, Dienstleistungs- und Ehrenamtsverträge mit Dritten schließen (SenKB HB, 2021m).

6.5.2.4 Finanzierung und Verteilung der Mittel

Finanzvolumen

Das Bremische Aufholprogramm hat ein Finanzvolumen von 21 Mill. Euro, das sich etwa zur Hälfte aus Bundes- und Landesmitteln zusammensetzt. Von diesen entfallen laut Zwischenbericht an das BMBF 2 Mill. Euro auf die erste Programmsäule *Digitales*, die sich auf die Landeslizenzen für digitalen Content bezieht. Knapp 9 Mill. Euro entfallen auf die zweite Säule *Stärkendes*, welche die von der Senatsverwaltung zentral koordinierten Angebote umfasst, darunter etwa die Ferienangebote, Prüfungsvorbereitungskurse und Sprachfördermaßnahmen, aber z. B. auch die erwähnte Personalaufstockung und das Projekt *rent a teacherman*. Weitere 10 Mill. Euro entfallen schließlich auf die dritte Säule *Freies*, aus der die von den Schulen auf Grundlage der Diagnostik beantragten Projekte finanziert werden (KMK, 2022e, S. 47–50; z. T. eigene Berechnung).

Haushaltstechnische Verteilung der Mittel an die Schulen

Im Rahmen des Bremischen Aufholprogramms werden einzig die Mittel aus der dritten Programmsäule den Schulen direkt zur Verfügung gestellt. Dazu wurden die Schulen ermächtigt, „Rechtsgeschäfte mit Wirkung für die Stadtgemeinde Bremen abzuschließen" (SenKB HB, 2021m). Die übrigen Mittel werden von der Senatsverwaltung unmittelbar verausgabt.

Kriterien und Verfahren der Ressourcenallokation

Über die Kriterien und Verfahren, nach denen die Mittel des Aufholprogramms verteilt werden, haben wir im Rahmen unserer Recherchen nur eher allgemein gehaltene Informationen gefunden. Soweit für uns nachvollziehbar, wurde ein beträchtlicher Teil der Mittel, nämlich jene für die von der Senatsverwaltung zentral koordinierten Maßnahmen und Angebote, einschließlich der Mittel für Personalaufstockungen, auf Grundlage von Bedarfsabfragen auf die einzelnen Schulen bzw. Schüler*innen verteilt. Gerade auch angesichts dessen, dass die Senatsverwaltung die von den Schulen gemeldeten Bedarfe – jedenfalls im Prinzip – mit den aus der Aggregierung der Individualdiagnostik und durch VERA 8 gewonnenen Daten zur Situation der einzelnen Schulen abgleichen konnte, kann man hier durchaus von einem bedarfsgerechten Verfahren der Ressourcenallokation sprechen. Nach welchen Kriterien konkurrierende Bedarfe der Schulen und Schüler*innen in diesem Verfahren gegeneinander abgewogen wurden, ist uns nicht bekannt. Bei limitierten Unterstützungsangeboten, so wird jedoch proklamiert, „greifen die Prüfkriterien des Bundesaktionsprogramms: Sozialindex und die Übergangs- und Abschlussjahrgänge" (SenKB HB, 2021l).

Was die Vergabe von Mitteln aus der dritten Säule angeht, ist das Bild weniger eindeutig. In der ersten Antragsphase gab es hinsichtlich der Höhe der Mittel, die Schulen für die ihnen vorschwebenden Projekte beantragen konnte, keine formalen Limitationen. In einem hierzu erstellten FAQ hebt die Senatsverwaltung lediglich hervor, dass in den Anträgen ein Zusammenhang zur durchgeführten pädagogischen Diagnostik hergestellt werden solle und sich „Einzelanträge […] in einem Rahmen bewegen [sollten], der ermöglicht, dass alle Schulen vom Programm profitieren können" (SenKB HB, 2022a). In den nächsten Antragsrunden seien allerdings „virtuelle Budgets für Schulen und eventuell auch Höchstgrenzen nicht ausgeschlossen" (ebd.). Ob solche letztendlich implementiert wurden, konnten wir nicht klären. Jedoch hält das FAQ an anderer Stelle fest, dass in dem Fall, dass aus dem zur Verfügung stehenden Budget nicht alle Anträge bewilligt werden könnten, „Sozialindikatoren und die Schüler:innenzahl der Schulen auswahlrelevant" (ebd.) würden. Darüber hinaus geht aus dem FAQ hervor, dass ein in Phasen aufgeteiltes Antragsverfahren gewählt wurde, um Ressourcen besser steuern zu können. Dies ermögliche dem Projektteam des Landesprogramms, „immer wieder nachsteuern zu können und Schulen, die bis dato keine Anträge gestellt hatten, gezielt zu unterstützen" (ebd.).

Unsere Interviewpartner*innen des GEW-Landesverbands Bremen äußerten im Hinblick auf die erste Antragsphase Zweifel daran, dass die Projektmittel bedarfsgerecht verteilt worden seien. Gerade Schulen, die unter schwierigen Bedingungen arbeiten würden, hätten hier häufig gar keine Anträge gestellt, während einige wenige Schulen gleich eine ganze Reihe von Anträgen gleichzeitig gestellt hätten. Die zweite Antragsphase hatte zum Zeitpunkt des Interviews gerade erst stattgefunden.

6.5.3 Übergreifende Maßnahmen

6.5.3.1 Anpassung von Verordnungen

Zwar hat die Senatsverwaltung angekündigt, dass Prüfungsordnungen und Terminverfügungen vorbehaltlich des Pandemiegeschehens grundsätzlich Gültigkeit behalten, doch werden den Schüler*innen auch im Prüfungsjahr 2022 gewisse Erleichterungen gewährt. So gilt für sämtliche Prüfungen im allgemeinbildenden wie berufsbildenden Bereich, dass die Schüler*innen für die Bearbeitung eine Zeitzugabe von 30 Minuten erhalten (SenKB HB, 2022d, e, f). Für die Abschlussprüfungen im Sekundarbereich I sind darüber hinaus lediglich erweiterte Wahlmöglichkeiten im Fach Mathematik vorgesehen (KMK, 2022b). Im Hinblick auf das Abitur werden zudem in den Prüfungen der Fächer Biologie, Chemie und Physik inhaltliche Schwerpunktsetzungen vorgenommen (SenKB HB, 2021e). Außerdem ist für die angehenden Abiturient*innen nach dem Ende der Osterferien und vor dem ersten Abiturtermin ein gezielt prüfungsvorbereitender Unterricht vorgesehen (SenKB HB, 2021i).

Das Instrument der freiwilligen Klassenwiederholung, das in vielen Bundesländern als eine mögliche Kompensationsmaßnahme zum Einsatz kommt, wird in Bremen „äußerst kritisch" gesehen, da dieses „einseitig auf die ‚schwächeren' Schülerinnen/Schüler" fokussiere (Bremische Bürgerschaft, 2021, S. 2). Ohnehin sind Klassenwiederholung in Bremen schon seit 2009 ausschließlich auf freiwilliger Basis vorgesehen. Stattdessen erhalten Schüler*innen, die in ihren Leistungen hinterherhinken, individuelle Förderpläne, die auch von den Eltern unterschrieben werden (Weser Kurier, 2021).

6.5.3.2 Bestimmungen bzw. Empfehlungen zu Unterrichtsinhalten

Bildungspläne und Stundentafeln haben, so geht aus der Antwort des Senats auf eine parlamentarische Anfrage hervor, in Bremen prinzipiell ihre Gültigkeit behalten. Jedoch können die in den Bildungsplänen bestehenden Spielräume dazu genutzt werden, Fachinhalte und Themen zu priorisieren, „die für Abschlussprüfungen beziehungsweise für die Bildungsverläufe unerlässlich sind und dementsprechend weniger vordringliche Inhalte" nach Bedarf zurückzustellen (Bremische Bürgerschaft, 2021, S. 1).

6.6 Länderbericht Hamburg

6.6.1 Genese des Landesprogramms und Problemwahrnehmung der Akteure

Auch wenn das Bund-Länder-Programm *Aufholen nach Corona* erst im August 2021 startete, wurden in Hamburg bereits im Jahr 2020 grundlegende Bestrebungen zur Unterstützung von Schüler*innen in Folge der Erfahrungen des ersten Lockdowns erkennbar.

Bereits im Juni 2020 wurden mögliche Sommerangebote in einem Antrag von GRÜNEN und SPD fokussiert (Bürgerschaft Hamburg, 2020b) sowie die Entstehung herkunftsbedingt ungleicher Bildungschancen frühzeitig problematisiert (ebd., S. 2). Auch gezielte Lernangebote nach den Sommerferien wurden hier erstmals thematisiert.

Nachdem in den Sommerferien 2020 zum ersten Mal die sogenannten *Hamburger Lernferien 2020* durchgeführt wurden, stimmte die Bürgerschaft im November 2020 schließlich einem Antrag der Fraktionen der SPD und der GRÜNEN zur Verstetigung der Lernferien zu. Dieser sah zunächst ein Angebot in den Märzferien 2021 vor, regte jedoch gleichermaßen eine Prüfung der Ausweitung auf die Sommer- und Herbstferien 2021 an (Bürgerschaft Hamburg, 2020h).

Im Zuge dieser ersten Ausgestaltung eines additiven Lernförderangebots wurde parallel im selben Jahr über die Relevanz von Lernstandserhebungen für die Ableitung zielgerichteter Unterstützungsmaßnahmen diskutiert. Zu nennen ist an dieser Stelle der Antrag „Lernrückstände langfristig aufholen – aber mit Plan" der CDU-Fraktion vom 19.08.2020 (Bürgerschaft Hamburg, 2020f). Ausgehend vom geteilten Bewusstsein entstandener Lernrückstände im Zuge der Schulschließungen fordern die Abgeordneten eine strukturierte Ermittlung dieser Defizite in Form von jahrgangsübergreifenden Kompetenzmessungen und Lernstandserhebungen jenseits der Kernfächer Deutsch und Mathematik, um weitere Maßnahmen ergänzend zum Angebot der Hamburger Lernferien sowie der bereits in Hamburg etablierten Lernförderung gemäß § 45 Hamburgisches Schulgesetz (HmbSG) zu planen. Es sei „unstrittig […], dass durch […] das Homeschooling nicht alle Inhalte aller Fächer vermittelt wurden" (Bürgerschaft Hamburg, 2020f, S. 1).

Im März und April 2021 wurden sowohl die Öffentlichkeit (AfB, 2021d; BSB, 2021f) als auch die Hamburgische Bürgerschaft (Bürgerschaft Hamburg, 2021e, g) und der Schulausschuss (Bürgerschaft Hamburg, 2021c) über das geplante Lernförderprogramm *Anschluss* in Kooperation mit der ZEIT-Stiftung in Kenntnis gesetzt. Hierbei sollen speziell Lernende am Übergang von der Primarstufe zu einer weiterführenden Schule unterstützt werden.

Hinzu kam im April 2021 der erfolgreiche Antrag von SPD und GRÜNEN in der Bürgerschaft, mit dem ein additives Förderprogramm im Umfang von zusätzlich 80 Unterrichtsstunden für alle Lernenden gefordert wurde. Die als *Förderoffensive* (Bürgerschaft Hamburg, 2021d, S. 1) bezeichnete Maßnahme sollte ein besonderes Augenmerk auf jene Schüler*innen legen, die in den Kernfächern keine Basiskompetenzen erreichen (vgl. hierzu AfB, 2021e).

Zur Kompensation pandemiebedingter Lernrückstände wurden bis zu diesem Zeitpunkt wiederholt folgende zentrale Fördermaßnahmen herausgestellt:

1) die Hamburger Lernferien;
2) das Mentor*innenprogramm *Anschluss*;
3) die schulische Lernförderung nach § 45 Hamburgisches Schulgesetz.

Die drei genannten Unterstützungsangebote, die als Teil eines umfassenden Förderprogramms im weiteren Verlauf des Länderberichts vertiefend vorgestellt werden, sind in das Aktionsprogramm *Aufholen nach Corona* eingebettet. Bei der Initiierung des Aufholprogramms kam Hamburg eine zentrale Rolle zu, da Hamburgs Schulsenator Ties Rabe Koordinator der sogenannten A-Länder in der KMK ist. Er zeigte sich bereits im März 2021

> „sehr zuversichtlich, dass wir in den nächsten beiden Monaten die Verhandlungen zu einem guten Abschluss bringen und das Hamburger Lernförderprogramm mit einem zweistelligen Millionenbetrag aus Berlin gefördert wird" (AfB, 2021k, o. S.).

Zur Koordination aller Maßnahmen zur Kompensation pandemiebedingter Problemlagen wurde im Juni 2021 eine *Stabsstelle Lernförderung* in der zuständigen Behörde für Schule und Berufsbildung (BSB) eingerichtet (Bürgerschaft Hamburg, 2021p).

Wenngleich eine Ausweitung des Landesprogramms auf psychosoziale Belastungslagen der Lernenden bereits im April 2021 angestrebt wurde, wurde sie regelmäßig angemahnt (Bürgerschaft Hamburg, 2021m, S. 1; 2021n). Im Juli 2021 (Bürgerschaft Hamburg, 2021p) und Januar 2022 wurde der Ausbau des Angebots schließlich noch einmal konkretisiert (BSB, 2022a; Bürgerschaft Hamburg, 2022a). Neben Lernrückständen zeigten sich nämlich zunehmend tiefergehende psychosoziale Belastungen und Problemlagen bei Hamburgs Kindern und Jugendlichen, die eine Ausweitung der bisherigen Beratungs- und Unterstützungsstrukturen in diesem Bereich dringend notwendig machten.

Zu Beginn des Schuljahres 2021/2022 informierte Landesschulrat Thorsten Altenburg-Hack schließlich Hamburgs allgemeinbildende Schulen über alle Unterstützungs- und Fördermaßnahmen, die durch die Bundesregierung im Rahmen des Aktionsprogramms *Aufholen nach Corona* mitfinanziert würden, und erläuterte die Kriterien und Verfahren der Ressourcenverteilung an die Einzelschulen (AfB, 2021r, s, t). Neben den bereits benannten Hamburger Lernferien, dem Mentor*innenprogramm *Anschluss* und Angeboten der Lernförderung nach § 45 HmbSG wurde auf folgende weitere Fördermaßnahmen verwiesen (vgl. Bürgerschaft Hamburg, 2021r):

1) das Projekt „23+ Starke Schulen";
2) das Projekt „Mathe sicher können – Hamburg";
3) das Lesekompetenztraining "Tutoring for All";
4) das Projekt „Ich pack's an";
5) der Aufbau einer digitalen Lernplattform und
6) Angebote zur motivationalen und psychosozialen Unterstützung.

Die Entwicklung des landeseigenen Aufholprogramms orientierte sich in Hamburg aus unserer Sicht stärker als in anderen Ländern an empirischen Befunden des Bildungsmonitorings. Hierbei kam Hamburg seine länderübergreifende Vorreiterrolle bei der Erfassung und Veröffentlichung von schulstatistischen und Leistungsdaten zu Gute. Bereits im Januar 2021 konnte eine erste parlamentarische Anfrage zu Lernrückständen insoweit beantwortet werden, dass es zu einer nachhaltigen Beeinträchtigung von „Lern- und Entwicklungsprozesse[n] vor allem bei jüngeren […], aber auch bei [Lernenden] mit besonderen Förderbedarfen durch die Aussetzung des Regelunterrichts" gekommen ist (Bürgerschaft Hamburg, 2021b. S. 2).

Besonders Schulsenator Ties Rabe kommunizierte immer wieder zu entstandenen Lernrückständen, so z. B. im Frühjahr 2021:

> „Hamburgs Schülerinnen und Schüler konnten über ein halbes Jahr lang nicht ordentlich zur Schule gehen, seit März letzten Jahres fiel in 20 von 38 Unterrichtswochen die Schule aus. Das wird bei vielen Kindern und Jugendlichen sehr tiefe Spuren in ihrer geistigen, körperlichen und sozialen Entwicklung hinterlassen" (BSB, 2021d, S. 2).

Das normativ besetzte Bild des „ordentlichen Lernens" referiert dabei auf den Anspruch, Heranwachsenden „normale Schule" zu bieten (AfB, 2021q; BSB, 2021h, S. 3).

Auch Erkenntnisse aus Befragungen von Kindern und Jugendlichen beeinflussten das Bild der Coronafolgen in Hamburg. Eine erste Befragung aus dem Frühsommer 2020 stellte besonders weibliche Lernende und Kinder aus bildungsfernen Elternhäusern beim Belastungsempfinden als Risikogruppen heraus (AfB, 2021w). Auch die vom Universitätsklinikum Hamburg-Eppendorf durchgeführte COPSY-Studie („Corona und Psyche") wurde Teil der Problemwahrnehmung in Hamburg (vgl. hierzu Bürgerschaft Hamburg, 2022d). Die Studie zeigt, dass Kinder und Jugendliche nach wie vor unter teilweise starken psychischen und emotionalen Belastungen leiden. Die im Rahmen der Studien erhobenen Belastungen wurden gleichermaßen von Vertreter*innen der schulischen Praxis zurückgemeldet. Beispielsweise hätten Fachkräfte der Regionalen Bildungs- und Beratungszentrum (ReBBZ) eine Zunahme von Depressionen und Ängsten, insbesondere sozialen Ängsten, bei Schüler*innen wahrgenommen (vgl. ebd., S. 7).

Trotz eigener Untersuchungen zu den Lernständen von Schüler*innen nach dem ersten Schullockdown (Depping et al., 2021), die auf nicht so große Lernrückstände bei den untersuchten Viert- und Fünftklässler*innen hindeuten, stützt sich Hamburg im Wesentlichen auf Schätzungen (zur vermutlichen Herkunft der Schätzung vgl. Kap. 3.7), nach denen ca. 25 Prozent aller Lernenden Lernrückstände aufweisen würden (vgl. hierzu u. a. Bürgerschaft Hamburg, 2021f, l, n, u). Im September 2021 lagen schließlich die Ergebnisse der flächendeckend durchgeführten Lernstandserhebung KERMIT 3 vor, die diese ersten Hinweise auf kognitive Entwicklungsverzögerungen zu erhärten scheinen. In einer entsprechenden Pressemitteilung vom 10.09.2021 resümiert der Schulsenator:

> „Während der erste Lockdown mit Schulschließungen von März bis Mai 2020 noch verhältnismäßig glimpflich ausgegangen ist, hat der zweite Lockdown mit Schulschließungen von Dezember 2020 bis März bzw. Mai 2021 deutliche Spuren in der Entwicklung der Kinder und Jugendlichen hinterlassen, vor allem bei dem Drittel aller Hamburger Kinder und Jugendlichen, die aus sozial benachteiligten Stadtteilen kommen" (BSB, 2021j, o. S.).

Interessanterweise wird diese Darstellung in ihrer Dramatik weder durch das IfBQ geteilt (Deutsches Schulportal, 2021a), noch bestätigten sich diese „deutlichen Spuren" in später veröffentlichten weiteren Untersuchungsergebnissen (IfBQ, 2022). Diese Ergebnisse der Lernstandserhebungen (KERMIT 3, 5 und 7) wurden darüber hinaus nicht öffentlich durch die Schulbehörde via Pressemitteilung begleitet, obwohl es sich aus unserer Sicht um eine der ganz wenigen qualitativ hochwertigen Untersuchungen zu Lernrückständen in Deutschland mit der Möglichkeit von Kohortenvergleichen handelt (vgl. hierzu auch Kap. E.2).

6.6.2 Landesaufholprogramm

6.6.2.1 Zentrale Lernstandserhebungen, Leistungsüberprüfungen und Diagnostik

Bereits die Hamburger Lernferien 2020 verfolgten den Grundsatz, dass die Entwicklung zielgerichteter Fördermaßnahmen stets eine Feststellung von pandemiebedingten Lernrückständen und Förderbedarfen erfordere (vgl. hierzu u. a. Bürgerschaft Hamburg, 2020g zu den *Hamburger Lernferien 2020* sowie AfB, 2021l, r, s zum Bundesprogramm *Aufholen nach Corona*). Die Feststellung von Lernrückständen wurde, wie in anderen Ländern auch, an die Schulen übertragen (vgl. AfB, 2021m, r; vgl. auch Bürgerschaft Hamburg, 2022b).

Hamburg verfügt im Gegensatz zu anderen Bundesländern jedoch auch über ein qualitätsvolles und umfassendes Repertoire standardisierter Instrumente zur Erhebung des Lernstandes in den Kernfächern:

Bei *KERMIT* handelt es sich um ein Instrument zur zentralen Erhebung der Lernstände aller Hamburger Kinder und Jugendlichen der Jahrgangsstufen 2, 3, 5, 7, 8 und 9 in Deutsch und Mathematik sowie weiterführend der 1. Fremdsprache (in der Regel Englisch) und Naturwissenschaften. Die flächendeckenden Testungen finden im Rahmen fester Testzeiträume im Jahresverlauf in den einzelnen Schulen statt. Aber auch in Hamburg konnten die KERMIT-Testungen nicht durchgängig zu den üblichen Testzeiträumen stattfinden (AfB, 2021a, e, g, l, p, r, s, v; BSB, 2021j; Bürgerschaft Hamburg, 2021c, u; zu den Ergebnissen vgl. Kap. E.2; vgl. auch AfB, 2021v; BSB, 2021j, 2021j; Bürgerschaft Hamburg, 2021j, IfBQ, 2022).

Neben zentralen Lernstandserhebungen standen im Schuljahr 2021/2022 mit *SCHNABEL* und *HSP* zwei weitere individualdiagnostische Verfahren zur Erfassung der Lernstände zur Verfügung (Bürgerschaft Hamburg, 2021t). Dabei waren beide im Schuljahr 2021/2022 verpflichtend durchzuführen und regulär in den Schuljahresverlauf zu integrieren (vgl. hierzu die Schulbriefe zum Beginn des Schuljahres 2021/2022: AfB, 2021r, s). Die Verwendung eines bestimmten Diagnoseinstruments wurde unseren Recherchen nach in keinem anderen Bundesland so explizit vorgeschrieben.

6.6.2.2 Pädagogische Maßnahmen

Im gesamten Hamburger Aufholprogramm sind grundsätzlich nur additive Angebote als Ergänzung zum Unterricht vorgesehen (vgl. Bürgerschaft Hamburg, 2021t, S. 7; 2021y, S. 2).

Additive kognitive Förderung

Die Lernförderung in Hamburg konzentriert sich neben den Ferienangeboten auf das Mentor*innenprogramm *Anschluss* und die Aufstockung der in Hamburg seit 2012 etablierten Lernförderung am Nachmittag nach § 45 HmbSG (BSB, 2021n). Die drei Angebote werden eigenverantwortlich von den Schulen in Kooperation mit der BSB organisiert und in der angestammten Schule „in der Regel mit dem vertrauten Personal" (Bürgerschaft Hamburg, 2022b, S. 3) durchgeführt. Dass die Lernförderung ausschließlich additiv erfolgen soll, wurde von unseren Interviewpartner*innen des GEW-Landesverbands Hamburg kritisch beurteilt. Eine stärkere Integration in den Unterricht hätte die beiden Hauptprobleme des Programms beheben können, so unsere Interviewpartner*innen: die Freiwilligkeit der Programme, die dazu geführt hätte, dass förderungsbedürftige Kinder und Jugendliche oft nicht erreicht worden wären und zum anderen das fehlende Personal, das dazu geführt hätte, dass selbstgesteckte Ziele nicht erreicht werden konnten.

Hamburger Lernferien

Die *Hamburger Lernferien* folgen dem Ansatz, allen Schüler*innen während der regulären Schulferien im März, im Sommer und im Herbst die Möglichkeit zu geben, Lernrückstände in den Kernfächern aufzuholen. Ursprünglich richteten sich die *Hamburger Lernferien* (erstmals im Sommer 2020) vorrangig an Kinder in Vorschulklassen und Schulen in sozial benachteiligten Lagen (Bürgerschaft Hamburg, 2020a, c, d, e, g). Sie knüpften an den seit 2007 in den Sommerferien durchgeführten *Theater-SprachCamps* an. Das Angebot sollte sich auf jene Schüler*innen konzentrieren, die einen Zuwanderungshintergrund oder Sprachförderungsbedarf nach § 28 HmbSG oder Lernförderbedarf nach § 45 HmbSG aufwiesen. Insgesamt strebte die BSB eine Teilnahmequote von 10 bis 20 Prozent der Schüler*innen an (Bürgerschaft Hamburg, 2020d, S. 1). Die Ansprache der Kinder und Jugendlichen erfolgte über ihre jeweiligen Lehrkräfte, orientiert an einem vorliegenden Sprach- bzw. Lernförderbedarf oder pädagogischen Kriterien (vgl. Bürgerschaft Hamburg, 2020c). Schlussendlich konnten die Lernferien aber auch an Schulen mit günstiger sozialer Zusammensetzung durchgeführt werden.

Insgesamt waren 30 Förderstunden für die Teilnehmenden während der Sommerferien vorgesehen. Die Förderung und Betreuung übernahmen Honorarkräfte (unter anderem in Zusammenarbeit mit den Volkshochschulen) mit pädagogischem Berufshintergrund. Die Inhalte der Lernferienkurse sollten dabei zwecks Verzahnung mit dem Regelunterricht dem Hamburger Bildungsplan folgen.

Während sich die ersten Lernferien im Sommer und Herbst 2020 vordergründig an Lernende mit akuten Förderbedarfen richteten, sind im Zeitverlauf die Zielgruppen ausgeweitet worden. Zu den Kriterien des Lern- und Sprachförderbedarfs kamen zunächst allgemeine „pandemiebedingte Problemlagen" (AfB, 2021b, S. 2) hinzu, die zu einer Teilnahme an den Lernferien berechtigen. Darüber hinaus sind seit 2021 alle Schulen verpflichtet, ihren Lernenden ein entsprechendes Angebot zu unterbreiten. Eine Lerngruppe sollte aus mindestens 8 Teilnehmenden gebildet werden können (zur Regelung vgl. AfB, 2021u sowie Bürgerschaft Hamburg, 2021s). Bei Unterschreiten der Mindestgruppengröße können einzelne Kurse ausfallen, jedoch darf eine Absage nur nach vorheriger Genehmigung durch die zuständige Schulaufsicht erfolgen (vgl. AfB, 2021u).

Mit Einsetzen der Bundesförderung im Rahmen des Programms *Aufholen nach Corona* steht das Ferienangebot seit Sommer 2021 bis Ende 2022 nunmehr allen Interessierten zur Verfügung, wobei die Zielgruppe auf circa 20 Prozent aller Schüler*innen an allgemeinbildenden Schulen und ReBBZ festgesetzt ist (vgl. AfB, 2021u sowie aktuell Bürgerschaft Hamburg, 2022b). Das Grundkonzept blieb jedoch unverändert. Als Honorarkräfte wurden überwiegend Lehramtsstudierende mit Bezug zur jeweiligen Schule eingesetzt. Einem Bericht des Schulausschusses ist zu entnehmen, dass in den Sommerferien 2021 79 Prozent der eingesetzten Honorarkräfte den Schulen vorher bekannt waren (vgl. Bürgerschaft Hamburg, 2021s, S. 3).

Sind die Hamburger Lernferien ein Erfolgsmodell? Informiert die BSB die Öffentlichkeit über die Beteiligung an den Hamburger Lernferien, so finden Schlagworte wie „Rekord" oder „Erfolg" regelmäßig Anwendung (für März 2021 vgl. AfB, 2021m; BSB, 2021e, S. 1; 2021g, S. 1; für Sommer 2021 vgl. BSB, 2021i, S. 1; für Herbst 2021 vgl. AfB, 2021x, o.S.; BSB, 2021y, S. 1). In einer Pressemitteilung vom 25.04.2022 wird von einer „Erfolgsstory" (BSB, 2022c, S. 1) gesprochen und dabei auf Zahlen zur Beteiligung der Schulen und Lernenden im Zeitverlauf verwiesen (vgl. Tab. 8).

Auch der Landesschulrat kam in einem Schulbrief vom 21.05.2021 zu einer positiven Bilanz und verwies auf eine bisherige Beteiligungsquote von 5 bis 10 Prozent aller Schüler*innen (AfB, 2021n). Dennoch bleiben auch in dieser Einschätzung die Teilnahmezahlen hinter den Erwartungen zurück. Sie sind in den letzten drei Durchgängen relativ stabil.

Tab. 8: Beteiligung an den Hamburger Lernferien (Schulen und Lernende)

	Sommer 2020	Herbst 2020	März 2021	Sommer 2021	Herbst 2021	März 2022
Schulen	241	96	241	234	260	266
Lerngruppen	968	490	1.258	871	850	910
Lernende	6.902	3.958	10.630	6.108	6.411	7.212
Lernende an staatlichen Schulen	**Schuljahr 2020/2021** 180.010			**Schuljahr 2021/2022** 183.254		
Anteil in %	3,83	2,20	5,91	3,39	3,56	4,01

Quelle: BSB, 2020b, S. 1; 2022b, S. 7; 2022c; eigene Berechnung

Im Abgleich der Schüler*innen, die an den Lernferien von Sommer 2020 bis März 2022 teilgenommen haben, und der Gesamtzahl von Lernenden, die in öffentlichen allgemeinbildenden Schulen Hamburgs beschult wurden bzw. werden, offenbart sich eine erhebliche Diskrepanz zwischen angestrebter und tatsächlicher Teilnahmequote (Tab. 8). Es zeigt sich, dass die Zielvorgabe der BSB, 20 Prozent aller Lernenden mit dem Angebot zu erreichen, deutlich unterschritten wurde. Die mit knapp 6 Prozent stärkste Teilnahme konnte in den Märzferien 2021 erzielt werden. Hier zeigte sich eine verstärkte Nachfrage nach den neu eingerichteten Prüfungsvorbereitungskursen (vgl. BSB, 2021g). 26 Prozent der Lerngruppen richteten sich an Abschluss-klassen (vgl. ebd.).

Im Zuge der Beantwortung einer Kleinen Anfrage der Abgeordneten Boedding-haus (DIE LINKE) (Bürgerschaft Hamburg, 2021y) wurden vom Senat umfangreiche Daten zu den teilnehmenden Schulen und Lernenden, differenziert nach Schulform und Sozialindex, veröffentlicht. Wir gehen auf die Teilnahmequoten der Schüler*in-nen ein (Abb. 3).

Abb. 3   Teilnahmequote Lernender staatlicher Schulen an den Lernferien nach Schulform in Prozent.

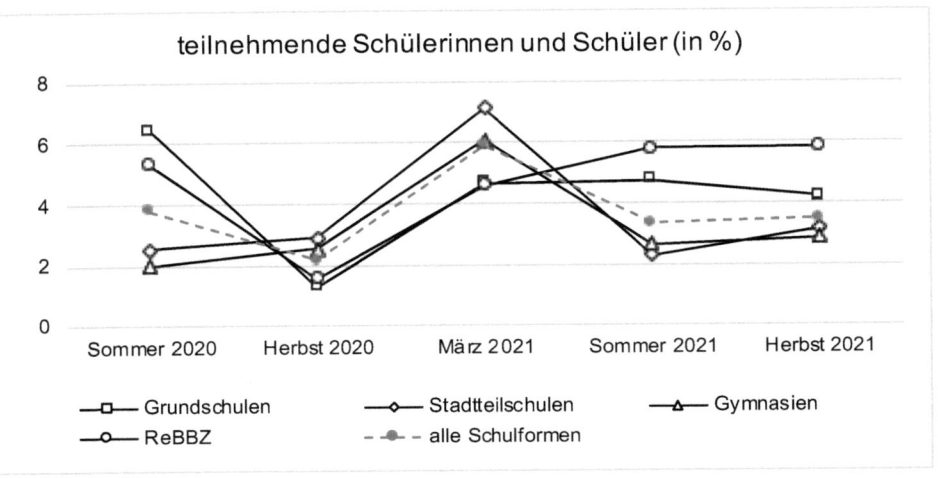

Quelle: BSB, 2020a, S. 1; 2022b, S. 7; Bürgerschaft Hamburg, 2021y; eigene Berechnung und Darstellung.

Im Sommer 2020 sind die höchsten Teilnahmequoten bei Grundschüler*innen (7,5 %) und an ReBBZ (5,6 %) erkennbar. Im März 2021 nahmen hingegen Schüler*innen der Stadtteilschulen (7,3 %) und Gymnasien (6,7 %) am häufigsten an den *Lernferien* teil. Während für die weiterführenden Schulen im Sommer und Herbst 2021 eine unter-durchschnittliche Teilnahme der Förderwilligen festzustellen ist, ist sie in den Grund-schulen (6,5 % bzw. 5,6 %) und ReBBZ (6,9 % bzw. 7,8 %) erneut auf einem deutlich überdurchschnittlichen Niveau.

Von Interesse ist auch, inwiefern die Beteiligung zwischen Schulen unterschied-licher Sozialindizes variiert. Abbildung 4 gibt hierzu einen Überblick, wie viele Ler-nende prozentual von ihren Lehrkräften angesprochen wurden und wie viele teilge-nommen haben (diese müssen nicht unbedingt jene sein, die angesprochen wurden). Zusätzlich wird der Quotient aus der Zahl der Angesprochenen und der Zahl der Teilnehmenden an den Schulformen nach dem Sozialindex dargestellt.

Abb. 4:   Ansprache-, Teilnahme- und Rücklaufquote Lernender staatlicher Schulen an den
Lernferien nach Schulform und Sozialindex in Prozent.

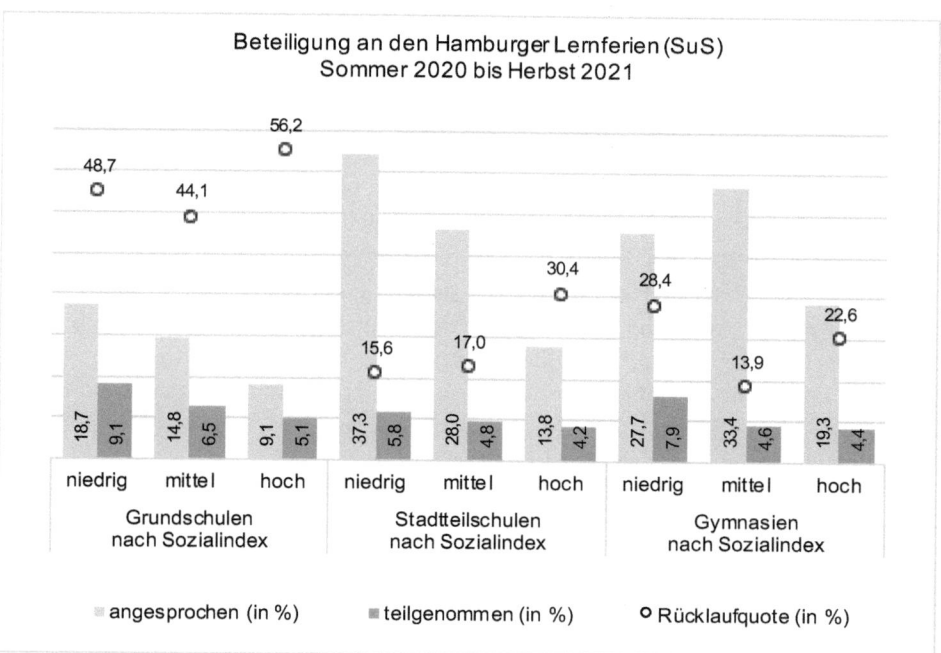

Anm.:   SuS = Schüler*innen, Sozialindex 1 und 2 = niedrig, Sozialindex 3 und 4 = mittel, Sozialindex 5
und 6 = hoch. Innerhalb der Schulform des Gymnasiums existiert keine Schule mit Sozialindex
1, sodass der Kategorie „niedrig" ausschließlich Lernende aus Gymnasien mit Sozialindex 2
zugeordnet sind.
Quelle: Bürgerschaft Hamburg, 2021j, x; eigene Berechnung und Darstellung

Mit Blick auf die Ansprache von Schüler*innen fällt auf, dass – mit Ausnahme der
Gymnasien – an Schulen mit niedrigem Sozialindex tatsächlich der größte Anteil an
Lernenden angesprochen wird und Lehrkräfte an Schulen mit einem hohen Sozialindex – dies gilt auch für das Gymnasium – eher seltener eine Empfehlung zum Besuch
der *Lernferien* aussprechen. Wird jedoch der Quotient aus der Zahl der Angesprochenen und der Zahl der Teilnehmenden betrachtet, fällt auf, dass er an den Stadtteilschulen und Gymnasien bei maximal 0,30 (= 30 %) liegt, bei Stadtteilschulen in sozial
schwieriger Lage sogar nur bei knapp unter 0,16 (= 15,6 %). Dies deutet darauf hin,
dass gerade in den weiterführenden Schulen die Zielgruppe nur zu kleinen Teilen erreicht wird. Aber auch an den Grundschulen liegt der Quotient je nach sozialer Lage
nur bei ca. 0,44 bis 0,56 (= 44,1 bis 56,2 %) – wobei die sozial privilegierten Schulen
den höchsten Quotienten aufweisen.

Trotz der angestrebten bedarfsorientierten höheren Förderung in den sozial benachteiligten Schulen (die die Lehrkräfte über ihre Empfehlungen auch so antizipieren), erreichen diese Angebote gerade an den weiterführenden Schulen nicht in diesem Ausmaß die Schüler*innen, die eine Förderung besonders nötig hätten. Dies

wurde durch unsere Interviewpartner*innen der GEW Hamburg bestätigt, die ebenfalls die Frage stellten, ob die „richtigen" Lernenden erreicht worden seien. Zudem berichteten sie, dass selbst in Hamburg Schulen in städtischen Randlagen Probleme gehabt hätten, ausreichend Personal für unterstützende Maßnahmen zu finden.

Anschluss – das Hamburger Mentor*innenprogramm

Das Mentor*innenprogramm *Anschluss* wurde im März 2021 erstmals für Lernende der Jahrgangsstufe 4 angekündigt (vgl. hierzu AfB, 2021k; BSB, 2021f). Starten sollte das Programm zum 01.08.2021 mit 4.000 bis 5.000 Schüler*innen. In einer Pressemitteilung vom 04.10.2021 korrigierte die BSB die Zielgruppengröße schließlich auf „bis zu 4.000 Kinder" (BSB, 2021k) und verwies darauf, dass generell eine Beteiligung von 20 Prozent aller Viertklässler*innen angestrebt werde (vgl. ebd.). Die Festlegung dieser spezifischen Zielgruppe ist mit dem Anspruch verknüpft, dass Kinder insbesondere vor und bei ihrem Übergang in die weiterführenden Schulen unterstützt werden sollten (vgl. AfB, 2021o; BSB, 2021q; Bürgerschaft Hamburg, 2021n sowie Spezifizierungen hierzu in Bürgerschaft Hamburg, 2021x).

In kleinen Lerngruppen aus maximal fünf Kindern sollen an zwei Nachmittagen pro Woche im Rahmen von jeweils zwei Fördereinheiten (wöchentlich 180 Minuten) Lernrückstände in Deutsch und Mathematik aufgearbeitet werden (zur Ausgestaltung des Programms vgl. außerdem BSB, 2021n, 2022a; Bürgerschaft Hamburg, 2021o, 2022b sowie LI, 2021). Neben einer Lernförderung sollen „besonders unterstützungsbedürftige" (Bürgerschaft Hamburg, 2021o, S. 4) Lernende mit „pandemiebedingten Motivations- und Leistungseinbrüchen" (AfB, 2021o, S. 2) eine kontinuierliche Begleitung durch die Mentor*innen erhalten, in ihrer Lernmotivation gestärkt sowie in der Persönlichkeitsentwicklung unterstützt werden.

Das Angebot wird von der BSB in Kooperation mit der ZEIT-Stiftung durchgeführt. Die Organisation übernimmt das Landesinstitut für Lehrerbildung und Schulentwicklung (LI) in Zusammenarbeit mit dem Zentrum für Lehrerbildung (ZLH). Vorzugweise sollen Lehramtsstudierende als Mentor*innen auf Honorarbasis eingesetzt werden. Bei fachlicher Eignung können jedoch ebenso Studierende anderer Fachrichtungen, beispielsweise der Erziehungs- oder jeweiligen Fachwissenschaften entsprechend des Unterrichtsgegenstands, eingestellt werden (vgl. BSB, 2021g). Die Gewinnung der studentischen Honorarkräfte erfolgt durch das ZLH (vgl. Afb, 2021o).

Von dem Angebot *Anschluss* sollen insbesondere Lernende an Grundschulen in sozial herausfordernder Lage profitieren (Bürgerschaft Hamburg, 2021n, r), jedoch steht das Angebot grundsätzlich allen Schulen offen. Die Ressourcenzuweisung erfolgt in Abhängigkeit des Sozialindexes wie folgt: Privilegiertere Schulen mit einem Sozialindex von 4 bis 6 können so viele Lerngruppen anbieten wie 4. Klassen unterrichtet werden. Für Schulen mit einem Sozialindex von 1 bis 3 gilt dieser Schlüssel ebenso – jedoch kann zusätzlich pro Schule eine weitere Gruppe gefördert werden (vgl. AfB, 2021o; LI, 2021, S. 3). Bei durchschnittlich 3,3 4. Klassen pro Grundschule in Hamburg (Destatis, 2021a; eigene Berechnungen) würde dies also einer um ein Viertel höheren Zuweisung an die sozial benachteiligten Schulen entsprechen. Im Allgemeinen ist es das Ziel, drei bis vier Kinder pro Klasse zu fördern. Die Identifikation der Schüler*innen mit Förderbedarf erfolgt durch die Lehrkräfte unter Verwendung von Diagnosetools. Zur Identifikation von Förderbedarfen hätten optimalerweise KERMIT-Ergebnisse herangezogen werden können, da KERMIT 3 abweichend zum Beginn des Schuljahres 2021/2022 mit den neuen Viertklässler*innen durchgeführt wurde. Auch wenn das LI konkret diese Möglichkeit anmerkt (vgl. LI, 2021, S. 3), wurde nach dem Beginn des Programms weniger stark auf ein konkretes Erhebungsinstrument verwiesen und die Auswahl geeigneter Schüler*innen stärker in die Hände von Pädagog*innen und Erziehungsberechtigten gelegt (vgl. ebd.).

Zunächst kommunizierte die BSB einen Personalbedarf von 1.000 Mentor*innen. Mit Stand 01.02.2022 waren schließlich 491 Mentor*innen an Hamburgs Grund- und Sonderschulen sowie in den ReBBZ im Einsatz, darunter „über 300 Lehramtsstudierende" (BSB, 2022a). Es beteiligten sich nach Aussage der BSB über 95 Prozent der Schulen (ebd.) – in einer Stellungnahme des Senats an die Bürgerschaft wird auf 208 teilnehmende Schulen verwiesen, die insgesamt 628 Lerngruppen anbieten würden (vgl. Bürgerschaft Hamburg, 2022b, S. 6). Angaben zur Anzahl teilnehmender Schüler*innen sind uneinheitlich. Sie schwanken zwischen 2.826 (vgl. ebd.) und 2.847 (BSB, 2022a).

Im Gegensatz zu den *Hamburger Lernferien* wird *Anschluss* in den Schultag integriert, wenngleich es ebenso als additives Angebot verstanden wird, das freiwillig im Anschluss an den Regelunterricht am Nachmittag genutzt werden kann (vgl. Bürgerschaft Hamburg, 2022b). Die Förderung der Lernenden im Rahmen von *Anschluss* ist auf ein Schulhalbjahr oder ein ganzes Schuljahr ausgelegt (vgl. BSB, 2021f). Die Anmeldung gilt als verbindlich für ein Halbjahr (vgl. LI, 2021, S. 4).

Ausweitung der Lernförderung nach § 45 HmbSG

Die Lernförderung nach § 45 HmbSG ist seit 2012 fester Bestandteil im allgemeinbildenden Schulsystem Hamburgs. Sie richtet sich an jene Schüler*innen, die in einem oder mehreren Schulfächern nicht den Leistungsstand im Sinne der Bildungspläne erreichen. Zur Kompensation dieser Rückstände ist für die betreffenden Lernenden eine Lernförderung im Umfang von wöchentlich zwei Stunden (à 45 Minuten) pro Unterrichtsfach am Nachmittag in der Schule vorgesehen. Dabei lernen sie in der Regel in einer Lerngruppe aus höchstens acht Schüler*innen. Die Durchführung fällt in den Zuständigkeitsbereich der Klassen- und Fachlehrkräfte, sodass eine Verknüpfung von Regelunterricht, Ganztag und Förderangebot gewährleistet werden kann. Die Lernförderung deckt alle Unterrichtsfächer ab und ist regulär für ein Schulhalbjahr vorgesehen (vgl. BSB, 2021k; Bürgerschaft Hamburg, 2021n, r, x, 2022b).

Ein Antrag zur Ausweitung der Lernförderung wurde von der SPD und den GRÜNEN im April 2020 in die Bürgerschaft eingebracht. Gefordert wurde der Ausbau des etablierten Angebots, um allen Kindern und Jugendlichen an Hamburgs Schulen ein Förderangebot unterbreiten zu können (Bürgerschaft Hamburg, 2021d). Zur umfassenden Förderung sei es darüber hinaus unerlässlich, Angebote aus dem Ganztag und der Offenen Kinder- und Jugendarbeit, Sportvereine sowie weitere außerschulische

Einrichtungen einzubeziehen. Außerdem dürfte neben kognitiven Defiziten die sozial-emotionale Entwicklung der jungen Menschen nicht außer Acht gelassen werden.

Der Antrag wurde einstimmig angenommen (Plenarprotokoll zur 23. Sitzung: Bürgerschaft Hamburg, 2021h, S. 1547). Unter dem Titel „Förderoffensive beschlossen" verkündete die BSB „eine umfassende Förderoffensive mit 80 freiwilligen und kostenlosen Unterrichtsstunden pro Schulkind", in der „am Nachmittag all die Dinge gelernt werden können, die sie in der Zeit der pandemiebedingten Schulschließungen nicht lernen konnten" (AfB, 2021m, o. S.).

Angestrebt ist in diesem Baustein eine Beteiligung von bis zu 20.000 Schüler*innen sowie eine Aufstockung der bestehenden Mittel zur Lernförderung um bis zu 50 Prozent. Es gilt, dass alle Lernenden freiwillig einen Förderkurs besuchen können, wenn sie Interesse daran haben. In dem Antrag von SPD und GRÜNEN (Bürgerschaft Hamburg, 2021d) wird jedoch gefordert, dass zumindest Lernentwicklungsgespräche zwischen den Lernenden, ihren Eltern und allen beteiligten Lehrkräften geführt werden sollen, um Förderbedarfe zu besprechen. Auch in den Schulbriefen des Landesschulrats zum Beginn des Schuljahres 2021/2022 wurden die Schulleitungen dazu aufgefordert, eine Bedarfserhebung in ihren Schulen vorzunehmen und auf dieser Basis Fördergruppen einzurichten (vgl. hierzu AfB, 2021r, s).

Anders als bei den *Lernferien* und bei dem Programm *Anschluss* soll im Rahmen der Lernförderung nach § 45 HmbSG der Personalbedarf möglichst mithilfe des angestellten pädagogischen Personals im Schuldienst gedeckt werden (vgl. Bürgerschaft Hamburg, 2021u). Jedoch ist auch der Einsatz von pensionierten Lehrkräften, Lehrkräften in Teilzeitanstellung, Studierenden, Honorarkräften, älteren Lernenden oder externen Instituten und privaten Trägern denkbar. Die Umsetzung des Programms liegt in der Verantwortung der einzelnen Schule, ebenso die Personalakquise und der Personaleinsatz. In der Antwort auf eine parlamentarische Anfrage (Bürgerschaft Hamburg, 2022c) teilte der Senat mit, dass die Lernförderung nach § 45 HmbSG im zweiten Schulhalbjahr 2020/2021 – also noch vor dem Start des Bund-Länder-Programms – nicht einmal zu einem Drittel von schulinternen Lehrkräften, Referendar*innen und schulinternen sozialpädagogischen Kräften durchgeführt wurde (31,7 %). Die restlichen Kurse wurden zu 29,5 Prozent durch Studierende, zu 11,8 Prozent durch gewerbliche Anbietende sowie zu 10,2 Prozent durch Schüler*innen realisiert (der Rest durch Andere) (ebd., S. 4–5).

Im Rahmen des Aktionsprogramms *Aufholen nach Corona* erfolgt die Ressourcenzuweisung an die Schulen in Abhängigkeit von ihrem Sozialindex sowie von ihrer Schüler*innenzahl. Bei der Berechnung einer solchen Pro-Kopf-Pauschale werden an den weiterführenden Schulen alle Jahrgangsstufen berücksichtigt, bei den Grundschulen hingegen nur die Jahrgangsstufen 2 und 3, da den Kindern der vierten Klassen bereits Fördermittel im Rahmen des Programms *Anschluss* zur Verfügung stehen (vgl. AfB, 2021r, s, t). Die zusätzlichen Mittel zur Lernförderung werden in Form von Lehrkräftestellen bereitgestellt und können von den Schulen seit September 2021 abgerufen werden. Insgesamt stehen 7,3 Mill. Euro hierfür zur Verfügung (zu den Zuweisungsmodalitäten AfB, 2021t), die im erweiterten Sinne lernförderlichen Maßnahmen dienen müssen und nicht zweckentfremdet werden dürfen (Bürgerschaft Hamburg, 2021x, S. 6).

Weitere Maßnahmen zur kognitiven Förderung

Neben den drei „großen" Hamburger Programmelementen gibt es noch weitere kleinere Bausteine. Ein Unterstützungsangebot, das wie die Lernförderung nach § 45 HmbSG gleichermaßen Tradition in Hamburg hat und nun im Rahmen des Aktionsprogramms mithilfe zusätzlicher Bundesmittel ausgebaut wird, ist das Projekt 23+ *Starke Schulen*. Das Projekt startete mit dem Schuljahr 2013/2014 und richtet sich seither an Schulen in „herausfordernden sozialen Lagen" (Bürgerschaft Hamburg, 2022b, S. 6), die insbesondere durch den Sozialindex des Stadtgebietes und weitere Kenntnisse der Schulaufsicht identifiziert bzw. als herausfordernd definiert werden (vgl. Bürgerschaft Hamburg, 2021u). Zentrales Anliegen ist es, dass sich alle teilnehmenden Schulen in einem kontinuierlichen Austausch über entwickelte und erprobte Lehrkonzepte inhaltlicher Art sowie psychosoziale Unterstützungsangebote und Beratungskonzepte befinden und sich auf diese Weise gegenseitig stärken (vgl. Bürgerschaft Hamburg, 2022b). Von diesem Schulnetzwerk sollen schließlich vorrangig „Schülerinnen und Schüler aus ökonomisch und sozial belasteten oder auch migrantischen Elternhäusern [...] teils mit geringen sprachlichen und mathematischen Vorkenntnissen und Fähigkeiten" (ebd., S. 6) profitieren. Vermittelt über eine systematische Unterrichts- und Organisationsentwicklung sollen problematische Lernvoraussetzungen kompensiert und Bildungschancen von Kindern und Jugendlichen erhöht werden (ebd.). Unterstützt durch das Bund-Länderprogramm nahm das Programm elf weitere Schulen auf (vgl. Bürgerschaft Hamburg, 2021x). Für die neuen Standorte ergeben sich sowohl eine Aufstockung von Personalressourcen als auch eine Ausweitung von Beratungs- und Fortbildungsangeboten (vgl. Bürgerschaft Hamburg, 2021u).

Während sich die bisher vorgestellten Förderprogramme an allgemeinbildende Schulen richteten, ermöglicht *Ich pack's an* die Durchführung verschiedener Lernfördermaßnahmen an berufsbildenden Schulen. Ziel ist es einerseits, Lernrückstände in Deutsch, Englisch und Mathematik aufzuarbeiten, andererseits soll der „Aufbau personaler, sozialer und berufsbezogener Kompetenzen im Übergang Schule – Beruf" (Bürgerschaft Hamburg, 2021x, S. 4) unterstützt werden. Die Lernförderung kann sowohl in Bildungsgängen zur Berufsvorbereitung als auch in Bildungsgängen zur Berufsqualifizierung, also auch in der regulären Berufsausbildung und vollzeitschulischen Bildungsgängen, stattfinden.

Innerhalb der Berufsvorbereitung werden vor allem Lernende angesprochen, die nach der Jahrgangsstufe 10 ohne berufliche Orientierung in die Berufsvorbereitung gewechselt sind sowie all jene, die den Bildungsgang aufgrund der pandemischen Bedingungen freiwillig wiederholen. Bei diesen Schüler*innen ist es das erklärte Ziel, sie in den Präsenzunterricht rückzuführen, um Lernrückstände in den Kernfächern bearbeiten zu können. Außerdem sollen sie Unterstützung bei der Kontaktaufnahme mit möglichen Ausbildungsbetrieben erhalten. 40 Prozent aller Lernenden in der Berufs- bzw. Ausbildungsvorbereitung sollen laut Senat mithilfe von wöchentlich ein bis zwei Angeboten erreicht werden (vgl. Bürgerschaft Hamburg, 2022b, S. 7).

Die Berufsqualifizierung fokussiert hingegen deutlich stärker auf die fachspezifische Ausbildung in einem Berufsfeld. Die Angebote dieser zweiten Fördersäule zielen perspektivisch daher vor allem auf ein erfolgreiches Absolvieren von Zwischen- und Abschlussprüfungen ab (ebd.).

Es wird angestrebt, schuleigenes Personal sowie Honorarkräfte zur Durchführung der Lernförderung einzusetzen. Für *Ich pack's an* stehen insgesamt etwa 2 Mill. Euro aus dem Bund-Länder-Programm zur Verfügung. Mit Stand 17.12.2021 haben die berufsbildenden Schulen Mittel in Höhe von circa 400.000 Euro abgerufen (vgl. Bürgerschaft Hamburg, 2021x).

Darüber hinaus werden noch weitere Unterstützungsmaßnahmen mit vergleichsweise kleinerem Budget finanziert. Hierbei handelt es sich einerseits um das Lehrkräfte-Qualifikationsangebot *MaCo – Mathematik aufholen nach Corona*, das auch in anderen Bundesländern genutzt wird. *MaCo* ist ein Angebot des Deutschen Zentrums für Lehrerbildung Mathematik (DZLM), das in Hamburg in Kooperation mit dem LI durchgeführt wird. Für das Projekt werden Bundesmittel in Höhe von bis zu 161.500 Euro veranschlagt (ebd.). Ferner soll die digitale Lernplattform weiter ausgebaut und hierfür 110.000 Euro aus Bundesmitteln verwendet werden (ebd.).

Das zunächst im August 2021 angekündigte Projekt *Tutoring for All – Lesekompetenztraining* wurde aufgrund von „Umsetzungsschwierigkeiten auf Anbieterseite" (Bürgerschaft Hamburg, 2021x, S. 8) aus dem Aktionsprogramm *Aufholen nach Corona* gestrichen.

Sozial-emotionale Förderung

Bei den psychosozialen Förderangeboten wird in Hamburg der grundlegende Ansatz verfolgt, dass die Fachkräfte in den Schulen vor Ort entsprechende Problemlagen bei ihren Lernenden identifizieren und diese individuell bearbeiten, beispielsweise im Rahmen von Lernentwicklungsgesprächen (vgl. Bürgerschaft Hamburg, 2022b, S. 8). Erst bei tiefergehenden Problemlagen sollen weiterführende Unterstützungsnetzwerke aktiviert und „bestehende Strukturen der Regelsysteme genutzt" (Bürgerschaft Hamburg, 2021y, S. 3) werden.

In Hinblick auf „schulinterne Beratungskompetenzen" (Bürgerschaft Hamburg, 2022b, S. 8) werden in erster Linie Angebote der Schulbegleitung und Schulpsychologie gestärkt sowie Beratungsstunden an Gymnasien aufgestockt. Wird ein erhöhter Unterstützungs- oder Förderbedarf erkennbar, können außerdem externe Beratungsangebote der ReBBZ und des Bildungs- und Beratungszentrums Pädagogik bei Krankheit/Autismus (BBZ) in Anspruch genommen oder auch eine zeitweilige Beschulung in einer temporären Lerngruppe in Kooperation mit Trägern der Kinder- und Jugendhilfe in Betracht gezogen werden.

Zusätzliche Elemente zur sozial-emotionalen Förderung waren zunächst nicht Teil des Hamburger Aufholprogramms. Sie wurden erst im Laufe des Schuljahres

2021/2022 auf Druck der Bürgerschaft in das Aufholprogramm aufgenommen. Diese Nachsteuerung wird auch von unseren Interviewpartner*innen aus dem GEW-Landesverband Hamburg positiv bewertet. Im Folgenden sollen fünf zentrale Angebote beschrieben werden.

Ausbau von Schulbegleitungen: Um wachsende Unterstützungsbedarfe von Kindern und Jugendlichen beim Wiedereinstieg in die Schule adäquat bedienen zu können, soll die Anzahl der Schulbegleitungen in Hamburgs Schulen befristet erhöht werden. Besondere Bedarfe werden vor allem Schüler*innen mit „sozialer Ängstlichkeit" (Bürgerschaft Hamburg, 2022b) zugeschrieben, die ihrer Schule und/oder Klasse schrittweise wieder zugeführt werden sollen und dabei auch außerunterrichtlich begleitet werden können (beispielsweise auf dem Schulweg). Mit der Ausweitung der Schulbegleitung soll somit vor allem Schulabsentismus in Folge der pandemischen Belastungen für Kinder und Jugendliche vorgebeugt werden. Für die Laufzeit der Bundesförderung wird mit einer zusätzlichen Mittelaufwendung in Höhe von 1,5 Mill. Euro für die Einstellung zusätzlichen Personals gerechnet (vgl. Bürgerschaft Hamburg, 2021x, S. 9). Bei diesem kann es sich sowohl um Freiwilligendienstleistende (FSJ) als auch um Erzieher*innen oder sozialpädagogische Assistenzkräfte handeln (vgl. BSB, 2022a).

Aufstockung von Beratungskapazitäten an den ReBBZ: Dem Schulausschuss lagen im Oktober 2021 Rückmeldungen aus den ReBBZ vor, die auf eine steigende Anzahl beratungsbedürftiger Lernender hinweisen, die die Einrichtungen aufsuchen (vgl. hierzu Bürgerschaft Hamburg, 2021u). Um ihre Beratungsangebote ausweiten und die gestiegenen Bedarfe auffangen zu können, erhalten die ReBBZ sowie das BBZ die Möglichkeit, personelle Ressourcen befristet für 1,5 Jahre aufzustocken. Dafür stehen seit August 2021 zusätzlich Personalstellen im Umfang von 1,496 Mill. Euro zur Verfügung (vgl. Bürgerschaft Hamburg, 2021x, S. 9).

*Einstellung zusätzlicher Schulpsycholog*innen:* Neben der Zuweisung zusätzlichen Beratungspersonals sollen in den ReBBZ und im BBZ zusätzlich 20 Schulpsycholog*innen eingestellt werden, die vor allem in akuten Krisensituationen beratend eingesetzt werden und/oder gleichermaßen bei der schulischen Wiedereingliederung von Kindern und Jugendlichen unterstützend wirken können (vgl. BSB, 2022a). Mit Stand 10.02.2022 waren bereits davon zehn Stellen besetzt (vgl. Bürgerschaft Hamburg, 2022d, S. 7).

Aufstockung von Beratungskapazitäten an Gymnasien: Zum Ausgleich eines im Vergleich zu anderen Schulformen geringeren Angebotes von Schulsozialarbeit wurden seit August 2021 die Beratungskapazitäten an Gymnasien erhöht. Das Volumen liegt bei rund 665.000 Euro (vgl. Bürgerschaft Hamburg, 2021q, w). Die Zuweisung der Mittel erfolgt in Abhängigkeit des Sozialindexes des Gymnasiums (vgl. AfB, 2021t; Bürgerschaft Hamburg, 2022b). In der Praxis stellt sich die Aufstockung so dar, dass Beratungslehrkräfte Abminderungsstunden für ihre Beratungstätigkeit erhalten, sodass ein Teil ihrer Fachstunden in Beratungsstunden umgewandelt wird. Vorgesehen ist eine Entlastung von wöchentlich zwei Unterrichtsstunden (vgl. BSB, 2022a). Die zusätzlichen Beratungskapazitäten sollen sowohl Schüler*innen als auch Lehrkräften und Eltern zugutekommen. Zentrale Beratungsinhalte sollen insbesondere der Umgang mit psychischen Belastungen infolge der Pandemie sein.

Ausbau Temporärer Lerngruppen: Für Schüler*innen, die aufgrund eines stark erhöhten Unterstützungsbedarfs zeitweilig nicht in ihrem angestammten Klassenverband beschult werden können, gibt es in Hamburg *Temporäre Lerngruppen*. Sie richten sich vor allem an „Jugendliche, die aufgrund einer psychosozialen Krise oder extremer Verhaltensauffälligkeiten kaum am Regelunterricht teilhaben können" (BSB, 2022a). Vier bis sechs Lernende im Alter zwischen 12 und 18 Jahren werden in den *Temporären Lerngruppen* von drei Lehrkräften und Pädagog*innen betreut, um das Lernsetting sowohl für die Schüler*innen selbst als auch für deren Schulen zeitweilig zu entlasten. Ziel ist eine „intensive sozial- und schulpädagogische sowie schulpsychologische Unterstützung in multiprofessioneller Kooperation" (Bürgerschaft Hamburg, 2022b, S. 8). Im Jahr 2022 sollen zwei Lerngruppen als ein „kooperatives Kriseninterventionsangebot für Gesamt-Hamburg" (ebd.) neu eingerichtet werden. Dies bedeutet, dass sie für Jugendliche aller Hamburger Bezirke in akuten Krisensituationen offenstehen, wenn eine kurzfristige Betreuung benötigt wird. Nach einer Beschulung in einer *Temporären Lerngruppe* sollen weitere Maßnahmen zur Reintegration in der Stammschule umgesetzt werden (vgl. ebd.). Vorgesehen ist die Schaffung von drei zusätzlichen Lehrkräftestellen mit Personalkosten in Höhe von 472.000 Euro (vgl. Bürgerschaft Hamburg, 2021x).

6.6.2.3 Personaleinsatz

Der Personaleinsatz ist bereits bei den einzelnen Programmpunkten zum Landesprogramm beschrieben worden. Insgesamt konnte das benötigte Personal nicht immer akquiriert werden, obwohl Hamburg als Metropole mit Institutionen der Lehrer*innenbildung gute Voraussetzungen hätte. Laut unserer Interviewpartner*innen der GEW Hamburg wurden auch schon vor Corona oft Lehramtsstudierende in Schulen eingesetzt. Nicht zuletzt durch das Aufholprogramm sei der „Markt" für pädagogisches Personal mittlerweile jedoch restlos leer.

6.6.2.4 Finanzierung und Verteilung der Mittel

Finanzvolumen

Hamburg rechnete im Juni 2021 zunächst mit Bundesmitteln in Höhe von 34,5 Mill. Euro, ergänzend sollten Landesmittel in Höhe von 125 Mill. Euro für Maßnahmen zum Abbau von Lernrückständen und zum Ausbau der Schulsozialarbeit eingesetzt werden (vgl. Bürgerschaft Hamburg, 2021n).

Im September 2021 wurde schließlich eine Korrektur vorgenommen. 26 Mill. Euro sollten auf Angebote zur Kompensation von Lerndefiziten entfallen und je nach Quelle 5 bis 8 Mill. Euro für Maßnahmen zur psychosozialen Stabilisierung von Kindern und Jugendlichen (vgl. Bürgerschaft Hamburg, 2021r, v, x). Mit Stand Dezember 2021 (Bürgerschaft Hamburg, 2021x) wurde von einer Gesamtsumme von voraussichtlich 160,14 Mill. Euro ausgegangen (rund 34,4 Mill. Euro Bundes- und rund 125,7 Mill. Euro Landesmittel).

Der größte Posten ist die zusätzliche *Lernförderung nach § 45 HmbSG* (7,3 Mill. Euro), gefolgt von *23+ Starke Schulen* (6,2 Mill. Euro), *Anschluss* (5,2 Mill. Euro) und den *Hamburger Lernferien* (4,3 Mill. Euro) (Bürgerschaft Hamburg, 2021r, x). Im Zwischenbericht der Länder an das BMBF (KMK, 2022e) ist, anders als in allen Dokumenten zuvor, die *Sprachförderung nach § 28a HmbSG* als größter Posten des Aufholprogramms ausgewiesen (19,3 Mill. Euro bereits verausgabte Mittel). Zudem wurden die Mittel für zusätzliche *Beratungsangebote in den ReBBZ* um ein Vielfaches höher als in allen bisherigen Dokumenten veranschlagt. Sie wurden zunächst mit 1,5 Mill. Euro angesetzt, abgerufen wurden laut Zwischenbericht aber 13,5 Mill. Euro. Auch für das Projekt *Ich pack's an* wird im Zwischenbericht ein deutlich höherer Mitteleinsatz als ursprünglich vorgesehen ausgewiesen.

Auf Nachfrage wurde uns mitgeteilt, dass in den Dokumenten zum Aufholprogramm immer nur über die Bundesmittel berichtet werde, im Zwischenbericht an das BMBF jedoch zusätzlich aufgewendete Landesmittel aufgeführt seien.

Haushaltstechnische Verteilung der Mittel an die Schulen

Alle Maßnahmen werden in Hamburg durch die BSB geplant und finanziert. Dies liegt daran, dass die BSB sowohl für die inneren als auch für die äußeren Schulangelegenheiten zuständig ist und es auch nur eine einstufige Schulaufsicht gibt. Die Mittel werden den Schulen halbjährlich direkt zugewiesen, die diese wiederum eigenverantwortlich für zusätzliche Fördermaßnahmen verwenden (vgl. hierzu AfB, 2021t).

Kriterien und Verfahren der Ressourcenallokation

In Hamburg erfolgt die Mittelverteilung in vielen Programmteilen schulformbezogen und in Abhängigkeit des Sozialindexes (z. B. *Anschluss, Lernförderung nach § 45 HmbSG, 23+ Starke Schulen*) der Schule sowie nach der Zahl ihrer Schüler*innen. Mittel für einzelne Programmteile werden jedoch auch pauschal zugewiesen (z. B. *Lernferien*). Insgesamt steuert kein Bundesland die Mittel aus dem Aufholprogramm so konsequent nach sozialen Kriterien. Hamburg kommt dabei der seit vielen Jahren etablierte und breit akzeptierte Sozialindex zu gute.

6.6.3 Übergreifende Maßnahmen

6.6.3.1 Anpassung von Verordnungen

Leistungsüberprüfung und Notengebung: Im Zuge des ersten Lockdowns mit weitreichenden Schulschließungen wurden Vorgaben zur allgemeinen Leistungsüberprüfung und zur Bildung von Zeugnisnoten teilweise ausgesetzt bzw. gelockert (vgl. hierzu Afb, 2021a; BSB, 2021a).

Schulabschlussprüfungen: Im Schuljahr 2020/2021 wurden Anpassungen bei den Schulabschlussprüfungen vorgenommen. Nachdem die Änderungen im Januar 2021 für den Ersten (ESA) und den Mittleren Schulabschluss (MSA) (vgl. hierzu AfB, 2021a, c, d; BSB, 2021a) sowie im Februar 2021 für das Abitur angekündigt wurden (vgl. hierzu AfB, 2021d, f; BSB, 2021b), beschloss Hamburg zum April 2021 abweichende Prüfungsregelungen. Darüber hinaus wurden an Gymnasien die schriftlichen Vergleichsprüfungen in der 10. Jahrgangsstufe durch eine herkömmliche Klassenarbeit ersetzt (vgl. AfB, 2021a; BSB, 2021a).

Für den ersten allgemeinbildenden Schulabschluss (ESA) entfielen die Prüfungen und die Abschlussnote wurde aus den Schuljahresnoten gebildet. Für den MSA wurde die Anzahl der Prüfungen halbiert und die Prüfungszeit um 30 Minuten verlängert. Für das Abitur wurden den Lehrkräften Schwerpunktthemen mitgeteilt, die Prüfungszeit wurde um 30 Minuten verlängert und die Zweitkorrektur teilweise ausgesetzt (AfB, 2021a, d, e, j; BSB, 2021a, b; Bürgerschaft Hamburg, 2021a, h; Freie und Hansestadt Hamburg, 2021). Absolvent*innen der berufsbildenden Schulen konnten jedoch keine allgemeinen Erleichterungen für ihre Abschlussprüfungen angeboten werden, da der größte Teil der Prüfungen nach Bundesrecht geregelt sei (vgl. Bürgerschaft Hamburg, 2021a, S. 5).

Im November 2021 wurde schließlich bekannt gegeben, dass die Abschlussprüfungen 2022 mit denselben Anpassungen wie 2021 durchgeführt werden (AfB, 2021y; BSB, 2021l, m). Zur Begründung werden Unterrichtsversäumnisse, Lernrückstände und verminderte Zeiten zur Prüfungsvorbereitung in Folge pandemiebedingter Schulschließungen angeführt (vgl. hierzu bspw. Bürgerschaft Hamburg, 2021w, z).

Umgang mit Wiederholungswünschen von Lernenden: Zum Schuljahr 2021/2022 hob Hamburg das sogenannte „Verbot des Sitzenbleibens" (BSB, 2021c) auf und ermöglichte seinen Schüler*innen freiwillige Klassenwiederholungen aufgrund von nicht aufholbaren Lernrückständen in Folge des Distanz- und Wechselunterrichts (zu Voraussetzungen und Modalitäten des freiwilligen Wiederholens im Schuljahr 2021/2022 vgl. im Folgenden AfB, 2021i, p, z; BSB, 2021c; Bürgerschaft Hamburg, 2021k, q).

In der Regel gilt in Hamburg eine schwerwiegende Belastungssituation, die die bisherige Lern- und Leistungsentwicklung von Kindern und Jugendlichen erheblich beeinträchtigt hat, als Voraussetzung für eine Klassenwiederholung. Liegen keine belastenden Lebensumstände wie beispielsweise Krankheit oder tiefgreifende familiäre Krisen vor, so greifen bei Versetzungsgefährdung zunächst die schulischen Angebote zur Lernförderung. Seit dem Schuljahr 2021/2022 werden jedoch bereits die pandemischen Rahmenbedingungen des Lernens und die daraus erwachsenden Belastungen grundsätzlich als legitime Gründe für einen Wiederholungsantrag anerkannt. Den Schulen kam zudem erstmals die Entscheidungsbefugnis über alle Wiederholungsanträge ihrer Lernenden zu, ohne dass es einer abschließenden Prüfung durch die BSB bedarf. Lediglich im Falle einer beabsichtigten Ablehnung des Antrags in der zehnten Jahrgangsstufe sei die Schulaufsicht am Verfahren zu beteiligen.

6.6.3.2 Bestimmungen bzw. Empfehlungen zu Unterrichtsinhalten

Außer Anpassungen im Bereich der Betriebspraktika, die temporär ausgesetzt wurden (BSB, 2021c), gab es in Hamburg keine Anpassungen der Unterrichtsinhalte.

6.7 Länderbericht Hessen

In Hessen fanden die Sommerferien vom 19.07. bis zum 27.08.2021 statt. Zu diesem Zeitpunkt waren die wichtigsten Aspekte des Landesprogramms bereits festgelegt.

6.7.1 Genese des Landesprogramms und Problemwahrnehmung der Akteure

Das Landesprogramm *Löwenstark – der BildungsKICK* wurde in Hessen bereits Mitte Mai 2021 verkündet. Kompensationsmaßnahmen zur Schließung von Lernlücken spielten laut Kultusminister Lorz bereits nach dem ersten Lockdown eine wichtige Rolle:

> „Bereits in den Sommerferien 2020 gab es besondere Lernmöglichkeiten für Schülerinnen und Schüler in Hessen. Das Angebot umfasste schulbezogene Sommercamps, die Ferienakademie, das digitale Ferienförderangebot Ferdi sowie den Deutschsommer der Stiftung Polytechnische Gesellschaft" (Hessischer Landtag, 2021a, S. 5).

Die Überlegungen für ein Landesförderprogramm standen nach Kultusminister Lorz schon lange im Raum und wurden schon vor dem Bund-Länder-Programm geplant. „Dass der Bund mit eingestiegen ist", so Lorz, habe ihn

> „sehr gefreut, aber es hat [...] die Sache erst einmal verkompliziert. Dieser [der Bund] hatte seine Vorstellungen, wir hatten unsere Vorstellungen und die anderen 15 Länder, die in diesem Moment mit an den Tisch kamen, hatten jeweils ihre eigenen Vorstellungen, trotz aller Austausche, die wir in der Kultusministerkonferenz darüber führten" (ebd., S. 46).

In einer öffentlichen gemeinsamen Sitzung des Kultur- und des Sozialpolitischen Ausschusses des Hessischen Landtages am 16.06.2021 gaben die Minister Alexander Lorz (Kultus) und Kai Klose (Soziales) Auskunft darüber, wie sie mit den Mitteln des Bund-Länder-Programms umgehen wollen (Hessischer Landtag, 2021a). Die beiden Minister machen in der Sitzung deutlich, dass man sich in Hessen mit zentralen Fragen der Corona-bedingten Folgen für Kinder- und Jugendlichen auseinandergesetzt habe. Kultusminister Lorz geht teilweise vertiefend darauf ein. So stellt er heraus, dass nicht nur unter pandemischen Gesichtspunkten besonderer Wert auf die Herstellung kleiner und stabiler Lerngruppen von Schüler*innen gelegt werden soll. Ein großer Vorteil schulbezogener Lerngruppen sei,

„dass Lehrkräfte ihre eigenen Schülerinnen und Schüler und deren Bedarf an Lernkompensation am genauesten kennen. Auf diese Weise können sie ihre Schülerinnen und Schüler gezielt [in Lernangebote] lotsen und passgenaues Lernmaterial bereitstellen" (ebd., S. 21).

Trotz dieser Feststellung, die sicherlich viele Bildungsforscher*innen und Schulpraktiker*innen teilen, wird die Kooperation mit externen Partner*innen in Hessen sehr hoch gewichtet (s. u.).

Im Hinblick auf den Umfang von Lernrückständen ist die angeführte Argumentation auf der einen Seite sehr klar. Lernrückstände werden nicht in Frage gestellt, denn „wir wissen, dass wir aufholen müssen" (ebd., S. 47). Auf der anderen Seite werden Lernstanderhebungen, die Aufschluss darüber geben würden, wie groß Lernrückstände sind und wo sie systemisch auftauchen, eine Absage erteilt (s. u.).

In der Sitzung des Kultur- und des Sozialpolitischen Ausschusses werden auch Aussagen darüber gemacht, welche Gruppen von Schüler*innen durch das Landesaufholprogramm in den Blick genommen werden sollen: Jene Gruppen, die im Vergleich zum Durchschnitt noch einmal signifikant zurückgefallen sind. Es geht dabei vor allem um diejenigen Schüler*innen, die wieder Anschluss an die Lerngruppe finden sollen. Kultusminister Lorz geht hier von 25 Prozent aller Schüler*innen aus und beruft sich dabei auf realistische Schätzungen der Expert*innen (ebd., S. 39). Auch wenn er dies nicht tiefergehend ausführt, scheint die Zielgruppe der Maßnahmen jene Gruppe zu sein, die absolut die größten Lernrückstände aufweist bzw. Basiskompetenzen nicht erreicht. Dies entspricht z.B. den Empfehlungen der Ständigen wissenschaftlichen Kommission der KMK (SWK) (vgl. hierzu auch Kap. 3.7), adressiert aber nicht unbedingt coronabedingte Defizite z.B. im mittleren Leistungsbereich (SWK, 2021).

Ebenfalls aufschlussreich ist die Feststellung von Kultusminister Lorz, dass man nicht beliebig die Lernzeit steigern könne,

„ohne dass bei vielen Schülerinnen und Schülern eine Überforderung eintreten würde, die dem eigentlichen Ansinnen des Landesprogramms Löwenstark entgegenstünde. Deshalb erscheint uns eine Annahme von durchschnittlich zwei Wochenstunden als Modellannahme, mit der im Übrigen auch andere Länder rechnen, grundsätzlich angemessen" (Hessischer Landtag 2021a, S. 20.).

Weiterhin argumentiert er:

„Wir haben [die zwei Wochenstunden] nicht ausgehend vom aufzuholenden Stoff bestimmt. [...] Wir definieren diese zusätzlichen Wochenstunden ausgehend von der Leistungsfähigkeit der Schülerinnen und Schüler. [...] Das hat auch nichts mit Ressourcen zu tun, sondern es ist irgendwo das Ende der Fahnenstange, vor allem, wenn wir an die Klientel denken, die wir hauptsächlich adressieren" (ebd., S. 52f.).

Deutlich wird, dass man sich in Hessen mit einigen der von uns im Kapitel 3 diskutierten konzeptionellen Ansätzen zur Schließung von Lernlücken auseinandergesetzt hat. Aber auch in Hessen können die angedachten Lösungen in Teilen nur widersprüchlich ausfallen, da es keine einfachen Antworten auf diese Fragen gibt. Aus Sicht unserer Interviewpartner*innen der GEW Hessen wurde das Aufholprogramm anfangs (rund um die Sommerferien 2021) stark beworben. Dies ließ im Oktober spürbar nach und es gab Kritik von Eltern, Schulen und der GEW. Von der GEW wurde kritisiert, dass anfangs suggeriert worden sei, die coronabedingten Probleme könne man mit dem Programm schon lösen.

Besonderes Augenmerk wird in Hessen auf Jugendliche am Übergang von der Schule in den Beruf gerichtet. Berufliche Orientierung habe dem Bildungsminister zufolge für das neue Ausbildungsjahr eine herausragende Bedeutung, „weil die Pandemie mehr denn je zu einer Verunsicherung junger Menschen im Hinblick auf ihre Bildungs- und Beschäftigungschancen geführt [habe]" (Hessischer Landtag, 2021a, S. 8). Die ergänzende Fokussierung auf die berufliche Orientierung wird auch von der GEW Hessen als positiv herausgestellt.

Der Ansatz, die Verantwortung und Lösungskompetenz fast ausschließlich den einzelnen Schulen und den einzelnen Lehrkräften zu übertragen bzw. von ihnen einzufordern, unterscheidet das hessische Landesprogramm von den Programmen anderer Bundesländer (ähnlich ging man aber in Niedersachsen vor). Dass der Hauptteil der Mittel aus dem Bund-Länder-Programm in die Schulbudgets fließen soll, illustriert dies auch in Zahlen. Die GEW Hessen bewertet dies als Delegieren von Verantwortung an die kleinstmögliche Einheit mit dem größtmöglichen Pathos.

6.7.2 Landesaufholprogramm

Charakteristisch für das hessische Landesaufholprogramm *Löwenstark – der Bildungs-KICK* ist, dass es den Schulen weitestgehend Autonomie beim Erkennen und Beheben der Lernrückstände zuweist. Nach Kultusminister Lorz folgt alle

> „Unterstützung zum Ausgleich Corona-bedingter Förderbedarfe [...] dem Grundsatz, dass die Schule vor Ort im Rahmen bestehender Strukturen am besten individuelle Lösungen für ihre Schülerinnen und Schüler identifizieren und daraus folgend ein passgenaues Maßnahmenpaket mit einer systematischen Rückkopplung zu den Lehrkräften entwickeln und vermitteln kann" (Hessischer Landtag, 2021a, S. 7).

Dieser Grundsatz findet sich in allen zentralen Bestandteilen des Programms wieder.

Kernbestandteil des Landesaufholprogramms ist die Erhöhung der Schulbudgets. „Deutlich mehr als die Hälfte" der Mittel des Bund-Länder-Programms soll direkt an die Schulen fließen (Hessischer Landtag, 2021a, S. 46). Über das aufgestockte Schulbudget sollen dann Förder- und Unterstützungsmaßnahmen finanziert werden. Dabei können sich die Schulen aus einem großen Werkzeugkasten und aus einer Vielzahl von Partner*innen selbständig das für sie am besten Funktionierende heraussuchen. Das Schulbudget soll für zwei Schuljahre aufgestockt werden (2021/2022 und 2022/2023). Auch die Schulen in freier Trägerschaft sollen von der Aufstockung profitieren (ebd., S. 19). Gerade im Jahr 2021 wurde laut GEW Hessen relativ wenig Geld abgerufen. Dies lag auch daran, dass die Schulen zu wenige Partner*innen fanden. Hier reagierte das Ministerium im November laut unserer Interviewpartner*innen des GEW-Landesverbands Hessen mit einem Vermittlungsprogramm. Andere Schulen hätten das Geld für Unterrichtsmaterialien eingesetzt, weil auch lange Zeit unklar gewesen sei, ob die Mittel ins nächste Haushaltsjahr übertragen werden können.

Neben der Erhöhung der Schulbudgets für die Zeit nach den Sommerferien 2021 gab es in Hessen auch Lerncamps in den Sommerferien. An den schon 2020 angebotenen Lerncamps nahmen in den Sommerferien 2020 13.000 hessische Schüler*innen teil (Frankfurter Rundschau, 2021). Dies entspricht in etwa 2 Prozent der hessischen Schüler*innenschaft. Schulen sollten frei entscheiden, ob sie derartige Lerncamps anbieten. Insgesamt gab es in den Sommerferien 2021 306 Lerncamps in Hessen (ebd.), welche die Schüler*innen der eigenen Schule adressieren sollten (Hessischer Landtag, 2021a, S. 21). Damit haben rund 16,5 Prozent aller hessischen Schulen Lerncamps eingerichtet. Genauso frei wie die Schulen bei der Frage sind, ob sie überhaupt ein Lerncamp anbieten, ist auch deren inhaltliche Ausgestaltung (vgl. Kap. 6.7.2.2).

Die Berufliche Orientierung spielt in Hessen eine wichtige Rolle bei der Diskussion von coronabedingten Folgen im Bildungssystem. Hierzu wurde eine Task Force *Berufliche Orientierung* mit Vertreter*innen vom Wirtschafts-, Sozial- und Kultusministerium, von der Bundesagentur für Arbeit sowie den Kammern, der Arbeitgeberverbände und Gewerkschaften eingerichtet. Ziel der Task Force sei es, den Austausch zu Chancen und Möglichkeiten der Beruflichen Orientierung in der aktuellen pandemischen Situation zu ermöglichen und anschließend konkrete Maßnahmen zu initiieren, die bis zum Ausbildungsbeginn zusätzlich ergriffen werden sollen (ebd., S. 8). Als eine Maßnahme wird erwähnt, dass Lehrkräften Arbeitsmaterialien zur Verfügung gestellt wurden. Konkret geht es um die Anpassung des Handbuches *Studienorientierung wirksam begleiten*, das gemeinsam von der Bundesagentur für Arbeit, der Stiftung der deutschen Wirtschaft und dem Hessischen Kultusministerium erarbeitet wurde und seit Januar 2021 auf dem Hessischen Schulportal für Lehrkräfte im Unterricht nutzbar ist. Mittlerweile wurde das Angebot um 50 weitere Online-Unterrichtseinheiten zur beruflichen Orientierung erweitert und das Angebot ausgebaut (ebd., S. 29 f.).

Zur Schließung von Lernlücken sollen durchschnittlich zwei Wochenstunden innerhalb des regulären Unterrichts zur Verfügung gestellt werden (ebd., S. 19 f.). Auf konkrete Angaben darüber, wie und für welche Klassen dies umgesetzt werden soll, sind wir bei unseren Recherchen nicht gestoßen.

Neben der Schulbudgetaufstockung, den Förderstunden, den Lerncamps und den Angeboten im Bereich Übergang Schule und Beruf werden den Schulen weitere Maßnahmen angeboten. Hierzu gehört die Hausaufgabenhilfe, die um 360.000 Euro aufgestockt werden soll. Diese ist aber nur an Ganztagsschulen vorhanden (ebd., S. 24). Als weitere Unterstützungsmaßnahmen werden Online- bzw. Selbstlernangebote, Bewegungsangebote und kulturelle Angebote sowie sozialpädagogische und psychologische Unterstützung angeführt (HKM, 2021a, 2022e). Auch *Doppelstreckungen* zur temporären Klassenteilung werden ermöglicht. Dies bedeutet, dass temporär zwei Lehrkräfte im Unterricht eingesetzt werden können. Zudem können die Stundentafeln temporär dahingehend verändert werden (Hessischer Landtag, 2021b), dass beispielsweise die Stundenzahl in einigen Fächern erhöht wird (HKM, 2021a, b). Bei all diesen Maßnahmen wird die Entscheidung den Schulen überlassen und allein auf die Frage, wie viele Schulen welche Maßnahmen genutzt haben, wird es wohl am Ende keine Informationen geben.

Explizit ausgenommen von der Förderung sind die Horte, für die keine Bundesgelder zur Verfügung stehen (HKM, 2021a). Gefördert werden sollen hingegen kostenlose Schwimmkurse für alle 8- bis 13-jährigen Kinder, die noch kein Bronze-Abzeichen haben (HKM, 2021b).

6.7.2.1 Zentrale Lernstandserhebungen, Leistungsüberprüfungen und Diagnostik

Nach unseren Recherchen war Kultusminister Lorz einer der ersten Kultusminister, der zentral verpflichtenden Leistungsstanderhebungen eine Absage erteilt hat (z. B. Giessener Allgemeine, 2021). Begründet wurde dies einerseits damit, dass die Lehrkräfte die Lernstände ihrer Schüler*innen am besten kennen würden. Zum anderen hätten Lernstanderhebungen wie VERA u. ä. aus der Sicht von Lorz eine andere Funktion:

> „Sie haben die grundsätzliche Funktion, die Leistungsfähigkeit unseres Bildungssystems insgesamt zu spiegeln; auch im Vergleich zu anderen, im Vergleich zu früher und im Vergleich zu den Standards, die wir uns allgemein vorgenommen haben. Das ist aber nicht das, was wir im Moment primär brauchen. Wir wissen alle, dass, wenn man im Moment einen Stand erhebt, dieser natürlich unter dem liegt, was wir ohne Corona gehabt hätten. Dies macht alle Vergleiche mit der Zeit vor Corona per se obsolet. Aber das ist im Moment nicht unser Problem: Wir wissen, dass wir aufholen müssen. Das stellt niemand in Frage" (Hessischer Landtag, 2021a, S. 47).

Diese Haltung ist insoweit kritisch zu bewerten, als gerade systemische Ungleichheiten (z. B. zwischen Stadt und Land oder zwischen verschiedenen Klassenstufen etc.) nicht erkannt und dementsprechend zur Verfügung stehende Ressourcen nicht zielgenau eingesetzt werden können. Aus der Perspektive des hessischen Landesprogramms kann auf solches Wissen aber verzichtet werden, weil es für das zentrale Element, die schematische Erhöhung der Schulbudgets, nicht erforderlich ist.

Auch wenn verpflichtenden zentralen Lernstanderhebungen eine klare Absage erteilt wurde, wird den Lehrkräften eine ganze Reihe von Diagnosetools zur Verfügung gestellt. Hierzu gehören ILeA (Individuelle Lernstandanalyse) für die Klassenstufen 1 bis 6, welches Hessen, wie auch viele andere Bundesländer, von Brandenburg übernommen hat, sowie Lernstand 5 für die 5. Klassen (Mathematik und Deutsch), das aus Baden-Württemberg übernommen wurde, und quop (onlinebasierte Lernverlaufsdiagnostik). Ob und auf welche Diagnosetools die Lehrkräfte zurückgreifen wollen, bleibt ihnen selbst überlassen. Die regulären Vergleichsarbeiten (VERA) für die Klassenstufen 3 und 8 sollen turnusmäßig im Frühjahr 2022 erhoben werden (HKM, 2021b).

6.7.2.2 Pädagogische Maßnahmen

Additive kognitive Förderung

Als additive Angebote wurden Lerncamps in den Sommerferien und Herbstferien 2021 angeboten. In den Sommerfreien unterbreiteten rund 16,5 Prozent aller Schulen ihren Schüler*innen ein solches Angebot (s. o.). Lerncamps sollten in der Zeit vom 19.07. bis zum 27.08.2021 an mindestens drei Tagen stattfinden und dabei täglich durchschnittlich vier Lerneinheiten à 45 Minuten umfassen. Eine Lerngruppe besteht bei einem Präsenzangebot aus zehn Schüler*innen. Auf eine konstante Zusammensetzung der Lerngruppen ist zu achten. Eine Abweichung von dieser Gruppengröße ist aus pädagogischen oder pandemiebedingten Gründen möglich (Hessischer Landtag, 2021a, S. 22).

Für die Ferienzeit wird auch auf andere Programme und Kooperationen hingewiesen, die genutzt werden sollen, so z. B. auf das Angebot *Deutschsommer – Ferien, die schlau machen!* der Stiftung Polytechnische Gesellschaft Frankfurt am Main, das ein etabliertes Förderinstrument vor allem für Kinder mit Migrationshintergrund darstellt. Der *Deutschsommer* wurde 2020 an 8 Standorten angeboten (ebd., S. 23). In den Sommerferien 2021 nahmen daran 570 Schüler*innen in 14 Städten teil (Frankfurter Allgemeine Zeitung, 2021a). Durch das Kultusministerium wird auf eine Vielzahl von Kooperationen, Stiftungen und Vereinen verwiesen. So finden sich unter den Partner*innen Sozialunternehmen wie die ZuBaKa gGmbH oder Unternehmensstiftungen wie die Merck Family Foundation und die PwC-Stiftung, aber auch größere Akteure aus dem Bildungsbereich wie die Stiftung Lesen. Damit wird nach außen der Eindruck vermittelt, dass eine Vielzahl an Partner*innen und Angeboten zur Verfügung stehen. Nimmt man das Beispiel der PwC-Stiftung, dann stehen hier für hessische Schulen gerade einmal Angebote für 15 Klassen im Programm *Wirtschafts. Forscher!*, das sich mit wirtschaftsethischen Fragen auseinandersetzt, zur Verfügung (HKM, 2021c). *Wirtschafts.Forscher!* ist ein sicherlich interessantes Programm, ein Zusammenhang mit dem Aufholen von Lernrückständen in den Basiskompetenzen erschließt sich uns jedoch nicht. Im Zwischenbericht an das BMBF (KMK, 2022e) ist zudem noch die Rede von „First Lego League" (Robotik). Insgesamt wird in Hessen mehr als in anderen Bundesländern die Kooperation mit der Wirtschaft und wirtschaftsnahen Stiftungen in den Vordergrund gerückt. Ob die Vielzahl von poten-ziellen Partner*innen, die für sich genommen nur wenige Plätze anbieten können, schlussendlich in der Fläche wirken können, ist ebenso eine offene Frage wie die, welche Schüler*innen an solchen Angeboten teilnehmen.

In diesem Zusammenhang ist auch auf die Landeskooperation mit Accenture hin-zuweisen, einem der weltgrößten IT-Berater, deren Deutschlandsitz sich in Hessen befindet. Accenture soll Schulungen zu pädagogischen und didaktischen Methoden der Distanzlehre für die hessischen Lehrkräfte anbieten, als Ansprechpartnerin für administrative Fragen und die Nutzung digitaler Tools für den schulischen Einsatz im Sinne von Projektmanagement und Change Management zur Verfügung stehen und auch Sprechstunden für schulische Systemadministrator*innen anbieten (HKM, 2021c). Gerade das Engagement von Accenture Deutschland wird z. B. vom Haupt-personalrat der Lehrer*innen in Hessen kritisch gesehen, die Accenture als „einen Lobbyisten für Produkte von Microsoft und Google" bezeichnen (GEW-Landesver-band Hessen, 2021, S. 31).

Hessen bedient sich bei Ferienangeboten und im Bereich des digitalen Unterrichts privater Expertise. Dies trifft jedoch nicht auf die Nutzung kommerzieller Nachhil-feanbietender zu. Diese haben sich zwar beim Kultusministerium gemeldet und ihre Hilfe angeboten, wurden aber nur in wenigen Fällen als hilfreich eingestuft. Zum Zeitpunkt der gemeinsamen Sitzung des Kultur- und des Sozialpolitischen Ausschus-ses des Hessischen Landtages am 16.06.2021 lag mit keiner*keinem kommerziellen Nachhilfeanbieter*in eine Kooperationsvereinbarung vor (Hessischer Landtag, 2021a, S. 26).

Sozial-emotionale Förderung

Neben dem Aufholen von Lernrückständen stehen auch sozial-emotionale Aspekte im Fokus des hessischen Landesprogramms. Für Kultusminister Lorz soll das vorge-legte Maßnahmenpaket psychosoziale Belange adressieren und den Einzelnen stär-ken. Auch der Bewegungsmangel und fehlende soziale Kontakte müssten kompensiert werden. Es gilt nach Lorz „daher, neben reinen Wissenslücken und Kompetenzrück-ständen auch die sozialen, emotionalen und psychischen Auswirkungen der Krise einzubeziehen" (Hessischer Landtag, 2021a, S. 6).

6.7.2.3 Personaleinsatz

Förderkurse innerhalb des Regelunterrichts werden durch das Bestandspersonal durchgeführt. Hierbei ergibt sich aus den uns vorliegenden Dokumenten nicht, was mit diesen Förderkursen genau gemeint ist. Hinzu kommen aktive Lehrkräfte in Teil-zeit, sofern diese noch zusätzliche Lernstunden übernehmen können und wollen. Zu-dem wird zusätzliches Personal vorrangig aus dem Kreis der Lehramtsstudierenden und der pensionierten Lehrkräfte rekrutiert (Hessischer Landtag, 2021a, S. 33). Ende 2021 wurden dann auch erstmals Oberstufenschüler*innen als mögliche personelle Unterstützung benannt (HKM, 2021d).

Des Weiteren sollen zusätzliche Angebote gemeinsam mit externen Partner*innen umgesetzt werden. Zu der Frage, ob genügend Personal akquiriert werden kann, äußert sich auch der Kultusminister in der Sitzung im Juni 2021 skeptisch:

> „Wir haben in der Vergangenheit im Rahmen der Lerncamps bereits VSS-Kräfte[24] bzw. externe Kräfte eingesetzt, aber natürlich in einem wesentlich geringeren Umfang. […] Aber wir werden uns die Menschen nicht backen können. Natürlich gibt es nur so viele Lehramtsstudierende und Pensionäre, wie es gibt. Deswegen freuen wir uns, wenn wir über diese Kreise hinaus Personal gewinnen. […] Natürlich ist dies eine Aufgabe, die in diesem Umfang bisher nicht existierte und wo wir einfach schauen müssen, dass wir die Grenzen so weit wie irgend möglich hinausschieben" (Hessischer Landtag, 2021a, S. 39).

Widersprüchliche Aussagen finden sich zumindest im Hinblick auf die Nutzung der Vertretungskräfte. Die ehemalige GEW-Landesvorsitzende Birgit Koch wird am 20.09.2021 noch damit zitiert, dass es ein Nachteil sei, dass im Zuge von *Löwenstark* die im Rahmen der flexiblen Vertretungsreserve beschäftigten Vertretungskräfte nicht arbeiten können (News4Teachers, 2021c). Kultusminister Lorz hatte am 16.06.2021 hingegen noch zu Protokoll gegeben,

> „dass Vertretungskräfte aus den Schulbudgets finanziert werden können. Ebenso können Dienstleistungsverträge mit Einzelpersonen abgeschlossen werden. Zur Unterstützung der Lehrkräfte im Unterricht werden zudem schon zum Schuljahr [2021/22] weitere Stellen für sozialpädagogische Fachkräfte geschaffen" (Hessischer Landtag, 2021a, S. 8).

Laut unserer Interviewpartner*innen aus der GEW Hessen konnten spätestens ab Herbst 2021 alle oben aufgeführten Kräfte aus den Schulbudgets finanziert werden. Jedoch sei der Personalmarkt in Hessen leergefegt und für das Aufholprogramm stünden nur sehr wenige qualifizierte Personen zur Verfügung.

6.7.2.4 Finanzierung und Verteilung der Mittel

Finanzvolumen

Das Finanzvolumen zum Schließen von Lernlücken im Rahmen des Aufholprogramms beträgt in Hessen rund 150 Mill. Euro. Diese stammen jeweils zur Hälfte aus Landes- und Bundesmitteln.[25] Umgerechnet auf die Schüler*innen im allgemeinen Schulsystem entspricht diese Summe rund 236 Euro pro Schüler*in.

---

24 Im Rahmen der sog. VSS-Tätigkeit werden Vertretungsstunden für Lehrkräfte auf Abruf geleistet. Die Abrechnung der Vertretungsstunden erfolgt nach den individuellen steuer- bzw. sozialversicherungsrechtlichen Verhältnissen.

25 Insgesamt stehen Hessen rund 97,5 Mill. Euro Bundesmittel für den Schulbereich zur Verfügung (vgl. Tab. 1 auf S. 18). Davon sind rund 75 Mill. Euro für die Finanzierung zusätzlicher Förder- und Nachhilfeangebote in Bezug auf Kernfächer und -kompetenzen sowie für

Haushaltstechnische Verteilung der Mittel an die Schulen

Der größte Teil des Aufholprogramms (deutlich mehr als die Hälfte) fließt in ein gesondertes Budget der Schulen, das speziell für Aufholmaßnahmen verausgabt werden kann (Bildungsklick, 2021a). Dieses Modell der Mittelverteilung ermögliche den Schulen nach Aussage des Kultusministeriums dabei maximale Flexibilität bei der Ausgestaltung eines spezifischen Förderangebots.

> „Um Schulen bei der Umsetzung von Löwenstark größtmögliche Freiheiten und Gestaltungsmöglichkeiten vor Ort zu geben, entscheiden sie selbst, welche Unterstützungsmaßnahmen sie im Rahmen des Aufholprogramms „Löwenstark" an ihren Schulen anbieten und welche Kooperationen mit außerschulischen Partnern umgesetzt werden" (HKM, 2021d).

Nicht nur bei der Auswahl der Kooperationspartner*innen, sondern auch bei der Auswahl von Personal will man den Schulen freie Hand lassen. Der Kultusminister argumentiert folgendermaßen:

> „Das können die Schulen vor Ort am besten tun, weil sie im Zweifel in ihrem Umkreis schon Menschen haben, mit denen sie zusammenarbeiten. […] Entscheidend ist, dass wir Geld bereitstellen, damit Personal angeheuert werden kann, dass wir […] Netzwerke aufbauen, um entsprechendes Personal zu akquirieren" (Hessischer Landtag, 2021a, S. 39).

Unterstützung der Schulen durch die Schulämter soll es bei der Budget- und Personalverwaltung geben.

Den hessischen Schulen wird, auf den ersten Blick, insgesamt eine relativ große Autonomie, vor allem über die Mittel aus den Schulbudgets, eingeräumt. Es wird aber zugleich darauf hingewiesen, dass die verwendeten Mittel erfasst werden müssen, da gegenüber dem Bund Rechenschaftspflicht besteht (ebd., S. 46).

Kriterien und Verfahren der Ressourcenallokation

Die Höhe der Budgetzuweisung an die Schulen soll unter anderem abhängig sein von der Schüler*innenzahl, der Schulform sowie der sozialen Lage. Ein Sozialindex wird in Hessen seit 2013 verwendet. Dieser bilde aber vielmehr Ungleichheiten zwischen Gemeinden und Regionen in Hessen ab, statt Ungleichheiten zwischen Schulen innerhalb einer Gemeinde, so unsere Interviewpartner*innen des GEW-Landesverbands Hessen.[26] Kleine Schulen erhalten für das Haushaltsjahr 2021 einen Schulbudgetmindestbetrag (3.800 Euro). Dies trifft auf 565 Schulen in Hessen zu. 656 erhalten

---

Maßnahmen in den Sommerferien und unterrichtsbegleitende Maßnahmen in der 1. Säule des Aufholprogramms vorgesehen (vgl. Abb. 1 auf S. 15).

26 Auf Gemeindeebene wird dafür die Arbeitslosenquote, die SGB-II-Quote und die Quote von Wohnungen in Einfamilienhäusern verwendet. Auf Schulebene wird lediglich der Anteil der Zugewanderten an der Schule einbezogen. In der Folge führt dieser Sozialindex zu einer stärkeren Mittelzuweisung im regionalen Kontext, aber ist nicht zu vergleichen mit

eine Zuweisung zwischen 3.800 und 10.000 Euro, 346 erhalten 10.000 bis 20.000 Euro und 230 über 20.000 Euro (Hessischer Landtag, 2021c). Die Mittel für die weitere Laufzeit des Aufholprogramms sollen nach dem gleichen Schlüssel verteilt werden.

6.7.3 Übergreifende Maßnahmen

6.7.3.1 Anpassung von Verordnungen

In den hessischen Dokumenten lassen sich keine Anhaltspunkte dafür finden, dass Verordnungen und Rechtsvorschriften angepasst oder abgemildert wurden, um auf die coronabedingten Lernrückstände zu reagieren. Obwohl auch die hessischen Abiturient*innen 2021 das beste Abiturergebnis seit Einführung des Landesabiturs erzielten, wird öffentlich beteuert, dass Hessen beim Anspruch und Niveau des Abiturs keine Abstriche gemacht habe (Frankfurter Allgemeine Zeitung, 2021b). Unsere Interviewpartner*innen der GEW Hessen berichteten ebenfalls, dass es bei den Prüfungen nur wenige Erleichterungen gegeben habe. Dies wird auch noch einmal durch die Ergebnisse der Länderabfrage der KMK zum Umgang mit den Abschlussprüfungen (KMK, 2022b) unterstrichen. Für den Haupt- und Realschulabschluss gab es danach zu Beginn des Schuljahres fachspezifische Hinweise und Konkretisierungen zu den Prüfungsinhalten und Aufgabenformaten und bei allen Abschlüssen gab es pro Fach einen zusätzlichen Aufgabenvorschlag. Trotz dieser marginalen Anpassungen veranschlagt Hessen im Zwischenbericht an den Bund 640.000 Euro für die Erstellung zusätzlicher Abiturvorschläge, von denen 19.640 Schüler*innen erreicht wurden (KMK, 2022e).

6.8 Länderbericht Mecklenburg-Vorpommern

Mecklenburg-Vorpommern war gemeinsam mit Schleswig-Holstein das erste Bundesland, in dem die Schüler*innen am 21.06.2021 in die Sommerferien gegangen sind.

6.8.1 Genese des Landesprogramms und Problemwahrnehmung der Akteure

Insgesamt spielte in Mecklenburg-Vorpommern das Aufholen von Lernrückständen bis in den März 2021 keine große Rolle. In zwei Plenarsitzungen (28.01. und 11.03.21) wurde ausschließlich die Durchführung der Abschlussprüfungen thematisiert. Am 05.05.2021 informierte die Bildungsministerin die Eltern in Mecklenburg-Vorpommern darüber, dass sie außerschulische Lern- und Förderangebote nut-

---

den Sozialindizes aus Hamburg, Berlin, München oder Nordrhein-Westfalen, die alle einen schul- oder wohnquartiersbezogenen Ansatz verwenden.

zen und dass dafür 12,50 Euro pro Stunde für max. 30 Stunden vom 10.05. bis zum 30.06. (letzter Tag der Sommerferien) eingesetzt werden könnten. Aus dem Elternbrief wird ersichtlich, dass dieses Angebot anscheinend auch für die Sommerferien 2020 existierte und von 1.400 Schüler*innen in Mecklenburg-Vorpommern (0,9 % aller Schüler*innen) genutzt wurde (MBWK MV, 2021). Auf das Angebot von Nachhilfestunden griffen vom 10.05. bis zum 30.06.2021 3.000 Schüler*innen zurück (knapp 2 % aller Schüler*innen in Mecklenburg-Vorpommern) (MBK MV, 2022). Insgesamt 66.000 Stunden, vor allem in Mathematik, Deutsch und Englisch, wurden abgerechnet. Durchschnittlich entfielen damit 22 Förderstunden (à 45 Minuten) auf eine Schülerin bzw. einen Schüler (ebd.). Diese Angaben, die Anfang Januar 2022 veröffentlicht wurden, finden sich auch im Zwischenbericht an das BMBF (KMK, 2022e), sie sind jedoch mit dem Hinweis versehen, dass noch deutlich mehr Teilnehmer*innen erwartet würden, bei denen die Abrechnung bisher nicht erfolgt sei. Bestehende Lernrückstände über Nachhilfeangebote aufzuholen und dies zum zentralen Punkt des Programms zu machen, wurde von unseren Interviewpartner*innen der GEW Mecklenburg-Vorpommern äußerst kritisch gesehen. Erstens würden Lernrückstände dann nicht innerhalb von Schulen bearbeitet werden und zweitens gebe es in der Fläche (insbesondere im ländlichen Raum) zu wenige Angebote.

Anfang des Schuljahres 2021 wurde dann das Aktionsprogramm *Stark machen und Anschluss sichern* durch das Bildungsministerium präsentiert. In diesem Programm würden laut Antwort auf eine parlamentarische Anfrage Maßnahmen, die sich als erfolgreich erwiesen haben, fortgesetzt und weitere neue Maßnahmen initiiert (Landtag MV, 2021a, S. 1). Welche Maßnahmen dabei tatsächlich erfolgreich waren, ist nicht nachvollziehbar, da in der gleichen Anfrage geantwortet wird, dass eine wissenschaftliche Begleitung oder Evaluation des Aufholprogramms „weder sinnvoll noch durchführbar" sei (ebd., S. 10). Das Aktionsprogramm *Stark machen und Anschluss sichern* blieb nach unseren Recherchen unverändert bis mindestens Frühjahr 2022 bestehen. Die Kommunikation zu Corona und den Coronafolgen lief, so unsere Interviewpartner*innen des GEW-Landesverbands Mecklenburg-Vorpommern, über eine Vielzahl von Schulleiter*innenbriefen. Einen Runden Tisch der schulpolitischen Akteure habe es nicht gegeben, weil auch das Ministerium durch Corona überrollt worden sei.

6.8.2 Landesaufholprogramm

Das Aktionsprogramm *Stark machen und Anschluss sichern* in Mecklenburg-Vorpommern besteht aus vier Säulen:

Die erste Säule, *„Luft holen" und Übergang schaffen*, startete noch zum Ende des Schuljahrs 2020/2021. Seit dem 10.05.2021 bestand die Möglichkeit, außerschulische Lern- und Förderangebote von externen Anbieternde wahrzunehmen. Die Schulen konnten Kindern und Jugendlichen Bildungs- und Freizeitangebote auch in den Sommerferien unterbreiten. Hierzu waren die Schulen allerdings nicht verpflichtet. Voraussetzung waren die dafür erforderlichen Gegebenheiten vor Ort. Darüber hinaus wurden in dieser ersten Säule die Schwimmfähigkeiten der Schüler*innen in Mecklenburg-Vorpommern unterstützt und das Programm *MV kann schwimmen* bis zum Herbst 2021 fortgeführt. Um für alle Schüler*innen die Schwimmfähigkeit zu sichern, soll darüber hinaus für alle 6. Klassen in den Schuljahren 2021/2022 und 2022/2023 zusätzlicher Schwimmunterricht angeboten werden (Landesregierung MV, 2021).

Mit der zweite Säule, *Behutsam und gestärkt ins neue Schuljahr starten*, sollten die Schüler*innen gemeinsam mit ihren Lehrkräften in Ruhe in das neue Schuljahr starten. Sie sollten ankommen, sich orientieren und dann gestärkt und gemeinsam die Herausforderungen eines Neustarts annehmen (Landesregierung MV, 2021, S. 3). In den sogenannten *Anschlusswochen* wollte Mecklenburg-Vorpommern als einziges Bundesland explizit mit dem Lernstoff des letzten Schuljahres nach den Sommerferien starten.

> „Niemand sollte Sorge haben, unvorbereitet und mit einem Rucksack voller Defizite starten zu müssen. Eine kurzfristige, überfordernde Aufholjagd von Unterrichtsstoff sollte es nicht geben und erst in Woche 5 sollte das neue ‚Lern-Schuljahr' starten" (ebd.).

Genutzt werden sollten die *Anschlusswochen*, um sich ein Bild über die Leistungsstände der Schüler*innen zu machen und Lernstanderhebungen durchzuführen. Darüber hinaus sollte es in diesen Wochen keinerlei Noten geben, so unsere Interviewpartner*innen der GEW Mecklenburg-Vorpommern. Insgesamt seien diese Wochen in den Grundschulen und Regionalen Schulen als sehr hilfreich empfunden worden, um die Kinder wieder schulfähig machen zu können. Die Gymnasien hätten diese Wochen hingegen häufig als Bremse empfunden. Vor allem, dass es keine Noten gab, sei von den Gymnasien eher abgelehnt und nach den vier Wochen massiv nachgeholt worden.

Des Weiteren steht den Schulen ab dem Beginn des Schuljahres 2021/2022 ein Budget von 2,5 Mill. Euro für zusätzliche Lern- und Fördermaterialien zur Verfügung. Dies entspricht durchschnittlich 3.500 Euro pro Schule in Mecklenburg-Vorpommern, wobei der „Großteil der Fördermaterialien ist für Kinder und Jugendliche mit fehlenden Basiskompetenzen in den Kernfächern gedacht" (Landesregierung Mecklenburg-Vorpommern, 2021, S. 3f.).

In der dritten Säule *Zusätzliche Begleitung und Unterstützung erfahren* wird eine personelle Unterstützung in den Schulen durch Lehramtsstudierende, pensionierte Lehrkräfte und weitere externe Vertretungskräfte angestrebt. Diese zusätzlichen Kräfte sollen in den laufenden Unterricht eingebunden werden oder zusätzliche additive Förderung leisten (ebd., S. 4). Über den Umfang des hierfür geplanten Personals haben wir bei unseren Recherchen keine Angaben gefunden. Über ein Internetportal des Landes sollen sich interessierte Personen direkt bei den Schulen bewerben (Lehrer-in-MV, 2021a). Entscheidungen über die Eignung der Bewerber*innen und die Organisation ihres Einsatzes sollen von den jeweiligen Schulleitungen getroffen werden. Auf dem Portal wird zwar auf die Schulen des Landes verwiesen. Ob und welche Bedarfe diese Schulen haben, geht aus den Steckbriefen der Schulen jedoch nicht hervor (Lehrer-in-MV, 2022b). Nach Aussage des Bildungsministeriums konnten schließlich nur wenige pädagogische Kräfte gewonnen werden. Für die 564 Schulen in Mecklenburg-Vorpommern waren mit Stand zum 30.11.2021 231 Lehramtsstudierende, 27 ehemalige Lehrkräfte und 23 weitere externe Vertretungskräfte im Einsatz (MBK MV, 2022). Bereits im Schuljahr 2020/2021 waren Lehramtsstudierende als Ergänzungskräfte tätig (Landtag MV, 2021a).

Die Unterstützungskräfte können zwar auch für zusätzliche Bildungsangebote genutzt werden, darüber hinaus können sie aber auch für andere Unterstützungsleistungen eingesetzt werden (z. B. Betreuung und Aufsicht, Unterstützung im Hausservice oder Sicherstellung der Hygienemaßnahmen im Alltag, vgl. Landesregierung MV, 2021, S. 5). Man kann diese offene Zweckzuschreibung dahingehend als Unterstützung bei der Behebung von Lernlücken interpretieren, als dass dadurch Lehrkräfte mehr Zeit für ihre Schüler*innen haben. Man kann dies aber auch als eine Überdehnung der Zwecke verstehen, für die die Mittel des Bund-Länder-Programms eingesetzt werden sollen.

Für die Beschäftigung von Lehramtsstudierenden, ehemaligen Lehrkräften und externen Vertretungskräften wird den Schulen ein zusätzliches Schulbudget von 2.500 Euro plus X (abhängig von der Schüler*innenzahl) gewährt, um weitere externe Unterstützungskräfte zu finanzieren (Landesregierung MV, 2021, S. 5). Das zusätzliche Schulbudget scheint bei 5.000 Euro gedeckelt zu sein (Landtag MV, 2021b, S. 37). Diese und die oben bereits angeführten Schulbudgetzuweisungen wurden durch unsere Interviewpartner*innen des GEW-Landesverbands Mecklenburg-Vorpommern insgesamt wohlwollend aufgenommen.

Parallel zur innerschulischen Unterstützung soll es auch im Schuljahr 2021/2022 weiter die Möglichkeit von privaten Nachhilfeangeboten geben. Der Stundensatz, der durch das Land hierfür erstattet wird, erhöht sich allerdings von zunächst 12,50 Euro auf jetzt 18,75 Euro. Hiervon können maximal 30 Nachhilfestunden finanziert werden (max. 562,50 Euro pro Schüler*in) (Landesförderinstitut MV, 2021; Landesregierung MV, 2021, S. 5).

Ferner wirbt das Land Mecklenburg-Vorpommern in der dritten Säule dafür, die Möglichkeiten des Bundesprogramms *Kultur macht stark* (BMBF, 2021) stärker zu nutzen, um Kreativität, Persönlichkeitsentwicklung und soziale Kompetenzen bei Kindern und Jugendlichen zu fördern (Landesregierung MV, 2021, S. 5).

Die vierte Säule ist mit *Kinder und Jugendliche sozial und psychologisch stärken* überschrieben. Es wird erstens der *Zentrale Fachbereich für Diagnostik und Schulpsychologie (ZDS)* mit 36 neuen Stellen ausgestattet.

> „Hinzu kommt eine zentrale Leitstelle mit Sitz im Ministerium für Bildung, Wissenschaft und Kultur. Die Leitstelle wird eingehende Anfragen der Schulen sofort aufnehmen, eine psychologische Erstversorgung sicherstellen und weiterführende Hilfe vermitteln. Zusätzlich wird es mo-

bile schulpsychologische Teams geben, die bei akuten Problemen umgehend vor Ort unterstützen" (Landesregierung MV, 2021, S. 6).

Das bestehende System wird zweitens durch neue Schulpsycholog*innen ergänzt, die fest an denjenigen Schulen tätig sind, an denen ein Familienklassenzimmer oder eine Schulwerkstatt eingerichtet ist oder die selbst eine Förderschule mit dem Schwerpunkt Verhalten sind. Darüber hinaus soll es zusätzliche Schulpsycholog*innen geben, die auf den Bereich der beruflichen Schulen spezialisiert sind (ebd.).

Ferner soll die Schulsozialarbeit gestärkt werden. Hierzu sollen temporär (Schuljahre 2021/2022 und 2022/2023) in den acht Kreisen Mecklenburg-Vorpommerns mindestens zwei Vollzeitstellen in der Schulsozialarbeit geschaffen werden (ebd.).

Im Zwischenbericht der Länder an den Bund führt Mecklenburg-Vorpommern noch eine zusätzliche Unterstützung für Brennpunktschulen im Umfang von 1,14 Mill. Euro an. Dies ist insoweit verwunderlich, als dass wir an keiner Stelle unserer Recherchen hierzu Informationen gefunden haben. Zudem gibt es in Mecklenburg-Vorpommern keine statistische Erfassung sozialer Kriterien an Schulen, anhand derer man „Brennpunktschulen" definieren könnte. Auch unseren Interviewpartner*innen der GEW Mecklenburg-Vorpommern lagen keinerlei Informationen darüber vor, dass Brennpunktschulen besonders bedacht worden seien, noch dass es überhaupt eine sozial ungleiche Zuweisung von Mitteln gegeben hätte – auch nicht anhand der Zahl von Kindern mit sonderpädagogischem Förderbedarf.

Im Zwischenbericht an das BMBF wird noch zusätzliches unterstützendes pädagogisches Personal zur Sprachförderung im Bereich Deutsch als Zweitsprache (DaZ) für die Schuljahre 2021/2022 und 2022/2023 aufgeführt (KMK, 2022e, S. 70). Auch hierzu haben wir bei unseren Recherchen keine Informationen gefunden.

6.8.2.1 Zentrale Lernstandserhebungen, Leistungsüberprüfungen und Diagnostik

Die *Anschlusswochen* am Anfang des Schuljahres 2021/2022 sollten zur Bestimmung individueller Lernausgangslagen der Schüler*innen genutzt werden. Die Durchführung von Tests zur Erhebung der individueller Lernstände sollte dabei im Zentrum stehen,

> „damit Lehrerinnen und Lehrer den nachfolgenden Unterricht an den individuellen Bedürfnissen und Voraussetzungen der Kinder und Jugendlichen ausrichten konnten. […] Außerdem wurden die VERA-Kompetenztests 3/6/8 aus dem Schuljahr 2020/2021 in den Jahrgangsstufen 4, 7 und 9 nachgeholt und gaben ebenfalls wichtige Informationen für die schülerorientierte Unterrichtsplanung" (Landesregierung MV, 2021, S. 3.).

Das Deutsche Schulportal berichtete mit Berufung auf das Bildungsministerium in Mecklenburg-Vorpommern jedoch, dass die Vergleichsarbeiten nicht stattgefunden hätten (Das Deutsche Schulportal, 2021b).

Laut unserer Interviewpartner*innen des GEW-Landesverbands Mecklenburg-Vorpommern sei die Teilnahme an VERA nach den Sommerferien 2021 freiwillig gewesen. Die reguläre VERA-Testung im Frühjahr 2022 sei mit Rücksicht auf die Lehrkräfte nicht durchgeführt worden.

Es habe aber eine Abfrage der Schulbehörde in allen Schulen gegeben, wie die Lehrkräfte die Lernrückstände einschätzten. Der Großteil der Schulen sei dabei der Meinung gewesen, dass der Abstand zwischen leistungsstarken und leistungsschwachen Schüler*innen durch die coronabedingten Einschränkungen größer geworden sei. Die Ausgangslage der Schüler*innen wurde von 51 Prozent der Lehrkräfte überwiegend als eine zufriedenstellende Grundlage für die Weiterarbeit im aktuellen Schuljahr bewertet. „12 Prozent charakterisieren diese Aussage als nicht zutreffend" (Nordkurier, 2021).

Wie auch schon unsere Interviewpartner*innen der GEW in Brandenburg hinterfragten auch jene der GEW Mecklenburg-Vorpommern diese Art der Rückmeldungen. Auch sie gingen davon aus, dass die Rückmeldung von der Angst geprägt sei, zu schlechte Rückmeldungen würden auf die Schulen zurückfallen und nicht auf fehlende Ressourcen oder Rahmenbedingungen.

Unsere Interviewpartner*innen der GEW Mecklenburg-Vorpommern nahmen die Lernrückstände der Schüler*innen als sehr groß wahr. Besonders Stadt-Land-Unterschiede, auch beim Aufholen von Lernrückständen, wurden von ihnen herausgestellt. Probleme in ländlichen Räumen seien dabei die technische Ausstattung und die fehlenden Fachkräfte.

6.8.2.2 Personaleinsatz

Das benötigte Personal zum Aufholen von Lernrückständen soll aus Lehramtsstudierenden, pensionierten Lehrkräften, aber auch aus anderen Personengruppen bestehen. Für die 564 Schulen in Mecklenburg-Vorpommern waren mit Stand zum 30.11.2021 231 Lehramtsstudierende, 27 ehemalige Lehrkräfte und 23 weitere externe Vertretungskräfte rekrutiert worden (MBK MV, 2022). Im Zwischenbericht an das BMBF macht Mecklenburg-Vorpommern jedoch keinerlei Angaben über das eingesetzte Personal in den verschiedenen Maßnahmen. Bereits im Schuljahr 2020/2021 waren Lehramtsstudierende als Ergänzungskräfte im Einsatz (Landtag MV, 2021a). Die geringen Zahlen an eingesetzten Lehramtsstudierenden und ehemaligen Lehrkräften sind insoweit bemerkenswert, da laut unserer Interviewpartner*innen des GEW-Landesverbands Mecklenburg-Vorpommern das Bildungsministerium alle Lehramtsstudierenden und relativ frisch verrentete Lehrkräfte persönlich angeschrieben und sie um Mithilfe gebeten habe.

Wie oben ausgeführt, setzte Mecklenburg-Vorpommern besonders auf externe Nachhilfe. Dies geschah, soweit wir das auf Basis unserer Recherchen beurteilen können, in größerem Ausmaß als in allen anderen Bundesländern. Private Nachhilfe wurde in den meisten anderen Bundesländern, wenn überhaupt, eher als Ultima Ratio eingesetzt. Die Länderberichte der anderen ostdeutschen Bundesländer zeigen, dass auch diese bei ihren Aussagen zur Personalgewinnung eher zurückhaltend sind. Somit könnte das Outsourcing vor allem dem antizipierten Fachkräftemangel in Mecklenburg-Vorpommern geschuldet sein.

6.8.2.3 Finanzierung und Verteilung der Mittel

Finanzvolumen

Für das Aktionsprogramm *Aufholen nach Corona für Kinder und Jugendliche* des Bundes und der Länder stehen Mecklenburg-Vorpommern rund 19 Mill. Euro Bundesmittel zur Finanzierung von Lern- und Förderangeboten zur Verfügung. Das Land investiert mindestens die gleiche Summe (MBK MV, 2021a). Insgesamt stehen damit rund 250 Euro pro Schüler*in in Mecklenburg-Vorpommern zum Aufholen von Lernrückständen zur Verfügung (Destatis, 2021a; eigene Berechnung).

Seit dem 01.09.2021 entfallen davon 5 Mill. Euro auf das Angebot von Förderstunden (Nachhilfe) (MBK MV, 2022). Hinzu kommen noch einmal 1,2 Mill. Euro, welche das Land schon vor dem 01.09.2021 in die Förderstunden aus dem MV-Schutzfonds investiert hat (Landtag MV, 2021a, S. 11). Weitere 1,6 Mill. Euro sollen aus dem Aufholprogramm für Schwimmen ab Klasse 6 eingesetzt werden. Zu der Frage, wie Mecklenburg-Vorpommern die restlichen Mittel einsetzen will, haben wir bei unseren Recherchen keine Angaben gefunden. Auch der Zwischenbericht an das BMBF liefert hierzu kaum Informationen (KMK, 2022e).

Haushaltstechnische Verteilung der Mittel an die Schulen

Die Ressourcenverteilung erfolgt unseren Recherchen zufolge relativ unbürokratisch. Die Förderung von Schüler*innen ist nicht an festgestellte und nachzuweisende Lernlücken gebunden. Die Aufstockung der Schulbudgets erfolgt allein auf Grundlage der Schüler*innenzahlen. Die Anstellung zusätzlicher (pädagogischer) Kräfte erfolgt durch die Schulen, deren Schulbudget hierfür aufgestockt worden ist.

Kriterien und Verfahren der Ressourcenallokation

Die Aufstockungen der Schulbudgets erfolgt, wie oben angemerkt, allein nach der Schüler*innenzahl. Eine Zuweisung der Mittel nach der sozialen Lage der Schule bzw. der Schüler*innen oder den tatsächlichen Bedarfen ist nicht vorgesehen. Eine Verteilung nach sozialer Lage wäre insoweit auch nicht möglich, da es in Mecklenburg-Vorpommern noch keinen Sozialindex oder vergleichbare Instrumente gibt.

6.8.3 Übergreifende Maßnahmen

Mecklenburg-Vorpommern wollte zum Schuljahr 2027/2028 eine abschlussorientierte Förderung umsetzen. Dieses Angebot ist für die Schüler*innen der Abschlussklassen und der Vorabschlussklassen (insbesondere des 9. Jahrgangs) an Regionalen Schulen und Gesamtschulen gedacht, die für das Erlangen der Berufsreife einer besonderen Förderung in einem zusätzlichen Schuljahr bedürfen. Dieses Programm soll nun an 20 Schulstandorten in Mecklenburg-Vorpommern (knapp 10 % aller regionalen Schulen und Gesamtschulen) zum zweiten Halbjahr des Schuljahres 2021/2022 vorgezogen werden. An diesen Standorten sollen jene Schüler*innen gefördert werden, die besonders niedrige Kompetenzen bzw. eventuelle psychosoziale Probleme aufweisen und für die deshalb ein erhöhtes Risiko besteht, die allgemeinbildende Schule ohne Abschluss verlassen zu müssen.

Darüber hinaus gab es zum Ende des Schuljahres 2020/21 die Möglichkeit, dass Lehrkräfte ihren Schüler*innen eine

> „Anerkennung dafür aussprechen, dass sie dieses besonders schwierige Schuljahr mit den großen Einschränkungen durch die Corona-Pandemie gut gemeistert haben. Die Schulen in Mecklenburg-Vorpommern haben dafür einen Vordruck der obersten Schulaufsicht erhalten, den die Klassenleiterinnen und Klassenleiter unterzeichnen und den Schülerinnen und Schülern mit den Zeugnissen aushändigen können" (MBK MV, 2021b).

6.8.3.1 Anpassung von Verordnungen

In Mecklenburg-Vorpommern gab es zum Ende des Schuljahres 2020/2021 die Möglichkeit, eine Klasse ohne Anrechnung zu wiederholen. Nach einem Gespräch mit der Schule sollte dies bis zum 20.05.2021 angemeldet werden. Einem Bericht des NDR zufolge teilte das Ministerium mit, dass sich insgesamt 4.401 Schüler*innen entschieden haben, die Klasse zu wiederholen. Hinzu kamen 1.816 Schüler*innen, die nicht die notwendigen Leistungen für eine Versetzung erbracht haben. Insgesamt wiederholten damit 4,6 Prozent aller Schüler*innen die Klasse (NDR, 2021). Allerdings stimmen die Angaben weder mit den Angaben des Statistischen Bundesamtes noch mit der eigenen statistischen Veröffentlichung des Landes Mecklenburg-Vorpommern überein. Danach haben zum Schuljahresende 2020/2021 nur 2.894 Schüler*innen eine Klasse wiederholt (2,5 Prozent aller Schüler*innen). Der starke Rückgang der Klassenwiederholungen (von 3,2 Prozentpunkten vor Corona) entspricht auch den Angaben aus den anderen Bundesländern, die alle Rückgänge bei den Klassenwiederholungen feststellen. Wieso das Ministerium dem NDR anders lautende Zahlen nannte, ist von uns nicht aufzuklären.

Bei den Abschlussprüfungen erfolgten Anpassungen, die im Einklang mit den Absprachen innerhalb der KMK (2021c, 2022a) stehen.

> „Schülerinnen und Schüler der Abschlussklassen 2021/2022 sollten mit Beginn des Schuljahres sofort mit der Prüfungsvorbereitung starten können, weil ihr Abschluss unmittelbar bevorsteht. Dazu haben die Schulen die entsprechenden Vorabhinweise und Informationen zu prüfungsrelevanten Inhalten für die Schülerinnen und Schüler erhalten. Eine Absenkung der Prüfungsanforderungen gibt es nicht, sondern vielmehr eine

gezielte Eingrenzung der Prüfungsgebiete" (Landesregierung MV, 2021, S. 4).

Auch wenn diese Veränderung keine Absenkungen der Prüfungsanforderungen bedeutet, so erleichtert die Eingrenzung den Abschlussklassen die Vorbereitung auf die Prüfungsinhalte. Eine weitergehende Regelung bezüglich der Prüfungsanforderungen wäre ohnehin nicht möglich gewesen (Landtag MV, 2021c, S. 7), weil sich Mecklenburg-Vorpommern mit den getroffenen Regeln an den Absprachen mit der KMK orientiert (KMK, 2021c, 2022a). Allerdings wurde der KMK bei einer Länderabfrage zurückgemeldet, dass die Bearbeitungszeit für den Mittleren Schulabschluss (MSA) und für das Abitur um 30 Minuten erhöht wurde (KMK, 2022b).

6.8.3.2 Bestimmungen bzw. Empfehlungen zu Unterrichtsinhalten

Die Anschlusswochen (die ersten vier Wochen des Schuljahres 2021/2022) sollten dafür genutzt werden, den Stoff aus dem letzten Schuljahr zu sichern. Dementsprechend sollte im ersten Monat auch kein neuer Schulstoff bearbeitet werden. Darüber, wie mit den „geschobenen" Inhalten aus dem ersten Monat umgegangen werden soll, fanden sich bei unseren Recherchen keine Aussagen.

6.9 Länderbericht Niedersachsen

6.9.1 Genese des Landesprogramms und Problemwahrnehmung der Akteure

In Niedersachsen legte Bildungsminister Tonne am 11.02.2021 eine 10-Punkte-Agenda für Schulen und Kitas mit dem Titel *Bildung, Betreuung und Zukunftschancen in der Pandemie sichern* vor (NKM, 2021b). Darin waren auch erste Punkte zum Aufholen von Lernrückständen enthalten. Hierzu gehörten zum einen Anpassungen bei den Prüfungen und Abschlüssen und zum anderen Hinweise zum Umgang mit Lernrückständen. Die Schulen sollten die Möglichkeit erhalten, die Stundentafeln zu flexibilisieren und sich auf Kerncurricula und Kernkompetenzen zu konzentrieren. Als konkreter Programmpunkt zum Aufholen von Lernrückständen wird neben dem Ferienprogramm *LernRäume* vor allem auf bestehende (Beratungs-)Angebote hingewiesen (ebd.).

Allerdings wurden vor allem die Grundschulen verstärkt in den Blick genommen. Das Personal wurde über vier zusätzliche Anrechnungsstunden aufgestockt (befristetes Personal für ein halbes Jahr für jede kleine Grundschule). Dies geschah über ein Minijob-Programm zur Entlastung des Lehrer*innenkollegiums und über die Einstellung pädagogischer Mitarbeiternd (NKM, 2021c).

Bereits zum Abschluss der Bund-Länder-Vereinbarung *Aufholen nach Corona* machte Tonne deutlich, dass im Mittelpunkt nicht das Pauken um jeden Preis stehen dürfe. Im Fokus sollten die Förderung von emotionalen und sozialen Kompetenzen und die Stärkung der Persönlichkeit durch Partizipation stehen (NKM, 2021f). Dieser Fokus zeigt sich auch in der Ausgestaltung des Landesprogramms, das das Aufholen von Lernrückständen nicht so zentral in den Mittelpunkt rückt wie die Programme anderer Bundesländer.

Laut Aussagen unserer Interviewpartner*innen der GEW Niedersachsen sei die Kommunikation über den Umgang mit der Pandemie (z. B. über die Teststrategie) mit dem Bildungsministerium zu Anfang recht schwierig gewesen. Mit fortlaufender Zeit hätte sie sich aber deutlich verbessert. So habe es beispielsweise einen Runden Tisch gegeben, um die Bildungsakteure stärker miteinzubeziehen, wobei jedoch die Kommunikation in diesen Runden eher top down erfolgt sei.

6.9.2 Landesaufholprogramm

Das Landesaufholprogramm ist in mehrere Bausteine unterteilt und trägt den Namen *Startklar in die Zukunft*. Die Verantwortung für *Startklar in die Zukunft* liegt hauptsächlich beim Kultusministerium. Allerdings ist eine Reihe der Programmpunkte beim Niedersächsischen Ministerium für Soziales, Gesundheit und Gleichstellung angesiedelt. In der Verantwortung des Sozialministeriums finden sich dabei auch Programmpunkte, die in anderen Ländern den Aufholprogrammen der Bildungsministerien zugeordnet sind (z. B. Schwimmkurse).

Der zentrale Punkt des Aufholprogramms in Niedersachsen ist ein Sonderbudget für alle allgemeinbildenden und beruflichen Schulen im Umfang von 71,5 Mill. Euro (davon 1/3 im Jahr 2021 und 2/3 im Jahr 2022) (NKM, 2021k). Die Zuweisung des Sonderbudgets erfolgt für alle Schulen (auch in freier Trägerschaft) mit einem Sockelbeitrag und einen Kopfbeitrag pro Schüler*in (durchschnittlich 65 Euro pro Schüler*in für den gesamten Zeitraum). Die Schulen können mit den zugewiesenen Mitteln Projekte und Programme entwickeln und anbieten, die an der „Problem- und Bedarfslage der Schülerschaft jeder einzelnen Schule ausgerichtet sind" (NKM, 2021i). Die Projekte und Programme können mit externen Partner*innen durchgeführt werden. Zur Durchführung individueller Fördermaßnahmen können die Schulen mit dem Sonderbudget zudem zusätzliches Personal, wie Studierende oder pensionierte Lehrkräfte, finanzieren (ebd.). Das Schulbudget kann auch zur Finanzierung von Schüler*innenprojekten, kulturellen Veranstaltungen, Exkursionen und Schulfahrten sowie zum Kauf von didaktischen Unterrichtsmitteln zur Bewältigung der Auswirkungen der Corona-Pandemie und für Fortbildungen für Lehrkräfte, aber auch für Erziehungsberechtigte und Schüler*innen verwendet werden (Bildungsportal Niedersachsen, 2021). Das Sonderbudget lässt den Schulen damit sehr viele Möglichkeiten.

> „Die konkreten Projekte sollen auf die Schülerschaft jeder einzelnen Schule ausgerichtet sein. Den Schulen wird damit ermöglicht, im ganzheitlichen Sinne Unterricht und unterrichtsbegleitende Unterstützungs-

angebote, die auf den gesamten Lebensraum der Kinder und Jugendlichen bezogen sind, anzubieten" (Landtag Niedersachsen, 2022a, S. 6).

Ein Überblick über die durchgeführten Maßnahmen ist dadurch kaum möglich. Unsere Interviewpartner*innen des GEW-Landesverbands Niedersachsen bewerteten die Breite der Nutzungsmöglichkeiten des Sonderbudgets als sehr positiv, weil sie die Schulen nicht einenge. Teilweise würde das Sonderbudget wohl aber auch dazu genutzt, um Dinge zu finanzieren, für die über Jahre keine Mittel zur Verfügung gestanden hätten, die aber pädagogisch sinnvoll seien.

Zusätzlich zum Sonderbudget stellt das Land zentral pädagogische Mitarbeiter*innen im Umfang von 25 Mill. Euro ein. Damit sollen an rund 3.000 Schulen ca. 3.000 pädagogische Kräfte eingesetzt beziehungsweise Verträge auf 450-Euro-Basis verlängert werden, um Lehrkräfte bei ihrer zu Arbeit entlasten (z. B. bei der Pausenaufsicht und der Beaufsichtigung von Kleingruppen) (NKM, 2021i). Dieses Personal wird auch an den beruflichen Schulen eingesetzt (Landtag Niedersachsen, 2021; NKM, 2021k).

Hinzu kommen noch Maßnahmen für die Berufsorientierung und Berufsvorbereitung an allgemeinen und beruflichen Schulen (NKM, 2022a)

Dieses Programm, das auf der 10-Punkte-Agenda aus dem Februar 2021 aufbaut, scheint insoweit gut funktioniert zu haben, als dass die bereitgestellten Mittel wohl sehr gut abgerufen werden konnten (KMK, 2022e, S. 73).

Neben diesen Maßnahmen wurde außerdem geplant, Personal im Bereich der Sozialarbeit in Höhe von 10 Mill. Euro (entspricht ca. 175 Sozialarbeiter*innen) aufzustocken sowie die Schulpsychologie über befristete Beschäftigungen über den Einsatz von 5 Mill. Euro auszuweiten. Des Weiteren sollen 14 Mill. Euro für den Ausbau der Niedersächsischen Bildungscloud eingesetzt und hiermit unter anderem qualitätsgeprüfte Lernprogramme für verschiedene Schulfächer erworben werden (NKM, 2021i). Für das bereits etablierte Ferienprogramm der *LernRäume* sind zudem weitere Mittel im Umfang von 8,2 Mill. Euro vorgesehen, um das Angebot ausbauen zu können (NKM, 2022c). In den Herbstferien 2021 haben rund 5.000 Schüler*innen an den *LernRäumen* teilgenommen, dies entspricht rund 0,6 Prozent der niedersächsischen Schüler*innenschaft. Insgesamt ist die Teilnahme von 30.000 Schüler*innen bis 2022 (rund 3,6 % aller Schüler*innen) in dieser Maßnahme geplant (KMK, 2022e). Die *LernRäume* sind dem Verantwortungsbereich des Sozialministeriums im Rahmen von *Startklar in die Zukunft* zugeordnet.

Des Weiteren wurden durch die Sozialministerin elf weitere Maßnahmen im Umfang von 25 Mill. Euro angekündigt. Diese Maßnahmen reichen von Sprach- und Bewegungscamps über Schwimmkurse, Kunst und Kultur bis hin zur Förderung internationaler Jugendarbeit (Landtag Niedersachsen, 2022b). Aus einer Übersicht vom Juni 2022 geht hervor, dass bei einigen Maßnahmen im Verantwortungsbereich des Sozialministeriums schon viele Mittel abgerechnet wurden und eine Verausgabung bis zum Ende des Förderzeitraums wahrscheinlich ist. Dies gilt z. B. für Sport- und Bewegungscamps und Jugendplätze. In anderen Bereichen sind erst wenige Mittel abgerufen worden, z. B. bei den Sprachcamps, der Digitalisierung, der Kinder- und Jugendarbeit und der Unterstützung von Familien (Landtag Niedersachsen, 2022b, S. 3).

Die zentralen Maßnahmen des Aufholprogramms in Niedersachsen (gerade auch finanziell) sind die Aufstockungen der Schulbudgets für personelle Unterstützung (71,5 Mill. Euro), die Einstellung von zusätzlichen pädagogischen Mitarbeiter*innen, z. T. auf Minijob-Basis (25 Mill. Euro), der Ausbau der Bildungscloud (14. Mill. Euro), die Einstellung von zusätzlichen Sozialarbeiter*innen und befristet beschäftigten Schulpsychologen*innen (15 Mill. Euro) und die *LernRäume* (8,2 Mill. Euro). Hinzu kommt eine Vielzahl von Einzelmaßnahmen. Im Zwischenbericht an das BMBF werden insgesamt 32 Maßnahmen aufgelistet (KMK, 2022e, S. 72ff.). Insgesamt ist das Landesprogramm in Niedersachsen auf der einen Seite sehr strukturiert und fällt vor allem durch seine schlanken Verwaltungsprozesse (z. B. bei der Verwendung des Schulbudgets) auf. Auf der anderen Seite gibt es eine eher unübersichtliche Aufzählung einzelner Kleinmaßnahmen, die den Blick auf die Kernbestandteile des Programms etwas verstellen.

6.9.2.1 Zentrale Lernstandserhebungen, Leistungsüberprüfungen und Diagnostik

In den ersten Schulwochen des Schuljahres 2021/2022 sollten die Lehrkräfte die individuellen Lernausgangslagen erheben und gemeinsam mit Eltern und Schüler*innen besprechen, welche Förder- und Fordermaßnahmen gut und geeignet sind (Niedersächsische Staatskanzlei, 2021). Da es keine strukturierten Fördermaßnahmen aus dem Landesprogramm gibt und die Schulen für die Umsetzung der Fördermaßnahmen im Rahmen des Sonderbudgets selbst verantwortlich sind, ist es fraglich, inwieweit Gespräche mit den Eltern über Fördermaßnahmen hier nicht nur proforma angeführt wurden. Nach unseren Interviewpartner*innen der GEW Niedersachsen hätten die Erfassung der Lernentwicklung und die Kommunikation mit den Eltern auch schon vor Corona stattgefunden. Auch wenn es eine Übersicht von Instrumenten zur Lerndiagnostik gibt (Niedersächsisches Bildungsportal, o. J., S. 15ff.), gehen sie davon aus, dass die Lehrkräfte auf bewährte Verfahren mit Lernentwicklungsbögen zurückgegriffen hätten.

Zentrale Lernstandserhebungen, über die man Lernstände oder Lernlücken in Niedersachsen insgesamt hätte bewerten können, wurden nicht durchgeführt. Auch VERA wurde während der Pandemie ausgesetzt.

6.9.2.2 Pädagogische Maßnahmen

Integrierte und additive kognitive Föderung

Insgesamt spielt das Aufholen von Lernrückständen im niedersächsischen Landesprogramm eine untergeordnete und eher unstrukturierte Rolle. Die zusätzlichen pädagogischen Mitarbeiter*innen und Minijobber*innen (vor allem an den Grundschulen) sollen die Lehrkräfte bei Routinetätigkeiten unterstützen (z. B. Pausenaufsicht), damit diesen mehr Zeit für die Schüler*innen zur Verfügung steht. Auch die Sonderbudgets der Schulen können dafür eingesetzt werden, pädagogische Zusatzangebote zu finanzieren (innerhalb wie außerhalb der Unterrichtszeit). Allerdings gibt es keinerlei Vorgaben, dass zusätzliche Lernangebote unterbreitet werden müssen, oder in welcher Weise dies geschehen soll. Die Schulen müssen ausschließlich rückmelden, in welcher Höhe sie Mittel verausgabt haben. Wie aus einer über 300-seitigen Antwort auf eine parlamentarische Anfrage hervorgeht (Landtag Niedersachsen, 2022a), scheint das Ministerium schlussendlich kaum nachvollziehen zu können, wie die Schulen die Mittel tatsächlich verwendet haben.

Auch das Ferienprogramm *LernRäume* hat einen anderen Fokus als in anderen Bundesländern. Die *LernRäume* sind nicht auf das Aufholen von Lernrückständen ausgerichtet, sondern es handelt sich vor allem um Betreuungs- und Freizeitangebote (NKM, 2021h, 2022c). Besonders an den Angeboten ist, dass die Kirchen relativ prominent als Partnerinnen des Programms benannt werden (NKM, 2020). Im Rahmen des Aktionsprogramms *Startklar in die Zukunft* werden die *LernRäume* von den Herbstferien 2021 bis zu den Herbstferien 2022 fortgesetzt (NKM, 2022c).

Sozial-emotionale Förderung

Im niedersächsischen Landesprogramm zum Aufholen von Lernrückständen spielt die sozial-emotionale Förderung eine zentrale Rolle. So wird in vielen Zusammenhängen betont, dass es nicht in erster Linie um das Aufholen von Lernrückständen gehe, sondern die Förderung von emotionalen und sozialen Kompetenzen sowie die Persönlichkeitsstärkung durch Partizipation im Fokus stehe (NKM, 2021f). Diese Aspekte finden sich auch in den einzelnen Maßnahmen des Landesprogramms wieder. So sind die *LernRäume* in den Ferien, wie bereits angemerkt, in erster Linie Freizeit- und Betreuungsangebote und keine Lernangebote. Auch die Mittel aus *Startklar in die Zukunft*, die durch das Sozialministerium verantwortet werden, sind ausschließlich auf sozial-emotionale Aspekte ausgerichtet. Selbst das Sonderbudget der Schulen kann für Angebote eingesetzt werden, die eher sozial-emotionale Problemlagen in den Blick nehmen als Lernrückstände. In der Gesamtschau der Länder nimmt kein anderes Land so dezidiert die sozial-emotionalen Aspekte in den Blick wie Niedersachsen.

Auch unsere Interviewpartner*innen aus der GEW Niedersachsen weisen vor allem auf psychosoziale Belastungen der Kinder hin. Diese würden unter anderem am Anstieg der Nutzung von Beratungsangeboten an Schulen (Beratungslehrkräfte) und des schulpsychologischen Dienstes, aber auch an den Belegungszahlen von Kinder- und Jugendpsychiatrien deutlich.

Insgesamt ist das Niedersächsische Landesprogramm dadurch gekennzeichnet, dass die Verantwortung für die Maßnahmen und Angebote im größtmöglichen Umfang an die Schulen übertragen wurde. In welchem Umfang und wie die Schulen die ihnen zur Verfügung gestellten Mittel einsetzen, ist dabei weitgehend offen. Die Schließung von Lernlücken hängt damit vom Engagement, der inneren Verfassheit und den Unterstützungsnetzwerken der einzelnen Schulen ab. Niedersachsen hat ferner entgegen der Bund-Länder-Vereinbarung sein Landesprogramm mehr auf die sozial-emotionale Förderung als auf das Schließen von Lernlücken fokussiert. Ob dieser Weg vielleicht der erfolgreichere ist, ließe sich nur mit einer begleiteten Wirkungsforschung untersuchen.

6.9.2.3 Personaleinsatz

Vor den Sommerferien 2021 wurde in Niedersachsen zunächst zusätzliches pädagogisches Personal an den Grundschulen gewonnen. Dies geschah zum einen über die befristete Einstellung von 1.700 Minijobber*innen im Umfang von 11.700 Stunden und 2.219 pädagogischen Mitarbeitenden im Umfang von 15.600 Stunden (NKM, 2021c). Diese Stellen wurden schließlich in großen Teilen mit dem Start des Aufholprogramms verlängert.

Im Zwischenbericht an das BMBF (KMK, 2022e) wurden 2.200 zusätzliche pädagogische Mitarbeiter*innen bzw. Minijobber*innen an allgemeinbildenden Schulen aufgeführt (vor allem an Grundschulen) und 126 zusätzliche pädagogische Mitarbeiter*innen an beruflichen Schulen. Gerade die Mittel für die Mitarbeiter*innen an den allgemeinbildenden Schulen sind bis zum 31.07.2022 fast vollständig verausgabt. Im Zwischenbericht wird angegeben, dass eine weitere Bereitstellung der Mittel geprüft werde. Insoweit scheint es gerade in diesem Bereich gut gelungen zu sein, zusätzliches Personal zu finden oder bestehende Verträge aufzustocken. Darüber, nach welchen Kriterien dieses Personal eingestellt wurde, haben wir bei unseren Recherchen keinerlei Informationen gefunden. Es wird weder klar, ob alle (Grund-)Schulen feste Kontingente erhalten haben, noch ob es eine Art von bedarfsgesteuerter Zuweisung gab.

Im Rahmen der Sonderbudgets der Schulen können verschiedene Personalgruppen eingestellt bzw. die Verträge von vorhandenem Personal aufgestockt werden. Es können ohne Sachgrund befristete Stundenerhöhungen bei teilzeitbeschäftigten pädagogischen Mitarbeiter*innen für unterrichtsbegleitende Tätigkeiten und zur Durchführung von außerunterrichtlichen Angeboten erfolgen. Darüber hinaus können pädagogische Mitarbeiter*innen und anderes nichtlehrendes Personal befristet eingestellt werden. Die Einstellungen können auch ohne Ausschreibungen durch die Schulen erfolgen (Bildungsportal Niedersachsen, 2021). Die Frage, inwieweit in diesem Rahmen genügend zusätzliches Personal gefunden wurde, können wir nicht beantworten.

6.9.2.4 Finanzierung und Verteilung der Mittel

Finanzvolumen

Das Landesprogramm umfasst 222 Mill. Euro. Davon entfallen 122 Mill. Euro auf den Bund und 100 Mill. Euro auf das Land. Der Landesanteil stammt aus dem landeseigenen Covid-19-Sondervermögen (NKM, 2021i). Von diesem Geld sollen 189 Mill. Euro in den Schulbereich und 33 Mill. Euro in den Bereich der Kinder- und Jugendhilfe fließen. Die 189 Mill. Euro entsprechen rund 226 Euro pro Schüler*in an den niedersächsischen allgemeinbildenden Schulen. Die Mittel des Programms können bis zum Ende des Schuljahres 2022/2023 verausgabt werden.

Haushaltstechnische Verteilung der Mittel an die Schulen

Die Mittel aus dem Sonderbudget wurden den Schulen zu einem Drittel für 2021 und zu zwei Dritteln für 2022 zugewiesen. Die Mittel müssen durch die Schulen zwar nicht beantragt werden, jedoch muss dem zuständigen Schulamt im Nachgang gemeldet werden, wofür sie verausgabt wurden. Im Vergleich aller Bundesländer ist diese Art der Mittelverteilung die unbürokratischste.

Eine detaillierte Übersicht zu den beantragten und bereits bewilligten Mittel aus dem Landesaufholprogramm ist in der Beantwortung einer parlamentarischen Anfrage auf den Seiten 13 bis 321 enthalten (Landtag Niedersachsen, 2022a). Hierbei wurde jede Einzelmaßnahme dem jeweiligen Programmpunkt (z. B. Sonderbudget für Schulen) zugeordnet. Es sind dort sowohl Kleinstposten von 12,49 Euro als auch Posten mit über 10.000 Euro aufgeführt. Insgesamt wurden allerdings mit Stand zum 20.01.2022 erst 8 Mill. Euro durch die Schulen gemeldet. Darüber hinaus findet sich auf den Seiten 322 bis 343 eine Liste derjenigen Schulen, die bisher keine Mittel gemeldet haben (Landtag Niedersachsen, 2022a). Diese Liste umfasst rund 850 Schulen (darunter auch berufliche Schulen). Dies entspricht knapp 30 Prozent aller niedersächsischen Schulen.

Kriterien und Verfahren der Ressourcenallokation

Bei unseren Recherchen zur Frage einer bedarfsgerechten Förderung erhielten wir einzig in der Antwort des Kultusministeriums auf eine parlamentarische Anfrage einen Hinweis zur Ressourcenallokation in Niedersachsen. Hier heißt es wie folgt:

> „Um im Rahmen des Aktionsprogramms bedarfsgerechte Angebote zu machen und Kinder und Jugendliche bei der Konzeption der Angebote zu beteiligen, haben sich Kultus- und Sozialministerium im Sinne eines ganzheitlichen Ansatzes darauf verständigt, flächendeckende Beteiligungsworkshops in Niedersachsen umzusetzen. Dies wird mit knapp 1 Mill. Euro aus Bundesmitteln gefördert. Die Umsetzung erfolgt im Rahmen des Programms *Mitreden, Mitmachen, Mitbestimmen! Kinder- und Jugendbeteiligung in Niedersachsen*" (ebd., S. 3, Hervorhebung im Original).

Für unterschiedliche Budgets nach Sozialindex (den es in Niedersachsen nicht gibt) oder anderen Indikatoren, nach Schulformen, nach Trägerschaften o. Ä. wie auch für die Verteilung der anderen Mittel aus dem Landesprogramm haben wir keine Anhaltspunkte gefunden. Insoweit mag es in Niedersachsen gelungen sein, das zur Verfügung stehende Geld schnell an die betreffenden Stellen zuzuweisen. Es stellt sich jedoch die Frage nach einem bedarfsgerechten Mitteleinsatz. Somit erhielt beispielsweise eine Gesamtschule in einer Stadt mit einer sehr hohen Kinderarmutsquote

Mittel in derselben Höhe wie privates Gymnasium in einem gut situierten Stadtteil einer Großstadt.

6.9.3 Übergreifende Maßnahmen

Um einen Schulstart ohne Druck und Stress für die Schüler*innen zu gewährleisten, wurden in den ersten 3,5 Wochen des Schuljahres 2021/2022 keine schriftlichen Arbeiten geschrieben. Die Anzahl der Arbeiten im Schuljahr wurde verringert, und es sollten im Regelfall nicht mehr als zwei Arbeiten pro Woche geschrieben werden (NKM, 2021k). Dass Niedersachsen hiermit versucht, möglichst den Leistungsdruck von den Schüler*innen zu nehmen, passt ins Gesamtbild des Landesprogramms.

6.9.3.1 Anpassung von Verordnungen

Für die Schuljahre 2020/2021 bis 2023/2024 ist es in Niedersachsen möglich, eine Jahrgangstufe freiwillig zu wiederholen. Dem Antrag auf freiwilliges Wiederholen muss die Klassenkonferenz zustimmen. Ein freiwilliges Wiederholen wird in dieser Zeit aber nicht auf die Schulbesuchsdauer angerechnet (NKM, 2022b).

Bereits für die Abschlussprüfungen 2021 wurden die Abschlüsse der Sekundarstufe I insoweit angepasst, als dass die zentralen schriftlichen Prüfungen zu dezentralen umgewandelt wurden (NKM, 2021d). Für die Abiturprüfungen wurden Inhalte der Prüfungen zum Teil gekürzt und eine zusätzliche Aufgabe zur Auswahl durch die Kurslehrkraft hinzugenommen (KMK, 2022b). Diese Regelungen wurden auch für die Prüfungen 2022 beibehalten. Bekräftigt wurde durch den Kultusminister Tonne, dass die Abiturient*innen „Prüfungen ohne Abstriche" ablegen. „Niemand muss die Sorge haben, das Abitur 2021 sei weniger wert als frühere Abschlüsse" (NKM, 2021e).

6.9.3.2 Bestimmungen bzw. Empfehlungen zu Unterrichtsinhalten

> „Durch Verschlankung der Lehrpläne, Reduktion bei Unterrichtsinhalten, Fokussierung auf Basisfächer und Kernkompetenzen sowie mehr Aufgabenauswahl haben wir bei den Abschlüssen im Sek.1-Bereich und bei den Abiturprüfungen reagiert" (NKM, 2021a).

Darüber hinaus gab es im Schuljahr 2021/2022 in der Primarstufe die Möglichkeit, alternative Stundentafeln zu verwenden. Darin bilden alle Fächer ein Kontingent, um flexibel mehr oder weniger Stunden in einem Fach festzulegen. Besonders die Kerncurricula in Mathematik und Deutsch sollten bei der Ausgestaltung der Stundentafeln in den Blick genommen werden (NKM, 2021j). Darüber, wie die Grundschulen davon Gebrauch gemacht haben, haben wir bei unseren Recherchen keine Informationen gefunden. Auch für Haupt- und Förderschulen gab es für das Schuljahr 2021/2022 die Möglichkeit die Stundentafeln zu flexibilisieren (NKM, 2021g).

Desweiteren wurden für die Schuljahre 2021/2022 bis 2024/2025 die relevanten Kompetenzen und Inhalte für verschiedene Schulformen bzw. Förderschwerpunkte, Schuljahrgänge, Unterrichtsfächer und Schuljahre in den Kerncurricula priorisiert und kommentiert (zu Einzelheiten vgl. Niedersächsisches Landesinstitut für schulische Qualitätsentwicklung, o. J.).

6.10 Länderbericht Nordrhein-Westfalen

6.10.1 Genese des Landesprogramms und Problemwahrnehmung der Akteure

In NRW wurden bereits im Laufe des Jahres 2020 Maßnahmen zur Kompensation der Pandemiefolgen im Schulbereich initiiert, die in der einen oder anderen Form in das Aufholprogramm des Landes eingeflossen sind. Bereits im Juni 2020 kündigte das Ministerium für Schule und Bildung (MSB) zwei zusätzliche Ferienprogramme an, um in den Sommerferien speziell Schüler*innen mit sonderpädagogischem Förderbedarf sowie Schüler*innen aus sozial benachteiligten Familien zu unterstützen (MSB NW, 2020b). Diese Programme, die mit einem Finanzvolumen von 75 Mill. Euro über Angebote öffentlicher und freier Träger bis zu 378.000 Schüler*innen erreichen sollten (MSB NW, 2020a), wurden auch nach den Sommerferien weitergeführt. Im Februar 2021 wurden sie noch einmal um 36 Mill. Euro aufgestockt und bis Sommer 2022 verlängert (MSB NW, 2021c). Unter dem dann eingerichteten Dachprogramm *Extra-Zeit zum Lernen in NRW* sollten außerschulische Lernangebote nunmehr auch jenseits der Ferienzeiten an Wochenenden und Nachmittagen stattfinden können (MSB NW, 2021q). Mit der Fortführung dieser Lernangebote wurde ferner die ursprünglich eng definierte Zielgruppe der Förderung stark erweitert, um die Angebote nunmehr an „Schülerinnen und Schüler aller Leistungsniveaus, aller Schulformen und aller Jahrgänge" und explizit auch an die beruflichen Schulen zu richten (MSB NW, 2020r).

Parallel dazu wurden verschiedene Maßnahmen ergriffen, um – gerade auch angesichts der besonderen Herausforderungen der Pandemie – die Personalsituation an den Schulen zu verbessern. So wurden im Rahmen eines (vierten) „Maßnahmenpakets zur Gewinnung von Lehrkräften" sog. Vorgriffsstellen geschaffen, um einen Teil der im Zuge der Umstellung auf G9 zum Schuljahr 2026/2027 benötigten Lehrkräfte vorzeitig einstellen und an Schulformen mit besonders großem Personalbedarf abordnen zu können. Des Weiteren wurde den Schulen ein größerer Spielraum für die befristete Einstellung von Vertretungspersonal eingeräumt und im Grundschulbereich die Möglichkeit geschaffen, vakante Lehrer*innenstellen dauerhaft und ohne Stelleneinbußen mit sozialpädagogischen Fachkräften zu besetzen. Auch wurde den Schulen gestattet, die wöchentliche Pflichtstundenzahl von Lehrkräften und Lehramtsanwärter*innen zu erhöhen, um zeitweilige Personalengpässe zu kompensieren (MSB NW, 2020c). Im November 2020 brachte das Ministerium zudem ein „Helferprogramm für Ganztags- und Betreuungsangebote" an Grund- und Förderschulen auf den Weg. Mit

30 Mill. Euro, die auf Antrag in Form von schüler*innenbezogenen Pauschalen an die betreffenden Schulen ausgeschüttet wurden, konnten sog. OGS-Helfer*innen eingestellt werden, die „jenseits der pädagogischen Arbeit wichtige Aufgaben übernehmen und damit zur Entlastung des vorhandenen Personals beitragen" sollen (MSB NW, 2020c). Im Schuljahr 2021/2022 wurde das Finanzvolumen des OGS-Helfer*innenprogramms auf 60 Mill. Euro verdoppelt (MSB NW, 2021t). Dies geschah dann aber bereits in Zusammenhang mit dem durch Bundesmittel bezuschussten Programm *Ankommen und Aufholen*, das das Ministerium am 30.06.2021 der Öffentlichkeit vorstellte.

6.10.2 Landesaufholprogramm

Das nordrhein-westfälische Aufholprogramm trägt den Namen *Ankommen und Aufholen*, läuft bis Ende 2022 und hat ein Gesamtvolumen von 430 Mill. Euro (MSB NW, 2021r). Es besteht aus den vier Programmsäulen *Extra-Personal*, *Extra-Geld*, *Extra-Zeit* und *Extra-Blick*, in die teils auch bereits laufende Programme integriert wurden: Über die Säule *Extra-Personal* erhalten Schulen die Möglichkeit, (1) (befristet) zusätzliches pädagogisches Personal einzustellen oder in Teilzeit arbeitendes Personal aufzustocken. Über die Säule *Extra-Geld* werden (2) Schulen und Schulträger jeweils mit einem Budget ausgestattet, aus dem sie Fördermaßnahmen für Schüler*innen realisieren können. Ferner werden über diese Säule Bildungsgutscheine finanziert, die bei Nachhilfeanbieternde eingelöst werden können. Die Säule *Extra-Zeit* richtet sich (3) auf Fördermaßnahmen, die von öffentlichen und freien Trägern bzw. von ihnen beschäftigten Honorarkräften außerhalb der regulären Schulzeit angeboten werden. Hierunter fallen (4) Lern- und Sportangebote in den Ferien oder am Wochenende, aber auch (5) Bildungs- und Betreuungsangebote im häuslichen Umfeld für Schüler*innen mit sonderpädagogischem oder intensivpädagogischem Förderbedarf. Die Säule *Extra-Blick* bündelt schließlich (6) Angebote und Aktivitäten rund um die Diagnose von Lernständen sowie übergreifende Empfehlungen zur Ausgestaltung der pädagogischen Arbeit zu Beginn und im weiteren Verlauf des Schuljahres.

Zur Information der Öffentlichkeit und aller an Schule Beteiligten gibt es eine übersichtlich strukturierte Programmwebseite, die in Form von Kurztexten, zielgruppenorientierten FAQs und weiterführenden Dokumenten über die einzelnen Programmsäulen und die ihnen jeweils zugeordneten Bausteine Auskunft gibt.

6.10.2.1 Zentrale Lernstandserhebungen, Leistungsüberprüfungen und Diagnostik

Programmatisch hat der Aspekt der Lernstandserhebung im nordrhein-westfälischen Aufholprogramm einen zentralen Stellenwert, um Lernrückstände in der Schüler*innenschaft zu erfassen, konkrete Förderbedarfe zu identifizieren und geeignete Fördermaßnahmen zu planen. Dabei setzt das Ministerium ausweislich des Programmbausteins *Extra-Blick* vornehmlich auf dezentrale, von den Lehrkräften vor Ort nach eigenem Ermessen durchzuführende Aktivitäten. Anlässlich der Vorstellung des Landesprogramms im Schulausschuss am 30.06.2021 führte Ministerin Gebauer aus, dass die Phase des „Ankommens" nach den damaligen Sommerferien dafür genutzt werden solle, „die Diagnose von Lernständen vorzubereiten und durchzuführen", wenn sie auch zugleich betonte, dass bis Ende August die sozio-emotionalen Bedürfnisse der Schüler*innen im Mittelpunkt stehen und daher diese Zeit „nicht mit Leistungsüberprüfungen und Leistungsbeurteilungen" verbracht werden solle. Mit dem Fortschreiten des Schuljahres gewinne aber „für eine adäquate Ausrichtung […] des Unterrichts sowie der konkreten Maßnahmen für eine individuelle Förderung die Ermittlung der Lernausgangslagen in den Fächern an Bedeutung". Grundsätzlichen besäßen hierfür, so hob die Ministerin hervor, „die Lehrkräfte […] die erforderlichen Kompetenzen, aber auch Routinen, die es unter den Bedingungen des neuen Schuljahres" wieder in bewährter Form einzusetzen gelte (Landtag Nordrhein-Westfalen, 2021b, S. 5-6).

Um die diagnostische Arbeit und die Gestaltung darauf bezogener Fördermaßnahmen an den Schulen zu unterstützen, wurde im Rahmen der Programmsäule *Extra-Blick* durch die „Qualitäts- und UnterstützungsAgentur – Landesinstitut für Schule" (QUA-LiS) die Online-Plattform *Ankommen und Aufholen nach Corona* (QUA-LiS, 2022a) aufgebaut, auf der vielfältige Diagnosetools und Unterstützungsmaterialien abrufbar sind. Die Zielsetzung dieser Angebote, deren Einsatz in der Schule freilich nicht verpflichtend ist, wird darin bestimmt,

> „Lehrkräfte dabei [zu] unterstützen, die individuelle Lernausgangslage der Schülerinnen und Schüler – ergänzend zu den schuleigenen Formen – durch fachliche und fachunabhängige Kompetenztests und Materialien zu ermitteln und auf Grundlage dieser Hinweise Maßnahmen einer gezielten Förderung einzuleiten" (ebd.).

Das Online-Portal bietet unter den Hauptrubriken „fachbezogene Diagnose und Förderung", „fachbezogene Diagnose" und „fachbezogene Förderangebote" ein breites Spektrum von Materialien, die entlang von Fächern, Schul- und Jahrgangsstufen differenziert sind und auch Angebote für die Berufskollegs beinhalten. In einer weiteren Rubrik „überfachliche Unterstützungsmaterialien" finden sich darüber hinaus Materialien zu den Bereichen „sozial-emotionales Lernen", „Lernentwicklung", „Feedback und Beratung", „Allgemeine Diagnostik", „Sprachbildung" sowie zur „Lebenssituation von Schülerinnen und Schülern". Das Portal ist transparent organisiert, enthält prägnante Kurzbeschreibungen der Spezifika der abrufbaren Materialen und stellt eine Orientierungshilfe (QUA-LiS, 2022b) bereit, auf die bei der Auswahl, Vorbereitung, Durchführung und Nachbereitung von Diagnose- und Förderaktivitäten zurückgegriffen werden kann. Gleichwohl stellt sich die Frage, inwieweit Lehrkräfte unter den gegebenen Bedingungen die Zeit dafür aufbringen können, das Portal und die darin versammelten Materialien in der vorgesehenen Weise zu nutzen. Bei aller grundsätzlichen Wertschätzung des Portals und der mit ihm verbundenen Intentionen wurden von unseren Interviewpartner*innen des dem GEW-Landesverbands Nordrhein-Westfalen Zweifel geäußert. Angesichts der chronischen Zeitprobleme in der Praxis hätten sie sich hier eher eine kompaktere Auswahl von prioritär einzusetzenden Instrumenten gewünscht.

Was zentrale Lernstandserhebungen angeht, findet sich in den uns vorliegenden Informationen nichts, das solche als einen bewusst in die Gesamtstrategie des Ministeriums integrierten Bestandteil ausweisen würde. So wurde auch in der erwähnten Schulausschusssitzung zur Vorstellung des Programms die Frage aufgeworfen, wie man sich jenseits der auf Ebene der Einzelschule stattfindenden Lernstandsdiagnostik ein Bild von der Situation im Land insgesamt machen könne (Landtag Nordrhein-Westfalen, 2021b, S. 13). Die Ministerin verwies diesbezüglich auf die Vergleichsarbeiten: Es gebe „Leistungsüberprüfungen, die uns natürlich ein Bild über den Lernstand geben". Dies seien

> „zum Beispiel VERA 3 und VERA 8, die wir jetzt verschoben haben […], die uns aber trotzdem ein Bild von einer Schulstufe, einer Schülerzahl zeigen, anhand dessen wir in Bezug auf die vergangenen Jahre genau sehen können, was sich entwickelt hat oder vielleicht leider auch nicht" (ebd., S. 22).

Während das Ministerium im Schuljahr 2019/2020 angesichts der pandemischen Lage die Entscheidung traf, VERA 3 und VERA 8 vollständig entfallen zu lassen, gehört Nordrhein-Westfalen zu den Ländern, in denen die Vergleichsarbeiten im darauffolgenden Jahr wieder verpflichtend stattfanden. Allerdings wurde die Durchführung vom regulären Termin im April/Mai 2021 auf den September 2021 und damit auf den Beginn des neuen Schuljahres verschoben, so dass in diesem Fall nunmehr Schüler*innen am Anfang der Jahrgangsstufe 4 bzw. 9 getestet wurden (MSB NW, 2021a, b). Neben der Entlastung der Schulen, so heißt es in der die Verschiebung bekanntgebenden E-Mail vom 12.02.2021, trage diese „in der jetzigen Situation, in der der Präsenzunterricht nicht durchgängig erteilt werden konnte, zudem dazu bei, mögliche bestehende Lernlücken zu Beginn des nächsten Schuljahres sichtbar zu machen." Die Ergebnisse des VERA-Durchganges bekämen somit „eine besondere zusätzliche Funktion", die Schulen in ihrer unterrichtlichen Arbeit unterstützen könnte (ebd.).

Ausweislich der Informationen auf der Webseite des QUA-LiS (2022d) wurden Ergebnisrückmeldungen für Schulen und Eltern in Fall von VERA 8 im Februar 2022 auf dem geschützten VERA-Portal bereitgestellt; im Hinblick auf VERA 3 ist der Stand der Dinge hingegen unklar. Ein analoger Hinweis zur Verfügbarkeit von Ergebnissen ist im VERA-3-Bereich nicht zu finden (QUA-LiS, 2022f). Über landesweite Ergebnisse des betreffenden VERA-Durchgangs, wie sie die Ministerin im Schulausschuss in Aussicht gestellt hatte, ist unseres Wissens bis heute nicht berichtet worden. Schon im November 2021 hat indessen das QUA-LiS darauf hingewiesen, dass sich ein „über den individuellen Schulkontext hinausgehender Vergleich der VERA-

Ergebnisse […] vor dem Hintergrund der heterogenen Durchführungsbedingungen" (QUA-LiS, 2021, S. 2) nicht anbiete.

Im Schuljahr 2021/2022 hat VERA 8, bei einem etwas verlängerten Durchführungszeitraum, wieder im Frühjahr gemäß der präpandemischen Zeitschiene stattgefunden (QUA-LiS, 2022d) – entgegen der ursprünglichen Intention allerdings nunmehr doch auf freiwilliger Basis. Der Durchführungszeitraum für VERA 3 wurde demgegenüber erneut in den Herbst verlegt (QUA-LiS, 2022g), was die Vergleichbarkeit mit den „Vor-Corona-Jahren" kaum möglich macht.

6.10.2.2 Pädagogische Maßnahmen

Integrierte kognitive Förderung

Zum Start des Aufholprogramms am 30.06.2021 betonte Staatssekretär Matthias Richter in der Sitzung des Ausschusses für Schule und Berufsbildung, dass es geboten sei, Fördermaßnahmen soweit möglich in den schulischen Alltag zu integrieren. Gerade weil „die Zeit und die Aufnahmefähigkeit der Schülerinnen und Schüler sowie das zur Verfügung stehende Personal begrenzt sind", wolle man

> „während der normalen Unterrichtszeit […] eine Unterstützung so organisieren, dass man im Rahmen des zu erteilenden Unterrichts Differenzierungsmöglichkeiten schafft und versucht, dafür zusätzliches Personal an die Schulen zu bringen" (Landtag Nordrhein-Westfalen, 2021b, S. 22 f.).

Dies sei ein sehr wichtiger Faktor, „um Lernsituationen im Unterrichtsgeschehen zu entwickeln und eine individuelle Unterstützung, je nachdem wie die Schülerin oder der Schüler aus der Corona-Zeit herausgekommen ist, realisieren zu können" (ebd., S. 23).

Um die personellen Voraussetzungen für die Bearbeitung pandemiebedingter Lernrückstände und sozio-emotionaler Probleme in der Schule zu verbessern, hat das Ministerium den Schulen bereits vor Anlaufen des Bund-Länder-Programms verschiedene Rekrutierungswege eröffnet. Die beiden in diesem Zusammenhang zuvorderst relevanten Initiativen – das „Maßnahmenpaket zur Gewinnung von Lehrkräften" und das „OGS-Helfer-Programm" wurden oben schon kurz beschrieben. Sie sind Teil des Programmbausteins *Extra-Personal* geworden, der mit insgesamt 160 Mill. Euro ausgestattet ist.

Aus diesem Topf können Schulen bei den Bezirksregierungen Mittel für eine regelmäßige Mehrarbeit von Bestandskräften und/oder für die Einstellung zusätzlichen pädagogischen Personals beantragen (zu OGS-Helfer*innen s. u.). Diese Mittel können in zwei Personalkategorien eingesetzt werden, nämlich der Kategorie *Lehrkräfte* (die bestimmte Personen ohne lehramtsbezogene Ausbildung einschließt) und der Kategorie *anderes pädagogisches und sozialpädagogisches Personal*, worunter z. B. Sozialarbeiter*innen und Sozialpädagog*innen, Fachkräfte in multiprofessionellen

Teams, sozialpädagogische Fachkräfte in der Schuleingangsphase, Fachlehrkräfte an Förderschulen und Sportwissenschaftler*innen gefasst werden (MSB NW, 2022b).[27]

Die über die Säule *Extra-Personal* finanzierten Fachkräfte, so heißt es auf der Programmwebseite des Ministeriums,

> „unterstützen Schülerinnen und Schüler zusätzlich beim Aufholen pandemiebedingter Lernrückstände. Dies kann insbesondere durch Förderung und Betreuung von Gruppen, durch Unterstützung der Stammlehrkraft im Regelunterricht, durch Fördermaßnahmen außerhalb des Regelunterrichts oder durch andere unterrichtsergänzende Maßnahmen erfolgen. Personen ohne Lehramtsbefähigung unterstützen die Lehrkräfte und wirken bei der Erziehung, beim Unterricht und der Beratung der Schülerinnen und Schüler mit" (MSB NW, 2021m).

Zumindest auf den ersten Blick, so sei angemerkt, scheint diese Beschreibung eine gewisse Diskrepanz zum Wortlaut der den Schulen unmittelbar kommunizierten Förderbedingungen aufzuweisen. So geht z. B. aus einem Schulbrief der Bezirksregierung Münster hervor, dass die betreffenden Personalmittel einzig für „Projekte" beantragt werden können, die „zusätzlich zum Regelunterricht" durchgeführt werden (Bezirksregierung Münster, 2021, S. 2). Inwieweit bzw. unter welchen Bedingungen die Bewilligungsbehörden einer irgendwie gearteten Unterstützung des Regelunterrichts durch Zweitkräfte – etwa im Sinne von Doppelbesetzungen für ein stärker differenziertes Arbeiten – die geforderte Projektförmigkeit zuerkennen, kann an dieser Stelle nicht geklärt werden.

Über das OGS-Helfer*innenprogramm, das in Zusammenhang mit dem Aufholprogramm aufgestockt und weiterentwickelt wurde – ursprünglich war das Programm für „Personalmaßnahmen im nichtpädagogischen Bereich vorgesehen" (MSB NW, 2020b) – , kann im Rahmen von *Extra-Personal* ferner spezifisch für die Ganztagsbildung an Grund- und Förderschulen Personal aufgestockt oder zusätzlich angestellt werden, um

> „den gestiegenen Anforderungen zur Umsetzung des Abbaus von Lernrückständen, zur individuellen pädagogischen Förderung oder zur organisatorischen Unterstützung und Entlastung des pädagogischen Personals […] gerecht zu werden" (MSB NW, 2021t).

Mögliche Qualifikationsprofile der OGS-Helfer*innen werden nicht spezifiziert. Es wird lediglich allgemein festgehalten, dass das betreffende Personal „unterstützende und ergänzende Tätigkeiten" im Ganztagsbereich der Grund- und Förderschulen ausüben soll. Insofern die notwendigen fachlichen Voraussetzungen gegeben sind, kann das Personal aber auch eigenständig Bildungs- und Betreuungsangebote in den Bereichen Sport, kulturelle Bildung und Soziales Lernen durchführen (ebd.).

---

27 Hier findet sich auch eine vollständige Auflistung des in den beiden Qualifikationsgruppen konkret infrage kommenden Personals.

Zusätzlich zu den beschriebenen Möglichkeiten zur Einstellung von Fachkräften, die in der Fördersäule *Extra-Personal* gebündelt sind, erhalten staatliche wie private Schulen aus Mitteln der Fördersäule *Extra-Geld* ferner ein Schulbudget für „schulbezogene Maßnahmen zur Beseitigung der pandemiebedingten Defizite" (MSB NW, 2021i). Dieses Budget wird den Schulen von den Schulträgern zugewiesen, welche die insgesamt 180 Mill. Euro des Programmbausteins *Extra-Geld* bewirtschaften und auf diesem Wege mindestens 30 Prozent davon (also mindestens 54 Mill. Euro) an die einzelnen Schulen weiterzureichen haben. Die Höhe des Schulbudgets ist trägerneutral und richtet sich – bei einem Sockelbetrag von 500 Euro je Schule – nach den Schüler*innenzahlen. Dieses *schulscharfe Budget*, das die Schulträger unter Zugrundelegung von Bedarfskriterien weiter aufstocken können, dürfen Schulen im Rahmen der allgemeinen Vorgaben frei und ohne weitere Antrags- oder Prüfverfahren verwenden. Sie müssen lediglich dokumentieren, was aus dem Budget konkret finanziert wurde und entsprechende Belege für den Fall einer Prüfung aufbewahren.

Das Spektrum dessen, was als *schulbezogene Maßnahme* prinzipiell zulässig ist, erscheint vergleichsweise groß. Das Ministerium nennt hier z. B. den „Besuch außerschulischer Lernorte", „Aktivitäten, die das miteinander Lernen stärken", die „Anschaffung von Fördermaterialien", den „Kauf von Lizenzen für digitale Förderprogramme" und „die Förderung von Projekten wie ‚Schüler helfen Schülern'" (MSB NW, 2021i). Personal kann aus Mitteln des Schulbudgets nicht eingestellt werden – hierfür ist die Fördersäule *Extra-Personal* vorgesehen. Zulässig ist aber die Zahlung von Honoraren an Bildungsanbietende und sonstige Unternehmen, um „ergänzende Lernförderung in Kleingruppen durchzuführen", beispielsweise

> „für Schülerinnen und Schüler mit Lese- Rechtschreibschwäche, Dyskalkulie, Bedarf an herkunftssprachlicher Zusatzförderung, Bedarf an zusätzlicher Förderung in Deutsch als Zweitsprache, sonderpädagogischen Förderbedarfen" (ebd.).

Ebenfalls gestattet ist die Finanzierung von Lehrkräftefortbildungen, jedenfalls insoweit damit „Ziele verfolgt werden, die dabei helfen, pandemiebedingte Defizite auszugleichen" (ebd.).

Additive kognitive Förderung

Jenseits der im schulischen oder schulnahen Kontext (etwa im Rahmen ganztagsschulischer Nachmittagsangebote) stattfindenden Fördermaßnahmen sieht das nordrhein-westfälische Aufholprogramm verschiedene additive Fördermaßnahmen vor, um pandemiebedingte Lernrückstände zu reduzieren. Dies sind im Wesentlichen jene außerschulischen Angebote, die schon vor Start des Bund-Länderprogramms im landeseigenen Programm *Extra-Zeit zum Lernen in NRW* gebündelt wurden. Sie sind drei spezifisch profilierten Förderrichtlinien zugeordnet, für die bis Ende 2022 insgesamt 60 Mill. Euro zur Verfügung stehen. Dies sind im Einzelnen: (1) *Gruppenangebote für die individuelle fachliche Förderung und Potenzialentwicklung von Schü-*

lerinnen und Schülern von allgemeinbildenden Schulen, (2) Gruppenangebote für Schülerinnen und Schüler von berufsbildenden Schulen (Berufskollegs), sowie (3) individuelle Betreuungsangebote für Schülerinnen und Schüler mit Bedarf an sonderpädagogischer Unterstützung und intensivpädagogischem Förderbedarf.

Die für Gruppenangebote im allgemein- und berufsbildenden Bereich jeweils geltenden Richtlinien weisen einen hohen Grad der Übereinstimmung auf (MSB NW, 2021e, f): Auch hier werden die Mittel wiederum bei der zuständigen Bezirksregierung beantragt, wobei neben (öffentlichen und freien) Schulträgern in diesem Fall auch Träger der freien Jugendhilfe sowie Hochschulen mit Körperschaftsstatus antragsberechtigt sind. Sie können wiederum Dritte mit der Umsetzung der geplanten Maßnahmen beauftragen (ebd., Punkt 6 der jeweiligen Erlasse). In beiden Fällen sollen die Angebote „an mindestens einem Tag in einem Umfang von sechs Zeitstunden pro Tag" oder verteilt „auf zwei Tage mit jeweils drei Zeitstunden" stattfinden, wobei die Durchführung explizit auch am Wochenende zulässig ist (ebd., Punkt 4.1d der jeweiligen Erlasse). Von zeitlich ausgedehnten Ferienkursprogrammen bis hin zu komprimierteren Nachmittagsveranstaltungen ist unter diesen Richtlinien also prinzipiell alles förderfähig. Die abzurechnenden Kosten pro Gruppe und Tag dürfen – bezogen auf sechs Zeitstunden – im allgemeinbildenden Bereich 500 Euro und im berufsbildenden Bereich 455 Euro nicht übersteigen und mindestens 20 Prozent der zuwendungsfähigen Gesamtausgaben müssen vom Träger als Eigenanteil erbracht werden (ebd., Punkt 5.41 und 5.42 der jeweiligen Erlasse). Dabei können im Rahmen der Angebote folgende Themenfelder adressiert werden: Aufarbeitung individueller pandemiebedingter Lerndefizite, Festigung von Basiskompetenzen, Vermittlung von Lernstrategien und Strategien zum selbstbestimmten Lernen; im Fall der Gruppenangebote für Schüler*innen allgemeinbildender Schulen darüber hinaus auch Angebote zum sozialen, motorischen und sprachlichen Lernen, Aktivitäten und Maßnahmen zur Ermöglichung von Selbstwirksamkeitserfahrungen, Angebote aus den Bereichen berufliche Orientierung und individuelle Bildungsplanung sowie Angebote aus dem Bereich „Zukunftskompetenzen" (z.B. Digitalisierung, Bildung für nachhaltige Entwicklung) (ebd., Punkt 4.1e der jeweiligen Erlasse).

An den Angeboten für Schüler*innen allgemeinbildender Schulen können Schüler*innen aller Schulformen und Klassenstufen einschließlich solcher mit sonderpädagogischem Förderbedarf teilnehmen, wobei Gruppen je nach pädagogisch-didaktischen Erwägungen nach Schulformen und Klassenstufen getrennt oder stärker gruppenübergreifend zusammengesetzt sein können. Aus Sicht unserer Interviewpartner*innen der GEW Nordrhein-Westfalen könne daraus eine sehr starke Heterogenität entstehen, mit der womöglich selbst vollausgebildete Lehrkräfte überfordert seien.

Die Gruppengröße der Lernangebote soll zwischen acht und 15 Teilnehmenden liegen, die in der Regel von zwei Personen betreut werden. Das Personal kann dabei – ähnlich wie im Programmbaustein *Extra-Personal* – aus einem breiten Feld rekrutiert werden, das von Lehrkräften (praktizierend oder im Ruhestand), über Lehramtsanwärter*innen und Studierende verschiedener Fachrichtungen bis hin zu (sozial-) pädagogisch Qualifizierten unterschiedlichster Beschäftigungsfelder reicht. Im Falle der Angebote für Berufsschüler*innen sind die Gruppen in der Regel bildungsgangspezifisch und mit sechs bis 12 Teilnehmenden etwas kleiner angelegt, wobei regulär auch nur eine Betreuungsperson vorgesehen ist. Hier ist das Feld des infrage kommenden Personals mit Blick auf Spezifika des berufsbildenden Bereichs enger gezogen und umfasst neben Lehrkräften, Lehramtsanwärter*innen und Lehramtsstudierenden „fachlich geeignete Honorarkräfte", vorzugsweise aus dem Bereich der beruflichen Ausbildung (MSB NW, 2021e, f, Punkte 4.1b und c der jeweiligen Erlasse).

Soweit ersichtlich, sind die Schulen in die Planung und Gestaltung dieser (außerschulischen) Komponente des Aufholprogramms nicht involviert. Dies mag im Sinne der Entlastung des schulischen Personals nachvollziehbar sein, wirft aber die Frage auf, wie in dieser Konstruktion darauf hingewirkt wird, dass eine ausreichende Passung zwischen den außerschulischen Angeboten bzw. den vor Ort bearbeiteten Inhalten und Kompetenzfeldern und den konkreten Bedarfen der teilnehmenden Schüler*innen besteht. Im FAQ auf der Programmwebseite heißt es, dass es „sinnvoll und wünschenswert" sei, dass Lehrkräfte „in Absprache mit den Eltern" individuelle Förderempfehlungen für Schüler*innen zur Verfügung stellen, die an entsprechenden Angeboten teilnehmen (MSB NW, 2021o). Ob dies in der Praxis geschieht, dürfte maßgeblich von der Intensität der Kommunikation zwischen Einzelschule und Elternhaus abhängen, wobei freilich auch unklar ist, inwieweit solche individuellen Förderempfehlungen durch das die Angebote durchführende Personal tatsächlich berücksichtigt werden können.

Ungeklärt bleibt für uns auch, wie genau die Existenz der durchgehend freiwilligen Angebote in der Breite der Elternschaft bekannt gemacht wird. Dem FAQ auf der Programmwebseite ist zu entnehmen, dass Eltern „Informationen zum regionalen Angebot und den Anmeldemöglichkeiten bei den Schulen und Schulträgern" erhalten können (MSB NW, 2021o). Inwieweit diese beiden Akteure – und insbesondere die Schulen als Institution mit direktem Kontakt zur Elternschaft – eine offensive Informationspolitik betreiben, mit der auch weniger bildungsaffine Familien erreicht und zur Teilnahme motiviert werden, dürfte in der Fläche erheblich variieren.

Die oben schon genannte dritte Förderrichtlinie ist darauf angelegt, spezifische Unterstützungsangebote für Schüler*innen mit sonder- und intensivpädagogischem Förderbedarf zu realisieren (MSB NW, 2021g). Im Gegensatz zu den vorangehend beschriebenen Angeboten sollen Förderaktivitäten hier in Form einer Individualbetreuung und in der Regel im häuslichen Umfeld der betreffenden Schüler*innen durchgeführt werden. Anders als in den beiden anderen Richtlinien werden konkrete Förderbereiche hier allerdings nicht näher bestimmt, was eher auf einen Betreuungs- denn auf einen Bildungscharakter der anvisierten Angebote hindeutet (für nähere Informationen zu diesem Programmbaustein vgl. MSB NW, 2021p). Das Feld des infrage kommenden Personals ist auch hier wiederum breit gesteckt. Neben den schon genannten Qualifikationsgruppen umfasst es insbesondere auch Personen mit Erfahrungen in der Schulbegleitung und Kräfte des Offenen Ganztages (ebd.). Auch hier stellt sich die Frage, wie die relevanten Zielgruppen und die Angebote zusammenkommen.

In welchem Umfang gerade die besonders personalintensiven Individualbetreuungsangebote angesichts der vielerorts schwierigen Personalsituation tatsächlich realisiert werden konnten, lässt sich auf Basis der vorliegenden Daten nicht bestimmen. Unsere Interviewpartner*innen der GEW Nordrhein-Westfalen waren diesbezüglich auch sehr skeptisch. Auf Grundlage der Angaben des Ministeriums kann an dieser Stelle resümierend lediglich festgehalten werden, dass über alle drei Richtlinien (MSB NW, 2021, e, f, g) hinweg bis Ende Februar 2022 162.766 Schüler*innen erreicht wurden (KMK, 2022e, S. 89). Bezogen auf die Schüler*innenschaft allgemeinbildender Schulen und Berufskollegs sind dies knapp 8,5 Prozent (Destatis, 2021a, Tab 3.1; eigene Berechnung). Ungeklärt ist, wie sich die Partizipation der Schüler*innen entlang der Dauer oder auch der inhaltlichen Profile der Maßnahmen differenziert.

Ergänzend zu diesen dem Programmbaustein *Extra-Zeit* zugeordneten Angeboten werden mit dem Unterprogramm *Extra-Zeit für Bewegung* noch einmal 4 Mill. Euro für Bewegungs- und Sportangebote eingesetzt, die an Bewegungsfeldern des Schulsports orientiert sein sollen („Fitness, Schwimmen, Turnen, Kleine und große Spiele usw.") (Sportjugend – Landessportbund, 2021). Diese Maßnahmen werden durch den Landessportbund getragen und durch Sportvereine und Träger der freien Jugendhilfe durchgeführt. Bis zum 14.02.2022 wurden nach Angaben des Ministeriums 3.580 Maßnahmen beantragt, so dass mit entsprechenden Angeboten mindestens 35.800 Schüler*innen erreicht wurden (KMK, 2022e, S. 89) (das entspricht knapp 2 % der Schüler*innenschaft; Destatis 2021a, Tab. 3.1; eigene Berechnung).

Über den Programmbaustein *Extra-Geld* werden des Weiteren Bildungsgutscheine für eine „individuelle Förderung in Kernfächern und Kernkompetenzen" verteilt (MSB NW, 2021k). Sie sollen spezifisch an jene Schüler*innen vergeben werden, die „über bestehende Angebote nicht ausreichend gefördert werden können, bzw. die besondere pandemiebedingte Nachholbedarfe haben" (ebd.). Hierfür sind rund 50 Mill. Euro vorgesehen, mit denen das Ministerium ca. 260.000 Schüler*innen zu erreichen plant (KMK, 2022e, S. 88) – das entspricht knapp 14 Prozent der Schüler*innenschaft des Landes (Destatis 2021a, Tab. 3.2; eigene Berechnung). Bildungsgutscheine werden von den Schulträgern an die Schulen ausgegeben, wobei diese bei der Verteilung eine Steuerungsfunktion ausüben sollen und entsprechend gewisse Ermessenspielräume haben. Analog zur Zuteilung der Schulbudgets gilt, dass die Schulträger mindestens 30 Prozent des ihnen zugewiesenen Gesamtbudgets zur Finanzierung von Bildungsgutscheinen nutzen müssen (MSB NW, 2022c, S. 5). Übersteigt der Bedarf einer Schule die Zahl der ihr zugewiesenen Gutscheine, soll sich die Schulleitung an den Schulträger wenden, um den zusätzlichen Bedarf anzuzeigen, so dass im Rahmen der verfügbaren Mittel nachgesteuert werden kann (ebd., S. 10). Darüber hinaus haben alle Schulen hinsichtlich der Ausgabe von Bildungsgutscheinen gegenüber dem Schulträger eine monatliche Berichtspflicht (ebd., S. 7).

Die letztendliche Vergabe der Gutscheine an konkrete Schüler*innen obliegt den Lehrkräften vor Ort (MSB NW, 2022c, S. 10). Jeder Gutschein hat einen Gegenwert von 200 Euro und berechtigt Empfänger*innen, zehn Lerneinheiten á 90 Minuten bei einer*einem externen Bildungsanbieter*in zu absolvieren, wobei die Förderung in Kleingruppen von nicht mehr als 6 Schüler*innen erfolgen und in der Regel einmal wöchentlich stattfinden soll (ebd., S. 11). Als Bildungsanbietende in diesem Sinne können „Vereine, Nachhilfeinstitute, Nachmittagsschulen, Stiftungen, Anbietende für Teilhabeassistenz, Schulbegleitung und Inklusionshilfe und Einzelunternehmer wie zum Beispiel selbständige Lerntherapeutinnen und Lerntherapeuten" fungieren, insofern sie sich erfolgreich an dem (europaweiten) Beitrittsverfahren beteiligt und mit dem Ministerium einen Rahmenvertrag geschlossen haben. Lediglich Privatpersonen können in diesem Kontext nicht als Bildungsanbietende fungieren (MSB NW, 2021k).

Auf Grundlage des Zulassungsverfahrens stellt das Ministerium eine Liste bereit, die – in regionaler Differenzierung – alle zugelassenen Anbietenden ausweist und Informationen darüber beinhaltet, in welchen Schulformen, Schulstufen und Fächern bzw. Kompetenzbereichen die jeweils gelisteten Anbietenden Leistungen erbringen können. Die Auswahl einer*eines geeigneten Bildungsanbietenden liegt dann in der Verantwortung der Schüler*innen bzw. Erziehungsberechtigten, wobei die Schule bei der Suche unterstützen und beraten soll (MSB NW, 2022c, S. 4).

Während zu technischen und organisatorischen Verfahrensfragen reichhaltige Informationen für Schulen, Schulträger und Bildungsanbieter zu finden sind, enthalten überraschenderweise weder das FAQ zum Themenkomplex Bildungsgutscheine noch die einschlägige Handreichung an Schulen (und Schulträger) nähere Ausführungen darüber, wie und in welcher Detailtiefe Schulen bzw. die den Bildungsgutschein vergebenden Lehrkräfte Bildungsanbietenden Informationen zu den konkreten Förderbedarfen der Schüler*innen zukommen lassen sollen und welche Rolle in diesem Zusammenhang die seitens der Schule zu leistende individuelle Lernstandsdiagnostik (*Extra-Blick*) spielen soll. Daher kann hier lediglich festgehalten werden, dass der Bildungsgutschein Felder enthält, auf denen „zu bearbeitende Themen", „didaktische und inhaltliche Hinweise" sowie die im Unterricht verwendeten „Lehrwerke" zu vermerken sind. Etwas größere Beachtung erhält demgegenüber die Kommunikation in die Gegenrichtung: Der*die Bildungsanbieter*in hat auf dem Bildungsgutschein für jede Sitzung „die erbrachte individuelle Förderung" zu vermerken und nach Abschluss der letzten Sitzung eine Gesamtdokumentation anzufertigen, die über den „erreichten Lernstand und Lernfortschritt" Aufschluss geben soll. Diese Dokumentation soll der/die Schüler*in „an die entsendende Lehrkraft in der Schule als Feedback zur individuellen Förderung übergeben", wo dann „auf dieser Grundlage und auf Basis der erbrachten Leistungen im Unterricht weitere Beratung und Förderung" erfolgen soll (MSB NW, 2022l, S. 11).

Wie viele Bildungsgutscheine in der Programmlaufzeit bislang ausgegeben worden sind, ist uns nicht bekannt. Auch diesbezüglich weist das Ministerium im Zwischenbericht an das BMBF lediglich den im August 2021 für diese Zwecke insgesamt zugewiesenen Betrag von gut 52 Mill. Euro aus. Als Herausforderung wird hier ferner benannt, dass im ländlichen Raum „[t]eilweise nur wenige Bildungsanbieter" präsent sind (KMK, 2022e, S. 88).

Ab dem 01.08.2022 können Schulträger Mittel für Bildungsgutscheine, die bisher nicht gebunden sind, nach eigenem Ermessen auch zur Aufstockung der Schul- und Schulträgerbudgets einsetzen (MSB NW, 2021k).

Sozial-emotionale Förderung

Dass im Rahmen des nordrhein-westfälischen Aufholprogramms dezidiert auch das sozio-emotionale Wohlbefinden der Schüler*innen in den Blick genommen werden soll, kommt schon darin zum Ausdruck, dass das Programm den Titel *Ankommen und Aufholen* trägt. Wie schon erwähnt, sollten vor allem die ersten Wochen nach den Sommerferien dafür genutzt werden, emotionale Bedürfnisse der Schüler*innen zu adressieren und sie behutsam wieder an die schulische Normalität heranzuführen. In der Phase des Ankommens, so formulierte der Minister für Kinder, Familie, Flüchtlinge und Integration, Joachim Stamp, in einem Bericht für den Ausschuss für Familie, Kinder und Jugend, sollten

> „Schulen dazu ermuntert und dabei unterstützt werden, auf die Themen einzugehen, die Grundlage für das erfolgreiche Lernen und das Aufholen von Lernstoff sind: auf die Aufarbeitung der Pandemie, auf die Reflexion des eigenen Lernstandes, auf körperliches und seelisches Wohlbefinden der Schülerinnen und Schüler" (Landtag Nordrhein-Westfalen, 2021, S. 1–2).

Die Schule müsse, so heißt es ferner auf der Programmwebseite, „Möglichkeiten und Freiräume bieten, Schule wieder als Lern- und Lebensraum zu gestalten und als Schulgemeinschaft wieder zusammenzuwachsen" (MSB NW, 2021h).

Besondere Aufmerksamkeit erhalten im Kontext sozio-emotionaler Förderung Sport- und Bewegungsangebote, denen mit dem oben bereits umrissenen *Extra-Zeit für Bewegung* ja auch ein eigener Programmbaustein gewidmet ist, von dem sich das Ministerium „einen wichtigen Beitrag zur körperlichen, psychischen und sozial-affektiven Entwicklungsförderung im Rahmen der Bewältigung etwaiger Negativfolgen der Corona-Pandemie" verspricht (MSB NW, 2021n). Denn körperliche Aktivität, so ist andernorts zu lesen, zeige

> „positiv [sic] Auswirkungen auf die physische, psychosoziale und geistige Gesundheit. Insbesondere in der Pandemiesituation sollen Möglichkeiten dieser positiven Einflussnahme auf die Gesundheit von Schülerinnen und Schülern in Schulen bewusst ausgeschöpft werden" (MSB NW, 2021h).

Von diesem Programmbaustein abgesehen, erscheint das Handlungsfeld der sozio-emotionalen Förderung von Schüler*innen in der Architektur des Aufholprogramms selbst aber doch eine eher untergeordnete Rolle zu spielen. Vor allem im Rahmen von Angeboten der Programmsäule *Extra-Zeit* sind jenseits der im engeren Sinne auf den (fachlichen und überfachlichen) Kompetenzerwerb ausgerichteten Angebote explizit auch „Elemente der Potenzialentfaltung und Persönlichkeitsbildung" angedacht, die z. B. die Form von „pädagogisch ausgerichteten Exkursionen und Freizeitangeboten" haben können (MSB NW, 2021h, Punkt 4.1e). Zu erwähnen ist ferner, dass das in Zusammenhang mit dem Thema Lernstandsdiagnose erwähnte Portal des QUA-LiS im Bereich „überfachliche Unterstützungsmaterialien" auch die Bereiche „Sozial-emotionales Lernen" und „Lebenssituation von Schülerinnen und Schülern" umfasst. Hier finden sich diverse Diagnose- und Unterstützungsmaterialien zum Themenkomplex des psychischen Wohlbefindens, wie z. B. Befragungstools und Handreichungen, auf die Lehrkräfte zurückgreifen können (QUA-LiS, 2022c).

Jenseits des Aufholprogramms hat das Ministerium im September 2021 ferner ein Landesprogramm zur Stärkung der Schulsozialarbeit initiiert (2021-09-24 PM Schulsozialarbeit): Es stockt die Landesmittel für dieses Aufgabenfeld um 20 Prozent auf knapp 60 Mill. Euro auf, die nunmehr auf Grundlage des Sozialindex auf die Schulen verteilt werden. Hinzu kommen weitere 14,5 Mill. Euro aus kommunalen Mitteln. Weiterhin können Schulen in Abhängigkeit von ihrer Größe bis zu zwei Lehrkräftestellen in Sozialarbeiter*innenstellen umwandeln, insofern die Erteilung des Unterrichts gemäß Stundentafel gewährleistet ist (MSB NW, 2021k).

6.10.2.3 Personaleinsatz

Um Programmmittel aus der Säule *Extra-Personal* für eine regelmäßige Mehrarbeit von Bestandskräften oder die Einstellung zusätzlichen Personals („Lehrkräfte" und „anderes pädagogisches Personal", zu OGS-Helfer*innen vgl. den nachfolgenden Absatz) in Anspruch zu nehmen, müssen sich Schulen zunächst an das zuständige schulfachliche Dezernat bzw. Schulamt wenden, um den konkreten Bedarf mitzuteilen. Dies geschieht in Form eines Projektantrags, in dem u. a. Angaben zur Personalsituation an der betreffenden Schule, zu bereits laufenden Maßnahmen, zu Art, Inhalt und Wochenstunden der beantragten Maßnahme sowie der geplanten Teilnehmendenzahl zu machen sind (Bezirksregierung Arnsberg, 2021). Ob bzw. in welchen Umfang die beantragten Mittel zur Verfügung gestellt werden, entscheiden die Schulaufsichtsbehörden unter Berücksichtigung von Bedarfskriterien „nach den Erfordernissen vor Ort". Insoweit der Projektantrag genehmigt wird, kann die Schule eine entsprechende Stellenausschreibung auf dem Internet-Portal VERENA („Vertretungseinstellung und andere befristete Beschäftigung nach Angebot") einstellen, wo interessierte Bewerber*innen sie einsehen und mit der ausschreibenden Schule in Kontakt treten können.

Ausweislich der Zahl der auf dem VERENA-Portal (MSB NW, 2022b) annoncierten Stellenangebote (Stand 21.06.2021: 1.214) liegt das Angebot an Fachkräften weit unterhalb des gemeldeten Bedarfs der Schulen, sodass auch das Ministerium in seinem Zwischenbericht an das BMBF auf eine „angespannte Arbeitsmarktlage" und „Herausforderungen bei der Stellenbesetzung" hinweist (KMK, 2022e, S. 87). Dabei dürfte der tatsächliche Bedarf noch ein gutes Stück höher liegen, da, so unsere Interviewpartner*innen des GEW-Landesverbands, Schulen in Kenntnis der schwierigen

Personalsituation das Antragsverfahren mitunter wohl gar nicht erst auf sich nehmen würden. Auf dem Internetportal LEO für unbefristete Stellenangebote im Schuldienst in NRW waren zum 22.06.2021 400 unbesetzte Stellen verzeichnet (MSB NW, 2022a). Darüber, wie viele Vollzeitäquivalente über Mehrarbeit und befristete Einstellungen im Rahmen dieser Komponente des Aufholprogramms bislang tatsächlich geschaffen werden konnten, oder wie viele Mittel dafür konkret abgerufen worden sind, liegen uns keine Informationen vor. Das Ministerium macht darüber auch im Zwischenbericht an das BMBF keine Angaben. Ausgewiesen wird dort lediglich das im August 2021 für diese Zwecke insgesamt zugewiesene Finanzvolumen von gut 99 Mill. Euro (KMK, 2022e, S. 87).

Im Gegensatz zum soeben beschriebenen Verfahren sind im Fall der OGS-Helfer*innen für Grund- und Förderschulen nicht die einzelnen Schulen, sondern die Schulträger aufgefordert, bei den zuständigen Bezirksregierungen Anträge zu stellen, wobei der Schulträger die Fördermittel an andere Träger (Träger der freien Jugendhilfe) weiterleiten kann, insoweit diese mit der Organisation/Durchführung des Ganztagsprogramms betraut sind. Eine Projektskizze oder dergleichen ist zur Beantragung von Mitteln aus dem OGS-Helfer*innenprogramm nicht erforderlich. Die Entscheidung über die konkrete Verteilung der Finanzmittel auf die Maßnahmen des Bezirks obliegt dabei dem Schulträger.

Nach Angaben des Ministeriums wurden von den Bezirksregierungen aus dem OGS-Helfer*innenprogramm bislang für knapp 334.000 Ganztagsschüler*innen sowie für weitere knapp 3.000 Gruppenmaßnahmen Mittel bereitgestellt (KMK, 2022e, S. 87).

Grundsätzlich ist festzuhalten, dass für alle Komponenten des Aufholprogramms, die eine zusätzliche fachlich-pädagogische Unterstützung von Schüler*innen zum Gegenstand haben, in qualifikatorischer Hinsicht mehr oder weniger aus demselben Personalreservoir geschöpft wird. Egal, ob es sich um Fachkräfte handelt, die unmittelbar an der Schule (befristet) angestellt werden (Ausschreibung über VERENA), um Fachkräfte, die aus dem Schulbudget als Honorarkräfte beschäftigt werden oder um solche, die im Rahmen außerschulischer Förderangebote von freien Trägern eingesetzt werden – das Spektrum des jeweils infrage kommenden Personals ist weitgehend deckungsgleich: In allen Programmkomponenten reicht das Spektrum der angesprochenen Fachkräfte – bei kleineren Unterschieden im Detail – von praktizierenden und pensionierten Lehrkräften über Lehramtsanwärter*innen, Hochschulabsolvent*innen und Studierenden bis hin zu (sozial-)pädagogisch Qualifizierten unterschiedlichster Beschäftigungsfelder. Wenn regional Schwierigkeiten hinsichtlich der Rekrutierung von geeignetem Personal bestehen, dürfte dies also tendenziell alle Komponenten des Aufholprogramms betreffen und zu Ressourcenkonkurrenzen zwischen den einzelnen Komponenten führen.

6.10.2.4 Finanzierung und Verteilung der Mittel

Finanzvolumen

Das Landesprogramm *Ankommen und Aufholen* hat ein finanzielles Gesamtvolumen von 430 Mill. Euro, was einem Betrag von etwa 224 Euro pro Schüler*in entspricht (Destatis, 2021a, Tab. 3.1; eigene Berechnung). Diese Mittel speisen sich zu gleichen Teilen aus Bund- und Landesmitteln und verteilen sich wie folgt auf die einzelnen Programmsäulen und -bausteine: Ca. 160 Mill. Euro entfallen auf die Säule *Extra-Personal* (knapp 100 Mill. Euro für befristete Einstellung bzw. Mehrarbeit und gut 60 Mill. Euro für OGS-Helfer*innen), 180 Mill. Euro auf die Säule *Extra-Geld* (gut 122 Mill. Euro für Schul- und Schulträgerbudgets sowie gut 52 Mill. Euro für Bildungsgutscheine)[28], 64 Mill. Euro auf die Säule *Extra-Zeit* (davon 4 Mill. Euro für *Extra-Zeit für Bewegung*). Die übrigen Mittel entfallen auf die Säule *Extra-Blick* sowie einige Programme, die in der Außendarstellung des Aufholprogramms keine prominente Stellung haben und daher hier auch nicht weiter aufgeschlüsselt werden (KMK 2022e, S. 87–92).

Haushaltstechnische Verteilung der Mittel an die Schulen

Mit der Verteilung von Programmmitteln an die Einzelschule sind je nach Programmsäule die Bezirksregierungen oder die Schulträger betraut.

Die Bezirksregierungen verwalten die Mittel aus der Säule, die auf Antrag von den Schulen abgerufen werden können. Des Weiteren verwalten die Bezirksregierungen die Mittel aus der Programmsäule *Extra-Zeit*. Sie werden im Fall der außerschulischen Gruppen- und Individualmaßnahmen an Träger von Schulbegleitungsmaßnahmen ausgeschüttet. Im Hinblick auf die gruppenbezogenen Maßnahmen ist anzumerken, dass mindestens 20 Prozent der zuwendungsfähigen Gesamtausgaben aus Eigenmitteln aufgebracht werden müssen. Für die Schulträger, die im Rahmen des Aufholprogramms ja ihrerseits ein Budget für eben solche Maßnahmen erhalten (vgl. den nachfolgenden Absatz), erscheint dies konsequent. Warum dies aber auch für Träger der freien Jugendhilfe gilt, erschließt sich uns nicht ohne Weiteres. Denkbar erscheint, dass der von diesen Institutionen aufzubringende Eigenanteil die Bereitschaft zur Mitwirkung am Programm schmälert.

Die Schulträger sind für die Verteilung der Mittel aus der Programmsäule *Extra-Geld* zuständig. Freie wie öffentliche Schulträger erhalten eine Gesamtfördersumme, die sich aus einem Pauschalbetrag von 71,43 Euro je Schüler*in in ihrem Verantwortungsbereich ergibt (MSB NW, 2021j). Von dieser Gesamtfördersumme geben die Schulträger mindestens 30 Prozent in Form von Schulbudgets an die Einzelschulen weiter, wobei je Schule ein Sockelbetrag von 500 Euro berücksichtigt wird (MSB NW,

---

28 Die Differenz zwischen dem für diese Programmsäule hier insgesamt ausgewiesenen Betrag und dem Summenbetrag der ihr zugehörigen Bausteine kommt dadurch zustande, dass das auf der Programmwebseite (MSB NW, 2021i) für diese Säule ausgewiesene Finanzvolumen die im Zwischenbericht an das BMBF (KMK, 2022e, S. 88) für die einzelnen Bausteine ausgewiesenen Beträge um etwa 6 Mill. Euro übersteigt.

2021i). Weiterhin werden mindestens 30 Prozent der Gesamtfördersumme in Form von Bildungsgutscheinen an die Einzelschulen weitergereicht – der verbliebene Betrag (also höchstens 40 Prozent der Gesamtfördersumme) bildet das Schulträgerbudget. Dieses soll zum einen dafür eingesetzt werden, schulübergreifende regionale Fördermaßnahmen (Angebote im Kontext von *Extra-Zeit*) sowie den dafür mitunter notwendigen Schüler*innentransport zu finanzieren. Zum anderen kann das Schulträgerbudget aber auch dazu genutzt werden, die für Schulbudgets und Bildungsgutscheine vorgesehenen Mittel bedarfsgerecht aufzustocken.

Kriterien und Verfahren der Ressourcenallokation

Was die Ressourcensteuerung angeht, ist das Landesaufholprogramm durch eine Mischung aus „Gießkannenprinzip" (konkret: Verteilung auf Grundlage der Schüler*innenzahlen) und Zuweisung auf Grundlage von Bedarfskriterien gekennzeichnet, wobei die vom Ministerium mit Blick auf die einzelnen Programmkomponenten formulierten Leitlinien zur Heranziehung von Bedarfskriterien insgesamt recht vage und für die jeweils adressierten Verteilungsinstanzen wenig verbindlich erscheinen. Insgesamt ergibt sich der Eindruck, dass das Ministerium mit Blick auf Fragen der bedarfsgerechten Ressourcenallokation bewusst auf eine Festschreibung spezifischer Kriterien und Verfahren verzichtet hat und darauf vertraut, dass die nachgelagerten Verteilungsinstanzen (Schulaufsichten, Schulträger, Schulen) die allgemeinen Vorgaben entsprechend lokaler Gegebenheiten sachangemessen konkretisieren.

Im Falle der aus der Programmsäule *Extra-Personal* für die Aufstockung bzw. befristete Einstellung von Lehrkräften und anderem (sozial-)pädagogischem Personal zur Verfügung gestellten Mittel obliegt es den Schulaufsichtsbehörden auf Ebene der Bezirksregierung, bei der Bewilligung von Personalressourcen bedarfsbezogene Priorisierungen vorzunehmen. Dazu heißt es: „Die zuständigen Schulaufsichtsbehörden entscheiden innerhalb der zur Verfügung stehenden Mittel nach den Erfordernissen vor Ort über die Projektanträge". Zur bedarfsorientierten Entscheidungsfindung werden u.a. die Kriterien „Personalausstattung der Schule", „Schulsozialindex" und „überdurchschnittliche pandemiebedingte Schließungszeiten der Einzelschule" berücksichtigt (Bezirksregierung Münster, 2021) Näheres darüber, wie genau diese – und etwaige andere – Bedarfskriterien bei der Ressourcenverteilung konkret Berücksichtigung finden, können wir auf Grundlage der vorliegenden Informationen nicht sagen.

Im Falle der ebenfalls von den Bezirksregierungen zuzuweisenden Mittel für OGS-Helfer*innen finden die soeben genannten Bedarfskriterien, soweit für uns erkennbar, keine Berücksichtigung. Maßgeblich für die Mittelzuweisung sind hier, wie oben bereits erwähnt, die Schüler*innenzahlen im Verantwortungsbereich der die Mittel beantragenden Schulträger. Allenfalls mit Blick auf das Merkmal „sonderpädagogischer Förderbedarf" kommen Bedarfskriterien insofern zur Geltung, als die je Schüler*in bzw. je Gruppe angesetzten Pauschalen hier höher liegen als für Schüler*innen und Gruppen ohne dieses Merkmal. So wird z.B. für sog. „Regelkinder" – dies sind

Schüler*innen ohne Förderbedarf an offenen Ganztagsgrundschulen – ein Betrag von 63,70 Euro veranschlagt, während sich der entsprechende Betrag für Schüler*innen mit Förderbedarf auf 116,10 Euro beläuft. Andere Individual- oder Gruppenmerkmale – oder auch Merkmale der Schule – spielen bei der Ressourcenzuweisung in dieser Programmkomponente nach unserer Kenntnis hingegen keine Rolle. Geradezu kurios mutet es in diesem Zusammenhang an, dass in dem an die Bezirksregierung zu richtenden Zuwendungsantrag zwar die Zahl der Schüler*innen „mit Fluchthintergrund und in besonderen Lebenslagen" gesondert auszuweisen ist, der zugewiesene Pauschalbetrag sich jedoch von dem für „Regelkinder" angesetzten nicht unterscheidet (MSB NW, 2021t, Anlage 1).

Expliziter kommen Bedarfskriterien wiederum in Bezug auf die Mittel zur Sprache, die im Rahmen von *Extra-Geld* von den Schulträgern an ihre Schulen verteilt werden. Im Fall des Schulbudgets verhält es sich dabei folgendermaßen: Jene 30 Prozent der Gesamtfördersumme, die der Schulträger verpflichtend an seine Schulen weiterzugeben hat, werden (trägerneutral) allein auf Grundlage der Schüler*innenzahlen vergeben. Es steht dem Schulträger jedoch frei, die Schulbudgets einzelner oder auch aller Schulen aus Mitteln seines eigenen Budgets aufstocken – und hier können dann Bedarfskriterien herangezogen werden. Dazu heißt es im FAQ auf der Programmwebseite:

> „Insbesondere in Kommunen, die sich in der Haushaltssicherung befinden, kann die innerkommunale Konkurrenz der Schulen um Mittel groß sein. In der Frage der sozial gerechten Verteilung der Mittel kann für allgemeinbildende Schulen der ‚Sozialindex' angewendet werden. Für Förderschulen und Berufskollegs könnten ggf. – sofern verfügbar – Sozialstrukturdaten der Einzugsgebiete der Schulen herangezogen werden" (MSB NW, 2021i).

Es ist also ins Ermessen des einzelnen Schulträgers gestellt, ob und in welcher Weise bei der Verteilung zusätzlicher Mittel Bedarfskriterien jenseits der Schüler*innenzahlen in Anschlag gebracht werden; eine irgendwie geartete Verpflichtung dazu besteht nicht. Darüber, inwieweit Schulträger von entsprechenden Zuweisungskriterien bei der Aufstockung von Schulbudgets tatsächlich Gebrauch gemacht haben, liegen uns keine Informationen vor.

Strukturell ähnlich stellt sich die Situation in Bezug auf die Bildungsgutscheine dar, die von den Schulträgern an die Schulen ausgegeben werden. Grundsätzlich sollen alle Schulen Bildungsgutscheine erhalten. Einschränkend ist jedoch anzumerken, dass Bildungsgutscheine durch die Schulträger erst dann ausgegeben werden sollen, wenn im Umfeld der Schule mindestens ein*e zugelassene*r Bildungsanbietende*r aktiv ist. In diesem Zusammenhang heißt es in der an Schulen und Schulträger adressierten Handreichung:

„Sofern dies bis Ende Februar 2022 noch nicht der Fall sein sollte, wird empfohlen, spätestens zu diesem Zeitpunkt Kontakt zum Schulträger aufzunehmen und zu prüfen, ob ein Bildungsanbieter dafür gewonnen werden kann, individuelle Förderung in den Räumlichkeiten der Schule oder des Schulträgers durchzuführen und über Bildungsgutscheine abzurechnen" (MSB NW 2022c, S. 10).

Welche quantitative Bedeutung diese Problematik hat – oder genauer: wie viele Schulen zunächst oder ggf. auch bis heute mangels regionaler Anbietender keine Gutscheine zugewiesen bekommen haben –, ist uns nicht bekannt. Grundlage für die Verteilung der Mittel auf die einzelnen Schulen sind auch hier die Schüler*innenzahlen, wobei es in diesem Fall – anders als bei den Schulbudgets – nicht der gesamte Pflichtteil von 30 Prozent der Gesamtförderung ist, der in dieser Weise zu verteilen ist, sondern mindestens die Hälfte. „Die Aufteilung der anderen Hälfte", so ist dem FAQ zu entnehmen, „kann nach eigenen Kriterien des Schulträgers nach einem anderen Verteilschlüssel erfolgen. Mögliche Kriterien sind z. B. unterschiedlich hohe Bedarfe der Schulen oder die sozialräumliche Lage der Schulen" (MSB NW, 2021k). Es handelt sich also um eine Kann-Bestimmung, über deren faktische Relevanz für das Schulträgerhandeln wir auf Basis der vorliegenden Informationen keine Aussage treffen können. Unklar bleibt auch, welche konkreten Gesichtspunkte die Schulträger bei der Feststellung „unterschiedlich hoher Bedarfe" in den Blick nehmen (sollen) bzw. ob das Ministerium entsprechende Kriterien gegenüber den Schulträgern näher spezifiziert hat.

Für die letztendliche Verteilung der einer Schule zugewiesenen Bildungsgutscheine auf einzelne Schüler*innen sind dann in erster Linie die Lehrkräfte vor Ort zuständig. Ihnen obliegt es, Schüler*innen mit besonderen Förderbedarfen zu identifizieren und anzusprechen, wobei die Schulleitungen sicherstellen sollen, dass „Kriterien zur Verteilung der Bildungsgutscheine definiert und die Lehrkräfte in geeigneter Weise über das Verfahren informiert" sind (MSB NW, 2022c, S. 10). Welche konkreten Kriterien dafür in Betracht kommen, wie sie im Fall eines das schulische Kontingent übersteigenden Bedarfs zu gewichten sind und welchen Stellenwert hier insbesondere auch die von den Schulen verstärkt durchzuführende Lernstandsdiagnostik (*ExtraBlick*) hat, bleibt in den uns vorliegenden Informationen unklar.

Nordrhein-Westfalen bleibt bei der bedarfsgerechten Verteilung von Mitteln insoweit hinter seinen Möglichkeiten zurück, als dass es den etablierten Sozialindex der Schulen nicht verbindlich zum Einsatz bringt, sondern den untergeordneten Verteilungsinstanzen bezüglich anzulegender Verteilungskriterien einen großen Ermessensspielraum einräumt.

6.10.3 Übergreifende Maßnahmen

6.10.3.1 Anpassung von Verordnungen

Was eine irgendwie geartete Anpassung von Verordnungen zwecks Minderung des Leistungsdrucks auf Schüler*innen im wieder aufgenommenen Schulbetrieb angeht, hat das Ministerium zu Beginn des Aufholprogramms zunächst eine zurückhaltende Position bezogen. Man wünsche sich, so erläuterte die Ministerin im Schulausschuss, „einen weitgehend regulären Verlauf des kommenden Schuljahrs" und werde „in dem Zusammenhang nicht die Ausbildungs- und Prüfungsordnungen in Bezug auf die vorgeschriebene Mindestzahl von Klassenarbeiten und Klausuren reduzieren". Dies werde gesondert zu entscheiden sein, wenn dies „zu einem späteren Zeitpunkt aufgrund einer Veränderung erforderlich" werde (Landtag Nordrhein-Westfalen, 2021b, S. 6).

Festgehalten werden kann, dass auf der Programmwebseite im Unterbereich der Säule *Extra-Blick* „Handlungs- und Gestaltungsspielräume" skizziert werden, die in den geltenden Ausbildungs- und Prüfungsordnungen bestehen. Diesen Freiraum könnten Lehrkräfte und Fachschaften nutzen, „um die erste Leistungsüberprüfung individuell an die Situation der Schülerinnen und Schüler vor Ort anzupassen" (MSB NW, 2021h).

Eine uns von der KMK zur Verfügung gestellte Länderabfrage (KMK, 2022b) macht deutlich, dass das Ministerium – jedenfalls zunächst – seiner Grundhaltung auch im Hinblick auf das Absolvieren der Schulabschlüsse treu geblieben ist. Spürbare Erleichterungen wurden demnach einzig für das Abitur beschlossen. Hier ist eine „[e]rweiterte Aufgabenauswahl in den meisten Fächern in den schriftlichen Prüfungen" sowie eine „leichte Reduzierung der Fokussierungen in den Abiturvorgaben der neu einsetzenden, modernen Fremdsprachen" vorgesehen. Darüber hinaus soll eine Woche vor Prüfungsbeginn der Unterricht „nach organisatorischer Maßgabe der jeweiligen Schule zur Vorbereitung auf die Prüfungen nur noch in den Abiturfächern" stattfinden. Für die anderen prüfungsbasierten Schulabschlüsse – den erweiterten Hauptschulabschluss und den MSA – wird hingegen angegeben, dass diese „(Stand Dezember 2021) regulär statt[finden]", wobei „ggf. zu einem späteren Zeitpunkt noch Anpassungen vorgenommen" würden. (KMK, 2022b). Aus einer vom deutschen Schulportal veröffentlichten und jüngst aktualisierten Übersicht geht allerdings hervor, dass auch hier inzwischen offenbar nachgesteuert worden ist. Demnach sollen nunmehr auch für die Abschlussprüfungen in der Sekundarstufe I mehr Aufgaben zur Auswahl stehen. Ferner sollen „fachliche Vorgaben konkretisiert und bestimmte Inhalte der Kernlehrpläne von der Prüfung ausgenommen werden". Der ausgesparte Stoff soll dann im Unterricht erst nach den Prüfungen behandelt werden. Dies solle „für Entlastung sorgen, ohne bundesweite Bildungsstandards einzuschränken" (Das Deutsche Schulportal, 2022).

6.10.3.2 Bestimmungen bzw. Empfehlungen zu Unterrichtsinhalten

Einer Anpassung von Unterrichtsinhalten erteilte das Ministerium, jedenfalls mit Blick auf die zentral vorgegebenen Rahmenbestimmungen, bei Anlaufen des Aufholprogramms eine Absage. Man halte es „für eine nicht sinnvolle Forderung", so die Ministerin, „dass jetzt nach der Entschlackung der Lehrpläne gerufen" werde. Die kompetenzorientierten Lehrpläne seien „bewusst so entwickelt worden, dass sie den Schulen entsprechende Freiräume geben [...] [und] nur 70 Prozent der vorgesehenen Unterrichtszeit mit den Lehrplänen abgebildet werden soll." Daher könne und dürfe man „nicht einfach Kompetenzen gerade in der Zeit streichen, in der es natürlich einer besonderen Orientierung für unsere Schülerinnen und Schüler" bedürfe. Gleichwohl sollten sich, so konzedierte die Ministerin, „[d]ie schulinternen Fachkonferenzen [...] zusammensetzen, um einmal zu prüfen, wie sie ihre schulinternen Lehrpläne eventuell anpassen" könnten. Auch wenn damit zusätzliche Arbeit auf die Schulen zukomme, wähnte sich die Ministerin sicher, „dass unsere Lehrkräfte allesamt die Professionalität haben, genau das zu tun, was für die Entwicklung innerhalb ihrer Schülerschaft erforderlich ist" (Landtag Nordrhein-Westfalen 2021b, S. 21).

6.11 Länderbericht Rheinland-Pfalz

Am 14.03.2021 fanden in Rheinland-Pfalz die Wahlen zum 18. Landtag statt. Im Ergebnis wird das Land weiterhin durch eine Koalition aus SPD, GRÜNEN und FDP regiert. Auch im Bereich des Ministeriums für Bildung blieb Dr. Stefanie Hubig als Ministerin im Amt.

In Folge von Extremwetterereignissen in der Nacht vom 14. auf den 15.07.2021 kam es in Rheinland-Pfalz zur bekannten Flutkatastrophe, die in zahlreichen Gebieten zu enormen Zerstörungen führte. Mit Blick auf Vorbereitungen des neuen Schuljahres 2021/2022 wurde der Diskurs vor allem von Hilfen für Flutopfer sowie die Nutzbarmachung von Schulgebäuden bestimmt. Die Umsetzung des Aktionsprogramms *Aufholen nach Corona* spielte hingegen bis September 2021 eine eher untergeordnete Rolle.

6.11.1 Genese des Landesprogramms und Problemwahrnehmung der Akteure

Bereits am Ende des Schuljahres 2019/2020 kündigte das Ministerium für Bildung in einer Sitzung des Bildungsausschusses ein erstes Förderkonzept für die Sommerferien 2020 an, für welches das Land 2 Mill. Euro einsetzen würde. Dieses beinhaltete sowohl Lernförderkurse im Rahmen der sogenannten *SommerSchule*, Nachhilfeangebote des Kooperationspartners Corona School e. V. sowie Feriensprachkurse für zugewanderte Lernende mit Sprachförderbedarf als auch Möglichkeiten der freizeitorientierten Ferienbetreuung (vgl. Landtag Rheinland-Pfalz, 2020, S. 20). In diesem Zusammenhang gab das Bildungsministerium zu verstehen, dass Ferienangebote für Kinder und Jugendliche vor dem Hintergrund umfangreicher pandemiebedingter Einschränkungen des Schulbetriebs von besonderer Bedeutung seien (vgl. ebd.). Als Ziel dieses damaligen Maßnahmenpakets galt vor allem, dass Schüler*innen frühzeitig in ihre vertrauten schulischen Strukturen reintegriert und Angebote der Ferienbetreuung dringend um Bildungsinhalte erweitert werden müssten (vgl. ebd., S. 34).

Diese Förderung wurde im Januar 2021 verlängert. In einer Pressemitteilung vertrat das Bildungsministerium die Auffassung, dass „Schule und Lehrkräfte alleine in diesen Zeiten nicht alles übernehmen [könnten]" (BM RLP, 2021b) und setzte daher bewusst auf additive Angebote und die Einbindung „starke[r] Kooperationspartner" (ebd.).

Zur Ausgestaltung der additiven Lernförderkurse wurde Ende Februar 2021 eine erste und im September 2021 eine zweite Rahmenvereinbarung zwischen dem Bildungsministerium und dem VHS-Verband geschlossen (vgl. BM RLP & VHS-Verband, 2021a, b). Die Vereinbarung gilt bis zum 31.07.2023 (vgl. BM RLP & VHS-Verband, 2021b).

Nachdem die Bund-Länder-Vereinbarung zum Aktionsprogramm *Aufholen nach Corona* im Juni unterzeichnet wurde, wird in Rheinland-Pfalz ab Juni 2021 eine verstärkte Betrachtung psychosozialer und emotionaler Folgen der Pandemie, etwa durch den Verlust sozialer Kontakte oder Erfahrungen von Isolation und Einsamkeit, erkennbar (vgl. Landtag Rheinland-Pfalz, 2021d, S. 12–22; 2021e, S. 13–21). In diesem Zusammenhang wurden unter anderem Möglichkeiten zur Nutzung von Strukturen der Jugendhilfe diskutiert (vgl. hierzu BM RLP, 2021m) und Angebote zur additiven Lernförderung um Maßnahmen zur sozial-emotionalen Unterstützung ergänzt. Hierzu gehören der Ausbau von Freiwilligendiensten an Schulen, die Stärkung der außerschulischen und schulischen Sozialarbeit sowie Möglichkeiten der Ferienbetreuung durch das Bildungsministerium.

Das Bildungsministerium berichtete im Juni 2021 außerdem, dass Fortbildungs- und Beratungsangebote für Lehrkräfte in Vorbereitung seien, damit diese psychische Problemlagen auffangen und ihre Schüler*innen bei Bedarf an geeignete Stellen weitervermitteln könnten (vgl. Landtag Rheinland-Pfalz, 2021d, S. 16). Diese Angebote wurden im Zuständigkeitsbereich des Pädagogischen Landesinstituts (PL), hier unter anderem in der Abteilung des schulpsychologischen Dienstes, verortet.

Einen weiteren Beitrag zur Auseinandersetzung mit spezifischen psychischen Belangen Jugendlicher lieferten schließlich im August 2021 Ergebnisse der Studie „Jugend in Zeiten von Corona", die vom Ministerium für Familie, Frauen, Kultur und Integration (MFFKI) beauftragt und im Frühjahr 2021 vom Institut für Sozialpädagogische Forschung Mainz (ism) durchgeführt wurde. Die Befragung richtete ihren Fokus auf das Belastungserleben junger Menschen im Alter zwischen 14 und 27 Jahren im Zuge der Pandemie. Die Befunde sind in einem Bericht aufbereitet (Institut für Sozialpädagogische Forschung Mainz, 2021).

Im Mai 2022 wurde bekannt, dass in den Sommerferien 2022 ein neues Lernförderprogramm unter dem Namen *LiF – Lernen in Ferien* zur Verfügung stünde (vgl.

BM RLP, 2022c). Dieses wird in Kooperation mit dem VHS-Verband durchgeführt und stellt eine Weiterentwicklung des bekannten Formats der *SommerSchule* und *HerbstSchule* dar (vgl. ebd.).

Darüber hinaus erfolgte im Rahmen der Erarbeitung des Zwischenberichts zur Umsetzung des Aktionsprogramms *Aufholen nach Corona* zum 31.03.2021 an das BMBF (KMK, 2022e) eine Zwischenevaluation des landeseigenen Aufholprogramms in Rheinland-Pfalz (vgl. BM RLP, 2022b, e). In einer Pressemitteilung des Bildungsministeriums wurden auf eine starke Nachfrage des Programms hingewiesen sowie einzelne Best-Practices zur Umsetzung der Förderung an den Schulen, wie etwa Spielzeiten in Klasse 1, spezielle Leseförderung in der Grundschule oder auch die Einrichtung von Lernbüros in der Sekundarstufe sowie Angebote zur Vorbereitung des Arbeitsmarkteintritts, vorgestellt (vgl. BM RLP, 2022b).

6.11.2 Landesaufholprogramm

6.11.2.1 Zentrale Lernstandserhebungen, Leistungsüberprüfungen und Diagnostik

Das Bildungsministerium kündigte im Mai 2021 an, in Rheinland-Pfalz am Ende des Schuljahres 2020/2021 und zum Beginn des Schuljahres 2021/2022 flächendeckende Lernstandserhebungen durchführen lassen zu wollen (vgl. Landtag Rheinland-Pfalz, 2021c). In einer späteren Bildungsausschusssitzung hob Bildungsministerin Stefanie Hubig diesbezüglich hervor, dass eine „Bestandsaufnahme des Lernstands" einen notwendigen Ausgangspunkt zur Umsetzung der Fördermaßnahmen im Rahmen von *Aufholen nach Corona* darstelle, die Lehrkräfte jedoch mit Blick auf Verfahren der pädagogischen Diagnostik sehr gut ausgebildet seien und darüber hinaus unterschiedliche Instrumente auf einer Plattform des PL vorgefunden werden könnten (vgl. Landtag Rheinland-Pfalz, 2021d, S. 34).

Jedoch konstatierte sie gleichermaßen, dass in Rheinland-Pfalz keine zentralen Erhebungen durch die Lehrkräfte vor Ort erfolgen würden, sondern individualdiagnostische Verfahren zu nutzen seien (vgl. ebd.). Verwiesen wird dabei auf Tools wie beispielsweise *Lesen macht stark* und *Mathe macht stark* (speziell für den Grundschulbereich) oder auch *ILeA – Individuelle Lernstandsanalysen* sowie *2P | Potenzial & Perspektive* (vgl. ebd. sowie Landtag Rheinland-Pfalz, 2022c, S. 2). Darüber hinaus könnten Erfassungsbögen in Lehrwerken und bereits etablierte Gesprächsformate zwischen Lehrkräften, Lernenden und Eltern sowie informelle Feedbackgespräche im Unterricht genutzt werden, um einen Überblick über den Lernstand der Kinder und Jugendlichen zu erhalten (vgl. Landtag Rheinland-Pfalz, 2021d, S. 35). Als standardisierte Instrumente stehen im Allgemeinen VERA 3 und 8 sowie zentrale Abituraufgaben zur Verfügung (Landtag Rheinland-Pfalz, 2022c, S. 3). Im Jahr 2021 fanden die VERA-Erhebungen jedoch nicht verpflichtend statt (vgl. BM RLP, 2021f, g).

Für unsere Interviewpartner*innen aus dem GEW-Landesverband Rheinland-Pfalz ist eine qualitative Lernstandsdiagnostik zielführend für die individuelle Förderplanung im Rahmen des Aktionsprogramms. Eine solche sei jedoch von Lehrkräften, mit Ausnahme von Sonderpädagog*innen, nicht ohne Weiteres leistbar, da diese eben nicht grundlegend in diesem Bereich ausgebildet seien. Neben dieser fehlenden Qualifikation würden zudem im schulischen Alltag die Zeitressourcen zur flächendeckenden Anwendung der Tools und einer tiefergehenden Auswertung der Ergebnisse fehlen. Auch wenn Fortbildungsangebote auf Seiten des PL bestünden, würden diese aus Zeitgründen von zahlreichen Pädagog*innen nicht genutzt werden.

Interessant erscheint in diesem Zusammenhang eine Befragung von Schulleiter*innen, die im Mai und Juni 2021 durch das PL erfolgte und deren Ergebnisse in einer Veranstaltung des Bildungsministeriums unter dem Titel „Lernen in der Pandemie" vorgestellt wurden (vgl. hierzu auch BM RLP, 2021k). Nach Aussage unserer Interviewpartner*innen der GEW Rheinland-Pfalz habe sich im Rahmen der Befragung gezeigt, dass von den Schulleitungen mittlere bis hohe Unterstützungsbedarfe unter anderem in den Bereichen der pädagogischen Diagnostik, der Kompensation von festgestellten Lernrückständen sowie der individuellen Förderung von Schüler*innen mit Lernschwierigkeiten rückgemeldet worden seien.

Bemerkenswert an der Strategie des Bildungsministeriums ist, dass es sich einerseits generalisierbare Rückmeldungen zu den Lernständen der Schüler*innen wünscht, um das Landesaufholprogramm steuern zu können, andererseits jedoch die Erhebung des Lernstandes gleichermaßen als Kernkompetenz der Pädagog*innen und Tagesgeschäft im schulischen Alltag begreift (vgl. Landtag Rheinland-Pfalz, 2021d, S. 35). Nach Einschätzung des Bildungsministeriums müsse eine pädagogische Diagnostik gelingen, „die nicht nur punktuell, sondern über einen längeren Zeitraum [...] den individuellen Lernfortschritt beobachtet und beurteilt" (Landtag Rheinland-Pfalz, 2022c, S. 2). Um zumindest einen Überblick über die Erhebung von Lernständen zu erhalten, sollten die Schulen in Rheinland-Pfalz bis zu den Herbstferien 2021 ihren konkreten Einsatz von Erhebungsinstrumenten der Schulaufsicht melden (vgl. BM RLP, 2021j, S. 6; Landtag Rheinland-Pfalz, 2021d, S. 34). Darüber hinaus bestand für spezifische Schulformen und Jahrgangsstufen die ausdrückliche Pflicht zur Lernstandserhebung in Deutsch und Mathematik (zu den Regelungen vgl. BM RLP, 2021j).

Nach Aussage des Bildungsministeriums im November 2021 hätten die Schulen zum Beginn des Schuljahres 2021/2022 die individuellen Lernstände ihrer Schüler*innen unter Nutzung des Angebots des PL ermittelt (vgl. BM RLP, 2021n, S. 2). Dies wurde von unseren Interviewpartner*innen des GEW-Landesverbands auch so bestätigt.

6.11.2.2 Pädagogische Maßnahmen

Das rheinland-pfälzische Landesaufholprogramm trägt seit Juli 2021 den Namen *CHANCEN@lernen.rlp* und wird federführend durch das Bildungsministerium verantwortet. Ferner unterbreitet auch das Familienministerium (MFFKI) Angebote unter Nutzung der vom Bund bereitgestellten Mittel. Die verschiedenen Maßnahmen des Bildungsministeriums zur Kompensation pandemiebedingter Nachteile lassen sich drei Säulen zuordnen:

1) Integrierte und additive Maßnahmen zur Lernförderung;
2) Kinder- und Jugendfreizeiten sowie außerschulische Angebote;
3) Stärkung von Schulsozialarbeit und Freiwilligendiensten.

In einem Schulbrief zum Ende des Schuljahres 2020/2021 stellte das Ministerium das Programm bewusst als *Baukastensystem* (BM RLP, 2021j, S. 1) vor, das einzelne Bestandteile je nach individuellem Bedarf der Kinder und Jugendlichen bereithielte. Diese könnten und sollten wiederum von Lehrkräften und Pädagog*innen vor Ort flexibel in den schulischen und außerschulischen Alltag integriert werden (vgl. ebd.). Neben additiven Förder- und Unterstützungsangeboten bestünden zudem Möglichkeiten der personellen Aufstockung im Unterricht (vgl. ebd.).

Integrierte kognitive Förderung

Zum Ausbau innerschulischer Fördermaßnahmen erhalten im Zuge des Aktionsprogramms alle allgemein- und berufsbildenden Schulen in Rheinland-Pfalz eine Aufstockung ihrer Personalbudgets, um zusätzliche Bedarfe in den Schuljahren 2021/2022 sowie 2022/2023 abdecken zu können.

Im Schuljahr 2021/2022 stellte das Land den Schulen bereits 48 Mill. Euro zur Abdeckung von Vertretungsbedarfen und zur Abfederung des organisatorischen Mehraufwands für Schulleitungen zur Verfügung (vgl. Landtag Rheinland-Pfalz, 2021a, g; BM RLP, 2021l). Diese wurden im Zuge von *Aufholen nach Corona* durch Bundesmittel nochmals um 28,5 Mill. Euro für die Dauer des Programms aufgestockt (vgl. Landtag Rheinland-Pfalz, 2021e, S. 14), um beispielsweise Team-Teaching-Formate zu implementieren oder Kleingruppenunterricht zu ermöglichen und somit die Intensität der Förderung einzelner Schüler*innen zu erhöhen (vgl. BM RLP, 2021n, 2022e). In diesem Zusammenhang berichteten uns die Interviewpartner*innen des GEW-Landesverbands, dass zum Zeitpunkt des Interviews (Februar 2022) an den Schulen massive Vertretungsbedarfe bestanden, die trotz Budgeterhöhung als hochproblematisch erschienen, und somit Möglichkeiten der zusätzlichen integrierten Förderung in der Praxis häufig in den Hintergrund gerieten.

Über ihre regulären Budgets hinaus erhalten zudem alle öffentlichen Schulen zur Anstellung lehrenden Personals weitere Mittel in Höhe von jeweils 10 Mill. Euro für die benannten beiden Schuljahre (vgl. BM RLP, 2021l). Auch für Schulen in freier Trägerschaft wurden im Haushaltsjahr 2021 Zuschüsse in Höhe von 760.000 Euro und in 2022 1,5 Mill. Euro vorgesehen (vgl. BM RLP, 2021n; FMRLP, 2021, S. 109). Für Ganztagsschulen erfolgte eine gesonderte Aufstockung des Personalbudgets. Unsere Interviewpartner*innen des GEW-Landesverbands Rheinland-Pfalz teilten uns hierzu mit, dass auch Lehrkräfte in Teilzeit an Ganztagsschulen (GTS) ihre Verträge aufstocken konnten, diese Aufstockung aus juristischen Gründen jedoch nur im Umfang von fünf Stunden möglich sei. Außerdem haben die GTS noch die Möglichkeit erhalten, zusätzliche Freiwilligendienstleistende im Ganztagsbereich anzustellen (vgl. BM RLP, 2021n, S. 2; 2022e, S. 2).

Additive kognitive Förderung

In Rheinland-Pfalz wird der überwiegende Teil der Bundesmittel aus dem Aktionsprogramm *Aufholen nach Corona* für integrierte Förderangebote genutzt. Es gibt aber auch Angebote zur additiven Lernförderung sowohl in den Ferien als auch während der Schulzeit.

Wie einleitend beschrieben, gelten die *SommerSchule* und die *HerbstSchule* als sehr frühes, freiwilliges Lernförderangebot, welches im Zuge der pandemiebedingten Schulschließungen in Rheinland-Pfalz entwickelt wurde und in den Jahren 2020 und 2021 stattfand.

Das Bildungsministerium verstand das Programm bereits in seinem ersten Durchgang als „eine Art Ferienbetreuungsmaßnahme mit teilschulischem Bildungsangebot für die Schülerinnen und Schüler, die ein wenig den Anschluss verloren hätten oder sich wieder in das Lernen hineinfinden müssten" (Landtag Rheinland-Pfalz, 2020, S. 28). Es richtete sich im Jahr 2020 an Lernende der Klassen 1 bis 8 und legte den Schwerpunkt auf eine Lernförderung in Deutsch und Mathematik (ebd., S. 21, 31). Für das Jahr 2021 erfolgte schließlich eine Ausweitung des Programms auf die 9. Jahrgangsstufe (vgl. Landtag Rheinland-Pfalz, 2021d, S. 23; BM RLP, 2021h). Darüber hinaus konnten auch Lerngegenstände aus den Naturwissenschaften sowie Inhalte aus dem Englischunterricht bearbeitet werden (vgl. ebd.). Als Lehr- und Lernmittel dienten einerseits vom PL entwickelte Materialien (Landtag Rheinland-Pfalz, 2020, S. 21). Andererseits war es im Jahr 2021 ebenso möglich, Unterlagen zu nutzen, die die Lehrkräfte speziell für ihre Schüler*innen zusammengestellt haben. Das BM RLP sprach in diesem Zusammenhang anschaulich von „individuelle[n] Lern- und Unterstützungspakete[n]" (Landtag Rheinland-Pfalz, 2021h, S. 2). Zur tatsächlichen Abstimmung von Lerninhalten und -materialien sowie methodischen Vermittlungswegen berichteten unsere Interviewpartner*innen aus dem GEW-Landesverband, dass die Materialvorbereitung für die Lehrkräfte mit großem Zeitaufwand verbunden sei und infolgedessen nicht immer stattgefunden hätte. Darüber hinaus hätten viele Lehrkräfte gar nicht gewusst, ob ihre Schüler*innen an einer *Sommer-/HerbstSchule* teilgenommen hätten bzw. teilnähmen.

Im Rahmen des Angebots wurden im ersten Durchgang 2020 bereits mehr als 500 Kurse eingerichtet. 2021 meldete das Bildungsministerium über 1.900 Kurse zurück.

2021 fand zudem eine Evaluation der Ferienschule statt (Landtag Rheinland-Pfalz, 2021i, S. 22–29).

Im Allgemeinen wurde die Ferienschule in den Jahren 2020 und 2021 im Herbst und Sommer jeweils für zwei Wochen angeboten. Für die Herbstferien bedeutete dies, dass die *HerbstSchule* durchgängig stattfand. In den Sommerferien waren dagegen die letzten beiden Ferienwochen für die Lernförderung reserviert, um den Schüler*innen einen gleitenden Übergang in das neue Schuljahr zu ermöglichen (vgl. Landtag Rheinland-Pfalz, 2020, S. 33; 2021h, S. 1).

Das Angebot der *Sommer-* und *HerbstSchule* trägt seit den Sommerferien 2022 den Namen *LiF – Lernen in Ferien* und wird in Kooperation mit dem VHS-Verband durchgeführt (vgl. BM RLP, 2022c). Auch wenn das Programm vom Bildungsministerium als „inhaltliche, organisatorische und qualitative Weiterentwicklung" (BM RLP, 2022d, S. 2) bezeichnet wird, bleibt dennoch das grundlegende Konzept der Ferienschule erhalten. Jedoch bietet es eine größere Flexibilität bei der Ausgestaltung (vgl. im Folgenden ebd. sowie BM RLP, 2022c; BM RLP & VHS-Verband, 2022). So kann die Förderung in allen Unterrichtsfächern und Klassenstufen stattfinden sowie gleichermaßen überfachliche Kompetenzen (Methoden-, Sozial- und Selbstkompetenz) berücksichtigen. Weiterhin ändert sich die Personalverantwortlichkeit für die Ferienschulen. Die *Sommer-* und *HerbstSchule* wurde durch ehrenamtliche Freiwillige in Kooperation des Landes mit den Kommunen durchgeführt (vgl. Landtag Rheinland-Pfalz, 2020, S. 21; BM RLP, 2021h). Bei *LiF* wird das Personal vom VHS-Verband gestellt, jedoch können zusätzlich weitere Personen „mit einem engen Bezug zum schulischen Lernen" (BM RLP, 2022d, S. 2) als Kursleitungen engagiert werden.

Die Ferienangebote folgen in der Regel dem Ansatz, Kinder und Jugendliche am Vormittag kognitiv zu fördern, während die Nachmittage regulären Ferienfreizeitangeboten vorbehalten sind (vgl. Landtag Rheinland-Pfalz, 2020, S. 20, 28, 31; 2021h, S. 1).

Neben den *SommerSchulen* und *LiF* wurden Feriensprachkurse und die qualifizierte Hausaufgabenhilfe außerhalb der Ferien angeboten. Beides sind etablierte Lernfördermaßnahmen, die im Rahmen des Aktionsprogramms *Aufholen nach Corona* ausgeweitet werden. Sie richten sich ausschließlich an Lernende mit Migrationshintergrund und zielen auf die Förderung sprachlicher Kompetenzen im Bereich der deutschen Sprache.

Die Feriensprachkurse finden seit 2009 in Kooperation mit dem VHS-Verband statt. Sie erstrecken sich in den Oster- und Pfingstferien jeweils über eine Woche bzw. 20 Stunden sowie in den Sommer- und Herbstferien über zwei Wochen bzw. 40 Stunden (vgl. Pädagogisches Landesinstitut Rheinland-Pfalz, 2021). Die Förderung ist sowohl für Schüler*innen der Grundschulen als auch für jene der Sekundarstufe I (bis Klasse 10) offen (vgl. ebd.). Eine Anmeldung zu den Kursen erfolgt auf Basis eines festgestellten Sprachförderbedarfs direkt durch die Schulen mit dem Einverständnis der Eltern (vgl. ebd.).

Im Jahr 2020 wurden für die Einrichtung der Feriensprachkurse Landesmittel in Höhe von 197.000 Euro eingesetzt (Landtag Rheinland-Pfalz, 2020, S. 37).

2021 wurden schließlich allein für die Kurse in den Oster- und Pfingstferien bereits 300.000 Euro aufgewendet (BM RLP, 2021i). Insgesamt wurden 2021 658 Kurse für 5.310 Lernende eingerichtet (vgl. BM RLP, 2022b).

Die qualifizierte Hausaufgabenhilfe, die speziell für den Grundschulbereich konzipiert wurde, sieht eine Hausaufgabenbetreuung für Kinder mit „spezielle[n] Förderbedarfe[n] im Bereich Sprache und Kommunikation" (Landtag Rheinland-Pfalz, 2021j, S. 1) in Kombination mit Elementen eines „spielerische[n] Kommunikationstraining[s]" (ebd. sowie BM RLP, 2021i) vor. Die Förderung wird an Grundschulen mit einem hohen Anteil von Kindern mit Migrationshintergrund durch verschiedene Träger wie beispielsweise Schulträger, andere kommunale Gebietskörperschaften, Fördervereine oder freie Träger organisiert und erfolgt in einer Kleingruppe (acht bis zwölf Lernende) für drei Stunden pro Woche (vgl. Landtag Rheinland-Pfalz, 2021j). Die Betreuung einer Hausaufgabengruppe wird von jeweils einer Honorarkraft übernommen, die wiederum vom Träger eingesetzt wird. Dabei muss es sich zwingend um eine Person handeln, die über eine pädagogische Vorbildung oder mindestens Erfahrungen im Umgang mit Kindern mit Bedarfen im sprachlichen Bereich verfügt (vgl. ebd.).

Die Finanzierung erfolgt jährlich über Landesmittel in Höhe von 1 Mill. Euro. Im Rahmen von *CHANCEN@lernen.rlp* wurden die Mittel ab dem Jahr 2021 um 500.000 Euro erhöht (vgl. Landtag Rheinland-Pfalz, 2021j).

Im Haushaltsentwurf 2022 liegt eine Auflistung zur Entwicklung des Programms seit dem Schuljahr 2008/2009 vor. Diese zeigt bereits für das Schuljahr 2020/2021 einen sprunghaften Anstieg von vormals 179 auf 232 Schulen bzw. von 560 auf 652 Gruppen (vgl. FM RLP, 2021, S. 83). Zum Schuljahr 2021/2022 wurden mit 793 Gruppen nochmals deutlich mehr Angebote an nunmehr 245 Schulen bewilligt (vgl. ebd.).

Neben den genannten Angeboten wurden schulische Zusatzangebote in Kooperation mit dem VHS-Verband im Jahr 2021 eingeführt. Diese Maßnahme soll Schüler*innen an Grund- und weiterführenden Schulen beim Aufholen von Lernrückständen in Deutsch und Mathematik unterstützen (vgl. hierzu und im Folgenden BM RLP & VHS-Verband, 2021a, b). Ursprünglich wurde angedacht, die Lernförderung während der Schulzeit am Nachmittag in den Räumlichkeiten der angestammten Schule anzubieten, jedoch wurde das Angebot nach dem Beginn des Schuljahres 2021/2022 auf die Schulferien ausgeweitet und ist seither nicht mehr an feste Zeiträume im Schuljahresverlauf geknüpft.

Wie alle anderen additiven Angebote zur kognitiven Förderung werden auch die VHS-Kurse mit Schüler*innen-Gruppen (sechs bis zwölf Lernende) durchgeführt, die darüber hinaus klassenübergreifend organisiert werden können. Die Förderung umfasst dabei ein bis zwei Unterrichtsstunden pro Woche und soll vor allem jenen Kindern und Jugendlichen helfen, bei denen die Lehrkräfte vermuten, dass sie die erforderlichen Kompetenzen des jeweiligen Schuljahres nicht erreichen können. Die Ansprache dieser Schüler*innen erfolgt durch die Schulen, die wiederum die Zustimmung zur Anmeldung bei den Eltern einholen.

Aus den Rahmenvereinbarungen zwischen dem Bildungsministerium und dem VHS-Verband geht hervor, dass beide Partner bei der Ausgestaltung der Kurse großen Wert sowohl auf eine inhaltliche Passung von schulischem Unterricht und externen Lehrinhalten als auch auf eine kontinuierliche Einbindung der regulär unterrichtenden Lehrkräfte legen. In diesem Sinne sei beispielsweise die Arbeit mit dem regulären Unterrichtsmaterial der Schüler*innen vorgesehen.

Für den Personaleinsatz trägt der VHS-Verband die Verantwortung. Dieser soll Kursleiter*innen mit einer pädagogischen Berufsausbildung oder mindestens langjährigen Erfahrungen in der Arbeit mit Schüler*innen einsetzen (BM RLP & VHS-Verband, 2021b, S. 3)

Das Angebot wird durch das Bildungsministerium unter Einsatz von Landesmitteln in Höhe von 1 Mill. Euro finanziert und seit dem Schuljahr 2021/2022 durch Bundesmittel aufgestockt. Die Abrechnung der Mittel erfolgt nach Durchführung der Kurse durch den VHS-Verband direkt beim Ministerium (vgl. BM RLP & VHS-Verband, 2021b). Mit Stand zum 28.10.2021 wurden seit Beginn der Kooperation im Februar 2021 bereits 1.500 Kurse für 13.000 Lernende bewilligt (vgl. Landtag Rheinland-Pfalz, 2021i, S. 25).

Abschließend sind bei den additiven Maßnahmen noch die Online-Nachhilfen *Corona School* und *Haydee!* zu nennen. Die beiden Anbietenden werden bei der Ausgestaltung und Umsetzung ihres digitalen Nachhilfeangebots von Studierenden, insbesondere Lehramtsstudierenden, unterstützt, die über einen Videochat ehrenamtlich ein bis zwei Nachhilfestunden pro Woche anbieten und bei Bedarf auch eine Eins-zu-Eins-Betreuung ermöglichen (vgl. BM RLP, 2021e, S. 2–3; Landtag Rheinland-Pfalz, 2020, S. 21). In einem Schreiben an alle Schulen in Rheinland-Pfalz hob die Bildungsministerin Stefanie Hubig im März 2021 hervor, dass diese Formate nicht nur zur Erklärung von Unterrichtsinhalten genutzt werden könnten, sondern ebenso die Chance böten, Hausaufgaben zu besprechen oder Schüler*innen bei der Prüfungsvorbereitung zu unterstützen (vgl. BM RLP, 2021e).

Sozial-emotionale Förderung

Zur Bewältigung der sozial-emotionalen Folgen der Pandemie setzt Rheinland-Pfalz neben Ferienprogrammen des Bildungs- und des Familienministeriums prioritär auf den innerschulischen Einsatz von Sozialarbeiter*innen und Freiwilligendienstleistenden.

Zur Rolle von Schulsozialarbeiter*innen hieß es beispielsweise in einer Pressemitteilung des BM RLP zu Beginn des Jahres 2021:

> „Gerade während der Pandemie sind die Schulsozialarbeiterinnen und Schulsozialarbeiter – neben den Lehrkräften – wichtige Ansprechpartner für die Sorgen und Nöte der Schülerinnen und Schüler wie auch deren Familien. Die Schulsozialarbeit hilft damit auch, den Kontakt zwischen Schule und Elternhaus in der Pandemie nicht abreißen zu lassen" (BM RLP, 2021c).

Die Schulsozialarbeit fällt als Handlungsfeld der Kinder- und Jugendhilfe in den Zuständigkeitsbereich der Kommunen. Für die Ausgestaltung entsprechender Angebote der Schulsozialarbeit fördert Rheinland-Pfalz die Träger der Kinder- und Jugendhilfe regulär über den Einsatz von Landesmitteln in Höhe von jährlich 20 Mill. Euro (vgl. hierzu und im Folgenden BM RLP, 2021c, 2022a; Landtag Rheinland-Pfalz, 2021i). Im Rahmen des Aufholprogramms wurden im Bereich der Schulsozialarbeit zusätzlich 8,6 Mill. Euro für die Schuljahre 2021/2022 sowie 2022/2023 freigegeben, die für Stellenaufstockungen, Gruppenangebote, Elternarbeit oder auch die Begleitung junger Menschen beim Übergang in Ausbildung aufgewendet werden können.

Darüber hinaus bildet die Stärkung von Freiwilligendienstleistenden an Ganztagsschulen einen zweiten zentralen Baustein zur sozial-emotionalen Förderung von Kindern und Jugendlichen. Die zusätzlichen Bundesmittel sollten nach dem Familienministerium vorzugsweise für Schulen in herausfordernder Lage sowie für all jene Einrichtungen genutzt werden, in denen viele Lernende am Ganztagsangebot teilnehmen (vgl. Landtag Rheinland-Pfalz, 2021g, S. 2). Somit hätten Ganztagsschulen während der Laufzeit des Aktionsprogramms die Möglichkeit, zusätzliche Freiwilligenstellen zu beantragen, ohne dass eine Anrechnung auf das Personalbudget erfolgen würde (vgl. ebd.). Die zusätzlichen Mittel belaufen sich auf knapp 2 Mill Euro. Im Bereich kultureller Bildungsarbeit stehen darüber hinaus Freiwillige zur Verfügung, die Kinder und Jugendliche insbesondere im Nachgang der Schließung von Kultureinrichtungen begleiten sollen (vgl. Landtag Rheinland-Pfalz, 2021k, S. 32–33). Für das Jahr 2021/2022 sind zehn, für 2022/2023 20 zusätzliche Stellen vorgesehen, die mit Bundesmitteln finanziert werden sollen (vgl. ebd.).

6.11.2.3 Personaleinsatz

Der größte Anteil des notwendigen Personals soll über (befristete) Lehrkräfteeinstellungen oder über Einstellungen zusätzlichen pädagogischen Personals an Schulen erfolgen. Es liegen uns jedoch keine Informationen vor, in welchem Umfang dieses Personal tatsächlich akquiriert werden konnte. Das Personal für die additiven Angebote sollte sich aus pensionierten sowie aktiven Lehrkräften, Lehramtsstudierenden und -anwärter*innen, Oberstufenschüler*innen und Abiturient*innen sowie Personal mit Bezug zur Schule zusammensetzen. Die Akquise des Personals erfolgte dabei größtenteils über den VHS-Verband. Auch hier ist wenig über das eingesetzte Personal bekannt. Unsere Interviewpartner*innen der GEW Rheinland-Pfalz berichteten uns jedoch, dass die fachliche Ausbildung der Kursleitungen kein Einstellungskriterium gewesen und somit die Qualität des Angebots je nach regionalen Gegebenheiten und Engagement der Freiwilligen höchst unterschiedlich sei. Insbesondere in Universitätsstädten sei die Personalakquise deutlich unproblematischer verlaufen.

6.11.2.4 Finanzierung und Verteilung der Mittel

Finanzvolumen

In Rheinland-Pfalz wurden im Jahr 2020 60 Mill. Euro an Landesmitteln für zusätzliche schulische Fördermaßnahmen aufgewendet. Im Jahr 2021 erfolgte eine Erhöhung auf insgesamt 77 Mill. Euro (vgl. Landtag Rheinland-Pfalz, 2021d, S. 12; 2022, S. 3).

Im Rahmen des Aktionsprogramms *Aufholen nach Corona* erhält Rheinland-Pfalz insgesamt 63 Mill. Euro an Bundesmitteln, 21 Mill. Euro für das Jahr 2021 und 42 Mill. Euro für das Jahr 2022 (vgl. Landtag Rheinland-Pfalz, 2021e, S. 14).

Auf den Bereich der Lernförderung, der vollständig vom BM RLP verantwortet wird, entfallen 49 Mill. Euro. Mittel zur Ausgestaltung von Ferienmaßnahmen (3,4 Mill. Euro) gehen zum Großteil (2,9 Mill. Euro) an das Familienministerium über. Zur Stärkung von Schulsozialarbeit und Freiwilligendiensten werden dem Bildungsministerium 10,6 Mill. Euro zugewiesen (zur Aufteilung der Mittel vgl. Landtag Rheinland-Pfalz, 2021e, S. 13–14 sowie 2021k, S. 27–28).

Haushaltstechnische Verteilung der Mittel an die Schulen

Während die Mittel zur integrierten kognitiven Förderung und Personalaufstockung über Schulbudgets zugewiesen werden, werden alle weiteren additiven Angebote externer Partner*innen zur Lernförderung beim Bildungsministerium abgerechnet. Schulen profitieren von diesen Mitteln zur Lernförderung also nur, wenn sie tatsächlich Angebote beauftragen und durchführen lassen. Im Bereich der Schulsozialarbeit werden die Fachkräftestellen durch das Bildungsministerium an die Schulen verteilt (für bewilligte Personalstellen in 2021 und 2022 vgl. BM RLP, 2021c, 2022a). Freiwilligendienstleistende können von Schulen angefordert werden. Die Zuweisung an die Einrichtungen erfolgt schließlich über die jeweiligen Träger der Freiwilligendienste.

Kriterien und Verfahren der Ressourcenallokation

In Rheinland-Pfalz orientiert sich die Ressourcenzuweisung nicht an sozialstrukturellen Maßen wie beispielsweise einem Sozialindex. Im Bereich der integrierten kognitiven Förderung und der sozial-emotionalen Förderung erfolgt die Mittelzuweisung über die Festschreibung eines Schulbudgets bzw. die Zuweisung von Personalstellen. Mittel zur additiven kognitiven Förderung kommen ausschließlich in Form extern erbrachter Angebote „in die Schulen". Nach Auffassung unserer Interviewpartner*innen des GEW-Landesverbands werde das Geld somit nicht nach dem bekannten „Gießkannenprinzip" verteilt, jedoch trügen die Schulleitungen eine starke Verantwortung, Förderangebote zu realisieren. In letzter Konsequenz seien sie dabei aber von dem Angebot potenzieller Kursleitungen abhängig.

Einzig die Feriensprachkurse und die qualifizierte Hausaufgabenhilfe stellen ein Element bedarfsgesteuerter Mittelzuweisung dar, weil sie nur für Schüler*innen mit Migrationshintergrund stattfinden bzw. an Schulen mit einem hohen Anteil von Kindern mit Migrationshintergrund angeboten werden. Unseren Interviewpartner*innen des GEW-Landesverbands Rheinland-Pfalz zufolge sei die Anzahl beantragbarer Förderstunden im Rahmen von *Aufholen nach Corona* jedoch nicht aufgestockt worden.

Aufgrund der Freiwilligkeit der Teilnahme kann nicht sichergestellt werden, dass die additiven Angebote auch die Schüler*innen erreichen, die die höchsten Bedarfe haben. Im Interview mit den Vertreter*innen des GEW-Landesverbands wurde deutlich, dass es beispielsweise für Kinder und Jugendliche mit sonderpädagogischem Förderbedarf, für Lernende an Schwerpunkt- und Sonderschulen sowie für Schüler*innen mit extremen Lernrückständen äußerst schwierig bis unmöglich gewesen sei, an den Angeboten der *Sommer-* und *HerbstSchule* teilzunehmen. Der Grund hierfür sei, dass die Kurse einerseits nicht schulartbezogen angeboten worden und dadurch inhaltlich nicht für alle Teilnehmenden anschlussfähig gewesen seien. Andererseits sei es durch alters- bzw. jahrgangsstufenhomogene Gruppen gleichermaßen zu Passungsproblemen gekommen, da etwa Lernende der Klassenstufe 7 an Gymnasien und Förderschulen schlichtweg in ihrem Lernstand nicht vergleichbar seien. Zudem wären teilweise zusätzliche Fahrtwege und -kosten entstanden, da die Kommunen Angebote an einzelnen Schulstandorten zusammengelegt hätten und somit im Zweifel die wohnortnahe Stammschule kein Angebot unterbreiten konnte.

6.11.3 Übergreifende Maßnahmen

6.11.3.1 Anpassung von Verordnungen

Im Schuljahr 2020/2021 gab es hinsichtlich der Leistungsbewertung und Bildung von Zeugnisnoten insofern eine Aufweichung der Schulordnung, als dass an Grundschulen die Möglichkeit alternativer individueller Leistungsnachweise bestand, in der Sekundarstufe I die Anzahl verpflichtender Klassenarbeiten bei Ersatz durch andere Leistungsfeststellungen herabgesetzt werden konnte sowie in der gymnasialen Oberstufe Kursarbeiten in Leistungskursen reduziert und in Grundkursen gestrichen werden und durch andere Leistungsfeststellungen ergänzt werden konnten (vgl. BM RLP, 2020b; Landtag Rheinland-Pfalz, 2021d).

Da in Rheinland-Pfalz am Ende der Jahrgangsstufen 9 und 10 keine Schulabschlussprüfungen zu absolvieren sind, gab es lediglich für den Abiturjahrgang 2021 leichte Anpassungen. So konnten die Schulen in der Entwicklung dezentraler Abituraufgaben auf Inhalte verzichten, die im Unterricht nicht behandelt wurden (Landtag Rheinland-Pfalz, 2021d, S. 5–8). Darüber hinaus gab es keine Verpflichtung, Prüfungsthemen aus der 13. Jahrgangsstufe einzureichen (vgl. ebd.). Für den Abiturjahrgang 2022 wurden im Dezember 2021 reguläre Prüfungsbedingungen angekündigt (vgl. BM RLP, 2021o).

Im Zuge der pandemiebedingten Belastungen des Schulwesens hatten alle Lernenden nach den Schuljahren 2019/2020 und 2020/2021 die Möglichkeit, einen Antrag auf eine Wiederholung der Klassenstufe – in Rheinland-Pfalz als „freiwilliges Zurücktreten" (BM RLP, 2021d, S. 2) bezeichnet – zu stellen. Wiederholungen wurden in der Grundschule und den Jahrgangsstufen 6 bis 10 dabei nicht auf die maximal mögliche Anzahl an Rückstufungen angerechnet (vgl. ebd.). In der gymnasialen Oberstufe konnte eine Jahrgangsstufe einmal wiederholt werden, wenn die vorgelagerte Stufe (Klasse 10 bei G8 bzw. Klasse 11 bei G9) nicht bereits wiederholt wurde (vgl. ebd.). Auch hier erfolgte keine Anrechnung auf die maximale Verweildauer der Lernenden (vgl. ebd.). Für das Jahr 2022 kündigte das Bildungsministerium jedoch an, dass bei der Beantragung einer Klassenwiederholung die Pandemie als besondere Belastung keine Anerkennung mehr finden würde, da es im Schuljahr 2021/2022 nicht mehr zu flächendeckenden Schulschließungen gekommen sei (vgl. Landtag Rheinland-Pfalz, 2022b, S. 44). Gleichwohl würden Einzelfallentscheidungen nach wie vor möglich sein (vgl. ebd.).

6.11.3.2 Bestimmungen bzw. Empfehlungen zu Unterrichtsinhalten

Um den Unterricht auf zentrale Inhalte und Kernkompetenzen fokussieren zu können, wurden die Schulen bereits im Schuljahr 2020/2021 durch das Bildungsministerium aufgefordert, eigenverantwortliche Anpassungen des Curriculums und des Personaleinsatzes vorzunehmen (vgl. BM RLP, 2020a). Diese wurden nach Auskunft des Bildungsministeriums nicht zentral vorgeschrieben, da das Ministerium davon ausging, dass die Schulen infolge von Schulschließungen und Quarantänemaßnahmen unterschiedliche Lernfortschritte ihrer Schüler*innenschaft zu verzeichnen hätten und demnach Entscheidungen vor Ort zu treffen seien (vgl. Landtag Rheinland-Pfalz, 2021d, S. 2).

Jedoch gab es für 2020/2021 verbindliche Vorgaben zum Umgang mit zusätzlichen Stunden für Arbeitsgemeinschaften und fakultative Angebote (BM RLP, 2020a, S. 3). Diese sollten in einem „engen Zusammenhang zum Pflichtunterricht stehen" (ebd.) und beispielsweise der Lernförderung im Nachgang des Home-Schoolings dienen (vgl. ebd.).

Darüber hinaus wurden bis Ende Januar 2021 die Pflicht zu Betriebspraktika ausgesetzt und die Schulen dazu aufgefordert, die berufliche Orientierung zu übernehmen (vgl. BM RLP, 2021a).

6.12 Länderbericht Saarland

6.12.1 Genese des Landesprogramms und Problemwahrnehmung der Akteure

Am 22.01.2021 führte Bildungsministerin Streichert-Clivot in einer Rede vor dem saarländischen Landtag aus, dass es einer langfristigen Strategie bedürfe, um die negativen Folgen der Pandemie auf Schüler*innen soweit wie möglich einzudämmen, und verwies in diesem Zusammenhang auf ein Bündel von Maßnahmen, die das Ministerium zu ergreifen gedenke. So kündigte sie u. a. an, Schulen darin zu unterstützen, Lernwerkstätten anzubieten, in denen individuelle Lernrückstände aufgearbeitet werden könnten. Wo Bedarf bestehe, sollten die Schulen ferner Unterstützung bei der Durchführung einer Ferienschule erhalten, wobei für die individuelle Förderung auch der Einsatz von Studierenden in Betracht komme (MBK SL, 2021a). Wenngleich wir im Rahmen unserer Recherchen nicht klären konnten, in welchem Umfang für die genannten Zwecke dann auch schon Mittel bereitgestellt wurden, lassen sich hier zumindest konzeptionell bereits Grundzüge des späteren Aufholprogramms erkennen. Darüber hinaus wurde bereits Mitte 2020 im Zuge der Verabschiedung des Doppelhaushaltes für die Jahre 2021/2022 eine Lehrkräftereserve von 200 befristeten Stellen geschaffen, um auf pandemiebedingte Personalengpässe zu reagieren (MBK SL, 2020). Auch dieser Baustein wurde im Rahmen des Aufholprogramms, das am 08.06.2021 beschlossen wurde (MBK SL, 2021b), in etwas veränderter Weise aufgegriffen und personell ausgeweitet.

6.12.2 Landesaufholprogramm

Das saarländische Aufholprogramm läuft unter der schlichten Bezeichnung *Corona-Aufholprogramm* und hat ein Finanzvolumen von insgesamt 28 Mill. Euro. Diese Mittel werden zum einen für die befristete Einstellung von zusätzlichen Lehrkräften und anderem pädagogischem Personal eingesetzt. Zum anderen erhalten die Schulen ein Budget, aus dem sie in Zusammenarbeit mit externen Partner*innen Honorarkräfte für die Umsetzung von Fördermaßnahmen einsetzen können. Diese können als schulische Maßnahmen in den regulären Unterricht integriert sein bzw. diesen ergänzen oder aber als Zusatzangebote etwa in Form von Projekten oder Ferienangeboten durchgeführt werden. Die entsprechenden Maßnahmen sollen schwerpunktmäßig im Schuljahr 2021/2022 durchgeführt werden, wenn auch grundsätzliche eine Umsetzung bis zum Ende des Kalenderjahres 2022 möglich ist (MBK SL, 2021f).

Eine übersichtlich strukturierte Webseite informiert über die Grundzüge des Programms, hält spezifische Informationen für Schulen, für externe Partner*innen und Honorarkräfte sowie für Schüler*innen und Erziehungsberechtigte bereit und bietet darüber hinaus ein thematisch organisiertes FAQ (MBK SL, 2021f).

6.12.2.1 Zentrale Lernstandserhebungen, Leistungsüberprüfungen und Diagnostik

Auch im saarländischen Aufholprogramm wird die Erhebung von Lernständen im Wesentlichen als Aufgabe der einzelnen Schule verstanden. Die Lehrkräfte sollen Unterstützungsbedarfe der Schüler*innen diagnostizieren und für Schüler*innen mit deutlichen Lernrückständen „passgenaue Förderpläne" festlegen (MBK SL, 2021b). Im Sinne einer ganzheitlichen Bildung soll dabei neben dem fachlichen Lernen ebenso die „sozial-personale Entwicklung" der Schüler*innen in den Blick genommen werden (MBK SL & LPM, o. J.), die das Ministerium mit den Stichworten „sozial-emotionale Situation, musisch-kulturelle Bildung, Sport, Bildung für nachhaltige Entwicklung, Demokratiebildung, Sprachförderung" umreißt (MBK SL, o. J.).

Um die diagnostische Arbeit und die darauf aufbauende Förderplanung zu unterstützten, bietet das Landesinstitut für Pädagogik und Medien (LPM) bezogen auf die verschiedenen Schularten und Fächer Online- und Präsenzveranstaltungen zu den Schwerpunkten individuelle Lernstandsdiagnostik, individuelle Förderung sowie Leistungserfassung und Lernbegleitung an (MBK SL, 2021g). Auch wurde auf der Lernplattform Online-Schule Saarland (OSS) das Onlineportal *Individuelle Förderung und Lernprozessbegleitung (IFöL)* eingerichtet, auf dem für diese Zwecke grundlegende Informationen und Handreichungen sowie Instrumente und Materialien abgerufen werden können (LPM, o.J.). Darüber hinaus erhalten die Schulen jeweils ein spezielles Budget von 1.300 Euro, aus dem fachbezogene Diagnose- und Förderinstrumente angeschafft werden können. Das Ministerium hebt in diesem Zusammenhang etwa die von der Universität Dortmund und der LMU München entwickelte Förder-App *Meister Cody* hervor, die „im Bereich der Grundschulen, Förderschulen und der Klassenstufen 5 und 6 der Gemeinschaftsschulen die Diagnose und Förderung fachlicher Kompetenzen in Deutsch und Mathematik" ermögliche (MBK SL, 2021h).

Zentrale Lernstandserhebungen haben, soweit wir erkennen können, für Fragen der Programmsteuerung im Saarland keine Rolle gespielt, obgleich es zu denjenigen Ländern zählt, in denen VERA 3 und VERA 8 im Jahr 2021 verpflichtend stattgefunden haben (Landtag des Saarlandes, 2022, S. 2–4). Wie in einigen anderen Ländern wurden die Vergleichsarbeiten allerdings pandemiebedingt von ihrem turnusmäßigen Termin im Frühjahr auf den September verschoben, so dass die Schüler*innen im Fall von VERA 3 (Deutsch und Mathematik) zu Beginn des 4. Schuljahres und im Fall von VERA 8 (Mathematik) zu Beginn des 9. Schuljahres getestet wurden (ebd.). Über die landesweiten Ergebnisse ist jedoch erst im Juli 2022 auf eine parlamentarische Anfrage hin berichtet worden. In der Antwort auf diese Anfrage lässt das Ministerium erkennen, dass es keine Möglichkeit sieht, über den Vergleich mit Vorjahreswerten Rückschlüsse über pandemiebedingte Lernrückstände zu ziehen. Die Diagnose habe in den letzten Jahren mit unterschiedlich zusammengesetzten Testheften und verschiedenen Schwerpunkten stattgefunden, so dass eine direkte Vergleichbarkeit der Ergebnisse im Längsschnitt nicht möglich sei (ebd., S. 7).

Im Jahr 2022 wurden die Vergleichsarbeiten wieder im Mai durchgeführt und die Übermittlung der Ergebnisse sollte noch vor den Sommerferien erfolgen (Landtag des Saarlandes, 2022, S. 8). Jedoch wird auch dann aufgrund der unterschiedlichen Testzeitpunkte eine Vergleichbarkeit mit den Vorjahresergebnissen nicht gegeben sein.

6.12.2.2 Pädagogische Maßnahmen

Allen saarländischen Schulen werden individuelle Budgets zugewiesen, mit denen sie Fördermaßnahmen finanzieren können. Diese können in den Unterricht integriert, unterrichtsergänzend oder als Zusatzangebote organisiert werden, wobei unterschiedlichste Formate wie z.B. individuelle Förderung im Unterricht, Arbeit in Kleingruppen, Förderunterricht, Lernwerkstätten, der Einsatz von Lernpat*innen und Mentor*innen oder auch Formate des Projektlernens infrage kommen (MBK SL, 2021f).

Die Umsetzung entsprechender Maßnahmen erfolgt durch Honorarkräfte, die durch die Kooperation mit externen Partner*innen gewonnen werden sollen. Dazu müssen die Schulen eine*einen Rahmenvertragspartner*in auswählen, der die Abwicklung der Fördermaßnahmen gegenüber dem Ministerium übernimmt (MBK SL, o.J.). Hierzu hat das Ministerium zwölf Organisationen akkreditiert, darunter beispielsweise den Verband der Volkshochschulen des Saarlandes, die Schülerhilfe GmbH & Co. KG und den Völklinger Arbeitskreis Nachmittagsbetreuung e.V. (VAN) (MBK SL, 2022b). Bei Bedarf können die Schulen ergänzend sogenannte Subpartner*innen heranziehen, die die Organisation der Angebote vor Ort übernehmen und bei der Verwaltung und Abrechnung mit der*dem Rahmenvertragspartner*in kooperieren (MBK SL, o.J.). Dies können den Schulen bekannte Organisationen wie ein Schul- oder Förderverein sein (ebd.), aber z.B. auch eine Kommune, ein Bildungsträger oder fachlich geeignete Einzelpersonen (MBK SL, 2021f). Als Hilfestellung bei der Auswahl stellt das Ministerium den Schulen Listen zur Verfügung, auf denen die als Rahmen- bzw. Subpartner*innen infrage kommenden Maßnahmenträger verzeichnet sind (MBK SL, 2021i). Als Subpartner*innen können grundsätzlich aber auch solche gewählt werden, die nicht auf der Liste verzeichnet sind, insoweit sie den vom Ministerium definierten Anforderungen (s.u.) genügen (MBK SL, o.J.).

Für jede geplante Maßnahme ist seitens der Schule eine sogenannte Förderskizze auszufüllen, in der Angaben zu den beteiligten (Sub-)Partner*innen sowie zum inhaltlichen Schwerpunkt, Umfang und vorgesehenen Ablauf der Maßnahme zu machen sind. Diese Förderskizze soll anschließend im Austausch mit den beteiligten Partner*innen finalisiert werden, wobei hier insbesondere das erforderliche Unterstützungspersonal und die absehbaren Kosten erörtert werden sollen. Die weitere Verwaltung, beispielsweise die Meldung der Fördermaßnahme, obliegt dann den Sub- bzw. Rahmenvertragspartner*innen. In ihren Händen liegt es auch, geeignete Unterstützungskräfte zu stellen, die die geplanten Fördermaßnahmen „in enger Abstimmung mit der Schule und insbesondere mit den Lehrkräften" (MBK SL, o.J.) umsetzen sollen. Erwähnenswert ist in diesem Zusammenhang, dass die Schulleitung gegenüber dem eingesetzten Personal „in Abstimmung mit dem Subpartner" auch weisungsbefugt ist (MBK SL, 2021f). Nach Abschluss der betreffenden Maßnahme ist diese anhand eines kurzen Sachberichts in der Förderskizze zu dokumentieren, die dann – im Falle der Beteiligung von Subpartner*innen durch diese – an die Rahmenvertragspartner*innen weitergeleitet wird. Diese geben die Unterlagen an das Ministerium weiter und organisieren – wiederum ggf. unter Einbeziehung der Subpartner*innen – die Abrechnung (MBK SL, o J.)

Als Zielgruppen der umzusetzenden Maßnahmen sind Schüler*innen aller Klassenstufen und Schulformen genannt (KMK, 2022e, S. 97), wobei inhaltliche Schwerpunkte gleichermaßen auf den Bereich der sozial-personalen Entwicklung wie auf das fachliche Lernen gelegt werden können. In Bezug auf Letzteres hebt eine Handreichung des Ministeriums für die Primarstufe die Fächer Mathematik, Deutsch und Sachunterricht sowie wie Deutsch als Zweitsprache (DAZ) hervor; für die Sekundarstufe Mathematik, Deutsch, Fremdsprachenunterricht, Natur- und Gesellschaftswissen, DAZ sowie wie berufliche Lernfelder und Fächer (MBK SL & LPM, o. J.).

Über alle von Honorarkräften durchgeführten (d. h. integrierte wie additive) Fördermaßnahmen hinweg hat das Ministerium laut Zwischenbericht an das BMBF 70.000 Schüler*innen (KMK, 2022e, S. 97) erreicht, was – gemessen an der Schüler*innenschaft allgemeinbildender Schulen – einem bemerkenswert hohen Anteil von 77 Prozent der Schüler*innen entspräche (Destatis, 2021a, Tab. 3.2; eigene Berechnung). Dem steht allerdings mit einem zum 15.03.2022 ausgewiesenen Mittelabruf von lediglich 1,5 der eingeplanten 6 Mill. Euro eine eher geringe Fördersumme gegenüber, was die Frage nach der Erhebungsgrundlage aufwirft, nach der die Zählung der erreichten Schüler*innen generell erfolgte. Eine weitere Differenzierung des Mittelabrufs bzw. der Zahl der erreichten Schüler*innen nach Art oder inhaltlichem Schwerpunkt der Förderformate wird im Zwischenbericht nicht vorgenommen. Daher liegen uns weder Informationen darüber vor, inwieweit es sich bei den umgesetzten Angeboten um fachliche bzw. auf das psychosoziale Wohlbefinden der Schüler*innen ausgerichtete Maßnahmen handelte, noch etwa darüber, ob (fachliche) Angebote vorwiegend in den Unterricht integriert oder additiv durchgeführt wurden.

Integrierte kognitive Förderung

Festzuhalten ist jedoch, dass die im Rahmen des Aufholprogramms umzusetzende zusätzliche Förderung zumindest nach den programmatischen Vorstellungen des Ministeriums „grundsätzlich integrativ – also während des Unterrichtsalltags, etwa durch Binnendifferenzierung und zeitweise Aufteilung von Lerngruppen" (MBK SL, 2021b) erfolgen soll.

Additive kognitive Förderung

Das den Schulen zugewiesene Budget kann aber auch zur Umsetzung von Maßnahmen jenseits der regulären Unterrichtszeit eingesetzt werden, etwa für nachmittags stattfindenden Förderunterricht, z. B. im Bereich der „Sprach-, Lese-, Schreib-, Mathe-, oder Fremdsprachenförderung" (MBK SL, 2021b). Prinzipiell können entsprechende Maßnahmen auch als freiwillige Ferienangebote organisiert werden, wenngleich das Ministerium hervorhebt, dass im Falle von Angeboten in den Ferienzeiten der Schwerpunkt nicht auf dem fachlichen Lernen liegen soll, sondern „vor allem auf Angeboten aus dem musisch-kulturellen Bereich, dem Sport sowie der Bildung für Nachhaltige Entwicklung (BNE)" (ebd.). Zur Veranschaulichung infrage kommender Aktivitäten nennt das Ministerium u. a. Klettern und Schwimmen, Zauber- und Zirkusprojekte, Tanzen und Musicals, Töpfern und Holzarbeit, Wanderungen und Walderlebnispfade sowie Ausflüge z. B. in Zoos und Museen (MBK SL, 2021c). Die Ferienangebote sollen überwiegend im Rahmen der an den Schulen durchgeführten Ferienbetreuung stattfinden (ebd.). Sie sollen sich an Schüler*innen der Klassenstufen 1 bis 10 richten (KMK, 2022e, S. 98), kostenfrei sein und – im Gegensatz zu den gewöhnlichen Ferienprogrammen der Vorjahre – sämtlichen Schüler*innen offenstehen und nicht nur jenen, die an einer freiwilligen Ganztagsschule (FGTS) angemeldet sind (MBK SL, 2021b).

Anders als die übrigen von Honorarkräften umgesetzten Förderformate sind die Ferienangebote im Zwischenbericht an das BMBF separat ausgewiesen. Demzufolge wurden in den Ferien des Sommers 2021 von 133 Schulen (dies sind etwa 43 Prozent der allgemeinbildenden Schulen, vgl. Destatis, 2021a, Tab. 2.1; eigene Berechnung) ca. 500 zusätzliche Projekte ausgerichtet, mit denen über 5.000 Schüler*innen erreicht wurden (KMK, 2022e, S. 98), was knapp 5,5 Prozent der Schüler*innen allgemeinbildender Schulen entspricht (Destatis, 2021a, Tab. 3.2; eigene Berechnung).

Sozial-emotionale Förderung

Wie die Ausrichtung der Ferienangebote erkennen lässt, haben Maßnahmen der sozial-emotionalen Förderung im saarländischen Aufholprogramm einen hohen Stellenwert. Unsere Interviewpartner*innen der GEW Saarland begrüßten diesen Umstand und berichteten, dass viele Schulen bei der Umsetzung von Maßnahmen diesen Bereich stark gewichtet hätten.

Darüber hinaus betont das Ministerium, dass für „die Rückkehr in einen geregelten Schulalltag und den Abbau sozial-emotionaler Belastungen […] die Schulsozialarbeit, die Schulverweigerungsstellen und die psychosoziale Beratung ebenfalls eine wichtige Rolle" (MBK SL, 2021b) spielten, weshalb die Schulsozialarbeit „als Schnittstelle zwischen Jugend- und Bildungspolitik" (MBK SL, 2021d) an sämtlichen Schulen weiter ausgebaut werde. Dafür stehen laut Ministerium 1,7 Mill. Euro an Bundesmitteln zur Verfügung, aus denen im Schuljahr 2021/2022 Stellen in der Größenordnung von 25 Vollzeitäquivalenten finanziert werden könnten (ebd.). Diese würden „unter Berücksichtigung der sozialen Bedarfe der Schulen in Abstimmung zwischen dem MBK SL und der Jugendhilfe" (ebd.) standortspezifisch verteilt. Inhaltlicher Fokus soll dabei zum einen die „verstärkte Vernetzung und Zusammenarbeit von Schule und Jugendhilfe sowie Schule, Jugendhilfe und schulpsychologischem Dienst" (ebd.) sein, wobei die zusätzlichen Ressourcen neben der unmittelbaren Arbeit mit den Schüler*innen auch der Beratung von Lehrkräften und Erziehungsberechtigten zugutekommen sollen. Da sich im Gefolge der Pandemie erwartbar vermehrt Schulängste aufgebaut hätten und daher mit einem Anstieg der Zahlen im Bereich der Schulverweigerung und -abstinenz zu rechnen sei, sollen zum anderen die entsprechenden Anlaufstellen gestärkt und deren Vernetzung mit den Schulsozialarbeiter*innen und Sozialpädagog*innen an den Schulen intensiviert werden (ebd.).

Weiterhin hat das Ministerium angekündigt, aus Landesmitteln zusätzliche FSJ-Stellen sowie Stellen für das das Freiwillige Ökologische Jahr (FÖJ) zu bezuschussen (MBK SL, 2021b). Dem Zwischenbericht des Ministeriums an das BMBF ist ferner zu entnehmen, dass der Einsatz von Bundesfreiwilligendienstleistenden, der bisher insbesondere an Förderschulen erfolgte, auf Grund- und Gemeinschaftsschulen ausgeweitet wurde. Dafür werden 45.000 Euro für 11 BFD-Stellen ausgewiesen, mit denen, so die etwas überraschende Angabe, ca. 3.000 Schüler*innen an Grundschulen sowie ca. 1000 Schüler*innen an Gemeinschaftsschule erreicht worden seien (KMK 2022e, S. 99). Auch hier stellt sich wiederum die Frage, wie die erreichten Schüler*innen konkret gezählt werden.

6.12.2.3 Personaleinsatz

Die saarländischen Schulen haben zusätzliches Personal aus zwei Quellen bezogen. Zum einen wurden pandemiebedingt befristete Stellen für Lehrkräfte in der Größenordnung von 300 Vollzeitäquivalenten geschaffen sowie weitere 100 Stellen für Personal, das in Kooperation mit externen Bildungsträgern wie z. B. den Maßnahmenträgern der FGTS Fördermaßnahmen durchführen soll (MBK SL, 2021b). Diese Stellen wurden, soweit wir sehen können, gleichmäßig über die Schulen verteilt. Die 300 Lehrkräftestellen sollen nunmehr auch für das Schuljahr 2022/2023 zur Verfügung stehen und aus dem Nachtragshaushalt *Sondervermögen Pandemie* finanziert werden, wobei das Ministerium konzediert, dass diese Stellen „voraussichtlich nur den akuten strukturellen Unterrichtsbedarf für das Schuljahr 2022/23 abdecken" (MBK SL, 2022a). Insofern ist wohl davon auszugehen, dass diese zusätzlichen Kräfte auch im Schuljahr 2021/2022 allenfalls bedingt an der Durchführung zusätzlicher Maßnahmen im Rahmen des Aufholprogramms beteiligt waren. Inwieweit es gelungen ist, die geschaffenen Stellen tatsächlich zu besetzen, ist uns nicht bekannt; im Zwischenbericht an das BMBF wird lediglich ausgewiesen, dass für diese Zwecke 21 Mill. Euro veranschlagt sind (KMK, 2022e, S. 99).

Die zweite und offenbar eigentliche Quelle, aus der die Schulen Personal zur Umsetzung von Fördermaßnahmen im Rahmen des Aufholprogramms akquirieren können, sind Budgets, das das Ministerium den einzelnen Schulen zuweist. Aus diesen Mitteln können die Schulen Unterstützungskräfte auf Honorarbasis beschäftigen, die ihnen durch die*den gewählten Rahmenvertragspartner*in und/oder ggf. zusätzlich gewählte Subpartner*innen gestellt werden oder im Fall von als Subpartner*in fungierenden Einzelpersonen auch von den Schulen selbst rekrutiert werden können. Während sich die Zahl der vom Ministerium akkreditierten Rahmenvertragspartner*innen auf zwölf größere Organisationen beschränkt (MBK SL, 2022b), ist die Zahl der registrierten Subpartner*innen bedeutend größer (MBK SL, 2022c). Prinzipiell kommt hier – neben einschlägig qualifizierten Einzelpersonen – jedwede Einrichtung oder Organisation in Betracht, die „Erfahrung in der Kooperation mit Schulen oder Erfahrung im Bereich der Arbeit mit Kindern und Jugendlichen, insbesondere im Bildungsbereich" (MBK SL, 2021f) hat, insofern sie mindestens eine der vom Ministerium festgelegten weiteren Bedingungen erfüllt. Gemäß diesen Bedingungen müssen Einrichtungen/Organisationen, die als Subpartner*in fungieren wollen, im laufenden Schuljahr als Träger mindestens einer Freiwilligen Ganztagsschule (FGTS) des Landes fungieren, ein Landkreis, eine Kommune oder ein kommunaler Spitzenverband sein, die Anerkennung als gemeinnützige Körperschaft oder als Bildungsträger nach dem Saarländischen Weiterbildungsförderungsgesetz haben, ein*e kommerzieller Nachhilfeanbieter*in mit Qualitätsmanagementsystem oder aber ein kirchlicher Träger bzw. eine Einrichtung in kirchlicher Trägerschaft sein (ebd.).

Als Unterstützungskräfte, die von den Kooperationspartner*innen an Schulen entsendet werden – oder als Einzelpersonen von den Schulen selbst rekrutiert werden – können „[a]lle in Bildung, Erziehung, Kultur und Sport erfahrenen und tätigen Menschen, wie z. B. (auch ehemalige) Lehrkräfte, Sozialarbeiter*innen, Erzieher*innen, Künstler*innen, Sportlehrende […] tätig werden", auch wenn diese noch in Ausbildung sind (ebd.). An anderer Stelle werden darüber hinaus auch (Lehramts-)Studierende, Mentor*innen und Lernpat*innen als mögliche Unterstützungskräfte genannt (MBK SL, 2021i).

Zwar spricht die oben schon genannte Zahl von 70.000 Schüler*innen, die durch von Honorarkräften durchgeführte Maßnahmen erreicht wurden (KMK, 2022e, S. 97), wenn sie denn hinreichend valide ist, dafür, dass die Schulen über die vorgesehenen Rekrutierungswege eine substanzielle Zahl solcher Kräfte gewinnen konnten. Konkrete Daten dazu werden im Zwischenbericht jedoch nicht genannt. Es findet sich darin aber der Hinweis, dass die Personalakquise eine Herausforderung ist (ebd.). Unsere Gesprächspartner*innen des GEW-Landesverbandes bestätigen dies und verweisen auf einen akuten Fachkräftemangel im gesamten Schulbereich und damit verbunden auf einen hohen Quereinsteiger*innenanteil.

6.12.2.4 Finanzierung und Verteilung der Mittel

Finanzvolumen

Nach Angaben des Ministeriums vom Juni 2021 hat das saarländische Aufholprogramm ein Finanzvolumen von insgesamt 28 Mill. Euro, von denen 11,5 Mill. Euro aus Bundes- und 16,5 Mill. Euro aus Landesmitteln stammen (MBK SL, 2021b). Von diesen Mitteln entfallen, soweit für uns nachvollziehbar, 21 Mill. Euro auf die befristete Einstellung von Lehrkräften und anderem pädagogischem Personal. 6 Mill. Euro fließen in die schulscharfen Budgets zur Finanzierung von Unterstützungskräften für zusätzliche Fördermaßnahmen (MBK SL, 2021e) sowie weitere 430.000 Euro in die Finanzierung von Ferienangeboten (KMK, 2022e, S. 97).

Im Zwischenbericht an das BMBF werden indes mit 41,5 Mill. Euro erheblich mehr Landesmittel ausgewiesen und eine Reihe von Programmen aufgeführt, die außerhalb des uns bekannten konzeptionellen Rahmens des Aufholprogramms zu stehen scheinen (KMK 2022e, S. 104). Die größten hier vorzufindenden Ausgabenposten entfallen dabei auf Angebote der Sprachförderung durch DaZ-Fachkräfte (18 Mill. Euro), Coaching-Angebote am Übergang zwischen Schule und Beruf (2,2 Mill. Euro), das Projekt *Schulen stark machen* für Schulen in herausfordernden Lagen (gut 1,14 Mill. Euro) sowie das Projekt *ProfIL* zur individuellen Lernbegleitung (3 Mill. Euro) (KMK 2022e, S. 102–104). Hierbei wird nicht ersichtlich, ob es sich um Aufstockungen von Mitteln im Zuge des Aufholprogramms handelt.

Haushaltstechnische Verteilung der Mittel an die Schulen

Während die pandemiebedingt befristet eingestellten Lehr- und anderen Fachkräfte den Schulen in Form von zusätzlich nutzbaren Personalstunden zugutekommen, erfolgt die Verteilung der Mittel, die für zusätzliche Fördermaßnahmen im Rahmen des Aufholprogramms zur Verfügung stehen, in Form von schulscharfen Budgets für die Beschäftigung von Honorarkräften über Kooperationen mit Rahmen- und ggf. weiteren Subpartner*innen.

Kriterien und Verfahren der Ressourcenallokation

Die Höhe des der einzelnen Schule jeweils zustehenden Budgets ergibt sich aus zwei Verteilungskomponenten: Jeder Schule wurde zunächst pauschal ein Sockelbetrag von 10.000 Euro zugewiesen und dieser Betrag sodann nach Maßgabe der Schüler*innenzahl sowie auf Grundlage eines Sozialindex aufgestockt (MBK SL, 2021f). Über das ihnen zugeteilte Budget werden die Schulen vom Ministerium gesondert informiert (MBK SL, o. J.). Bei 309 allgemeinbildenden Schulen (Destatis, 2021a, Tab. 2.1) wird demnach über die erste Komponente etwas über die Hälfte der für Schulbudgets bestimmten 6 Mill. Euro zugewiesen, sodass für die kriteriengeleitete Aufstockung der Budgets knapp 3 Mill. Euro verbleiben. Wie bei der Verteilung dieser Mittel allerdings Schüler*innenzahlen und Sozialindex gewichtet werden, ist uns nicht bekannt. Daher können wir auch keine Aussage dazu treffen, wie hoch der Anteil der Mittel, der nach sozialen Bedarfskriterien zugeteilt wird, tatsächlich ist.

In Bezug auf die Zuweisung der befristet eingestellten Lehr- und anderweitigen Fachkräften haben wir keine Hinweise darauf gefunden, dass soziale Bedarfskriterien angewendet worden sind. Dass im Zwischenbericht des Ministeriums angegeben wird, dass mit dem entsprechenden Programmbaustein „alle" Schüler*innen erreicht würden (KMK 2022e, S. 97), spricht dafür, dass die 300 Vollzeitäquivalente gleichmäßig über die Schulen verteilt worden sind. Anders verhält es sich hingegen mit Blick auf die Verteilung der zusätzlichen 25 Vollzeitäquivalente für Schulsozialarbeit. Sie wurden „unter Berücksichtigung sozialer Bedarfe" (MBK SL, 2021d) zugewiesen.

Darüber, wie die oben erwähnten weiteren 100 Fachkräfte zugewiesen wurden, die in Kooperation mit externen Bildungsträgern Fördermaßnahmen durchführen sollen (MBK SL, 2021b), liegen uns keine Informationen vor.

6.12.3 Übergreifende Maßnahmen

6.12.3.1 Anpassung von Verordnungen

Um pandemiebedingte Benachteiligungen der Schüler*innen der Abschlussjahrgänge auszugleichen, hat das Kultusministerium eine Reihe von Erleichterungen vorgenommen, die von unseren Interviewpartner*innen des GEW-Landesverbandes Saarland im Allgemeinen positiv aufgenommen wurden: Neben der Möglichkeit, die Klassenstufe ohne Anrechnung zu wiederholen betraf dies die Gestaltung der Abschlussprüfungen und ihre Durchführung. So wurde mit Blick auf den Hauptschulabschluss und den mittleren Schulabschluss entschieden, anstelle der in den Fächern Deutsch und Mathematik (im Fall des mittleren Schulabschlusses zusätzlich: erste Fremdsprache) üblichen landeszentralen Abschlussprüfungen nunmehr „schulzentrale" Prüfungen durchzuführen. Dadurch konnten Gemeinschaftsschulen, die im saarländischen Schulwesen die zweite Säule neben den Gymnasien bilden, bei der Ausgestaltung der Prüfungsaufgaben berücksichtigen, wie das Pandemie-Schuljahr bei ihnen mit Blick auf den Lehrplan verlaufen ist. Ferner wird allen Schüler*innen die Möglichkeit eingeräumt, ihre Leistungen in bis zu drei Fächern über eine zusätzliche mündliche Prüfung zu verbessern (KMK, 2022b).

Beim Abitur wurde beschlossen, in den länderinternen Prüfungshinweisen Schwerpunktsetzungen vorzunehmen und für die Bearbeitung der Prüfungen einen Zeitzuschlag von 30 Minuten zu gewähren. Auch ist vorgesehen, den Abiturient*innen durch eine Verschiebung der Prüfungstermine mehr Zeit für die Prüfungsvorbereitung zu verschaffen. Darüber hinaus hat das Ministerium mit Blick auf die angehenden Abiturient*innen angekündigt, die Anzahl der Klassenarbeiten/Klausuren zwecks Gewinnung zusätzlicher Lernzeit zu reduzieren und eine freiwillige Wiederholung des Schuljahres ohne Anrechnung auf die Verweildauer in der gymnasialen Oberstufe ermöglichen zu wollen. Über die Umsetzung dieser Maßnahmen sollte „zu gegebener Zeit" entschieden werden (KMK, 2022b).

6.12.3.2 Bestimmungen bzw. Empfehlungen zu Unterrichtsinhalten

Dokumente, aus denen hervorgeht, dass im Zuge der Pandemie im Saarland neben Prüfungsbestimmungen auch Lehrpläne verändert wurden, haben wir im Rahmen unserer Recherchen nicht gefunden. Dies scheint jedoch geschehen zu sein. Jedenfalls werden im Zwischenbericht an das BMBF gut 250.000 Euro ausgewiesen, die für eine „temporäre Anpassung der Lehrpläne [der weiterführenden Schulen] mit der Fokussierung auf die zu erwerbenden Kern- bzw. Basiskompetenzen in den einzelnen Klassenstufen und Fächern" (KMK, 2022e, S. 100) aufgewendet wurden.

6.13 Länderbericht Sachsen

6.13.1 Genese des Landesprogramms und Problemwahrnehmung der Akteure

Das Aufholprogramm hat in Sachsen keinen eigenen werbewirksamen Namen bekommen. Auch insgesamt sind wenige Informationen über das Aufholen von Lernrückständen zu finden. Vor den Sommerferien (26.07. bis 05.09.2021) teilte das Sächsische Staatsministerium für Kultus mit, dass Sachsen sein Programm *Schulassistenten* aus Mitteln des Aufholprogramms aufstocken will (RND, 2021; SMK, 2021c). Hierfür sollten zum Schuljahr 2021/2022 rund 200 zusätzliche Schulassistent*innen eingestellt werden (ursprünglich geplant waren 57 Stellen). Dies ist mehr als eine Verdopplung der bisher 195 Stellen für Schulassistent*innen an den knapp 1.500 allgemeinbildenden Schulen in Sachsen. Die Stellen sind ausgeschrieben bis Ende des Schuljahres 2022/2023.

Sachsen verzichtete in den Sommerferien 2021 auf Ferien- bzw. Lerncamps, die 2020 noch stattgefunden haben (MDR, 2021a). Dabei stach das Land dadurch hervor, dass es diese pädagogische Maßnahme nicht einfach nur nicht erwähnte, sondern sich explizit dagegen aussprach. Schüler*innen, Lehrkräfte und Eltern hätten sich in den Augen des Kultusministeriums jetzt eine Zeit des Durchatmens verdient und sollen die Ferienzeit zur Erholung nutzen können (ebd.).

Zentrales Instrument des Aufholprogramms sind unterrichtsergänzende und unterrichtsintegrierte Förder- und Nachhilfeangebote an allgemeinbildenden und berufsbildenden Schulen. Dafür stehen 30 Mill. Euro für die Jahre 2021 und 2022 (SMK, 2021g), also rund ein Drittel des Budgets, zur Verfügung. Die Mittel für die unterrichtsergänzenden und unterrichtsintegrierten Förder- und Nachhilfeangebote fließen direkt in ein zweckgebundenes Schulbudget. Der Vertragsabschluss mit externen Unterstützern erfolgt durch die Schulen (ebd.). Dafür wurde eine Servicestelle als Anlaufstelle für Schulen im Ministerium eingerichtet (ebd.). Die wurde von unseren Interviewpartner*innen des GEW-Landesverbands Sachsen als sehr positiv bewertet.

Eine weitere Säule des sächsischen Landesprogramms zum Aufholen von Lernrückständen ist das Aufstocken von Ganztagsangeboten um 15 Mill. auf 63 Mill. Euro. Die zusätzlichen Gelder wurden den Schulen im Schuljahr 2021/2022 zugewiesen und sollten vor allem für Ganztagsangebote zum Abbau von Lernrückständen der Schüler*innen eingesetzt werden (SMK, 2021b). Unsere Recherchen erbrachten keine weiteren Informationen, wie dies genau geschehen sollte und an welche Schulen sich dieses Angebot vorrangig richtete. Laut unserer Interviewpartner*innen der GEW Sachsen sei davon auszugehen, dass diese Mittel ohnehin eingeplant waren und auch ohne Aufholprogramm gekommen wären. Im Zwischenbericht der KMK an das BMBF vom 31.03.2022 hält das sächsische Bildungsministerium hierzu fest, dass das „Verfahren der Zuweisung der zusätzlichen Mittel […] erst eingeleitet worden" sei (KMK, 2022e). Des Weiteren gibt es in Sachsen eine Reihe kleinerer Maßnahmen (vgl. Kap. 6.13.2.2).

Die Kommunikation zwischen Kultusministerium und den schulischen Akteuren im Zusammenhang mit coronabedingten Lernrückständen und dem geplanten Aufholprogramm geschah laut unserer Interviewpartner*innen des GEW-Landesverbands Sachsen ausschließlich über Schulleiter*innenbriefe. Ein *Runder Tisch* oder ähnliches sei nicht eingerichtet worden. Ende März 2022 verkündete Kultusminister Piwarz, dass das Programm Fahrt aufgenommen hätte. Er warb sogleich ein Dreivierteljahr nach dem Beginn des Programms um Geduld, weil nicht alles sofort funktionieren könne (Sächsische Zeitung, 2022).

6.13.2 Landesaufholprogramm

6.13.2.1 Zentrale Lernstandserhebungen, Leistungsüberprüfungen und Diagnostik

In Sachsen gibt es keine flächendeckenden Lernstandserhebungen, die Informationen über systemische Leistungsunterschiede nach den coronabedingten Schulschließungen geben könnten. Auch Sachsen setzt auf eine freiwillige dezentrale Leistungseinschätzung durch die Lehrkräfte. Dazu hat das Landesamt für Schule und Bildung den Lehrkräften Unterstützungsinstrumente zur Verfügung gestellt. Dabei handelt es sich um Angebote zur Lernstandserhebung in ausgewählten Fächern am Ende der Schuleingangsphase, zu Beginn der Klassenstufen 3, für die Klassenstufe 5 der Oberschulen und Gymnasien und für die Klassenstufe 11 (SMK, 2021e). ILeA plus, das Diagnosetool aus Brandenburg, welches viele Bundesländer nutzen, wird Sachsen nicht verwenden (MDR, 2021b).

Bei der Diagnostik stehen die Schüler*innen der Übergangsklassen im Fokus, also diejenigen Schüler*innen, die in weiterführende Schularten wechseln. Die regulär anstehenden Vergleichsarbeiten (VERA) in den Klassen 3 und 8 dürften erst im Frühjahr 2022 geschrieben werden. Thematisiert wurden die Vergleichsarbeiten unseren Recherchen zufolge an keiner Stelle.

6.13.2.2 Pädagogische Maßnahmen

Additive kognitive Förderung

Bei den angesprochenen unterrichtsergänzenden und unterrichtsintegrierten Förder- und Nachhilfeangeboten wird seitens des Ministeriums folgende Fokussierung festgehalten:

> „An den Grundschulen stehen die Förderung von Lesen und Schreiben sowie die Fächer Mathematik und Englisch im Fokus. Auch werden Angebote zur Körperwahrnehmung und musikalischen Förderung genutzt. Die Förderschulen legen ihren Schwerpunkt auf Angebote im sozial-emotionalen Bereich und die ganz stark unterstützende individualisierte Förderung von Kindern und Jugendlichen. An Oberschulen soll sich ein breit gefächertes Angebot, sowohl im Nachholbereich der klassischen Unterrichtsfächer als auch in der Erlebnispädagogik, Umweltbildung und dem sozialen Miteinander [...wiederfinden]. Schülerinnen und Schüler an Gymnasien erhalten von Lehramtsstudierenden und Honorarkräften meist Unterstützung in den Hauptfächern wie Deutsch, Mathematik und Englisch, aber auch in den naturwissenschaftlichen Fächern" (SMK 2021g).

Insgesamt wird gerade dieser Teil der Förder- und Nachhilfeangebote von unseren Interviewpartner*innen des GEW-Landesverbands Sachsen sehr gut bewertet. Erstens sei das Verfahren für zusätzliche Kurse einfach und die eingesetzte Servicestelle zur organisatorischen Unterstützung hilfreich. Zweitens seien bis April 2022 insgesamt 7.200 Dienstleistungsverträge abgeschlossen worden, was sie als viel einschätzten. Drittens nahmen sie es als positiv wahr, dass die Förder- und Nachhilfeangebote an sächsischen Schulen stattfänden und nicht mittels Gutscheinen, die bei externen Anbietenden eingelöst werden könnten. Die Dienstleistenden (z. B. Lehramtsstudierende) seien zudem an den Schulen integriert, sodass das Programm sogar während der hohen Inzidenzen weiterlaufen könne. Ob diese Dienstleistenden tatsächlich Lernrückstände bearbeiten, oder nicht vielfältige andere Aufgaben übernehmen oder abweichende Angebote unterbreiten (z. B. Gewaltpräventionsprogramme), muss weitgehend offenbleiben. „Ausgangspunkt war nicht so sehr, was die Kinder brauchen, sondern was vorhanden war", so unsere Interviewpartner*innen.

Neben diesen Maßnahmen sowie den zusätzlichen Schulassistenzen und dem nicht weiter spezifizierten Ausbau von Ganztagsangeboten verweist das Sächsische Ministerium für Kultus noch auf eine Reihe weiterer Maßnahmen. So gibt es Schwimmkursgutscheine, die individuell vor Ort eingelöst werden sollen (SMK, 2021d). Zudem sollen auch Freiwilligendienstleistende (FSJler) im Unterricht unterstützend eingesetzt werden. Hier konnten nur 53 von geplanten 80 Stellen aufgrund der Kurzfristigkeit besetzt werden.

Ferner sollen Fahrtkostenzuschüsse für Betriebspraktika im ländlichen Raum gewährt sowie Betriebspraktika-Börsen eingerichtet werden (Sächsischer Landtag, 2021). Diese beiden Unterstützungsangebote lassen erkennen, dass in Sachsen eine Problemwahrnehmung hinsichtlich der ausgebliebenen Berufsorientierung besteht und die Wichtigkeit dieses Bestandteils der schulischen Ausbildung anerkannt wird.

Sozial-emotionale Förderung

Auch wenn sozial-emotionale Defizite gesehen werden, gibt es – zum Zeitpunkt unserer Recherche – kein Programmelement, welches speziell auf diese fokussiert.

6.13.2.3 Personaleinsatz

Über den Personaleinsatz liegen nur wenige Aussagen vor. Es wird allgemein z. B. von Lehramtsstudierenden oder Freiwilligendienstleistenden gesprochen. Genaue Angaben darüber, wie diese eingesetzt und rekrutiert werden sollen, haben wir nicht recherchieren können. Öffentlich wurde zuletzt am 30.09.2021 bekannt gegeben, dass 800 Dienstleistungsverträge zwischen Sachsens Schulen mit Privatpersonen und externen Vertragspartner*innen geschlossen werden konnten, um Hilfen für Schüler*innen anbieten zu können (SMK, 2021g). Eine Bewertung dieser Angabe ist jedoch ohne nähere Informationen zu den abgeschlossenen Verträgen nicht möglich. Insgesamt sind die Rekrutierung von zusätzlichem Personal und der Abschluss der Verträge Aufgabe der Schulen. Dass am 30.09.2021 bereits 800 Verträge abgeschlossen worden sind, könnte darauf hindeuten, dass die Schulen zunächst Verträge mit Personen und Institutionen geschlossen haben, mit denen sie bereits zusammengearbeitet haben. Laut unserer Interviewpartner*innen der GEW Sachsen seien (auf

Nachfrage beim Kultusministerium) bis April 2022 7.200 Dienstleistungsverträge abgeschlossen worden. Inwieweit die Mittel auch dort eingesetzt würden, wo sie am nötigsten gebraucht werden, konnten unsere Interviewpartner*innen nicht einschätzen.

Hinzu kommen die 200 Schulassistent*innen, die zusätzlich eingestellt werden sollten. Im Zwischenbericht an das BMBF werden 187 Schulassistent*innen als eingestellt angegeben (KMK, 2022e). Nach Aussage unser Interviewpartner*innen des GEW-Landesverbands Sachsen wären viele Schulassistenzstellen auch ohne das Aufholprogramm besetzt worden. Die Schulassistent*innen seien ohnehin eher eine Möglichkeit, pädagogisches Personal dort einzustellen, wo keine regulären Lehrkräfte mehr gefunden werden können. Von der Unterstützung der Lehrkräfte im Rahmen von Einzel- oder Gruppenbetreuung, wie es das Ministerium nach außen darstellt, könne nach Ansicht unserer Interviewpartner*innen nicht gesprochen werden. Vielmehr seien Schulassistent*innen die Antwort Sachsens auf den Lehrkräftemangel. Personen würden als Schulassistent*innen eingestellt, die in anderen Bundesländern eine Anstellung als Quer- oder Seiteneinsteiger*innen erhielten.

6.13.2.4 Finanzierung und Verteilung der Mittel

Finanzvolumen

Das Finanzvolumen des Aufholprogramms beträgt in Sachsen 95 Mill. Euro, von denen 47,5 Mill. Euro vom Bund kommen. Rechnerisch entspricht dies 246,67 Euro pro Schüler*in.

Haushaltstechnische Verteilung der Mittel an die Schulen

Die Fördergelder werden in Sachsen direkt an die Schulen überwiesen. Zumindest die öffentlichen Schulen müssen, soweit wir das recherchieren konnten, Nachweise darüber beibringen, wie die Mittel verwendet wurden.

Kriterien und Verfahren der Ressourcenallokation

Ungefähr ein Drittel des Gesamtbudgets des Programms fließt zur Finanzierung unterrichtsergänzender und unterrichtsintegrierter Förder- und Nachhilfeangebote an allgemeinbildenden und berufsbildenden Schulen in deren Schulbudgets. Das Orientierungsbudget für die öffentlichen Schulen beträgt 60 Euro pro Schüler*in (Sächsischer Landtag, 2021; SMK, 2021g). Diese Zuweisung gilt anscheinend erst einmal für die Schuljahre 2021/2022 und 2022/2023. Es wird dabei kein Verteilungsschlüssel genutzt, der das Budget als „bedarfsgerecht" kennzeichnen würde: Weder Leistungskriterien noch soziale Charakteristika der Schulen spielen bei der Zuweisung der Mittel eine Rolle.

Ob die Mittel so in erster Linie dort ankommen, wo sie entsprechend der Bund-Länder-Vereinbarung vorrangig genutzt werden sollen, ist fraglich. Dass es zu Fehlallokationen kommen kann, wird in Sachsen besonders anhand der Behandlung der privaten Schulen im Aufholprogramm deutlich. In Ostdeutschland hat sich in den letzten Jahren immer stärker gezeigt, dass die privaten Schulen zunehmend zu Schulen der sozial besser gestellten Schichten geworden sind (vgl. z. B. Görlitz et al., 2018), obwohl dies dem Sonderungsverbot in Art. 7 Abs. 4 Grundgesetz entgegensteht. Nach allem, was wir über den Einfluss des häuslichen Lernumfeldes auf die Durchführung des Homeschoolings wissen, sollten gerade die Schüler*innen an Privatschulen geringere Lernrückstände aufweisen, da sie im Schnitt aus privilegierteren Schichten kommen. Um alle Schulen gleich zu behandeln, wurde in Sachsen eigens eine Rechtsverordnung für die privaten Schulen erlassen (Sächsische Staatskanzlei, 2021). Nach dieser gibt es auch für die privaten Schulen pauschalierte zweckgebundene Zuweisungen auf Grundlage der Vereinbarung zur Umsetzung des *Aktionsprogramms Aufholen nach Corona für Kinder und Jugendliche*. Die Zuweisung erfolgt nach § 2 der Verordnung für Maßnahmen zum Aufholen von Lernrückständen und Rückständen beim Erwerb von Kernkompetenzen. Diese sollen für jene Zwecke eingesetzt werden, die das Landesaufholprogramm strukturieren (z. B. unterrichtsergänzende und unterrichtsintegrierte Förder- und Nachhilfeangebote oder die Einstellung von Schulassistenzen). Insgesamt ergeben sich aus dieser Schulzuweisung rund 100 Euro pro Schüler*in (Sächsischer Landtag, 2021) an privaten Schulen. Dies bedeutet nicht, dass die privaten Schulen mehr Geld pro Schüler*in bekommen als öffentliche Schulen, weil bei den oben genannten Schulbudgets der öffentlichen Schulen von 60 Euro z. B. die Schulassistent*innen noch nicht einbezogen sind. Im Schnitt bekommen öffentliche und private Schulen in etwa das gleiche Geld pro Schüler*in. Schließt eine öffentliche Schule aber keine Verträge für Förderkurse ab oder bekommt keine Schulassistent*innen zugewiesen, kann es aber sein, dass sie deutlich weniger Geld erhält, als ihr im Durchschnitt zustehen würde. Den privaten Schulen sind zumindest 100 Euro pro Schüler*in sicher. Darüber hinaus scheinen die Nachweispflichten der privaten Schulen für diese Mittel deutlich freier zu sein als für die öffentlichen Schulen (Sächsischer Landtag 2021). Bis zum 01.03.2022 waren in den öffentlichen Schulen Sachsens erst 7,1 Mill. Euro durch Förderkurse gebunden. Für private Schulen, die in Sachsen von 11,1 Prozent der Schüler*innen besucht werden, wurden hingegen bereits 5,6 Mill. Euro abgerufen (KMK, 2022e).

Die mangelnde bedarfsorientierte Mittelzuweisung, die gerade auch durch die „Gleichbehandlung" der privaten Schulen deutlich wird, wird auch von den Interviewpartner*innen aus dem GEW-Landesverband Sachsen als eine der größten Schwächen des Programms angesehen.

6.13.3 Übergreifende Maßnahmen

6.13.3.1 Anpassung von Verordnungen

Nach dem sächsischen Kultusminister Piwarz wird es für den Abschlussjahrgang 2022 Erleichterungen bei der Prüfung geben (MDR, 2021c). Nach der Übersicht der KMK (2022b) werden in Sachsen für den ESA (Erweiterten ersten Schulabschluss), den

MSA (mittlerer Schulabschluss) und das Abitur die Themen, die nicht Schwerpunkt der schriftlichen Abschlussprüfungen sind, bereits mit Beginn des Schuljahres festgelegt. Darüber hinaus gibt es für ESA und MSA folgende weitere Möglichkeiten:

- eine optionale 3-wöchige Konsultationsphase vor Beginn des Prüfungszeitraumes;
- die Möglichkeit des individuellen Aussetzens der Unterrichtsteilnahme ab Anfang April in bis zu drei Fächern, in denen keine mündlichen Prüfungen geplant sind. Zudem nur für den MSA die Möglichkeit des individuellen Aussetzens der Unterrichtsteilnahme in den Fächern der Naturwissenschaften, in denen nicht schriftlich geprüft wird, ab Anfang April;
- grundsätzlich Verlängerung der Arbeitszeiten in allen schriftlichen Prüfungsfächern (Englisch, Deutsch, Mathematik, Naturwissenschaften (nur MSA)), in Abhängigkeit von den Auswirkungen des Pandemiegeschehens.

Für das Abitur gibt es neben der Schwerpunktsetzung der schriftlichen Abiturprüfung folgende weitere Änderungen:

- grundsätzlich Verlängerung der Arbeitszeiten in allen schriftlichen Abiturprüfungen um 30 Minuten;
- die Woche vor den Osterferien wird ausschließlich als Konsultationswoche zur Prüfungsvorbereitung genutzt;
- Zweitkorrektur der Prüfungsarbeiten an der eigenen Schule (vgl. KMK, 2022b).

Trotz dieser Veränderungen ist es für Kultusminister Piwarz wichtig festzuhalten, dass man keine Abstriche bei der Qualität gemacht habe. Und „wegen Corona wurde keine Prüfungsaufgabe verändert". Die gezielte Prüfungsvorbereitung habe 2021 sogar zu einem besseren Abitur geführt (MDR, 2021c).

6.13.3.2 Bestimmungen bzw. Empfehlungen zu Unterrichtsinhalten

Da die Lehrpläne in Sachsen nur für rund 25 der 38 Unterrichtswochen verpflichtende Lerninhalte bieten, eigneten sich diese nach Einschätzung des Kultusministeriums problemlos für Anpassungen von Unterrichtsschwerpunkten.

> „Da ist also Luft und Platz für Flexibilität von vornherein eingeplant. Diese zusätzliche Zeit wird von den Lehrkräften in der Regel genutzt, um Unterrichtsstoff zu vertiefen, zu wiederholen oder um auch außerschulische Lernorte aufzusuchen, Betriebspraktika zu absolvieren oder Klassenfahrten durchzuführen. Um besser versäumten Unterrichtsstoff im nächsten Schuljahr nachholen zu können, haben Fachberater und Lehrkräfte die rund 100 Lehrpläne aller Fächer für alle allgemeinbildenden Schularten und das Berufsbildende Gymnasium angepasst und Schwerpunkte gesetzt. [...] Unter dem Strich hat es in den Lehrplänen deutliche Reduzierungen gegeben. Verzichtet wurde vor allem auf Inhalte, die nicht

zwingend für Prüfungen und damit auch als Grundlage für die künftige schulische oder auch berufliche Ausbildung der Schülerinnen und Schüler notwendig sind" (SMK, 2021).

In Sachsen wurden anscheinend die Lehrpläne systematisch gestrafft, aber in gewisser Weise auch eine Definition darüber vorgenommen, welche Inhalte wichtig sind. Demnach ist vor allem das wichtig, was geprüft wird. Allerdings entspricht dies laut Aussagen unserer Interviewparner*innen der GEW Sachsen nicht der Realität. Bis auf minimale Lehrplananpassungen ließen umfangreichere Überarbeitungen der Lehrpläne noch zwei bis drei Jahre auf sich warten.

6.14 Länderbericht Sachsen-Anhalt

Während der Konzeption und Umsetzung des Landesprogramms *Erheben und Beheben von Lernrückständen nach Corona* fanden in Sachsen-Anhalt am 06.06.2021 die Wahlen zum 8. Landtag statt. In der vorhergehenden Wahlperiode wurde das Bundesland von einem Bündnis aus CDU, SPD und GRÜNEN regiert. Das Bildungsministerium unterlag der Verantwortung des Ministers Marco Tullner (CDU). Seit dem 16.09.2021 bildet eine Koalition aus CDU, SPD und FDP die Landesregierung. Bildungsministerin ist nun Eva Feußner (CDU).

6.14.1 Genese des Landesprogramms und Problemwahrnehmung der Akteure

In Sachsen-Anhalt wurde bereits vor Abschluss der Bund-Länder-Vereinbarung die Entstehung möglicher Lernrückstände in Folge der umfassenden Schulschließungen seit Dezember 2020 diskutiert. Exemplarisch lässt sich hierzu eine Diskussion im Rahmen der 59. Sitzung des Ausschusses für Bildung und Kultur vom 22.01.2021 anführen (vgl. hierzu Landtag von Sachsen-Anhalt, Ausschuss für Bildung und Kultur, 2021a, S. 57–67). Im Zusammenhang mit den pandemiebedingten Herausforderungen bei der Beschulung von Kindern und Jugendlichen wies das Bildungsministerium darauf hin, dass mit Lernrückständen zu rechnen und gleichermaßen das Kindeswohl in den Blick zu nehmen sei. Beide Aspekte müssten auch im zukünftigen Diskurs berücksichtigt werden (vgl. ebd., S. 59).

Unterschiedliche Anträge aller Landtagsfraktionen verdeutlichten zum damaligen Zeitpunkt die grundlegenden Problemlagen und hatten – wenngleich sie allesamt nicht umgesetzt wurden – Signalwirkung für die Genese des Landesprogramms. In dem Antrag „Lernrückstände aufholen – Bildungsschäden minimieren" der AfD-Fraktion vom 15.02.2021 (Landtag von Sachsen-Anhalt, 2021a) verwies der Fraktionsvorsitzende Kirchner auf umfassende kognitive Rückstände über Schulform- und Jahrgangsstufengrenzen hinweg und stellte heraus, dass „es […] ein Irrtum [sei] zu glauben, diese […] würden mit der Zeit und mit der schrittweisen […] Rückkehr zum Regelbetrieb von allein verschwinden" (ebd., S. 2). Mit Blick auf die Ausgestaltung von Kompensationsmaßnahmen forderte die Fraktion daher einen „umfassenden Aktionsplan" (ebd., S. 2) und schlug konkrete Maßnahmen vor. Neben einer stärkeren Gewichtung der Kernfächer wurde u. a. für die Einrichtung von Samstagsunterricht plädiert.

Die Fraktion DIE LINKE nahm in ihrem Antrag „Regelunterricht ermöglichen und Nachteile in der Lernentwicklung ausgleichen" vom März 2021 eine stärkere Ungleichheitsperspektive ein und problematisierte darüber hinaus Modi der Leistungsfeststellung in Zeiten von Schule unter Pandemiebedingungen (Landtag von Sachsen-Anhalt, 2021c). Die Personalsituation berücksichtigend, haben additive Angebote für die Fraktion DIE LINKE einen besonderen Stellenwert bei der Lernförderung (ebd. S. 2 f.). Sie forderte ferner eine finanzielle Unterstützung der Eltern bei der privaten Nachhilfe und eine Finanzierung von Honorarkräften an den Schulen.

Der am 11.03.2021 im Landtag beschlossene (Gegen-)Antrag der Regierungsfraktionen von CDU, SPD und GRÜNE (Landtag von Sachsen-Anhalt, 2021e, f) griff vereinzelt Vorschläge der Opposition auf und bildete die Basis des späteren Landesprogramms. Es sollte flächendeckende Lernstandserhebungen geben, um zielgerichtet fördern zu können. Außerdem sollten Angebote zum Schließen von Lernlücken in den Pfingst- und Sommerferien 2021 unterbreitet werden. Darüber hinaus sollten „Lehrkräfte noch mal dahingehend sensibilisiert werden, dass […] eine Konzentration von benoteten Leistungserhebungen nach Wiederaufnahme des Unterrichts zu vermeiden [sei]" (ebd., S. 1).

Ebenso wurde in dem Antrag ein regelmäßiges Gesprächsformat zwischen der Bildungsadministration und allen an Schule Beteiligten (namentlich Landesschülerrat, Lehrkräftefachverbände und -gewerkschaften, Landeselternrat) gefordert (vgl. ebd., S. 2). Im Interview mit dem GEW-Landesverband Sachsen-Anhalts wurde jedoch deutlich, dass es einen Austausch mit einem Akteur gegeben hat, dass aber nicht alle benannten Akteur*innen an den Gesprächen teilgenommen hätten. Unsere Interviewpartner*innen fühlten sich wenig durch die Bildungsadministration eingebunden und bedauerten, dass zumindest bis Januar 2022 hinsichtlich der konkreten Umsetzung des Programms keine Transparenz hergestellt worden sei.

Einen Tag nach Abschluss der Bund-Länder-Vereinbarung *Aufholen nach Corona* kündigte das Bildungsministerium eine *Nachhilfe-Offensive für Kinder und Jugendliche* (MB ST, 2021c, S. 1) an (vgl. hierzu auch Kap. 6.14.2.2).

Nachdem sich die neue Landesregierung im Sommer 2021 konstituiert hatte, brachten die Regierungsfraktionen von CDU, SPD und FDP am 05.11.2021 den Entwurf eines Nachtragshaushaltsbegleitgesetzes für 2021 in den Landtag ein. Artikel 3 sah die Errichtung eines *Sondervermögens Corona* (Corona-Sondervermögensgesetz, SVCG) zur Finanzierung von Maßnahmen zur Bewältigung der Folgen der Corona-Pandemie mithilfe von Landesmitteln bis einschließlich 2027 vor (Landtag von Sachsen-Anhalt, 2021h).

Dem Gesetzentwurf angefügt ist ein umfassender Maßnahmenkatalog, der unter der laufenden Nr. 27 unter anderem *Maßnahmen zur Bewältigung von Lernrückstän-*

den in Verantwortung des Bildungsministeriums auflistet. Hierzu gehören Angebote der Sprachförderung für Lernende mit nicht deutscher Herkunftssprache, die Entwicklung von Lernangeboten, die Anschaffung von Lernmitteln und Übungssoftware sowie die Einrichtung eines Schulbudgets für öffentliche sowie finanzielle Zuschüsse an freie Schulen zur Bewältigung von Lernrückständen (Landtag von Sachsen-Anhalt, 2021h, S. 20 des Maßnahmenkatalogs). Hervorzuheben ist, dass die aufgeführten Maßnahmen im Jahr 2022 ausschließlich mit Mitteln aus dem Aktionsprogramm *Aufholen nach Corona* finanziert werden sollen (vgl. hierzu Landtag von Sachsen-Anhalt, Ausschuss für Bildung, 2021b, S. 4). Da mithilfe des Sondervermögens alle Lernförderangebote nach Auslaufen des Bund-Länder-Programms in Sachsen-Anhalt verstetigt werden sollen, wird dieser Aspekt am Ende des Länderberichtes noch einmal angesprochen.

6.14.2 Landesaufholprogramm

6.14.2.1 Zentrale Lernstandserhebungen, Leistungsüberprüfungen und Diagnostik

Sachsen-Anhalt verfolgt mit seinem Landesprogramm den Anspruch, „alle Schüler*innen bei der Bewältigung pandemiebedingter Lernrückstände in [den] Kernfächern auf der Basis festgestellter Lernrückstände individuell und zielorientiert zu unterstützen und Kernkompetenzen zu fördern" (MB ST, 2021i, S. 1).

> „Die Erfassung von fächerbezogenen Lernrückständen erfolgt durch Lehrkräfte in ihren jeweiligen Klassen/Lerngruppen regelhaft und gehört zu den Kernaufgaben ihrer Unterrichtstätigkeit. Von einer landesweiten zentralen Leistungserhebung wie zentralen Klassenarbeiten (ZKA), Vergleichsarbeiten (VERA) [...] und zentrale[n] Prüfungen sowie [...] [dem] kompetenzorientierte[n] Instrument der vom IQB bereitgestellten Vergleichsarbeiten für die Schuljahrgänge 3 und 8 zu Schuljahresbeginn wird abgesehen" (MB ST, 2021j).

Jedoch sei die Durchführung zentraler Klassenarbeiten auf freiwilliger Basis möglich (vgl. ebd.). Darüber hinaus werde, so das Bildungsministerium, eine flächendeckende und verbindliche Einführung von ILeA plus zur Analyse des Lernstands und der Ableitung von Förderempfehlungen für das Jahr 2022 an allen Grundschulen geplant (vgl. ebd.).

Im Januar 2021 wurde vom Ministerium für Arbeit, Soziales, Gesundheit und Gleichstellung eine parlamentarische Anfrage teilweise abweichend von der soeben beschriebenen Position des Ministeriums für Bildung beantwortet (Landtag von Sachsen-Anhalt, 2022a). Aus der Antwort geht zunächst hervor, dass für alle Schulen unabhängig der Schulform zu Beginn des Schuljahres 2021/2022 die Pflicht zur Erhebung der Lernstände innerhalb der ersten fünf Schulwochen bestanden hätte, diese jedoch individuell durchgeführt worden wären. Schulen hätten dabei auf zentrale Klassenarbeiten aus dem vorherigen Schuljahr zurückgreifen können (vgl. ebd., S. 2). Überraschend in der Antwort ist die Ankündigung, zum Ende des Schuljahres 2021/2022 „eine zentrale Lernstandserhebung durchführen zu lassen" (ebd.).

Inwiefern nach dem Beginn des Schuljahres 2021/2022 flächendeckend Lernstände in den Schulen Sachsen-Anhalts erhoben wurden und ob eine zentrale Lernstandserhebung zum Schuljahresende in Planung ist, konnten wir anhand unserer Recherchen nicht nachvollziehen.

Unsere Interviewpartner*innen des GEW-Landesverbands Sachsen-Anhalt berichteten jedoch, dass alle Schulen die Anweisung erhalten hätten, auf einer Skala von 1 bis 5 einzuschätzen, inwieweit an der Schule Lernlücken festzustellen seien. Dieses Vorgehen, vergleichbar mit dem in Mecklenburg-Vorpommern und Brandenburg, hätte jedoch zu einem flächendeckenden Protest sowohl auf Seiten einzelner Schulen als auch durch die GEW geführt. Lernstände müssten auch aus Sicht der GEW stets individuell erhoben werden. Es handele sich dabei um „Lehrkräftehandwerk", welches selbst in Phasen der Stoffwiederholung im Unterricht Anwendung fände. Nichtsdestotrotz standen Zentrale Klassenarbeiten, Vergleichsarbeiten und sogenannte „niveaubestimmende Aufgaben" des Landesinstitutes für Schule und Ausbildung (LISA) zur Verfügung, die auf freiwilliger Basis genutzt werden konnten. Zentrale Vergleichsarbeiten (VERA) wurden nicht durchgeführt.

6.14.2.2 Pädagogische Maßnahmen

Alle pädagogischen Maßnahmen richten sich generell an Lernende jeglichen Alters, die Lernrückstände in unterschiedlichen Unterrichtsfächern aufweisen. In Anlehnung an die Bund-Länder-Vereinbarung gilt jedoch auch in Sachsen-Anhalt der Grundsatz, dass ein Fokus auf die Jahrgänge 4, 5, 9 und 10 sowie Lernende der Abiturklassen zu legen sei und eine Schwerpunktsetzung auf Kernfächer und Kernkompetenzen zu erfolgen habe (vgl. MB ST, 2021j). Für die Teilnahme an „reinen Unterstützungsangeboten" gelte darüber hinaus das Prinzip der Freiwilligkeit (vgl. ebd.).

Da jedoch nach Aussage des Ministeriums „Maßnahmen der Er- und Behebung von Lernrückständen [...] auch im Unterricht stattfinden [können], wobei die Schulpflicht gilt" (ebd.), werden im Folgenden Möglichkeiten der integrierten und additiven kognitiven Förderung gemeinsam dargestellt. Dies ist auch dadurch begründet, dass das Landesprogramm in erster Linie auf der zusätzlichen Mittelzuweisung an öffentliche und freie Schulen basiert, die diese Mittel eigenverantwortlich sowohl integrativ im als auch additiv nach dem Regelunterricht einsetzen können. Mit den sogenannten „Lerncamps" liegt in Sachsen-Anhalt das einzige Angebot rein additiver Art vor, welches zusätzlich festen organisatorischen und inhaltlichen Vorgaben unterliegt.

Integrierte und additive kognitive Förderung

Zweistufige Nachhilfe-Offensive

Wie bereits oben erwähnt, wurde im Mai 2021 eine Nachhilfe-Offensive für Sachsen-Anhalt angekündigt, die zwei Stufen umfasst (MB ST, 2021c). Der damalige Minister für Bildung, Marco Tullner, hob lobend hervor: „Bis das Bundesprogramm in Schwung kommt, gehen wir in Sachsen-Anhalt voran" (ebd., S. 2).

In der ersten Stufe strebt das Land zunächst eine grundlegende Nutzung bereits bestehender Strukturen des Bildungs- und Teilhabepakets an und richtet somit den Fokus auf Kinder aus sozial schwachen Familien, die Transferleistungen beziehen (vgl. hierzu auch Landtag von Sachsen-Anhalt, 2022a, S. 5). In der zweiten Stufe werden Zusatzmittel für die Schulen bereitgestellt, die allen Kindern und Jugendlichen zugutekommen können, die in Folge der Pandemie Lernrückstände aufweisen. Die Schulen erhalten die zusätzlichen Mittel über eine Aufstockung ihres Schulbudgets (MB ST, 2021i, S. 1). Mit den zusätzlichen Mitteln können sowohl die öffentlichen Schulen als auch die Schulen in freier Trägerschaft Honorar- und/oder Kooperationsvereinbarungen zur Organisation zusätzlicher Lernangebote abschließen oder digitale Lern- und Übungssoftware zur Unterstützung der Lernenden anschaffen (vgl. MB ST, 2021c, S. 1). Ein großes Plus dieses Vorgehens bestünde nach Einschätzung des Ministeriums darin, dass Schulen kurzfristig auf erkennbare Lernrückstände reagieren und schnellstmöglich Kompensationsangebote organisieren könnten (vgl. MB ST, 2021d). Auch die Interviewpartner*innen der GEW Sachsen-Anhalt loben die Aufstockung des Schulbudgets, um Angebote implementieren zu können, die ggf. vorher nicht möglich waren.

Insbesondere mit Blick auf eine defizitäre Unterrichtsversorgung und die sehr angespannte Personalsituation im Schuldienst Sachsen-Anhalts erscheint die Aufstockung von Mitteln zur eigenverantwortlichen Verwendung durch die Schulen als praktikabelster Weg. In der zweiten Sitzung des neu konstituierten Bildungsausschusses des Landtages zeigte die neue Bildungsministerin Eva Feußner ein Bewusstsein für die äußerst schwierigen Verhältnisse an den Schulen und bezeichnete diese als „misslich" (Landtag von Sachsen-Anhalt, Ausschuss für Bildung, 2021a, S. 15). Das Schulbudget diene eben genau dazu, Honorarkräfte anstellen zu können, um die derzeitige Lage zu entlasten und darüber hinaus „coronabedingte Defizite auszugleichen" (ebd.).

Sprachförderung für Kinder und Jugendliche

Entsprechend der online verfügbaren Informationen des Bildungsministeriums beinhaltet das Landesaufholprogramm gleichermaßen gezielte Förderangebote für Lernende mit Migrationshintergrund (vgl. MB ST, 2021j). Besteht bei diesen Schüler*innen ein diagnostizierter Sprachförderbedarf, erhalten die Schulen hierzu zusätzliche Personalressourcen (vgl. ebd. sowie Landtag von Sachsen-Anhalt, 2022a, S 12). Die Sprachförderung wird eigenverantwortlich durch die Schulen organisiert (vgl. hierzu und im Folgenden Landtag von Sachsen-Anhalt, 2022a, S. 12). Einerseits ist es möglich, dass die Lernenden in separaten Sprachfördergruppen unterrichtet werden, andererseits kann die Förderung auch integrativ im Unterrichtsgeschehen erfolgen. Letzteres soll die Regel sein.

Lerncamps in den Sommerferien

Lerncamps wurden erstmals im Sommer 2021 als Pilotprojekt an drei Standorten in Sachsen-Anhalt durchgeführt (MB ST, 2021h, j, sowie Landtag von Sachsen-Anhalt, 2022a). Aus der Antwort auf eine Kleine Anfrage der Fraktion DIE LINKE geht zudem hervor, dass im Sommer 2021 vereinzelt Schulen auch eigene Lerncamps organisiert hätten (Landtag von Sachsen-Anhalt, 2022a). Für die Sommerferien 2022 wurden über 30 Lerncamps an 11 Standorten angemeldet, an denen fast 600 Schüler*innen teilnehmen können (MB ST, 2022c). Sowohl in 2021 als auch in 2022 wurde das Angebot ausschließlich für Lernende an Sekundar- sowie Gemeinschafts- und Gesamtschulen geöffnet – 2021 für die Klassenstufen 7 und 8, 2022 für die Klassenstufen 5 bis 9 (vgl. für 2021 MB ST, 2021h, sowie für 2022 Deutsches Jugendherbergswerk – Landesverband Sachsen-Anhalt e. V., o. J.). Für Schüler*innen an Grundschulen und Gymnasien scheint es nach unseren Recherchen keine entsprechenden additiven Angebote in den Ferien zu geben. Lediglich spezifische Angebote für Lernende nichtdeutscher Muttersprache stehen auch Gymnasialschüler*innen offen, wie der Landesverband des Deutschen Jugendherbergswerks (DJH) mitteilt (ebd.). Ein Lerncamp umfasst 20 Lerneinheiten pro Schüler*in, die in den Kernfächern stattfinden sollen. Aus dem Zwischenbericht der Länder an das BMBF (KMK, 2002e) geht hervor, dass Sachsen-Anhalt für die Durchführung von Ferienangeboten in den Sommerferien 2021 22.000 Euro verausgabt und dabei 46 Schüler*innen der Jahrgangsstufen 7 und 8 gefördert hat (KMK, 2022e, S. 112). Zu den Finanzmitteln für Maßnahmen im Sommer 2022 liegen aktuell keine Informationen vor.

Weitere Förderangebote

Neben den beschriebenen Maßnahmen – Schulbudgeterhöhung, Sprachförderung und Lernförderung im Rahmen der Lerncamps – beteiligt sich Sachsen-Anhalt außerdem am länderübergreifend eingesetzten Programm *MaCo – Mathematik aufholen nach Corona* des Deutschen Zentrums für Lehrerbildung Mathematik (DZLM) (MB ST, 2021j, o. S.). Darüber hinaus kommen in Sachsen-Anhalt zwei Online-Angebote zur individuellen Behebung von Lernrückständen zum Einsatz. Dabei handelt es sich zum einen um die landeseigene Internetplattform „2learn4students", welche sowohl für die Primarstufe als auch die Sekundarstufe I (inkl. Förderschulen) Lernmaterialien für die Fächer Deutsch, Mathematik, Englisch und die Naturwissenschaften sowie für die Sekundarstufe II Mathematik-Übungen bereithält (vgl. MB ST, 2021j). Zusätzlich stand außerdem vom 22.07.2021 bis zum 21.09.2021 das Online-Center der Schülerhilfe zur kostenfreien Nutzung zur Verfügung (MB ST, 2021g).

Sozial-emotionale Förderung

Die Fraktion DIE LINKE lenkte im Januar 2022 in einer Kleinen Anfrage im Landtag den Fokus auf pandemiebedingte psychosoziale Belastungslagen von Kindern und Jugendlichen. In der Antwort des Ministeriums für Arbeit, Soziales, Gesundheit und Gleichstellung vom 27.01.2022 (Landtag von Sachsen-Anhalt, 2022a) wird zunächst darauf hingewiesen, dass der Einfluss der pandemischen Bedingungen auf eine Zunahme an psychosozialen, insbesondere psychiatrischen, Unterstützungsbedarfen noch nicht valide abzuschätzen sei, das Land jedoch einen Ausbau bereits bestehender Unterstützungsnetzwerke plane.

Als konkrete Maßnahmen führt das Ministerium in erster Linie Fortbildungsangebote für Lehrkräfte an, die einerseits dazu dienen sollen „für pandemiebedingte psychische Probleme bei Kindern und Jugendlichen zu sensibilisieren" (ebd., S. 6), andererseits die Lehrkräfte bei der „Bewältigung der pädagogischen Herausforderungen, die sich (verstärkt u. a. auch aufgrund der pandemiebedingten Situation) in Entmutigung und/oder Entwertungserfahrungen im Schulalltag äußern" (ebd., S. 9), unterstützen sollen. Übergeordnetes Ziel dieser Angebote ist die Befähigung des pädagogischen Personals, „individuelle Förderangebote zu entwickeln, die hilfreich sind, das Lernverhalten von Schülern mit Entwicklungserschwernissen im sozial-emotionalen Verhalten zu unterstützen" (ebd., S. 9).

Der Zwischenbericht der Länder an das BMBF zum 31.03.2022 (KMK, 2022e) weist für diesen Teil der Förderung noch keine eingesetzten Mittel aus.

Weitere Maßnahmen entsprechend des Zwischenberichts an das BMBF

Im Zwischenbericht werden Maßnahmen ausgewiesen, zu denen wir keine Informationen bei unseren Recherchen gefunden haben. Hierzu gehören Finanzmittel für eine Lehrplankommission des LISA sowie eine wissenschaftliche Untersuchung „SEASA Teil 2" in Verantwortung der Otto-von-Guericke-Universität Magdeburg. Beim Projekt der Universität Magdeburg handelt es sich um die wissenschaftliche Begleitung des Angebots des „Produktiven Lernens", welches dem GEW-Landesverband zufolge dazu dient, Lernende, bei denen die Versetzung oder der Erwerb des Hauptschulabschlusses gefährdet ist, in besonderer Weise beim Übergang auf den Arbeitsmarkt zu unterstützen. In Dokumenten des Landtagsausschusses für Bildung finden sich Hinweise, dass diese beiden Maßnahmen Bestandteil der bildungspolitischen Handlungsfelder der aktuellen Regierungskoalition sind (vgl. hierzu Landtag von Sachsen-Anhalt, Ausschuss für Bildung, 2021c, S. 31–34; 2022a, S. 12; 2022b, S. 18). Darüber hinaus wird das Projekt der Universität Magdeburg im aktuellen Haushaltsentwurf des Ministeriums für Bildung für 2022 berücksichtigt (Landtag von Sachsen-Anhalt, 2022c, S. 5). In der öffentlichen und ausschussinternen Kommunikation unerwähnt blieb hingegen das Forschungsprojekt „Perspektive-21" der Universität Halle-Wittenberg, das ebenfalls im Zwischenbericht an das BMBF aufgeführt ist.

6.14.2.3 Personaleinsatz

Bereits im April 2021 wurde im Rahmen der 61. Sitzung des Ausschusses für Bildung und Kultur darüber beraten, welche personellen Ressourcen zum Beheben von Lernrückständen genutzt werden könnten. Der damalige Bildungsminister Marco Tullner führte aus, dass aufgrund der allgemeinen pandemischen Belastungen in Schule und Unterricht nicht mit einem Einsatz von Lehrkräften zu rechnen sei. Stattdessen plane das Bildungsministerium den Einsatz externer Kräfte, die in Kooperation mit den einzelnen Schulen auf Honorarbasis Unterstützungsangebote unterbreiten und dabei die Bedarfe und Bedingungen vor Ort berücksichtigen (Landtag von Sachsen-Anhalt, Ausschuss für Bildung und Kultur, 2021b, S. 31).

Einer Übersichtsseite zum Landesprogramm (Stand: 31.12.2021) auf der Homepage des Bildungsministeriums zufolge soll die Personalakquise vor allem über die Zusammenarbeit mit „Stiftungen, Vereinen, Initiativen, Volkshochschulen, kommerziellen Nachhilfeanbietern und kommunalen sowie freien Trägern" erfolgen (MB ST, 2021j). Überdies könnten „pensionierte Lehrkräfte, Lehramtsstudierenden, sozialpädagogische Fachkräfte sowie sonstige Honorarkräfte" (ebd.) für eine Tätigkeit angesprochen werden. Auch auf Schüler*innen ab dem 14. Lebensjahr könnte man nach Ansicht des Ministeriums für Bildung zurückzugreifen (vgl. MB ST, 2021i, S. 1). Insgesamt liegen uns keine tiefergehenden Informationen vor, wie die Personalakquise in Sachsen-Anhalt funktioniert. Auch unsere Interviewpartner*innen des GEW-Landesverbands Sachsen-Anhalt kritisieren die mangelnde Transparenz des Verfahrens durch das Ministerium und weisen darauf hin, dass nicht genügend Honorarkräfte gewonnen werden konnten, um das Landesprogramm umsetzen zu können.

6.14.2.4 Finanzierung und Verteilung der Mittel

Finanzvolumen

Zur Umsetzung des Aktionsprogramms *Aufholen nach Corona* stehen Sachsen-Anhalt im Bereich des Abbaus von Lernrückständen für 2021 8,7 Mill. Euro sowie für 2022 17,5 Mill. Euro, also in Summe etwas mehr als 26 Mill. Euro für den gesamten Förderzeitraum, aus Bundesmitteln zur Verfügung (Landtag von Sachsen-Anhalt, 2021g, S. 6, sowie MB ST, 2021i). Von den zur Verfügung stehenden Landes- und Bundesmitteln wurden im Jahr 2021 rund 45 Prozent abgerufen (Landtag von Sachsen-Anhalt, 2022b, S. 2). Wie viel Sachsen-Anhalt an Landesmitteln für das Jahr 2022 und ggf. 2023 einsetzen will, ergibt sich aus den uns vorliegenden Dokumenten nicht.

Haushaltstechnische Verteilung der Mittel an die Schulen

Den Schulen wurden zum Schuljahr 2021/2022 insgesamt 3,9 Mill. Euro als Aufstockung des Schulbudgets zugewiesen (vgl. Landtag von Sachsen-Anhalt, 2022a; Landtag von Sachsen-Anhalt, Ausschuss für Bildung, 2021a, S. 15; vgl. hierzu auch MB ST, 2021d). Im Falle der öffentlichen Schulen erfolgt die Budgetaufstockung über das Landesschulamt; für die Schulen in freier Trägerschaft wird die Zuweisung der zusätzlichen Mittel über „Zuwendungsverträge mit den jeweiligen Schulträgern" geregelt (Landtag von Sachsen-Anhalt, 2022b, S. 3).

Kriterien und Verfahren der Ressourcenallokation

Das Schulbudget wird nach der Gesamtanzahl aller Lernenden an den jeweiligen Schulen festgelegt. Die Ressourcenallokation basiert folglich auf einer Pro-Kopf-Pauschale (vgl. hierzu Landtag von Sachsen-Anhalt, 2022a; MB ST, 2021j). Darüber hinaus erhielten öffentliche Schulen, die Lernende mit Migrationshintergrund und zusätzlich diagnostiziertem Sprachförderbedarf unterrichteten, weitere Mittel (vgl. ebd.). Gleiches gilt für Kinder und Heranwachsende, die einen sonderpädagogischen Förderbedarf aufweisen (vgl. Landtag von Sachsen-Anhalt, 2022a). Für das Haushaltsjahr 2022 wird mit einer annähernden Verdopplung der Mittel gerechnet (vgl. MB ST, 2021j). Für berufsbildende Schulen wurde eine pauschale Mittelverteilung nach „Gießkannenprinzip" festgelegt. Nach Aussage des Ministeriums erhielten die Schulen für die Schuljahre 2021/2022 und 2022/2023 jeweils pauschal eine Einmalzahlung in Höhe von 8.000 Euro, die jedoch bis Ende 2022 verausgabt werden muss, um insbesondere Angebote der beruflichen Sprachförderung im Umfang von 4 Wochenstunden zu organisieren (vgl. ebd.).

6.14.3 Übergreifende Maßnahmen

Wie andere Bundesländer auch hat Sachsen-Anhalt Anpassungen bei den Abschlussprüfungen im Jahr 2021 und 2022 vorgenommen. Darüber hinaus wurden Vorgaben zur Notenfindung und Leistungsbewertung aufgeweicht sowie die Versetzungsordnung abgewandelt.

6.14.3.1 Anpassung von Verordnungen

Schulabschlussprüfungen: Bereits 2021 wurden die Prüfungen zum Realschulabschluss sowie zum Abitur angepasst (vgl. hierzu MB ST, 2021a). Diese Anpassungen wurden dem Ministerium zu Folge im engen Austausch mit dem Landesschülerrat erarbeitet und berücksichtigten die besonderen Beeinträchtigungen, mit denen der betreffende Abschlussjahrgang im Schuljahr 2020/2021 umgehen musste. Aufgrund verminderter Zeiten für Unterricht und Prüfungsvorbereitung in Präsenz sei es das vordergründige Ziel, den jungen Menschen „faire Prüfungsbedingungen" (ebd., S. 1) zu schaffen und ihnen „einen vollwertigen und qualitätsvollen Abschluss zu ermöglichen" (ebd.). Für die besondere Leistungsfeststellung zum Erwerb des qualifizierten Hauptschulabschlusses wurden hingegen keine Anpassungen vorgenommen (vgl. MB ST, 2021e, S. 2). Beim Realschulabschluss und Abitur wurde die Prüfungszeit erhöht. Beim Abitur gab es zudem zusätzliche Wahlmöglichkeiten in Mathematik (ebd.).
    Für das Schuljahr 2021/2022 wurde der Notenschluss für alle Abschlussklassen um drei Wochen nach vorn (auf den 08.04.2022) verlegt, um den Zeitraum zur Prü-

fungsvorbereitung auszuweiten (Landtag von Sachsen-Anhalt, Ausschuss für Bildung, 2022b, S. 25–26). Im Hinblick auf erneute Anpassungen der Prüfungen zum Realschulabschluss und zum Abitur merkte das Bildungsministerium an, dass der Abschlussjahrgang 2022 als erster seit Pandemiebeginn auf ein Schuljahr zurückblicken könnte, das nicht durch Distanz- oder Hybridunterricht gekennzeichnet war, sondern überwiegend in Präsenz stattfand (vgl. hierzu MB ST, 2022a, b). Dennoch würden für beide Schulabschlüsse die Erleichterungen aus dem Vorjahr auch in 2022 Anwendung finden (vgl. ebd.). Für Anpassungen beim Erwerb des Hauptschulabschlusses liegen uns keine Informationen vor.

Leistungsüberprüfung und Notenbildung

Anpassungen bei der Leistungsüberprüfung und Notenbildung fanden lediglich im Zuge der Zeugnisnotenvergabe zum ersten Halbjahr des Schuljahres 2020/2021 statt. Aufgrund der pandemiebedingten Schulschließungen standen manche Lehrkräfte vor der Herausforderung, Zeugnisnoten bei teilweise fehlender Benotungsgrundlage vergeben zu müssen. Sachsen-Anhalt entwickelte in Folge drei Möglichkeiten zum Umgang mit der Problematik: Erstens konnte die Notenbildung auf Basis aller verfügbaren Noten erfolgen, zweitens waren freiwillige Einzelleistungen zur Notenverbesserung möglich und drittens galt eine Zeugnisausstellung ohne Halbjahresnote mit entsprechenden Vermerken als gleichermaßen zulässig (vgl. hierzu Landtag von Sachsen-Anhalt, Ausschuss für Bildung und Kultur, 2021a, S. 61). Laut unserer Interviewpartner*innen der GEW Sachsen-Anhalt blieb der Leistungsbewertungserlass weiterhin in Kraft und es wurden „Leistungsbewertungen en gros gemacht. Wenn die Kinder da sind, werden Klassenarbeiten ohne Ende geschrieben, einfach damit man das hinter sich bringt".

Anpassung der Versetzungsordnung

Im Mai 2021 wurde zudem eine Änderung der Versetzungsordnung angekündigt, „um es den Schülerinnen und Schülern zu ermöglichen, bei coronabedingten Schwierigkeiten ein Schuljahr sanktionsfrei zu wiederholen", so der damalige Bildungsminister Marco Tullner vor dem Ausschuss für Bildung und Kultur des Landtages (Landtag von Sachsen-Anhalt, Ausschuss für Bildung und Kultur, 2021c, S. 22). Wie auch in anderen Ländern wurde von der freiwilligen Klassenwiederholung wenig Gebrauch gemacht.

6.14.4 Ausblick

Die Landesregierung hat bereits sehr früh (im August 2021) nach dem Start des Aktionsprogramms *Aufholen nach Corona* Überlegungen angestellt, wie eine Unterstützung der Kinder und Jugendlichen auch nach dem Ende der Laufzeit des Aktionsprogramms gelingen kann. In der Antwort auf eine Kleine Anfrage der Fraktion DIE

LINKE betont das Ministerium für Bildung nochmals die Wichtigkeit des weiteren Einsatzes von Landesmitteln:

> „Im Rahmen des Programms ‚Aufholen nach Corona für Kinder und Jugendliche' haben die Schulen im Land große Anstrengung unternommen, die Lernrückstände abzubauen. Diese Maßnahmen müssen noch für einige Zeit andauern, um den gewünschten Erfolg nachhaltig zu sichern. Durch das Sondervermögen Corona ist gesichert, dass die Maßnahmen nicht vorzeitig beendet werden müssen" (Landtag von Sachsen-Anhalt, 2022b, S. 9).

Dem Entwurf eines Nachtragshaushaltsbegleitgesetzes, welches Landesmittel bis 2027 sichern soll, liegt ein umfassender Maßnahmenkatalog mit Erläuterungen zum Mittelbedarf bei (vgl. Landtag von Sachsen-Anhalt, 2021h). Im Bereich der Maßnahmen zur Bewältigung von Lernrückständen veranschlagt die Landesregierung ab dem Jahr 2023 bis 2027 Mittel von jährlich 7,5 bis 11 Mill. Euro und insgesamt von knapp 47,9 Mill. Euro. Für das Jahr 2022 sind keine Aufwendungen von Landesmitteln geplant, sondern es sollen die Bundesmittel genutzt werden, die noch bis März 2023 abgerufen werden können (Landtag von Sachsen-Anhalt, 2021h, S. 21 des Maßnahmenkatalogs; Landtag von Sachsen-Anhalt, Ausschuss für Bildung, 2021b, S. 4). Wie diese Mittel verausgabt werden sollen, ist noch unklar. Zumindest ist es Sachsen-Anhalt bisher kaum gelungen, die veranschlagten Mittel des Aktionsprogramms *Aufholen nach Corona* auszuschöpfen (KMK, 2022e).

6.15 Länderbericht Schleswig-Holstein

6.15.1 Genese des Landesprogramms und Problemwahrnehmung der Akteure

In Schleswig-Holstein wurden bereits im Februar 2021, also zum Beginn des zweiten Halbjahres des Schuljahres 2020/2021, mit dem sogenannten *Lernchancen-Programm* erste Maßnahmen zur Kompensation pandemiebedingter Lernrückstände auf den Weg gebracht. Dazu wurden den Schulen 1,8 Mill. Euro in Form von Budgets etwa für Hausaufgabenhilfe, Prüfungsvorbereitung, Lernberatung oder das Aufholen und Vertiefen von Fachinhalten zur Verfügung gestellt (MBWK SH, 2021c). Am 15.06.2021 wurde dann das Rahmenkonzept des Landes für das Schuljahr 2021/2022 vorgestellt (MBWK SH, 2021d). Damit gehört Schleswig-Holstein zu den ersten Ländern, die ein umfassendes Rahmenkonzept für die Bewältigung der Pandemiefolgen im Schulbereich vorlegten.

6.15.2 Landesaufholprogramm

Das schleswig-holsteinische Aufholprogramm hat ein Finanzvolumen von 63 Mill. Euro und setzt sich im Wesentlichen aus fünf Komponenten zusammen:

1) Aufstockung des Vertretungsfonds für die (befristete) Einstellung von zusätzlichen Lehrpersonen bzw. Aufstockung von Lehrkräften in Teilzeit, Schulbudgets für die Beschäftigung vom Honorarkräften zur Durchführung von
2) ergänzenden innerschulischen Förderangeboten und
3) Lernangeboten in den Ferienzeiten,
4) Vergabe von Bildungsgutscheinen für kommerzielle Nachhilfeanbietende sowie schließlich
5) Schaffung zusätzlicher FSJ- und Sozialarbeiter*innenstellen.

Diese Komponenten sind Bestandteil des genannten Rahmenkonzepts, das den Titel *Lernen aus der Pandemie* trägt (MBWK SH, 2021d). Dieses Rahmenkonzept und die Erläuterungen, die Kultusministerin Karin Prien anlässlich seiner Veröffentlichung im Landtag am 17.06.2021 abgab (Schleswig-Holsteinischer Landtag, 2021a), geben Einblicke in die zentralen Überlegungen und Prämissen, die der Konzeption des Landesaufholprogramms zugrunde liegen.

In den Ausführungen des Ministeriums kommen fachlich-kognitive und sozial-emotionale Aspekte gleichermaßen zur Geltung. Es gehe nicht nur um fehlende Lernfortschritte, sondern auch um das Fehlen von Schule als sozialem Ort (ebd., S. 9284–9285). „Die größte, offenkundige Aufgabe", so heißt es im Rahmenkonzept, werde darin liegen „Kinder und Jugendliche […] wieder an Strukturen des schulischen Lernens, teilweise überhaupt an einen strukturierten Tagesablauf heranzuführen." Es gelte zu erkennen, wo Schüler*innen Unterstützung erhalten müssen, „um Anschluss an den Lernstoff zu bekommen, aber auch, wo sie ggf. Hilfe brauchen, um die Erfahrungen und sozial-emotionalen Belastungen durch die Pandemie zu verarbeiten" (MBWK SH, 2021d, S. 4). Im Lichte erster empirischer Befunde zu den Schulschließungen und ihren Folgen und der Ergebnisse einer repräsentativen Schulbefragung zur Qualität des Distanzlernens in Schleswig-Holstein (die sog. „DiSch-Studie" unter Leitung von Olaf Köller, vgl. Köller et al., 2021). wird davon ausgegangen, dass die im Zuge der pandemiebedingten Schulschließungen entstandenen Problemlagen je nach Schule erheblich differieren. Es sei gerade nicht so, dass sich für alle Schüler*innen die Leistungen verschlechtert hätten. Vielmehr sei ein Teil der Schüler*innen mit dem Lernen in Distanz gut zurechtgekommen und habe sehr gute Lernfortschritte machen können (ebd.). Das Distanzlernen habe, so wird mit Blick auf Ergebnisse der „DiSch-Studie" herausgestellt, in Schleswig-Holstein durch die „überwiegende Mehrheit von Schulleitungen, Lehrkräften, Schülerinnen und Schülern sowie deren Eltern […] gute Noten erhalten" (ebd., S. 24). Auch zeige sich, dass der sozioökonomische Status der Lernenden eine geringere Rolle gespielt habe als befürchtet (ebd.). Gleichwohl wird auch im schleswig-holsteinischen Kultusministerium davon ausgegangen, dass sich Leistungsdifferenzen zwischen Schüler*innen des gleichen Jahrgangs insgesamt vergrößert haben. Daher müsse der Fokus zum Schuljahresbeginn darauf gelegt werden, Unterricht „so zu gestalten, dass Rückstände bei der Vermittlung von Inhalten und Kompetenzen mittelfristig aufgefangen werden können, um den Anschluss an die in den Fachcurricula vorgesehenen Anforderungen zu schaffen" (MBWK SH, 2021d, S. 5).

Herausragende Bedeutung wird dem Aspekt der Lernstandsdiagnose zugesprochen. Verwiesen wird in diesem Zusammenhang auf die pädagogische Routinearbeit der Lehrkräfte, denn Unterricht beinhalte bereits „eine verlässliche Diagnose von Lernständen in Leistungssituationen, z. B. über Unterrichtsgespräche, Hausaufgaben, Tests, Klassenarbeiten usw.". Ferner sollen in der Schule verstärkt auch unbenotete und insbesondere standardisierte Diagnoseverfahren zum Einsatz kommen. (MBWK SH, 2021d, S. 14) Es stelle sich einstweilen

> „in besonderem Maße die Aufgabe, zunächst eine gemeinsame Ausgangsbasis als Voraussetzung für gelingendes Lernen herzustellen bzw. zu identifizieren, welcher Unterstützung es bei Einzelnen ggf. bedarf, um diese zu erreichen" (ebd., S. 13).

Das Verständnis von Lernrückständen, dem sich das Ministerium in seinem Rahmenkonzept verschreibt, ist gleichwohl nicht primär auf das untere Ende der Bildungsverteilung gemünzt, sondern wird sehr breit definiert: Als Lernrückstand wird demnach verstanden, „dass die kognitiven, emotionalen, sozialen, kreativen und körperlichen Fähigkeiten und Kompetenzen hinter dem eigentlichen Potenzial zurückstehen" (ebd., S. 14). Inwieweit dieses Verständnis von Lernrückständen aber für die konkreten Förderaktivitäten des schleswig-holsteinischen Aufholprogramms tatsächlich handlungsleitend sein kann, bleibt unklar. So stellt sich zum einen die Frage, wie das „eigentliche Potenzial" einzelner Schüler*innen und ein „Zurückbleiben dahinter" in einem diagnostisch validen Sinne überhaupt erfasst werden soll. Zum anderen stellt sich die Frage nach den Implikationen eines solchen intrapersonalen Verständnisses von Lernrückständen für die Verteilung der – natürlich begrenzten – Förderressourcen des Aufholprogramms: Sollen diese also tatsächlich allen Schüler*innen, unabhängig von ihrem „absoluten" Lernstand, zugutekommen oder soll die Planung konkreter Fördermaßnahmen am Ende doch prioritär an Schüler*innen ausgerichtet werden, die hinter dem Lehrplan bzw. den Mindestkompetenzstandards „zurückgeblieben" sind? Eine klare Antwort auf diese Frage bleibt das Ministerium schuldig, doch gibt die Zielgruppenbestimmung, die für das *Lernchancen*-Programm vorgenommen wurde (s. u.), einen deutlichen Hinweis auf Letzteres.

Gleichwohl möchte das Ministerium im Rahmenkonzept offensichtlich nicht den Eindruck einer einseitigen Fokussierung auf schwächere Schüler*innen erwecken. So wird auch an anderer Stelle ausdrücklich betont, dass auch die Schüler*innen, die im laufenden Schuljahr gute Lernfortschritte erzielt haben, „ihrem Lernstand entsprechend gefördert, gefordert und in ihren Lernentwicklungen wahrgenommen werden" (MBWK SH, 2021d, S. 5) müssten. In diesem Zusammenhang hat das Ministerium aber offenbar nicht so sehr Fördermaßnahmen des Aufholprogramms im Sinn als vielmehr das Feld der Schul- und Unterrichtsentwicklung insgesamt im Blick. Gerade weil sich die Leistungsheterogenität der Schüler*innenschaft pandemiebedingt weiter vergrößert habe, müssten schulische Lehr- und Lernarrangements mehr denn je so angelegt werden, dass sie individuelle Förderung ermöglichen (ebd.) Es müssten „neue Wege gefunden werden, um selbstorganisiertes und individualisiertes Lernen sowie Lehren und Lernen in einer digitalisierten Welt zu befördern und […] dies in Schule zu verankern" (MBWK SH, 2021d, S. 38).

Zugleich wird hervorgehoben, dass eine Bearbeitung der Folgeprobleme der Pandemie im Regelschulbetrieb allein nicht gelingen könne. Zumindest vorübergehend seien zusätzliche Fördermaßnahmen erforderlich, um die Anschlussfähigkeit aller Schüler*innen zu sichern. Zwar bleibt eine Zielgruppenbestimmung im Sinne der Konkretisierung von in diesem Zusammenhang vorrangig zu adressierenden Schüler*innengruppen im Rahmenkonzept weitgehend aus. Entsprechende Ausführungen finden sich jedoch in Zusammenhang mit dem oben schon erwähnten Programm *Lernchancen:SH*, das in Vorgriff auf das Bund-Länder-Programm *Aufholen nach Corona* initiiert wurde. Hier heißt es, jedenfalls mit Blick auf die in den Sommerferien geplanten Förderangebote:

> „Zielgruppe sind vorrangig Schülerinnen und Schüler der Jahrgänge 3 bis 10 (bei G8 bis Jahrgangsstufe 9), die einen besonderen Unterstützungsbedarf haben, sowie Schülerinnen und Schüler am Übergang in eine andere Schulart oder vor einem Abschluss. Angesprochen sind auch die Schulen, die in den vergangenen Monaten viel Distanzlernen anbieten mussten, die einen großen Anteil von Schülerinnen und Schülern mit Sprachförderbedarf (DAZ) haben oder in einem sozialen Brennpunkt liegen" (MBWK SH, 2021c).

Wie auch in anderen Bundesländern geht das Ministerium in der Konzeption des Aufholprogramms von der Prämisse aus, dass es die Schulen seien, die am besten wissen, was ihre Schüler*innen benötigen. Entsprechend ist das Landesprogramm so angelegt, dass sich die einzelne Schule entsprechend ihrer Bedarfslagen ein individuelles Programm von Förderangeboten zusammenstellen soll. Als Ministerium gebe man „die notwendigen Qualitätsstandards vor, für deren konkrete Umsetzung dann die Schulen unter Einbeziehung der Schulkonferenz und damit auch der Eltern zuständig" (Schleswig-Holsteinischer Landtag, 2021a, S. 9286) seien. Neben seit längerem laufenden Programmen etwa für Schulen in schwieriger sozialer Lage, früher Sprachförderung oder Lese- und Mathematikförderung kann dafür schon seit Februar 2021 auf zusätzliche Personalressourcen aus dem Vertretungsfonds sowie Unterstützungsangebote externer Akteure zurückgegriffen werden, die sich am *Lernchancen*-Programm beteiligen (ebd.). Während das Ministerium meint, dass beides von den Schulen sehr gut angenommen werde, weisen unsere Interviewpartner*innen aus dem GEW-Landesverband Schleswig-Holstein auf große Schwierigkeiten bei der Personalrekrutierung hin. Es sei in Anbetracht der ohnehin schon hohen Beanspruchung des pädagogischen Personals häufig schwierig, die zur Konzeption und Beantragung von Förderformaten erforderliche Zeit aufzubringen.

6.15.2.1 Zentrale Lernstandserhebungen, Leistungsüberprüfungen und Diagnostik

Die Diagnose von Lernrückständen hat im Rahmenkonzept des Ministeriums einen zentralen Stellenwert, wobei der Fokus auf dezentrale Verfahren der unterrichtsbegleitenden Diagnostik gelegt wird. Im Hinblick auf die inhaltliche Gestaltung des Schuljahres sei es „von zentraler Bedeutung, die individuellen Leistungsstände der Schülerinnen und Schüler einzuschätzen" (MBWK SH, 2021d, S. 12). Dies sei Grundlage für die Planung von Unterricht und Schule und müsse daher nicht nur zu Beginn des Schuljahres, sondern kontinuierlich über das Schuljahr hinweg geschehen. Besonderes Augenmerk wird dabei auf die Schüler*innen der Abschluss- und Übergangsjahrgänge gelegt, wobei insbesondere Mathematik und Deutsch als Schlüsselkompetenzen für den weiteren Bildungsweg im Zentrum stehen sollten. Zusätzlich zu den „bewährten Verfahren" der unterrichtsbegleitenden Leistungsüberprüfung (Klassenarbeiten, Tests usw.) sollen laut Rahmenkonzept unbedingt weitere diagnostische und vor allem auch standardisierte Verfahren zum Einsatz kommen (ebd., S. 14). Dazu stellt das Institut für Qualitätsentwicklung an den Schulen Schleswig-Holsteins (IQSH), das auch als zentrale Ansprechpartnerin für das *Lernchancen*-Programm eng in das Aufholprogramm eingebunden ist, jahrgangs- und fachbezogen eine Reihe von analogen und onlinebasierten Diagnosetools zur Verfügung, von denen Lehrkräfte je nach Bedarfslage Gebrauch machen sollen. Darunter sind sowohl Tests auf der landeseigenen Testplattform LeOniE-SH, die mitunter flexibel zusammengestellt und automatisiert ausgewertet werden können, als auch an den Bildungsstandards orientierte Tools wie Kurztests des IQB und Testaufgaben aus VERA (IQSH, 2021a; MBWK SH, 2021d, S. 15). Auf Grundlage der Ergebnisse entsprechender Lernstandsdiagnosen sollen Schüler*innen dann im Bedarfsfall speziellen Förderangeboten zugeführt werden, die parallel oder zusätzlich zum regulären Unterrichtsbetrieb stattfinden und aus Mitteln des Aufholprogramms finanziert werden. Auch in diesem Zusammenhang verweisen unsere Interviewpartner*innen aus dem GEW-Landesverband Schleswig-Holstein auf das Problem der Zeitknappheit: Auch wenn die zur Verfügung gestellten Diagnosetools für sich genommen hilfreich seien, fehle im schulischen Alltagsgeschäft letztlich die Zeit, sie systematisch einzusetzen.

Auch zentrale Lernstandserhebungen werden in der Strategie des Ministeriums mitgedacht und wurden in Gestalt von VERA auch während der Pandemiezeit verpflichtend durchgeführt, wobei zur Entlastung der Schulen teils ein verlängerter Testzeitraum angesetzt wurde (IQSH, 2021b, S. 110–111). Eine Ausnahme bilden hier einzig die VERA-3-Erhebungen des Schuljahres 2019/2020, die wegen der pandemiebedingten Schulschließungen entfallen mussten (IQSH, 2020). Gerade in der gegebenen Situation seien die Vergleichsarbeiten von besonderem Wert, begründete Kultusministerien Prien das Festhalten an ihrer Durchführung im Schuljahr 2020/2021: „Nur wenn wir wissen, welche Kompetenzen die Schülerinnen und Schüler erlangt haben und wo die Lücken sind, können wir die Förderung auch gezielt einsetzen" (MBWK SH, 2021b). Somit lagen in Schleswig-Holstein für das Schuljahr 2020/2021 für die Klassenstufen 3 und 8 repräsentative Ergebnisse über die Leistungsstände der Schüler*innenschaft vor, die zumindest im Fall von VERA 8 auch mit denen des Vorjahres verglichen werden können. Ein entsprechender Vergleich wurde unseres Wissens allerdings nicht vorgelegt. Bei der Vorstellung der Ergebnisse des Schuljahres 2020/2021 im Dezember 2021 betonte die Ministerin, dass Schulen die Rückmeldungen nutzen können, um Schüler*innen mit ausgeprägteren Förderbedarfen zu identifizieren, um diese gezielt zu fördern (SHZ, 2021). Von der Bildungsadministration selbst werden die VERA-Ergebnisse unseren Recherchen zufolge nicht für eine stärker nach Bedarfen differenzierte Verteilung von Ressourcen zwischen den Schulen genutzt. Warum dieses Potential für eine bedarfsgerechtere Ressourcensteuerung offenbar nicht genutzt worden ist, überrascht vor dem Hintergrund, dass die Ministerin selbst mit Blick auf die VERA-Ergebnisse betonte, dass es sich verbiete, „mit der Gießkanne durchs Land zu gehen" (ebd.).

Mit Blick auf die Quantifizierung von Lernrückständen auf Systemebene wird zudem auf nationale und internationale Schulleistungsstudien wie PISA, TIMSS und den IQB-Bildungstrend verwiesen. Sie würden zu gegebener Zeit evidenzbasierte Aussagen zu Lernständen in Schleswig-Holstein bzw. Deutschland ermöglichen, um systemweite Folgen der Pandemie besser einschätzen zu können (MBWK SH, 2021d, S. 15). Dass die Ergebnisse dieser Leistungsstudien – anders als VERA – jedoch kaum zeitig genug vorliegen werden, um für die Landesaufholprogramme noch steuerungsrelevant sein zu können, fällt dabei aber unter den Tisch.

6.15.2.2 Pädagogische Maßnahmen

Integrierte kognitive Förderung

Nach dem Rahmenkonzept des schleswig-holsteinischen Kultusministeriums soll die Kompensation pandemiebedingter Lernrückstände in erster Linie im Unterricht selbst stattfinden, wo die Schule „auf Bewährtes zurückgreifen und die […] etablierten Förderstrukturen und Maßnahmen nutzen" könne (MBWK SH, 2021d, S. 16): Wegen ihrer fachlichen Qualifikation und der intimen Kenntnis ihrer Schüler*innenschaft seien die regulären Lehrkräfte am besten dafür geeignet, auf Grundlage von Lernstandsdiagnosen geeignete Förderstrategien zu entwickeln und umzusetzen.

Gerade auch um Schüler*innen mit ausgeprägteren pandemiebedingten Lernrückständen nicht durch Fördermaßnahmen zu überlasten, die zusätzlich zum regulären schulischen Pensum absolviert werden müssen, soll die kompensatorische Förderung einzelner Schüler*innen und Kleingruppen nach Möglichkeit innerhalb des regulären Unterrichts durch Einsatz binnendifferenzierender Formate realisiert werden (MBWK SH, 2021d, S. 17, 20). Um den Schulen die Möglichkeit zu geben, zusätzliches Lehrpersonal bzw. zusätzliche Lehrpersonenstunden für ein Arbeiten in kleineren und differenzierten Lerngruppen zu gewinnen, wurde eine substanzielle Aufstockung des Vertretungsfonds vorgenommen. Neben der Einstellung von Vertretungslehrkräften können Mittel aus diesem Fonds für die (Rück-)Gewinnung pensionierter Lehrkräfte oder auch zur Aufstockung von Teilzeitverträgen von Lehrkräften oder schulischen Assistenzen verwendet werden. Damit gehört Schleswig-Holstein zu den wenigen Ländern, in denen ein Großteil des Gesamtbudgets unmittelbar für zusätzliches schulisches Personal aufgewendet werden soll.

Ferner wurde unter dem Dach des Programms *Lernchancen:SH* die Möglichkeit geschaffen, Honorarkräfte in die Schule zu holen, wobei hier beispielsweise auf Lehramtsstudierende, Vereine und Verbände, aber auch kommerzielle Nachhilfeanbietende zurückgegriffen werden kann. Mit Hilfe dieser externen Unterstützungskräfte sollen Schulen in die Lage versetzt werden, zusätzliche innerschulische Förderangebote in folgenden Bereichen zu realisieren: Beratung und Begleitung beim Lernen, Stärken der Kompetenzen in den Kernfächern (Deutsch, Englisch, Mathematik), Förderung der Selbstlernkompetenzen, Bekräftigung der überfachlichen Kompetenzen beim gemeinsamen Lernen, Unterstützung der persönlichen und sozialen Entwicklung sowie emotionale Entlastung (MBWK SH, 2021d, S. 18). Dafür können Schulen beim IQSH im Regelfall monatlich bis zu 3.000 Euro für Honorare abrufen, wobei in Abstimmung mit dem IQSH im Einzelfall auch höhere Bedarfe abgedeckt werden können (IQSH, o. J.a).

Die Eignung der zu beschäftigenden Honorarkräfte, die auf freiwilliger Basis auch an Fortbildungs- und Qualifizierungsmaßnahmen des IQSH teilnehmen können (IQSH, 2021c), ist durch Schulleitungen in Anlehnung an die Maßstäbe des offenen Ganztags zu prüfen (IQSH, o. J.a). Zwar liegt die Gesamtverantwortung für die Förderangebote bei der Schule und diese bzw. die Fachlehrkräfte sollen Honorarkräfte in schriftlicher Form über „Entwicklungspotenziale" des*der am jeweiligen Förderangebot teilnehmenden Schüler*in sowie Materialien und didaktische Vorgehensweisen informieren (IQSH, o. J.b). Die Honorarkräfte sind jedoch als freie Mitarbeiter*innen nicht weisungsgebunden, gestalten die von ihnen konkret durchzuführenden Förderangebote also in eigener Verantwortung und haben bei der Umsetzung methodisch freie Hand. Dabei sollen sie in der Regel drei bis fünf, maximal aber zehn Schüler*innen betreuen (IQSH, o. J.a).

Als zentrale Anlaufstelle für die Akquise von Honorarkräften fungiert die Internetplattform *Zukunftskompass:SH*, auf der sich sämtliche Anbietende bzw. Personen registrieren müssen, die beabsichtigen, im Rahmen des Programms in einer Schule tätig zu werden. Eine interaktive Karte verzeichnet die Anbietenden, die im jeweiligen regionalen Umfeld der Schule zur Verfügung stehen. Sie können direkt über die Plattform kontaktiert werden. Bei voller Ausschöpfung des monatlichen Regelbudgets von 3.000 Euro und dem für Honorarkräfte angesetzten – eher niedrig erscheinenden – Stundenhonorar von 25 Euro (ebd.) könnte eine Schule demnach prinzipiell Fördermaßnahmen im Umfang von 30 Wochenstunden anbieten. Im Zwischenbericht an das BMBF (KMK, 2022e, S. 115) wurden für entsprechende innerschulische Unterstützungsangebote im Zeitraum vom 02.08.2021 bis 31.01.2022 (24 Schulwochen) gut 900.000 Euro verausgabt. Dies entspricht rechnerisch gerade einmal etwa 1,2 Angebotsstunden je Schule/Woche. Insgesamt wurden so 23.300 Schüler*innen erreicht (ebd.), also in etwa 8 Prozent der Schüler*innenschaft der allgemeinbildenden Schulen (Destatis, 2021a, Tab. 3.2; eigene Berechnung).

Additive kognitive Förderung

Ebenfalls unter dem Dach von *Lernchancen:SH* haben die Schulen die Möglichkeit erhalten, in den Ferienzeiten unter Rückgriff auf die besagten externen Träger und Anbietenden fachliche und überfachliche Lernangebote zu organisieren. Zur Illustration des konzeptionellen Rahmens solcher Ferienprogramme seien hier beispielhaft Planungen des Ministeriums für das Sommerferienprogramm 2021 umrissen. Hier sollten die teilnehmenden Schüler*innen „ein Angebot von bis zu 25 Stunden (zum Beispiel fünf Tage à fünf Stunden) pro Woche im Zeitraum der letzten beiden Sommerferienwochen" erhalten, wobei neben fachlichen Unterstützungsangeboten in Mathematik, Deutsch und Englisch auch solche zur Förderung personaler und sozialer Kompetenzen sowie Sport, musische und kulturelle Bildung einbezogen werden konnten (MBWK SH, 2021s). Derartige Kursprogramme, die von den Schüler*innen auf freiwilliger Basis besucht werden, wurden in den Sommerferien 2021 und 2022, den Herbstferien 2021 und den Osterferien 2022 angeboten. In den Sommer- und Herbstferien 2021 nahmen an entsprechenden Angeboten 5.200 Schüler*innen teil (KMK, 2022e, S. 116), was knapp 2 Prozent der Schüler*innenschaft entspricht (Destatis, 2021a, Tab. 3.2; eigene Berechnung). Bis zum 31.01.2022 wurden für diese Zwecke 330.000 Euro verausgabt (KMK, 2022e, S. 116).

Eine weitere Säule des schleswig-holsteinischen Aufholprogramms besteht in der Ausgabe von individuellen Bildungsgutscheinen, die bei kommerziellen Nachhilfeanbieternde eingelöst werden können. Mit 6 Mill. Euro hat diese Säule des schleswig-holsteinischen Aufholprogramms hinter dem Vertretungsfonds das mit Abstand größte Finanzvolumen (MBWK SH, 2021c; Schleswig-Holsteinischer Landtag, 2021b). Bildungsgutscheine sollen von den Schulen ergänzend zu den vorangehend beschriebenen Maßnahmen an Schüler*innen mit besonders ausgeprägtem Unterstützungsbedarf vergeben werden, wobei der Fokus auch hier auf den Kernfächern Mathematik, Deutsch und Englisch liegt. Die Gutscheine sind zahlenmäßig begrenzt und sollen ausschließlich an Schüler*innen ausgegeben werden, die von der Schule bzw. den Lehrkräften dafür benannt werden. Unsere Interviewpartner*innen aus dem GEW-Landesverband Schleswig-Holstein berichteten indes, dass Schulen die Bildungsgutscheine mitunter frei zur Verfügung gestellt und deren Inanspruchnahme den Eltern überlassen hätten.

Die Bildungsgutscheine berechtigen dazu, bei beliebigen auf *Zukunftskompass:SH* registrierten kommerziellen Nachhilfeanbietenden kostenfrei bis zu 30 x 45 Minuten Nachhilfe zu buchen. Dabei gilt, dass ein*e Schüler*in in der Regel je Schulhalbjahr nur einen Gutschein erhalten kann. Um eine ausreichende Verzahnung der Nachhilfe mit dem Regelunterricht zu gewährleisten, sind Schulen angehalten, die Gutscheine mit Hinweisen zum Inhalt der benötigten Förderung und den in der Schule verwendeten Lehrmaterialien zu versehen. Nachhilfeanbietende wiederum sollen auf Grundlage der Gutscheine und der mitgelieferten Hinweise nach Möglichkeit Stundenpläne erstellen und den Nachhilfeunterricht in Kleingruppen von maximal zehn Schüler*innen durchführen. In Absprache mit dem Schulträger sind die Schulen befugt, Nachhilfeanbietenden Räumlichkeiten zur Durchführung der Nachhilfe zur Verfügung zu stellen (IQSH, o.J.b; 2021d, S. 19; MBWK SH, 2021a). Nach Angaben des Kultusministeriums wurden bis zum 31.01.2022 7.450 Gutscheine mit einem Gesamtwert von 1,62 Mill. Euro abgerechnet (KMK, 2022e, S. 116).

Sozial-emotionale Förderung

Nach dem Rahmenkonzept des Ministeriums soll im Schuljahr 2021/2022 „auf der Förderung der Persönlichkeit und des psychischen Wohlergehens der Schülerinnen und Schüler […] ein besonderer Fokus und damit ein Schwerpunkt schulischen Handelns" liegen (MBWK SH 2021d, S. 9). Dieser Anspruch bildet sich zum einen in der Komposition des *Lernchancen*-Programms ab, das etwa im Rahmen der Ferienangebote explizit auch solche zur „Unterstützung der persönlichen und sozialen Entwicklung und emotionalen Entlastung" (ebd., S. 18) vorsieht, ebenso wie Angebote in den Bereichen Sport, musikalische und kulturelle Bildung (MBWK SH, 2021c). Zum anderen verweist das Ministerium auf bestehende Unterstützungsstrukturen, allen voran Beratungsangebote des sog. *Zentrums für Prävention*, den schulpsychologischen Dienst und die Schulsozialarbeit (MBWK SH, 2021d, S. 10–11), die im Rahmen des Aufholprogramms für ein Jahr auch personell aufgestockt werden. Auch hundert zusätzliche FSJ-Stellen sollen geschaffen werden.

Darüber hinaus initiiert das IQSH Lehrkräftefortbildungen zu schulpsychologischen Themen wie Absentismus und Umgang mit psychischen Erkrankungen (MBWK SH, 2021d, S. 11) und hat in Kooperation mit dem *Zentrum für integrative Psychiatrie* (ZiP) das Projekt „Frühintervention und Prävention Corona-bedingter psychischer Erkrankung bei jungen Menschen" (PRO-Jung) ins Leben gerufen. Dieses entwickelt u.a. „niederschwellige Diagnostik- und Beurteilungsinstrumente", die Lehrkräfte in die Lage versetzten sollen, psychosoziale Belastung bei jungen Menschen zu erkennen und entsprechenden Unterstützungsbedarf zu definieren (ebd., S. 10).

In einer Rede vor dem Landtag am 23.02.2022 nennt Kultusministerin Prien nunmehr auch konkrete Zahlen zur Prävalenz psychischer Belastungen in der Alterskohorte. Demnach leide laut Studienergebnissen gegenwärtig

> „mindestens ein Drittel der jungen Menschen unter psychischen Auffälligkeiten wie Sorgen, Ängsten, depressiven Symptomen und psychosomatischen Beschwerden wie Kopf- und Bauchschmerzen" (MBWK SH, 2022b).

6.15.2.3 Personaleinsatz

Schulen sollen im Rahmen des Landesaufholprogramms auf zwei Wegen zusätzliches Personal für Förderaktivitäten gewinnen können. Erstens können aus Mitteln des Vertretungsfonds befristete Arbeitsverträge mit Lehrkräften und Schulassistenzen geschlossen bzw. Teilzeitverträge aufgestockt werden. Dabei ist es, so konzediert das Ministerium in Übereinstimmung mit unseren Interviewpartner*innen aus dem GEW-Landesverband Schleswig-Holstein, dass es in bestimmten Regionen und Fächern schwierig sei, geeignete Fachkräfte zu finden. Nach Angaben des Ministeriums haben bisher 505 allgemeinbildende Schulen Mittel aus dem Vertretungsfonds abgerufen (KMK, 2022e, S. 114), also gut 40 Prozent der Schulen (Destatis, 2021a, Tab. 1.2; eigene Berechnung). Von den knapp 33 Mill. Euro des Fonds, die je zur Hälfte aus Bundes- und Landesmitteln stammen (Schleswig-Holsteinischer Landtag, 2021b, S. 3), waren bis zum 31.01.2022 gut 23 Mill. Euro gebunden (KMK, 2022e, S. 114). Unklar bleibt, wie vielen Vollzeitäquivalenten dies entspricht. Regulär umfasst der Vertretungsfonds etwa 12 Mill. Euro pro Jahr.

Zweitens können Honorarkräfte beschäftigt werden, wobei hier ein breites Spektrum von Akteur*innen von qualifizierten Einzelpersonen, Schüler*innen und Lehramtsstudierenden über Volkshochschulen, Vereine und Verbände bis hin zu kommerziellen Nachhilfeinstituten infrage kommt. Entsprechende Angebote haben bis zum 31.01.2022 allerdings nur etwa 8 Prozent der Schüler*innenschaft erreicht (s. o.). Dies dürfte auch am regional sehr stark variierenden Angebot verfügbarer Honorarkräfte liegen. Während der *Zukunftskompass:SH* etwa für den Kreis Kiel (Stand 13.05.2021) 142 Angebote verzeichnet, sind es im Kreis Plön gerade einmal 21. Gerade im Umkreis kleinerer Ortschaften finden sich vielfach sehr wenige oder gar keine Angebote externer Unterstützungskräfte.

Hinzuweisen ist darauf, dass Vertretungsfonds und *Lernchancen*-Programm zum Teil auf das gleiche Personalreservoir zurückgreifen. So enthält auch der Vertretungsfonds einen *POOL Erstexaminierte und fortgeschrittene Lehramtssemester* sowie einen *POOL verwandte Berufe*, auf den zurückgegriffen werden kann, wenn vollausgebildete Lehrkräfte nicht in der notwendigen Zahl zur Verfügung stehen (MBWK SH, 2015, S. 8).

6.15.2.4 Finanzierung und Verteilung der Mittel

Finanzvolumen

Das Schleswig-Holsteinische Aufholprogramm hat nach Angaben des Ministeriums ein Gesamtvolumen von 63 Mill. Euro, wobei das Land 35 Mill. Euro aus der „Bildungsmilliarde" und 15 Mill. Euro aus der „Sozialmilliarde" des Bund-Länder-Programms erhalten hat. Dabei sind der Vertretungsfond (33 Mill. Euro) und die Bildungsgutscheine (6 Mill. Euro) die mit Abstand größten Programmposten. Angaben zum insgesamt veranschlagten Volumen des *Lernchancen*-Programms liegen uns nicht vor, doch der Mittelabruf von etwas über 900.000 Euro zum 31.01.2022 lässt von einem in finanzieller Hinsicht untergeordneten Programmbaustein ausgehen.

Haushaltstechnische Verteilung der Mittel an die Schulen

Während Mittel aus dem Vertretungsfonds von den Schulen bei den zuständigen Schulämtern abgerufen werden können, fungiert im Fall des *Lernchancen*-Programms das IQSH als zentrale Instanz der Mittelbewirtschaftung und -verteilung. Verträge mit Honorarkräften müssen von den Schulen im Vorfeld mit dem IQSH abgestimmt und nach Durchführung der entsprechenden Fördermaßnahmen dort abgerechnet werden.

Kriterien und Verfahren der Ressourcenallokation

Im Hinblick auf die Ressourcensteuerung scheint das Ministerium vor allem auf die proaktive Bedarfsmeldung der Einzelschulen zu setzen, wobei im Rahmenkonzept betont wird, dass „die Schulaufsichten im Blick [haben], welche Schulen in besonderem Maße Unterstützungsbedarf haben" (MBWK SH, 2021d, S. 19). Auf welcher Informationsgrundlage die Schulaufsichten diesbezüglich agieren und welche Rolle sie bei der Ressourcenverteilung konkret einnehmen, können wir auf Basis der uns vorliegenden Dokumente nicht sagen. Im Rahmen des *Lernchancen*-Programms erhalten zunächst einmal alle Schule ein pauschales monatliches Maximalbudget von 3.000 Euro für den Einsatz von Honorarkräften. Allerdings können Schulen, wie bereits erwähnt, im Falle höherer Bedarfe an das IQSH herantreten (IQSH, o. J.a), um weitere Mittel abzurufen. In welcher Größenordnung sich die auf diesem Wege zusätzlich verwendeten Mittel bewegen und inwieweit hier dann auch konkrete Bedarfskriterien – etwa die Größe der Schule, die soziale Zusammensetzung der Schüler*innenschaft oder auch VERA-Ergebnisse – herangezogen werden, ist uns nicht bekannt.

Die an Schüler*innen mit ausgeprägten Lernlücken abzugebenden Bildungsgutscheine werden aus einem gesonderten Topf finanziert, wobei nach unseren Recherchen unklar bleibt, ob – und falls ja, nach welchen Kriterien – Schulen je nach Bedarfslage unterschiedliche Kontingente zugewiesen werden.

6.15.3 Übergreifende Maßnahmen

Auch jenseits der im Rahmen des Landesaufholprogramms vorgesehenen Maßnahmen hat das Bildungsministerium verschiedene Regelungen erlassen und Empfehlungen ausgesprochen, die dazu beitragen sollen, Folgen der Schulschließungen aufzufangen.

6.15.3.1 Anpassung von Verordnungen

In Würdigung des Umstandes, dass Schüler*innen „in den vergangenen beiden Jahren nicht unter normalen Umständen lernen und arbeiten" konnten, hat das Ministerium für das Schuljahr 2021/2022 eine Reihe von Erleichterungen für Prüfungen und Klassenarbeiten auf den Weg gebracht. Sie können an dieser Stelle lediglich beispielhaft dargestellt werden (vgl. zu den folgenden Ausführungen und Zitaten MBWK SH,

2022a). Für die Primar- und Sekundarstufe I gilt demnach z. B., dass Priorität auf jene Leistungsnachweise gelegt werden soll, die für die Erteilung der Halb- und Ganzjahresnoten von besonderer Bedeutung sind, wobei es den Lehrkräften freigestellt ist, „auf relevante Kompetenzen gemäß Fachanforderungen" zu fokussieren und von einer Überprüfung anderer Anforderungsbereiche abzusehen. Mit Blick auf den Ersten Allgemeinbildenden Schulabschluss und die Mittlere Reife ist eine „[d]reiwöchige unterrichtliche Intensivierungszeit mit Fokussierung auf die schriftlichen Prüfungen" vorgesehen. Des Weiteren wird es Schüler*innen freigestellt, eine der drei Prüfungen abzuwählen, wobei an ihrer Stelle eine mündliche Prüfung absolviert werden kann. Ferner wird für alle schriftlichen Abschlussprüfungen die Bearbeitungszeit um 30 Minuten verlängert. Letzteres gilt auch für die Abiturprüfungen, für die ebenfalls bestimmte Erleichterungen vorgesehen sind, allen voran eine „Beschränkung der Prüfungsthemen in den zentral geprüften Kernfächern" sowie in den dezentral gestellten Profilfach-Prüfungen eine Auswahl der „Aufgabenstellung unter Berücksichtigung des Unterrichtsumfangs".

Im Schuljahr 2020/2021 wurde Schüler*innen darüber hinaus die Möglichkeit eingeräumt, das Schuljahr freiwillig zu wiederholen, ohne dass dies auf die Dauer des Schulbesuchs oder – im Fall bereits absolvierter Projektprüfungen in den Jahrgangsstufen 9 und 10 – die Zahl zulässiger Prüfungsversuche angerechnet wurde (MBWK SH, 2021a).

6.15.3.2 Bestimmungen bzw. Empfehlungen zu Unterrichtsinhalten

Hinsichtlich der Gestaltung des Unterrichts wird im Rahmenkonzept des Landes eine Schwerpunktsetzung des Unterrichts auf „abschlussrelevante Kernbestände von Wissen und Kompetenzen" (MBWK SH, 2021d, S. 16) angeregt. Zu diesem Zweck wird eine konsequente Ausschöpfung der in der Kontingentstundentafel angelegten Möglichkeiten zur Flexibilisierung des Curriculums empfohlen, ebenso wie ein verstärktes Arbeiten an Aufgabenstellungen, die in den vergangenen Prüfungsjahren gestellt worden sind (ebd.). „Exemplarisches Lernen im Sinne der Kompetenzorientierung statt Streben nach Vollständigkeit", so wird ausgeführt, eröffne „Möglichkeiten für Vertiefung und Intensivierung wie auch für Wiederholung".

6.16 Länderbericht Thüringen

6.16.1 Genese des Landesprogramms und Problemwahrnehmung der Akteure

Ausgehend von den Schulschließungen im Zuge des ersten Lockdowns wurde in Thüringen – angeregt durch den GEW-Landesverband – ein Runder Tisch unter der Überschrift *Bildung unter Pandemiebedingungen* ins Leben gerufen, der erstmals am 14.01.2021 zusammentrat (TMBJS, 2021b). Das nicht-öffentliche Gesprächsformat diente vor allem dem Austausch zwischen dem Thüringer Ministerium für Bildung,

Jugend und Sport (TMBJS) und Akteuren der schulischen Praxis (vgl. AfBJS, 2021a, S. 19; Thüringer Landtag, 2021k, S. 55).

Wie auch andere Bundesländer bewertet Thüringen insbesondere die Schulschließungen und den notwendigen Distanzunterricht als Auslöser zahlreicher Problemlagen für Kinder und Jugendliche (vgl. u. a. AfBJS, 2021c, S. 24; Thüringer Landtag, 2021e, S. 1, 2021f, S. 1–2). Ausgehend von den Erfahrungen der flächendeckenden Schulschließungen in Folge des ersten Lockdowns über den Jahreswechsel 2020/2021 entwickelte Thüringen das *Konzept des besonderen Unterstützungsbedarfs*, um all jenen Kindern und Jugendlichen während des 2. Lockdowns (der in vielen Thüringer Kreisen besonders lange dauerte) eine intensive Betreuung in Präsenz zu ermöglichen, bei denen die Lehrkräfte aufgrund einer überwiegend schweren Erreichbarkeit schulabsentes Verhalten befürchten oder bereits wahrnehmen (rund 10 bis 15 Prozent aller Lernenden, vgl. AfBJS, 2021c, S. 26).

Hinsichtlich möglicher Förderangebote ist es wichtig, darauf hinzuweisen, dass in Thüringen stets individuelle Lernstände den Ausgangspunkt der Überlegungen bilden. Die Landesregierung formuliert also nicht das Ziel, Lernende pauschal in einzelnen Unterrichtsfächern oder bestimmten Klassenstufen zu fördern. Stattdessen formuliert sie den Anspruch, zunächst diejenigen in den Blick zu nehmen, die am meisten Unterstützung benötigen, und dann für jedes Kind individuelle Lösungen zu finden (ebd., S. 20).

Bei der konkreten Ausgestaltung des landeseigenen Aufholprogramms zeichnet sich Thüringen durch einen intensiven und kontroversen Diskurs aus, der eine vergleichsweise große Zeitspanne umfasst, obwohl beispielsweise bereits zu Beginn des Jahres 2021 Vorschläge für Lernförderangebote in der Ferienzeit im Ausschuss für Bildung, Jugend und Sport des Thüringer Landtages (AfBJS) besprochen wurden (vgl. hierzu etwa AfBJS, 2021b, S. 25; 2021c, S. 22). Das TMBJS ließ hierzu im Januar 2021 verlauten, dass Angebote für die Oster- und Sommerferien 2021 entwickelt würden, jedoch aus rechtlichen Gründen kein Unterricht im klassischen Sinne, sondern ausschließlich Bildungsangebote zulässig seien (vgl. AfBJS, 2021c, S. 28). Gefragt nach konkreten Strategien des Ministeriums zum Umgang mit etwaigen Lerndefiziten entgegnete Minister Helmut Holter,

> „dass das TMBJS keine Lernrückstände von Schülern aufhole. Dies sei die Aufgabe von den Lehrern an den Schulen vor Ort. Sie stellten den Lernstand fest und entwickelten Konzepte, wie der einzelne Schüler wieder an das allgemeine Niveau herangeführt werden könne" (ebd., S. 33).

In diesem Zusammenhang versicherte die damalige Staatsekretärin Julia Heesen, dass die Schulen generell große Unterstützung erfahren würden und seitens des TMBJS „Anfang Mai ein vollständiges Konzept dazu vorliege, wie die bildungsunterstützenden Angebote gewährleistet werden könnten" (AfBJS, 2021c, S. 33).

Im Parlament gab es in dieser Zeit verschiedene Anträge mit Vorschlägen, wie man mit den Lernrückständen umgehen könne (Thüringer Landtag, 2021a, e, f, j).

Dabei wurden zum einen Vorschläge kritisiert, die private Bildungsanbietende nutzen wollten (auch im Hinblick auf ihre regionale Verfügbarkeit). Zum anderen wurde aber auch auf die angespannte Personalsituation im Thüringer Schuldienst verwiesen.

Nachdem das TMBJS noch im Mai 2021 mit dem Vorwurf eines fehlenden Konzepts konfrontiert wurde, richtete sich Helmut Holter schließlich im September 2021 zum Start des neuen Schuljahres 2021/2022 in einem sogenannten Ministerschreiben an die Eltern aller schulpflichtigen Kinder und Jugendlichen und kündigte unterschiedliche Unterstützungs- und Fördermaßnahmen für das Schuljahr an. Im ersten Halbjahr sollten vor allem umfassende Lernstandsermittlungen im Mittelpunkt stehen, während das zweite Halbjahr verstärkt im Zeichen konkreter Angebote stünde (vgl. hierzu TMBJS, 2021k). Der Name des Landesaktionsprogramms, welches dann im Oktober 2021 veröffentlicht wurde, trägt den Namen *Stärken – Unterstützen – Abholen* (TMBJS, 2021l). Dieses Aktionsprogramm ermöglichte zu diesem Zeitpunkt aber nur, entfallene Schwimmkurse nachzuholen.

Am 18.11.2021 befasste sich das Parlament mit den oben genannten Anträgen aus dem Frühjahr 2021 über den Umgang mit den coronabedingten Lern(rück)ständen (vgl. hierzu Thüringer Landtag, 2021k, S. 34–68). Im Vergleich zur ersten Debatte im Mai 2021 wurde jedoch nun deutlich stärker anerkannt, dass in Thüringen der Einsatz externer Fachkräfte unvermeidbar sei, um heterogene Lernstände innerhalb der Schüler*innenschaft aus- und anzugleichen. Die Kritik am Vorgehen des TMBJS seitens der CDU-Fraktion blieb indes ungebrochen.

In einer Pressemitteilung des Bildungsministeriums vom 11.02.2022 wurden dann erstmals verschiedene geplante oder bereits in Umsetzung befindliche Maßnahmen des Landesaufholprogramms gebündelt vorgestellt (vgl. hierzu TMBJS, 2022c). Aus der Aufstellung wird jedoch nicht ersichtlich, für welche der aufgeführten Maßnahmen Bundesmittel in Anspruch genommen werden sollen (ebd.).

Bemerkenswert an dieser Pressemitteilung ist, dass mit ihr gleichsam ein Startschuss für die Organisation und Umsetzung des Programms an allen staatlichen Schulen erfolgt ist und das TMBJS den Beginn der Angebote nach den Winterferien 2022 – also zum zweiten Schulhalbjahr 2021/2022 – dabei als „plangemäß" (TMBJS, 2022c) bewertet hatte. Nicht nur aus der Sicht unserer Interviewpartner*innen des GEW-Landesverbands Thüringen gab es seit den Unterstützungsangeboten in den Sommerferien 2021 keine weiteren Maßnahmen. Dennoch vertrat Minister Holter die Auffassung, „Thüringen treibt die Bewältigung der Coronafolgen bei Kindern und Jugendlichen kraftvoll voran und setzt das Bundesprogramm vielfältig um. Wir sind im Plan, und weitere Schritte werden folgen" (ebd.).

6.16.2 Landesaufholprogramm

6.16.2.1 Zentrale Lernstandserhebungen, Leistungsüberprüfungen und Diagnostik

Für die Erfassung von Lernständen wurde in Thüringen kein bestimmtes Instrumentarium vorgesehen. Vielmehr, so die damalige Staatsekretärin Heesen, benötige Thüringen keine neue Systematik der Lernstandserhebung, da es zum Tagesgeschäft von Lehrkräften zähle, ständig Lernstände ihrer Schüler*innen zu erheben. Somit sei es nicht zwangsläufig notwendig, den Lehrkräften etwaige Tools zur Verfügung zu stellen, in die sie sich einarbeiten müssten (AfBJS, 2021c, S. 88).

Nichtsdestotrotz wurde die Umsetzung einer systematischen Erhebung im Abgleich mit dem Thüringer Lehrplan angekündigt, um basierend auf den Ergebnissen schließlich Förderangebote zu entwickeln (Thüringer Landtag, 2021b, S. 3433). Ausgehend von der Anerkennung individueller und heterogener Lernstände in Folge des pandemiebedingten Distanzunterrichts verfolgt Thüringen unter Berufung auf das Schulgesetz (§ 2 Abs. 2) den Anspruch, die individuelle Kompetenzentwicklung von Kindern und Jugendlichen in den Blick zu nehmen und dementsprechend individuelle Lernstandserhebungen für individuell zugeschnittene Fördermaßnahmen auf Basis einer schulinternen Lehr- und Lernplanung zu nutzen (vgl. hierzu beispielsweise Thüringer Landtag, 2021c, d, g; TMBJS, o. J.b, 2021d, f, 2022g).

Vergleichsarbeiten (VERA) – in Thüringen als Kompetenztests bezeichnet – werden regulär in der 3., 6. und 8. Jahrgangsstufe in Deutsch, Mathematik sowie der ersten Fremdsprache geschrieben. Während sie im Schuljahr 2020/2021 in den Jahrgangsstufen 6 und 8 ausgesetzt wurden – nicht jedoch bei den Drittklässler*innen – entfielen sie im Schuljahr 2021/2022 schließlich für alle Jahrgänge (TMBJS, 2021d, S. 10; 2022g, S. 7–8). Jedoch hatten die Schulen sowohl die Möglichkeit, die Testmaterialien für freiwillige Erhebungen zu nutzen sowie auf Materialien der vorherigen Jahrgänge zuzugreifen. *ILeA plus* und *2P | Potenzial & Perspektive*, zwei individualdiagnostische Tests, stehen den Schulen seit dem Schuljahr 2021/2022 als Onlineanwendungen zur Verfügung (TMBJS, 2022g, S. 6).

Neben der Anwendung dieser standardisierten Instrumente zur Lernstandserhebung plädiert Thüringen für einen Austausch mit Schüler*innen und deren Eltern über die Folgen des Distanzlernens in der Lerngruppe oder in Einzelgesprächen. Außerdem könnten Bögen zur Einschätzung der Kompetenzentwicklung verwendet werden (vgl. TMBJS, 2021d, S. 7–9; 2022g, S. 4–6).

6.16.2.2 Pädagogische Maßnahmen

Thüringen verfolgt den Anspruch, die Förderung von Kindern und Jugendlichen weitestgehend im Verantwortungsbereich der Schulen zu belassen und lediglich auf additive Angebote zurückzugreifen, wenn die personellen und zeitlichen Möglichkeiten für eine schulinterne Förderung erschöpft sind und ein Einsatz externer Fachkräfte sinnvoll erscheint.

Bereits im Mai 2021 wurden sogenannte bildungsunterstützende Ferienkurse angekündigt. Diese sollten in den Sommerferien 2021 landesweit als Ergänzung zum regulären Freizeitangebot vorgehalten werden, jedoch keinesfalls der Aufarbeitung von Fachinhalten im Sinne der Thüringer Lehrpläne dienen. So hieß es beispielsweise in einer Pressemitteilung des TMBJS: „Die Ferienkurse in den Sommerferien können keine versäumten Unterrichtsstunden kompensieren, und das sollen sie auch nicht" (TMBJS, 2021e, k). Zum Einsatz kamen Honorarkräfte, die von acht Kooperationspartner*innen des Freistaats ausgewählt bzw. eingesetzt und schließlich nach der Durchführung des Angebots über das Schulbudget finanziert wurden. Hierbei handelte es sich unter anderem um Lehramtsanwärter*innen, (Lehramts-)Studierende, Schulsozialarbeiter*innen und andere Fachkräfte aus dem Bereich der Kinder- und Jugendhilfe sowie der Erwachsenenbildung, Honorarkräfte aus Sportvereinen und Musikschulen sowie ehemalige Lehrpersonen (vgl. TMBJS, 2021d, S. 20; 2021e, f, g; 2022g, S. 19). Die bildungsunterstützenden Ferienkurse wurden im Sommer 2021 ausschließlich über das Schulbudget finanziert. Dieses sieht für staatliche Schulen eine Pro-Kopf-Pauschale von 30 Euro vor, die unter anderem für externe Partner*innen verausgabt werden dürfen. Im Schuljahr 2020/2021 standen den Schulen insgesamt 6,6 Mill. Euro aus dem Schulbudget zur Verfügung (vgl. unter anderem TMBJS, 2021a, 2022a). Von diesen konnten rund 1,14 Mill. Euro auch abgerufen werden (Thüringer Landtag, 2021m, S. 82; 2021n, S. 5–6). 456 Schulen von 874 allgemeinbildenden Schulen Thüringens hatten vor den Sommerferien 2021 Interesse an den Ferienkursen bekundet. Bei der Evaluation des Programms gab es lediglich Rückmeldungen von 363 Schulen (vgl. Thüringer Landtag, 2021i, S. 106; 2021l, S. 83; 2021m, n). Es ist allerdings unklar, ob die Schulen, die nicht an der Evaluation teilgenommen haben, auch nicht am Programm teilgenommen haben. Zentrale Befunde der Evaluation wurden auf einer Website des Landesaktionsprogramms veröffentlicht (ThILLM, 2021; TMBJS, o.J.a). Inhaltlich waren die meisten Kurse sportlich oder künstlerisch ausgerichtet. Es gab aber auch einen relativ hohen Anteil mit einer sprachlichen und mathematischen Ausrichtung – vor allem an Gymnasien.
Bei der Umsetzung gab es insbesondere Probleme bei langfristig geplanten Baumaßnahmen sowie Probleme mit der Schüler*innenbeförderung. Zudem gab es aber auch Hinweise darauf, dass Lernende und Eltern ein zu geringes Interesse am Angebot hätten (vgl. Thüringer Landtag, 2021h; 2021i, S. 107).

Darüber hinaus hat das TMBJS ein eher breiteres Verständnis von Lernständen, welches sich nicht ausschließlich auf kognitive Domänen wie beispielsweise Kernkompetenzen bezieht, sondern gleichermaßen die körperlich-motorische und sozial-emotionale Entwicklung umfasst. Zum Beginn des Schuljahres 2021/2022 wurden dementsprechend drei Förderbereiche durch das TMBJS benannt. Eine Übersicht zu den Angeboten innerhalb der drei Säulen gibt Tabelle 9.

Tab. 9: Fördermaßnahmen in den drei Entwicklungsbereichen des Thüringer
Landesprogramms

kognitiv	körperlich-motorisch	sozial-emotional
Lernstandsanalysen und individuelle Förderung	Bewegungs- und Sportangebote des Landessportbunds	Ergänzungsstunden durch Mehrarbeit
Lern-Schecks zur individuellen Weiterförderung	Fahrradausbildung	Angebote des schulpsychologischen Diensts
	Schwimmen	zusätzliche Klassenfahrten
		zusätzliche Freizeitangebote

Quelle: TMBJS, o. J.f; 2021m, S. 2–3; 2022g, S. 2–3; eigene Darstellung

Integrierte kognitive Förderung

Insgesamt sollen die Lernrückstände der Schüler*innen in Thüringen im Unterricht aufgearbeitet werden. Leitfäden geben umfassende Hinweise zur spezifischen Unterrichtsgestaltung (vgl. TMBJS, 2021d, S. 18; 2022g, S. 15–16) und möglichen Anpassungen der schulinternen Lehr- und Lernplanung (vgl. TMBJS, 2021d, S. 9–10; 2022g, S. 8). Darüber hinaus werden Besonderheiten ausgewählter Schüler*innengruppen dargestellt, auf welche im Unterrichtsgeschehen ein besonderes Augenmerk gerichtet werden soll (vgl. TMBJS, 2021d, S. 13–17; 2022g, S. 11–14). Zu der Frage, ob zusätzliche Ressourcen für den Umgang mit heterogenen Lernständen zur Verfügung stehen, haben wir bei unseren Recherchen keine Angaben gefunden.

Additive kognitive Förderung

Das Angebot einer additiven Lernförderung wird in Thüringen erst im Frühjahr 2022 eingeführt – zunächst nur für Schwimmkurse (TMBJS, 2022c). Jedoch betont das TMBJS, dass diese Art der Unterstützung im Verhältnis zu einer individuellen Förderung durch die Schule nachrangig einzusetzen sei (vgl. TMBJS, o. J.). Nachdem Förderbedarfe der Schüler*innen auf Basis schulinterner Lernstandsanalysen festgestellt wurden, können durch die Schulen Gutscheine für additive Förderangebote personengebunden ausgestellt werden (vgl. u. a. TMBJS, 2021l, 2022c). Diese können bei durch das TMBJS geprüften und auf der Website des Aufholprogramms gelisteten Nachhilfeanbietenden der Wahl eingelöst werden (vgl. hierzu TMBJS, 2022h). Je nach Umfang des Bedarfs stehen entweder *Lern-Schecks* für 20 Förderstunden (Gesamtwert maximal 250 Euro) oder 32 Förderstunden (maximal 400 Euro) zur Verfügung (vgl. TMBJS, 2022f, S. 7f.). Eine Förderung ist einmal pro Woche für 45 oder 90 Minuten in kleinen Lerngruppen aus maximal fünf Personen vorgesehen (vgl. TMBJS, o. J.g).

Für die Kontaktaufnahme mit den Anbietenden und die Einlösung der Gutscheine sind die Eltern verantwortlich (vgl. TMBJS, 2022f, S. 7). Nach Abschluss des Nachhilfe-Kurses wird die erbrachte Leistung schließlich direkt durch die Anbietenden beim TMBJS abgerechnet (vgl. TMBJS, 2021l). Finden Kinder und Jugendliche im ländlichen Raum kein entsprechendes Nachhilfeangebot vor, so verweist das TMBJS in seinen FAQs auf die Möglichkeit der Schulen, Förderangebote über freiwillige Mehrarbeit zu implementieren oder aber auf bekannte Kooperationspartner*innen unter Nutzung des Schulbudgets zurückzugreifen (vgl. TMBJS, 2022f, S. 6 f.). Nichtsdestotrotz blieben die Eltern in der Verantwortung, ihren Kindern additive Lernförderung zu ermöglichen.

Im März 2022 wurde zudem bekannt, dass sich der Landessportbund Thüringen als Kooperationspartner des TMBJS gleichermaßen mit Bewegungs- und Sportangeboten einbringt (vgl. TMBJS, 2022e). Hierfür werden die Projekte „Bewegungscoaches", „Kinder in die Sportvereine" (vgl. TMBJS, o. J.c) und „Kita-Schule-Sportverein" ins Leben gerufen (vgl. TMBJS, o. J.e).

Sozial-emotionale Förderung

Im Bereich der sozial-emotionalen Förderung setzt Thüringen sowohl auf inner- als auch auf außerschulische Unterstützungsangebote für Kinder und Jugendliche.

Zusätzlicher außerfachlicher Unterricht: Zum einen besteht für Lehrkräfte an staatlichen Schulen die Möglichkeiten, ihre Klassen auf freiwilliger Basis durch bezahlte Mehrarbeit im Umfang von bis zu vier Stunden pro Monat verstärkt zu betreuen (vgl. hierzu und im Folgenden TMBJS, o. J.h, 2022f). Generell ist vorgesehen, dass dieses zusätzliche Angebot nicht vordergründig der Vermittlung von Fachinhalten dient, sondern insbesondere die Klassengemeinschaft gestärkt werden soll. Darüber hinaus können die Unterrichtsstunden auch zur Teilung der Klasse genutzt werden. Auch die Unterstützung einzelner Lernenden in kleineren Gruppen sowie, im Ausnahmefall, eine Eins-zu-Eins-Betreuung einzelner Schüler*innen sind denkbar. Die Möglichkeit zur Aufstockung galt bereits für das zweite Halbjahr des Schuljahres 2021/2022 und wird auch im Schuljahr 2022/2023 fortbestehen.

Im Rahmen einer Landtagssitzung im November 2021 erfuhr der Ansatz deutliche Kritik vom Abgeordneten Christian Tischner (CDU), der hervorhob, dass die Lehrkräfte im Thüringer Schuldienst aufgrund des hohen Personalmangels diese zusätzliche Arbeitszeit nicht als Möglichkeit des Aufholens sozial-emotionaler Defizite, sondern vielmehr als große Belastung wahrnehmen könnten und der Landesregierung jegliches Gespür für das aktuell Leistbare fehle (vgl. Thüringer Landtag, 2021k, S. 46). Und tatsächlich zeigte sich, dass die Mehrarbeit in Thüringen eher nicht genutzt werde, wie ZEIT Online unter Rückgriff auf Meldungen der Deutschen-Presse-Agentur im Dezember 2021 berichtete (ZEIT Online, 2021c). Demnach meldeten im Schuljahr 2022/2023 lediglich 6,3 Prozent der Lehrkräfte und 5,9 Prozent des sonderpädagogischen Personals Interesse an freiwilliger Mehrarbeit an. Für das Schuljahr 2021/2022 lagen die Quoten mit 7,3 Prozent bei den Lehrer*innen bzw. 9,8 Prozent im sonderpädagogischen Bereich noch etwas höher. Ob sich am Ende überhaupt Lehrkräfte zur Mehrarbeit verpflichtet haben, muss offen bleiben.

*Angebote für besonders belastete Klassen und Schüler*innen:* Parallel zu zahlreichen bildungsunterstützenden Ferienkursen im Sommer 2021 entwickelte das TMBJS ein

Freizeitangebot für besonders belastete Kinder und Jugendliche aus „schwierigen Lebenslagen" (TMBJS, 2021i) im Alter von 7 bis 16 Jahren. Das sogenannte *Sonderprogramm* (ebd.) wurde in Kooperation mit den Thüringer Jugendämtern durchgeführt und schloss Akteure der außerschulischen Jugendbildung sowie der Kinder- und Jugenderholung ein. Zum 26.07.2021 lagen Anmeldungen von über 1.100 Kindern und Jugendlichen sowie Angebote von 75 Trägern der freien Kinder- und Jugendhilfe vor (ebd.). Das TMBJS gab in der Pressemitteilung bekannt, dass diese zusätzlichen Erholungsmaßnahmen mit 300.000 Euro aus dem Bundesaktionsprogramm *Aufholen nach Corona* finanziert würden.

Im Schuljahr 2021/2022 standen zudem 8. und 9. Klassen weiterführender Schulen, die im vorangegangenen Schuljahr in besonderem Maße von Schulschließungen betroffen waren, Klassenfahrten im Umfang von fünf Tagen zur Verfügung (vgl. TMBJS, o.J.d). Die 114 leistungsberechtigten Schulen wurden durch das TMBJS auf Basis interner Daten ermittelt und über das Angebot informiert (vgl. hierzu auch TMBJS, 2022f, S. 8–9). Die Kosten für die Schüler*innenbeförderung, Verpflegung, Übernachtung sowie pädagogische Rahmung übernimmt der Freistaat Thüringen (vgl. TMBJS, o.J.d). Das Verfahren der Bedarfsermittlung und die tatsächliche Nutzung des Angebots sind nicht bekannt. Das TMBJS informierte jedoch im Mai 2022 darüber, dass es eine Ausweitung des Angebots auf weitere Schulen und Klassenstufen prüfe (vgl. ebd.).

6.16.2.3 Personaleinsatz

Das Landesaktionsprogramms *Stärken-Unterstützen-Abholen* basiert im Bereich additiver Förderung im Wesentlichen auf dem Einsatz von Honorarkräften, die von den bereits benannten Kooperationspartner*innen des TMBJS vermittelt werden. Die Angebote werden über Honorarverträge mit dem Freistaat abgesichert und unter Nutzung des Schulbudgets abgerechnet. Unsere Interviewpartner*innen der GEW Thüringen berichten hierzu, dass dieses Vorgehen den Schulen eine enorme Entlastung biete, da z.B. die Prüfung von Führungszeugnissen und der Abschluss von Honorarverträgen entfielen. Im Bereich der integrierten Förderung und der freiwilligen Mehrarbeit werden regulär Lehrkräfte aus dem Thüringer Schuldienst eingesetzt.

6.16.2.4 Finanzierung und Verteilung der Mittel

Finanzvolumen

Im Mai 2021 unterrichtete das TMBJS den AfBJS über den Entwurf der Bund-Länder-Vereinbarung zur Umsetzung des Aktionsprogramms *Aufholen nach Corona* und stellte in Aussicht, dass die Bundesmittel in den Schuljahren 2021/2022 und 2022/2023 verwendet werden könnten (vgl. AfBJS, 2021d). Der Freistaat würde zur Ausgestaltung des landeseigenen Aufholprogramms zusätzliche Mittel in Höhe von 11,9 Mill. Euro für das Jahr 2021 sowie 21,1 Mill. Euro für das Jahr 2022 vom Bund erhalten (ebd., S. 5). In einer späteren Handreichung des TMBJS zum Schuljahr 2021/2022 wurden abweichend davon für das Jahr 2021 10,6 Mill. Euro und für das

Jahr 2022 21,1 Mill. Euro an Bundesmitteln in Aussicht gestellt (vgl. TMBJS, 2021j, S. 8). Gefragt nach dem Einsatz von Landesmitteln zur Kofinanzierung des Bund-Länder-Programms legte das TMBJS in der angesprochenen AfBJS-Sitzung im Mai 2021 eine entsprechende Übersicht vor (AfBJS, 2021d, S. 8). Hierin finden sich insgesamt Mittel im Umfang von 93,4 Mill. Euro (ebd.).

Im Zwischenbericht der Länder an das BMBF vom 31.03.2022 wurden schließlich aufgewendete Gelder in Höhe von unter 2 Mill. Euro (Stand 31.12.2021) zurückgemeldet (vgl. KMK, 2022e, S. 117–119). Nicht nur der Zwischenbericht an das BMBF vermittelt den Eindruck, dass die Planungen zur Verwendung der Mittel aus dem Bund-Länder-Programm zumindest zum Zeitpunkt der Abgabe des Zwischenberichtes noch nicht sehr weit fortgeschritten waren.

Haushaltstechnische Verteilung der Mittel an die Schulen

In Thüringen erfolgt seit 2018 die haushaltstechnische Verteilung von Landesmitteln über die Festlegung eines Schulbudgets, welches für die staatlichen Schulen eine Pro-Kopf-Pauschale in Höhe von 30 Euro vorsieht (vgl. TMBJS, 2022a). Im Rahmen des Landesaktionsprogramms erhalten jedoch alle Schulen – sowohl jene in staatlicher als auch jene in freier Trägerschaft – je nach Schüler*innenzahl ein Gesamtbudget in Höhe von 50 Euro pro Schüler*in (vgl. TMBJS, 2022f, S. 6). Das Budget bemisst sich jeweils an den Schüler*innenzahlen der Schulstatistik des jeweiligen Schuljahres. Freie Schulen dürfen mit den Mitteln jedoch ausschließlich Lernschecks ausstellen (vgl. ebd., S. 5).

Kriterien und Verfahren der Ressourcenallokation

Neben der Ressourcenzuweisung über die Errechnung eines Schulbudgets werden in Thüringen lediglich bei den zusätzlichen Klassenfahrten Schulen berücksichtigt, die besonderen Belastungen im Zuge der Corona-Pandemie unterlagen. Darüber hinaus gibt es keine steuernden Elemente nach den Bedarfen der Schulen.

6.16.3 Übergreifende Maßnahmen

Übergreifende Maßnahmen werden in Thüringen seit dem 17.05.2020 nahezu vollständig durch die Thüringer Verordnung zur Abmilderung der Folgen der Corona-Pandemie im Schulbereich (ThürAbmildSchulVO) geregelt (vgl. für 2021: Freistaat Thüringen, 2021; für 2022: Freistaat Thüringen, 2022; im Folgenden kurz „Abmilderungsverordnung"). Die Abmilderungsverordnung befasst sich mit Anpassungen bei den Abschlussprüfungen zum Haupt- und Realschulabschluss sowie zur allgemeinen Hochschulreife. Außerdem werden Regelungen zu Prüfungen an berufsbildenden Schulen und Vorgaben zur Wiederholung und Versetzung an allgemein- und berufsbildenden Schulen getroffen.

6.16.3.1 Anpassung von Verordnungen

Schulabschlussprüfungen: Bei den Schulabschlussprüfungen (Qualifizierender Hauptschulabschluss, Realschulabschluss, Allgemeine Hochschulreife) wurden sowohl im Schuljahr 2020/2021 als auch im Schuljahr 2021/2022 Anpassungen vorgenommen. Außerdem kam es zu Änderungen hinsichtlich der *Besonderen Leistungsfeststellung* am Ende der Klassenstufe 10 des Gymnasiums sowie bei Prüfungen an berufsbildenden Schulen. Für den *Qualifizierenden Hauptschulabschluss*, den *Realschulabschluss* und die *Besondere Leistungsfeststellung* wurde der Umfang der abzuleistenden Prüfungen von vier auf drei reduziert (vgl. TMBJS, 2022b). Die Möglichkeit zusätzlicher mündlicher Prüfungen blieb erhalten. Ausführlichere Informationen zu den Abschlussprüfungen, auch an berufsbildenden Schulen, sind zudem einer Handreichung des TMBJS zu entnehmen (vgl. AfBJS, 2021c; TMBJS, 2021c, 2022d). Generell fällt auf, dass bei den Schulabschlussprüfungen auf eine Einhaltung der regulären Standards gesetzt wurde und den Prüflingen an den allgemeinbildenden Schulen Zeitaufschläge sowie Wahlmöglichkeiten nur in ausgewählten Fächern, in den Hauptfächern sogar ausschließlich in Mathematik, gewährt wurden.

Wiederholung und Versetzung: In den Schuljahren 2020/2021 sowie 2021/2022 bestand mit Ausnahme der Abschlussklassen die Möglichkeit, eine Klassenstufe auf Antrag freiwillig zu wiederholen, ohne dass diese Wiederholung auf die Maximalanzahl zulässiger Wiederholungen angerechnet wird (AfBJS, 2021c, S. 14). Darüber hinaus wurde 2021 die sogenannte Versetzungsentscheidung in den Klassen 4, 6 und 8 ausgesetzt und diese Aussetzung für zwei weitere Jahre verlängert (vgl. AfBJS, 2021c, S. 22). Bildungsminister Holter erklärte hierzu im AfBJS, dass in Thüringen generell keine Versetzungsentscheidung innerhalb der Doppeljahrgangsstufen zu treffen wäre und nun eben auch drei weitere Entscheidungspunkte wegfallen würden (ebd., S. 27). Diese Regelung sorgte mit Blick auf das Nachholen von Lern- und Entwicklungsrückständen im Bildungsausschuss für tiefgreifende Sorgen. Eine voraussetzungslose Versetzung würde dazu führen, dass Kinder und Jugendliche im Laufe ihrer schulischen Bildungsbiografie Rückstände nicht beseitigen und somit kumulieren würden (zum diesbezüglichen Diskurs vgl. auszugsweise ebd., S. 23).

7 Allgemeine Herausforderungen und Gelingensbedingungen bei der Umsetzung des Bund-Länder-Programms

Nachdem wir im vorangehenden Kapitel die Landesprogramme dargestellt haben, die in Zusammenhang mit dem Bund-Länder-Programm zum Aufholen von Lernrückständen initiiert worden sind, wollen wir im vorliegenden Kapitel nunmehr zusammenfassend auf deren Umsetzung eingehen. Dabei wollen wir erstens die Landesprogramme anhand ausgewählter Dimensionen beschreiben. Zweitens wollen wir darstellen, wie die einzelnen Bundesländer mit den in Kapitel 3 beschriebenen Zielkonflikten bei der Umsetzung der Landesprogramme umgegangen sind bzw. ob diese überhaupt explizit oder implizit thematisiert wurden. Dabei wollen wir auch auf Gelingensbedingungen bei der Umsetzung der Landesprogramme eingehen, soweit uns dies auf Grundlage unseres empirischen Materials möglich ist. Hierbei werden wir auch kurz behandeln, wie und ob die Wirksamkeit der Aufholprogramme gemessen werden kann. Drittens wollen wir uns mit der politischen Kommunikation der zentralen Akteure aus Bildungspolitik und -administration zum Bund-Länder-Programm auseinandersetzen.

7.1 Zusammenfassung der Maßnahmen in den Bundesländern

Um die z.T. sehr unterschiedlichen Landesaufholproramme zusammenfassend beschreiben zu können, haben wir in Tabelle 10 versucht, Kernelemente der Programme schematisch darzustellen.

7.1.1 Finanzrahmen und Dauer

Die Bundesmittel, verteilt nach den Umsatzsteueranteilen der Länder (vgl. Kap. 2, Tab. 1), schwanken zwischen knapp 110 Euro (NRW) und rund 113 Euro (Sachsen-Anhalt), wenn sowohl die Schüler*innen der allgemeinbildenden als auch die der beruflichen Schulen berücksichtig werden bzw. zwischen knapp 142 Euro (Hamburg) und rund 171 Euro (Sachsen-Anhalt), wenn ausschließlich Schüler*innen allgemeinbildender Schulen betrachtet werden. Diese Unterschiede vergrößern sich noch, wenn man die Mittel berücksichtigt, die die einzelnen Länder zusätzlich zu den Bundesmitteln bereitstellen (wollen). In der Bund-Länder-Vereinbarung haben sich die Länder verpflichtet, Mittel in gleicher Höhe wie der Bund für die Aufholprogramme einzusetzen (vgl. Kap. 2).

Tab. 10: Schematische Zusammenfassung der Aufholprogramme in den Bundesländern[1]

Bundesland	Schwerpunktsetzungen[2]							Ausgewählte Elemente				
	Auswertung von Personalkapazitäten in der Schule[3]	Einsatz von Honorarkräften in- und/oder außerhalb des Unterrichts – innerhalb	– außerhalb	Externe Nachhilfe	Ferienkurse	Schulbudget zur "freien" Verfügung	Angebote zur sozial-emotionalen Förderung	Verpflichtende landesweite Lernstanderhebung[4]	Bedarfsgesteuerte Elemente[5]	Erleichterungen bei Abschlussprüfungen	Aufstockung bzw. Nutzung länger bestehender Programme	Berücksichtigung beruflicher Schulen und/oder der schulischen Berufsorientierung
Baden-Württemberg	0/+	+	+++	+	+++	0	+	++	0	+	0	0/+
Bayern	+++	0	+	0	+++	0	+	0	0	+	++	+++
Berlin	0	0	+++	0	++	0	+	0	+	+++	0	++
Brandenburg	++	+	++	0	+	+	++	+/++	++	+	0	0
Bremen	0/+	0/+	++	0/+	+++	+++	++	+++	++	+	+++	++
Hamburg	+	0	++	0	++	0	+	+++	++	+	+++	+
Hessen	+	+	+	0	++	+++	+	0	+	+	+	+
Mecklenburg-Vorpommern	0	+	0	+++	0	+	0/+	+	0	++	0	0
Niedersachsen	+	+	+	0	+	+++	+++	0	0	+	0	+
Nordrhein-Westfalen	++	++	+	++	+	+	+	0	+	+/++	0	+
Rheinland-Pfalz	++	0	++	0	++	0	+	0	0/+	0	+	+
Saarland	+++	++	++	0	+	++	++	+	+	+	0	0/+
Sachsen	+	++	++	0	0	0	0	0	0	+	+	++
Sachsen-Anhalt	0	+	+	+	+	++	0	+	0	+	0	+
Schleswig-Holstein	++	++	+	++	+	+	0/+	++	0	+	++	0
Thüringen	0/+	0	0	+	+	+	+++	0	0/+	+	0	+

Anm.: +++ trifft voll und ganz zu; ++ trifft überwiegend zu; + es finden sich einzelne Elemente; 0 nicht zu beobachten

[1] Betrachtet werden Elemente, die in den uns vorliegenden Dokumenten zu den Förderaktivitäten der Länder im Kontext der Aufholprogramme explizit erläutert werden. Maßnahmen, die ausschließlich im Zwischenbericht an die KMK ausgewiesen werden, bleiben unberücksichtigt. [2] Dargestellt sind die geplanten Kernbestandteile der Programme. [3] Aufstockung, Mehrarbeit und/oder (befristete) Einstellung von Lehrkräften und sonstigem pädagogischen Personal. [4] Unter landesweiter Lernstandserhebung haben wir jene Erhebungen gefasst, die Auskunft über die jeweilige Situation im Bundesland geben sollten, die zudem veröffentlicht wurden und ggf. zur Ressourcensteuerung verwendet wurden. [5] Heranziehen von sozialen Kontextinformationen und/oder empirischen Daten über Lernrückstände bei der Zuweisung von Mitteln an die Schulen

Quelle: eigene Zusammenstellung auf der Basis der Länderberichte im 6. Kapitel

Nach unseren Recherchen kommen allerdings nicht alle Länder dieser Verpflichtung in voller Höhe nach.[29] Zu nennen sind hier etwa Thüringen, Berlin und Bayern. Hier wird der Länderanteil in den Aufholprogrammen nicht in gleicher Höhe zu den Bundesmitteln angegeben. Aber auch beim „Vorzeigeland" Hamburg, welches den größten Landesanteil für sein Aufholprogramm veranschlagt hat, finden sich mit Blick auf die paritätische Finanzierung Ungereimtheiten. So weist Hamburg im Zwischenbericht an das BMBF Mittel für die Additive Sprachförderung nach § 28a HmbSG aus (KMK, 2022e, S. 53), die in der Darstellung des Aufholprogramms an keiner Stelle thematisiert wurden und es wird nicht ersichtlich, inwieweit für diese Maßnahme mehr Geld aufgewendet wird als vor Corona. Ähnliches gilt für Berlin und Bayern, die ebenfalls umfangreiche Mittel für Maßnahmen (z. B. für Sprachförderung; KMK, 2022e, S. 27 bzw. S. 34) ausweisen, die auch vor Corona Teil der Förderinfrastruktur waren. Zweifelsohne ist es sinnvoll, dass Länder bei ihren Förderaktivitäten auf bereits etablierte Programme zurückgreifen. Ob es aber im Sinne des BMBF ist, wenn den Zwischenberichten nicht zu entnehmen ist, inwieweit es sich bei den aufgewendeten Mitteln tatsächlich um *zusätzliche* Mittel handelt – und nicht um Mittel, die auch ohne das Bund-Länder-Programm eingeplant waren –, erscheint fraglich.

7.1.2 Geplante/umgesetzte Schwerpunktsetzung der Programme

Die Schwerpunkte der einzelnen Landesprogramme orientieren sich oft an den Festlegungen der Bund-Länder-Vereinbarung, wie z. B. Ferienkurse oder additive Angebote durch Honorarkräfte. Aus unserer Sicht sind es vor allem sechs Merkmale, an denen sich Unterschiede in der Architektur der Landesprogramme festmachen lassen.

Das *erste* Merkmal, in dem sich die Länder unterscheiden, ist, ob eine Erweiterung der Personalkapazitäten der Schulen über Aufstockungen, Mehrarbeit und befristete Einstellungen von Lehrkräften und anderem pädagogischen Personal erfolgen kann. *Zweitens* unterscheiden sich die Programme hinsichtlich des Einsatzes von Honorarkräften, die in einigen Bundesländern im Wesentlichen für Förderangebote außerhalb des regulären Schulbetriebs eingesetzt werden, während sie in anderen Bundesländern Fördermaßnahmen auch in der Schule durchführen. *Drittens* spielt externe Nachhilfe je nach Bundesland eine unterschiedliche Rolle. *Viertens* geben einige Bundesländer ihren Schulen im Rahmen der Aufholprogramme ein Schulbudget zur relativ freien Nutzung bzw. stocken dieses auf. In anderen Ländern gibt es zwar ebenfalls ein Schulbudget, das dann aber für spezifische Elemente des jeweiligen Aufholprogramms zweckgebunden ist (z. B. zusätzliche Honorarkräfte). Wenn das Schulbudget nicht für diese Zwecke genutzt wird, verfällt es. *Fünftens* spielen Ferienkur-

---

29 Wir verzichten an dieser Stelle auf eine tabellarische Übersicht über die zusätzlich von den Ländern bereitgestellten Mittel, da die Angaben der einzelnen Länder im Zwischenbericht an das BMBF (KMK, 2022e) kaum vergleichbar sind. Teilweise werden bislang verausgabte Mittel angegeben, teilweise Planzahlen. Zudem unterscheiden sich auch die Zeiträume (Schuljahre, Haushaltsjahre), für die von den Ländern Angaben gemacht wurden.

se in den Bundesländern eine unterschiedliche Rolle. Schließlich wird, *sechstens*, die Kompensation sozial-emotionaler Coronafolgen in den Landesprogrammen unterschiedlich stark gewichtet.

Den genannten Merkmalen der Aufholprogramme ließen sich weitere hinzufügen (z. B. Schwimmkurse, Fahrsicherheitstrainings etc.). Zudem gibt es Länder, in denen (fast) alle Elemente vorkommen. Zumeist haben wir es aber doch mit einem oder zwei Hauptelementen zu tun, die vorrangig genutzt wurden, bzw. für die die meisten Mittel vorgesehen sind. Eine schematische Übersicht zu den Schwerpunkten findet sich in Tabelle 10 (S. 237).

Anhand der Tabelle wird deutlich, dass sich die Landesaufholprogramme anhand der unterschiedlichen Schwerpunkte kaum typisieren lassen. Es lassen sich aber zu einem gewissen Grade Zusammenhänge zwischen einzelnen Programmbausteinen beobachten. So scheinen Länder, die stark auf externe Nachhilfeanbietende zurückgreifen, seltener auf den Einsatz von Honorarkräften außerhalb des Unterrichts zu setzen. Ferner werden offenbar in Ländern, die Honorarkräfte vorwiegend für Fördermaßnahmen außerhalb des Unterrichts einsetzen, in der Tendenz eher Ferienkurse angeboten. Wo Honorarkräfte eher unterrichtsnah eingesetzt werden, finden sich umgekehrt seltener Ferienkurse. Weiterhin scheinen Länder, in deren Aufholprogrammen die sozial-emotionale Förderung vergleichsweise stark gewichtet ist, eher geneigt, ihren Schulen Budgets zur freien Verfügung zu gewähren.

Im Einzelnen zeigt sich z. B., dass Bayern und das Saarland Mittel aus dem Bund-Länder-Programm am stärksten dazu nutzen, die *Personalkapazitäten* der Schulen durch Aufstockungen/Mehrarbeit von Bestandskräften und befristete Neueinstellungen zu erweitern. Aber auch Brandenburg, Nordrhein-Westfalen, Rheinland-Pfalz und Schleswig-Holstein sehen einen substanziellen Teil der Programmmittel dafür vor, zusätzliche Lehrkräfte oder sonstiges pädagogisches Personal (exklusive Honorarkräfte) in den Schulen und im Unterricht einzusetzen bzw. die Stunden von in Teilzeit arbeitenden Bestandskräften zu erhöhen.

Darüber hinaus sind die Aufholprogramme etwa im Saarland sowie in Sachsen, Schleswig-Holstein und Nordrhein-Westfalen vergleichsweise stark darauf angelegt, *Honorarkräfte* innerhalb des Unterrichts oder relativ unterrichtsnah einzusetzen. Außerhalb der regulären Schulzeit, also für additive Maßnahmen, werden Honorarkräfte demgegenüber insbesondere in Baden-Württemberg und Berlin eingesetzt. In einem geringen Maße tun dies auch diverse andere Länder – einzig in Thüringen und Mecklenburg-Vorpommern gibt es einen entsprechenden Programmbaustein nicht.

Externe Nachhilfe spielt insbesondere im Aufholprogramm Mecklenburg-Vorpommerns eine zentrale Rolle, aber auch in Nordrhein-Westfalen und Schleswig-Holstein ist individuelle Nachhilfe ein vergleichsweise stark gewichteter Programmbaustein. Welchen Stellenwert sie in den Programmen von Baden-Württemberg, Sachsen-Anhalt und Thüringen hat, ist schwer zu bewerten, da private Nachhilfe hier nur dann als Instrument eingesetzt werden soll, wenn über Honorarkräfte keine ausreichende Förderung gewährleistet werden kann. Da die Vergabe von Nachhilfegutscheinen an Schüler*innen mit Lernrückständen für Schulen in der Regel sehr viel einfacher zu bewerkstelligen sein dürfte, als Kurse mit Förderkräften selbst zu organisieren, ist aber zu vermuten, dass externe Nachhilfeanbietende auch in diesen Ländern eine signifikante Rolle spielen.

Ferienkurse haben vor allem in den Aufholprogrammen Baden-Württembergs, Bayerns und Bremens ein starkes Gewicht. Auch in einigen anderen Ländern werden verstärkt Ferienangebote gemacht. Diese sind aber zum Teil nicht auf das Ziel ausgerichtet, Lernrückstände aufzuholen, sondern stellen eher auf Freizeit- und Sportangebote ab (z. B. in Niedersachsen, Thüringen und im Saarland). In Bayern und Rheinland-Pfalz gibt es separate Ferienprogramme für beide Zwecke. Interessant in diesem Zusammenhang ist, dass in einigen Bundesländern explizit argumentiert wird, dass Ferienkurse nicht durchgeführt werden sollen, um Schüler*innen und Lehrkräften Gelegenheit zu geben, sich erholen zu können (z. B. Sachsen und Thüringen).

In Bremen, Niedersachsen und Hessen, zu einem etwas geringeren Grad aber auch in Nordrhein-Westfalen, Rheinland-Pfalz und Sachsen-Anhalt, liegt ein Schwerpunkt darin, den Schulen ein zusätzliches *Schulbudget* zu gewähren, das dann wiederum „nach den Bedarfen vor Ort" eingesetzt werden kann. Auch in anderen Ländern wird auf ein (z. T. virtuelles) Schulbudget gesetzt, aus dem dann aber nur ganz bestimmte Maßnahmen (wie z. B. der Einsatz von Honorarkräften) finanziert werden können. In den erstgenannten drei Ländern sind die Freiräume bei der Verwendung des Budgets besonderes groß. Viele unserer Interviewpartner*innen der GEW-Landesverbände bewerteten die Vergabe eines freien Schulbudgets sehr positiv. Wie diese Mittel schlussendlich genutzt wurden, ist jedoch weitgehend offen.

Nicht überall wurden die Mittel aus den Aufholprogrammen dezidiert zur Behebung von Lernrückständen genutzt. Gerade Niedersachsen und Thüringen stellen fast ausschließlich Angebote zur sozial-emotionalen Förderung ins Zentrum ihrer Landesprogramme. Aber auch Brandenburg, Bremen und das Saarland legen hier einen relativ starken Fokus.

Insgesamt sieht man, dass es einige Länder gibt, die vor allem einen oder zwei Schwerpunkte gesetzt haben. Es gibt aber auch Länder, die eine vergleichsweise große Bandbreite von Programmbausteinen haben – weshalb eine typisierende Charakterisierung der Programme schwerfällt (z. B. Nordrhein-Westfalen, Sachsen-Anhalt und Thüringen).

7.1.3 Landesweite Lernstandserhebungen

Ein wichtiges Element der Aufholprogramme sollte die Erfassung von Lernrückständen über die Durchführung geeigneter Lernstandserhebungen sein. Eine systematische und flächendeckende Erfassung der Lernstände war zunächst von der damaligen Bundesbildungsministerin Karliczek gefordert worden. Sie konnte sich aber gegenüber den Ländern mit ihrer Forderung nicht durchsetzen (vgl. Kap. 2). In der Bund-Länder-Vereinbarung wurde dann vor allem auf dezentrale Lernstandserhebungen abgestellt. Dazu heißt es:

„Die Lehrkräfte vor Ort können ihre Schülerinnen und Schüler am besten einschätzen und mögliche Lernrückstände in den Blick nehmen. Sie werden dabei mit geeigneten Testmaterialien und Diagnoseinstrumenten unterstützt, die die Länder gemeinsam zur Verfügung stellen. Sie sollten soweit wie möglich für Lernstandsermittlungen eingesetzt und gezielt für die Ermittlung der Förderbedarfe und sozialen Unterstützungsbedarfe genutzt werden" (BMBF, 2021, S. 3).

Wenn man also über die Erhebung von Lernständen spricht, kann damit Unterschiedliches gemeint sein. Aus einer wissenschaftlichen Perspektive sollten landesweite Lernstandserhebungen (ggf. auch auf Basis von repräsentativen Stichproben) durchgeführt werden, um einen Überblick darüber zu erhalten, wie groß Lernlücken in welchen Fächern sind. Eine Erhebung von Lernrückständen in diesem Sinne setzt jedoch voraus, dass valide Vergleichsmessungen von Lernständen aus den Jahren vor Corona vorliegen und eine Nach-Corona-Messung zu einem ähnlichen Erhebungszeitpunkt erfolgt.

Vorbildhaft ist hier Hamburg, wo mit den KERMIT-Erhebungen in den Jahrgangsstufen 3, 5 und 7 eine Datenbasis vorliegt, die auch im Zeitverlauf vergleichbar ist. Baden-Württemberg scheint mit Lernstand 5 zumindest für seine Fünftklässler*innen ein geeignetes Instrument zu haben, welches bereits zweimal nach den Corona-Lockdowns eingesetzt wurde und nach Aussage unserer Interviewpartner*innen aus dem GEW-Landesverband Baden-Württemberg auch unter den Lehrkräften Ansehen genießt. In Schleswig-Holstein und Bremen wurden zumindest VERA 3 und 8 bzw. VERA 8 (Bremen) im Jahr 2021 turnusmäßig durchgeführt. Gerade die Ergebnisse aus Schleswig-Holstein lassen aber aufgrund der starken jährlichen Schwankungen Zweifel aufkommen, ob die Vergleichsarbeiten (VERA) überhaupt ein geeignetes Instrument sind, um Lernlücken nach den Schullockdowns zu erfassen (vgl. hierzu vertiefend Kap. E.2).

Die Bildungsministerien der drei Ostbundesländer Brandenburg, Mecklenburg-Vorpommern und Sachsen-Anhalt, insbesondere aber auch die Bremer Senatsverwaltung, versuchten nach Schuljahresbeginn 2021/2022, über die Schulen bzw. Schulleiter*innen Rückmeldungen über mögliche Lernlücken zu bekommen. Dabei sollten die Lehrkräfte in den ersten Schulwochen individuelle Lernstände erheben, teilweise mittels standardisierter Verfahren (z. B. ILeA plus in Brandenburg). Die Ergebnisse dieser dezentralen Diagnostik sollten dann an das jeweilige Bildungsministerium übermittelt werden. Diese Rückmeldungen erfolgten dabei einzig in Bremen offenbar bezogen auf die einzelnen Schüler*innen, in den ostdeutschen Bundesländern hingegen bezogen auf die ganze Schule, was an der pädagogischen Basis durchaus für Irritationen sorgte. In Sachsen-Anhalt wurde unseren GEW-Interviewpartner*innen zufolge sowohl seitens der GEW als auch von einzelnen Schulen gegen dieses eher undifferenzierte Vorgehen Kritik laut und die Erhebung schlussendlich eingestellt. Auch in Mecklenburg-Vorpommern und Brandenburg wurde die Validität der Rückmeldung von unseren Interviewpartner*innen der GEW-Landesverbände angezweifelt. Zudem erfolgte die Veröffentlichung der Rückmeldung, insoweit dies überhaupt geschah, in teils wenig nachvollziehbarer Weise. Nichtsdestotrotz lagen den Bildungsministerien in Brandenburg, Bremen und Mecklenburg-Vorpommern relativ frühzeitig (Oktober 2021) Informationen über Schulen bzw. Schüler*innen (Bremen) mit einem großen Förder- und Unterstützungsbedarf vor. Zumindest in Brandenburg und Bremen sollte die Förderung dann auch schwerpunktmäßig an den Schulen mit den größten diagnostizierten Bedarfen erfolgen.

In den übrigen Ländern hat es nach unseren Recherchen keine Bemühungen gegeben, Lernstände systematisch zu erheben, um einen Überblick über die Gesamtsituation im jeweiligen Bundesland zu erlangen. Hier wurde – entsprechend dem „Mantra“, dass die Lehrkräfte vor Ort am besten wissen, wie sie Lernstände erheben und individuell fördern bzw. Förderung organisieren – ausschließlich auf dezentrale Verfahren der Lernstandsdiagnostik vertraut. Individuelle Lernstandsdiagnostik durch Lehrkräfte der Einzelschule wird konzeptionell über die Bundesländer hinweg als eine zentrale Grundlage für die Planung von Fördermaßnahmen und die Allokation von Schüler*innen auf diese verstanden. Dies gilt nicht minder für die oben aufgeführten Bundesländer, nur dass die Bildungsadministrationen hier eben den Versuch unternahmen, Ergebnisse der dezentralen Diagnostik in aggregierter Form zusätzlich für Steuerungszwecke brauchbar zu machen.

Unter „Lernstandsdiagnostik durch die Lehrkräfte“ werden vielfach auch pädagogische Routinetätigkeiten wie etwa Tests oder das klassische Unterrichtsgespräch verstanden. Viele Bundesländer haben ihren Lehrkräften auf eigens dafür eingerichteten Portalen eine große Zahl von Instrumenten zur Verfügung gestellt, auf die entsprechend der örtlichen Bedarfe – und durchweg freiwillig – bei der Lernstandsdiagnostik zurückgegriffen werden soll. Von unseren Interviewpartner*innen aus den GEW-Landesverbänden wurde in diesem Zusammenhang allerdings wiederholt darauf hingewiesen, dass die hohe zeitliche Belastung im schulischen Alltagsgeschäft wenig Zeit lasse, das in der Regel weit gesteckte Angebotsportfolio zu sichten und Passendes auszuwählen. Auch seien Instrumente, die aus anderen Ländern „importiert“ wurden, zumindest anfänglich nicht durch Fortbildungsmaßnahmen bezüglich ihrer Handhabung flankiert worden, berichteten z. B. unsere Interviewpartner*innen aus dem GEW-Landesverband Thüringen.

7.1.4 Bedarfsgesteuerte Elemente der Programme

Die Mittel für die Aufholprogramme sollten gezielt dort eingesetzt werden, wo im Zuge der pandemiebedingten Schulschließungen besondere Förderbedarfe entstanden sind. Diesen Weg versuchten vor allem Brandenburg und Bremen konsequent umzusetzen. Über die oben angesprochenen Rückmeldungen der Schulen an die Bildungsverwaltung sollten jene Schulen identifiziert werden, an denen besonders ausgeprägte Unterstützungsbedarfe bestehen. Unseres Wissens hat abgesehen von diesen beiden Ländern keines den Versuch unternommen, die an den einzelnen Schulen bestehenden Bedarfe auf Grundlage von Leistungsstanderhebungen bzw. der Rückmeldung dezentral durchgeführter Verfahren an die Bildungsadministration zielgerichtet zu bedienen. Etwas größere praktische Relevanz für die Ressourcenzuweisung hatten demgegenüber soziale Bedarfskriterien. In Bundesländern, die einen etablierten Sozialindex haben, wurde die Verteilung von Mitteln aus den Aufholprogrammen zumindest teilweise über die Sozialindizes der Schulen gesteuert (Bremen, Berlin Hamburg, Hessen und das Saarland). Nordrhein-Westfalen ist insoweit ein Sonderfall, als dass hier zwar ein etablierter schulscharfer Sozialindex vorliegt, seine Heranziehung jedoch nicht verpflichtend war. Vielmehr wurde den mit der Ressourcenverteilung betrauten Instanzen (je nach Programmbaustein Schulträger oder Schulämter) hier freigestellt, ob sie bei der Verteilung der Mittel auf den Sozialindex zurückgreifen oder nicht. Aber auch Bundesländer ohne Sozialindex versuchten Mittel über Merkmale der Schulen zu steuern, wie z. B. über die Schulform (mehr für nicht-gymnasiale Schulen), über den Anteil der Schüler*innen mit Migrationshintergrund (z. B. Grundschulen in Rheinland-Pfalz) oder über sonderpädagogische Förderbedarfe (z. B. Sachsen-Anhalt).

In den restlichen Ländern wurden Ressourcen nicht auf der Grundlage von Leistungs- oder Sozialkriterien verteilt. In einigen Fällen gibt es sogar Hinweise darauf, dass die Gelder eher dort landeten bzw. dort unbürokratischer abgerufen werden konnten, wo die Bedarfe nicht die höchsten waren. Zum Beispiel konnten die privaten Schulen in Sachsen schneller und unbürokratischer auf Mittel aus dem Aufholprogramm zurückgreifen als die staatlichen Schulen. In Berlin gibt es Hinweise darauf, dass Honorarkräfte in sozial privilegierten Stadtteilen eher gefunden werden konnten als in benachteiligten. Freiwillige Angebote wie Nachhilfe und Ferienprogramme wurden wohl – wie es bei freiwilligen Bildungsangeboten ohnehin tendenziell der Fall ist – eher von sozial privilegierteren Gruppen in Anspruch genommen. Im Falle der Ferienprogramme gibt es zudem ernstzunehmende Hinweise darauf, dass gerade Kinder mit Migrationshintergrund aus dem südosteuropäischen Ausland und der Türkei systematisch seltener an Ferienprogrammen teilnahmen, weil sie gerade in den langen Sommerferien ihre Familien in den Herkunftsländern besuchten (vgl. hierzu auch Kap. 3.4).

7.1.5 Erleichterung der Abschlussprüfungen

Auf eine Erleichterung der Abschlussprüfungen (Hauptschulabschluss, Realschulabschluss und Abitur) einigte sich die KMK bereits zu den Abschlussprüfungen 2021 (KMK, 2021a). Diese Regelungen wurden auch für das Jahr 2022 fortgeführt (KMK, 2021c). In der gemeinsamen Vereinbarung der KMK zu den Abschlussprüfungen werden eine Reihe von Möglichkeiten aufgeführt, die Abschlussprüfungen anzupassen. Hierzu gehören unter anderem mehr Wahlaufgaben, eine längere Bearbeitungszeit, Streichungen von Aufgaben durch die Lehrkräfte etc. (ebd.). Von diesen Möglichkeiten machten die Bundesländer im unterschiedlichen Ausmaß Gebrauch. Berlin machte, so unser Eindruck nach der Auswertung der uns vorliegenden Dokumente, von solchen Erleichterungen im Vergleich der Länder besonders stark Gebrauch, gefolgt von Mecklenburg-Vorpommern und Nordrhein-Westfalen.

Für den Abiturjahrgang 2021 wurden in den Ländern in vielen Fällen die besten Abiturergebnisse erreicht, die jemals dokumentiert wurden (vgl. hierzu vertiefend Kap. E.3). Zudem sank 2021 in der überwiegenden Mehrzahl der Länder der Anteil von Schüler*innen, die das Abitur nicht bestanden haben (ebd.). Auch für den Abiturjahrgang 2022 gibt es mittlerweile für neun Bundesländer entsprechende Ergebnisse (siehe Kapitel E.3). Ob die besseren Abiturnoten auf die Anpassungen bei den Abiturprüfungen oder auf intensivere Vorbereitungsphasen zurückzuführen sind oder ob gerade die Gymnasiast*innen besser durch die Pandemie gekommen sind als vielfach angenommen, lässt sich nicht beantworten.

Aber auch außerhalb der Abschlussprüfungen wurde die Art der Leistungsbewertung verändert. In einigen Ländern waren Schulen mehr oder weniger explizit aufgefordert, die ersten Wochen des Schuljahres im Sinne einer Phase des Ankommens zu gestalten. In dieser Zeit sollten eher die sozialen Aspekte des Schullebens und die pädagogische Diagnostik im Vordergrund stehen. Die Lehrkräfte sollten zunächst einmal eine pädagogische Bestandsaufnahme machen und die Schüler*innen sollten die Möglichkeit erhalten, ohne Leistungsdruck in den Schulalltag zurückzufinden (z. B. Nordrhein-Westfalen und Bremen). In Mecklenburg-Vorpommern, Brandenburg und Niedersachsen wurde mit Bezug auf die ersten Wochen des Schuljahres sogar verfügt, benotete Leistungsüberprüfungen vollständig auszusetzen. In Niedersachsen sollten darüber hinaus auch in der Folge im Regelfall nicht mehr als zwei schriftliche Arbeiten pro Woche geschrieben werden. In Sachsen-Anhalt wurde die Möglichkeit, auf Noten zu verzichten, zwar diskutiert, aber wohl nicht umgesetzt.

7.1.6 Aufstockung bzw. Nutzung bestehender Programme

Wie schnell die im Rahmen eines Aufholprogramms laufenden Maßnahmen Wirkung entfalten können, dürfte maßgeblich davon abhängen, ob sie auf bestehende Strukturen und Programme aufsetzen können oder neue Förderstrukturen überhaupt erst etabliert werden müssen. Hamburg konnte beispielsweise in seinem Aufholprogramm auf einige bereits verankerte Elemente zurückgreifen (z. B. Lernförderung nach § 45 Hamburger Schulgesetz (HmbSG)), die genau mit dem Ziel eingeführt worden waren, dass im Stoff zurückgefallene Schüler*innen ihre Rückstände aufholen können. Einen ähnlichen Weg hat z. B. auch Bremen im Zuge der Umstellung auf ein zweigliedriges Schulsystem eingeschlagen. In beiden Ländern wird auf Klassenwiederholungen als Mittel zum Ausgleich unterschiedlicher Lernstände zugunsten individueller Förderpläne verzichtet werden. Auch das Format der „Lernferien" als ein Mittel zum Aufholen fachlicher Defizite ist in diesen Ländern schon länger etabliert. Durch das Recht auf Ganztagsbeschulung bis zur Vollendung des 14. Lebensjahrs (§ 13 HmbSG) sind in Hamburg ferner auch darüber hinaus Strukturen vorhanden, in denen sich unterrichtsergänzende Fördermaßnahmen organisatorisch gut realisieren lassen. Länder ohne breit ausgebaute Ganztagsangebote können nicht in vergleichbarer Weise auf solche Strukturen zurückgreifen. Interessanterweise nutzte keines der ostdeutschen Länder seine Hortstrukturen im Grundschulbereich, um Maßnahmen zum Abbau von Lernrückständen umzusetzen. Zum Teil wurden temporär sogar Doppelstrukturen geschaffen, in denen externe Anbietende und Horte in den Ferien um die zu fördernden Schüler*innen konkurrieren.

Andere Beispiele für die Nutzung von vorhandenen Strukturen sind bei der Gewinnung von zusätzlichem Personal zu finden. So stellt der *Vertretungsfonds* in Schleswig-Holstein eine zentrale Stellschraube dar, über die kurzfristig Personal gewonnen, verteilt und bezahlt werden soll. Ähnliche Strukturen bestehen etwa mit dem VERENA-Portal in Nordrhein-Westfalen oder der Vermittlungsbörse für Aushilfsnehmer*innen in Bayern. Anzumerken ist aber natürlich, dass entsprechende Strukturen einzig dazu geeignet sind, die Nachfrage nach und das Angebot an Fachkräften zusammenzubringen. Wenn es aber generell an geeigneten Fachkräften mangelt, sind auch sie nur bedingt hilfreich. In kleinem Umfang nutzt auch Hessen seine *Vertretungsreserve* im Rahmen des Aufholprogramms. Zusätzliches Personal kann über das Schulbudget von den Schulen beschäftigt und finanziert werden. Sachsen gibt an, dass die neu etablierte Gruppe der *schulischen Assistent*innen* über das Aufholprogramm aufgestockt werden soll.

Sieht man einmal von frei zu bewirtschaftenden Schulbudgets ab, die im Zuge der verstärkten Schulautonomie seit den 1990er Jahren in vielen Ländern zumindest eine gewisse Bedeutung haben, fallen neben den soeben beschriebenen wenige zentrale Programmelemente ins Auge, die auch vor Corona schon etabliert waren. Die Notwendigkeit, zunächst geeignete organisatorische und administrative Strukturen zu schaffen, führte vielerorts dazu, dass Fördermaßnahmen später anliefen als geplant, oder einzelne Förderelemente nicht ineinandergreifen konnten, weil zunächst noch rechtliche und organisatorische Fragen geklärt werden mussten. Konzeptionell ist z. B. das Berliner Vorhaben, Schüler*innen am Anfang des Schuljahres zu testen, Förderbedarfe zu erkennen, diese mit den Schüler*innen und ihren Eltern zu besprechen und sie dann anschließend zu fördern, natürlich sehr gut. Nur gelang die Umsetzung nicht, weil die Förderkräfte nicht zur Verfügung standen, als die Förderbedarfe besprochen wurden.

7.1.7 Stellenwert beruflicher Schulen und von Berufsorientierung

Ein weiterer Aspekt, in dem sich die Aufholprogramme der Länder unterscheiden, ist der Umgang mit den beruflichen Schulen. In einigen Ländern partizipieren sie mehr oder weniger gleichberechtigt an den Ressourcen und Fördermaßnahmen oder wurden mit eigenen Programmbausteinen bedacht, so z. B. in Bayern, Berlin, Bremen, Nordrhein-Westfalen und Sachsen. In einigen anderen Ländern, etwa in Brandenburg, Mecklenburg-Vorpommern und Schleswig-Holstein, scheinen sie hingegen eher ausgeklammert worden zu sein, obwohl es in der Bund-Länder-Vereinbarung heißt: „Die Maßnahmen gelten für den allgemeinbildenden und berufsbildenden Bereich" (BMBF, 2021, S. 2). Insgesamt wurde die Lage der beruflichen Schulen im Diskurs über pandemiebedingte Lernrückstände nur am Rande thematisiert. Einige unserer Interviewpartner*innen, beispielsweise diejenigen des GEW-Landesverbands Baden-Württemberg, charakterisieren die Lage an den beruflichen Schulen während des Distanzunterrichts aber auch insgesamt als vergleichsweise gut.

Unterschiedlich ist auch der Umgang mit dem Thema *Berufsorientierung an allgemeinbildenden Schulen*. In einigen Ländern sind unter den im Rahmen der Aufholprogramme prioritär zu fördernden Fach-/Kompetenzbereichen explizit auch berufsorientierte Lerngegenstände ausgewiesen, so etwa in Bayern, Berlin, Hessen, Niedersachsen und dem Saarland sowie in Sachsen und Sachsen-Anhalt. Mitunter werden im Rahmen der Aufholprogramme auch Betriebspraktika mitgedacht, die während der „Corona-Schuljahre" kaum stattfinden konnten (z. B. in Sachsen und Bayern).

7.2 Abwägungsprozesse und Gelingensbedingungen bei der Umsetzung der Landesprogramme

Wir haben in Kapitel 3 die aus unserer Sicht wichtigsten konzeptionellen Fragen hinsichtlich des Aufholens von Lernlücken benannt. Anders, als es die Kommunikation von bildungspolitischen und -administrativen Akteuren mitunter suggeriert, sind die aufgeworfenen Fragen nicht mit einem einfachen „entweder-oder" zu beantworten. Vielmehr gibt es eine Vielzahl von bildungspolitischen, pädagogischen und sozialen Zielkonflikten, die nicht zur Zufriedenheit aller schulischer Akteur*innen (Schüler*innen, Lehrkräfte, Eltern, Öffentlichkeit etc.) gelöst werden können. Wir wollen im Folgenden darauf eingehen, ob und wie diese Zielkonflikte in den Ländern diskutiert (soweit wir das nachvollziehen können) und gelöst wurden und welche Schlüsse daraus für die Ausgestaltung der jeweiligen Aufholprogramme in den Ländern gezogen wurden.

7.2.1 Zwischen Anpassung von Standards und Qualitätssicherung

Mit besonderer Intensität wurde in den Bundesländern die Frage diskutiert, wie die Standards beim Abitur bzw. den Abiturprüfungen gesichert werden können. Für den Hauptschulabschluss und den Realschulabschluss wurde dies weit weniger intensiv diskutiert. Prinzipiell stand die Qualitätssicherung im Widerstreit zu der Erwägung, dass es für die angehenden Abiturient*innen der Jahre 2021 und 2022 deutlich schwieriger war, sich angemessen auf das Abitur vorzubereiten als in den Jahren zuvor. Die Diskussion in der KMK mündete in einen Beschluss, der es ermöglichte, die Regelungen für die Abschlussprüfungen anzupassen (KMK, 2021a, c). Ermöglicht wurde, die Prüfungen zu verschieben, um mehr Lernzeit zu ermöglichen, die Prüfungszeit um 30 Minuten zu erhöhen, Prüfungsschwerpunkte am Anfang des Schuljahres zu benennen und eine größere Auswahl von Themen zuzulassen. Auch wenn die Prüfungsaufgaben schlussendlich den gleichen Schwierigkeitsgrad aufwiesen, wie seitens der Länder immer wieder hervorgehoben wurde, erleichtern diese Regelanpassungen natürlich die Prüfungen.

Das Spannungsverhältnis zwischen der Anpassung von Prüfungsregelungen und der Sicherung von Standards wurde in den Bundesländern unterschiedlich austariert (vgl. Kap. 6). Die Durchfallquoten (fast überall gesunken) und durchschnittlichen Abiturnoten (überall besser als in den Vorjahren) des Abiturjahrgangs 2021 – und, soweit bereits bekannt, auch des Jahrgangs 2022 (vgl. vertiefend Kap. E.3) – deuten darauf hin, dass die Abiturprüfungen den Abiturient*innen leichter gefallen sind als in den Vorjahren. Selbst, wenn man davon ausgeht, dass die Gymnasien besser durch die „Corona-Schuljahre" gekommen sind als andere Schularten, die Abschlussjahrgänge weniger Distanzunterricht hatten und mitunter auch besonders intensiv auf die Prüfungen vorbereitet wurden, wäre doch auch in den Abschlussklassen der Gymnasien ein relevanter Anteil von Schüler*innen zu erwarten, die mit der Situation psychisch und motivational nicht gut zurechtkamen. Zwar mögen zum unerwartet guten Abschneiden der Abiturien*innen andere Faktoren beigetragen haben, etwa ein stärker selbstreguliertes Lernen im Distanz- und Hybridunterricht, intensivierte Unterstützungsleistungen der Eltern, vielleicht auch das Fehlen von Freizeitmöglichkeiten während der Lockdowns. Dass dieser Jahrgang aber die besten Noten der letzten Jahre erreicht hat, kann eigentlich nur durch angepasste Standards bei den Abiturprüfungen oder deren Bewertung erklärt werden.

Die Frage, ob Bewertungsmaßstäbe angepasst wurden, kann letztlich natürlich ebenso wenig beantwortet werden wie die Frage, ob nicht doch ein relevanter Teil der Oberstufenschüler*innen in der Corona-Pandemie andere und ggf. bessere Lernbedingungen hatte und deshalb besser auf die Abiturprüfungen vorbereitet war als Oberstufenschüler*innen der Vorjahre. Der Rückgang von Klassenwiederholungen in allen Bundesländern, ebenso wie auch z. B. der Anstieg der Gymnasialempfehlungen in Sachsen, deuten darauf hin, dass es auf Seiten der Lehrkräfte auch in anderen Schulstufen Anpassungen bei den Leistungsbewertungen gegeben haben kann. Ein Indiz hierfür sind auch die konstanten Gymnasialübergangsquoten 2021/2022 auf das Gymnasium (vgl. Kap. E.3), obwohl der IQB-Bildungstrend diesem Jahrgang deutliche Lernrückstände attestierte (vgl. Kap. E.2)

Im Bereich der beruflichen Schulen scheint es zumindest dort, wo die Prüfungen bundeseinheitlichen Vorgaben folgten (z. B. Kammerprüfungen), keine Erleichterungen gegeben zu haben.

Festzuhalten ist, dass es vermutlich Anpassungen der Qualitätsstandards gegeben hat, ob nun durch Änderungen der Prüfungsbedingungen oder durch Änderungen der Leistungsbewertungen durch die Lehrkräfte. Offen kommuniziert als Senkung von Leistungsstandards wurde dies freilich nur selten. In Sachsen hat das Bildungsministerium aber beispielsweise eine Anpassung der Leistungskriterien beim Übergang auf das Gymnasium durch die Lehrkräfte eingeräumt.

7.2.2 Kernfächer versus alle Fächer

Während z. B. in Bayern das Aufholprogramm insbesondere an den Realschulen und Gymnasien eine relativ große Zahl von Fächern adressieren soll, konzentrierten sich andere Länder in Übereinstimmung mit den Vorschlägen der SWK (2021) auf die Kernfächer Mathematik, Deutsch und Englisch. Dies ist beispielsweise in Bremen, Hamburg, Rheinland-Pfalz und Sachsen der Fall. Andere Länder (z. B. Niedersachsen) ermöglichten darüber hinaus auch die Anpassung von Stundentafeln zur stärkeren Fokussierung auf die Gewichtung der Kernfächer.

Inwieweit Schüler*innen in den additiven Angeboten, die von Honorarkräften durchgeführt wurden, überwiegend in den Kernfächern gefördert wurden, ist kaum zu klären. In einigen Interviews mit Vertreter*innen aus den Landesverbänden der GEW (z. B. Sachsen, Brandenburg, Baden-Württemberg) wurde dies angezweifelt und auch darauf verwiesen, dass keinerlei Informationen zur thematischen Ausrichtung der durchgeführten Kurse vorlägen. Zu dieser Einschätzung kann man auch kommen, wenn man sich die Kursplattformen näher ansieht, die verschiedene Länder (z. B. Hessen, Baden-Württemberg, Brandenburg oder Schleswig-Holstein) aufgebaut haben, um Kursanbietende und Schulen „zusammenzubringen". Zwar finden sich hier natürlich Kurse im Bereich der Kernfächer wieder. Insgesamt sind die Angebote allerdings als sehr vielfältig zu kennzeichnen und reichen von Gewaltpräventionskursen bis hin zu erlebnispädagogischen Angeboten und halten sehr vieles bereit, was nicht unbedingt dem Aufholen von Lernrückständen in den Kernfächern zuzurechnen ist (vgl. hierzu Frankfurter Allgemeine Zeitung, 2022).

Bei den abrechenbaren Angeboten wurde teilweise auch auf Bedarfe reagiert, die nicht unmittelbar den Kernfächern zuzurechnen sind. So hatten die Gymnasien teilweise andere Bedarfe, weil sie bei den Kernfächern nach Ansicht einiger unserer Interviewpartner*innen gut durch die Pandemie gekommen sind (GEW Baden-Württemberg, Berlin) und darauf drängten, auch Gutscheine für Latein oder Französisch ausgeben zu können (GEW Baden-Württemberg). Dies wurde dann in Baden-Württemberg auch ermöglicht und in Berlin explizit unter den Kursinhalten aufgeführt.

Insgesamt wollten viele Länder ihre Anstrengungen innerhalb der Aufholprogramme auf die Kernfächer ausrichten. Gelang dies nicht in strukturierten Programmen, muss allerdings offen bleiben, in welchem Umfang die zusätzlichen Angebote dieses Ziel auch erfüllten. Es liegt auf der Hand, dass gerade Schulen, die die Corona-Folgen bei ihren Schüler*innen stärker in psychosozialen Bereichen sahen, vor allem Angebote nutzten bzw. schufen, die eben dies adressierten.

7.2.3 Zielgruppenadäquate Förderung versus Überforderung

Im Fokus der Aufholprogramme sollten die Schüler*innen mit den größten coronabedingten Folgen stehen. Dass man diese Schüler*innen nicht mit ausufernden Lernangeboten belasten kann, stellte z. B. der hessische Kultusminister Lorz fest, der vor einer Überforderung dieser Schüler*innen warnte (Hessischer Landtag, 2021a, S. 19 f.). Seiner Auffassung nach könne das Aufholprogramm nicht durch den aufzuholenden Stoff bestimmt werden, sondern müsse sich an der Leistungsfähigkeit der Schüler*innen ausrichten: „Das hat auch nichts mit Ressourcen zu tun, sondern es ist irgendwo das Ende der Fahnenstange, vor allem, wenn wir an die Klientel denken, die wir hauptsächlich adressieren" (ebd., S. 52 f.). Dieser Gedanke ist im Kern sicher richtig, wurde aber in dieser Klarheit selten geäußert.

Dass zur Frage der Überforderung von Schüler*innen und Lehrkräften je nach Land unterschiedliche Auffassungen vorherrschen, sieht man beispielsweise an der Ausgestaltung der *Ferienprogramme*. Sowohl in Thüringen als auch in Sachsen wird argumentiert, dass man keine Lernferien zum Aufholen von Lernrückständen durchführt, weil man den schulischen Akteuren Erholungszeit gönnen wolle. In Niedersachsen und dem Saarland bestanden die Ferienprogramme vor allem aus Freizeitangeboten zur Bewältigung sozial-emotionaler Coronafolgen. Ganz anders ist die Situation etwa in Baden-Württemberg, Bayern, Bremen, Hamburg und Schleswig-Holstein, wo die Lernferien in den Aufholprogrammen ein zentrales Element waren und sind (wobei auch hier ergänzend vielfach Kultur- und Bewegungsangebote präsent sind). Gerade das sogenannte *Ferienband* in Baden-Württemberg, welches 2022 aufgesetzt wurde, wurde aufgrund der mangelnden Erholungszeit nicht nur durch die dortige GEW, sondern auch vom Philologenverband außergewöhnlich scharf kritisiert.

Ein anderer Aspekt, der die unterschiedlichen Prämissen in den Bundesländern in diesem Bereich verdeutlicht, ist der Stellenwert, den die Bewältigung sozio-emotionaler Coronafolgen einnimmt. Allen voran Niedersachsen setzt bewusst vor allem auf solche Maßnahmen und nicht so sehr auf Maßnahmen zum Aufholen von Lernrückständen.

7.2.4 Freiwilliges „Mittelschichtsprogramm" versus zielgruppenadäquate Förderung von Schüler*innen mit besonders ausgeprägtem Bedarf

In allen Landesaufholprogrammen bestand eine grundlegende Herausforderung darin, die einzelnen Förderformate und die Allokation von Schüler*innen auf diese so zu gestalten, dass sie eine möglichst zielgenaue Förderung jener Schüler*innen ermöglichen, die in ihrer Lern- und Leistungsentwicklung während der Pandemie in besonderem Maße zurückgefallen sind. Grundsätzlich dürfte dies in Programmelementen besser gelingen, die im zeitlichen Rahmen des normalen Schultags realisiert werden, sei es in Form einer unmittelbar in den Unterricht integrierten Förderung oder in

Form von Gruppenangeboten, die parallel zum regulären Unterricht durchgeführt werden. Denn innerschulische Maßnahmen weisen im Verhältnis zu additiven Maßnahmen eine hohe Verbindlichkeit auf und erreichen auch jene Schüler*innen unmittelbar, deren Eltern im Hinblick auf die Wahrnehmung von Förderangeboten wenig Eigeninitiative zeigen (können).

Demgegenüber unterliegen freiwillige, additive Förderangebote immer der Gefahr, Schüler*innen (und deren Eltern) sozial selektiv anzusprechen. Gerade Schüler*innen aus weniger privilegierten sozialen Milieus profitieren deshalb von solchen Angeboten weniger als Schüler*innen aus den stärker bildungsbewussten (Mittel-)Schichten. Bereits nach dem ersten Lockdown zeigten Wößmann et al. (2021), dass kostenlose Nachhilfeangebote und Ferienkurse von leistungsstärkeren und leistungsschwächeren Schüler*innen gleichermaßen in Anspruch genommen wurden. Insgesamt erreichen die freiwilligen Maßnahmen leistungsschwächere Schüler*innen also nicht im erhofften Maße. Ferner zeigt die Studie (ebd., S. 49), dass die freiwilligen Lernangebote von Kindern aus akademischen Elternhäusern fast doppelt so oft angenommen wurden wie von Kindern aus nicht-akademischen Elternhäusern.

Insbesondere die kostenfreien Nachhilfeangebote, die in einigen Aufholprogrammen als ein Programmbaustein ausgewiesen werden, der Schüler*innen mit besonders großen Lernrückständen vorbehalten sein soll, dürften deshalb ihrer proklamierten Zielsetzung kaum gerecht werden. Dabei deuten unsere Interviews mit Vertreter*innen aus einigen GEW-Landesverbänden darauf hin, dass das Problem auch bei den Schulen gelegen haben könnte, da offenbar die zur Inanspruchnahme von Nachhilfe berechtigenden Bildungsgutscheine mitunter auch nach dem Prinzip „first come, first served" ausgegeben worden seien.

Auch im Hinblick auf Ferienkursprogramme gibt es Hinweise darauf, dass sie von den prioritär adressierten Schüler*innengruppen seltener angenommen wurden. Selbst in Hamburg, wo eine gezielte Ansprache von leistungsschwächeren Schüler*innen für die Ferienangebote erfolgte, gelang eine zielgenaue Förderung nicht immer (vgl. hierzu vertiefend Kap. 6.6). Gerade bei den Stadtteilschulen mit einem niedrigen und mittleren Sozialindex waren die Teilnahmequoten, gemessen am Anteil der Schüler*innen, die für dieses Angebot angesprochen wurden, mit Abstand am niedrigsten (unter 20 %). An den Grundschulen gelang es hingegen deutlich häufiger, angesprochene Schüler*innen für die Angebote zu gewinnen (rund 50 %, gemessen an der Zahl der angesprochenen Schüler*innen). Soziale Unterschiede bei der Teilnahme an Ferienkursen waren in Grundschulen zwar festzustellen, aber weitaus geringer ausgeprägt als an den Stadtteilschulen.

Neben den wenigen vorliegenden und hier referierten empirischen Belegen fehlen für den Großteil der Förderangebote Daten, um zu bewerten, ob Fördermaßnahmen die zentralen Zielgruppen erreichten. Speziell bei einer der am stärksten von den Coronafolgen betroffenen Gruppen (Stanat et al., 2022), den Kindern mit Migrationshintergrund, ist es plausibel, dass gerade diese unterproportional erreicht werden konnten, sei es aufgrund von Sprachbarrieren oder – im Fall der Ferienangebote – wegen längerer Aufenthalte im Herkunftsland (vgl. hierzu auch Kap. 3.4).

Es ist sicherlich unstrittig, dass durch freiwillige Angebote relativ viele Schüler*innen erreicht wurden, auch wenn gerade für den privaten Nachhilfebereich fast keine Daten vorliegen. Und diese Angebote dürften den teilnehmenden Schüler*innen auch dabei geholfen haben, coronabedingte Lernrückstände zu schließen. Dass mit den freiwilligen Angeboten aber tatsächlich vorwiegend jene Schüler*innen erreicht wurden, die die größten coronabedingten Lernrückstände in den Kernfächern hatten, ist eher unwahrscheinlich. Hier dürften die unterrichtsnahen Angebote zu einer größeren Passung geführt haben.

Anzumerken ist hier abschließend, dass die Programmkonzeptionen der Länder hinsichtlich der zu adressierenden Schüler*innen typischerweise ambivalent sind. Zwar wird auf der einen Seite immer wieder betont, dass sozial benachteiligte und/oder im Stoff zurückgefallene Schüler*innen bei den Fördermaßnahmen Priorität genießen sollen und es finden sich in nicht wenigen Aufholprogrammen auch konkrete organisatorische Ansätze, mit denen eine solche Priorisierung umgesetzt werden soll, so z. B. der Rekurs auf Sozialstrukturindizes (s. u.) oder dezidierte Hinweise bezüglich der mit Bildungsgutscheinen auszustattenden Schüler*innen. Auf der anderen Seite hat unseres Wissens – wahrscheinlich auch aus politischen Erwägungen – kein Bundesland sein Aufholprogramm ausdrücklich und ausschließlich auf diese Gruppe besonders gefährdeter Schüler*innen fokussiert. Vielmehr lassen die Programmkonzeptionen vielfach erkennen, dass Lernrückstände implizit oder auch explizit breiter – etwa im Sinne des Zurückbleibens hinter dem individuellen Potenzial – verstanden werden, woraus sich natürlich eine sehr viel größere Zielgruppe ergibt, die dann auch Schüler*innen aus eher privilegierten sozialen Milieus einschließt.

7.2.5 Bedarfsorientierte Steuerung versus Verteilung „mit der Gießkanne" auf Schulebene

Wie in Kapitel 7.1.4 dargestellt, nutzte nur ein Teil der Bundesländer bedarfsorientierte Steuerungselemente für ihre jeweiligen Landesprogramme. Eine Ursache hierfür ist, dass nur wenige Bundesländer über geeignete Instrumente und Daten verfügen. Ein Sozialindex der Schulen (wie in Bremen, Hamburg, Hessen, Nordrhein-Westfalen oder dem Saarland) oder Indikatoren, die Aufschluss über die soziale Lage der Schüler*innen geben (z. B. die Lernmittelbefreitenquoten in Berlin und Rheinland-Pfalz und bis vor wenigen Jahren in Berlin), können als Grundvoraussetzung betrachtet werden, um die Zuweisung von Ressourcen bedarfsgerecht nach der sozialen Lage der Schüler*innenschaft einer Schule zu steuern. Zumindest im Großen und Ganzen dürfte dabei eine Ressourcensteuerung nach sozialen Kriterien faktisch einer Steuerung nach Leistungskriterien nahekommen. Denn wie fast alle Bildungsforscher*innen vermuteten und mittlerweile auch empirisch gesichert ist, sind die größten Lernlücken bei sozial benachteiligten Schüler*innen zu erwarten (vgl. hierzu vertiefend Kap. E.2). Die größte praktische Relevanz hatten Sozialindizes in Hamburg. Berlin bedachte zumindest in einer Maßnahme Schulen in besonders prekärer Lage stärker. Hessen variierte die Schulbudgets nach dem (kritisch zu bewertenden, vgl. hierzu Kap. 6.7.2.4) Sozialindex. Auch im Saarland ging der Sozialindex – neben den Schüler*innenzahlen – in die Berechnung des Schulbudgets ein, doch ist uns nicht bekannt, wie stark dieser Faktor gewichtet wurde. In Nordrhein-Westfalen wurde es den mit der Mittelzuweisung betrauten Instanzen freigestellt, soziale Kriterien wie den schulscharfen Sozialindex oder auch Sozialstrukturdaten des Einzugsgebiets heranzuziehen. In Bremen wurde der Sozialindex offenbar herangezogen, um im Falle von Mittelkonkurrenzen bei Projektanträgen bzw. bei unzureichenden Maßnahmenkapazitäten bestimmte Schulen bzw. Schüler*innen zu priorisieren.

Die ostdeutschen Bundesländer, Baden-Württemberg und Bayern haben keine Sozialindizes auf Schulebene und können dementsprechend auch nicht in gleicher Weise bedarfsorientiert steuern. Zumindest Mecklenburg-Vorpommern, Sachsen-Anhalt und Brandenburg versuchten zeitnah über die Rückmeldung der Schulen (teilweise auf Grundlage diagnostischer Tests) eine alternative Datengrundlage zu schaffen, auf der man zielorientiert hätte fördern können (zumindest in Brandenburg geschah dies auch). Wie valide diese Rückmeldungen waren, muss jedoch offen bleiben. Sachsen-Anhalt verteilte zumindest teilweise seine Mittel unterschiedlich nach den Schulformen, dem Anteil von Schüler*innen mit Migrationshintergrund und den sonderpädagogischen Förderbedarfen.

Insofern mag es eine Notlösung gewesen sein, Mittel mit der „Gießkanne" auf die Schulen zu verteilen und die Identifikation von Bedarfslagen als eine im Wesentlichen innerschulische und damit den Lehrkräften zu übertragende Aufgabe zu definieren. Zumindest haben wir an keiner Stelle ein explizites Plädoyer für eine gleichförmige Verteilung der Mittel über alle Schulen gefunden. Dass private Schulen beispielsweise in Sachsen die gleichen Mittel unbürokratischer erhielten als die öffentlichen Schulen, war wahrscheinlich nicht intendiert, ergab sich aber schlussendlich aus Mangel an Alternativen.

7.2.6 Personalgewinnung

In vielen Bundesländern erweist sich die Personalgewinnung als der neuralgische Punkt der Aufholprogramme. Wie in Kapitel 3.6 ausgeführt, werden vor allem in den ostdeutschen Ländern bereits seit einigen Jahren vermehrt Seiten- und Quereinsteiger*innen als Lehrkräfte eingestellt. Mittlerweile wollen Mecklenburg-Vorpommern und Brandenburg sogar Seiteneinsteiger*innen ohne Masterabschluss verbeamten (Welt, 2022). In diesen beiden Ländern und in Sachsen-Anhalt lag der Anteil von neu eingestellten Lehrkräften ohne Masterabschluss bereits in den Jahren 2020 und 2021 zum Teil deutlich über 10 Prozent (vgl. Kap. 3.6 und Tab. 6 auf S. 44), wobei davon auszugehen ist, dass in einigen Landkreisen der Anteil von Seiteneinsteiger*innen ohne Masterabschluss deutlich höher liegt, so unsere Interviewpartner*innen des GEW-Landesverbands Brandenburg. Auch in Sachsen, so unsere Interviewpartner*innen aus dem GEW-Landesverband, scheinen die *pädagogischen Assistent*innen* ohne akademischen Abschluss bereits Lücken in der Lehrkräfteversorgung abzudecken. Damit scheint zumindest in Ostdeutschland das Reservoir an pädagogischen Personen mit akademischem Abschluss schon vor Corona weitgehend erschöpft gewesen zu sein. Dass es in einer solchen Situation schwer möglich ist, im großen Stil zusätzliche pädagogische Fachkräfte für Fördermaßnahmen im Rahmen des Aufholprogramms zu gewinnen, liegt auf der Hand.

Wahrscheinlich hat man in Mecklenburg-Vorpommern auch aus diesem Grund bei der Ausgestaltung des Aufholprogramms stark auf private Nachhilfeanbietende gesetzt, wobei natürlich auch diese geeignetes pädagogisches Personal für die zusätzlichen Angebote finden müssen. Auch Sachsen-Anhalt und Thüringen fiel es angesichts eines geringen Fachkräfteangebots schwer, tragfähige Maßnahmen zum Schließen von Lernrückständen zu konzipieren und die Mittel aus dem Aufholprogramm hierfür zu verwenden. Thüringen versucht nun auch verstärkt private Nachhilfeanbietende einzusetzen. Brandenburg, das ein auf den ersten Blick stimmiges bedarfsorientiertes Konzept zum Aufholen von Lernlücken vorgelegt hat, konnte nur einen Teil der vorgesehenen Personalkapazitäten schaffen – und hier handelt es sich offenbar eher um befristete Aufstockungen von Bestandskräften als um Neueinstellungen. Unter den ostdeutschen Bundesländern scheint nur Sachsen eine relevante Anzahl zusätzlicher Fachkräfte für sein Aufholprogramm gewonnen zu haben, hier allerdings in Form von Honorarkräften.

Es sind aber nicht nur die ostdeutschen Länder, denen es nicht gelang, die im Rahmen ihrer Aufholprogramme konzeptionierten Fördermaßnahmen mit ausreichend Personal zu hinterlegen. Wo konkrete Zielgrößen zur Personalgewinnung formuliert wurden, wie z. B. in Baden-Württemberg und Hamburg, konnten diese nicht erreicht werden bzw. wurden nachträglich nach unten angepasst (Baden-Württemberg). Andere westdeutsche Bundesländer, etwa Bayern, Nordrhein-Westfalen und Schleswig-Holstein, haben konkrete Zahlen zum gewonnenen Personal bislang nicht oder nur sehr eingeschränkt vorgelegt. Aber auch hier und insbesondere auch in Bremen berichten unsere Interviewpartner*innen aus den GEW-Landesverbänden über beträchtliche Rekrutierungsschwierigkeiten.

In Anbetracht dessen, dass sich die Personalgewinnung auch in den westdeutschen Bundesländern schon mit Blick auf die Besetzung unbefristeter Stellen zunehmend schwierig gestaltet, sind die Aussichten der Schulen, geeignete Bewerber*innen für zeitlich eng befristete Stellen und Honorarverträge zu finden, wie sie in den Aufholprogrammen aller Bundesländer vorgesehen sind, alles andere als optimal. Gerade wenn es um die Gewinnung von Personal geht, das dazu befähigt ist, unterrichtliche Tätigkeiten auszuüben, wird weitestgehend aus demselben Personalreservoir geschöpft, ganz gleich, ob reguläre Lehrkräfte, Lehramtsstudierende, zeitlich befristete Unterstützungskräfte oder Honorarkräfte gewonnen werden sollen. Auch die vergleichsweise kurzen Laufzeiten der Programme (GEW Hamburg, Niedersachsen, Sachsen und Sachsen-Anhalt) sind ein Kernproblem bei der Personalgewinnung. Zudem waren die bürokratischen Hürden für die Einstellung von Personal teilweise hoch (z. B. in Berlin).

Ohne es abschließend bewerten zu können, haben wir Hinweise gefunden, dass die Gewinnung von Honorarkräften dort besser funktioniert hat, wo bereits vor Corona Kooperationsbeziehungen zwischen Schulen auf der einen Seite und Einzelpersonen, Vereinen oder freien Trägern auf der anderen Seite etabliert waren. Gerade über etablierte Kooperationen und deren Ausweitung oder Umwidmung scheinen Maßnahmen der Aufholprogramme relativ schnell umsetzbar gewesen zu sein.

Ferner kamen bei der Personalgewinnung in erheblichem Maße auch räumliche Ungleichheiten zum Tragen. Dies zeigt sich bei *Bridge the gap* in Baden-Württemberg und bei der Verteilung von Lehramtsstudierenden in Brandenburg. Aber auch auf dem schleswig-holsteinischen Vermittlungsportal *Zukunftskompass:SH* lässt sich beobachten, dass in peripheren Gegenden in der Regel deutlich weniger Honorarkräfte verfügbar sind als in den Städten. In Nordrhein-Westfalen gab es Schulen, denen durch die Schulträger mangels regionaler Nachhilfeanbietender keine Bildungsgutscheine zugeteilt wurden. Weiterhin hatten Schulen in Städten mit Einrichtungen der Lehrkräfteausbildung (Universitäten und Pädagogische Hochschulen) natürlich weit bessere Chancen, (Lehramts-)Studierende als Unterstützungskräfte zu gewinnen, als Schulen in anderen Städten. Aber selbst in einer Metropole wie Hamburg wurde von unseren Interviewpartner*innen aus dem dortigen GEW-Landesverband berichtet, dass Schulen in den Außenbezirken größere Schwierigkeiten bei der Gewinnung von zusätzlichem Personal gehabt hätten als Schulen im Innenstadtbereich.

Nach unseren Recherchen gab es einzig in Nordrhein-Westfalen Mittel, um geplante Einstellungen (etwa für den Umstieg auf G9) vorzuziehen und Unterstützungskräften auf diesem Wege auch langfristige Verträge anzubieten. Die ausgeschriebenen pädagogischen Stellen dürften so ungleich attraktiver gewesen sein. Die vorgezogenen Stellenbesetzungen waren aber auch hier schon vor dem Aufholprogramm geplant. Warum andere Länder diesen Weg nicht gingen, können wir nicht nachvollziehen. Eine Herausforderung besteht möglicherweise darin, gegenüber dem Bund plausibel zu machen, dass tatsächlich zusätzliches pädagogisches Personal eingestellt worden ist, und nicht ohnehin vorgesehene Stellenaufstockungen nun aus Bundesmitteln finanziert werden.

Ein sehr interessantes Modell der Personalrekrutierung nutzt Niedersachsen, das nach Aussagen unserer Interviewpartner*innen aus dem GEW-Landesverband gerade in ländlichen Räumen schon immer Probleme bei der Gewinnung von Lehrkräften hatte. Dort seien teilweise auf Minijob-Basis Personen (vor allem an Grundschulen) eingestellt worden, die die Lehrkräfte von nicht-pädagogischen Aufgaben entlasten sollen (z.B. von der Pausenaufsicht), damit diese mehr Zeit für ihre Kerntätigkeit haben. Hierfür habe man anscheinend auch die angestrebte Zahl von zusätzlichen Kräften gefunden. Ein ähnlicher Ansatz findet sich in Nordrhein-Westfalen mit dem Helfer*innenprogramm für Offene Ganztagsschulen (OGS), das vor Corona ausschließlich auf die Gewinnung von nicht-pädagogischem Personal zur Entlastung der pädagogischen Fachkräfte an Ganztagsgrund- und -förderschulen ausgerichtet war.

Hinsichtlich der Nutzung der Einstellung bzw. Aufstockung von pädagogischem Personal, speziell von Lehrkräften, vertraten die Bundesländer darüber hinaus auch generell unterschiedliche Auffassungen. Während Berlin eine Finanzierung von Lehrkräften aus den Mitteln des Aktionsprogramms kategorisch ausschloss, nutzten andere Bundesländer Mittel unmittelbar für Aufstockungen ihrer Vertretungsfonds (Hessen, Nordrhein-Westfalen, Schleswig-Holstein), für zusätzliche Planstellen (Brandenburg), oder schufen mit fortschreitender Programmlaufzeit die Möglichkeit für Bestandslehrkräfte, Mehrarbeit zu leisten (Baden-Württemberg und Thüringen). Bayern und Rheinland-Pfalz setzen den Großteil der Mittel ihrer Aufholprogramme dafür ein, den Schulen ein festes Kontingent zusätzlicher Personalstunden zuzuweisen bzw. Personalbudgets aufzustocken, um auf diesem Wege Fördermaßnahmen des Aufholprogramms umsetzen zu können.

Die Frage, die sich uns stellt, ist, ob man angesichts des ja schon bekannten Lehrkräftemangels Schwierigkeiten bei der Suche nach geeigneten Fachkräften bei der Konzeptionierung der Aufholprogramme bereits stärker hätte antizipieren können bzw. müssen. Wie im Kapitel 6.4 bereits angesprochen, bezeichnete die damalige KMK-Vorsitzende Britta Ernst es gerade vor diesem Hintergrund als Herausforderung, die beschlossenen Mittel auch an die Kinder zu bringen (Landtag Brandenburg, 2021a, S. 45). Auch der Fokus des Aufholprogramms auf externe Nachhilfe in Mecklenburg-Vorpommern, die starke Gewichtung digitaler Lernhilfen in Bremen oder das etwas verzagte Herangehen in Thüringen und Sachsen-Anhalt können auf ein Problembewusstsein hinsichtlich der Personalengpässe hindeuten. Die teilweise sehr optimistischen Planzahlen für die Einstellung von Honorarkräften in einigen westdeutschen Bundesländern (z. B. Baden-Württemberg) deuten demgegenüber darauf hin, dass zumindest zu Beginn des Aufholprogramms in diesem Punkt ein eher geringes Problembewusstsein vorhanden war.

Das Problem der Personalgewinnung wird zweifelsohne auch in Zukunft die Fähigkeit der Bildungspolitik, auf drängende Problemlagen zu reagieren, stark beeinträchtigen. Wie zuletzt im Nationalen Bildungsbericht eindrücklich herausgearbeitet worden ist, bestehen in nahezu allen Etappen des Bildungsverlaufs enorme Personalbedarfe (Autor:innengruppe Bildungsberichterstattung, 2022). Diese werden sich nicht zuletzt durch das angekündigte Startchancen-Programm der Regierungskoalition und den Rechtsanspruch auf ein Ganztagsangebot in den Grundschulen weiter verschärfen. Ohne das erforderliche Personal, und dies könnte am Ende eine bittere Lehre aus den Aufholprogrammen sein, werden Konzepte und Programme der kompensatorischen Förderung unweigerlich ins Leere laufen, seien sie auch noch so gut durchdacht und finanziell ausgestattet.

Vor dem Hintergrund des vielerorts auch vor Corona schon ausgeprägten Personalmangels dürfte im Übrigen auch nicht auszuschließen sein, dass zumindest ein Teil der Personalkapazitäten, die im Rahmen der Aufholprogramme geschaffen worden sind, letztendlich auch zur Gewährleistung der regulären Unterrichtsversorgung herangezogen wird. Dass dies durchaus in größerem Umfang geschieht, hat etwa das saarländische Kultusministerium mit Blick auf die Fortschreibung der ursprünglich als „Corona-Reserve" zusätzlich geschaffenen Lehrkräftestellen unlängst zu erkennen gegeben.

7.2.7 Coronabedingte Lernrückstände versus grundlegende systemische Problemlagen

Keines der durchgeführten Programme hat unseren Recherchen zufolge auch nur ansatzweise die Zahl der Schüler*innen erreicht, die ursprünglich als Zielgröße der Aufholprogramme in den Blick genommen wurde (20 bis 25 Prozent aller Schüler*innen, vgl. hierzu vertiefend Kap. 3.7). Dieses Ziel war mit einer Milliarde Euro vom Bund und einer zusätzlichen Milliarde von den Ländern vermutlich auch nicht zu erreichen. Grundsätzlich ist hier hervorzuheben, dass Lernrückstände einzelner Schüler*innen bzw. bestimmter Schüler*innengruppen keineswegs erst seit den pandemiebedingten Schulschließungen ein Problem sind. Vielmehr wurde seit dem „PISA-Schock" immer wieder aufs Neue aufgezeigt, dass je nach Fach ein Fünftel bis ein Viertel der Schüler*innenschaft grundlegende Kompetenzen nicht erreicht („Risikogruppe"). Nur wurde aus diesem skandalösen Umstand bislang eben nicht die Konsequenz gezogen, für die betreffenden Schüler*innen ein ausreichendes Unterstützungssystem aufzubauen.

Gleichwohl hatten einige Bundesländer, wie beispielsweise Hamburg, Bremen oder Berlin, bereits deutlich vor Corona kompensatorische Maßnahmen zur Lern- und Sprachförderung etabliert und diese mitunter auch im Schulgesetz verankert (z.B. § 45 HmbSG). Damit solche Förderformate in der Fläche greifen können, ist der Ausbau eines Ganztagsschulsystems (zumindest an Grundschulen und den nichtgymnasialen Schulformen) eine wichtige Bedingung, da entsprechende Angebote nur so integraler Bestandteil des Schulalltags werden können. Analoge strukturelle Bedingungen finden sich sonst allenfalls in den Hortangeboten der ostdeutschen Grundschulen mit der dort verankerten Hausaufgabenbetreuung. Sie bieten prinzipiell ebenfalls die Möglichkeit, einen großen Anteil von Schüler*innen mit Unterstützungsmaßnahmen zu erreichen. Derartige Unterstützungsstrukturen aber in wenigen Wochen und Monaten flächendeckend aufzubauen und mit genügend Personal auszustatten, ist schlechterdings kaum leistbar.

Wie in Kapitel 3 ausgeführt, ist die Schließung von Lernrückständen bei der sogenannten Risikopopulation eine Aufgabe, die die zeitlich befristeten Aufholprogramme mit Sicherheit nicht erfüllen können. Zu hoffen ist gleichwohl, dass mit ihnen zumindest die ersten Schritte in Richtung einer systemischen Antwort auf das Problem der „kompetenzarmen" Schüler*innen erfolgt sind und die Länder ihre Bemühungen um einen Abbau von Lernrückständen in den kommenden Jahren auch jenseits von Corona fortsetzen werden. Die alarmierenden Ergebnisse des IQB-Bildungstrends zeigen, dass zumindest ein großer Teil der Viertklässler*innen zusätzliche Unterstützung benötigt. Je nach Leistungsdomäne erreichen 18 bis 30 Prozent von ihnen die Mindeststandards nach den „Corona-Schuljahren" nicht. Auch der Anteil der Schüler*innen, der die Regelstandards erreicht, ist zurückgegangen (Stanat et al., 2022, S. 11). Die Gruppe, die eine verstärkte Förderung benötigt, ist also im Zeitverlauf und durch Corona deutlich größer geworden.

7.2.8 Zeitliche Umsetzung der Maßnahmen

Solange die Länder nicht auf etablierte Instrumente zur Behebung von Lernrückständen zurückgreifen konnten, war die Umsetzung der Maßnahmen in der Kürze der Zeit verständlicherweise ein Problem. Es kann kaum überraschen, dass es den Ländern nicht ohne weiteres gelang, mit ihren Aufholprogrammen schnell zu beginnen. Denn im Prinzip handelt es sich bei den Aufholprogrammen – jedenfalls bei ihren ambitionierteren Varianten – um nicht weniger als den Versuch, das System Schule in ein Unterstützungssystem zur kompensatorischen Förderung von Schüler*innen einzubetten. Schule ist jedoch, so lautet ein zentraler neoinstitutionalistischer Befund, ein hochkomplexes und schwer veränderliches System (vgl. z.B. Edelstein, 2016). Neue Elemente müssen sich organisatorisch, personell und juristisch in die bestehenden Strukturen einpassen und müssen mit der institutionellen Logik des Systems kompatibel sein. Und nicht immer führt das, was den bestehenden Strukturen angefügt wird, tatsächlich auch zu den Ergebnissen, die man sich davon ursprünglich versprochen hat.

Auch wenn an vielen Stellen suggeriert wurde, dass die Aufholprogramme mit dem Schuljahr 2021/2022 sofort in vollem Umfang starten könnten, zeigt sich in einigen Bundesländern, dass zunächst in kleinerem Umfang Mittel an die Schulen verteilt wurden, um schnell und flexibel Fördermaßnahmen ergreifen zu können (z.B. Brandenburg). Gerade zentrale Programmbestandteile, die eine Vielzahl von Honorarkräften benötigen, sollten erst ab (oder kurz vor) den Herbstferien beginnen (z.B. Baden-Württemberg, Berlin). Trotzdem gelang es entweder nicht, einzelne Programmteile ineinander greifen zu lassen (z.B. Berlin), oder es gelang nicht, genügend Honorarkräfte zu finden (fast alle Bundesländer). So kann es am Ende auch nicht verwundern, dass der Abruf der Mittel aus dem Aufholprogramm bis Ende März 2022 in vielen Ländern, und zum Teil deutlich, hinter den Erwartungen zurückblieb (vgl. hierzu die Angaben in KMK, 2022e).

Dass es bei der Umsetzung der Landesprogrammen zu Verzögerungen kommt, belegt z.B. die Einlassung des sächsischen Kultusministers Piwarz, der Ende März 2022, ein Dreivierteljahr nach Beginn des Programms (und ebenso lang vor dessen Ende), um Geduld bat, weil nicht alles sofort funktionieren könne (Sächsische Zeitung, 2022a). Thüringen verkündete nach den Winterferien 2021, dass das Aufholprogramm nun endlich starten könne. Verwunderlich ist dabei nicht nur, dass in Thüringen anscheinend ein Dreivierteljahr kaum etwas geschah, sondern dass zudem suggeriert wird, dass alles im Zeitplan sei, weil die Schulen im ersten Halbjahr erst einmal die Lernrückstände jedes Kindes erheben mussten (MDR, 2022). Alle anderen Bundesländer nutzten hierfür die ersten (meist vier) Schulwochen.

7.2.9 Wirkungsmessung

Wie schon bei der Messung von Lernrückständen nach den beiden coronabedingten Schulschließungsphasen wird es auch schwer möglich sein zu untersuchen, ob die Aufholprogramme in den Ländern die schulischen Kompetenzen der Kinder in irgendeiner Weise zusätzlich gefördert haben. Bis auf ganz wenige Ausnahmen (z. B. Hamburg: Klasse 3, 5, 7; Baden-Württemberg: Klasse 5) liegen hierzu keine empirischen Ergebnisse vor. Gerade die Bundesländer, die es auch Anfang des Schuljahres 2021/2022 vollständig den Lehrkräften überlassen haben, die Lernrückstände über dezentrale Diagnosetools zu erfassen, haben keinerlei Informationen über die Leistungsverteilung ihrer Schüler*innen zu Beginn der Aufholprogramme. Damit ist es auch nicht möglich zu untersuchen, inwieweit die Aufholprogramme z. B. zu einer geringeren Leistungsspreizung der Schüler*innenschaft oder zu einer substanziellen zusätzlichen Förderung ihrer Basiskompetenzen beigetragen haben.

Die einzig valide Messung, die deutschlandweit und bundesländerscharf vorliegen wird, sind die Kompetenzen der Viertklässler*innen am Ende des Schuljahres 2020/21, die im IQB-Bildungstrend erhoben wurden. Die bundesländerscharfen Ergebnisse dieser Studie werden jedoch erst kurz vor dem planmäßigen Ende des Aktionsprogramms im Herbst 2022 veröffentlicht und werden dann Rückschlüsse darauf geben können, wie groß die Lernrückstände nach dem zweiten Lockdown waren. Der bereits veröffentlichte Kurzbericht für Gesamtdeutschland (Stanat et al., 2022) war alarmierend.

Wenn man wissen will, ob die Aufholprogramme der Länder erfolgreich darin waren, Lernlücken zu schließen oder zumindest zu verkleinern und die heterogenen Ausgangslagen der Schüler*innenschaft zumindest etwas zu verringern, ist aus unserer Sicht Ende des Schuljahres 2022/2023 eine weitere Leistungsmessung bei den dann Sechstklässler*innen zwingend erforderlich. Damit hätte man die gleiche Kohorte im Blick, die Ende 2020/2021 beim IQB-Bildungstrend in der 4. Jahrgangsstufe getestet wurde. Problematisch wäre jedoch, dass es in den Vorjahren keine Testungen von Sechstklässler*innen gegebenen hat und deshalb auch kein Kohortenvergleich möglich ist. Aber sowohl Gruppenunterschiede nach sozialer als auch nach ethnischer Herkunft wären ebenso zu untersuchen, wie auch Veränderungen der Leistungen im Bundesländervergleich. Allerdings ist eine solche Leitungsmessung unseres Wissens nach bisher nicht vorgesehen. Vergleichsarbeiten (VERA), die vielerorts (teilweise auf freiwilliger Basis) durchgeführt wurden, weisen im Zeitverlauf starke Schwankungen auf (vgl. Kap. E.2). Sie sind damit wohl kein geeignetes Mittel, um die Wirksamkeit der Aufholprogramme zu messen.

Schlussendlich bleibt festzuhalten, dass es entgegen der Ankündigungen und Diskussionen rund um das Aufholprogramm nicht gelungen ist, die Grundvoraussetzungen dafür zu schaffen, Lernrückstände flächendeckend zu erheben (mit Ausnahme des IQB-Bildungstrends). Daraus folgt auch, dass eine Wirkungsmessung der Aufholprogramme nahezu unmöglich ist. Für den*die einzelnen Schüler*in ist eine Lernstandsdiagnose durch die jeweilige Lehrkraft mit einer darauf aufbauenden Förderung natürlich sinnvoll. In diesem Zusammenhang wäre es natürlich interessant zu wissen, wie viele Lehrkräfte tatsächlich die Vielzahl der von den Ländern bereitgestellten Diagnostiktools genutzt haben und wie viele Lehrkräfte über Tests, Klassenarbeiten, Unterrichtsgespräche und ähnliches Lernstände erhoben haben. Es wirkt in der Darstellung der meisten Länder oft so, als hätten fast alle Lehrkräfte standardisierte diagnostische Instrumente eingesetzt, um Lernlücken zu erfassen. Zumindest einige Interviews, die wir mit Vertreter*innen aus den GEW Landesverbänden geführt haben, lassen daran allerdings erhebliche Zweifel aufkommen. Mit Blick auf möglicherweise nicht ausgeschöpfte Potenziale der Schüler*innen mag es indessen ohnehin besser gewesen sein, dass Lehrkräfte die Entwicklung ihrer Schüler*innen (soweit sie diese auch vor Corona unterrichtet haben) mit weniger standardisierten Mitteln in den Blick nahmen.

Für die bildungspolitischen und administrativen Akteure, aber auch die Wissenschaftler*innen, die sich mit den Folgen der Pandemie und Möglichkeiten ihrer Bewältigung auseinandersetzen, haben solche dezentralen individuellen Lernstandsdiagnosen jedoch kaum einen Nutzen. Ohne systematische, repräsentative Erhebungen, die verlässlich Aufschluss über Lernstände geben, fehlt schlicht und ergreifend die Grundlage für informiertes und datengestütztes bildungspolitisches Handeln.

Wie es um die psychosozialen Folgen der Pandemie für Kinder und Jugendlichen steht (vgl. hierzu z.B. Sachverständigenausschuss nach § 5 Abs. 9 Infektionsschutzgesetz, 2022, S. 94 ff.), wie diese gemildert werden können und inwieweit die Aufholprogramme oder die „Sozialmilliarde" dazu etwas beitragen konnten bzw. können, ist mangels entsprechender Erhebungen ebenfalls offen.

7.3 Politische Kommunikation und Transparenz

7.3.1 Kommunikation mit Akteuren der Schulpraxis

Die Kommunikation bildungspolitischer bzw. bildungsadministrativer Akteure stellte seit Ausbruch der Pandemie eine große Herausforderung dar. Dies galt nicht nur für Informationen über Schulschließungen- und -öffnungen, Hygienemaßnahmen, den Umgang mit digitalem Unterricht usw. Laut Aussage einiger Interviewpartner*innen aus den GEW-Landesverbänden habe es seit Beginn der Corona-Pandemie weit über 100 Schulleiter*innenschreiben gegeben, die sich teilweise wiederum aufeinander bezogen. Gerade wenn mit diesen Schreiben Neuregelungen kommuniziert wurden, die erst Mitte oder Ende der jeweiligen Woche durch die Ministerpräsident*innenkonferenz (MPK) beschlossen wurden, erreichten diese Schreiben die Schulen vielfach erst zum Wochenende, so dass eine vorausschauende Planung in den Kollegien mitunter nur sehr schwer möglich war. Dies ist nur bedingt den Kultusministerien anzulasten, da sie in der Regel ja auch ihrerseits sehr kurzfristig auf Beschlüsse der Konferenzen der Ministerpräsident*innen zu reagieren hatten, die wiederum im Lichte eines streckenweise sehr dynamischen Pandemiegeschehens getroffen wurden. Auch wurde von unseren Interviewpartner*innen der Umstand beklagt, dass man relevante Regelungsänderungen letztlich über Presseberichte erfahren habe.

Von der unmittelbaren Krisenkommunikation zu unterscheiden ist die Kommunikation der Kultusministerien in Bezug auf das Aufholen von Lernrückständen und die hierzu vorgesehenen pädagogischen Maßnahmen und Verfahrenswege. Auch hier wurde natürlich unter Zeitdruck agiert, doch waren die Zeiträume für eine proaktive Kommunikation und Rücksprachen mit den Akteuren der pädagogischen Praxis hier im Allgemeinen größer. Wie diese Zeitfenster genutzt wurden, d. h. in welchem Maße Akteure der pädagogischen Praxis Gelegenheit erhielten, ihre Perspektiven bei der Konzeption der Aufholprogramme einzubringen, welche Akteursgruppen hier vornehmlich einbezogen wurden und mit wie viel zeitlichem Vorlauf Informationen zu den letztendlich beschlossenen Förder- und Unterstützungsmaßnahmen dann auch in der Fläche für die Schulen verfügbar waren, variierte zwischen den Ländern.

Nach Aussage unserer Interviewpartner*innen wurden ab Anfang 2021 in einigen Bundesländer *Runde Tische* oder vergleichbare Beteiligungsformate eingerichtet, um mit relevanten Verbänden und anderen Akteursgruppen darüber zu beraten, wie man mit den Folgen der Pandemie für die Lernstände der Schüler*innen umgehen wolle. Dies geschah z. B. in Nordrhein-Westfalen, Niedersachsen und Thüringen, teilweise auch in Baden-Württemberg. Die praktische Relevanz der entsprechenden Formate für die letztendliche Ausgestaltung der Programme wurde von unseren Interviewpartner*innen unterschiedlich beurteilt. In manchen Ländern wurden demnach konkrete Anregungen aufgegriffen und in den Programmen berücksichtigt – so z. B. die Einrichtung von vergleichsweise frei verwendbaren Schulbudgets in Nordrhein-Westfalen –, in anderen Ländern entstand bei unseren Interviewpartner*innen demgegenüber eher der Eindruck, dass sich die Diskussionen und Anregungen, die im Rahmen solcher Formate erfolgten, in den schlussendlich beschlossenen Länderprogrammen kaum wiederfanden.

In Brandenburg und Berlin wurden auch etablierte Gremien wie der Landesschulbeirat in die Kommunikation bzw. Diskussion einbezogen. Aus Sicht unserer Interviewpartner*innen der GEW Berlin unterschied sich die Kommunikation zum Aufholprogramm dabei aber von typischen Beteiligungsformaten und hatte eher den Charakter einer Einwegkommunikation, mittels der die Beteiligten vor allem über bestehende Planungen informiert wurden.

In anderen Ländern, so z. B. in Bayern, Bremen, Hessen, Sachsen, Mecklenburg-Vorpommern und dem Saarland, gab es nach Wahrnehmung unserer Interviewpartner*innen keine breit angelegten Beteiligungsformate. In einzelnen Ländern seien die Verbände überhaupt nicht systematisch in die Planung und Konzeption der Aufholprogramme einbezogen worden. Z. B. seien den Hauptpersonalrät*innen im Saarland zwar im Vorfeld des Aufholprogramms Informationen zur Programmgestaltung zugegangen, Möglichkeiten der aktiven Einflussnahme auf die Programmgestaltung hätte es jedoch für sie nicht gegeben.

Von unseren Interviewpartner*innen aus den GEW-Landesverbänden Mecklenburg-Vorpommern und Saarland wurde jedoch auch eingeräumt, dass die Ministerien selbst von Corona überrollt wurden und die Notwendigkeit einer schnellen Entscheidungsfindung mit breiten Beteiligungsverfahren, wie sie in der Schulpolitik in vielen Ländern Standard sind, schwer in Einklang zu bringen gewesen wären.

Auch wenn es in einigen Ländern also mehr oder weniger ausgeprägte Beteiligungsverfahren gab, von denen vereinzelt offenbar auch Impulse für die Programmkonzeption ausgingen, lässt sich resümierend festhalten, dass die Konzeption der Aufholprogramme weitestgehend allein in den Kultusministerien erfolgte. Während ein Teil unserer Interviewpartner*innen sich aber zumindest über die beschlossenen Programmarchitekturen hinreichend informiert fühlten bzw. dies für die Schulen des jeweiligen Landes annahmen, stellte ein anderer Teil von ihnen die Situation in ihren Ländern eher so dar, dass im Prinzip erst mit dem Anlaufen der Programme belastbare Informationen zu den verfügbaren Ressourcen und Verfahrenswegen verfügbar und die Schulen deshalb auch nicht unmittelbar handlungsfähig gewesen seien.

7.3.2 Kommunikation mit der Öffentlichkeit

Ein weiterer Aspekt ist die öffentliche Kommunikation zum Bund-Länder-Aktionsprogramm bzw. zu den einzelnen Aufholprogrammen der Länder. Die Kommunikation zum Aktionsprogramm wurde zunächst zum einen durch die ehemalige Bundesbildungsministerin Karliczek bestimmt, zum anderen durch die Verhandlungsführer der Länder (Senator Rabe aus Hamburg für die so genannten A-Länder und Minister Lorz aus Hessen für die so genannten B-Länder, vgl. zur Entstehungsgeschichte des Aktionsprogramms Fickermann et al., 2021, S. 19 ff.).

Bereits vor Abschluss der Bund-Länder-Vereinbarung Ende Juni 2021 hatte eine Reihe von Ländern Maßnahmen zum Ausgleich pandemiebedingter Lernrückstände und/oder zur sozio-emotionalen Förderung auf den Weg gebracht und über diese in Form von Pressemitteilungen öffentlich informiert, so z. B. Bremen, Bayern, Hamburg, Nordrhein-Westfalen und Schleswig-Holstein. In anderen Ländern folgten entsprechende Aktivitäten erst im Gefolge des Anlaufens des Aktionsprogramms und mitunter auch erst nach Monaten (z. B. Thüringen). In vielen Ländern wurden die initiierten oder geplanten Maßnahmen früher oder später zu Rahmenprogrammen zusammengefügt, über die dann in Form von Konzeptpapieren (z. B. Bayern, Bremen, Schleswig-Holstein) oder elaborierten Internetportalen (z. B. Nordrhein-Westfalen, Saarland,) öffentlich informiert wurde. Dabei entschied sich ein Teil der Länder in Bezug auf die Bezeichnung der Programme und/oder ihre einzelnen Bausteine für auffallend markige Namen. In Hessen etwa startete *Löwenstark – der BildungsKICK*, in Niedersachsen *Startklar in die Zukunft*. In Baden-Württemberg gab es neben den *Lernferien* die Programmelemente *Bridge the gap* und *Rückenwind*, NRW untergliedert sein Programm *Ankommen und Aufholen* in die vier Programm-Bausteine *Extra-Geld*, *Extra-Personal*, *Extra-Zeit* und *Extra-Blick*. In Schleswig-Holstein sind Honorarkräfte und Anbietende für den Programmbaustein *Lernchancen:SH* auf dem Webportal *Zukunftskompass:SH* verzeichnet. Bayern führt sein Aufholprogramm, das aus den beiden Hauptkomponenten *Potentiale entfalten* und *Gemeinschaft erleben* besteht, unter dem Titel *gemeinsam.Brücken.bauen.*

Man mag über derartige Wortschöpfungen schmunzeln. Im einen oder anderen Fall drängt sich sogar der Eindruck auf, dass hier Marketingagenturen am Werk waren. Wenn man sich jedoch vor Augen führt, dass die von den Ländern initiierten Maßnahmen in der Öffentlichkeit im Großen und Ganzen (noch immer) wenig bekannt sind, es jedoch in vielen Fällen der aktiven Mitwirkung einer breiteren Öffentlichkeit bedarf, haben solche PR-Strategien natürlich ihren Sinn. Dass etwa Eltern aktiv werden, um ihre Kinder für additive Angebote wie Ferienkurse oder Nachhilfeangebote anzumelden oder sich genügend (sozial-)pädagogisch geschulte Personen finden, die als Honorar- oder Unterstützungskräfte in den Aufholprogrammen mitwirken, setzt natürlich voraus, dass diese hinreichend bekannt sind.

Gleichwohl dürften, dies haben auch einige unserer Interviewpartner*innen aus den GEW-Landesverbänden so kommentiert, die öffentlichen Verlautbarungen und Pressemitteilungen zu diesen „Brands" hinsichtlich der Möglichkeiten kompensatorischer Lernförderung Erwartungen geweckt haben, die, gemessen an den Strukturen und Ressourcen der Aufholprogramme, wohl eher überzogen sind. So wurde die Öffentlichkeit zum Beispiel in Nordrhein-Westfalen bereits mit dem Anlaufen des Landesaufholprogramms darüber informiert, dass „nun wirkungsvolle und treffsichere Antworten auf die vielfältigen pandemiebedingten Herausforderungen entstanden" seien (MSB NW, 2021s). Vergleichbare Beispiele finden sich in zahlreichen anderen Ländern (vgl. z. B. für Baden-Württemberg SM BW, 2021 und für Hessen HKM, 2021a). Dass politische Kommunikation einen Duktus aufweist, der mit Blick auf bestehende Herausforderungen Zuversicht ausstrahlt, ist nicht ungewöhnlich und in einem gewissen Rahmen auch nachvollziehbar. Erstaunlich ist dennoch, wie wenig kommuniziert wurde, dass die – im Verhältnis zu schulpolitischen Programmen der Vergangenheit ja äußerst kurzfristige – Verabschiedung und Umsetzung der Aufholprogramme auch administrative und schulpraktische Herausforderungen mit sich bringen würde. Nicht zuletzt der vielerorts massive Mangel an (pädagogischen) Fachkräften dürfte in sämtlichen Kultusministerien bekannt gewesen sein. In Anbetracht dessen, dass in weiten Teilen der pädagogischen Praxis ein ausgeprägtes Bewusstsein über die Herausforderungen bei der kurzfristigen Umsetzung der Aufholprogramme bestand, hatte diese Art der Optimismus verbreitenden Kommunikation unseres Erachtens daher auch kontraproduktive Züge. Zumindest für die an der Umsetzung vor Ort beteiligten Akteure entstand, dies geht aus einigen der geführten Interviews hervor, vielfach der Eindruck, dass die absehbaren Herausforderungen bei der Umsetzung der Programme weitgehend ausgeblendet worden seien und die Akteure vor Ort mit deren Bewältigung allein gelassen würden.

Dieser Eindruck dürfte mitunter auch noch dadurch verstärkt worden sein, dass in vielen Ländern die einzelnen Schulen und Lehrkräfte dezidiert ins Zentrum der Aufholprogramme gerückt wurden. „Schulleitungen und Lehrkräfte", so eine prägnante Formulierung aus Schleswig-Holstein, die prototypisch für eine in vielen Ländern kommunizierte Grundhaltung steht, sind

„hochqualifizierte Expertinnen und Experten. […] Als Ministerium geben wir die notwendigen Qualitätsstandards vor, für deren konkrete Umsetzung dann die Schulen unter Einbeziehung der Schulkonferenz und damit auch der Eltern zuständig sind" (Schleswig-Holsteinischer Landtag, 2021a, S. 9286).

Zwar entspricht diese Position im Grundsatz durchaus dem professionellen Selbstverständnis unserer Interviewpartner*innen aus den GEW-Landesverbänden, weshalb z. B. auch Programmbausteine wie Schulbudgets zur weitgehend freien Verwendung von ihnen besonders häufig positiv beurteilt wurden. In der gegebenen Situation, mit all ihren praktischen Herausforderungen, etwa im Bereich der Personalrekrutierung oder im Hinblick auf bisher weitgehend unbekannte Verfahrensabläufe, entstand aber mitunter auch der Eindruck einer Abgabe der maximalen Verantwortung an die kleinste Einheit, so z. B. unsere Interviewpartner*innen aus dem GEW-Landesverband Hessen.

Auf der anderen Seite gibt es, auch das sei hier abschließend hervorgehoben, in den Kultusministerien zumindest vereinzelt auch Stimmen, die öffentlich Schwierigkeiten bei der Umsetzung der Aufholprogramme konzediert haben und um Geduld warben, wie z. B. der sächsische Kultusminister Piwarz vor geraumer Zeit in einem Interview (Sächsische Zeitung, 2022a). Zudem mehren sich in jüngerer Zeit Einschätzungen wie jene, die Ties Rabe anlässlich der Übergabe des Zwischenberichts der Länder an den Bund äußerte, nämlich, dass man einen „langen Atem" brauche, „bis die Corona bedingten Folgen überwunden werden können" (KMK, 2022d). Auch die schleswig-holsteinische Bildungsministerin Karin Prien, die im Januar 2022 die Präsidentschaft der Kultusminister*innenkonferenz übernahm, zeigte sich bereits im Januar 2022 überzeugt, dass die Bewältigung der Corona-Folgen für viele Schüler*innen Jahre dauern werde (ZEIT Online, 2022).

Die politische Kommunikation über die Aufholprogramme und ihre Umsetzung ist selbstverständlich eingebunden in allgemeine Formen der politischen Kommunikation. Aus unserer Sicht hätte eine die Herausforderungen stärker thematisierende Kommunikation dazu beitragen können, Irritationen an der pädagogischen Basis zu vermeiden oder jedenfalls zu vermindern und überzogenen Erwartungen hinsichtlich der Möglichkeiten solcher Programme vorzubeugen. Pressemitteilungen wie jüngst aus Hessen sind in diesem Zusammenhang sicherlich kontraproduktiv: Dass hessische Landesprogramm, so heißt es hier, orientiere sich „an den Förderempfehlungen der Ständigen Wissenschaftlichen Kommission der Kultusministerkonferenz" (HKM, 2022). Dabei lässt sich für Hessen gerade nicht erkennen, dass die Empfehlung der SWK, die Mittel zielgerichtet zu verteilen (SWK, 2021), tatsächlich umgesetzt worden ist.

7.3.3 Transparenz über vorliegende Daten und Informationen

Klarer zu beurteilen ist demgegenüber der Mangel an Transparenz hinsichtlich der Informationen und Daten, die zur Umsetzung der Aufholprogramme in den einzelnen Ländern vorliegen. Mit wenigen Ausnahmen (z. B. Brandenburg und Hamburg, mit Einschränkungen auch Bremen) sind die Länder hier sehr zurückhaltend, wobei mitunter nicht klar ist, ob Daten zwar intern vorliegen, aber (noch) nicht veröffentlicht sind, oder ob sie überhaupt nicht erhoben wurden.

Die Problematik mangelnder Transparenz soll hier an drei Aspekten verdeutlicht werden. *Erstens* gibt es größtenteils keine wirklich aussagekräftigen Daten zur Durchführung der Programme und ihrer einzelnen Bausteine. Am ehesten liegen konkrete Zahlen für die Ferienkurse vor. Hier haben viele Länder zwar veröffentlicht, wie viele Schüler*innen an ihnen insgesamt teilgenommen haben – die Beteiligungsraten sind, so haben wir in den Länderberichten ausgewiesen, meist vergleichsweise gering. Welchen Stundenumfang die wahrgenommenen (Kurs-)Angebote hatten, ist unseres Wissens aber nirgends dokumentiert. Auch in welchen Fächern bzw. Lernbereichen integrierte und/oder additive Angebote stattfanden und in welchem Umfang hier die Kernfächer im Mittelpunkt standen, ist weitgehend unbekannt. Der immer wieder vorzufindenden Aussage, der Fokus der Aufholprogramme liege auf den Kernfächern, fehlt daher bislang (noch) eine Datengrundlage. Zumindest die Kursangebote in den „Kursbörsen" einiger Länder lassen daran zweifeln, dass die Förderung überwiegend in den Kernfächern stattfindet.

Grundsätzlich erscheint es schwer vorstellbar, dass im Zuge der Durchführung von Angeboten nicht zumindest basale Daten, wie etwa das behandelte Fach und die Dauer des Angebots, mit vertretbarem Aufwand dokumentiert werden könnten. Sich pauschal auf den Standpunkt zurückzuziehen, der erforderliche Aufwand sei den Schulen oder sonstigen Beteiligten nicht zuzumuten, ist angesichts der Bedeutung solcher Daten für vielfältigste Fragen der Steuerung und Programmevaluation nicht überzeugend.

Überdies scheint in einigen Fällen selbst den Kultusministerien nicht immer klar zu sein, welche Daten erhoben werden und welche nicht. So wurde Ende Dezember 2021 z. B. in Mecklenburg-Vorpommern mitgeteilt, dass es keine statistische Erfassung der an den Aufholprogrammen teilnehmenden Schüler*innen gebe (Landtag Mecklenburg-Vorpommern, 2021a, S. 5). Einige Tage später wurde dann aber durch das Ministerium veröffentlicht, wie viele Schüler*innen an Nachhilfeangeboten im Rahmen des Aufholprogramms teilgenommen haben (MBK MV, 2022).

Mit Hamburg und Brandenburg gibt es zwei positive Beispiele. Beide Länder erheben viele Daten und gehen mit ihnen transparent um. So gibt es in Hamburg, teilweise nach parlamentarischen Anfragen, einige statistische Informationen darüber, wie das Aufholprogramm umgesetzt wird. In Brandenburg informiert das dortige Ministerium öffentlich darüber, wie die Gewinnung zusätzlichen pädagogischen Personals voranschreitet. Bayern und Thüringen haben ferner recht umfänglich über die Ausgestaltung und Nutzung ihrer Ferienprogramme im Sommer 2021 berichtet.

Ein zentraler Weg, auf dem Zahlen zu verschiedenen Aspekten der Aufholprogramme öffentlich geworden sind, sind parlamentarische Anfragen. Jedoch gab es, so wurde im Zuge unserer Dokumentenanalysen deutlich, in Bezug auf den Einsatz dieses Instruments sehr große Unterschiede zwischen den Ländern. Während etwa in Hamburg und Bayern reger Gebrauch von parlamentarischen Anfragen gemacht wurde, um Informationen zur Umsetzung des jeweiligen Aufholprogramms zu erhalten, gab es solche in anderen Ländern kaum. Dies mag aber auch mit unterschiedlichen Traditionen beim Umgang mit parlamentarischen Anfragen in den Parlamenten zusammenhängen.

Eine weitere zentrale Datenquelle ist der Zwischenbericht der Länder an den Bund (KMK, 2022e). Hier präsentieren die Länder einige wichtige Kennzahlen, allen voran etwa Zahlen zu den Finanzvolumina der einzelnen Programmbausteine und den mit ihnen „erreichten" Schüler*innen. Dies geschieht jedoch in der Regel nur lückenhaft und von Land zu Land uneinheitlich, so dass mit Blick auf die Finanzvolumina z. B. das eine Land Planzahlen und das andere konkrete Mittelabrufzahlen veröffentlicht. Auch im Hinblick auf die Zahl der „erreichten" Schüler*innen scheinen die zugrundeliegenden Erhebungskonzepte mitunter fragwürdig. Für eine tiefergreifende Beurteilung der Maßnahmen ist der Bericht damit insgesamt nur sehr bedingt geeignet.

Neben der unzureichenden Datenerhebung bzw. der Nicht-Veröffentlichung von Daten erschwert es – *zweitens* – aber auch eine mitunter intransparente Darstellung (interner) Daten, einen Überblick zu gewinnen. Zu nennen sind hier z. B. die Datenerhebungen zu Lernrückständen in Brandenburg und Mecklenburg-Vorpommern. Hier wurden die Schulleitungen pauschal gefragt, wie sich die Situation der Schüler*innenschaft im Hinblick auf festgestellte Lernrückstände darstellt. Die Ergebnisse wurden anschließend aber nur in einer Pressemitteilungen in aller Kürze zusammengefasst (in Brandenburg wurde zumindest 2020 noch eine Präsentation beigefügt). Wie die konkrete Fragestellung lautete und wie sich die Ergebnisse auch bspw. in den unterschiedlichen Landkreisen darstellen, wurde hingegen nicht offengelegt. Etwas besser stellt sich die Situation in Bremen dar. Hier wurden zwar Ergebnisse der (aggregierten) dezentralen Lernstandsdiagnostik im Rahmen der parlamentarischen Berichterstattung dokumentiert. Jedoch sind die Informationen nicht aussagekräftig genug, um sich als Außenstehende*r ein Bild davon machen zu können, wie die Daten an den Schulen konkret erhoben und verarbeitet wurden.

Ein weiteres Beispiel ist eine Pressemitteilung aus Hessen, die im Juni 2022 veröffentlicht wurde. Hier wird davon gesprochen, dass eine landesweite repräsentative Umfrage durchgeführt wurde, die zu dem Ergebnis gekommen sei, dass 90 Prozent der Schulen das dortige Schulbudget genutzt und rund 85 Prozent der Schulen angeben hätten, es würden insbesondere Schüler*innen mit hohem Nachholbedarf durch die Unterstützungsmaßnahmen gefördert. Zudem sollen 80 Prozent der Schulen durch die vielfältigen Unterstützungsangebote eine hohe Motivation der Schüler*innen sehen (HKM, 2022). Jedoch gibt es zu dieser Befragung keinerlei weitere öffentliche Informationen, keinen Fragebogen, keine deskriptiven Auswertungen oder Ähnliches. Prinzipiell ist es natürlich gut, wenn sich die Bildungsministerien über (kurze) Befragungen an ihren Schulen ein Lagebild machen, zumal wenn es an objektiven Indikatoren mangelt. Wenn sie dann allerdings mit affirmativen Ergebnissen an die Öffentlichkeit treten, ohne dass Dritte die Möglichkeit hätten, sich mit den Zahlen und ihren methodischen Grundlagen auseinanderzusetzen, ist dies natürlich kritisch zu bewerten.

Auch die Veröffentlichung der Ergebnisse von Lernstandserhebungen bzw. Kompetenzmessungen in Bremen (VERA 8), Hamburg (KERMIT 5, 7, 9), Baden-Württemberg (Lernstand 5) und Schleswig-Holstein (VERA 3 und 8) ist in diesem Sinne kritisch zu betrachten. Auf der einen Seite sollte die Erhebung von Lernrückständen ein zentraler Aspekt sein, um die Situation zu bewerten und darauf abgestimmte Förderprogramme zu konzipieren. In allen genannten Fällen erfolgte die Veröffentlichung der Ergebnisse jedoch nicht in einer dazu geeigneten Art und Weise. In Bremen wurde zwar eine Pressemitteilung zu den Ergebnissen veröffentlicht, die hier auch mit Ergebnissen einer Erhebung von 2018 verglichen wurden, doch wurde nicht auf eine zugrundeliegende Publikation verwiesen. In Hamburg und Baden-Württemberg wurden die Ergebnisse zwar auf den Seiten des IfBQ bzw. des IBBW veröffentlicht, aber nicht weiter öffentlich kommuniziert, z. B. durch eine Pressemitteilung darüber, dass die Ergebnisse überhaupt vorliegen. Auch in Schleswig-Holstein wurde nicht mit einer Pressemitteilung auf die Veröffentlichung der VERA-Ergebnisse hingewiesen. Zudem wurden die Daten hier auch nicht mit den Vorjahren in Beziehung gesetzt. Gleichwohl ist positiv hervorzuheben, dass in diesen Ländern überhaupt Daten vorliegen, die zur landesweiten Bewertung von Lernständen herangezogen werden können.

Drittens hätten wir uns auch selbst für die vorliegende Untersuchung eine größere Transparenz bzw. Auskunftsbereitschaft von bildungspolitisch Verantwortlichen gewünscht. Es gelang uns nicht, wie geplant, Vertreter*innen der Länder für Interviews zu den Landesprogrammen und den ihrer jeweiligen Ausgestaltung zugrunde liegenden Überlegungen zu gewinnen. Es ist natürlich nicht selbstverständlich, dass die Amtschefinnen und Amtschefs der Kultusministerien, oder von ihnen bestimmte Personen, uns zu unseren Fragen Auskunft geben. Ein Austausch von Bildungspolitik bzw. -administration und Forschung ist jedoch gelebte Praxis. In vielen Forschungsarbeiten, die sich mit der Umsetzung von bildungspolitischen Entscheidungen beschäftig haben, werden Expert*inneninterviews mit Vertreter*innen der Bildungsverwaltung geführt. Auch wir selbst weisen diesbezüglich Erfahrungen auf (z. B. Steinmetz et al., 2021; Edelstein & Nikolai, 2013). Es mag in gewissen Besonderheiten unserer Untersuchung begründet sein, dass unsere Interviewanfragen in einzelnen Kultusministerien mit Zurückhaltung aufgenommen wurden, allem voran, dass sich unser Untersuchungsinteresse auf ein laufendes Programm richtete und die Länder in ihrer Gesamtheit in den Blick genommen werden sollten und nicht – wie häufig der Fall – eine Auswahl von ihnen. Auch dass in absehbarer Zeit der Zwischenbericht an das BMBF zu verfassen war, dürfte hier eine Rolle gespielt haben. Darüber hinaus ist vielleicht auch ein kritischer Kommentar zur Konzeption der Aufholprogramme, der im Vorfeld unserer Interviewanfragen von einem der Autoren der vorliegenden Untersuchung in der ZEIT (ZEIT Online, 2021b) veröffentlicht wurde, unserem Ansinnen nicht zuträglich gewesen. Dass man sich in der Amtschefkonferenz der KMK letztendlich aber gemeinschaftlich darauf verpflichtete, dass *niemand* mit uns spricht und in der Konsequenz auch bereits erfolgte Zusagen für Interviews zurückgenommen wurden, erscheint uns als ein bemerkenswerter Vorgang (vgl. hierzu vertiefend Kap. 5), in dessen Folge uns die politischen Rationalitäten hinter den Aufholprogrammen leider weitgehend verborgen bleiben.

Im Übrigen wäre womöglich auch der Zwischenbericht der Länder an das Bundesministerium für Bildung und Forschung (BMBF) nicht veröffentlicht worden, wenn wir keine Anfrage nach dem Informationsfreiheitsgesetz gestellt hätten bzw. wenn dieser Bericht nicht dem „Spiegel" aus anderen Quellen zugespielt worden wäre (Spiegel, 2022a).

Abgesehen davon, so möchten wir allerdings auch ausdrücklich betonen, waren die Kooperation und der Informationsfluss seitens des Sekretariats der Kultusminister*innenkonferenz sehr zuvorkommend. So wurde uns etwa eine von der KMK koordinierte Aufstellung der von den einzelnen Ländern beschlossenen Prüfungserleichterungen zur Verfügung gestellt (KMK, 2022b). Ferner wurde uns angeboten, uns mit gezielten inhaltlichen Nachfragen zu Details einzelner Landesaufholprogramme an die Länder zu wenden. Darauf haben wir jedoch schlussendlich verzichtet, weil uns unseres Erachtens über die öffentlich zugänglichen Dokumente ausreichend Informationen zur Beschreibung der Landesprogramme zur Verfügung standen.

8 Schlussfolgerungen für die Planung von Bund-Länder-Programmen

In dieser Studie haben wir untersucht, wie das Bund-Länder-Aktionsprogramm *Aufholen nach Corona* in den 16 Bundesländern umgesetzt wurde. Ziel war es, erstens, nachzuzeichnen, welche Überlegungen in den einzelnen Ländern bei der Ausgestaltung der Aufholprogramme eine Rolle spielten. Zweitens ging es darum, die Ausgestaltung und Umsetzung der jeweiligen Landesprogramme im Detail zu beschreiben und bestehende Herausforderungen zu benennen. Drittens wollten wir analysieren, ob sich im Vergleich der Länder Gelingensbedingungen für die Umsetzung von Maßnahmen des Aktionsprogramms identifizieren lassen.

Vorangestellt, und dies mag in der vorliegenden Studie aufgrund ihres Zuschnitts noch zu wenig gewürdigt worden sein, sind die Aufholprogramme natürlich für jede Schülerin und jeden Schüler, der*die Unterstützungsressourcen aus dem Programm in Anspruch nehmen konnte, ein Gewinn. Auch dürften von ihnen vielerorts Impulse für die Schulentwicklung ausgegangen sein, die über die Programmlaufzeit hinausreichen. Fachkräfte mit unterschiedlichsten Profilen wurden an Schulen neu eingestellt, Kooperationen wurden aufgebaut oder vertieft, neue pädagogische Angebote wurden geschaffen und die Vernetzung mit dem Sozialraum gestärkt. All dies sind zweifellos potenzielle Verdienste der Programme, an die Schulpolitik und pädagogische Praxis in Zukunft anknüpfen können und hoffentlich auch werden.

Des Weiteren haben Planungen und Aktivitäten rund um die Pandemie und das Bund-Länder-Programm zu einer stärkeren Kommunikation und Kooperation der Länder untereinander beigetragen. So kooperieren Brandenburg, Niedersachsen und Thüringen etwa in Bezug auf den Aufbau einer Schulcloud. Auch wurden bestehende Lerndiagnosetools wie ILeA plus (aus Brandenburg) und Lernstand 5 (aus Baden-Württemberg), aber auch eine Vielzahl anderer Tools und Förderkonzepte, zwischen Ländern ausgetauscht und für Lehrkräfte verfügbar gemacht. Schließlich steht auch mit Blick auf die Aufholprogramme selbst und ihre Programmbausteine zu hoffen, dass die Länder voneinander lernen und besonders erfolgversprechende Ansätze einzelner Länder mittelfristig auch in anderen Ländern Schule machen werden.

8.1 Wurden die Ziele von *Aufholen nach Corona* erreicht?

Inwieweit aber wurden die Ziele erreicht, die sich Bund und Länder mit dem Aktionsprogramm gesteckt haben, und inwieweit sind die Länder bei der Konzeption ihrer Aufholprogramme den Empfehlungen der Ständigen Wissenschaftlichen Kommission der Kultusminister*innenkonferenz (SWK, 2021) gefolgt?

Proklamiertes Ziel des Aktionsprogramms ist die individuelle und zielorientierte Unterstützung aller Schüler*innen bei der Bewältigung pandemiebedingter Lernrückstände in den *Kernfächern*, wobei Schwerpunkte insbesondere in jenen Klassenstufen gesetzt werden sollten, in denen *Schulwegentscheidungen* bevorstehen. Ferner sollten die Maßnahmen den *allgemeinbildenden und berufsbildenden Bereich* abdecken. Auf Grundlage einer *Analyse des Lernstandes* durch die Lehrkräfte sollten *verbindliche Förderangebote* durchgeführt werden. Die SWK forderte in ihrem Gutachten zum Aufholen pandemiebedingter Lernrückstände darüber hinaus eine *Fokussierung auf die am stärksten betroffenen Gruppen*, eine *gezielte Qualifizierung und Begleitung von zusätzlichem pädagogischem Personal* für die Förderung sowie ein *Monitoring und eine Evaluation* der implementierten Maßnahmen.

Darüber hinaus sollten auch die *soziale Kompetenzentwicklung* gefördert und zusätzliche Angebote aus dem Bereich der *Schulsozialarbeit* bereitgestellt werden. Schließlich sollten Kinder- und Jugendfreizeiten, außerschulische Jugendarbeit und Angebote der Kinder- und Jugendhilfe gestärkt werden (BMBF, 2021). Der letztgenannte Punkt lag dabei vor allem in der Verantwortung des Bundesministeriums für Familie, Senioren, Frauen und Jugend (BMFSFJ). In der vorliegenden Untersuchung haben wir diesen Teil des Aktionsprogramms nicht direkt in den Blick genommen. Zumindest auf Landesebene haben wir diesen Bereich aber insofern berücksichtigt, als dass wir in Zusammenhang mit Angeboten und Maßnahmen der sozial-emotionalen Förderung z. B. auch über geplante Aufstockungen der Schulsozialarbeit, der Sozialpädagogik und/oder der Freiwilligendienste (etwa FSJ) berichtet haben.

Kernfächer: In vielen Landesprogrammen werden die Kernfächer (vor allem Mathematik und Deutsch) besonders in den Blick genommen. Dies geschieht über spezifische Förderprogramme in diesen Fächern (z. B. in Hamburg und Bremen), oder über die Möglichkeit, Stundentafeln zu Gunsten dieser Fächer anzupassen (z. B. in Niedersachsen). Insbesondere mit Blick auf die additiven Förderangebote bleibt in vielen Länder unklar, inwieweit tatsächlich vorwiegend die Kernfächer adressiert werden, zumal in den seltensten Fällen Informationen zum Gegenstand der durchgeführten Fördermaßnahmen vorliegen. Mit Gewissheit lässt sich die inhaltliche Ausrichtung nur für wenige Länder bzw. einzelne Programmelemente zeigen (z. B. für die Ferienkurse 2021 in Bayern, Bremen und Thüringen). In einigen Ländern ist unklar, ob überhaupt eine Förderung in den Kernfächern stattfindet (z. B. Sachsen-Anhalt und Niedersachsen).

Analyse des Lernstandes: Soweit wir recherchieren konnten, wurde die Erhebung von Lernständen in allen Bundesländern in den alleinigen Verantwortungsbereich der Lehrkräfte gestellt. Dazu wurde den Schulen bzw. Lehrkräften in fast allen Ländern eine Vielzahl von diagnostischen Instrumenten zur Verfügung gestellt, die häufig auf eigens dafür eingerichteten Portalen abgerufen werden können. Inwieweit diese Instrumente letztendlich genutzt wurden, lässt sich schwer beurteilen. Aussagen unserer Interviewpartner*innen aus den GEW-Landesverbänden stimmen diesbezüglich skeptisch. So wurde von vielen darauf hingewiesen, dass im Schulalltag die Zeit fehle, die teils sehr umfangreichen Angebote zu sichten und systematisch einzusetzen. Ferner merkten sie an, dass man die entsprechenden Instrumente im Regelfall auch gar nicht benötige, da in der Praxis, gerade wenn man mit Schüler*innen länger vertraut sei, auch die etablierten Verfahren der Leistungsüberprüfung eine hinreichend gute Vorstellung vom Lernstand der Schüler*innen vermitteln würden. In nahezu allen Ländern wurde die Durchführung von Lernstandsanalysen als eine Tätigkeit im Autonomiebereich der Schulen verstanden, deren Ergebnisse der Identifikation individueller Förderbedarfe dienen. Eine Nutzung der Ergebnisse in stärker aggregierter Form erfolgte einzig in Brandenburg, Bremen und Mecklenburg-Vorpommern (in Sachsen-Anhalt wurde es versucht). Hier wurden die Ergebnisse von Lernstandsanalysen gesammelt an die Ministerien weitergeleitet, damit diese sich einen Überblick über die Lage im Land schaffen konnten. In Brandenburg und Bremen sollten anhand dieser Ergebnisse höhere Zuweisungen an einzelne Schulen erfolgen.

Verbindliche Förderangebote auf Grundlage der Lernstanderhebung: Auf Grundlage der Lernstanderhebungen sollten den Schüler*innen verbindliche Förderangebote unterbreitet werden, d. h. nach der Erhebung des Lernstandes sollte ein Gespräch mit den Schüler*innen und deren Eltern stattfinden und eine Förderung direkt anschließen (z. B. Hamburg, Brandenburg und Berlin). Allerdings gab es in vielen Bundesländern direkt nach der Lernstandstanderhebung in den ersten vier Wochen des Schuljahres 2021/2022 noch kaum Förderangebote, denen Schüler*innen überhaupt hätten zugeführt werden können.

Bezüglich der *Verbindlichkeit* von Förderangeboten ist zudem zu unterscheiden zwischen in den Schultag integrierten Fördermaßnahmen und solchen, die additiv außerhalb des regulären Schultags oder in den Ferien stattfinden. Während mit Blick auf erstere von einer hohen Verbindlichkeit auszugehen ist, sind die additiven Förderangebote im Prinzip per definitionem unverbindlich, da hier die Schulpflicht nicht greift und daher – jedenfalls aus rechtlicher Sicht – überhaupt nur eine freiwillige Teilnahme in Frage kommt. Inwieweit die angestrebte Verbindlichkeit von Förderangeboten realisiert werden konnte, hängt daher zunächst einmal ganz maßgeblich davon ab, welche Gewichtung integrierte Fördermaßnahmen als Baustein der einzelnen Landesprogramme gegenüber additiven Angeboten haben. Denn in Bezug auf die Teilnahme an additiven Maßnahmen können Schulen nur über eine direkte Ansprache von Schüler*innen und deren Eltern mittels engagierter Überzeugungsarbeit versuchen, eine gewisse Verbindlichkeit herzustellen. Das Beispiel Hamburg zeigt jedoch, dass es grundsätzlich schwierig ist, gerade diejenigen Schüler*innen, die aus Sicht der Lehrkräfte zusätzliche Förderung benötigen, zur Teilnahme an additiven Angeboten zu bewegen. Denn hier wurden Daten sowohl zur Ansprache von Schüler*innen als auch zur Teilnahme an Lernferienkursen erhoben. Aus den Daten geht hervor, dass an den sozial benachteiligten Stadtteilschulen gemessen an den Förderempfehlungen nur ein kleiner Teil der Schüler*innen tatsächlich teilnahm.

Fokussierung auf Schüler*innen an Schulwegentscheidungen: In den Aufholprogrammen sollten vor allem diejenigen Jahrgänge im Fokus stehen, bei denen Übergänge in andere Bildungsphasen anstehen. Zu ihnen gehören die Schüler*innen der 4. Jahrgangsstufe (in Berlin, Brandenburg und Mecklenburg-Vorpommern Klasse 6), Schüler*innen der Klassenstufen 9 und 10 sowie die auf das Abitur vorbereitenden Jahrgangsstufen. Die SWK schloss darüber hinaus auch die neu eingeschulten Kinder in die Gruppe der prioritär zu adressierenden Schüler*innen ein (SWK, 2021). Wenngleich sich entsprechende Schwerpunktsetzungen in verschiedenen Bundesländern jedenfalls im Hinblick auf einzelne Programmbausteine wiederfinden – so z. B. in den Hinweisen zur Ausgestaltung von Lernferien in Bayern oder Schleswig-Holstein oder in Hinweisen zur Priorisierung von Schüler*innen bei begrenzten Kapazitäten bzw. Fördermitteln – lässt sich eine eindeutige Prioritätensetzung in diese Richtung in keinem der Aufholprogramme erkennen. In aller Regel stehen Programmmittel ohne Differenzierung für alle Klassenstufen zur Verfügung. Explizit nur auf Übergangs- und/oder Abschlussklassenstufen bezogene Programmbausteine finden sich selten. Eine Ausnahme ist das Hamburger Mentor*innenprogramm *Anschluss*, das sich an Viertklässler*innen richtet und in Kooperation mit der Zeit-Stiftung durchgeführt wird.

Einen spezifischen Programmbaustein für Eingangsklassen haben wir in unseren Recherchen einzig in Bremen vorgefunden (der sog. Bremer-Lese-Intensivkurs). Bremen ist darüber hinaus offenbar auch das einzige Bundesland, das mit Prüfungsvorbereitungskursen gezielt die Abschlussklassen adressiert, wenngleich Förderkurse zugleich auch für Klassenstufen bestehen, die nicht unmittelbar vor dem Abschluss stehen. Mit Blick auf die Abschlussklassen ist noch auf Maßnahmen zur Berufsorientierung und auf die vielerorts erfolgten Anpassungen von Prüfungsregelungen hinzuweisen. Bei Letzteren handelt es sich jedoch nicht um Fördermaßnahmen, sondern um Maßnahmen zum Ausgleich von pandemiebedingten Nachteilen.

Allgemeinbildende und berufsbildende Schulen: Neben den allgemeinbildenden Schulen sollten auch die berufsbildenden Schulen in den Blick genommen werden. Dies geschah aber nur in einem Teil der Bundesländer, allen voran z. B. in Bremen, Nordrhein-Westfalen, Sachsen und insbesondere in Bayern, wo die berufsbildenden Schulen im Prinzip gleichberechtigt an den Ressourcen des Aufholprogramms teilhaben und darüber hinaus auch die Berufsorientierung an allgemeinbildenden Schulen Gegenstand von Fördermaßnahmen sein kann. Allerdings gibt es auch Hinweise, dass die beruflichen Schulen vergleichsweise gut durch die Zeit des Distanz- und Hybridunterrichts kamen. Hinzu kommt, dass die Schüler*innen, die während dieser Zeit die beruflichen Schulen besuchten, diese mittlerweile zum Teil schon verlassen haben.

Soziale Kompetenzentwicklung: Wenn man die Förderung sozialer Kompetenzen so versteht, dass sie Maßnahmen zur Förderung des sozial-emotionalen Wohlbefindens der Schüler*innen mit einschließt, dann finden sich in den Landesprogrammen auch jenseits der vom BMFSFJ verantworteten „Sozialmilliarde" verschiedene Maßnahmen mit diesem Fokus. Besonders in Niedersachsen stehen Maßnahmen in diesem Sinne an erster Stelle (auch in Thüringen und Rheinland-Pfalz, im Hinblick auf Ferienangebote auch im Saarland). Grundsätzlich ist aber auch für einige andere Bundesländer zu konstatieren, dass die auf fachliche Förderung ausgerichteten Programmbausteine, und insbesondere Ferienkurse, zumeist von Elementen der sozio-emotionalen Förderung begleitet werden sollen, wobei hier vor allem Sport und Angebote der kulturellen Bildung im Vordergrund stehen. Auf der anderen Seite gibt es Länder, die der sozial-emotionalen Entwicklung, jedenfalls auf der Ebene konkreter Maßnahmen, nur einen geringen Stellenwert beimessen. Auch für diese Länder gilt aber in der Regel, dass zumindest mit Blick auf die Organisation des regulären Schul- und Unterrichtsbetriebs – und insbesondere für die ersten Wochen nach den Sommerferien – Empfehlungen ausgesprochen wurden, die darauf abzielten, zunächst die soziale Dimension des Schullebens in den Vordergrund zu stellen und einer Reflektion der Erfahrungen in der Pandemie Raum zu geben.

Schulsozialarbeit: Im Bereich der Schulsozialarbeit finden sich in vielen Landesprogrammen Aussagen zur Aufstockung in diesem Bereich. Hierfür war ja auch ein Extra-Posten (gemeinsam mit FSJ-Kräften) in der Bund-Länder-Vereinbarung enthalten. Allerdings finden sich im Zwischenbericht der Länder an den Bund nur bei der Hälfte der Länder Maßnahmen wieder, in denen sozialpädagogisches Personal oder FSJ-Kräfte eingesetzt werden sollen (KMK, 2022e). Grundsätzlich scheint es in diesem Bereich seitens der Länder aber auch eine uneinheitliche Berichterstattung zu geben. So ist z.B. in Bremen eine Aufstockung von Sozialarbeiter*innen erfolgt, ohne dass sie im Zwischenbericht an das BMBF erwähnt worden wäre, während eine solche in Brandenburg explizit ausgewiesen wird. Darüber, wie dieses Personal auf die Schulen verteilt wird, liegen allerdings so gut wie keine Informationen vor.

Fokussierung auf die am stärksten betroffenen Gruppen: Eine Gemeinsamkeit aller Aufholprogramme besteht darin, dass die Identifikation von Bedarfen im Wesentlichen den Schulen und Lehrkräften übertragen wurde. Ihnen obliegt es, auf Grundlage von Lernstandsdiagnosen darüber zu entscheiden, welche Schüler*innen einer kompensatorischen Förderung besonders bedürfen. So plausibel dieser Ansatz bezogen auf die einzelne Schule ist, wird damit jedoch gänzlich außer Acht gelassen, dass sich die Bedarfe an zusätzlicher Förderung natürlich je nach der sozialen Klientel einer Schule in hohem Maße unterschiedlich darstellen. Wenn die im Rahmen der Landesprogramme verfügbaren Ressourcen in erster Linie den von Lernrückständen am stärksten betroffenen Schüler*innen zugedacht waren, erscheint eine weitgehende Gleichverteilung der Ressourcen über Schulen aller Regionen und Schularten hinweg geradezu als widersinnig.

Erstaunlicherweise haben jedoch nur wenige Bundesländer ernsthaft den Versuch unternommen, die Verteilung der Mittel an die einzelnen Schulen nach Bedarfskriterien zu steuern. Einzig in Bremen, Brandenburg und Hamburg und in kleinerem Umfang in Berlin, Hessen, Sachsen-Anhalt und dem Saarland erfolgte die Mittelverteilung auf die Schulen unter Heranziehung von Leistungs-, Sozial- oder Schulformkriterien. Allerdings haben in einer anderen Gruppe von Ländern, zu der etwa Schleswig-Holstein und Nordrhein-Westfalen gehören, die mittelverteilenden Instanzen – wie etwa die Schulaufsichten oder Schulträger – Handlungsspielräume, um einzelnen Schulen zusätzliche Mittel zuweisen zu können. In Schleswig-Holstein etwa hatten Schulen, deren Bedarf die regulär zur Verfügung gestellten Mittel übersteigt, die Möglichkeit, zusätzliche Mittel zu beantragen. In Nordrhein-Westfalen wurde es den Bezirksregierungen und Schulträgern freigestellt, vom „Gießkannenprinzip" abzuweichen und zumindest einen Teil der in den jeweiligen Programmbausteinen für ihre Schulen bzw. Gebietseinheiten vorgesehenen Mittel nach sozialen Kriterien zu verteilen. Zu der Frage, ob und in welchem Umfang von solchen Handlungsspielräumen im Sinne einer stärkeren Bedarfsorientierung tatsächlich Gebrauch gemacht wurde, liegen keine Information vor.

In Bezug auf bestimmte Programmelemente gibt es darüber hinaus gute Gründe, davon auszugehen, dass sie – auch innerhalb der einzelnen Schulen – eher nicht den Schüler*innengruppen mit den größten Bedarfen zugutegekommen sind. Die grundsätzliche Problematik additiver Angebote wurde oben bereits thematisiert; sie ist auch in diesem Zusammenhang relevant. Immer dort, wo die Teilnahme an Fördermaßnahmen ein irgendwie geartetes Engagement der Eltern voraussetzt, besteht eine erhöhte Gefahr, dass Schüler*innen aus sozial benachteiligten Familien in nur geringem Maße an ihnen partizipieren (können). In Bezug auf das Förderformat der Lernferien gibt es hierfür deutliche Hinweise. In Schleswig-Holstein und Nordrhein-Westfalen wurden diese nicht in unmittelbarer Verantwortung der Schulen ausgerichtet, so dass sich Eltern eigenständig informieren, um Plätze bemühen und ggf. auch die Beförderung ihrer Kinder organisieren mussten. Und selbst in Hamburg, wo eine vergleichsweise enge Koppelung zwischen Schule und Ferienangeboten besteht, wurde nur ein vergleichsweise geringer Anteil der – in diesem Fall ja sogar explizit angesprochenen – Schüler*innen tatsächlich erreicht (s. o.). Auch mit Blick auf private Nachhilfeangebote, die wie kein anderer uns bekannter Programmbaustein dezidiert für die Schüler*innen mit den größten Nachholbedarfen gedacht sind, häufen sich Hinweise, dass die zur Inanspruchnahme berechtigenden Gutscheine von den Schulen mitunter nicht dieser Vorgabe entsprechend verteilt wurden, sondern durchaus auch vergleichsweise privilegierte Schüler*innen zum Zuge kamen (z. B. in Baden-Württemberg, Nordrhein-Westfalen, Mecklenburg-Vorpommern und Schleswig-Holstein).

Gezielte Qualifizierung und Begleitung von zusätzlichem pädagogischem Personal für die Förderung: Da ein sicherlich nicht unerheblicher Anteil der Personen, die im Rahmen der Aufholprogramme als Unterstützungskräfte tätig geworden sind, nicht über eine fundierte pädagogische Ausbildung verfügt, wie man sie im schulischen Kontext im Allgemeinen erwartet, liegt es auf der Hand, für diesen Personenkreis Qualifizierungsmöglichkeiten vorzuhalten. Dafür, dass dies geschah, gibt es jedoch nur wenige Belege. Schleswig-Holstein etwa bietet z. B. schulstufenbezogene Kompaktkurse und Schulungen zu diagnostischen Tools an, Bayern setzt unter anderem auf Online-Seminare und Selbstlernkurse. Auch wenn man der SWK (2021) nur zustimmen kann, dass eine gezielte (Nach-)Qualifizierung der mitunter wahrscheinlich wenig schulerfahrenen Honorarkräfte und befristet eingestellten Unterstützungskräfte wünschenswert ist, stellt sich doch die Frage, ob es genügend Angebote hierfür gibt und diese, zumal sie unseres Wissens nach freiwillig sind, auch in größerem Umfang wahrgenommen werden. Befristet eingestellte Fachkräfte mögen hier gewisse Anreize haben, wenn man die bestehenden Möglichkeiten des Quereinstiegs in den Lehrberuf bedenkt. Für freie Honorarkräfte, die in der Regel wahrscheinlich mit weniger Stunden und über eine kürzere Dauer aktiv sind, dürften hier durchaus gewisse Teilnahmehürden bestehen. Aber auch die kurze Dauer der Programme und Einstellungszeiträume führte vermutlich dazu, dass es in vielen Ländern keine Fortbildungs- und Qualifizierungsmaßnahmen für Honorarkräfte gab. Zahlen dazu, wie stark Fortbildungs- und Qualifizierungsmaßnahmen während der Programmlaufzeiten in Anspruch genommen worden sind, oder gar welche Personengruppen wie stark vertreten waren, hat nach unseren Recherchen kein Land veröffentlicht.

Monitoring und Evaluation: Wie das Aufholprogramm umgesetzt wird, wie viele Schüler*innen von welchen konkreten Maßnahmen profitieren, welche Schüler*innen an den Programmen teilnehmen (z. B. nach sozialer Lage) und wie sich die Aufholprogramme schlussendlich auf die Leistungsstände der Schüler*innen auswirken, muss weitgehend offen bleiben. Bis auf wenige Ausnahmen zählen die Länder nur, wie viele Schüler*innen an welchen Programmen teilnehmen, ohne dabei aber Daten etwa darüber zu erheben bzw. zu veröffentlichen, welche inhaltlichen Schwerpunkte gesetzt wurden oder welchen zeitlichen Umfang die jeweiligen Angebote hatten. Viele evaluationsrelevante Fragen werden sich also auch zu einem späteren Zeitpunkt, wenn die Länder ihre Verwaltungsdaten vollständig ausgewertet haben, nicht klären lassen. Daher gibt es wenig Anlass zur Hoffnung, dass am Ende der Aufholprogramme genug Wissen vorhanden sein wird, um daraus für zukünftige Förderprogramme Schlüsse ziehen zu können. Gerade auch mit Blick auf das Startchancenprogramm, das sich in mancher Hinsicht ähnlichen Herausforderungen zu stellen haben wird wie die Aufholprogramme, ist hier eine Chance verpasst worden. Auf der anderen Seite wurde verschiedentlich (z. B. Bayern oder Hessen) damit argumentiert, dass die Schulen in der gegebenen Situation nicht durch aufwändige Abfragen belastet werden sollten. Mit diesem Dilemma hat man es noch ausgeprägter beim Thema zentraler Lernstandserhebungen zu tun. So wichtig bestimmte Informationen für Fragen der Programm-Evaluation, für die Systemsteuerung und nicht zuletzt auch die Bildungsforschung sind, ihre Erfassung kostet viele Lehrkräfte im Zweifel mehr Zeit und Mühe, als sie unmittelbaren Nutzen daraus für ihre pädagogische Arbeit ziehen können. Zentrale Lernstandserhebungen, Schulleistungsstudien und dergleichen sind, das ist weithin bekannt, an der pädagogischen Basis nicht immer beliebt und daher in einer Zeit, in der die Kultusadministrationen mehr denn je auf ein außerordentliches Engagement der Lehrkräfte angewiesen sind und in der ein hoher Anteil der Lehrkräfte bei Befragungen ein starkes Belastungsempfinden äußert (Robert Bosch Stiftung, 2022), politisch wenig opportun.

Auch mit Blick auf die Entwicklung der Lernstände der Schüler*innen liegen bis auf die methodisch soliden Untersuchungen aus Hamburg oder Baden-Württemberg keine wissenschaftlichen Befunde vor. Individuelle Lernstandsdiagnosen durch die Lehrkräfte sind für einzelne Schüler*innen und Klassen natürlich aufschlussreich und es ist insoweit nachvollziehbar, dass die Kultusministerien diesen variablen Instrumenten in ihren Konzepten Vorrang gegeben haben. Dass am Ende aber die Lernstanderhebungen der Lehrkräfte, die nicht systematisch (und nach wissenschaftlichen Kriterien) erhoben und zusammengefasst werden, das einzige Mittel sein sollen (was sie natürlich nicht sind), das Aussagen darüber zulässt, ob die Mittel des Bundes und der Länder gewirkt haben, ist sicherlich nicht im Sinne des Programms und einer evidenzbasierten Steuerung.

Gemessen an ihren eigenen Zielen und den Empfehlungen der SWK haben die Aufholprogramme ihre Ziele bisher nur in kleinen Teilen erreicht. Auch wenn wenige Bundesländer, wie beispielsweise Hamburg, vieles richtig gemacht haben und über ihre Aktivitäten und Teilnahmezahlen transparent Auskunft geben, sind dies eher Ausnahmen.

8.2 Gelingensbedingungen

Unsere Untersuchung erlaubt auch erste Rückschlüsse über Gelingensbedingungen, also über Faktoren und Gestaltungsmerkmale, die dazu beigetragen haben, dass bestimmte Programmbausteine in einzelnen Ländern vergleichsweise gut funktioniert haben. Wir wollen an dieser Stelle auf vier Aspekte eingehen, nämlich auf eine bedarfsorientierte Förderung, auf die Personalgewinnung, auf die zeitnahe Umsetzung und auf die Behebung von Lernrückständen.

Bedarfsorientierte Förderung: Auch wenn konkrete empirische Evidenz für Deutschland erst vorgelegt wurde, als die Aufholprogramme bereits eine ganze Zeit liefen (Ludewig et al., 2022; Stanat et al., 2022), gingen Bildungsexpert*innen einhellig auch schon zuvor davon aus, dass die coronabedingten Lernrückstände bei sozial benachteiligten Schüler*innen am größten sein werden. Zudem gibt es klare Hinweise darauf, dass gerade Schüler*innen der nicht-gymnasialen Schulformen und Grundschulen stärkere Lernrückstände aufweisen werden (Helbig, 2022a, c), was auch viele unserer Interviewpartner*innen unterstrichen haben. Dass die Mittel des Aufholprogramms nicht effizient eingesetzt werden können, wenn sie nicht klar auf die am meisten benachteiligten Gruppen fokussiert werden, formulierte neben vielen anderen auch die Ständige Wissenschaftliche Kommission der KMK (SWK, 2021).

Um bedarfsorientiert fördern zu können, benötigt man geeignete Verteilungskriterien. Die Länder mit einem schulscharfen Sozialindex, wie z.B. Hamburg, Nordrhein-Westfalen und Hessen (der Sozialindex in Hessen ist nur bedingt als schulscharf zu bezeichnen, vgl. hierzu Kap. 6.7.2.4) haben auf diesen zurückgegriffen, um Ressourcen ungleich auf die Schulen bzw. Schüler*innen zu verteilen (Nordrhein-Westfalen stellte es den nachgelagerten Verteilungsinstanzen frei, auf den Sozialindex zurückzugreifen). Auch in Berlin, wo es zumindest Daten zum Anteil armer Kinder an den Schulen gibt, wurden besonders benachteiligte Schulen zumindest partiell stärker gefördert.

Dass ein Sozialindex für die Schulen allerdings keine zwingende Bedingung für einen bedarfsgerechten Ressourceneinsatz ist, zeigen Brandenburg und Sachsen-Anhalt. Sachsen-Anhalt verteilte Mittel an öffentlichen Schulen teilweise ungleich, anhand der auch in anderen Ländern verfügbaren Kriterien Migrationshintergrund, diagnostizierter Sprachförderbedarf und festgestellter sonderpädagogischer Förderbedarf – sämtlich Kennzahlen, die auch mit Armutslagen der Schüler*innen im Zusammenhang stehen. Brandenburg verteilte Mittel ungleich anhand der Rückmeldungen der Schulen zu festgestellten Lernrückständen am Anfang des Schuljahres 2021/2022. Dass gerade auch die Erhebung in Brandenburg nicht treffsicher gewesen sein dürfte, haben wir im Kapitel 6.4.2.4 dargestellt. Nichtsdestotrotz zeigt dieses Beispiel, dass bedarfsorientierte Mittelzuweisungen prinzipiell auch ohne einen Sozialindex der Schulen möglich gewesen wären. Dennoch erscheint es insgesamt für alle Länder sinnvoll, einen Sozialindex der Schulen zu erarbeiten (Diskussionen darüber gibt es in mehreren Ländern). Gerade auch das Startchancenprogramm, über das der Bund in Zukunft stärker sozial benachteiligte Schulen fördern will, benötigt eine Datengrundlage, auf deren Basis die Zuweisung der Mittel nach fairen und nachvollziehbaren Kriterien erfolgen kann.

Offen bleibt, ob das Ausmaß ungleicher Ressourcenverteilung, die immer nur für einen Teil der in den Aufholprogrammen eingesetzten Mittel vorgesehen war, ausreichend war, um den erschwerten Bedingungen besonders betroffener Schulen und Schüler*innen wirksam zu begegnen. Auch sozial privilegierte Schulen erhielten Ressourcen aus den jeweiligen Programmen, nur eben etwas weniger als benachteiligte Schulen. Ebenso muss offen bleiben, ob die nach sozialen Kriterien zugewiesenen Ressourcen auch vollständig genutzt werden konnten. In Brandenburg z. B. konnte von den bedarfsorientiert zugewiesenen Mitteln nur rund die Hälfte des geplanten Personals rekrutiert werden. Aber auch bei der Rekrutierung zusätzlicher Honorarkräfte und Kooperationspartner*innen ist unklar, ob sozial benachteiligte Schulen z. B. ihr höheres Schulbudget (z. B. in Hessen oder dem Saarland) auch verausgaben konnten. In Berlin etwa haben wir Hinweise darauf gefunden, dass gerade sozial privilegierte Schulen eher über Kooperationen mit z. B. freien Trägern verfügen und bei der Rekrutierung von Honorarkräften weniger Schwierigkeiten haben.

Personal: Die Möglichkeiten und Grenzen der Gewinnung zusätzlichen Personals sind der neuralgische Punkt fast aller Aufholprogramme. Auch wenn die ostdeutschen Bundesländer hier mit den größten Herausforderungen konfrontiert sind (vgl. Kap. 3.6), gelang es auch in den westdeutschen Bundesländern nur selten, Personal in der geplanten Größenordnung zu gewinnen. Auch wenn dazu kaum empirische

Daten vorliegen, fanden wir bei unseren Recherchen vielfältige Hinweise darauf, dass das Problem in eher peripheren Räumen noch stärker ausgeprägt ist.

Gerade in einer Situation des allgemeinen Mangels an pädagogischem Personal (vor allem bei Lehrkräften), erscheint die Gewinnung zusätzlichen Personals nur über attraktive Arbeitsbedingungen erreichbar zu sein. Eine Möglichkeit ist hierbei sicherlich die langfristige Anstellung zusätzlichen Personals, was durch die Befristung des Aufholprogramms kaum umgesetzt wurde. Nur Nordrhein-Westfalen hat zum Schuljahr 2020/2021 für eine bessere Personalversorgung Stellenbesetzung vorgezogen, die wegen der Wiedereinführung von G9 ab dem Schuljahr 2026/2027 ohnehin hätten erfolgen müssen. In vielen anderen Fällen wurden (Honorar-)Verträge sogar bis zum Halbjahr 2021/2022 oder zum Ende des Schuljahres 2021/2022 befristet. Nur Bayern und Rheinland-Pfalz setzten flächendeckend auf eine Erhöhung der den Schulen zur Verfügung stehenden Lehrer*innenwochenstunden (auch für anderes pädagogisches Personal einsetzbar). Wenngleich auch hier unsere Interviewpartner*innen über schulartenspezifische Schwierigkeiten bei den Stellenbesetzungen berichteten, stellt sich die Situation zumindest im Ländervergleich für Bayern noch eher günstig dar, so dass die zusätzlich eingeplanten Lehrkräftestunden wohl auch an den dortigen Schulen angekommen sein dürften.

Eine zweite vielversprechende Lösung, auf die einige Bundesländer zurückgegriffen haben, ist die zeitliche Aufstockung der Arbeitszeiten von vorhandenem Personal. Dies gelang weniger bei Lehrkräften, von denen ein relativ hoher Anteil freiwillig in Teilzeit arbeitet. Die Möglichkeit der Aufstockungen der Arbeitszeit scheint eher durch anderes pädagogisches Personal in Anspruch genommen worden zu sein, wie z. B. von Sozialarbeiter*innen, Erzieher*innen, pädagogischen Assistent*innen und Inklusionsbegleiter*innen. Unsere Interviewpartner*innen aus einigen GEW-Landesverbänden wiesen uns darauf hin, dass gerade dieses Personal oft weniger Stunden arbeitet, als es eigentlich wünscht. Damit diese Personalressourcen auch für zukünftige Programme stärker genutzt werden können (z. B. für das Startchancenprogramm), ist es aus unserer Sicht sinnvoll, dieses (sozial-)pädagogische Personal statistisch besser zu erfassen. Zu Lehrkräften gibt es seit Jahrzehnten sehr gute Statistiken, die Aufschluss über Beschäftigungsumfang, Alter, Qualifikation u. a. m. geben. Für nicht unterrichtendes Personal hingegen gibt es solche Erhebungen nicht in gleicher Weise, was wohl auch damit zusammenhängt, dass dieses Personal oft kommunal finanziert und beschäftigt ist.

Einen interessanten Weg ging man in Niedersachsen. Hier wurde Personal teilweise auf Minijobbasis eingestellt, um den Bestandlehrkräften nicht-pädagogische Tätigkeiten abzunehmen und ihnen somit eine stärkere Konzentration auf das pädagogische Kerngeschäft zu ermöglichen. Auch wenn wir im Rahmen dieser Studie nicht klären können, für welche Tätigkeiten diese Personengruppe letztlich eingesetzt wurde, war der zugehörige Fördertopf sehr schnell ausgeschöpft. Einen ähnlichen Ansatz wählte Nordrhein-Westfalen im Bereich der Ganztagsgrund- und Förderschulen, wo sog. OGS-Helfer*innen als Unterstützungskräfte für nicht-pädagogische Tätigkeiten eingestellt werden konnten. Vielleicht liegt gerade bei der verstärkten Einbindung solcher Kräfte, auch in geringem zeitlichem Umfang, ein möglicher Ansatz, um Personallücken zumindest abzumildern.

Darüber hinaus gelang die Gewinnung von Unterstützungskräften, die über die Aufholprogramme finanziert wurden, offenbar vor allem dort vergleichsweise gut, wo bereits im Vorfeld Kooperationsbeziehungen mit Vereinen, Stiftungen, aber auch mit Einzelpersonen bestanden. Diesen konnte über die Aufholprogramme zumindest eine zeitlich begrenzte Finanzierungsperspektive für die Fortführung der Zusammenarbeit ermöglicht werden. Auch wenn auf diesem Weg schnell Hilfe gefunden werden konnte, birgt er die Gefahr, dass im Sozialraum gut vernetzte Schulen von den Aufholprogrammen stark profitieren, schlechter vernetzte Schulen aber nicht in gleicher Weise. Dass die gut vernetzten Schulen nicht unbedingt jene sind, die die höchsten Bedarfe hatten, ist zumindest anzunehmen.

Zeitnahe Umsetzung: Man stehe vor der logistischen Herausforderung, die beschlossene Summe auch an die Kinder zu bringen, so Britta Ernst im Brandenburger Landtag (Landtag Brandenburg, 2021a, S. 45). An vielen Stellen hat sich gezeigt, dass die zeitnahe Umsetzung der geplanten Programme nicht gelang. Ein Beleg ist der in vielen Bundesländern eher geringe Umfang der Mittel, die bis zum Januar 2022 abgerufen worden sind (vgl. KMK, 2022e). Insofern in den Ländern nicht auf bestehende Programme zurückgegriffen werden konnte, mussten mitunter aufwändige administrative Schritte eingeleitet werden, die den Start der Programme verzögerten (z. B. Klärung der vorzusehenden Mittelflüsse, Erlass von Förderrichtlinien, Ausschreibung von Honorarkräften).

Ein zügiger Weg, Mittel aus den Aufholprogrammen zu nutzen, war die Aufstockung von Schulbudgets. Dies geschah in einigen Bundesländern befristet am Anfang des Schuljahres 2021/2022 (z. B. Brandenburg und Mecklenburg-Vorpommern), bis andere Programmelemente startklar waren. Hessen und Niedersachsen (teilweise auch Sachsen-Anhalt) setzen ihren finanziellen Schwerpunkt bei der Erhöhung der Schulbudgets über die gesamte Laufzeit des Aufholprogramms, auch Bremen und das Saarland investierten hier einen substanziellen Teil. Dadurch scheint dort eine Verausgabung der Programmmittel schneller möglich gewesen zu sein. Die Frage, in welchem Umfang die mit den Mitteln geplanten Projekte dort dann aber auch tatsächlich umgesetzt wurden, können wir nicht beantworten. Während eine parlamentarische Anfrage aus Niedersachsen für Anfang 2022 einen deutlich geringeren Mittelabruf durch die Schulen nahe legt als geplant, verkündete der hessische Kultusminister Lorz im Juni, dass 120 der 150 Millionen des dortigen Aufholprogramms bereits für konkrete Maßnahmen verausgabt bzw. von den Schulen verplant worden seien (HKM, 2022). Wie auch bei anderen Verlautbarungen aus Hessen ist die dazugehörige Datengrundlage unklar (Hessischer Landtag, 2022a, b).

Auch wenn unklar bleibt, wofür die aufgestockten Mittel der Schulbudgets schlussendlich genutzt werden, wurde dieses Förderelement durch fast alle Interviewpartner*innen aus den GEW-Landesverbänden der Länder, in denen so verfahren wurde, äußerst positiv bewertet. Dabei wurde aber auch eingeräumt, dass aus den betreffenden Mitteln auch Anschaffungen finanziert worden seien (z. B. Lernmittel), für die vor dem Aufholprogramm keine Mittel zur Verfügung gestanden hätten. Das muss aber natürlich nicht heißen, dass diese Anschaffungen nicht auch für das Aufholen von Lernrückständen hilfreich gewesen sind.

Behebung von Lernrückständen: Wir haben keine Wirkungsstudie zum Aufholprogramm durchgeführt. Dennoch lassen sich in den Aufholprogrammen bestimmte Elemente herausstellen, deren Wirksamkeit mit Blick auf die Behebung von Lernrückständen eine vergleichsweise hohe Plausibilität zukommt.

Eine relativ gut abgestimmte Konfiguration solcher Elemente findet sich nach unseren Recherchen in Bremen und insbesondere in Hamburg, wo rechtliche und organisatorische Merkmale des Schulsystems erkennbar Bedingungen für den Abbau von (nicht nur pandemiebedingten) Lernrückständen schaffen. Durch den weitgehenden Verzicht auf Abschulungen und Klassenwiederholungen wurden in Hamburg schon vor Jahren neue Mittel und Wege gesucht, um Schüler*innen mit Lernrückständen zu unterstützen und zu fördern. 2011 wurde die sog. Lernförderung (§ 45 HmbSG) im Schulgesetz verankert: Wenn Schüler*innen nicht die in den Rahmenplänen der jeweiligen Schularten festgelegten Leistungsanforderungen erfüllen, schließen Schule und Schüler*in unter Einbeziehung der Sorgeberechtigten eine Lern- und Fördervereinbarung ab, in der die gegenseitigen Pflichten, insbesondere individuelle Fördermaßnahmen neben der regulären Unterrichtsteilnahme, vereinbart werden (z. B. Förderunterricht in Kleingruppen oder Teilnahme an den Lernferien in der Schule). Diese Strukturen, die in der einen oder anderen Weise nunmehr in vielen Landesaufholprogrammen eine Rolle spielen, waren in Hamburg bereits vor dem Aktionsprogramm etabliert und boten damit eine Reihe von unmittelbaren Anknüpfungspunkten, die es erheblich erleichtert haben dürften, das Programm umzusetzen.

Eine notwendige Voraussetzung für diese Förderung und Unterstützung ist die Ganztagsbeschulung, denn in Hamburg besteht das Recht auf Ganztagsbeschulung bis zur Vollendung des 14. Lebensjahrs (§ 13 HmbSG). So kann Lernförderung dort stattfinden, wo sie am besten gelingen kann, nämlich innerhalb der Schule. Nicht nur, dass Lehrkräfte und zusätzliches pädagogisches Personal innerhalb der Schule sich einfacher über einzelne Schüler*innen austauschen können. An Ganztagsschulen bestehen auch praktische Hürden wie die der Mittagsversorgung oder die Notwendigkeit des Schüler*innentransports nicht.

Mit dem Recht auf eine Ganztagsbetreuung in der Grundschule ab 2026 könnten nunmehr auch in anderen Bundesländern zumindest teilweise bessere strukturelle und schulorganisatorische Voraussetzungen geschaffen werden, um Lernrückstände gezielter im schulischen Kontext zu bearbeiten. Warum die ostdeutschen Bundesländer ihre Hortstrukturen in den Grundschulen bei ihren Aufholprogrammen nicht genutzt haben, können wir nicht nachvollziehen. Gerade in Thüringen, wo jeder Grundschule ein Hort angeschlossen ist, der auch von fast allen Kindern besucht wird, und wo die Erzieher*innen auch noch Landesbedienstete sind, wären die strukturellen Bedingungen hierfür sehr gut gewesen.

8.3 Ausblick

Die Thematik (des Aufholens) pandemiebedingter Lernrückstände hat spätestens seit Herbst 2021 im öffentlichen Diskurs keine prominente Rolle mehr gespielt. Diese Einschätzung teilen auch viele unserer Interviewpartner*innen der GEW-Landesverbände. Erst mit der Veröffentlichung des Zwischenberichts der Länder an das BMBF (KMK, 2022e) rückten das Bund-Länder-Aktionsprogramm und seine Umsetzung durch die Länder wieder ein Stück weit in den Fokus der (Fach-)Öffentlichkeit. Weiteren Auftrieb erhielt die Thematik jüngst durch die Veröffentlichung des Kurzberichts zum IQB-Bildungstrend (Stanat et al., 2022), dem erstmals seit Ausbruch der Corona-Pandemie wieder deutschlandweite, repräsentative Daten zum Lernstand der Schüler*innen zu entnehmen sind. Die darin einstweilen zusammengetragenen Ergebnisse bestätigen wie bisher keine andere (Länder-)Studie die Befürchtungen vieler Expert*innen. Spätestens mit der Veröffentlichung des Hauptberichtes mit den Ergebnissen der Länder im Herbst werden pandemiebedingte Lernrückstände sowie die von den Ländern zu ihrem Abbau initiierten Maßnahmen die Öffentlichkeit wohl wieder intensiv beschäftigen.

Mit ihrem Beschluss vom 23.06.2022 haben die Kultusminister*innen der Länder festgehalten, dass sie dringenden

> „Bedarf sehen, konsequent und über den bisher vereinbarten Zeitraum hinaus Maßnahmen zur Verhinderung von Brüchen in der Bildungsbiographie von Schüler*innen zu entwickeln und zielgerichtet an den Schulen einzusetzen. Um den Schülerinnen und Schülern weiterhin verstärkt Fördermöglichkeiten zu eröffnen, wird die Bundesregierung gebeten, das Bundesprogramm ‚Aufholen nach Corona für Kinder und Jugendliche‘ in Bezug auf Lernrückstände sowie psychosoziale Effekte im Schulbereich mit weiteren 500 Millionen Euro zunächst bis zum Ende des Schuljahres 2023/2024 zu verlängern“ (KMK, 2022f).

Bisher erteilt Bundesbildungsministerin Bettina Stark-Watzinger diesem Ansinnen allerdings eine Absage und verweist darauf, dass zunächst einmal die nicht verausgabten Mittel abgerufen werden sollen, ehe weitere gefordert werden (Spiegel, 2022b). Dies ist im Lichte des Zwischenberichts der Länder an den Bund eine durchaus nachvollziehbare Reaktion, insofern eine Reihe von Ländern hier einen (sehr) geringen Mittelabruf ausgewiesen haben. Der Modus, über den der Bund den Ländern die Mittel zur Verfügung stellt (Erhöhung der Umsatzsteueranteile, vgl. Kap. 2), lässt es ohnehin rechtlich zu, dass nicht abgerufene Mittel auch noch nach der ursprünglich vorgesehenen Programmlaufzeit von einem Land in das nächste Haushaltsjahr übertragen und verausgabt werden können.

Ministerin Stark-Watzinger verweist in diesem Zusammenhang auch auf das geplante Startchancenprogramm, welches ja ebenfalls zielgerichtete Förderung benachteiligter Schüler*innen mit Bundesmitteln ermöglichen soll (ebd.; vgl. auch Tagesspiegel, 2022). Was sie allerdings nicht sagt, ist, dass bisher weder ein Konzept dazu vorliegt, wie die Schulen für das Startchancenprogramm ausgewählt werden sollen, noch dazu, wie sie dann konkret gefördert werden sollen. Einen lückenlosen Anschluss des Startchancenprogramms an die Aufholprogramme wird es daher wohl nicht geben. Bisher (Stand: August 2022) gibt es noch keine öffentlich kommunizierten Bestrebungen, Erkenntnisse bzw. Erfahrungen aus den Aufholprogrammen in das Startchancenprogramm einfließen zu lassen. Stattdessen wird nun aller Voraussicht nach ein Bund-Länder-Programm, für das mancherorts erst mühsam Verwaltungs- und Förderstrukturen geschaffen worden sind, durch ein neues Bund-Länder-Programm ersetzt werden, dessen Aufbau wiederum Jahre in Anspruch nehmen dürfte. Die fehlende Nachhaltigkeit der geschaffenen Förderstrukturen durch die Aufholprogramme war auch einer der zentralen Kritikpunkte unserer Interviewpartner*innen.

9 Quellenangaben

9.1 Literaturangaben

Andrabi, T., Daniels, B., & Das, J. (2020). *Human Capital Accumulation and Disasters: Evidence from the Pakistan Earthquake of 2005.* RISE Working Paper Series 20/039. Research on Improving Systems of Education Programme (RISE). https://doi.org/10.35489/BSG-RISE-WP_2020/039

Autor:innengruppe Bildungsberichterstattung. (2022). *Bildung in Deutschland 2022. Ein indikatorengestützter Bericht mit einer Analyse zum Bildungspersonal.* wbv. https://www.bildungsbericht.de/de/bildungsberichte-seit-2006/bildungsbericht-2022/pdf-dateien-2022/bildungsbericht-2022.pdf

BAK FSJ (Bundesarbeitskreis Freiwilliges Soziales Jahr). (2021). *Stellungnahme zum Aktionsprogramm „Aufholen nach Corona" in den Jugendfreiwilligendiensten vom 17.11.2021.* https://pro-fsj.de/sites/default/files/docs/corona_aufholprogramm_bak_laks.pdf

Betthäuser, B. A., Bach-Mortensen, A. M., & Engzell, P. (2022). *A systematic review and meta-analysis of the impact of the COVID-19 pandemic on learning.* Preprint. https://doi.org/10.35542/osf.io/d9m4h

Böttger, T., & Zierer, K. (2021). Effekte der pandemiebedingten Schulschließungen im Frühjahr 2020 auf fachlich-kognitive Leistungen von Schüler*innen im In- und Ausland. In D. Fickermann, B. Edelstein, J. Gerick & K. Racherbäumer (Hrsg.), *Schule und Schulpolitik während der Corona-Pandemie: Nichts gelernt?* (Die Deutsche Schule, 18. Beiheft) (S. 39–58). Waxmann. https://doi.org/10.31244/9783830994589.02

Depping, D., Lücken, M., Musekamp, F., & Thonke, F. (2021). Kompetenzstände Hamburger Schüler*innen vor und während der Corona-Pandemie. In D. Fickermann & B. Edelstein (Hrsg.), *Schule während der Corona-Pandemie. Neue Ergebnisse und Überblick über ein dynamisches Forschungsfeld* (Die Deutsche Schule, 17. Beiheft) (S. 51–79). Waxmann. https://doi.org/10.31244/9783830993315.03

Destatis (Statistisches Bundesamt). (2020). *Fachserie 11, Reihe 1 Allgemeinbildende Schulen. Schuljahr 2018/2019.* https://www.statistischebibliothek.de/mir/servlets/MCRFileNodeServlet/DEHeft_derivate_00055459/2110100197005_Korr05032020.xlsx

Destatis (Statistisches Bundesamt). (2021a). *Fachserie 11, Reihe 1 Allgemeinbildende Schulen. Schuljahr 2020/2021.* https://www.statistischebibliothek.de/mir/servlets/MCRFileNodeServlet/DEHeft_derivate_00067858/2110100217005_korr25032022.xlsx

Destatis (Statistisches Bundesamt). (2021b). *Fachserie 11 Reihe 2. Berufliche Schulen. Schuljahr 2020/2021.* https://www.destatis.de/DE/Themen/Gesellschaft-Umwelt/Bildung-Forschung-Kultur/Schulen/Publikationen/Downloads-Schulen/berufliche-schulen-2110200217005.xlsx?__blob=publicationFile

Destatis (Statistisches Bundesamt). (2022). *93.100 Schülerinnen und Schüler wiederholtem im Corona-Schuljahr 2020/2021 die Klassenstufe.* Pressemitteilung Nr. N002 vom 21.01.2022. https://www.destatis.de/DE/Presse/Pressemitteilungen/2022/01/PD22_N002_21.html

Deutsches Jugendherbergswerk – Landesverband Sachsen-Anhalt e. V. (o. J.). *„Lerncamps" in Sachsen-Anhalt.* https://www.jugendherberge.de/sachsen-anhalt/lerncamp/

DKJS (Deutsche Kinder- und Jugendstiftung). (2021). *Auswertung des Programms LernBrücken – häusliches Lernen begleiten.* https://www.dkjs.de/fileadmin/Redaktion/Dokumente/programme/210322_Programmauswertung_LernBruecken.pdf

Engzell, P., Frey, A., & Verhagen, M. D. (2021). Learning Loss due to School Closures During the COVID-19 Pandemic. *Proceedings of the National Academy of Sciences of the United States of America, 118* (17), 1–7. https://doi.org/10.1073/pnas.2022376118

Edelstein, B. (2016). Stabilität und Wandel der Schulstruktur aus neoinstitutionalistischer Perspektive. Überlegungen zur Schulpolitik unter Bedingungen der Pfadabhängigkeit. In B. Hermstein, N. Berkemeyer & V. Manitius (Hrsg.), *Institutioneller Wandel im Bildungswesen. Facetten, Analysen, Kritik. Reihe Institutionenforschung im Bildungsbereich* (S. 47–70). Beltz Juventa.

Edelstein, B., & Nikolai, R. (2013). Strukturwandel im Sekundarbereich. Determinanten schulpolitischer Reformprozesse in Sachsen und Hamburg. *Zeitschrift für Pädagogik, 59* (4), 482-495. https://content-select.com/de/portal/media/download_oa/10.3262_ZP1304482/?client_id=406

Fickermann, D. (2021). Daten für Taten – Verbesserung der Datengrundlagen für zielgerichteteres politisches Handeln zur Eindämmung und Bewältigung der Folgen der Corona-Pandemie. *Die Deutsche Schule, 113* (2), 227–242. https://doi.org/10.31244/dds.2021.02.09

Fickermann, D., & Edelstein, B. (Hrsg.). (2020). *„Langsam vermisse ich die Schule…". Schule während und nach der Corona-Pandemie* (Die Deutsche Schule, 16. Beiheft). Waxmann. https://doi.org/10.31244/9783830992318

Fickermann, D., & Edelstein, B. (Hrsg.). (2021). *Schule während der Corona-Pandemie* (Die Deutsche Schule, 17. Beiheft). Waxmann. https://doi.org/10.31244/9783830993315

Fickermann. D., Edelstein, B., Gerick, J., & Rachenbäumer, K. (2021). Editorial. In D. Fickermann, B. Edelstein, J. Gerick & K. Rachenbäumer (Hrsg.), *Schule und Schulpolitik während der Corona-Pandemie: Nichts gelernt?* Die Deutsche Schule, 18. Beiheft (S. 7–38). Beiheft. Waxmann. https://doi.org/10.31244/9783830994589.01

Fickermann, D., & Hoffmann, I. (2021). Ungleiches ungleich behandeln – Alternative Vorschläge zur Verteilung der Bundesmittel des Programms „Aufholen nach Corona" auf die einzelnen Länder. *Die Deutsche Schule, 113* (3), 348–367. https://doi.org/10.31244/dds.2021.03.10

Fickermann, D., Schräpler, J.-P., & Weishaupt, H. unter Mitarbeit von Füssel, H.-P. (2022). *Alternativen zum Königsteiner Schlüssel. Verteilung von Bundesmitteln im Rahmen von Bund-Länder-vereinbarungen im Schulbereich. Gutachten im Auftrag der Gewerkschaft Erziehung und Wissenschaft.*

Expert*innenkommission der Friedrich-Ebert-Stiftung. (2021). *Lehren aus der Pandemie: Gleiche Chancen für alle Kinder und Jugendlichen sichern.* Friedrich-Ebert-Stiftung. http://library.fes.de/pdf-fi les/a-p-b/17249.pdf

GEW, Landesverband Hessen (2013). Sozialindex: Schön wär's! *HLZ, die Zeitschrift für Erziehung, Bildung, Forschung,* Heft 6. https://www.gew-hessen.de/fileadmin/user_upload/veroeffentlichungen/hlz/1306_hlz.pdf

GEW, Landesverband Hessen (2021). Wir wissen, was wir tun! Lesen- und Schreibenlernen braucht Motivation. *HLZ, die Zeitschrift für Erziehung, Bildung und Forschung,* Heft 9/10. https://www.gew-hessen.de/fileadmin/user_upload/veroeffentlichungen/hlz/hlz_2021/HLZ-9-10-2021-web.pdf

Görlitz, K. C., Spieß, K., & Ziege, E. (2018). *Fast jedes zehnte Kind geht auf eine Privatschule – Nutzung hängt insbesondere in Ostdeutschland zunehmend vom Einkommen der Eltern ab.* DIW Wochenbericht 51+52, S. 1104-1111. https://www.diw.de/de/diw_01.c.610585.de/publikationen/wochenberichte/2018_51_1/fast_jedes_zehnte_kind_geht_auf_eine_privatschule_____nutzun___dere_in_ostdeutschland_zuneh mend_vom_einkommen_der_eltern_ab.html

Hammerstein, S., König, C., Dreisörner, T., & Frey, A. (2021). *Effects of COVID-19-related School Closures on Student Achievement. A Systematic Review*. PsyArXiv. https://doi.org/10.31234/osf.io/mcnvk

Helbig, M. (2021a). *Corona-Schuljahre – und wie weiter? Eine Auseinandersetzung mit den aktuellen Debatten zur Schließung der Lernlücken infolge der Corona-Schuljahre 2019/20 und 2020/21*. WZB Discussion Paper P 2021-002. https://bibliothek.wzb.eu/pdf/2021/p21-002.pdf

Helbig, M. (2021b). *Als hätte es Corona nicht gegeben. Bildungspolitische Reaktionen auf Schulschließung und Distanzunterricht*. WZBrief Bildung 43. https://bibliothek.wzb.eu/wzbrief-bildung/WZBriefBildung432021_helbig.pdf

Helbig, M. (2021c). Lernrückstände nach Corona – und wie weiter? Anmerkungen zu den aktuell debattierten bildungspolitischen Maßnahmen zur Schließung von Lernlücken. In D. Fickermann, B. Edelstein, J. Gerick & K. Racherbäumer (Hrsg.), *Schule und Schulpolitik während der Corona-Pandemie: Nichts gelernt?* (Die Deutsche Schule, 18. Beiheft) (S. 127–146). Waxmann. https://doi.org/10.31244/9783830994589.06

Helbig, M., & Jähnen, S. (2018). *Wie brüchig ist die soziale Architektur unserer Städte? Trends und Analysen der Segregation in 74 deutschen Städten*. WZB Discussion Paper P 2018-001. https://bibliothek.wzb.eu/pdf/2018/p18-001.pdf

Helbig, M., & Schmolke, N. (2015). Bildungserfolg im Kontext demografischer Veränderungen. Wie die Bevölkerungsstärke des Geburtsjahrgangs die Bildungswege beeinflusst. *Zeitschrift für Soziologie, 44* (3), 197–214. https://doi.org/10.1515/zfsoz-2015-0304

Helbig, M., & Steinmetz, S. (2021). Keine Meritokratie im Förderschulsystem? Zum Zusammenhang von demografischer Entwicklung, lokalen Förderschulstrukturen und dem Risiko eine Förderschule besuchen zu müssen. *Zeitschrift für Soziologie, 50* (3-4), 241–258. https://doi.org/10.1515/zfsoz-2021-0017

Helm, C., Huber, S. G., Postlbauer, A. (2021). Lerneinbußen und Bildungsbenachteiligung durch Schulschließungen während der Covid-19-Pandemie im Frühjahr 2020. Eine Übersicht zur aktuellen Befundlage. In D. Fickermann, B. Edelstein, J. Gerick & K. Racherbäumer (Hrsg.), *Schule und Schulpolitik während der Corona-Pandemie: Nichts gelernt?* (Die Deutsche Schule, 18. Beiheft) (S. 59–80). Waxmann. https://doi.org/10.31244/9783830994589.03

Information und Technik NRW – Statistisches Landesamt (o. J.). *Landesdatenbank, Code 2111, Statistik der allgemeinbildenden Schulen*. https://www.landesdatenbank.nrw.de/link/statistikTabellen/21111#abreadcrumb

Institut für Sozialpädagogische Forschung Mainz (Hrsg.). (18.08.2021). *Jugend in Zeiten von Corona. Ergebnisse der Jugendbefragung in Rheinland-Pfalz 2021*. Im Auftrag des Ministeriums für Familie, Frauen, Kultur und Integration. https://mffki.rlp.de/fileadmin/MFFJIV/Publikationen/Kinder_und_Jugend/Ergebnisbericht_Corona-Jugendbefragung_RLP_18_08_2021.pdf

Kaffenberger, M. (2021). Modelling the long-run learning impact of the Covid-19 learning shock: Actions to (more than) mitigate loss. *International Journal of Educational Development, 81* (102326). https://doi.org/10.1016/j.ijedudev.2020.102326

Kaman, A., Otto, C., Adedeji, A., Devine, J., Erhart, M., Napp, A.-K., Becker, M., Blanck-Stellmacher. U., Löffler, C., Schlack, R., & Hurrelmann, K. (2021). Belastungserleben und psychische Auffälligkeiten von Kindern und Jugendlichen in Hamburg während der COVID-19-Pandemie. Ergebnisse der COPSY-Studie-Hamburg. *Nervenheilkunde, 40* (5), 319–326.

Klemm, K. (2009). *Klassenwiederholungen – teuer und unwirksam. Eine Studie zu den Ausgaben für Klassenwiederholungen in Deutschland*. Bertelsmann Stiftung. https://www.

bertelsmann-stiftung.de/fileadmin/files/BSt/Publikationen/GrauePublikationen/GP_Klassenwiederholungen_teuer_und_unwirksam.pdf

Klemm, K., & Hollenbach-Biele, N. (2016). *Nachhilfeunterricht in Deutschland: Ausmaß – Wirkung – Kosten.* Bertelsmann-Stiftung. https://www.bertelsmann-stiftung.de/fileadmin/files/BSt/Publikationen/GrauePublikationen/Nachhilfeunterricht_in_Deutschland_160127.pdf

Köller, O., Jansen, T., & Meyer, J. (2021). *Distanzlernen in Schleswig-Holstein (DiScH). Eine empirische Studie zum Lernen in der Covid-19-Pandemie. Erste Ergebnisse aus der Befragung vom März/April 2021.* https://www.ipn.uni-kiel.de/en/the-ipn/archive/ipn_disch.pdf

Kölm, J., & Mahler, N. (2019). Kompetenzstufenbesetzung im Ländervergleich. In: P. Stanat, S. Schipolowski, N. Mahler, S. Weirich & S. Henschel (Hrsg.), *IQB-Bildungstrend 2018. Mathematische und naturwissenschaftliche Kompetenzen am Ende der Sekundarstufe I im zweiten Ländervergleich.* Waxmann. https://www.pedocs.de/frontdoor.php?source_opus=18131

Kuhl, P., & Sheikh, H. (2008). *Evaluation der Akzeptanz und Praktikabilität des Instrumentes ‚ILeA 1' in Brandenburg.* https://www.ssoar.info/ssoar/bitstream/handle/document/34741/ssoar-2008-kuhl_et_al-Evaluation_der_Akzeptanz_und_Paktikabilit.pdf?sequence=1&isAllowed=y&lnkname=ssoar-2008-kuhl_et_al-Evaluation_der_Akzeptanz_und_Paktikabilit.pdf

Kohrt, P., Haag, N., & Stanat, P. (2017). Kompetenzstufenbesetzung im Fach Mathematik. In P. Stanat, S. Schipolowski, C. Rjosk & N. Haag (Hrsg.), *IQB-Bildungstrend 2016. Kompetenzen in den Fächern Deutsch und Mathematik am Ende der 4. Jahrgangsstufe im zweiten Ländervergleich.* Waxmann. https://www.pedocs.de/volltexte/2018/15477/pdf/Stanat_et_al_2017_IQB_Bildungstrend_2016.pdf

Kuhn, H.-J., & Voges, M. (2021). Blindflug beenden und stark aus der Krise kommen. Bildungschancen für Benachteiligte jetzt sichern. *Die Deutsche Schule, 113* (2), 218–226. https://doi.org/10.31244/dds.2021.02.08

Lockl, K., Attig, M., Nusser, L., & Wolter, I. (2021). *Lernen im Lockdown: Welche Voraussetzungen helfen Schülerinnen und Schülern?* NEPS Corona & Bildung, Nr. 5. Leibniz Institut für Bildungsverläufe. https://www.lifbi.de/Portals/13/Corona/NEPS_Corona-und-Bildung_Bericht_5-Motivation.pdf

Ludewig, U., Schlitter, T., Lorenz, R., Kleinkorres, R., Schaufelberger, R., Frey, A., & McElvany, N. (2022). *Die COVID-19 Pandemie und Lesekompetenz von Viertklässler*innen. Ergebnisse der IFS-Schulpanelstudie 2016–2021.* Institut für Schulentwicklungsforschung (IFS) an der Technischen Universität Dortmund. https://ifs.ep.tu-dortmund.de/forschung/ifs-schulpanelstudie/

Nationale Akademie der Wissenschaften Leopoldina. (2021). *Kinder und Jugendliche in der Coronavirus-Pandemie: psychosoziale und edukative Herausforderungen und Chancen. 8. Ad-hoc-Stellungnahme vom 21.06.2021.* https://www.leopoldina.org/uploads/tx_leopublication/2021_Corona_Kinder_und_Jugendliche.pdf

OECD (Organization for Economic Cooperation and Development). (2021). *EAG 2021. Ländernotiz Deutschland.* https://www.oecd-ilibrary.org/deutschland_a66a092b-de.pdf?itemId=%2Fcontent%2Fcomponent%2Fa66a092b-de&mimeType=pdf

Open Knowledge Foundation Deutschland. (2021). *„wo-ist-vera.de".* https://wo-ist-vera.de/

Patrinos, H. A., Vegas, E., & Carter-Rau, R. (2022). *An Analysis of COVID-19 Student Learning Loss.* World Bank, Policy Research Working Paper 10033. https://openknowledge.worldbank.org/handle/10986/37400

Philologenverband Baden-Württemberg. (2022). *Zumeldung des PhV BW zur Pressemitteilung des Kultusministeriums „Ferienband 2022 – Förderung über ‚Lernen mit Rückenwind' auch in den Ferien möglich" vom 11.03.2022.* https://www.dphv.de/2022/03/11/

zumeldung-des-phv-bw-zur-pressemitteilung-des-kultusministeriums-ferienband-2022-foerderung-ueber-lernen-mit-rueckenwind-auch-in-den-ferien-moeglich-vom-1/

Robert Bosch Stiftung. (2022). *Das Deutsche Schulbarometer. Aktuelle Herausforderungen der Schulen aus Sicht der Lehrkräfte.* https://www.bosch-stiftung.de/sites/default/files/documents/2022-06/RBS_DIN%20A4%20hoch_SCHULBAROMETER%20220608_RZ_V1.pdf

Sachverständigenausschuss nach § 5 Absatz 9 Infektionsschutzgesetz. (2022). *Evaluation der Rechtsgrundlagen und Maßnahmen der Pandemiepolitik.* https://www.bundesgesundheitsministerium.de/fileadmin/Dateien/3_Downloads/S/Sachverstaendigenausschuss/220630_Evaluationsbericht_IFSG_NEU.pdf

Schult, J., Mahler, N., Fauth, B., & Lindner, M. A. (2021). *Did Students Learn Less During the COVID-19 Pandemic? Reading and Mathematics Competencies Before and After the First Pandemic Wave.* Preprint https://doi.org/10.31234/osf.io/pqtgf

Schult, J., Mahler, N., Fauth, B., & Lindner, M. A. (2022). Did students learn less during the COVID-19 pandemic? Reading and mathematics competencies before and after the first pandemic wave. *School Effectiveness and School Improvement.* https://doi.org/10.1080/09243453.2022.2061014

Stanat, P., Schipolowski, S., Schneider, R., Sachse, K. A., Weirich, S., & Henschel, S. (2022). *IQB-Bildungstrend 2021. Kompetenzen in den Fächern Deutsch und Mathematik am Ende der 4. Jahrgangsstufe: Erste Ergebnisse nach über einem Jahr Schulbetrieb unter Pandemiebedingungen.* Waxmann. https://box.hu-berlin.de/f/18d18eab6ac24fb6acc0/?dl=1

Statistik.Hessen. (o.J.). *Die allgemeinbildenden Schulen in Hessen, Teil I-IV.* Statistische Berichte des Bereiches Bildung. https://statistik.hessen.de/zahlen-fakten/soziales-gesundheit-bildung-kultur-recht/bildung/statistische-berichte

Statistisches Landesamt des Freistaates Sachsen (o.J.). *Allgemeinbildende Schulen.* https://www.statistik.sachsen.de/html/allgemeinbildende-schulen.html

Statistische Ämter des Bundes und der Länder (o.J.a). *Regionaldatenbank Deutschland.* https://www.regionalstatistik.de/genesis/online

Statistische Ämter des Bundes und der Länder (o.J.b). *Kommunale Bildungsdatenbank.* https://www.bildungsmonitoring.de/bildung/online

Steinmetz, S., Wrase, M., Helbig, M., & Döttinger, I. (2021). *Die Umsetzung schulischer Inklusion nach der UN-Behindertenrechtskonvention in den deutschen Bundesländern.* Nomos Verlagsgesellschaft. https://doi.org/10.5771/9783748924401

Tomasik, M. J., Helbling, L. A., & Moser, U. (2020). Educational Gains of In-person vs. Distance Learning in Primary and Secondary Schools. A Natural Experiment During the COVID-19 Pandemic School Closures in Switzerland. International *Journal of Psychology.* https://doi.org/10.1002/ijop.12728

VBE BW (Verband Bildung und Erziehung, Landesverband Baden-Württemberg). (2021a). *VBE-Umfrage zu „Lernen mit Rückenwind": Es mangelt an Zeit und Personal.* Pressemitteilung vom 03.12.2021. https://www.vbe-bw.de/meldung/vbe-umfrage-zu-lernen-mit-rueckenwind-es-mangelt-an-zeit-und-personal/

VBE BW (Verband Bildung und Erziehung, Landesverband Baden-Württemberg). (2021b). *Lernen mit Rückenwind. Ergebnis-Charts.* https://www.vbe-bw.de/wp-content/uploads/2021/12/Lernen-mit-Ru%CC%88ckenwind_Auswertung.pdf

Weber, C., Helm, C., & Kernethofer, D. (2021). Bildungsungleichheit durch Schulschließungen? Soziale und ethnische Disparitäten innerhalb und zwischen Schulklassen. In D. Fickermann, B. Edelstein, J. Gerick & K. Racherbäumer (Hrsg.), *Schule und Schulpolitik während der Corona-Pandemie: Nichts gelernt?* (Die Deutsche Schule, 18. Beiheft) (S. 81–100). Waxmann. https://doi.org/10.31244/9783830994589.04

Wirtschafts.Forscher! (2021). *Das Programm.* https://www.wirtschafts-forscher.de/das-pro gramm/

Wößmann, L. (2020). Folgekosten ausbleibenden Lernens: Was wir über die Corona-bedingten Schulschließungen aus der Forschung lernen können. *ifo Schnelldienst, 73* (6), 38–44. https://www.ifo.de/publikationen/2020/aufsatz-zeitschrift/folgekosten-aus bleibenden-lernens-was-wir-ueber-die-corona

Wößmann, L., Freundl, V., Grewenig, E., Lergetporer, W. K., & Zierow, L. (2021). Bildung erneut im Lockdown: Wie verbrachten Schulkinder die Schulschließungen Anfang 2021? *ifo Schnelldienst, 74* (5), 36–52. https://www.ifo.de/publikationen/2021/aufsatz-zeitschrift/bildung-erneut-im-lockdown-wie-verbrachten-schulkinder-die

9.2 Parlamentsdokumente sowie Dokumente aus Ministerien und ihren nachgeordneten Dienststellen[31]

9.2.0 Bundesebene

Bundesinstitut für Bau-, Stadt- und Raumforschung. (2022). *Indikatoren und Karten zur Raum- und Stadtentwicklung.* https://www.inkar.de/

BMBF (Bundesministerium für Bildung und Forschung). (2019). *Schule macht stark. Gemeinsame Initiative von Bund und Ländern zur Unterstützung von Schulen in sozial schwierigen Lagen.* https://www.bmbf.de/bmbf/shareddocs/downloads/files/schule-macht-stark_bund-laender-vereinbarung.pdf?__blob=publicationFile&v=1

BMBF (Bundesministerium für Bildung und Forschung). (2021a). *Kultur macht stark. Programm. Inhalt und Ziele.* https://www.buendnisse-fuer-bildung.de/buendnisse-fuerbildung/de/programm/inhalt-und-ziele/inhalt-und-ziele.html;jsessionid=908AB-35BA3743AB2C8BCFCF7B4CFE102.live381

BMBF (Bundesministerium für Bildung und Forschung). (2021b). *Vereinbarung zur Umsetzung des „Aktionsprogramms Aufholen nach Corona für Kinder und Jugendliche" für die Jahre 2021 und 2022 von Bund und Ländern.* https://www.bmfsfj.de/resource/blob/182380/2918d4b1a3f91a682c64e763bfaccf11/aufholpaketvereinbarung-bund-laender-data.pdf

BMBF (Bundesministerium für Bildung und Forschung) & BMFSFJ (Bundesministerium für Familie, Senioren, Frauen und Jugend). (2021a). *Präsentation zum Aktionsprogramm „Aufholen nach Corona" für Kinder und Jugendliche 2021.* https://www.bmfsfj. de/resource/blob/178850/b783bfc8b8c114c7fae1eb0673a98ed3/aktionsprogramm-aufholen-nach-corona-fuer-kinder-und-jugendliche-in-2021-und-2022-data.pdf

Bundesrat. (2021a). *Gesetz zur erleichterten Umsetzung der Reform der Grundsteuer und Änderung weiterer steuerrechtlicher Vorschriften (Grundsteuerreform-Umsetzungsgesetz – GrStRefUG) (Gesetzbeschluss des Bundestages, Drucksache 510/21).* https://dserver. bundestag.de/brd/2021/0510-21.pdf

Bundesrat. (2021b). *Protokoll der 1006. Sitzung des Bundesrates (S. 334).* https://dserver.bun destag.de/brp/1006.pdf

Bundesregierung. (2021). *Eckpunkte zu Aktionsprogramm „Aufholen nach Corona" (Beschluss des Bundeskabinetts vom 05.05.2021).* https://www.bundesregierung.de/breg-de/aktuelles/programm-aufholen-nach-corona-1897750

---

31 Die angeführten Links geben den Stand unserer Recherchen von Ende Mai 2022 wieder. Es ist nicht auszuschließen, dass in Einzelfällen Links nicht mehr gültig sind.

Bundestag. (2021a). *Beschlussempfehlung und Bericht des Finanzausschusses zu dem Gesetzentwurf der Bundesregierung – Drucksachen 19/28902, 19/29637 – Entwurf eines Gesetzes zur erleichterten Umsetzung der Reform der Grundsteuer und Änderung weiterer steuerrechtlicher Vorschrift en (Grundsteuerreform-Umsetzungsgesetz – GrStRefUG)* (Drucksache 19/30489). https://dserver.bundestag.de/btd/19/304/1930489.pdf

Bundestag. (2021b). *Protokoll der 233. Sitzung des 19. Deutschen Bundestages* (S. 3013 f.). https://dserver.bundestag.de/btp/19/19233.pdf

KMK (Kultusminister*innenkonferenz). (2020a). *Zum Umgang mit dem Corona-*Virus. Beschluss der 369. Kultusministerkonferenz vom 12.03.2020. https://www.kmk.org/presse/pressearchiv/mitteilung/detail/News/zum-umgang-mit-dem-corona-virus.html

KMK (Kultusminister*innenkonferenz). (2020b). *Prüfungen finden wie geplant statt.* Pressemitteilung vom 25.03.2020. https://www.kmk.org/presse/pressearchiv/mitteilung/kmk-pruefungen-finden-wie-geplant-statt.html

KMK (Kultusminister*innenkonferenz). (2021a). *Auswirkungen der Pandemie-Situation auf die Abschlussprüfungen 2021.* Beschluss der KMK vom 21.01.2021. https://www.kmk.org/fileadmin/veroeffentlichungen_beschluesse/2021/2021_01_21-Beschluss-Pruefungen-2021.pdf

KMK (Kultusminister*innenkonferenz). (2021b). *Schrittweise Wiederaufnahme des Schulbetriebs ab 15.02.2021.* Beschluss der KMK vom 08.02.2021. https://www.kmk.org/fileadmin/veroeffentlichungen_beschluesse/2021/2021_02_08-Wiederaufnahme-des-Schulbetriebs.pdf

KMK (Kultusminister*innenkonferenz). (2021c). *Auswirkungen der Pandemie-Situation auf die Abschlussprüfungen 2022.* Beschluss der KMK vom 21.12.2021. https://www.kmk.org/fileadmin/Dateien/veroeffentlichungen_beschluesse/2021/2021_12_22-Abschluesse-2022.pdf

KMK (Kultusminister*innenkonferenz). (2021d). *Einstellung von Lehrkräften.* https://www.kmk.org/dokumentation-statistik/statistik/schulstatistik/einstellung-von-lehrkraeften.html

KMK (Kultusminister*innenkonferenz). (2022a). *Keine Nachteile in Prüfungen durch pandemiebedingte Ausnahmesituation.* Pressemitteilung vom 13.01.2022. https://www.kmk.org/presse/pressearchiv/mitteilung/keine-nachteile-in-pruefungen-durch-pandemiebedingte-ausnahmesituation.html

KMK (Kultusminister*innenkonferenz). (2022b). *Ergebnis der Länderabfrage zum Umgang mit den Abschlussprüfungen 2022* (Stand: 19.01.2022).

KMK (Kultusminister*innenkonferenz). (2022c). *Abiturnoten im Ländervergleich.* https://www.kmk.org/dokumentation-statistik/statistik/schulstatistik/abiturnoten.html

KMK (Kultusminister*innenkonferenz). (2022d). *Zwischenbericht zum Aktionsprogramm „Aufholen nach Corona für Kinder und Jugendliche" vorgelegt.* Pressemitteilung vom 10.05.2022. https://www.kmk.org/presse/pressearchiv/mitteilung/zwischenbericht-zum-aktionsprogramm-aufholen-nach-corona-fuer-kinder-und-jugendliche-vorgelegt.html

KMK (Kultusminister*innenkonferenz). (2022e). *Maßnahmen zur Umsetzung des Aktionsprogramms „Aufholen nach Corona für Kinder und Jugendliche".* Zwischenbericht der Länder zum 31.03.2022. https://www.kmk.org/fileadmin/pdf/PresseUndAktuelles/2022/2022_03_31-Zwischenbericht-Aufholen-nach-Corona.pdf

KMK (Kultusminister*innenkonferenz). (2022f). *Effekte pandemiebedingter Schulschließungen zielgerichtet abbauen.* Beschluss der KMK vom 23.06.2022. https://www.kmk.org/fileadmin/veroeffentlichungen_beschluesse/2022/2022_06_23-Abbau-pandemiebedingter-Lernrueckstaende.pdf

SWK (Ständige wissenschaftliche Kommission der Kultusminister*innenkonferenz). (2021). *Pandemiebedingte Lernrückstände aufholen – Unterstützungsmaßnahmen fokussieren, verknüpfen und evaluieren. Empfehlung der SWK.* https://www.ipn.uni-kiel.de/de/das-

ipn/nachrichten/StawiKoStellungnahme_PandemiebedingteLernruckstandeaufholen.
pdf

WD (Wissenschaftliche Dienste des Deutschen Bundestages). (2020). *Verteilungsschlüssel bei Bund-Länder-Finanzierungen. Sachstand* (WD 4 – 3000 - 118/20). https://www.bundestag.de/resource/blob/816952/e881ad249f008f04d4a6cbff9c6b7f30/WD-4-118-20-pdf-data.pdf

9.2.1 Baden-Württemberg

IBBW (Institut für Bildungsanalysen Baden-Württemberg). (2022). *Lernstand 5*. https://ibbw-bw.de/site/pbs-bw-km-root/get/documents_E1835981190/KULTUS.Dachmandant/KULTUS/Dienststellen/ibbw/Systemanalysen/Lernstand%205_2021_Landesergebnisse.pdf

KM BW (Ministerium für Kultus, Jugend und Sport Baden-Württemberg). (2021a). *FAQs für interessierte Einzelpersonen*. https://km-bw.de/,Lde/startseite/sonderseiten/lmr_faq_einzelpersonen

KM BW (Ministerium für Kultus, Jugend und Sport Baden-Württemberg). (2021b). *Unterstützungsmaßnahmen des IBBW*. https://km-bw.de/,Lde/startseite/sonderseiten/lmr-unterstuetzungsmassnahmen_ibbw.

Landtag Baden-Württemberg. (2021a). *Arbeitsaufwand zur Organisation des Programms „Lernen mit Rückenwind" für die Schulleitung. Antrag der Abgeordneten Dr. Stefan Fulst-Blei und Katrin Steinhülb-Joos (SPD) am 08.10.2021 und Stellungnahme des Ministeriums für Kultus, Jugend und Sport.* Drucksache 17/966. https://www.landtag-bw.de/files/live/sites/LTBW/files/dokumente/WP17/Drucksachen/0000/17_0966_D.pdf

Landtag Baden-Württemberg. (2021b). *Verwendung und Ergänzung der Mittel aus dem Aktionsprogramm „Aufholen nach Corona für Kinder und Jugendliche" des Bundes. Antrag der Fraktion der SPD am 06.05.2021 und Stellungnahme des Ministeriums für Kultus, Jugend und Sport.* Drucksache 17/29. https://www.landtag-bw.de/files/live/sites/LTBW/files/dokumente/WP17/Drucksachen/0000/17_0029_D.pdf

Landtag Baden-Württemberg. (2021c). *Bericht der Landesregierung zu einem Beschluss des Landtags; hier: Qualität der Schulabschlüsse erhalten. Mitteilung der Landesregierung am 29.10.2021.* Drucksache 17/1065. https://www.landtag-bw.de/files/live/sites/LTBW/files/dokumente/WP17/Drucksachen/1000/17_1065_D.pdf

Landtag Baden-Württemberg. (2021d). *Schulförderprogramm „Bridge the Gap". Kleine Anfrage des Abg. Nikolai Reith FDP/DVP und Antwort des Ministeriums für Wissenschaft, Forschung und Kunst.* Drucksache 17/206. http://www.landtag-bw.de/files/live/sites/LTBW/files/dokumente/WP17/Drucksachen/0000/17_0206_D.pdf

MWFK BW (Ministerium für Wissenschaft, Forschung und Kunst Baden-Württemberg). (o.J.). *Bridge the gap*. https://mwk.baden-wuerttemberg.de/de/hochschulen-studium/lehrerbildung/bridge-the-gap/

SM BW (Staatsministerium Baden-Württemberg). (2021). *Land informiert Schulen über Förderprogramm „Lernen mit Rückenwind".* Pressemitteilung vom 16.07.2021. https://www.baden-wuerttemberg.de/de/service/presse/pressemitteilung/pid/land-informiert-schulen-ueber-foerderprogramm-lernen-mit-rueckenwind/

9.2.2 Bayern

ALP (Akademie für Lehrerfortbildung und Personalführung Dillingen). (o.J.). *Angebote für Unterstützungskräfte.* https://alp.dillingen.de/themenseiten/brueckenbauen/unterstuetzungskraefte/

Bayerischer Landtag. (2021a). *Wiederholen und Versetzungen. Schriftliche Anfrage des Abgeordneten Klaus Adelt SPD vom 06.05.2021 und Antwort des Staatsministeriums für Unterricht und Kultus vom 04.06.2021.* Drucksache 18/16079. https://www1.bayern.landtag.de/www/ElanTextAblage_WP18/Drucksachen/Schriftliche%20Anfragen/18_0016079.pdf

Bayerischer Landtag. (2021b). *Psychische, physische und seelische Gesundheit von Kindern und Jugendlichen in der Pandemie. Schriftliche Anfrage der Abgeordneten Christina Haubrich BÜNDNIS 90/DIE GRÜNEN vom 14.05.2021 und Antwort des Staatsministeriums für Gesundheit und Pflege im Einvernehmen mit dem Staatsministerium des Innern, für Sport und Integration, dem Staatsministerium für Unterricht und Kultus, dem Staatsministerium für Wissenschaft und Kunst und dem Staatsministerium für Familie, Arbeit und Soziales unter Zugrundelegung des Sachstands vom 14. Mai 2021 vom 30.06.2021.* Drucksache 18/16937. https://www1.bayern.landtag.de/www/ElanTextAblage_WP18/Drucksachen/Schriftliche%20Anfragen/18_0016937.pdf

Bayerischer Landtag. (2021c). *Programm gemeinsam.Brücken.bauen. Schriftliche Anfrage der Abgeordneten Dr. Simone Strohmayr SPD vom 11.10.2021 und Antwort des Staatsministeriums für Unterricht und Kultus vom 09.11.2021.* Drucksache 18/18835. https://www1.bayern.landtag.de/www/ElanTextAblage_WP18/Drucksachen/Schriftliche%20Anfragen/18_0018835.pdf

Bayerischer Landtag. (2021d). *Förderprogramme zum Ausgleich pandemiebedingter Nachteile für Kinder. Schriftliche Anfrage der Abgeordneten Doris Rauscher SPD vom 04.10.2021 und Antwort des Staatsministeriums für Familie, Arbeit und Soziales ich in Abstimmung mit den Staatsministerien des Innern, für Sport und Integration sowie für Unterricht und Kultus vom 17.11.2021.* Drucksache 18/19034. https://www1.bayern.landtag.de/www/ElanTextAblage_WP18/Drucksachen/Schriftliche%20Anfragen/18_0019034.pdf

Bayerischer Landtag. (2022a). *Lernstandserhebungen und Klassenwiederholungen. Schriftliche Anfrage der Abgeordneten Gabriele Triebel BÜNDNIS 90/DIE GRÜNEN vom 06.12.2021 und Antwort des Staatsministeriums für Unterricht und Kultus vom 25.01.2022.* Drucksache 18/19854. https://www1.bayern.landtag.de/www/ElanTextAblage_WP18/Drucksachen/Schriftliche%20Anfragen/18_0019854.pdf

Bayerischer Landtag. (2022b). *Anfragen zum Plenum zur Plenarsitzung am 22.06.2022 – Auszug aus Drucksache 18/23455 – Frage Nummer 23 des Abgeordneten Mathias Fischbach (FDP) mit der dazu eingegangenen Antwort der Staatsregierung.* Drucksache 18/23455. https://www1.bayern.landtag.de/www/ElanTextAblage_WP18/Drucksachen/Basisdrucksachen/0000014500/0000014614_023.pdf

Bayerisches Landesamt für Schule. (o.J.a). *Lernstandserhebungen.* https://www.las.bayern.de/qualitaetsagentur/lernstandserhebungen/lse_start.html

Bayerisches Landesamt für Schule. (o.J.b). *Vergleichsarbeiten.* https://www.las.bayern.de/vergleichsarbeiten/vera_start.html

BJR (Bayerischer Jugendring). (2021). *Förderrichtlinien. Sonderprogramm zur Förderung von Ferienangeboten aus Mitteln des Freistaats Bayern.* https://www.bjr.de/download.html?tx_igxdownload_download%5Bpath%5D=fileadmin%2Fredaktion%2Fallgemein%2FCorona%2Fferienportal%2F2021-04-022_Erlaeuterungen_zu_den_Foederrichtlinien_Sonderprogramm_2021.pdf&cHash=87ab60d170f374fedea390207c3e3d60

BJR (Bayerischer Jugendring). (2022). *BJR-Ferienportal.* https://ferienportal.bayern/

ISB (Staatsinstitut für Schulqualität und Bildungsforschung, München). (o. J.a). *Förderkonzepte und Förderformate organisieren.* https://www.brueckenbauen.bayern.de/foerderkonzepte-und-formate-organisieren/

ISB (Staatsinstitut für Schulqualität und Bildungsforschung, München). (o. J.b). *Schwerpunktsetzungen in den Lehrplänen.* https://www.distanzunterricht.bayern.de/lehrkraefte/schwerpunktsetzungen-in-den-lehrplaenen/

StMUK BY (Bayerisches Staatsministerium für Unterricht und Kultur). (o. J.). *„gemeinsam.Brücken.bauen" Förderprogramm bietet vielfältige Möglichkeiten zur Unterstützung.* https://www.km.bayern.de/allgemein/meldung/7293/foerderprogramm-bietet-vielfaeltige-moeglichkeiten-zur-unterstuetzung.html

StMUK BY (Bayerisches Staatsministerium für Unterricht und Kultur). (2021a). *Sicherung von Bildungschancen: Kultusminister Piazolo stellt Förderprogramm „gemeinsam.Brücken.bauen" für bayerische Schülerinnen und Schüler vor.* Pressemitteilung Nr. 059 vom 12.05.2021. https://www.km.bayern.de/pressemitteilung/11968/sicherung-von-bildungschancen-kultusminister-piazolo-stellt-foerderprogramm-gemeinsambrueckenbauen-fuer-bayerische-schuelerinnen-und-schueler-vor.html

StMUK BY (Bayerisches Staatsministerium für Unterricht und Kultur). (2021b). *gemeinsam.Brücken.bauen. Förderprogramm zum Ausgleich pandemiebedingter Nachteile für Schülerinnen und Schüler.* https://www.km.bayern.de/download/25214_Anlage_Rahmenkonzept.pdf

StMUK BY (Bayerisches Staatsministerium für Unterricht und Kultur). (2021c). *„Bildungsgerechtigkeit aktiv gestalten und alle im Blick behalten" – Kultusstaatssekretärin Anna Stolz besucht die Sommerschule 21 in Ochsenfurt.* Pressemitteilung Nr. 059 vom 12.05.2021. https://www.km.bayern.de/pressemitteilung/12018/bildungsgerechtigkeit-aktiv-gestalten-und-alle-im-blick-behalten-kultusstaatssekretaerin-anna-stolz-besucht-die-sommerschule-21-in-ochsenfurt.html

StMUK BY (Bayerisches Staatsministerium für Unterricht und Kultur). (2021d). *Bayerische Sportjugend und Kultusministerium unterstützen die Sportvereine beim Neustart – Fördermittel des Kultusministeriums für Ferienangebote.* Pressemitteilung Nr. 060 vom 14.05.2021. https://www.km.bayern.de/pressemitteilung/11969/bayerische-sportjugend-und-kultusministerium-unterstuetzen-die-sportvereine-beim-neustart-foerdermittel-des-kultusministeriums-fuer-ferienangebote.html

StMUK BY (Bayerisches Staatsministerium für Unterricht und Kultur). (2021e). *gemeinsam.Brücken.bauen – Förderprogramm zum Ausgleich pandemiebedingter Nachteile für Schülerinnen und Schüler, hier: spezifische Informationen für die Mittelschule.* Kultusministerielles Schreiben vom 18.05.2021.

StMUK BY (Bayerisches Staatsministerium für Unterricht und Kultur). (2021f). *Hinweise für Grund- und Mittelschulen sowie Förderschulen zum Personaleinsatz im Rahmen von „gemeinsam.Brücken.bauen" Förderprogramm zum Ausgleich pandemiebedingter Nachteile für Schülerinnen und Schüler".* Anlage 1 zum Kultusministeriellen Schreiben vom 18.05.2021.

StMUK BY (Bayerisches Staatsministerium für Unterricht und Kultur). (2021g). *gemeinsam.Brücken.bauen – Förderprogramm zum Ausgleich pandemiebedingter Nachteile für Schülerinnen und Schüler.* Kultusministerielles Schreiben vom 06.07.2021.

StMUK BY (Bayerisches Staatsministerium für Unterricht und Kultur). (2021h). *gemeinsam.Brücken.bauen. Förderprogramm zum Ausgleich pandemiebedingter Nachteile für Schülerinnen und Schüler.* https://www.km.bayern.de/download/25214_Anlage_Rahmenkonzept.pdf

StMUK BY (Bayerisches Staatsministerium für Unterricht und Kultur). (2021i). *Bekanntmachung des Bayerischen Staatsministeriums für Unterricht und Kultus über die Richtlinie zur Förderung von Maßnahmen im Rahmen des Programms „gemeinsam.Brücken.*

bauen" zum Abbau pandemiebedingter Lernrückstände an kommunalen Schulen sowie an privaten Ersatzschulen im Schuljahr 2021/2022 (gBb-R) vom 30. Juli 2021 (BayMBl. Nr. 544). https://www.gesetze-bayern.de/Content/Document/BayVV_2230_1_K_12292/true

StMUK BY (Bayerisches Staatsministerium für Unterricht und Kultur). (2021j). *Anlage 1 zur Richtlinie zur Förderung von Maßnahmen im Rahmen des Programms „gemeinsam. Brücken.bauen" zum Abbau pandemiebedingter Lernrückstände an kommunalen Schulen sowie an privaten Ersatzschulen im Schuljahr 2021/2022 (gBb-R) vom 30. Juli 2021.* https://www.km.bayern.de/download/25618_Anlage_1_gBb-R.pdf

StMUK BY (Bayerisches Staatsministerium für Unterricht und Kultur). (2021k). *gemeinsam. Brücken.bauen – Förderprogramm zum Ausgleich pandemiebedingter Nachteile für Schülerinnen und Schüler, hier: spezifische Informationen für die staatlichen Realschulen im Schuljahr 2021/2022.* Kultusministerielles Schreiben vom 30.07.2021.

StMUK BY (Bayerisches Staatsministerium für Unterricht und Kultur). (2021l). *gemeinsam. Brücken.bauen. Förderprogramm zum Ausgleich pandemiebedingter Nachteile für Schülerinnen und Schüler (kommunale Schulen und staatlich anerkannte und genehmigte Schulen).* Anlage 1 zum Kultusministeriellen Schreiben vom 30.07.2021. https://www.km.bayern.de/download/25623_Rahmenkonzept-gBb-nichtstaatliche-Schulen.pdf

StMUK BY (Bayerisches Staatsministerium für Unterricht und Kultur). (2021m). *Bekanntmachung des Bayerischen Staatsministeriums für Unterricht und Kultus über die Richtlinie zur Umsetzung des Programms „gemeinsam.Brücken.bauen" zum Abbau pandemiebedingter Lern- und Entwicklungsrückstände an staatlichen Grund-, Mittel- und Förderschulen sowie Schulen für Kranke im Schuljahr 2021/2022; hier: Kooperationsverträge vom 16. August 2021* (BayMBl. Nr. 581). https://www.gesetze-bayern.de/Content/Document/BayVV_2230_1_K_12328

StMUK BY (Bayerisches Staatsministerium für Unterricht und Kultur). (202n). *Förderprogramm „gemeinsam.Brücken.bauen" im Schuljahr 2021/22 Umsetzung an staatlichen Grundschulen, Mittelschulen, Förderschulen und Schulen für Kranke. Stand 24.09.2021.* https://www.km.bayern.de/allgemein/meldung/7377/umsetzung-an-staatlichen-grundschulen-mittelschulen-foerderschulen-und-schulen-fuer-kranke.html

StMUK BY (Bayerisches Staatsministerium für Unterricht und Kultur). (2021o). *Antrag auf Gewährung einer Zuwendung gemäß der Richtlinie zur Förderung von Maßnahmen im Rahmen des Programms „gemeinsam.Brücken.bauen" zum Abbau pandemiebedingter Lernrückstände an kommunalen Schulen sowie an privaten Ersatzschulen im Schuljahr 2021/2022 (gBb-R).*

StMUK BY (Bayerisches Staatsministerium für Unterricht und Kultur). (2022a). Bayerns Schulen in Zahlen 2020/2021. *Bildungsstatistik, Heft 71.* Fassung vom April 2022. https://www.km.bayern.de/download/4051_Bayerns_Schulen_in_Zahlen_2020-2021_Onlineausgabe_NEUFASSUNG_2022-04.pdf

StMUK BY (Bayerisches Staatsministerium für Unterricht und Kultur). (2022b). *„gemeinsam.Brücken.bauen" – Förderprogramm zum Ausgleich pandemiebedingter Nachteile für Schülerinnen und Schüler, spezifische Informationen für die staatlichen Realschulen im Schuljahr 2022/2023 und Hinweise zur Durchführung von freiwilligen schulischen Förderangeboten in den Sommerferien 2022.* Kultusministerielles Schreiben vom 23.05.2022.

StMUK BY (Bayerisches Staatsministerium für Unterricht und Kultur). (2022c). *Vollzugshinweise zum Personaleinsatz im Rahmen von „gemeinsam.Brücken.bauen" – Förderprogramm zum Ausgleich pandemiebedingter Nachteile für Schülerinnen und Schüler.* Anlage 1 zum Kultusministeriellen Schreiben vom 23.05.2022.

StMUK BY (Bayerisches Staatsministerium für Unterricht und Kultur). (2022d). *gemeinsam.Brücken.bauen – Förderprogramm zum Ausgleich pandemiebedingter Nachteile für*

Schülerinnen und Schüler an staatlichen Grund-, Mittel- und Förderschulen sowie staatlichen Schulen für Kranke im Schuljahr 2022/2023. Kultusministerielles Schreiben vom 02.06.2022.

StMUK BY (Bayerisches Staatsministerium für Unterricht und Kultur). (2022e). *Ablaufplan zur Umsetzung von Fördermaßnahmen im Rahmen des Programms „gemeinsam.Brücken.bauen" an staatlichen Grund-, Mittel- und Förderschulen sowie staatlichen Schulen für Kranke für das Schuljahr 2022/2023.* Anlage zum Kultusministeriellen Schreiben vom 02.06.2022.

9.2.3   Berlin

Abgeordnetenhaus Berlin. (2019). *Einführung einer verpflichtenden Sommerschule für Berlins Schülerinnen und Schüler mit ungenügenden Deutschkenntnissen – das Berliner Schulsystem reformieren. Antrag der Fraktion der CDU vom 29.05.2019.* Drucksache 18/1953. https://pardok.parlament-berlin.de/starweb/adis/citat/VT/18/DruckSachen/d18-1953.pdf

Abgeordnetenhaus Berlin. (2020a). *Sommerschule 2020 – oder doch erst 2021? Schriftliche Anfrage des Abgeordneten Dirk Stettner (CDU) vom 30.06.2020 und Antwort vom 17.06.2020.* Drucksache 18/23924. https://pardok.parlament-berlin.de/starweb/adis/citat/VT/18/SchrAnfr/s18-23924.pdf

Abgeordnetenhaus Berlin. (2020b). *Lernen aus Corona: Lernbrücken und Sommerschule. Schriftliche Anfrage der Abgeordneten Bettina Jarasch und Marianne Bukert-Eulitz (GRÜNE) vom 09.07.2020 und Antwort vom 23.07.2020.* Drucksache 18/24025. https://pardok.parlament-berlin.de/starweb/adis/citat/VT/18/SchrAnfr/s18-24025.pdf

Abgeordnetenhaus Berlin. (2020c). *Sommerschule im Land Berlin. Schriftliche Anfrage des Abgeordneten Mario Czaja (CDU) vom 20.07.2020 und Antwort vom 07.08.2020.* Drucksache 18/24230. https://pardok.parlament-berlin.de/starweb/adis/citat/VT/18/SchrAnfr/s18-24230.pdf

Abgeordnetenhaus Berlin. (2020d). *Bilanz der Sommerschulen. Schriftliche Anfrage des Abgeordneten Tommy Tabor (AfD) vom 11.08.2020 und Antwort vom 24.08.2020.* Drucksache 18/24497. https://pardok.parlament-berlin.de/starweb/adis/citat/VT/18/SchrAnfr/s18-24497.pdf

Abgeordnetenhaus Berlin. (2021a). *LernBrücken in der Wirkungsanalyse. Schriftliche Anfrage des Abgeordneten Paul Fresdorf (FDP) vom 25.02.2021 und Antwort vom 12.03.2021.* Drucksache 18/26835. https://pardok.parlament-berlin.de/starweb/adis/citat/VT/18/SchrAnfr/s18-26835.pdf

Abgeordnetenhaus Berlin. (2021b). *Grundlagen einer Nachholstrategie: Was wissen wir? Schriftliche Anfrage der Abgeordneten Stefanie Remlinger und Marianne Burkert-Eulitz (GRÜNE) vom 18.03.2021 und Antwort vom 06.04.2021.* Drucksache 18/27000. https://pardok.parlament-berlin.de/starweb/adis/citat/VT/18/SchrAnfr/s18-27100.pdf

Abgeordnetenhaus Berlin. (2021c). *Sommerschule 2.0. Schriftliche Anfrage des Abgeordneten Dirk Stettner (CDU) und Antwort vom 13.04.2021.* Drucksache 18/27343. https://pardok.parlament-berlin.de/starweb/adis/citat/VT/18/SchrAnfr/s18-27343.pdf

Abgeordnetenhaus Berlin. (2021d). *Plenarprokotoll zur 78. Sitzung des Berliner Abgeordnetenhauses am 06.05.2021.* Plenarprotokoll 18/78. https://pardok.parlament-berlin.de/starweb/adis/citat/VT/18/PlenarPr/p18-078-wp.pdf

Abgeordnetenhaus Berlin. (2021e). *Bildungsgutscheine für Grundschülerinnen und -schüler mit Lernrückständen. Antrag der CDU-Fraktion vom 12.05.2021.* Drucksache 18/3714.

https://pardok.parlament-berlin.de/starweb/adis/citat/VT/18/DruckSachen/d18-3714.pdf

Abgeordnetenhaus Berlin. (2021f). *Plenarprotokoll zur 79. Sitzung des Berliner Abgeordnetenhauses am 20.05.2021.* Plenarprotokoll 18/79. https://pardok.parlament-berlin.de/starweb/adis/citat/VT/18/PlenarPr/p18-079-wp.pdf#page=66

Abgeordnetenhaus Berlin. (2021g). *Bund-Länder-Vereinbarung des Aktionsprogramms „Aufholen nach Corona für Kinder und Jugendliche".* Vorlage des Senats vom 04.08.2021. Drucksache 18/3957. https://pardok.parlament-berlin.de/starweb/adis/citat/VT/18/DruckSachen/d18-3957.pdf

Abgeordnetenhaus Berlin. (2021h). *Mehr Eigenverantwortung für Berliner Schulen – Förderprogramm „Stark trotz Corona" beschleunigen. Antrag der Fraktion der CDU vom 05.12.2021.* Drucksache 19/0086. https://pardok.parlament-berlin.de/starweb/adis/citat/VT/19/DruckSachen/d19-0086.pdf

Abgeordnetenhaus Berlin. (2021i). *Stark trotz Corona. Schriftliche Anfrage der Abgeordneten Katharina Günther-Wünsch (CDU) vom 18.11.2021 und Antwort vom 09.12.2021.* Drucksache 19/10138. https://pardok.parlament-berlin.de/starweb/adis/citat/VT/19/SchrAnfr/S19-10138.pdf

Abgeordnetenhaus Berlin. (2022). *Plenarprotokoll zur 4. Sitzung des Berliner Abgeordnetenhauses am 13.01.2022.* Plenarprotokoll 19/4. https://pardok.parlament-berlin.de/starweb/adis/citat/VT/19/PlenarPr/p19-004-wp.pdf

Deutsche EVergabe. (2021). *Beschaffung von Fachkräften für das Aktionsprogramm „Stark trotz Corona".* Offenes Verfahren VGV vom 02.09.2021. https://addon-service.deutsche-evergabe.de/home/DirectDocload/?o=t0KsgIFkMoE%3d&id=844f2fda-7a75-4385-8961-e5c8c6493351

EFG GmbH (Europäisches Fördermanagement GmbH). (2021a). *Vergabeunterlagen zum 2. Ausschreibungsverfahren des Landes Berlin betreffend das Bund-Länder-Programm „Aufholen nach Corona für Kinder und Jugendliche" / Verwendung des Budgets für Schulen „Stark trotz Corona" zur Beschaffung von Fachkräften vom 20.12.2021.* EFG GmbH. https://www.efg-berlin.eu/wp-content/uploads/2021/12/Vergabeunterlagen_STC.pdf

EFG GmbH (Europäisches Fördermanagement GmbH). (2021b). *Preisliste.* https://www.efg-berlin.eu/wp-content/uploads/2021/12/Anlage-12-Preisliste.pdf

SenBJF BE (Senatsverwaltung für Bildung, Jugend und Familie, Berlin). (o. J.). *Bildungsstatistik. Blickpunkt Schule, Allgemeinbildende Schulen 2018/2019 und 2021/2022.* https://www.berlin.de/sen/bildung/schule/bildungsstatistik/

SenBJF BE (Senatsverwaltung für Bildung, Jugend und Familie, Berlin). (2021a). *Handreichung I zur Verwendung des Budgets für Schulen „Stark trotz Corona". Bund-Länderprogramm zum „Aufholen nach Corona für Kinder und Jugendliche".* https://www.berlin.de/sen/bjf/stark-trotz-corona/handreichung-i_stark-trotz-corona-schulbudget-abs.pdf

SenBJF BE (Senatsverwaltung für Bildung, Jugend und Familie, Berlin). (2021b). *Schulorganisation im Schuljahr 2021/22.* https://www.berlin.de/sen/bjf/corona/briefe-an-schulen/210615-schulorganisation_2021-22.pdf

SenBJF BE (Senatsverwaltung für Bildung, Jugend und Familie, Berlin). (2021c). *Fragen und Antworten.* https://www.berlin.de/sen/bjf/stark-trotz-corona/#top

SenBJF BE (Senatsverwaltung für Bildung, Jugend und Familie. Berlin). (2021d). *Veränderungen beim Abitur 2021 unter den besonderen Bedingungen der Pandemie.* https://www.berlin.de/sen/bjf/corona/briefe-an-schulen/abitur_2021.pdf

SenBJF BE (Senatsverwaltung für Bildung, Jugend und Familie, Berlin). (2021e). *Rahmenkonzept „Stark trotz Corona". Bund-Länderprogramm zum „Aufholen nach Corona für Kinder und Jugendliche".* https://www.berlin.de/sen/bjf/stark-trotz-corona/rahmenkonzept-stark-trotz-corona.pdf

SenBJF BE. (2021f). *Sommer, Sonne, schöne Ferien – Senatorin Scheeres verabschiedet Teilnehmende der ersten Integrationsreise 2021.* Pressemitteilung vom 25.06.2022. https://www.berlin.de/sen/bjf/service/presse/pressearchiv-2021/pressemitteilung.1099868.php

9.2.4 Brandenburg

kobra.net (Kooperation in Brandenburg gGmbH). (o. J.) *Aufholen Brandenburg.* https://aufholen-brandenburg.de/

Landtag Brandenburg. (2020a). *Protokoll der 10. öffentlichen Sitzung des Ausschusses für Bildung, Jugend und Sport am 10.09.2020.* Ausschussprotokoll P-ABJS 7/10. https://www.parlamentsdokumentation.brandenburg.de/starweb/LBB/ELVIS/parladoku/w7/apr/ABJS/10.pdf

Landtag Brandenburg. (2020). *Inanspruchnahme pädagogischer Freizeitangebote der Ferienbetreuung. Antwort der Landesregierung vom 21.10.2020 auf die kleine Anfrage Nr. 796 der Abgeordneten Dennis Hohloch und Volker Nothing (AFD-Fraktion).* Drucksache 7/2045. https://www.parlamentsdokumentation.brandenburg.de/starweb/LBB/ELVIS/parladoku/w7/drs/ab_2200/2222.pdf

Landtag Brandenburg. (2021a). *Protokoll der 43. Plenarsitzung vom 19.05.2021.* Plenarprotokoll 7/43. https://www.parlamentsdokumentation.brandenburg.de/starweb/LBB/ELVIS/parladoku/w7/plpr/43.pdf#page

Landtag Brandenburg. (2021b). *Protokoll der 43. Plenarsitzung vom 17./18.06.2021.* Plenarprotokoll 7/47. https://www.parlamentsdokumentation.brandenburg.de/starweb/LBB/ELVIS/parladoku/w7/plpr/47.pdf#page

Landtag Brandenburg. (2021c). *Protokoll der 21. Öffentlichen Sitzung des Ausschusses für Bildung, Jugend und Sport am 09.09.2021.* Ausschussprotokoll P-ABJS 7/21. https://www.parlamentsdokumentation.brandenburg.de/starweb/LBB/ELVIS/parladoku/w7/apr/ABJS/21.pdf

Landtag Brandenburg. (2022). *Absicherung des Unterrichts, Seiteneinsteigerinnen und Seiteneinsteiger. Antwort der Landesregierung auf die Kleine Anfrage Nr. 1859 der Abgeordneten Kathrin Dannenberg (Fraktion DIE LINKE) und Isabelle Vandre (Fraktion DIE LINKE).* Drucksache 7/5282. https://www.parlamentsdokumentation.brandenburg.de/starweb/LBB/ELVIS/parladoku/w7/drs/ab_5200/5282.pdf

MBJS BB (Ministerium für Bildung, Jugend und Sport des Landes Brandenburg). (2020a). *Chronologie: Corona-Maßnahmen.* https://mbjs.brandenburg.de/corona-aktuell/chronologie.html

MBJS BB (Ministerium für Bildung, Jugend und Sport des Landes Brandenburg). (2020b). *Auswertung der Lernstandserhebungen.* https://mbjs.brandenburg.de/media_fast/6288/150-20-_anlage_pm.pdf

MBJS BB (Ministerium für Bildung, Jugend und Sport des Landes Brandenburg). (2021a). *Aufholen nach Corona.* https://mbjs.brandenburg.de/corona-aktuell/aufholen-nach-corona.html

MBJS BB (Ministerium für Bildung, Jugend und Sport des Landes Brandenburg). (2021b) *Richtlinie zur Förderung von Ferienprogrammen in Verbindung mit Lernangeboten im Land Brandenburg (RL-MBJS Ferien 2021) vom 29.04.2021.* https://bravors.brandenburg.de/verwaltungsvorschriften/rl_mbjs_ferien_21

MBJS BB (Ministerium für Bildung, Jugend und Sport des Landes Brandenburg). (2021c). *Schule im Normalbetrieb – gut vorbereitet ins neue Schuljahr.* Pressemitteilung Nr. 94/2021 vom 05.08.2021. https://mbjs.brandenburg.de/media_fast/6288/94-21_schule_im_normalbetrieb_%E2%80%93_gut_vorbereitet_ins_neue_schuljahr.pdf

MBJS BB (Ministerium für Bildung, Jugend und Sport des Landes Brandenburg). (2021d). *Bericht zum aktuellen Sachstand bei den getroffenen Maßnahmen zur Eindämmung des Coronavirus in der 20. Sitzung des Ausschusses für Bildung, Jugend und Sport am 12.08.2021.* https://mbjs.brandenburg.de/media_fast/6288/bericht_des_mbjs_12.pdf

MBJS BB (Ministerium für Bildung, Jugend und Sport des Landes Brandenburg). (2021e). *Bericht zum aktuellen Sachstand bei den getroffenen Maßnahmen zur Eindämmung des Coronavirus in der 21. Sitzung des Ausschusses für Bildung, Jugend und Sport am 09.10.2021.* https://mbjs.brandenburg.de/media_fast/6288/bericht_des_mbjs_8.pdf

MBJS BB (Ministerium für Bildung, Jugend und Sport des Landes Brandenburg). (2021f). *Ergebnisse der Lernstandserhebung liegen jetzt vor – die Schülerinnen und Schüler haben größeren Unterstützungsbedarf als im Vorjahr. Pressemitteilung vom 15.10.2021.* https://mbjs.brandenburg.de/aktuelles/pressemitteilungen.html?news=bb1.c.724315.de

MBJS BB (Ministerium für Bildung, Jugend und Sport des Landes Brandenburg). (2021g). *Die wichtigsten Fragen und Antworten (FAQ) zum Programmteil: Schulergänzende und außerschulische Angebote – außerschulische Maßnahmen zum Abbau von Lernrückständen und sozialen Defiziten" zur Umsetzung der ersten Phase bis 31.10.2021.* https://mbjs.brandenburg.de/media_fast/6288/faq_ausserschulische_massnahmen_zum_abbau_von_lernrueckstaenden.pdf [online nicht mehr verfügbar]

MBJS BB (Ministerium für Bildung, Jugend und Sport des Landes Brandenburg). (2021h). *Hinweise zu außerschulischen Angeboten im Rahmen des Aktionsprogramms „Aufholen nach Corona" im Schuljahr 2021/2022 im Zeitraum vom 09.08.2021 bis 31.10.2021 (1. Phase). Informationsschreiben an die Schulen vom 16.08.2021.* https://mbjs.brandenburg.de/media_fast/6288/infoschreiben_aktionsprogramm_16.pdf [online nicht mehr verfügbar]

MBJS BB (Ministerium für Bildung, Jugend und Sport des Landes Brandenburg). (2021i). *Weitere Hinweise zu außerschulischen Angeboten im Rahmen des Aktionsprogramms „Aufholen nach Corona" im Schuljahr 2021/2022 ab 1. Dezember 2022 (02.11.2021).* https://mbjs.brandenburg.de/media_fast/6288/info-schreiben_schulen_2.11.21_corona-aufholprogramm.pdf

MBJS BB (Ministerium für Bildung, Jugend und Sport des Landes Brandenburg). (2021j). *Bericht zum aktuellen Sachstand bei den getroffenen Maßnahmen zur Eindämmung des Coronavirus in der 23. Sitzung des Ausschusses für Bildung, Jugend und Sport am 04.11.2021.* https://mbjs.brandenburg.de/media_fast/6288/bericht_des_mbjs_4.pdf

MBJS BB (Ministerium für Bildung, Jugend und Sport des Landes Brandenburg). (2022a). *Bericht zum aktuellen Sachstand bei den getroffenen Maßnahmen zur Eindämmung des Coronavirus in der 26. Sitzung des Ausschusses für Bildung, Jugend und Sport am 06.01.2022.* https://mbjs.brandenburg.de/media_fast/6288/mbjs_corona-bericht_2022-01-06.pdf

MBJS BB (Ministerium für Bildung, Jugend und Sport des Landes Brandenburg). (2022b). *Bericht zum aktuellen Sachstand bei den getroffenen Maßnahmen zur Eindämmung des Coronavirus in der 27. Sitzung des Ausschusses für Bildung, Jugend und Sport am 10.02.2022.* https://mbjs.brandenburg.de/media_fast/6288/mbjs_corona-bericht_2022-02-10.pdf

MBJS BB (Ministerium für Bildung, Jugend und Sport des Landes Brandenburg). (2022c). *Aufholen nach Corona – Lernbegleitung durch Studierende von allen Seiten stark nachgefragt. Pressemitteilung vom 01.03.2022.* https://mbjs.brandenburg.de/aktuelles/pressemitteilungen.html?news=bb1.c.732394.de

MBJS BB (Ministerium für Bildung, Jugend und Sport des Landes Brandenburg). (2022d). *Bericht zum aktuellen Sachstand bei den getroffenen Maßnahmen zur Eindämmung des Coronavirus in der 28. Sitzung des Ausschusses für Bildung, Jugend und Sport am 10.03.2022.* https://mbjs.brandenburg.de/media_fast/6288/bericht_des_mbjs_10.pdf

MBJS BB (Ministerium für Bildung, Jugend und Sport des Landes Brandenburg). (2022e). *Bericht des Ministeriums für Bildung, Jugend und Sport zum aktuellen Sachstand bei den getroffenen Maßnahmen zur Eindämmung des Coronavirus in der 30. Sitzung des Ausschusses für Bildung, Jugend und Sport am 05.05.2022.* https://mbjs.brandenburg.de/media_fast/6288/bericht_des_mbjs_5.pdf

MBJS BB (Ministerium für Bildung, Jugend und Sport des Landes Brandenburg). (2022f). *Bericht des Ministeriums für Bildung, Jugend und Sport zum aktuellen Sachstand bei den getroffenen Maßnahmen zur Eindämmung des Coronavirus in der 31. Sitzung des Ausschusses für Bildung, Jugend und Sport am 09.06.2022.* https://mbjs.brandenburg.de/media_fast/6288/bericht_des_mbjs_9.pdf

9.2.5 Bremen

Bremische Bürgerschaft. (2021). *Mitteilung des Senats vom 5. Januar 2021. Schuljahr wiederholen oder wie begegnet der Senat coronabedingten Leistungsdefiziten bei Schülerinnen und Schülern im Land Bremen? Kleine Anfrage und Antwort des Senats vom 05.01.2020.* Drucksache 20/770. https://www.bremische-buergerschaft.de/dokumente/wp20/land/drucksache/D20L0770.pdf

Bund-Länder Demografie Portal. (o. J.). *Einführung von iPads für alle Lehrkräfte sowie Schülerinnen und Schüler Bremens.* Bundesland Bremen. https://www.demografie-portal.de/DE/Gute-Praxis/einfuehrung-von-ipads-fuer-alle-lehrkraefte-sowie-schueler-und-schuelerinnen-bremens.html

Digitale Drehtür. (o. J.). *Informationen für Schulen.* Digitale Drehtür. https://www.digitale-drehtuer.de/info

ReBuZ (Regionale Beratungs- und Unterstützungszentren Bremen). (o. J.). *Bremer Lese-Intensivkurse, BLIK.* https://www.rebuz.bremen.de/angebote/lese-rechtschreibschw-che/bremer-lese-intensivkurse-9747

SenKB HB (Die Senatorin für Kinder und Bildung des Landes Bremen). (2020a). *Rahmenkonzept für das Schuljahr 2020/2021. Bremer Schulen im Corona-Regelbetrieb.* https://www.bildung.bremen.de/sixcms/media.php/13/Rahmenkonzept%2020-21.pdf

SenKB HB (Die Senatorin für Kinder und Bildung des Landes Bremen). (2020b). *Senatorin für Kinder und Bildung bietet Lernferien, Ferienbetreuung und Schwimmintensivkurse für Drittklässler an.* Pressemitteilung vom 01.07.2020. https://www.senatspressestelle.bremen.de/pressemitteilungen/senatorin-fuer-kinder-und-bildung-bietet-lernferien-ferienbetreuung-und-schwimmintensivkurse-fuer-drittklaessler-an-340259

SenKB HB (Die Senatorin für Kinder und Bildung des Landes Bremen). (2021a). *Zentrale Vergleichsarbeiten in der 8. Jahrgangsstufe (VERA-8) im Schuljahr 2020/2021.* Mitteilung Nr. 41/2021 vom 08.02.2021. https://www.bildung.bremen.de/sixcms/media.php/13/9436-Mitteilung%2041.pdf

SenKB HB (Die Senatorin für Kinder und Bildung des Landes Bremen). (2021b). *Verein Chancenwerk unterstützt Schülerinnen und Schüler mit digitaler Lernförderung in abschlussrelevanten Fächern.* Pressemitteilung vom 22.02.2021. https://www.senatspressestelle.bremen.de/pressemitteilungen/verein-chancenwerk-unterstuetzt-schuelerinnen-und-schueler-mit-digitaler-lernfoerderung-in-abschlussrelevanten-faechern-352839?asl=bremen146.c.19206.de

SenKB HB (Die Senatorin für Kinder und Bildung des Landes Bremen). (2021c). *Zentrale Vergleichsarbeiten in der 3. Jahrgangsstufe (VERA-3) im Schuljahr 2020/21 – Durchführung im Schuljahr 2021/22.* Mitteilung Nr. 70/2021 vom 02.03.2021. https://www.lis.bremen.de/sixcms/media.php/13/9465-Mitteilung%2070-2021.pdf

SenKB HB (Die Senatorin für Kinder und Bildung des Landes Bremen). (2021d). *Strategie „Bremens Schüler:innen stärken – Maßnahmen zur Kompensation von Bildungsverlusten"*. Anlage zur Vorlage VL 20/3725 für die 20. Sitzung der Staatlichen Deputation für Kinder und Bildung am 19.05.2021. https://sd.bremische-buergerschaft.de/sdnetrim/UGhVM0hpd2NXNFdFcExjZSYhptZzHHRGwF6AwvwAL6agPXuCEhZ1v4RIEB-9vyrsL/Oeffentliche_Sitzungsunterlagen_Staatliche_Deputation_fuer_Kinder_und_Bildung_-_20._WP_26.05.2021.pdf

SenKB HB (Die Senatorin für Kinder und Bildung des Landes Bremen). (2021e). *Abiturprüfung 2022. Regelungen für das erste bis dritte Prüfungsfach für Fächer mit landesweit einheitlicher Aufgabenstellung – Schwerpunktthemen*. Mitteilung Nr. 203/2021 vom 28.06.2021. https://www.bildung.bremen.de/sixcms/media.php/13/9598-Mitteilung%2B203-2021.pdf

SenKB HB (Die Senatorin für Kinder und Bildung des Landes Bremen). (2021f). *Zeit zum Ankommen, Anschauen, Analysieren. Pädagogische Kompetenzfeststellung zu Beginn des Schuljahres 2021/22*. Mitteilung Nr. 220/2021 vom 12.07.2021. https://bildung.bremen.de/sixcms/media.php/13/9616-Mitteilung%20220-2021.pdf

SenKB HB (Die Senatorin für Kinder und Bildung des Landes Bremen). (2021g). *Zeit zum Ankommen, Anschauen, Analysieren Pädagogische Diagnostik zu Beginn des Schuljahres 2021/22*. Mitteilung Nr. 219/2021 vom 14.07.2021. https://www.bildung.bremen.de/sixcms/media.php/13/9615-Mitteilung%20219-2021.pdf

SenKB HB (Die Senatorin für Kinder und Bildung des Landes Bremen). (2021h). *Anlage zur Mitteilung Nr. 219/2021 vom 14.07.2021*. https://www.bildung.bremen.de/sixcms/media.php/13/9615-Anlage%20219-2021%20.pdf

SenKB HB (Die Senatorin für Kinder und Bildung des Landes Bremen). (2021i). *Planung des Schuljahrs 2021/2022*. Mitteilung Nr. 224/2021 vom 21.07.2021. https://www.bildung.bremen.de/sixcms/media.php/13/Mitteilung%20224-2021.pdf

SenKB HB (Die Senatorin für Kinder und Bildung des Landes Bremen). (2021j). *Ergebnisse der Vera 8 Vergleichsstudie zeigen: „Ungleiches muss noch viel stärker ungleich behandelt werden"*. Pressemitteilung vom 22.07.2021. https://www.senatspressestelle.bremen.de/pressemitteilungen/ergebnisse-der-vera-8-vergleichsstudie-zeigen-ungleiches-muss-noch-viel-staerker-ungleich-behandelt-werden-364076?asl=bremen02.c.730.de

SenKB HB (Die Senatorin für Kinder und Bildung des Landes Bremen). (2021k). *„Schüler:innen stärken". Das Programm „Aufholen nach Corona" an Bremer und Bremerhavener Schulen ist gestartet*. Pressemitteilung vom 02.11.2021. https://www.senatspressestelle.bremen.de/pressemitteilungen/schueler-innen-staerken-370439?asl

SenKB HB (Die Senatorin für Kinder und Bildung des Landes Bremen). (2021l). *Landesprogramm Bremen: „Schüler:innen stärken" in den Schuljahren 2021/22 und 2022/23. Digitale Pinnwand*. Stand 08.12.2021. https://www.taskcards.de/#/board/3d10a99f-3160-4b78-a634-0aa71ba8425f/view?token=50b86c2f-82c0-4683-b194-9c9c6de57fa8

SenKB HB (Die Senatorin für Kinder und Bildung des Landes Bremen). (2021m). *Mittelverwendung Landesprogramm „Schüler:innen stärken"*. Mitteilung Nr. 375/2021 vom 21.12.2021. https://www.bildung.bremen.de/sixcms/media.php/13/9771-Mitteilung%2B375-2021_1.pdf

SenKB HB (Die Senatorin für Kinder und Bildung des Landes Bremen). (2022a). *Landesprogramm Bremen „Schüler:innen stärken". FAQ – Antworten auf häufig gestellte Fragen*. Stand 18.01.2022. Fassung vom 23.12.2021 einsehbar unter: https://www.taskcards.de/#/board/3d10a99f-3160-4b78-a634-0aa71ba8425f/view?token=50b86c2f-82c0-4683-b194-9c9c6de57fa8

SenKB HB (Die Senatorin für Kinder und Bildung des Landes Bremen). (2022b). *Zusammengefasst: Ergebnisse der pädagogischen Diagnostik in der Stadtgemeinde Bremen*. Anlage 1 zur Vorlage VL 20/5615 für die 28. Sitzung der Staatlichen Deputation für

Kinder und Bildung am 16.02.2022. https://sd.bremische-buergerschaft.de/sdnetrim/UGhVM0hpd2NXNFdFcExjZXBlCRkB5CsDRGkzx3SImB5ea1v86MZoKhgX4c4AnN7z/ Land_TOP_10_Berichterst_Schueler_innen_staerken_-_Anlage_1.pdf

SenKB HB (Die Senatorin für Kinder und Bildung des Landes Bremen). (2022c). *Zusammengefasst: Ergebnisse der pädagogischen Diagnostik in der Stadtgemeinde Bremen.* Anlage 2 zur Vorlage VL 20/5615 für die 28. Sitzung der Staatlichen Deputation für Kinder und Bildung am 16.02.2022. https://sd.bremische-buergerschaft.de/sdnetrim/UGhVM0hpd2NXNFdFcExjZWBl9xpMXj06ep1V8Ii-R-gmXdCcUpZYGU0PBJS3YhVs/Land_TOP_10_Berichterst_Schueler_innen_staerken_-_Anlage_2.pdf

SenKB HB (Die Senatorin für Kinder und Bildung des Landes Bremen). (2022d). *Hinweise zur Organisation und Durchführung der Prüfungen zu den Abschlüssen der Sekundarstufe I.* Mitteilung Nr. 83/2022 vom 24.02.2022. https://www.bildung.bremen.de/sixcms/media.php/13/9857-Mitteilung%2083-2022.pdf

SenKB HB (Die Senatorin für Kinder und Bildung des Landes Bremen). (2022e). *Kompensatorische Maßnahmen für die Prüfungen der beruflichen Vollzeitbildungsgänge im Schuljahr 2021/2022.* Mitteilung Nr. 87/2022 vom 24.02.2022. https://www.bildung.bremen.de/sixcms/media.php/13/9861-Mitteilung%2B87-2022.pdf

SenKB HB (Die Senatorin für Kinder und Bildung des Landes Bremen). (2022f). *Hinweise zur Organisation und Durchführung der Abiturprüfung 2022 in Fächern mit landeseinheitlicher Aufgabenstellung.* Mitteilung Nr. 89/2022 vom 28.02.2022. https://www.bildung.bremen.de/sixcms/media.php/13/9863-Mitteilung%2089-2022.pdf

SenKB HB (Die Senatorin für Kinder und Bildung des Landes Bremen). (2022g). *Zeit zum Ankommen, Anschauen, Analysieren. Pädagogische Diagnostik zu Beginn des Schuljahres 2022/23.* Mitteilung Nr. 189/2022 vom 16.06.2022. https://www.bildung.bremen.de/sixcms/media.php/13/9964-Mitteilung%20189-2022.pdf

SenKB HB & SSJIS (Die Senatorin für Kinder und Bildung des Landes Bremen & Die Senatorin für Soziales, Jugend, Integration und Sport). (2021). *Vereinbarung zur Umsetzung des „Aktionsprogramms Aufholen nach Corona für Kinder und Jugendliche" für die Jahre 2021 und 2022 von Bund und Ländern. Hier: Umsetzung im Land Bremen.* Neufassung der Vorlage für die Sitzung des Senats am 31.08.2021. https://www.rathaus.bremen.de/sixcms/media.php/13/top%2022_20210831_Aktionsprogramm_Aufholen_nach_Cor20ona.pdf

9.2.6 Hamburg

AfB (Amt für Bildung in der Behörde für Schule und Berufsbildung, Hamburg). (2021a). *Aktuelle Informationen zum Corona-Virus – Unterrichtsangebot bis zum 31.01.2021, (…).* Schreiben des Landesschulrates an die Schulleitungen und stellv. Schulleitungen aller Schulformen vom 08.01.2021. https://www.hamburg.de/bsb/14456420/b-schreiben/

AfB (Amt für Bildung in der Behörde für Schule und Berufsbildung, Hamburg). (2021b). *Hamburger Lernferien im März 2021. Lernförderliche Angebote für Schülerinnen und Schüler mit Lernrückständen und zur Prüfungsvorbereitung.* Schreiben des Landesschulrates an die Schulleitungen aller staatlichen Grundschulen, Stadtteilschulen, Gymnasien und ReBBZ vom 14.01.2021. https://www.hamburg.de/bsb/14456420/b-schreiben/

AfB (Amt für Bildung in der Behörde für Schule und Berufsbildung Hamburg). (2021c). *Anpassungen bei Klausuren und Abschlussprüfungen – Rabe: „Schüler sollen keine Nachteile haben".* Newsletterbeitrag vom 15.01.2021. https://www.hamburg.de/bsb/newsletter/

AfB (Amt für Bildung in der Behörde für Schule und Berufsbildung, Hamburg). (2021d) *Aktuelle Informationen zum Corona-Virus – Durchführung von Abschlussprüfungen, (…).* Schreiben des Landesschulrates an die Schulleitungen und stellv. Schulleitungen aller Schulformen vom 20.01.2021. https://www.hamburg.de/bsb/14456420/b-schreiben/

AfB (Amt für Bildung in der Behörde für Schule und Berufsbildung, Hamburg). (2021e). *Aktuelle Informationen zum Corona-Virus – Regelungen für die Abiturprüfungen im Schuljahr 2020/2021, (…).* Schreiben des Landesschulrates an die Schulleitungen und stellv. Schulleitungen aller Schulformen vom 05.02.2021. https://www.hamburg.de/bsb/14456420/b-schreiben/

AfB (Amt für Bildung in der Behörde für Schule und Berufsbildung, Hamburg). (2021f). *Faire Prüfungen in der Pandemie: Schulbehörde passt Abitur an schwierige Ausgangslage an.* Newsletterbeitrag vom 05.02.2021. https://www.hamburg.de/bsb/newsletter/

AfB (Amt für Bildung in der Behörde für Schule und Berufsbildung, Hamburg). (2021g). *Aktuelle Informationen zum Corona-Virus – Lernferien im März 2021 – Prüfungsvorbereitung auch mit Lehrkräften möglich, (…).* Schreiben des Landesschulrates an die Schulleitungen und stellv. Schulleitungen aller Schulformen vom 11.02.2021. https://www.hamburg.de/bsb/14456420/b-schreiben/

AfB (Amt für Bildung in der Behörde für Schule und Berufsbildung, Hamburg). (2021h). *Aktuelle Informationen zum Corona-Virus – Umgang mit Wiederholungswünschen im Pandemiejahr 2021.* Schreiben des Landesschulrates an die Schulleitungen und stellv. Schulleitungen aller Schulformen vom 22.02.2021. https://www.hamburg.de/bsb/14456420/b-schreiben/

AfB (Amt für Bildung in der Behörde für Schule und Berufsbildung, Hamburg). (2021i). *Wegen Corona: Klassenwiederholungen großzügiger möglich.* Newsletterbeitrag vom 26.02.2021. https://www.hamburg.de/bsb/newsletter/

AfB (Amt für Bildung in der Behörde für Schule und Berufsbildung, Hamburg). (2021j). *Aktuelle Informationen zum Corona-Virus – Eingeschränkte Schulöffnung ab 15. März in Hamburg.* Schreiben des Landesschulrates an die Schulleitungen und stellv. Schulleitungen aller Schulformen vom 11.03.2021. https://www.hamburg.de/bsb/14456420/b-schreiben/

AfB (Amt für Bildung in der Behörde für Schule und Berufsbildung, Hamburg). (2021k). *Nicht den „Anschluss" verlieren: Neues Programm hilft Schülern dabei, Corona-Lernrückstände aufzuholen.* Newsletterbeitrag vom 26.03.2021. https://www.hamburg.de/bsb/newsletter/

AfB (Amt für Bildung in der Behörde für Schule und Berufsbildung, Hamburg). (2021l). *Aktuelle Informationen zum Corona-Virus – Schnelltestpflicht für Schülerinnen und Schüler, (…).* Schreiben des Landesschulrates an die Schulleitungen und stellv. Schulleitungen aller Schulformen vom 31.03.2021. https://www.hamburg.de/bsb/14456420/b-schreiben/

AfB (Amt für Bildung in der Behörde für Schule und Berufsbildung, Hamburg). (2021m). *Förderoffensive beschlossen: 80 zusätzliche Unterrichtsstunden, um Defizite auszugleichen.* Newsletterbeitrag vom 23.04.2021. https://www.hamburg.de/bsb/newsletter/

AfB (Amt für Bildung in der Behörde für Schule und Berufsbildung, Hamburg). (2021n). *Hamburger Lernferien im Sommer 2021 – Lernförderliche Angebote für Schülerinnen und Schüler mit Lernrückständen und zur Übergangsvorbereitung.* Schreiben des Landesschulrates an die Schulleitungen der staatlichen Grundschulen, Stadtteilschulen und Gymnasien sowie der ReBBZ vom 21.05.2021. https://www.hamburg.de/bsb/14456420/b-schreiben/

AfB (Amt für Bildung in der Behörde für Schule und Berufsbildung, Hamburg). (2021o). *„Anschluss – das Hamburger Mentorenprogramm" zum Ausgleich pandemiebeding-*

ter *Lernrückstände bei Schülerinnen und Schülern der Jahrgangsstufe 4.* Schreiben des Landesschulrates an die Schulleitungen der staatlichen Grundschulen, ReBBZ und speziellen Sonderschulen vom 04.06.2021. https://www.hamburg.de/bsb/14456420/b-schreiben/

AfB (Amt für Bildung in der Behörde für Schule und Berufsbildung, Hamburg). (2021p). *Aktuelle Informationen zum Corona-Virus – Sport bis Klasse 7 generell ohne Maske, (…).* Schreiben des Landesschulrates an die Schulleitungen und stellv. Schulleitungen aller Schulformen vom 10.06.2021. https://www.hamburg.de/bsb/14456420/b-schreiben/

AfB (Amt für Bildung in der Behörde für Schule und Berufsbildung, Hamburg). (2021q). *Kultusministerkonferenz empfiehlt: Nach den Ferien zurück zum Regelbetrieb.* Newsletterbeitrag vom 18.06.2021. https://www.hamburg.de/bsb/newsletter/

AfB (Amt für Bildung in der Behörde für Schule und Berufsbildung, Hamburg). (2021r). *Aktuelle Informationen zur Umsetzung des Aktionsprogramms „Aufholen nach Corona" an den Hamburger Grundschulen und Stadtteilschulen mit Grundschulabteilungen sowie den ReBBZ Bildungsabteilungen und Speziellen Sonderschulen.* Schreiben des Landesschulrates an die Schulleitungen der Hamburger Grundschulen, Grundschulabteilung der Stadtteilschulen sowie den ReBBZ Bildungsabteilungen und speziellen Sonderschulen vom 16.08.2021. https://www.hamburg.de/bsb/14456420/b-schreiben/

AfB (Amt für Bildung in der Behörde für Schule und Berufsbildung, Hamburg). (2021s). *Aktuelle Informationen zur Umsetzung des „Aktionsprogramms Aufholen nach Corona" an den Hamburger Stadtteilschulen und Gymnasien.* Schreiben des Landesschulrates an die Schulleitungen der Hamburger Stadtteilschulen und Gymnasien vom 18.08.2021. https://www.hamburg.de/bsb/14456420/b-schreiben/

AfB (Amt für Bildung in der Behörde für Schule und Berufsbildung, Hamburg). (2021t). *Aktuelle Informationen zur Umsetzung des „Aktionsprogramms Aufholen nach Corona" an den Hamburger Schulen: Verteilung der Ressourcen.* Schreiben des Landesschulrates an die Schulleitungen der staatlichen Grundschulen, Stadtteilschulen und Gymnasien sowie der ReBBZ und der Speziellen Sonderschulen vom 07.09.2021. https://www.hamburg.de/bsb/14456420/b-schreiben/

AfB (Amt für Bildung in der Behörde für Schule und Berufsbildung, Hamburg). (2021u). *Hamburger Lernferien – das Erfolgsprogramm für Schülerinnen und Schüler mit Lernrückständen und zur Übergangs- und Prüfungsvorbereitung wird fortgeführt!* Schreiben des Landesschulrates an die Schulleitungen der staatlichen Grundschulen, Stadtteilschulen und Gymnasien sowie der ReBBZ und der Speziellen Sonderschulen vom 08.09.2021. https://www.hamburg.de/bsb/14456420/b-schreiben/

AfB (Amt für Bildung in der Behörde für Schule und Berufsbildung, Hamburg). (2021v). *Zweiter Corona-Lockdown hinterlässt deutliche Lernlücken.* Newsletterbeitrag vom 10.09.2021. https://www.hamburg.de/bsb/newsletter/

AfB (Amt für Bildung in der Behörde für Schule und Berufsbildung, Hamburg). (2021w). *Studie: Alltagsveränderungen bei Kindern und Jugendlichen – zwei Drittel empfanden Corona als belastend.* Newsletterbeitrag vom 01.10.2021. https://www.hamburg.de/bsb/newsletter/

AfB (Amt für Bildung in der Behörde für Schule und Berufsbildung, Hamburg). (2021x). *Lernferien – 6.464 Schülerinnen und Schüler gingen in den Herbstferien freiwillig zur Schule.* Newsletterbeitrag vom 19.11.2021. https://www.hamburg.de/bsb/newsletter/

AfB (Amt für Bildung in der Behörde für Schule und Berufsbildung, Hamburg). (2021y). *Wie im Vorjahr: Abschlussprüfungen mit moderaten Erleichterungen geplant.* Newsletterbeitrag vom 26.11.2021. https://www.hamburg.de/bsb/newsletter/

AfB (2021z). (Amt für Bildung in der Behörde für Schule und Berufsbildung, Hamburg). *Aktuelle Informationen zum Corona-Virus – Erhöhung der Testfrequenz bei den Schüle-*

rinnen und Schülern im Dezember/Januar, (…). Schreiben des Landesschulrates an die Schulleitungen und stellv. Schulleitungen aller Schulformen vom 07.12.2021. https://www.hamburg.de/bsb/14456420/b-schreiben/

BAGSFI (Behörde für Arbeit, Gesundheit, Soziales, Familie und Integration, Hamburg). (2021). *Psychosoziale Gesundheit von Hamburger Kindern und Jugendlichen im Corona-Frühsommer 2020*. Berichte und Analysen zur Gesundheit. https://www.hamburg.de/contentblob/15377938/f177026f34614b8ae8c9661a9b4e2794/data/copsy-bericht.pdf

BSB (Behörde für Schule und Berufsbildung, Hamburg). (2020a). *Allgemeinbildende und berufsbildende Schulen im Schuljahr 2020/21.* https://www.hamburg.de/contentblob/14878160/604e2712a29c4c2a62a221d35deed059/data/2020-21-schulen-mit-schuelerzahl-d.pdf

BSB (Behörde für Schule und Berufsbildung, Hamburg). (2020b). *Schülerinnen und Schüler an allgemeinbildenden Schulen im Schuljahr 2020/21.* https://www.hamburg.de/contentblob/14878154/1126642843bc41d41148749b2e63eaba/data/2020-21-schueler-schulform-jahrgangsstufe-anzahl-schueler-d.pdf

BSB (Behörde für Schule und Berufsbildung, Hamburg). (2021a). *#CoronaHH. Anpassungen bei Klausuren und Abschlussprüfungen. Schulsenator Ties Rabe: Schüler sollen keine Nachteile bekommen.* Pressemitteilung vom 10.01.2021. https://www.hamburg.de/bsb/pressemitteilungen/14826084/2021-01-10-bsb-anpassungen-klausuren-und-abschlusspruefungen/

BSB (Behörde für Schule und Berufsbildung, Hamburg). (2021b). *#CoronaHH. Anpassungen beim Abitur – faire Prüfungen in der Pandemie. Schulsenator Ties Rabe: mehr Zeit, mehr Auswahlmöglichkeiten, gezieltere Vorbereitung und zusätzliche Unterstützung beim Abitur.* Pressemitteilung vom 05.02.2021. https://www.hamburg.de/bsb/pressemitteilungen/14880296/2021-02-05-bsb-anpassungen-beim-abitur/

BSB (Behörde für Schule und Berufsbildung, Hamburg). (2021c). *#CoronaHH. Wegen Corona: Klassenwiederholungen großzügiger möglich. Schulen entscheiden über individuell bestmögliche Lösung.* Pressemitteilung vom 24.02.2021. https://www.hamburg.de/bsb/pressemitteilungen/14925064/2021-02-24-bsb-klassenwiederholungen-grosszuegiger-moeglich/

BSB (Behörde für Schule und Berufsbildung, Hamburg). (2021d). *#CoronaHH. Behutsame Schulöffnungen nach den Märzferien. Alle Schulbeschäftigten sollen zwei Mal pro Woche getestet werden.* Pressemitteilung vom 26.02.2021. https://www.hamburg.de/bsb/pressemitteilungen/14928728/2021-02-26-bsb-behutsame-schuloeffnungen-moeglich/

BSB (Behörde für Schule und Berufsbildung, Hamburg). (2021e). *Hamburger Lernferien. Tausende Schülerinnen und Schüler holen in den Märzferien Lernrückstände auf. Neuer Rekord: 244 Schulen organisieren mehr als 1.200 Lerngruppen mit bis zu 10.000 Schülerinnen und Schülern.* Pressemitteilung vom 10.03.2021. https://www.hamburg.de/bsb/pressemitteilungen/14955750/2021-03-10-bsb-lernferien-2021/

BSB (Behörde für Schule und Berufsbildung, Hamburg). (2021f). *#CoronaHH. Senator Rabe: Lernrückstände der Corona-Krise aufholen. Hamburg und ZEIT-Stiftung planen Lernförderungs-Programm.* Pressemitteilung vom 25.03.2021. https://www.hamburg.de/bsb/pressemitteilungen/14984118/2021-03-25-bsb-lerfoerderung/

BSB (Behörde für Schule und Berufsbildung, Hamburg). (2021g). *#CoronaHH. Lernferien im März mit Rekord: 10.630 Schülerinnen und Schüler machten mit. Rund drei Viertel aller Schulen mit eigenem Angebot, große Nachfrage bei Prüfungsvorbereitungskursen.* Pressemitteilung vom 03.05.2021. https://www.hamburg.de/bsb/pressemitteilungen/15042640/2021-05-03-bsb-lernferien-im-maerz-mit-rekord/

BSB (Behörde für Schule und Berufsbildung, Hamburg). (2021h). *Schreiben des Senators an die Schülerinnen und Schüler, Eltern und Kollegien der Hamburger Schulen vom*

16.06.2021. BSB. https://www.hamburg.de/contentblob/15204072/15160f7304951198
da4f00b6d791e12f/data/s-brief-16-juni-2021.pdf

BSB (Behörde für Schule und Berufsbildung, Hamburg). (2021i). *Lernferien. 244 Schulen beteiligen sich an den „Hamburger Lernferien". Hamburg verlängert das Erfolgsmodell bis Ende 2022.* Pressemitteilung vom 26.07.2021. https://www.hamburg.de/bsb/pressemitteilungen/15285700/2021-07-26-bsb-hamburger-lernferien/

BSB (Behörde für Schule und Berufsbildung, Hamburg). (2021j). *#CoronaHH. Zweiter Corona-Lockdown hinterlässt deutliche Lernlücken. Beim Lesen und in Mathe steigt der Anteil von Schülerinnen und Schülern mit Lernrückständen, nur in Rechtschreibung gibt es eine positive Überraschung.* Pressemitteilung vom 10.09.2021. https://www.hamburg.de/bsb/pressemitteilungen/15380326/2021-09-10-bsb-zweiter-corona-lockdown-hinterlaesst-deutliche-lernluecken/

BSB (Behörde für Schule und Berufsbildung, Hamburg). (2021k). *Lernferien. In den Herbstferien büffeln erneut tausende Schülerinnen und Schüler. Wieder ein Rekord: An 288 Schulen sind Lernferien-Kurse geplant.* Pressemitteilung vom 04.10.2021. https://www.hamburg.de/bsb/pressemitteilungen/15454690/2021-10-04-lernferien/

BSB (Behörde für Schule und Berufsbildung, Hamburg). (2021l). *Schreiben des Senators an die Schulgemeinden zum Jahresende vom 22.11.2021.* https://www.hamburg.de/bsb/14456420/b-schreiben/

BSB (Behörde für Schule und Berufsbildung, Hamburg). (2021m). *#CoronaHH. Abschlussprüfungen mit moderaten Erleichterungen wie 2021. Schulsenator: „Gespräche mit den Schulen zeigen die schwierige Lage".* Pressemitteilung vom 23.11.2021. https://www.hamburg.de/bsb/pressemitteilungen/15621328/2021-11-23-bsb-abschlusspruefungen-mit-moderaten-erleichterungen-wie-2021/

BSB (Behörde für Schule und Berufsbildung, Hamburg). (2021n). *#CoronaHH. Hamburger Lernferien werden bis Ende 2022 verlängert. Drei Säulen der Corona-Lernförderung wirken kontinuierlich.* Pressemitteilung vom 06.12.2021. https://www.hamburg.de/bsb/pressemitteilungen/15675166/2021-12-06-bsb-hamburger-lernferien-bis-2022-verlaengert/

BSB (Behörde für Schule und Berufsbildung, Hamburg). (2022a). *#CoronaHH. Corona-Folgen für Kinder und Jugendliche lindern. 34 Mio. Euro für Förderung und Unterstützung von Kindern und Jugendlichen.* Pressemitteilung vom 01.02.2022. https://www.hamburg.de/bsb/pressemitteilungen/15839256/2022-02-01-bsb-corona-folgen-fuer-kinder-und-jugendliche-lindern/

BSB (Behörde für Schule und Berufsbildung, Hamburg). (2022b). *Hamburger Schulstatistik. Schuljahr 2021/22. Schulen, Klassen, Schülerinnen und Schüler in Hamburg.* https://www.hamburg.de/contentblob/15856638/9c471745ec59cdd6894191ef3b85d398/data/broschuere2021-22.pdf

BSB (Behörde für Schule und Berufsbildung, Hamburg). (2022c). *#Aufholen nach Corona. Erfolgsstory: Bereits 80.000 zusätzliche Unterrichtsstunden in den „Hamburger Lernferien". In den Frühjahrsferien lernten freiwillig 7.212 Schülerinnen und Schüler an 266 Schulen.* Pressemitteilung vom 25.04.2022. Hamburg. https://www.hamburg.de/ukraine/pressemitteilungen/16106368/2022-04-25-bsb-hamburger-lernferien/

Bürgerschaft der Freien und Hansestadt Hamburg. (2020a). *Erneut offener Brief von Eltern zur Kinderbetreuung und Beschulung – Hamburg langsamer in der Öffnung der Betreuung und Beschulung als unsere Nachbarbundesländer. Schriftliche Kleine Anfrage der Abgeordneten Birgit Stöver, Silke Seif und Prof. Dr. Götz Wiese (CDU) vom 03.06.20 und Antwort des Senats vom 09.06.2020.* Drucksache 22/424. https://www.buergerschaft-hh.de/parldok/dokument/70550/erneut_offener_brief_von_eltern_zur_kinderbetreuung_und_beschulung_hamburg_langsamer_in_der_oeffnung_der_betreuung_und_beschulung_als_unsere_nachbarbu.pdf

Bürgerschaft der Freien und Hansestadt Hamburg. (2020b). *Sommerangebote für alle Kinder und Jugendliche – auch in der Corona-Krise. Antrag der Abgeordneten Sina Demirhan u. a. (GRÜNE) und Fraktion und der Abgeordneten Dirk Kienscherf u. a. (SPD) und Fraktion vom 09.06.2020.* Drucksache 22/381. https://www.buergerschaft-hh.de/parldok/dokument/70491/sommerangebote_fuer_alle_hamburger_kinder_und_jugendliche_auch_in_der_corona_krise.pdf

Bürgerschaft der Freien und Hansestadt Hamburg. (2020c). *Corona-Krise: Ferienbetreuung ohne Plan? Schriftliche Kleine Anfrage der Abgeordneten Birgit Stöver (CDU) vom 05.06.20 und Antwort des Senats vom 12.06.2020.* Drucksache 22/443. https://www.buergerschaft-hh.de/parldok/dokument/70569/corona_krise_ferienbetreuung_ohne_plan.pdf

Bürgerschaft der Freien und Hansestadt Hamburg. (2020d). *Lernferien 2020 an Hamburgs Schulen – Top oder Flop? Schriftliche Kleine Anfrage der Abgeordneten Birgit Stöver (CDU) vom 23.06.20 und Antwort des Senats vom 30.06.2020.* Drucksache 22/645. https://www.buergerschaft-hh.de/parldok/dokument/70786/lernferien_2020_an_hamburgs_schulen_top_oder_flop.pdf

Bürgerschaft der Freien und Hansestadt Hamburg. (2020e). *Bilanz der „Hamburger Lernferien 2020". Schriftliche Kleine Anfrage der Abgeordneten Sabine Boeddinghaus (DIE LINKE) vom 06.08.20 und Antwort des Senats vom 14.08.2020.* Drucksache 22/979. https://www.buergerschaft-hh.de/parldok/dokument/72120/bilanz_der_hamburger_lernferien_2020.pdf

Bürgerschaft der Freien und Hansestadt Hamburg. (2020f). *Lernrückstände langfristig aufholen – aber mit Plan. Antrag der Abgeordneten Birgit Stöver, u. a. (CDU) und Fraktion vom 19.08.2020.* Drucksache 22/1108. https://www.buergerschaft-hh.de/parldok/dokument/72245/lernrueckstaende_langfristig_aufholen_aber_mit_plan.pdf

Bürgerschaft der Freien und Hansestadt Hamburg. (2020g). *Stellungnahme des Senats zum Ersuchen der Bürgerschaft vom 10. Juni 2020 „Sommerangebote für alle Hamburger Kinder und Jugendliche – auch in der Corona-Krise" (Drucksache 22/381) vom 13.10.2020.* Drucksache 22/1749. https://www.buergerschaft-hh.de/parldok/dokument/72932/stellungnahme_des_senats_zum_ersuchen_der_buergerschaft_vom_10_juni_2020_sommerangebote_fuer_alle_hamburger_kinder_und_jugendliche_auch_in_der_coron.pdf

Bürgerschaft der Freien und Hansestadt Hamburg. (2020h). *Lernferien verstetigen: Hamburger Lernferien 2021. Antrag der Abgeordneten Kazim Abaci, u. a. (SPD) und Fraktion und der Abgeordneten Ivy May Müller u. a. (GRÜNE) und Fraktion zu Drucksache 22/2133 vom 24.11.2020.* Drucksache 22/2295. https://www.buergerschaft-hh.de/parldok/dokument/73487/lernferien_verstetigen_hamburger_lernferien_2021.pdf

Bürgerschaft der Freien und Hansestadt Hamburg. (2021a). *Protokoll der öffentlichen Sitzung des Schulausschusses am 21.01.2021.* Nr. 2/6. https://www.buergerschaft-hh.de/parldok/dokument/74769/protokoll_der_oeffentlichen_sitzung_des_schulausschusses.pdf

Bürgerschaft der Freien und Hansestadt Hamburg. (2021b). *Qualität des Distanzunterrichts. Schriftliche Kleine Anfrage des Abgeordneten Dr. Alexander Wolf (AfD) vom 21.01.21 und Antwort des Senats vom 29.01.2021.* Drucksache 22/2926. https://www.buergerschaft-hh.de/parldok/dokument/74180/qualitaet_des_distanzunterrichts.pdf

Bürgerschaft der Freien und Hansestadt Hamburg. (2021c). *Protokoll der öffentlichen Sitzung des Schulausschusses am 01.04.2021.* Nr. 22/7. https://www.buergerschaft-hh.de/parldok/dokument/75646/protokoll_der_oeffentlichen_sitzung_des_schulausschusses.pdf

Bürgerschaft der Freien und Hansestadt Hamburg. (2021d). *Förderoffensive für Hamburgs Schüler/-innen ausbauen. Antrag der Abgeordneten Nils Springborn u. a. (SPD) und Fraktion und der Abgeordneten Ivy May Müller u. a. (GRÜNE) und Fraktion vom 07.04.2021.* Drucksache 22/3885. https://www.buergerschaft-hh.de/parldok/dokument/75188/foerderoffensive_fuer_hamburgs_schueler_innen_ausbauen.pdf

Bürgerschaft der Freien und Hansestadt Hamburg. (2021e). *Ersuchen „Lernferien verstetigen: Hamburger Lernferien 2021". Schreiben des Staatsrates der Behörde für Schule und Berufsbildung an die Präsidentin der Hamburgischen Bürgerschaft vom 19.04.2021.* Drucksache 22/2295. https://www.buergerschaft-hh.de/parldok/dokument/75401/buergerschaftliches_ersuchen_vom_25_november_2020_lernferien_verstetigen_hamburger_lernferien_2021_drs_22_2295.pdf

Bürgerschaft der Freien und Hansestadt Hamburg. (2021f). *Förderprogramm für alle Hamburger Schülerinnen und Schüler anbieten. Antrag der Abgeordneten Birgit Stöver u. a. (CDU) und Fraktion zu Drucksache 22/3885 vom 20.04.2021.* Drucksache 22/4032. https://www.buergerschaft-hh.de/parldok/dokument/75330/foerderprogramm_fuer_alle_hamburger_schuelerinnen_und_schueler_anbieten.pdf

Bürgerschaft der Freien und Hansestadt Hamburg. (2021g). *Bürgerschaftliches Ersuchen vom 25. November 2020: „Lernferien verstetigen: Hamburger Lernferien 2021" – Drs. 22/2295. Unterrichtung durch die Präsidentin der Bürgerschaft am 21.04.2021.* Drucksache 22/4127. https://www.buergerschaft-hh.de/parldok/dokument/75401/buergerschaftliches_ersuchen_vom_25_november_2020_lernferien_verstetigen_hamburger_lernferien_2021_drs_22_2295.pdf

Bürgerschaft der Freien und Hansestadt Hamburg. (2021h). *Protokoll der 23. Plenarsitzung vom 21.04.2021.* Nr. 22/23. https://www.buergerschaft-hh.de/parldok/dokument/76283/plenarprotokoll_22_23.pdf

Bürgerschaft der Freien und Hansestadt Hamburg. (2021i). *Klassenarbeiten, Klausuren und Prüfungen unter Corona-Bedingungen. Schriftliche Kleine Anfrage der Abgeordneten Birgit Stöver (CDU) vom 15.04.21 und Antwort des Senats vom 23.04.2021.* Drucksache 22/3976. https://www.buergerschaft-hh.de/parldok/dokument/75298/klassenarbeiten_klausuren_und_pruefungen_unter_corona_bedingungen.pdf

Bürgerschaft der Freien und Hansestadt Hamburg. (2021j). *Neuberechnung des Sozialindex. Schriftliche Kleine Anfrage der Abgeordneten Birgit Stöver (CDU) vom 20.04.21 und Antwort des Senats vom 27.04.2021.* Drucksache 22/4049. https://www.buergerschaft-hh.de/parldok/dokument/75406/neuberechnung_des_sozialindex.pdf

Bürgerschaft der Freien und Hansestadt Hamburg. (2021k). *Klassenwiederholungen – für viele Schülerinnen und Schüler nur eine Möglichkeit auf dem Papier? Schriftliche Kleine Anfrage der Abgeordneten Birgit Stöver (CDU) vom 29.04.21 und Antwort des Senats vom 07.05.2021.* Drucksache 22/4179. https://www.buergerschaft-hh.de/parldok/dokument/75504/klassenwiederholungen_fuer_viele_schuelerinnen_und_schueler_nur_eine_moeglichkeit_auf_dem_papier.pdf

Bürgerschaft der Freien und Hansestadt Hamburg. (2021l). *Schulöffnungen – mit welchem Plan genau? Schriftliche Kleine Anfrage der Abgeordneten Sabine Boeddinghaus (DIE LINKE) von 20.05.21 und Antwort des Senats vom 28.05.2021.* Drucksache 22/4639. https://www.buergerschaft-hh.de/parldok/dokument/75884/schuloeffnungen_mit_welchem_plan_genau.pdf

Bürgerschaft der Freien und Hansestadt Hamburg. (2021m). *Schule nach der Pandemie: das „un-normale" Schuljahr unter breiter Beteiligung planen! Antrag der Abgeordneten Sabine Boeddinghaus u. a. (DIE LINKE) und Fraktion vom 02.06.2021.* Drucksache 22/4781. https://www.buergerschaft-hh.de/parldok/dokument/76135/schule_nach_der_pandemie_das_un_normale_kommende_schuljahr_unter_breiter_beteiligung_planen.pdf

Bürgerschaft der Freien und Hansestadt Hamburg. (2021n). *Aktionsprogramm „Aufholen nach Corona" – welchen Beitrag leistet Hamburg? Schriftliche Kleine Anfrage der Abgeordneten Birgit Stöver und Silke Seif (CDU) vom 09.06.21 und Antwort des Senats vom 15.06.2021.* Drucksache 22/4868. https://www.buergerschaft-hh.de/parldok/dokument/76252/aktionsprogramm_aufholen_nach_corona_welchen_beitrag_leistet_hamburg.pdf

Bürgerschaft der Freien und Hansestadt Hamburg. (2021o). *Bildung in der Corona-Krise: Lernt die Schulbehörde in diesen Ferien? Schriftliche Kleine Anfrage der Abgeordneten Sabine Boeddinghaus (DIE LINKE) vom 28.06.21 und Antwort des Senats vom 06.07.2021.* Drucksache 22/5097. https://www.buergerschaft-hh.de/parldok/dokument/76503/bildung_in_der_corona_krise_lernt_die_schulbehoerde_in_diesen_ferien.pdf

Bürgerschaft der Freien und Hansestadt Hamburg. (2021p). *Stellenreduzierung bei neuer KESS-Faktor-Einschätzung. Schriftliche Kleine Anfrage der Abgeordneten Anna-Elisabeth von Treuenfels-Frowein (fraktionslos (FDP)) vom 06.07.21 und Antwort des Senats vom 13.07.2021.* Drucksache 22/5157. https://www.buergerschaft-hh.de/parldok/dokument/76556/stellenreduzierung_bei_neuer_kess_faktor_einschaetzung.pdf

Bürgerschaft der Freien und Hansestadt Hamburg. (2021q). *Klassenwiederholungen – für viele Schülerinnen und Schüler nur eine Möglichkeit auf dem Papier? (III). Schriftliche Kleine Anfrage der Abgeordneten Birgit Stöver und Richard Seelmaecker (CDU) vom 19.07.21 und Antwort des Senats vom 27.07.2021.* Drucksache 22/5232. https://www.buergerschaft-hh.de/parldok/dokument/76649/klassenwiederholungen_fuer_viele_schuelerinnen_und_schueler_nur_eine_moeglichkeit_auf_dem_papier_iii.pdf

Bürgerschaft der Freien und Hansestadt Hamburg. (2021r). *Bundesprogramm „Aufholen nach Corona": Was passiert in den Schulen Hamburgs? Schriftliche Kleine Anfrage der Abgeordneten Sabine Boeddinghaus (DIE LINKE) vom 02.09.21 und Antwort des Senats vom 10.09.2021.* Drucksache 22/5648. https://www.buergerschaft-hh.de/parldok/dokument/77089/bundesprogramm_aufholen_nach_corona_was_passiert_in_den_schulen_hamburgs.pdf

Bürgerschaft der Freien und Hansestadt Hamburg. (2021s). *Bericht des Schulausschusses über die Drucksachen 22/1749: Stellungnahme des Senats zum Ersuchen der Bürgerschaft vom 10. Juni 2020 „Sommerangebote für alle Hamburger Kinder und Jugendliche auch in der Corona-Krise" (Drucksache 22/381) (Senatsmitteilung) und 22/4127: Bürgerschaftliches Ersuchen vom 25. November 2020: „Lernferien verstetigen: Hamburger Lernferien 2021" – Drucksache 22/2295 (Unterrichtung durch die Präsidentin) am 14.09.2021.* Drucksache 22/5750. https://www.buergerschaft-hh.de/parldok/dokument/77213/bericht_des_schulausschusses_ueber_die_drucksachen_22_1749_stellungnahme_des_senats_zum_ersuchen_der_buergerschaft_vom_10_juni_2020_sommerangebote_fue.pdf

Bürgerschaft der Freien und Hansestadt Hamburg. (2021t). *Protokoll der öffentlichen Sitzung des Schulausschusses am 16.09.2021.* Nr. 22/10. https://www.buergerschaft-hh.de/parldok/dokument/77390/protokoll_der_oeffentlichen_sitzung_des_schulausschusses.pdf

Bürgerschaft der Freien und Hansestadt Hamburg. (2021u). *Aktionsprogramm „Aufholen nach Corona" (II). Schriftliche Kleine Anfrage der Abgeordneten Birgit Stöver (CDU) vom 09.09.21 und Antwort des Senats vom 17.09.2021.* Drucksache 22/5710. https://www.buergerschaft-hh.de/parldok/dokument/77153/aktionsprogramm_aufholen_nach_corona_ii.pdf

Bürgerschaft der Freien und Hansestadt Hamburg. (2021v). *Protokoll der öffentlichen Sitzung des Schulausschusses am 28.10.2021.* Nr. 22/11. https://www.buergerschaft-hh.de/parldok/dokument/78095/protokoll_der_oeffentlichen_sitzung_des_schulausschusses.pdf

Bürgerschaft der Freien und Hansestadt Hamburg. (2021w). *Protokoll der öffentlichen Sitzung des Schulausschusses am 02.12.2021.* Nr. 22/12. https://www.buergerschaft-hh.de/parldok/dokument/78298/protokoll_der_oeffentlichen_sitzung_des_schulausschusses.pdf

Bürgerschaft der Freien und Hansestadt Hamburg. (2021x). *Bundesmittel „Aufholen nach Corona" (Spezifizierungen bezüglich Drs. 22/5648). Schriftliche Kleine Anfrage der Abgeordneten Sabine Boeddinghaus (DIE LINKE) vom 09.12.21 und Antwort des Senats vom 17.12.2021.* Drucksache 22/6699. https://www.buergerschaft-hh.de/parldok/do-

kument/78223/bundesmittel_aufholen_nach_corona_spezifizierungen_bezueglich_
drs_22_5648.pdf

Bürgerschaft der Freien und Hansestadt Hamburg. (2021y). *Fünf Runden „Lernferien": Wie
ist die Bilanz? Schriftliche Kleine Anfrage der Abgeordneten Sabine Boeddinghaus (DIE
LINKE) vom 09.12.21 und Antwort des Senats vom 17.12.2021.* Drucksache 22/6700.
https://www.buergerschaft-hh.de/parldok/dokument/78224/fuenf_runden_lernferien_
wie_ist_die_bilanz.pdf

Bürgerschaft der Freien und Hansestadt Hamburg. (2021z). *Protokoll der öffentlichen Sitzung
des Schulausschusses am 21.12.2021.* Nr. 22/13. https://www.buergerschaft-hh.de/parl-
dok/dokument/78408/protokoll_der_oeffentlichen_sitzung_des_schulausschusses.pdf

Bürgerschaft der Freien und Hansestadt Hamburg. (2022a). *Psychosoziale Beratung und
Unterstützung für Schüler*innen kurzfristig verbessern. Antrag der Abgeordneten Ivy
May Müller u. a. (GRÜNE) und Fraktion und der Abgeordneten Anja Quast u. a. (SPD)
und Fraktion vom 05.01.2022.* Drucksache 22/6871. https://www.buergerschaft-hh.de/
parldok/dokument/78400/psychosoziale_beratung_und_unterstuetzung_fuer_schueler_
innen_kurzfristig_verbessern.pdf

Bürgerschaft der Freien und Hansestadt Hamburg. (2022b). *Stellungnahme des Senats zum
Ersuchen der Bürgerschaft vom 21. April 2021 „Förderoffensive für Hamburgs Schüler/-
innen ausbauen" (Drucksache 22/3885) vom 01.02.2022.* Drucksache 22/7205. https://
www.buergerschaft-hh.de/parldok/dokument/78750/stellungnahme_des_senats_zum_
ersuchen_der_buergerschaft_vom_21_april_2021_foerderoffensive_fuer_hamburgs_
schueler_innen_ausbauen_drucksache_22_3885.pdf

Bürgerschaft der Freien und Hansestadt Hamburg. (2022c). *Lernförderung und Klassenwiederholungen. Schriftliche Kleine Anfrage der Abgeordneten Birgit Stöver (CDU) vom
27.01.22 und Antwort des Senats vom 04.02.2022.* Drucksache 22/7148. https://www.
buergerschaft-hh.de/parldok/dokument/78717/lernfoerderung_und_klassenwiederho-
lungen.pdf

Bürgerschaft der Freien und Hansestadt Hamburg. (2022d). *Protokoll der öffentlichen Sitzung des Schulausschusses am 10.02.2022.* Nr. 22/15. https://www.buergerschaft-hh.de/
parldok/dokument/79153/protokoll_der_oeffentlichen_sitzung_des_schulausschusses.
pdf

Freie und Hansestadt Hamburg. (2021). Zweite Verordnung zur Änderung der schulischen
Prüfungs- und Zeugnisregelungen infolge der Ausbreitung des Coronavirus SARS-
CoV-2 vom 01.04.2021. *Hamburgisches Gesetz- und Verordnungsblatt*, Nr. 24, 184–185.
https://www.luewu.de/docs/gvbl/docs/2430.pdf

IfBQ (Institut für Bildungsmonitoring und Qualitätsentwicklung Hamburg). (2022).
*Kermit im Kohortenvergleich. Vergleich der Ergebnisse vom KERMIT 3, 5 und 7
aus dem Jahr 2021 mit früheren Erhebungen.* https://www.hamburg.de/content-
blob/15935050/19a8ab3b185aa080dcc894322563776f/data/ergebnisbericht-kermit.pdf

LI (Landesinstitut für Lehrerbildung und Schulentwicklung, Hamburg). (2021). *FAQs. Anschluss – das Hamburger Mentorenprogramm.* Bearbeitungsstand 02.12.2021. https://
www.hamburg.de/contentblob/15078926/6fb17effbee3ad92c5f6b14817483f86/data/faq-
anschluss-mentoren.pdf

9.2.7 Hessen

Hessischer Landtag. (2021a). *Stenografischer Bericht der gemeinsamen Sitzung des Kulturpoli-
tischen Ausschuss (37. Sitzung) und des Sozial- und Integrationspolitischer Ausschusses
(56. Sitzung) am 16.06.2021 zum Dringlichen Berichtsantrag „Aufholen nach Corona" –
mit Förderprogramm für Kinder und Jugendliche soziale und psychische Folgen der Co-*

rona Krise sowie pandemiebedingte Lernrückstände kompensieren" der Abgeordneten *kerstin Greis (SPD u. a. sowie der Fraktion der SPD)*. Drucksache 20/5894. https://hessischer-landtag.de/sites/default/files/scald/files/KPA-KB-37_SIA-KB-56-oeff.pdf

Hessischer Landtag. (2021b). *Zusätzliche Mittel im Bildungsbereich. Schriftliche kleine Anfrage des Abgeordneten Moritz Promny (Freie Demokraten) vom 18.06.2021 und Antwort des Kultusministers*. Drucksache 20/5991. http://starweb.hessen.de/cache/DRS/20/1/05991.pdf

Hessischer Landtag. (2021c). *Mittel der Schulen für Corona-Aufholmaßnahmen. Kleine Anfrage des Abgeordneten Christoph Degen (SPD) vom 19.07.2021 und Antwort des Kultusministers vom 27.10.2021*. Drucksache 20/6170. http://starweb.hessen.de/cgi-bin/webhltlinks.pl?form=/webhlt_links.html&typ=drs&title=Drucksache&nb=20/6170

Hessischer Landtag. (2022a). *Verwendung der Mittel des Löwenstark-Programms I. Kleine Anfrage des Abgeordneten Moritz Promny (Freie Demokraten) vom 23.02.2022 und Antwort des Kultusministers vom 09.07.2022*. Drucksache 20/7981. https://starweb.hessen.de/cache/DRS/20/1/07981.pdf

Hessischer Landtag. (2022b). *Verwendung der Mittel des Löwenstark-Programms II. Kleine Anfrage des Abgeordneten Moritz Promny (Freie Demokraten) vom 23.02.2022*. Drucksache 20/7982. https://starweb.hessen.de/cache/DRS/20/2/07982.pdf

HKM (Hessisches Kultusministerium). (2021a). *„Löwenstark" – der BildungsKICK. Förderprogramm für Schülerinnen und Schüler startet*. Pressemitteilung vom 18.5.2021. https://kultusministerium.hessen.de/Presse/Der-BildungsKICK

HKM (Hessisches Kultusministerium). (2021b). *Förderprogramm. Das ist Löwenstark*. https://kultusministerium.hessen.de/Programme-und-Projekte/Loewenstark/Das-ist-Loewenstark

HKM (Hessisches Kultusministerium). (2021c). *Schule aktuell. Informationsservice für Schulleitung und Kollegium*. 03/2021. https://kultusministerium.hessen.de/sites/kultusministerium.hessen.de/files/2021-10/schule_aktuell_oktober_2021.pdf

HKM (Hessisches Kultusministerium). (2021d). *Löwenstark. Zusammenarbeit. Partner des Programms*. https://kultusministerium.hessen.de/Programme-und-Projekte/Loewenstark/Angebote-und-Partner/Partner-des-Programms

HKM (Hessisches Kultusministerium). (2021e). *Löwenstark in der Schule. Ausgestaltung und Umsetzung*. https://kultusministerium.hessen.de/Programme-und-Projekte/Loewenstark/Ausgestaltung-und-Umsetzung

HKM (Hessisches Kultusministerium). (2022). *Große Wirkung: Ein Jahr Förderprogramm „Löwenstark – Der BildungsKICK" nach Corona*. Pressemitteilung vom 08.06.2002. https://kultusministerium.hessen.de/presse/grosse-wirkung-ein-jahr-foerderprogramm-loewenstark-der-bildungskick-nach-corona

9.2.8 Mecklenburg-Vorpommern

Landesförderinstitut Mecklenburg-Vorpommern. (2021). *Fördergrundsätze zur Gewährleistung von Zuwendungen für pandemiebedingt erforderliche zusätzliche Lernförderung für Schülerinnen und Schüler. Außerschulisches Lern- und Förderprogramm Schuljahr 2021/2022*. https://www.lfi-mv.de/export/sites/lfi/foerderungen/Lern-und-Foerderprogramm/download/Foerdergrundsaetze-2021-2022.pdf

Landesregierung Mecklenburg-Vorpommern. (2021). *Aktionsprogramm „Stark machen und Anschluss sichern"*. https://www.regierung-mv.de/serviceassistent/download?id=1646413

Landtag Mecklenburg-Vorpommern. (2021a). *Programm der Landesregierung „Stark machen und Anschluss sichern"*. *Kleine Anfrage der Abgeordneten Sabine Enseleit (FDP) vom 20.12.2021 und Antwort der Landesregierung*. Drucksache 8/55. https://www.landtag-mv.de/fileadmin/media/Dokumente/Parlamentsdokumente/Drucksachen/8_Wahlperiode/D08-0000/Drs08-0055.pdf

Landtag Mecklenburg-Vorpommern. (2021b). *Konzept für die Schule nach der Pandemie gemeinsam entwickeln. Antrag der Fraktion DIE LINKE*. Drucksache 7/6178, S. 33–42. https://www.landtag-mv.de/fileadmin/media/Dokumente/Parlamentsdokumente/Plenarprotokolle/7_Wahlperiode/PlPr07-0126.pdf

Landtag Mecklenburg-Vorpommern. (2021c). *Befragung der Landesregierung durch den Abgeordneten Jens-Holger Schneider, Fraktion der AFD und Antwort der Ministerin für Bildung, Wissenschaft und Kultur*. Drucksache 7/5763. https://www.dokumentation.landtag-mv.de/parldok/dokument/47753/plenarprotokoll_7_111.pdf

Lehrer-in-MV. (2021a). *Aktionsprogramm „Stark machen und Anschluss sichern"*. https://www.lehrer-in-mv.de/aktionsprogramm/

Lehrer-in-MV. (2021b). *Schulportraits*. https://www.lehrer-in-mv.de/schulportraets/

MBK MV (Ministerium für Bildung und Kindertagesförderung des Landes Mecklenburg-Vorpommern). (2021a). *Aktionsprogramm „Stark machen und Anschluss sichern" aufgelegt. Kinder, Jugendliche und Familien im Schuljahr 2021/2022 intensiv unterstützten*. Pressemitteilung Nr. 097-21 vom 31.05.2021. https://www.regierung-mv.de/Landesregierung/bm/Aktuell/?id=170397&processor=processor.sa.pressemitteilung

MBK MV (Ministerium für Bildung und Kindertagesförderung des Landes Mecklenburg-Vorpommern). (2021b). *Zertifikat für Schülerinnen und Schüler. Schuljahr mit großen Einschränkungen durch die Corona-Pandemie geht zu Ende*. Pressemitteilung Nr. 110-21 vom 09.06.2021. https://www.regierung-mv.de/Landesregierung/bm/Aktuell/?id=170769&processor=processor.sa.pressemitteilung

MBK MV. (Ministerium für Bildung und Kindertagesförderung des Landes Mecklenburg-Vorpommern). (2022). *66.000 Förderstunden für fast 3.000 Schülerinnen und Schüler*. Pressemitteilung Nr. 004-22 vom 05.01.2022. https://www.regierung-mv.de/serviceassistent/_php/download.php?datei_id=1643306

MBWK MV (Ministerium für Bildung, Wissenschaft und Kultur des Landes Mecklenburg-Vorpommern). (2021). *Lern- und Förderangebote bei außerschulischen Anbietern bis zum Ende der Sommerferien*. Brief der Ministerin vom 05. Mai 2021 an die an die Eltern und Schülerinnen und Schüler der allgemeinbildenden Schulen und Fachgymnasien in Mecklenburg-Vorpommern. http://arndtschule.de/wp-content/uploads/2021/05/Unterstuetzungsprogramm_C_Brief-der-Ministerin-2.pdf

9.2.9 Niedersachsen

Bildungsportal Niedersachsen. (o. J.). *Handreichung zur Ermittlung der Lernausgangslagen – Feststellung und Dokumentation für die Jahrgänge 5 bis 10*. https://bildungsportal-niedersachsen.de/aktionsprogramm-startklar-in-die-zukunft/lernstaende-und-lernfoerderung

Bildungsportal Niedersachsen. (2021). *Hinweise zum Sonderbudget*. https://bildungsportal-niedersachsen.de/aktionsprogramm-startklar-fuer-die-zukunft/hinweise-zum-sonderbudget-u-programmen-es-aktionsprogramms-fuer-allgemein-bildende-schulen

Landtag Niedersachsen. (2021). *Einbahnstraße Corona? – Interessen von Kindern und Jugendlichen in und nach der Pandemie stärker berücksichtigen. Antrag der Fraktion der SPD und der Fraktion der CDU und Beschluss des Landtages vom 07.12.2021*.

Drucksache 18/9403. https://www.landtag-niedersachsen.de/Drucksachen/Drucksachen_18_12500/11001-11500/18-11281.pdf

Landtag Niedersachsen. (2022a). *„Aufholen. Nach Corona". Kleine Anfrage der Abgeordneten Björn Försterling, Susanne Victoria Schütz und Lars Alt (FDP) und Antwort des Niedersächsischen Kultusministeriums namens der Landesregierung vom 26.04.2022.* Drucksache 18/11125. https://www.landtag-niedersachsen.de/Drucksachen/Drucksachen_18_12500/11001-11500/18-11125.pdf

Landtag Niedersachsen. (2022b). *Wie geht es weiter mit dem Aktionsprogramm „Startklar in die Zukunft"? Kleine Anfrage des Abgeordneten Volker Bajus (GRÜNE) und Antwort des Niedersächsischen Ministeriums für Soziales, Gesundheit und Gleichstellung names der Landesregierung vom 08.06.2022.* Drucksache 18/11335. https://www.landtag-niedersachsen.de/Drucksachen/Drucksachen_18_12500/11001-11500/18-11335.pdf

NKM (Niedersächsisches Kultusministerium). (2020). *„LernRäume" auch in den Herbstferien / Kirchen und andere Partner setzen Initiative fort.* Presseinformation vom 22.10.2020. https://www.mk.niedersachsen.de/startseite/aktuelles/schule_neues_schuljahr/lernraume_in_den_ferien/ausbau-der-lernraume-zusatzliche-angebote-in-den-sommerferien-durch-etablierte-partner-kultusministerium-stellt-3-5-millionen-euro-zusatzlich-bereit-190258.html

NKM (Niedersächsisches Kultusministerium). (2021a). *Bilanz zum Halbjahreswechsel – Tonne: „Schule unter Corona-Bedingungen ist richtig und wichtig, aber für alle Beteiligten eine riesige Herausforderung".* Presseinformation vom 28.01.2021. https://www.mk.niedersachsen.de/startseite/aktuelles/presseinformationen/bilanz-zum-halbjahreswechsel-tonne-schule-unter-corona-bedingungen-ist-richtig-und-wichtig-aber-fur-alle-beteiligten-eine-riesige-herausforderung-196649.html

NKM (Niedersächsisches Kultusministerium). (2021b). *10-Punkte-Agenda: Bildung, Betreuung und Zukunftschancen in der Pandemie sichern – Tonne: „Bestmögliche Sicherheit und Zuverlässigkeit für die kommende Zeit".* Presseinformation vom 11.02.2021. https://www.mk.niedersachsen.de/startseite/aktuelles/presseinformationen/10-punkte-agenda-bildung-betreuung-und-zukunftschancen-in-der-pandemie-sichern-tonne-bestmogliche-sicherheit-und-verlasslichkeit-fur-die-kommende-zeit-197146.html

NKM (Niedersächsisches Kultusministerium). (2021c). *Bilanz 10-Punkte Agenda.* https://www.mk.niedersachsen.de/download/170479/MK-Presse_-_Bilanz_10-_Punkte-Agenda.pdf

NKM (Niedersächsisches Kultusministerium). (2021d). *Sichere und faire Abschlussprüfungen im Sekundarbereich I / 10-Punkte-Agenda.* Presseinformation vom 26.02.2021. https://www.mk.niedersachsen.de/startseite/aktuelles/presseinformationen/sichere-und-faire-abschlussprufungen-im-sekundarbereich-i-10-punkte-agenda-197759.html

NKM (Niedersächsisches Kultusministerium). (2021e). *Abitur 2021: Schriftliche Prüfung beginnen am Montag. Kultusminister Tonne drückt rund 32.000 Abiturientinnen und Abiturienten die Daumen.* Presseinformation vom 16.04.2021. https://www.mk.niedersachsen.de/startseite/aktuelles/presseinformationen/abitur-2021-schrift-li-che-prufungen-beginnen-am-montag-kultusminister-tonne-druckt-rund-32-000-abiturientinnen-und-abiturienten-die-daumen-199541.html

NKM (Niedersächsisches Kultusministerium). (2021f). *200 Millionen Euro für Kinder und Jugendliche in Niedersachsen – Tonne und Behrens begrüßen Bund-Länder Initiative für junge Menschen.* Presseinformation vom 05.05.2021. https://www.mk.niedersachsen.de/startseite/aktuelles/presseinformationen/200-millionen-euro-fur-kinder-und-jugendliche-in-niedersachsen-tonne-und-behrens-begrussen-bund-lander-initiative-fur-junge-menschen-200126.html

NKM (Niedersächsisches Kultusministerium). (2021g). *Regelung zur Möglichkeit der Nutzung einer alternativen Stundentafel im Primarbereich einschließlich der Förderschulen mit zielgleichem Unterricht im Schuljahr 2021/2022 im Zusammenhang mit der Corona-Pandemie.* Erlass vom 26.05.2021. https://www.mk.niedersachsen.de/download/169191/ Erlass_Regelungen_zur_Moeglichkeit_der_Nutzung_einer_alternativen_Stundentafel_ im_Primarbereich_einschliesslich_der_Foerderschulen_mit_zielgleichem_Unterricht_ im_Schuljahr_2021_2022_im_Zusammenhang_mit_der_

NKM (Niedersächsisches Kultusministerium). (2021h). *Bunte Sommerferien für Kinder und Jugendliche – „Lernräume" erhalten 3,5 Millionen Euro für Bildungs-, Betreuungs-, und Bewegungsangebote.* Presseinformation vom 18.06.2021. https://www. mk.niedersachsen.de/startseite/aktuelles/presseinformationen/bunte-sommerferi-en-fur-kinder-und-jugendliche-lernraume-erhalten-3-5-millionen-euro-fur-bildungs-be-treuungs-und-bewegungsangebote-201596.html

NKM (Niedersächsisches Kultusministerium). (2021i). *„Startklar in die Zukunft" – Kabinett beschließt Kinder- und Jugendprogramm in Höhe von 222 Millionen Euro.* Presseinformation vom 06.07.2021. https://www.mk.niedersachsen.de/startseite/aktuelles/ presseinformationen/startklar-in-die-zu-kunft-kabinett-beschliesst-kinder-und-jugend-programm-in-hohe-von-222-millionen-euro-202165.html

NKM (Niedersächsisches Kultusministerium). (2021j). *Regelung zur Umsetzung der Kerncurricula in den Schuljahren 2021/2022 bis 2024/2025 für die Schuljahrgänge 1 bis 10 der allgemeinbildenden Schulen im Zusammenhang mit den Auswirkungen der Corona-Pandemie.* Erlass vom 14.07.2021. https://www.mk.niedersachsen.de/download/171943/ Priorisierung_-_Regelungen_zur_Umsetzung_der_Kerncurricula_in_den_Schuljah-ren_2021_22_bis_2024_25_fuer_die_Schuljahrgaenge_1_bis_10_Erlass_v._14.7.2021. pdf

NKM (Niedersächsisches Kultusministerium). (2021k). *Tonne: „Schule als sozialen Ort stärken" – Aktionsprogramm „Startklar in die Zukunft" geht in die Umsetzung.* Presseinformation vom 01.09.2021. https://www.mk.niedersachsen.de/startseite/aktuelles/ presseinformationen/tonne-schule-als-sozialen-ort-starken-aktionsprogramm-startklar-in-die-zukunft-geht-in-die-umsetzung-203776.html

NKM (Niedersächsisches Kultusministerium). (2022a). *Startklar in die Zukunft. 10-Punkte-Agenda zum Aktionsprogramm für Kinder und Jugendliche.* https://www.stk.niedersach-sen.de/download/171180/Startklar_in_die_Zukunft.pdf.

NKM (Niedersächsisches Kultusministerium). (2022b). *Regelungen zum freiwilligen Zurücktreten sowie zur Wiederholung von Schuljahrgängen.* Erlass vom 14.02.2022. https:// www.mk.niedersachsen.de/download/180526/Erlass_Freiwilliges_Zuruecktreten_ Sjg._1_bis_10_14.02.2022.pdf

NKM (Niedersächsisches Kultusministerium). (2022c). *Fortsetzung des Ferienprogramms LernRäume.* Aktualisierte Presseinformation vom 18.02.2022. https://www.mk.nieder-sachsen.de/startseite/aktuelles/lernraume_2021/lernraume-2021-202006.html

Niedersächsisches Landesinstitut für schulische Qualitätsentwicklung. (o. J.) *Curriculare Vorgaben für allgemeinbildende Schulen und berufliche Gymnasien.* https://cuvo.nibis.de/ cuvo.php

Niedersächsische Staatskanzlei. (2021). *„Startklar in die Zukunft" – Kabinett beschließt Kinder- und Jugendprogramm in Höhe von 222 Millionen Euro.* Presseinformation vom 06.07.2021. https://www.stk.niedersachsen.de/startseite/presseinformationen/start-klar-in-die-zukunft-kabinett-beschliesst-kinder-und-jugendprogramm-in-hohe-von-222-millionen-euro-202169.html

9.2.10 Nordrhein-Westfalen

Bezirksregierung Arnsberg. (2021). *Aktionsprogramm „Ankommen und Aufholen für Schülerinnen und Schüler": Programmbaustein „Extra-Personal".* https://www.bra.nrw.de/bildung-schule/personalangelegenheiten/einstellung-stellenangelegenheiten/aktionsprogramm-ankommen-und-aufholen-fuer-schuelerinnen-und-schueler-programmbaustein-extra

Bezirksregierung Münster. (2021). *Landesprogramm „Ankommen und Aufholen nach Corona für Kinder und Jugendliche". Baustein: „Extra-Personal".* Schulbrief der Bezirksregierung Münster vom 10.08.2021. https://www.bezreg-muenster.de/de/schule_und_bildung/a-z/anc/_ablage/dokumente/Anschreiben_Extra-Personal.pdf

Landtag Nordrhein-Westfalen. (2021a). *Bericht des Ministers für Kinder, Familie, Flüchtlinge und Integration. „Umsetzung des ‚Aufholpakets' in NRW" zur Sitzung des Ausschusses für Familie, Kinder und Jugend am 10. Juni 2021.* Vorlage 17/5276. https://www.landtag.nrw.de/portal/WWW/dokumentenarchiv/Dokument/MMV17-5276.pdf

Landtag Nordrhein-Westfalen. (2021b). *Protokoll der 99. Sitzung des Ausschusses für Schule und Berufsbildung vom 30.06.2021.* Apr 17/1493. https://www.landtag.nrw.de/portal/WWW/dokumentenarchiv/Dokument/MMA17-1493.pdf

MJ NW. (Ministerium der Justiz des Landes Nordrhein-Westfalen). (2020). Gesetz zur Sicherung von Schul- und Bildungslaufbahnen im Jahr 2020 (Bildungssicherungsgesetz). *Gesetz- und Verordnungsblatt (GV. NRW.),* Ausgabe 2020, Nr. 16a vom 30.04.2020, 311a–316a. https://recht.nrw.de/lmi/owa/br_vbl_detail_text?anw_nr=6&vd_id=18440&ver=8&val=18440&sg=0&menu=0&vd_back=N

MJ NW (Ministerium der Justiz des Landes Nordrhein-Westfalen). (2021). Gesetz zur Sicherung von Schul- und Bildungslaufbahnen im Jahr 2021 (Zweites Bildungssicherungsgesetz). *Gesetz- und Verordnungsblatt (GV. NRW.),* Ausgabe 2021, Nr. 39 vom 17.05.2021, 559–610. https://recht.nrw.de/lmi/owa/br_vbl_detail_text?anw_nr=6&vd_id=19439&ver=8&val=19439&sg=0&menu=0&vd_back=N

MJ NW (Ministerium der Justiz des Landes Nordrhein-Westfalen). (2022). Verordnung zur Anpassung schulrechtlicher Vorschriften vom 23. März 2022. *Gesetz- und Verordnungsblatt (GV. NRW.),* Ausgabe 2022, Nr. 17 vom 12.04.2022, 375–410. https://recht.nrw.de/lmi/owa/br_vbl_detail_text?anw_nr=6&vd_id=20346&vd_back=N405&sg=0&menu=0

MSB NW (Ministerium für Schule und Bildung des Landes Nordrhein-Westfalen). (2020a). *Ministerin Gebauer: Wir begleiten unsere Schülerinnen und Schüler in bisher einmalig großem Umfang durch die Sommerferien.* Pressemitteilung vom 07.02.2020. https://www.schulministerium.nrw/system/files/media/document/file/pm_msb-02_07_2020.pdf

MSB NW (Ministerium für Schule und Bildung des Landes Nordrhein-Westfalen). (2020b). *Ministerin Gebauer: Schülerinnen und Schüler werden durch NRW-Ferienangebote gefördert und Familien unterstützt. 75 Millionen für zusätzliche NRW-Sommerferienangebote des Landes.* Pressemitteilung vom 12.06.2020. https://www.schulministerium.nrw/presse/pressemitteilungen/ministerin-gebauer-schuelerinnen-und-schueler-werden-durch-nrw

MSB NW (Ministerium für Schule und Bildung des Landes Nordrhein-Westfalen). (2020c). *Ministerin Gebauer: Zusätzliches Personal ist die beste Unterstützung für unsere Schulen. Viertes Maßnahmenpaket zur Gewinnung von Lehrkräften.* Pressemitteilung vom 24.07.2020. https://www.schulministerium.nrw/system/files/media/document/file/pm_msb-24_07_2020.pdf

MSB NW (Ministerium für Schule und Bildung des Landes Nordrhein-Westfalen). (2020d). *Ministerin Gebauer: Ferienprogramme werden verlängert und außerschulische Bildungsangebote ausgeweitet. Unterstützung für Schülerinnen und Schüler durch weitere Lan-*

desprogramme. Pressemitteilung vom 10.09.2020. https://www.schulministerium.nrw/presse/pressemitteilungen/ministerin-gebauer-ferienprogramme-werden-verlaengert-und

MSB NW (Ministerium für Schule und Bildung des Landes Nordrhein-Westfalen). (2020e). *Ministerin Gebauer: 30 Millionen Euro für OGS-Helferinnen und OGS-Helfer an Grund- und Förderschulen. Land startet Helferprogramm für Ganztags- und Betreuungsangebote an Schulen.* Pressemitteilung vom 22.11.2020. https://www.land.nrw/pressemitteilung/ministerin-gebauer-30-millionen-euro-fuer-ogs-helferinnen-und-ogs-helfer-grund-und

MSB NW (Ministerium für Schule und Bildung des Landes Nord-Rhein-Westfalen). (2020f). *Zuwendungen für das Helferprogramm für die Ganztags- und Betreuungsangebote.* Runderlass vom 14.12.2020. https://bass.schul-welt.de/19298.htm

MSB NW (Ministerium für Schule und Bildung des Landes Nordrhein-Westfalen). (2021a). *Verschiebung der Durchführung der Vergleichsarbeiten (VERA 8).* Schulmail des Ministeriums für Schule und Bildung vom 12.02.2021. https://www.schulministerium.nrw/12022021-verschiebung-der-durchfuehrung-der-vergleichsarbeiten-vera-8

MSB NW (Ministerium für Schule und Bildung des Landes Nordrhein-Westfalen). (2021b). *Verschiebung der Durchführung der Vergleichsarbeiten (VERA 3).* Schulmail des Ministeriums für Schule und Bildung vom 12.02.2021. https://www.schulministerium.nrw/12022021-b-verschiebung-der-durchfuehrung-der-vergleichsarbeiten-vera-3

MSB NW (Ministerium für Schule und Bildung des Landes Nordrhein-Westfalen). (2021c). *Ministerin Gebauer: Ein starkes Hilfspaket für Kinder und Familien mit großen Belastungen in dieser Zeit. 36 Millionen Euro für Ferienprogramme und außerschulische Bildungsangebote.* Pressemitteilung vom 14.02.2021. https://www-schulministerium-nrw-de.prod-drupal.nrw.de/presse/pressemitteilungen/ministerin-gebauer-ein-starkes-hilfspaket-fuer-kinder-und-familien-mit

MSB NW (Ministerium für Schule und Bildung des Landes Nordrhein-Westfalen). (2021d). *Ministerin Gebauer: „Erweiterung, Unterstützung und Entlastung sorgen für faire Bedingungen und ordentliche Abschlüsse". Gesetz zur Sicherung von Schul- und Bildungslaufbahnen im Jahr 2021.* Pressemitteilung vom 24.02.2021. https://www.schulministerium.nrw/presse/pressemitteilungen/ministerin-gebauer-erweiterung-unterstuetzung-und-entlastung-sorgen-fuer

MSB NW (Ministerium für Schule und Bildung des Landes Nordrhein-Westfalen). (2021e). *Richtlinie über die Förderung von außerschulischen Bildungs- und Betreuungsangeboten in Coronazeiten zur Reduzierung pandemiebedingter Benachteiligungen durch Gruppenangebote für die individuelle fachliche Förderung und Potenzialentwicklung von Schülerinnen und Schülern von allgemeinbildenden Schulen.* Runderlass vom 01.03.2021. https://www.schulministerium.nrw/system/files/media/document/file/Foerderrichtlinie-allgemeinbildende-Schulen.pdf

MSB NW (Ministerium für Schule und Bildung des Landes Nordrhein-Westfalen). (2021f). *Richtlinie über die Förderung von außerschulischen Bildungs- und Betreuungsangeboten in Coronazeiten zur Reduzierung pandemiebedingter Benachteiligungen durch Gruppenangebote für die individuelle fachliche Förderung und Potenzialentwicklung von Schülerinnen und Schülern von berufsbildenden Schulen.* Runderlass vom 01.03.2021. https://www.schulministerium.nrw/system/files/media/document/file/Foerderrichtlinie-berufsbildende-Schulen.pdf

MSB NW (Ministerium für Schule und Bildung des Landes Nordrhein-Westfalen). (2021g). *Richtlinie über die Förderung von außerschulischen Bildungs- und Betreuungsangeboten in Coronazeiten zur Reduzierung pandemiebedingter Benachteiligungen durch individuelle Betreuungsangebote für Schülerinnen und Schüler mit Bedarf an sonderpädagogischer Unterstützung und intensivpädagogischem Förderbedarf gemäß § 15 AO-SF.*

Runderlass vom 01.03.2021. https://www.schulministerium.nrw/system/files/media/document/file/Foerderrichtlinie-Individualmassnahmen.pdf

MSB NW (Ministerium für Schule und Bildung des Landes Nordrhein-Westfalen). (2021h). *Extra-Blick.* https://www.schulministerium.nrw/extra-blick

MSB NW (Ministerium für Schule und Bildung des Landes Nordrhein-Westfalen). (2021i). *Extra-Geld.* https://www.schulministerium.nrw/extra-geld

MSB NW (Ministerium für Schule und Bildung des Landes Nordrhein-Westfalen). (2021j). *Übersicht „Extra Geld".* https://www.schulministerium.nrw/system/files/media/document/file/uebersicht_extra-geld.pdf

MSB NW (Ministerium für Schule und Bildung des Landes Nordrhein-Westfalen). (2021k). *Bildungsgutscheine.* https://www.schulministerium.nrw/extra-geld/bildungsgutscheine

MSB NW (Ministerium für Schule und Bildung des Landes Nordrhein-Westfalen). (2021l). *„Ankommen und Aufholen" in NRW Programmbaustein „Extra-Geld". Handreichung zum Verfahren Bildungsgutscheine für Schulträger und Schulen.* https://www.schulministerium.nrw/system/files/media/document/file/handreichung_bildungsgutscheine_schultraeger_schulen_220625

MSB NW (Ministerium für Schule und Bildung des Landes Nordrhein-Westfalen). (2021m). *Extra-Personal.* https://www.schulministerium.nrw/extra-personal

MSB NW (Ministerium für Schule und Bildung des Landes Nordrhein-Westfalen). (2021n). *Extra-Zeit für Bewegung.* https://www.schulministerium.nrw/extra-zeit-fuer-bewegung

MSB NW (Ministerium für Schule und Bildung des Landes Nordrhein-Westfalen). (2021o). *Gruppenangebote zur individuellen fachlichen Förderung und Potenzialentwicklung für Schülerinnen und Schüler der Jahrgangsstufen 1 bis 13 an allgemeinbildenden Schulen (Allgemeine Schulen und Förderschulen).* https://www.schulministerium.nrw/gruppenangebote-zur-individuellen-fachlichen-foerderung-und-potenzialentwicklung

MSB NW (Ministerium für Schule und Bildung des Landes Nordrhein-Westfalen). (2021p). *Individuelle Bildungs- und Betreuungsangebote im häuslichen Umfeld als Einzelmaßnahme für Schülerinnen und Schüler mit Bedarf an sonderpädagogischer Unterstützung und intensivpädagogischem Förderbedarf gemäß § 15 AO-SF.* https://www.schulministerium.nrw/individuelle-bildungs-und-betreuungsangebote-im-haeuslichen-umfeld

MSB NW (Ministerium für Schule und Bildung des Landes Nordrhein-Westfalen). (2021q). *Ministerin Gebauer: Wir unterstützen unsere Schülerinnen und Schüler mit erheblichen Investitionen in die Bildungsgerechtigkeit Außerschulische Bildungs- und Betreuungsangebote: „Extra-Zeit zum Lernen".* Pressemitteilung vom 09.03.2021. https://www.schulministerium.nrw/presse/pressemitteilungen/ministerin-gebauer-wir-unterstuetzen-unsere-schuelerinnen-und

MSB NW (Ministerium für Schule und Bildung des Landes Nordrhein-Westfalen). (2021r). *Programm „Ankommen und Aufholen" startet – Landesprogramm „Extra-Zeit zum Lernen" wird ausgeweitet. Ministerin Gebauer: Wir sichern die Bildungschancen unserer Kinder und Jugendlichen in und nach der Pandemie.* Pressemitteilung vom 30.06.2021. https://www.schulministerium.nrw/presse/pressemitteilungen/programm-ankommen-und-aufholen-startet-landesprogramm-extra-zeit-zum

MSB NW (Ministerium für Schule und Bildung des Landes Nordrhein-Westfalen). (2021s). *Rahmenbedingungen für den Start in das neue Schuljahr 2021/2022.* Schulmail vom 30.06.2021. https://www.schulministerium.nrw/30062021-rahmenbedingungen-fuer-den-start-das-neue-schuljahr-20212022

MSB NW (Ministerium für Schule und Bildung des Landes Nordrhein-Westfalen). (2021t). *Zuwendungen für das OGS Helferprogramm – Aufholen nach Corona.* Runderlass vom 10.08.2021. https://bass.schul-welt.de/19467.htm

MSB NW (Ministerium für Schule und Bildung des Landes Nordrhein-Westfalen). (2022a). *LEO – Lehrereinstellung Online.NRW.* https://www.schulministerium.nrw.de/BiPo/LEO/angebote

MSB NW (Ministerium für Schule und Bildung des Landes Nordrhein-Westfalen). (2022b). *Verena.NRW bietet befristete Beschäftigungsmöglichkeiten im Schuldienst.* https://www.schulministerium.nrw.de/BiPo/Verena/angebote

MSB NW (Ministerium für Schule und Bildung des Landes Nordrhein-Westfalen). (2022c). *„Ankommen und Aufholen" in NRW. Programmbaustein „Extra-Geld". Handreichung zum Verfahren. Bildungsgutscheine für Schulträger und Schulen.* Stand: Juni 2022. https://www.schulministerium.nrw/system/files/media/document/file/handreichung_bildungsgutscheine_schultraeger_schulen_220625.pdf

QUA-LiS (Qualitäts- und UnterstützungsAgentur – Landesinstitut für Schule). (2021). *Hinweise zur Interpretation der Ergebnisse der VERA-Durchführung 2021 vom 03.11.2021.* https://www.schulentwicklung.nrw.de/e/upload/vera3/mat_2022/Hinweis-VERA-2021.pdf

QUA-LiS (Qualitäts- und UnterstützungsAgentur – Landesinstitut für Schule). (2022a). *Aufholen nach Corona – Abbau von Lernrückständen.* https://www.schulentwicklung.nrw.de/cms/aufholen-nach-corona/abbau-von-lernrueckstaenden/index.html

QUA-LiS (Qualitäts- und UnterstützungsAgentur – Landesinstitut für Schule). (2022b). *Aufholen nach Corona – Abbau von Lernrückständen.* https://www.schulentwicklung.nrw.de/cms/upload/Aufholen/AnC_Orientierungshilfen_Diagnose.pdf

QUA-LiS (Qualitäts- und UnterstützungsAgentur – Landesinstitut für Schule). (2022c). *Lebenssituation von Schülerinnen und Schülern – Unterstützungsmaterialien zur Diagnose und Förderung.* https://www.schulentwicklung.nrw.de/cms/aufholen-nach-corona/abbau-von-lernrueckstaenden/ueberfachliche-unterstuetzungsmaterialien/lebenssituation-von-schuelerinnen-und-schuelern/index.html

QUA-LiS (Qualitäts- und UnterstützungsAgentur – Landesinstitut für Schule). (2022d). *VERgleichsArbeiten (VERA-8). Allgemeine Informationen.* https://www.schulentwicklung.nrw.de/e/lernstand8/allgemeine-informationen/index.html

QUA-LiS (Qualitäts- und UnterstützungsAgentur – Landesinstitut für Schule). (2022e). *Vergleichsarbeiten in Klasse 8 (VERA-8) im Jahr 2022; hier: Zustellung der Materialien, Hinweise zum Ablauf (inkl. verlängerter Durchführungszeitraum), Umgang mit den Ergebnissen.* Schulmail vom 24.01.2022. https://www.schulentwicklung.nrw.de/e/upload/lernstand8/download/mat_2022/Servermail_Durchfuehrung_VERA-8-2022.pdf

QUA-LiS (Qualitäts- und UnterstützungsAgentur – Landesinstitut für Schule). (2022f). *Vergleichsarbeiten in Jahrgangsstufe 3.* https://www.schulentwicklung.nrw.de/e/vera3/allgemeine-informationen/aktuelles.html

QUA-LiS (Qualitäts- und UnterstützungsAgentur – Landesinstitut für Schule). (2022g). *Verschiebung der Vergleichsarbeiten 3 (VERA-3) von Klasse 3 in Klasse 4 im Jahr 2022: Zustellung der Materialien und Hinweise zum Ablauf im August/September sowie Durchführungstermine im Schuljahr 2022/2023.* Schulmail vom 05.05.2022. https://www.schulentwicklung.nrw.de/e/upload/vera3/mat_2022/VERA-3_2022_Schulmail-Durchfuehrung.pdf

Sportjugend – Landessportbund Nordrhein-Westfalen. (2021). *Extra-Zeit für Bewegung – nachholen was ausgefallen ist! Finanzielle Mittel um weitere zwei Millionen Euro aufgestockt.* https://www.sportjugend.nrw/service/extra-zeit-fuer-bewegung

9.2.11 Rheinland-Pfalz

BM RLP (Ministerium für Bildung des Landes Rheinland-Pfalz). (2020a). *Allgemeine Hinweise für das Schuljahr 2020/2021*. Elektronischer Brief des Staatssekretärs an alle Schulen in Rheinland-Pfalz vom 03.06.2020. https://corona.rlp.de/fileadmin/bm/Bildung/Corona/Schuljahr_2020_2021.pdf

BM RLP (Ministerium für Bildung des Landes Rheinland-Pfalz). (2020b). *Rechtliche Rahmenbedingungen der Leistungsfeststellung und Leistungsbeurteilung*. Elektronischer Brief des BM RLP an alle Schulen in Rheinland-Pfalz vom 13.08.2020. https://www.rheinfels-schule.de/wp-content/uploads/2020/08/Leistungsbeurteilung_Leistungsnachweise.pdf

BM RLP (Ministerium für Bildung des Landes Rheinland-Pfalz). (2021a). *Auswirkungen der aktuellen Maßnahmen der Corona-Eindämmung auf Schülerbetriebspraktika und Maßnahmen der Beruflichen Orientierung*. Elektronischer Brief des BM RLP an alle Schulleiterinnen und Schulleiter der GRS+, RS+, Integrierte Gesamtschulen, Gymnasien, Förderschulen in Rheinland-Pfalz; nachrichtlich an alle Schulleiterinnen und Schulleiter der GHS, HS und RS, Freie Waldorfschulen in Rheinland-Pfalz vom 08.01.2021. https://corona.rlp.de/fileadmin/bm/Bildung/Corona/EPoS-BO-Praktika-2021-01-final.pdf

BM RLP (Ministerium für Bildung des Landes Rheinland-Pfalz). (2021b). *Fahrplan für Kitas und Schulen bis 14. Februar*. Pressemitteilung vom 21.01.2021. https://bm.rlp.de/de/service/pressemitteilungen/detail/news/News/detail/fahrplan-fuer-kitas-und-schulen-bis-14-februar/

BM RLP (Ministerium für Bildung des Landes Rheinland-Pfalz). (2021c). *Land unterstützt Kommunen bei Schulsozialarbeit*. Pressemitteilung vom 10.02.2021. https://bm.rlp.de/de/service/pressemitteilungen/detail/news/News/detail/land-unterstuetzt-kommunen-bei-schulsozialarbeit/

BM RLP (Ministerium für Bildung des Landes Rheinland-Pfalz). (2021d). *Versetzung und freiwilliges Wiederholen/Zurücktreten im Schuljahr 2020/2021*. Elektronischer Brief des BM RLP an alle Schulen in Rheinland-Pfalz vom 09.03.2021. https://corona.rlp.de/fileadmin/bm/Bildung/Corona/EPoS_Versetzung_freiwilliger_Ruecktritt_SJ_2020_21.pdf

BM RLP (Ministerium für Bildung des Landes Rheinland-Pfalz). (2021e). *Lernförderung für Schülerinnen und Schüler mit besonderem Förderbedarf*. Elektronischer Brief des BM RLP an alle Schulen in Rheinland-Pfalz vom 15.03.2021. https://nelson-mandela-realschule.de/wp-content/uploads/2020/10/Schreiben_an_die_Schulen_Hilfe.pdf

BM RLP (Ministerium für Bildung des Landes Rheinland-Pfalz). (2021f). *VERA3 im Jahr 2021*. Schreiben des BM RLP an alle Grundschulen, organisatorisch verbundene Grund- und Hauptschulen, Grund- und Realschulen plus sowie Förderschulen mit dem Bildungsgang Grundschule in Rheinland-Pfalz vom 17.03.2021. https://vera.bildung-rp.de/fileadmin/user_upload/vera.bildung-rp.de/VERA3/20210317_VERA3_im_Jahr_2021.pdf

BM RLP (Ministerium für Bildung des Landes Rheinland-Pfalz). (2021g). *VERA8 im Jahr 2021*. Schreiben des BM RLP an alle Grund- und Hauptschulen, Hauptschulen, Grund- und Realschulen plus, Realschulen, Realschulen plus, Integrierten Gesamtschulen, Gymnasien, Förderschulen mit Abschlussziel Berufsreife bzw. qualifiziertem Sekundarabschluss I in Rheinland-Pfalz vom 17.03.2021. https://vera.bildung-rp.de/fileadmin/user_upload/vera.bildung-rp.de/20210317_VERA8_im_Jahr_2021.pdf

BM RLP (Ministerium für Bildung des Landes Rheinland-Pfalz). (2021h). *Mehr Fächer, mehr Förderung, mehr Ferienschule: Land und Kommunen machen Schülerinnen und Schüler gemeinsam stark*. Pressemitteilung vom 11.06.2021. https://bm.rlp.de/de/service/pressemitteilungen/detail/news/News/detail/mehr-faecher-mehr-foerderung-mehr-ferienschule-land-und-kommunen-machen-schuelerinnen-und-schueler-ge/

BM RLP (Ministerium für Bildung des Landes Rheinland-Pfalz). (2021i). *Mehr Unterstützung auch in den Ferien: Bildungsministerium schafft zusätzliche Angebote für Sprachkurse und Hausaufgabenhilfe.* Pressemitteilung vom 18.06.2021. https://bm.rlp.de/de/service/pressemitteilungen/detail/news/News/detail/mehr-unterstuetzung-auch-in-den-ferien-bildungsministerium-schafft-zusaetzliche-angebote-fuer-sprachku/

BM RLP (Ministerium für Bildung des Landes Rheinland-Pfalz). (2021j). *Rundschreiben zum Schuljahresende. Ankündigung „Aktionsprogramm Aufholen nach Corona für Kinder und Jugendliche".* Elektronischer Brief des BM RLP an alle Schulen in Rheinland-Pfalz vom 07.07.2021. https://realschuleplus.bildung-rp.de/fileadmin/user_upload/realschuleplus.bildung-rp.de/Meldungen/2021/EPoS-_Rundschreiben_zum_Schuljahresende-mit_Lernstanderhebung.pdf

BM RLP (Ministerium für Bildung des Landes Rheinland-Pfalz). (2021k). *Veranstaltung „Lernen aus der Pandemie": Erfahrungen aus der Corona-Zeit nutzen, um Schulen für die Zukunft gut aufzustellen.* Pressemitteilung vom 20.07.2021. https://bm.rlp.de/de/service/pressemitteilungen/detail/news/News/detail/veranstaltung-lernen-aus-der-pandemie-erfahrungen-aus-der-corona-zeit-nutzen-um-schulen-fuer-die/

BM RLP (Ministerium für Bildung des Landes Rheinland-Pfalz). (2021l). *Hubig: „Vorfahrt für Präsenzunterricht" – mehr Schülerinnen und Schüler, mehr Lehrkräfte im neuen Schuljahr.* Pressemitteilung vom 30.08.2021. https://bm.rlp.de/de/service/pressemitteilungen/detail/news/News/detail/hubig-vorfahrt-fuer-praesenzunterricht-mehr-schuelerinnen-und-schueler-mehr-lehrkraefte-im-neuen-s/

BM RLP (Ministerium für Bildung des Landes Rheinland-Pfalz). (2021m). *Mehr Sozialpädagogik, mehr außerschulische Förderung, mehr Ferienbetreuung – Land und Kommunale Familie stellen 14 Millionen Euro-Maßnahmenpaket vor.* Pressemitteilung vom 29.09.2021. https://bm.rlp.de/de/service/pressemitteilungen/detail/news/News/detail/mehr-sozialpaedagogik-mehr-ausserschulische-foerderung-mehr-ferienbetreuung-land-und-kommunale-fami/

BM RLP (Ministerium für Bildung des Landes Rheinland-Pfalz). (2021n). *Sprechvermerk zur 4. Sitzung des Ausschusses für Bildung am 28. Oktober 2021, hier: TOP 8: Auswirkungen des ‚Familiensommer 2021' und des Aktionsprogramms ‚Aufholen nach Corona' auf Rheinland-Pfalz.* Schreiben des BM RLP an den Ausschuss für Bildung vom 05.11.2021 (Vorlage 18/760). https://dokumente.landtag.rlp.de/landtag/vorlagen/760-V-18.pdf

BM RLP (Ministerium für Bildung des Landes Rheinland-Pfalz). (2021o). *Schreiben der Bildungsministerin an alle Schulen in Rheinland-Pfalz vom 02.12.2021.* https://kompetenzfeststellung.bildung-rp.de/fileadmin/user_upload/kompetenzfeststellung.bildung-rp.de/Potenzialanalyse/Schulschreiben_Winter_2021.pdf

BM RLP (Ministerium für Bildung des Landes Rheinland-Pfalz). (2022a). *18,4 Millionen Euro für mehr Schulsozialarbeit – Unterstützung der Schulen in der Pandemie.* Pressemitteilung vom 21.01.2022. https://bm.rlp.de/de/service/pressemitteilungen/detail/news/News/detail/184-millionen-euro-fuer-mehr-schulsozialarbeit-unterstuetzung-der-schulen-in-der-pandemie/

BM RLP (Ministerium für Bildung des Landes Rheinland-Pfalz). (2022b). *Hubig: „Aufholen nach Corona" kommt gut an – Großes Interesse der Schulen bestätigt Qualität des Angebots.* Pressemitteilung vom 03.05.2022. https://bm.rlp.de/de/service/pressemitteilungen/detail/news/News/detail/hubig-aufholen-nach-corona-kommt-gut-an-grosses-interesse-der-schulen-bestaetigt-qualitaet-des-ang/

BM RLP (Ministerium für Bildung des Landes Rheinland-Pfalz). (2022c). *Volkshochschulen und Bildungsministerium starten Programm „Lernen in den Ferien".* Pressemitteilung vom 05.05.2022. https://bm.rlp.de/de/service/pressemitteilungen/detail/news/News/detail/volkshochschulen-und-bildungsministerium-starten-programm-lernen-in-den-ferien/

BM RLP (Ministerium für Bildung des Landes Rheinland-Pfalz). (2022d). *Berichterstattung zur 11. Sitzung des Ausschusses für Bildung am 24. Juni 2022, hier: TOP 8: Programm „LiF – Lernen in den Ferien".* Schreiben des BM RLP an den Ausschuss für Bildung vom 29.06.2022 (Vorlage 18/2177). https://dokumente.landtag.rlp.de/landtag/vorlagen/2177-V-18.pdf

BM RLP (Ministerium für Bildung des Landes Rheinland-Pfalz). (2022e). *Sprechvermerk zur 12. Sitzung des Ausschusses für Bildung am 24. Juni 2022, hier: TOP 4: Aufholen nach Corona.* Schreiben des BM RLP an den Ausschuss für Bildung vom 29.06.2022 (Vorlage 18/2174). https://dokumente.landtag.rlp.de/landtag/vorlagen/2174-V-18.pdf

BM RLP (Ministerium für Bildung des Landes Rheinland-Pfalz) & VHS-Verband (Verband der Volkshochschulen von Rheinland-Pfalz e. V.). (2021a). *Rahmenvereinbarung über additive Lernangebote der Volkshochschulen an Schulen in Rheinland-Pfalz.* Rahmenvereinbarung zwischen dem Verband der Volkshochschulen von Rheinland-Pfalz e. V. und dem Ministerium für Bildung des Landes Rheinland-Pfalz über additive Lernangebote an Schulen zur Förderung und Unterstützung von Schüler*innen vom 26.02.2021. https://bm.rlp.de/fileadmin/bm/Presse/Anlagen/Rahmenvereinbarung_VHS_additive_Lernangebote.pdf

BM RLP (Ministerium für Bildung des Landes Rheinland-Pfalz) & VHS-Verband (Verband der Volkshochschulen von Rheinland-Pfalz e. V.). (2021b). *Rahmenvereinbarung über additive Lernangebote der Volkshochschulen an Schulen in Rheinland-Pfalz.* Rahmenvereinbarung zwischen dem Verband der Volkshochschulen von Rheinland-Pfalz e. V. und dem Ministerium für Bildung des Landes Rheinland-Pfalz über additive Lernangebote an Schulen zur Förderung und Unterstützung von Schüler*innen vom 02.09.2021. https://aktionsprogramm-corona.bildung-rp.de/fileadmin/user_upload/aktionsprogramm-corona.bildung-rp.de/Rahmenvereinbarung_VHS_additive_Lernangebote_NEU.pdf

BM RLP (Ministerium für Bildung des Landes Rheinland-Pfalz) & VHS-Verband (Verband der Volkshochschulen von Rheinland-Pfalz e. V.). (2022). *Rahmenvereinbarung über Ferienlernangebote LiF – Lernen in Ferien der Volkshochschulen an Schulen in Rheinland-Pfalz.* Rahmenvereinbarung zwischen dem Verband der Volkshochschulen von Rheinland-Pfalz e. V. und dem Ministerium für Bildung des Landes Rheinland-Pfalz über Lernangebote in den Ferien zur Förderung und Unterstützung von Schülerinnen und Schülern vom 05.05.2022. https://bm.rlp.de/fileadmin/bm/Bildung/Lernen_in_Ferien/RV_LiF_-_Lernen_in_Ferien.pdf

FM RLP (Ministerium der Finanzen des Landes Rheinland-Pfalz). (2021). *Haushaltsplan für das Haushaltsjahr 2022.* Einzelplan 09 Ministerium für Bildung des Landes Rheinland-Pfalz vom 08.12.2021 (Vorlage 18/989). https://dokumente.landtag.rlp.de/landtag/vorlagen/989-V-18.pdf

Landtag Rheinland-Pfalz. (2020). *Protokoll der 41. Sitzung des Ausschusses für Bildung am 02.07.2020.* Nr. 17/41. https://dokumente.landtag.rlp.de/landtag/ausschuesse/bildungsa-41-17.pdf

Landtag Rheinland-Pfalz. (2021a). *Einsatz von PES-Mitteln während der Corona-Pandemie. Antwort des Ministeriums für Bildung vom 14.05.2021 auf die Kleine Anfrage der Abgeordneten Anke Beilstein (CDU) – Drucksache 17/14863 – (Drucksache 17/14999).* https://dokumente.landtag.rlp.de/landtag/drucksachen/14999-17.pdf

Landtag Rheinland-Pfalz. (2021b). *Protokoll der 46. Sitzung des Ausschusses für Bildung am 12.01.2021.* Nr. 17/46. https://dokumente.landtag.rlp.de/landtag/ausschuesse/bildungsa-46-2-17.pdf

Landtag Rheinland-Pfalz. (2021c). *Leistungsnachweise während der Pandemie. Antwort des Ministeriums für Bildung vom 14.05.2021 auf die Kleine Anfrage der Abgeordneten Anke Beilstein (CDU) – Drucksache 17/14860 – (Drucksache 17/15005)*. https://dokumente. landtag.rlp.de/landtag/drucksachen/15005-17.pdf

Landtag Rheinland-Pfalz, Ausschuss für Bildung (2021d). *Protokoll der 2. Sitzung des Ausschusses für Bildung am 23.06.2021*. Nr. 18/2. https://dokumente.landtag.rlp.de/landtag/ ausschuesse/bildungsa-2-18.pdf

Landtag Rheinland-Pfalz. (2021e). *Protokoll der 2. Sitzung des Ausschusses für Familie, Jugend, Integration und Verbraucherschutz am 24.06.2021*. Nr. 18/2. https://dokumente. landtag.rlp.de/landtag/ausschuesse/integrationsa-2-18.pdf

Landtag Rheinland-Pfalz. (2021f). *Unterstützungspersonal (m/w/d) an Schulen. Antwort des Ministeriums für Bildung vom 30.06.2021 auf die Kleine Anfrage des Abgeordneten Helge Schwab (FREIE WÄHLER) – Drucksache 18/177 – (Drucksache 18/435)*. https://dokumente.landtag.rlp.de/landtag/drucksachen/435-18.pdf

Landtag Rheinland-Pfalz. (2021g). *Freiwilligendienste zu Corona-Zeiten in Rheinland-Pfalz. Antwort des Ministeriums für Familie, Frauen, Kultur und Integration vom 13.07.2021 auf die Kleine Anfrage des Abgeordneten Fabian Ehmann (BÜNDNIS 90/DIE GRÜNEN) – Drucksache 18/336 – (Drucksache 18/636)*. https://dokumente.landtag.rlp.de/landtag/ drucksachen/636-18.pdf

Landtag Rheinland-Pfalz. (2021h). *Schule während Corona: Sommerschule und Aufholen der Wissenslücken. Antwort des Ministeriums für Bildung vom 04.08.2021 auf die Kleine Anfrage der Abgeordneten Jennifer Groß (CDU) – Drucksache 18/639 – (Drucksache 18/826)*. https://dokumente.landtag.rlp.de/landtag/drucksachen/826-18.pdf

Landtag Rheinland-Pfalz. (2021i). *Aufwendungen für Schulsozialarbeit an den unterschiedlichen Schultypen in Rheinland-Pfalz. Antwort des Ministeriums für Bildung vom 11.08.2021 auf die Große Anfrage der Fraktion FREIE WÄHLER – Drucksache 18/448 – (Drucksache 18/859)*. https://dokumente.landtag.rlp.de/landtag/drucksachen/859-18.pdf

Landtag Rheinland-Pfalz. (2021j). *Qualifizierte Hausaufgabenhilfe an Grundschulen. Antwort des Ministeriums für Bildung vom 31.08.2021 auf die Kleine Anfrage des Abgeordneten Marcus Klein (CDU) – Drucksache 18/845 – (Drucksache 18/951)*. https://dokumente. landtag.rlp.de/landtag/drucksachen/951-18.pdf

Landtag Rheinland-Pfalz. (2021k). *Protokoll der 3. Sitzung des Ausschusses für Kultur am 14.09.2021*. Nr. 18/3. https://dokumente.landtag.rlp.de/landtag/ausschuesse/kultura-3-18.pdf

Landtag Rheinland-Pfalz. (2021l). *Protokoll der 4. Sitzung des Ausschusses für Bildung am 28.10.2021*. Nr. 18/4. https://dokumente.landtag.rlp.de/landtag/ausschuesse/bildungsa-4-18.pdf

Landtag Rheinland-Pfalz. (2022a). *Protokoll der 10. Sitzung des Ausschusses für Bildung am 07.04.2022*. Nr. 18/10. https://dokumente.landtag.rlp.de/landtag/ausschuesse/bildungsa-10-18.pdf

Landtag Rheinland-Pfalz. (2022b). *Bildungslücken durch Corona. Antwort des Ministeriums für Bildung vom 13.06.2022 auf die Kleine Anfrage der Abgeordneten Jennifer Groß (CDU) – Drucksache 18/3288 – (Drucksache 18/3445)*. https://dokumente.landtag.rlp. de/landtag/drucksachen/3445-18.pdf

Pädagogisches Landesinstitut Rheinland-Pfalz. (2021). *Feriensprachkurse – Kurzinformation*. Pädagogisches Landesinstitut Rheinland-Pfalz. https://migration.bildung-rp.de/ fileadmin/user_upload/migration.bildung-rp.de/Feriensprachkurse/Feriensprachkurse_Kurzinformation_neu042021.pdf

9.2.12 Saarland

Landtag des Saarlandes. (2022). *Antwort zu der Anfrage der Abgeordneten Jutta Schmitt-Lang (CDU) betr.: Ergebnisse der Vera Vergleichsarbeiten. 18.07.2022.* Drucksache 17/53. https://www.landtag-saar.de/File.ashx?FileId=65133&FileName=Aw17_0053.pdf&directDL=false

LPM (Landesinstitut für Pädagogik und Medien). (o. J.). *Online-Portal: Individuelle Förderung und Lernprozessbegleitung.* https://www.lpm.uni-sb.de/typo3/index.php?id=6636

MBK SL (Ministerium für Bildung und Kultur des Saarlandes). (o. J). *Aktionsprogramm Aufholen nach Corona für Kinder und Jugendliche. Schritt-für-Schritt-Anleitung: Ablauf in den Schulen.* https://www.saarland.de/SharedDocs/Downloads/DE/mbk/00_Portalstart/schwerpunktthemen/aufholpaket/dld_anleitung-umsetzung-aktionsprogramm.pdf?__blob=publicationFile&v=2

MBK SL (Ministerium für Bildung und Kultur des Saarlandes). (2020). *Aus der Krise lernen. Bildungs- und Kulturministerin Christine Streichert-Clivot zum Doppelhaushalt 2021/22.* 08.12.2020. https://www.saarland.de/mbk/DE/aktuelles/aktuelle-meldungen/allgemein/2020/201208_haushaltsrede-bildung-kultur.html

MBK SL (Ministerium für Bildung und Kultur des Saarlandes). (2021a). *Bildungsgerechtigkeit und Zukunftsperspektiven der Kinder und Jugendlichen sichern. Rede von Bildungs- und Kulturministerin Christine Streichert-Clivot im Sonderplenum am 22. Januar 2021.* https://www.saarland.de/mbk/DE/aktuelles/aktuelle-meldungen/allgemein/2021/210122-meldung-plenarrede-CSC-sonderplenum.html

MBK SL (Ministerium für Bildung und Kultur des Saarlandes). (2021b). *Bewältigung der Krisenfolgen für Kinder und Jugendliche: mehr individuelle Förderung und bis zu 400 zusätzliche Lehrer*innen und weiteres pädagogisches Personal im kommenden Schuljahr.* Medieninformation vom 08.06.2021. https://www.saarland.de/mbk/DE/aktuelles/medieninformationen/2021/06/PM-2021-06-08-aufholen-nach-corona.html

MBK SL (Ministerium für Bildung und Kultur des Saarlandes). (2021c). *Ferienangebote.* 04.08.2021. https://www.saarland.de/mbk/DE/schwerpunktthemen/aktionsprogramm/03-schueler-und-erziehungsberechtigte/ferienangebote/ferienangebote_node.html

MBK SL (Ministerium für Bildung und Kultur des Saarlandes). (2021d). *Schulische Sozialarbeit für unsere Kinder und Jugendlichen.* 26.08.2021. https://www.saarland.de/mbk/DE/schwerpunktthemen/multiprofessionalitaet/schulsozialarbeit/schulsozialarbeit.html

MBK SL (Ministerium für Bildung und Kultur des Saarlandes). (2021e). *Förderangebote.* 06.10.2021. https://www.saarland.de/mbk/DE/schwerpunktthemen/aktionsprogramm/03-schueler-und-erziehungsberechtigte/foerderangebote/foerderangebote_node.html

MBK SL (Ministerium für Bildung und Kultur des Saarlandes). (2021f). *FAQ. Alle relevanten Informationen zum Aktionsprogramm im Überblick.* 06.10.2021. https://www.saarland.de/mbk/DE/schwerpunktthemen/aktionsprogramm/faq/faq_node.html

MBK SL (Ministerium für Bildung und Kultur des Saarlandes). (2021g). *Diagnose und Förderung.* 06.10.2021. https://www.saarland.de/mbk/DE/schwerpunktthemen/aktionsprogramm/01-schulen/foerderung-und-diagnose/foerderung-und-diagnose_node.html

MBK SL (Ministerium für Bildung und Kultur des Saarlandes). (2021h). *Kennt ihr schon „Meister Cody"? Die Schulen im Saarland bekommen zusätzliche Mittel für den Einsatz von digitalen Förderinstrumenten.* 14.10.2021. https://www.saarland.de/mbk/DE/aktuelles/aktuelle-meldungen/allgemein/2021/211014-meldung-meister-cody.html

MBK SL (Ministerium für Bildung und Kultur des Saarlandes). (2021i). *Durchführung externer Angebote.* 29.10.2021. https://www.saarland.de/mbk/DE/schwerpunktthemen/

aktionsprogramm/02-vertragspartner-und-honorarkraefte/durchfuehrung-externer-an-gebote/durchfuehrung-externer-angebote.html

MBK SL (Ministerium für Bildung und Kultur des Saarlandes). (2022a). *Bis zu 300 pan-demiebedingt befristet eingestellte Lehrkräfte stehen auch im kommenden Schuljahr zur Verfügung – Streichert-Clivot: „Lehrkräfte werden dauerhaft an unseren Schulen ge-braucht".* Medieninformation vom 08.02.2022. https://www.saarland.de/mbk/DE/aktu-elles/medieninformationen/2022/02/PM_220208-300-pandemiestellen.html

MBK SL (Ministerium für Bildung und Kultur des Saarlandes). (2022b). *Aktionsprogramm „Aufholen nach Corona für Kinder und Jugendliche". Liste der Rahmenvertragspartner.* Stand: 22.02.2022. https://www.saarland.de/SharedDocs/Downloads/DE/mbk/00_Por-talstart/schwerpunktthemen/aufholpaket/dld_liste-vertragspartner.pdf?__blob=publi-cationFile&v=3

MBK SL (Ministerium für Bildung und Kultur des Saarlandes). (2022c). *Aktionsprogramm „Aufholen nach Corona für Kinder und Jugendliche". Liste der Subpartner.* Stand: 22.06.2022. https://www.saarland.de/SharedDocs/Downloads/DE/mbk/00_Portal-start/schwerpunktthemen/aufholpaket/dld_liste-subpartner.pdf?__blob=publicationFi-le&v=3

MBK SL (Ministerium für Bildung und Kultur des Saarlandes) & LPM (Landesinstitut für Pädagogik und Medien). (o. J.). *Aufholen nach Corona.* Flyer zum Info-Portal „Indivi-duelle Förderung und Lernprozessbegleitung" (IFöL-Portal). https://www.saarland.de/SharedDocs/Downloads/DE/mbk/00_Portalstart/schwerpunktthemen/aufholpaket/dld_aktionsporgramm-infoportal-flyer.pdf?__blob=publicationFile&v=2

9.2.13 Sachsen

Sächsische Staatskanzlei. (2021). *Verordnung des Sächsischen Staatsministeriums für Kultus zur Umsetzung des Aktionsprogramms „Aufholen nach Corona für Kinder und Jugend-liche" an Schulen in freier Trägerschaft (Aufholen-nach-Corona-Verordnung – Aufholen VO) vom 20.08.2021.* https://www.revosax.sachsen.de/vorschrift/19308-Aufholen-nach-Corona-Verordnung

Sächsischer Landtag (2021). *Aktionsprogramm „Aufholen nach Corona". Kleine Anfrage Rolf Weigand AfD 07.10.2021 und Antwort des Staatsministeriums für Kultus.* Drucksa-che 7/7867. https://ws.landtag.sachsen.de/images/7_Drs_7867_1_1_1_.pdf

SMK SA (Staatsministerium für Kultus Sachsen). (2021a). *Bildungsempfehlung: Mehr Kin-der können aufs Gymnasium.* SMK SA-Blog vom 25.03.2021. https://www.bildung.sachsen.de/blog/index.php/2021/03/25/bildungsempfehlung-mehr-schueler-koennten-aufs-gymnasium/

SMK SA (Sächsisches Ministerium für Kultus). (2021b). *Aktionsprogramm „Aufholen nach Corona" läuft an.* SMK SA-Blog vom 25.06.2021. https://www.bildung.sachsen.de/blog/index.php/2021/06/25/aktionsprogramm-aufholen-nach-corona-laeuft-an/

SMK SA (Sächsisches Ministerium für Kultus). (2021c). *Aufholprogramm: Schulassistenten gesucht.* SMK SA-Blog vom 06.07.2021. https://www.bildung.sachsen.de/blog/index.php/2021/07/06/aufholprogramm-schulassistenten-gesucht/

SMK SA (Sächsisches Ministerium für Kultus). (2021d). *Aufholprogramm: Schüler erhalten Gutscheine für Schwimmkurse.* SMK SA-Blog vom 16.07.2021. https://www.bildung.sachsen.de/blog/index.php/2021/07/16/aufholprogramm-schueler-erhalten-gutscheine-fuer-schwimmkurse/

SMK SA (Sächsisches Ministerium für Kultus). (2021e). *Lernlücken schließen mit angepass-ten Lehrplänen und Testaufgaben.* SMK SA-Blog vom 22.07.2021. https://www.bildung.

sachsen.de/blog/index.php/2021/07/22/lernluecken-schliessen-mit-angepassten-lehr-plaenen-und-testaufgaben/

SMK SA (Staatsministerium für Kultus Sachsen). (2021f). *Schulabschluss: Rund 97 Prozent der Schülerinnen und Schüler waren erfolgreich*. Medienservice vom 19.08.2021. https://www.medienservice.sachsen.de/medien/news/256830

SMK SA (Sächsisches Ministerium für Kultus). (2021g). *Hunderte von Helfern unterstützen Schulen beim Aufholen nach Corona*. SMK SA-Blog vom 30.09.2021. https://www.bildung.sachsen.de/blog/index.php/2021/09/30/hunderte-von-helfern-unterstuetzen-schulen-beim-aufholen-nach-corona/

SMK SA (Staatsministerium für Kultus Sachsen). (2022). *Bildungsempfehlung: Mehr als die Hälfte fürs Gymnasium*. SMK SA-Blog vom 06.04.2022. https://www.bildung.sachsen.de/blog/index.php/2022/04/06/bildungsempfehlung-mehr-als-die-haelfte-fuers-gymnasium/

9.2.14 Sachsen-Anhalt

Landtag von Sachsen-Anhalt (2021a). *Lernrückstände aufholen – Bildungsschäden minimieren. Antrag der Fraktion der AfD*. Drucksache 7/7264. https://padoka.landtag.sachsen-anhalt.de/files/drs/wp7/drs/d7264aan.pdf

Landtag von Sachsen-Anhalt. (2021b). *Schulöffnungen mit Bedacht – Infektionsschutz sicherstellen – Bildungsperspektiven erhalten! Alternativantrag nach § 37 GO.LT. der Fraktionen von CDU, SPD und BÜNDNIS 90/DIE GRÜNEN zum Antrag der Fraktion AfD „Lernrückstände aufholen – Bildungsschäden minimieren (Drs. 7/7264)*. Drucksache 7/7294. https://padoka.landtag.sachsen-anhalt.de/files/drs/wp7/drs/d7294raa.pdf

Landtag von Sachsen-Anhalt. (2021c). *Regelunterricht ermöglichen und Nachteile in der Lernentwicklung ausgleichen. Antrag der Fraktion DIE LINKE*. Drucksache 7/7367. https://padoka.landtag.sachsen-anhalt.de/files/drs/wp7/drs/d7367dan.pdf

Landtag von Sachsen-Anhalt. (2021d). *Zurückziehung der Drucksache 7/7294. Unterrichtung des Landtags durch die Präsidentin Gabriele Brakebusch*. Drucksache 7/7408. https://padoka.landtag.sachsen-anhalt.de/files/drs/wp7/drs/d7408vun.pdf

Landtag von Sachsen-Anhalt. (2021e). *121. Sitzung des Landtags von Sachsen-Anhalt*. Kurzbericht 7/121. https://padoka.landtag.sachsen-anhalt.de/files/kurzber/wp7/kub121.pdf

Landtag von Sachsen-Anhalt. (2021f). *Schulöffnungen mit Bedacht – Infektionsschutz sicherstellen – Bildungsperspektiven erhalten! Alternativantrag nach § 37 GO.LT der Fraktionen CDU, SPD und BÜNDNIS 90/DIE GRÜNEN zum Antrag der Fraktion DIE LINKE „Regelunterricht ermöglichen und Nachteile in der Lernentwicklung ausgleichen" (Drs. 7/7367)*. Drucksache 7/7418. https://padoka.landtag.sachsen-anhalt.de/files/drs/wp7/drs/d7418raa.pdf

Landtag von Sachsen-Anhalt. (2021g). *Mitteilung über die erfolgte Einwilligung zu einer außerplanmäßigen Ausgabe bzw. Verpflichtungsermächtigung für das Aktionsprogramm „Aufholen nach Corona für Kinder und Jugendliche". Unterrichtung des Landtags von Sachsen-Anhalt durch das Ministerium der Finanzen*. Schreiben vom 24.08.2021. Drucksache 8/116. https://padoka.landtag.sachsen-anhalt.de/files/drs/wp8/drs/d0116lun.pdf

Landtag von Sachsen-Anhalt. (2021h). *Entwurf eines Nachtragshaushaltsbegleitgesetzes 2021*. Drucksache 8/327. https://padoka.landtag.sachsen-anhalt.de/files/drs/wp8/drs/d0327lge.pdf

Landtag von Sachsen-Anhalt. (2022a). *Auswirkungen der Corona-Pandemie für Kinder und Jugendliche. Kleine Anfrage der Abgeordneten Eva von Angern (DIE LINKE) – KA 8/333* und Antwort der Landesregierung, erstellt vom Ministerium für Arbeit, Soziales, Gesundheit und Gleichstellung. Drucksache 8/674. https://padoka.landtag.sachsen-anhalt.de/files/drs/wp8/drs/d0674dak.pdf

Landtag von Sachsen-Anhalt. (2022b). *Förderung von Maßnahmen aus dem Aktionsprogramm „Aufholen nach Corona für Kinder und Jugendliche". Kleine Anfrage der Abgeordneten Nicole Anger (DIE LINKE) – KA 8/385 und Antwort der Landesregierung, erstellt vom Ministerium für Bildung.* Drucksache 8/779. https://padoka.landtag.sachsen-anhalt.de/files/drs/wp8/drs/d0779dak.pdf

Landtag von Sachsen-Anhalt. (2022c). *Entwurf des Haushaltsplans für das Haushaltsjahr 2022. Einzelplan 07 (Ministerium für Bildung).* Anlage zu Drucksache 8/810. https://padoka.landtag.sachsen-anhalt.de/files/hhp/wp8/HHPE_2022/80810ep07e.pdf

Landtag von Sachsen-Anhalt; Ausschuss für Bildung. (2021a). *Niederschrift der 2. öffentlichen Sitzung.* Niederschrift 8/BIL/2. https://padoka.landtag.sachsen-anhalt.de/files/aussch/wp8/bil/protok/bil002p8i.pdf

Landtag von Sachsen-Anhalt; Ausschuss für Bildung. (2021b). *Niederschrift der 3. öffentlichen Sitzung.* Niederschrift 8/BIL/3. https://padoka.landtag.sachsen-anhalt.de/files/aussch/wp8/bil/protok/bil003p8i.pdf

Landtag von Sachsen-Anhalt; Ausschuss für Bildung. (2021c). *Niederschrift der 4. öffentlichen Sitzung.* Niederschrift 8/BIL/4. https://padoka.landtag.sachsen-anhalt.de/files/aussch/wp8/bil/protok/bil004p8i.pdf

Landtag von Sachsen-Anhalt; Ausschuss für Bildung. (2022a). *Niederschrift der 5. öffentlichen Sitzung.* 8/BIL/5. https://padoka.landtag.sachsen-anhalt.de/files/aussch/wp8/bil/protok/bil005p8i.pdf

Landtag von Sachsen-Anhalt; Ausschuss für Bildung. (2022b). *Niederschrift der 7. öffentlichen Sitzung.* Niederschrift 8/BIL/7. https://padoka.landtag.sachsen-anhalt.de/files/aussch/wp8/bil/protok/bil007p8i.pdf

Landtag von Sachsen-Anhalt; Ausschuss für Bildung und Kultur. (2021a). *Niederschrift der 59. öffentlichen Sitzung.* Niederschrift 7/BIL/59. https://padoka.landtag.sachsen-anhalt.de/files/aussch/wp7/bil/protok/bil059p7i.pdf

Landtag von Sachsen-Anhalt; Ausschuss für Bildung und Kultur. (2021b). *Niederschrift der 61. öffentlichen Sitzung.* Niederschrift 7/BIL/61. https://padoka.landtag.sachsen-anhalt.de/files/aussch/wp7/bil/protok/bil061p7i.pdf

Landtag von Sachsen-Anhalt; Ausschuss für Bildung und Kultur. (2021c). *Niederschrift der 62. öffentlichen Sitzung.* Niederschrift 7/BIL/62. https://padoka.landtag.sachsen-anhalt.de/files/aussch/wp7/bil/protok/bil062p7i.pdf

MB ST (Ministerium für Bildung des Landes Sachsen-Anhalt). (2021a). *Abschlussprüfungen im Schuljahr 2020/2021 – Feußner: „Keine Nachteile entstehen lassen!".* Pressemitteilung 06/2021 vom 26.02.2021. https://mb.sachsen-anhalt.de/fileadmin/tx_tsarssinclude/bildungsministerium_26_02_2021_pressemitteilung_abschlussprue-fungen-im-schuljahr-2020-2021-feussner-keine-nachteile-entstehen-lassen.pdf

MB ST (Ministerium für Bildung des Landes Sachsen-Anhalt). (2021b). *Bildungsminister Marco Tullner zur geplanten Änderung der Versetzungsordnung.* Pressemitteilung 22/2021 vom 04.05.2021. https://mb.sachsen-anhalt.de/fileadmin/tx_tsarssinclude/bildungsministerium_04_05_2021_pressemitteilung_bildungsminister-marco-tullner-zur-geplanten-aenderung-der-versetzungsverordnung.pdf

MB ST (Ministerium für Bildung des Landes Sachsen-Anhalt). (2021c). *Sachsen-Anhalt startet Nachhilfe-Offensive für Kinder und Jugendliche.* Pressemitteilung 26/2021 vom 06.05.2021. https://mb.sachsen-anhalt.de/fileadmin/tx_tsarssinclude/bildungsministerium_06_05_2021_pressemitteilung_sachsen-anhalt-startet-nachhilfe-offensive-fuer-kinder-und-jugendliche.pdf

MB ST (Ministerium für Bildung des Landes Sachsen-Anhalt). (2021d). *Außerunterrichtliche Schwimmangebote ermöglichen – Feußner: „Kinder fit fürs Wasser machen!".* Pressemitteilung 29/2021 vom 22.05.2021. https://mb.sachsen-anhalt.de/fileadmin/tx_ tsarssinclude/bildungsministerium_22_05_2021_pressemitteilung_ausserunterrichtliche-schwimmangebote-ermoeglichen-feussner-kinder-fit-fuers-wasser-machen.pdf

MB ST (Ministerium für Bildung des Landes Sachsen-Anhalt). (2021e). *Hinweise zu den Abschlussprüfungen im Schuljahr 2020/2021.* https://mb.sachsen-anhalt.de/fileadmin/ Bibliothek/Landesjournal/Bildung_und_Wissenschaft/MBLSAURL-Dokumente/Abschlusspruefungen.pdf

MB ST (Ministerium für Bildung des Landes Sachsen-Anhalt). (2021f). *Aktionsprogramm „Aufholen nach Corona für Kinder und Jugendliche" auf den Weg gebracht.* Pressemitteilung 226/2021 vom 01.06.2021. https://mb.sachsen-anhalt.de/fileadmin/ tx_tsarssinclude/bildungsministerium_01_06_2021_pressemitteilung_aktionsprogramm-aufholen-nach-corona-fuer-kinder-und-jugendliche-auf-den-weg-gebracht.pdf

MB ST (Ministerium für Bildung des Landes Sachsen-Anhalt). (2021g). *Ende des Schuljahres 2020/2021: Sachsen-Anhalts Schülerinnen und Schüler nach Zeugnisausgabe in den Sommer verabschiedet.* Pressemitteilung 46/2021 vom 21.07.2021. https:// mb.sachsen-anhalt.de/fileadmin/tx_tsarssinclude/bildungsministerium_21_07_2021_ pressemitteilung_ende-des-schuljahres-2020-2021-sachsen-anhalts-schuelerinnen-und-schueler-nach-zeugnisausgabe-in-den-sommer-verabschiedet.pdf

MB ST (Ministerium für Bildung des Landes Sachsen-Anhalt). (2021h). *Minister Tullner besucht Lerncamp in Naumburg.* Pressemitteilung 49/2021 vom 11.08.2021. https:// mb.sachsen-anhalt.de/fileadmin/tx_tsarssinclude/bildungsministerium_11_08_2021_ pressemitteilung_minister-tullner-besucht-lerncamp-in-naumburg.pdf

MB ST (Ministerium für Bildung des Landes Sachsen-Anhalt). (2021i). *Schuljahr 2021/2022: Aufholen nach Corona.* Pressemitteilung 54/2021 vom 02.09.2021. https://mb.sachsen-anhalt.de/fileadmin/tx_tsarssinclude/bildungsministerium_02_09_2021_pressemitteilung_schuljahr-2021-2022-aufholen-nach-corona.pdf

MB ST (Ministerium für Bildung des Landes Sachsen-Anhalt). (2021j). *Erheben und Beheben von Lernrückständen nach Corona.* Websiteinfo. https://mb.sachsen-anhalt.de/ themen/schule-und-unterricht/erheben-und-beheben-von-lernrueckstaenden-nach-corona/

MB ST (Ministerium für Bildung des Landes Sachsen-Anhalt). (2022a). *Beginn der Abiturprüfungen für ca. 6.000 Schülerinnen und Schüler in Sachsen-Anhalt.* Pressemitteilung 23/2022 vom 22.04.2022. https://mb.sachsen-anhalt.de/fileadmin/tx_tsarssinclude/bildungsministerium_22_04_2022_pressemitteilung_beginn-der-abiturpruefungen-fuer-ca-6-000-schuelerinnen-und-schueler-in-sachsen-anhalt.pdf

MB ST (Ministerium für Bildung des Landes Sachsen-Anhalt). (2022b). *Start der Abschlussprüfungen zur Erlangung des Realschulabschlusses.* Pressemitteilung 25/2022 vom 29.04.2022. https://mb.sachsen-anhalt.de/fileadmin/tx_tsarssinclude/bildungsministerium_29_04_2022_pressemitteilung_start-der-abschlusspruefungen-zur-erlangung-des-realschulabschlusses.pdf

MB ST (Ministerium für Bildung des Landes Sachsen-Anhalt). (2022c). *Aufholen nach Corona: Lerncamps in den Sommerferien.* Pressemitteilung 32/2022 vom 20.05.2022. https:// mb.sachsen-anhalt.de/fileadmin/tx_tsarssinclude/bildungsministerium_20_05_2022_ pressemitteilung_aufholen-nach-corona-lerncamps-in-den-sommerferien.pdf

Staatskanzlei und Ministerium für Kultur des Landes Sachsen-Anhalt. (2021). *Landesregierung beschließt Nachtragshaushalt 2021, Sondervermögen Corona und Gewerbesteuerausgleichsgesetz.* Pressemitteilung 478/2021 vom 26.10.2021. https://presse. sachsen-anhalt.de/wp-content/uploads/pdf/staatskanzlei_26_10_2021_Pressemitteilung_landesregierung-beschliesst-nachtragshaushalt-2021-sondervermoegen-corona-und-gewerbesteuerausgleichsgesetz.pdf

9.2.15 Schleswig-Holstein

IQSH (Institut für Qualitätsentwicklung an Schulen, Schleswig-Holstein). (o. J.a). *FAQ Schulleitung und gewerbliche Nachhilfeanbieter*innen sowie freie Mitarbeiter*innen.* https://www.zukunftskompass.sh/fileadmin/content/content-iqsh/zkompass/others/FAQ_LernchancenSH_SJ21_V04.pdf

IQSH (Institut für Qualitätsentwicklung an Schulen, Schleswig-Holstein). (o. J.b). *Bildungsgutschein B.* https://www.zukunftskompass.sh/fileadmin/content/content-iqsh/zkompass/others/SJ21_Bildungsgutschein_B_Honorarkr%C3%A4fte_V06.pdf

IQSH (Institut für Qualitätsentwicklung an Schulen, Schleswig-Holstein). (2020). *Jahresbericht Schuljahr 2019/2020.* https://publikationen.iqsh.de/informationen-iqsh.html?file=files/Inhalte/PDF-Downloads/Publikationen/Jahresbericht%202019-2020.pdf&cid=4470

IQSH (Institut für Qualitätsentwicklung an Schulen, Schleswig-Holstein). (2021a). *Lernstände erheben. Unterstützungsangebote des IQSH für Lehrkräfte.* https://www.schleswig-holstein.de/DE/Landesregierung/IQSH/Material/Downloads/lernstaendeErheben_Flyer.pdf?__blob=publicationFile&v=2

IQSH (Institut für Qualitätsentwicklung an Schulen, Schleswig-Holstein). (2021b). *Jahresbericht Schuljahr 2020/2021.* https://publikationen.iqsh.de/pdf-downloads-informationen-iqsh.html?file=files/Inhalte/PDF-Downloads/Publikationen/Jahresbericht%202020-2021_PDF%20UA.pdf&cid=4669

IQSH (Institut für Qualitätsentwicklung an Schulen, Schleswig-Holstein). (2021c). *Qualifizierung externer Unterstützungskräfte im Rahmen des Programms LERNCHANCEN:SH.* https://publikationen.iqsh.de/upo-entwicklung.html?file=files/Inhalte/PDF-Downloads/Faltbl%C3%A4tter/Flyer%20-%20Lernchancen-SH.pdf&cid=4596

Landesregierung Schleswig-Holstein. (2022). *VerA. Bundesweite Vergleichsarbeiten in Deutsch und Mathematik in der 3. Jahrgangsstufe* (Menüpunkt Landesergebnisse Schleswig-Holstein). https://www.schleswig-holstein.de/DE/landesregierung/themen/bildung-hochschulen/schulqualitaet/VERA/_documents/vera3.html

MBWK SH (Ministerium für Bildung, Wissenschaft und Kultur des Landes Schleswig-Holstein). (2015). *Verantwortung auf allen Ebenen. Gemeinsam gegen Unterrichtsausfall. Maßnahmen zur Reduzierung von Unterrichtsausfall und zur Sicherstellung qualitativ angemessener Vertretung.* https://www.schleswig-holstein.de/DE/Fachinhalte/U/unterrichtsversorgung/Downloads/Konzept_Unterrichtsausfall.pdf?__blob=publicationFile&v=1

MBWK SH (Ministerium für Bildung, Wissenschaft und Kultur des Landes Schleswig-Holstein). (2021a). *Erlass zur freiwilligen Wiederholung aufgrund der Coronapandemie im Schuljahr 2020/21.* Stand: 01.03.2021. https://www.schulrecht-sh.com/texte/c/corona_freiwilliges_wiederholen.pdf

MBWK SH (Ministerium für Bildung, Wissenschaft und Kultur des Landes Schleswig-Holstein). (2021b). *Vergleichsarbeiten (VERA) sollen Aufschluss über Lernstände geben.* Pressemitteilung vom 19.03.2021. https://www.schleswig-holstein.de/DE/Landesregierung/III/Presse/PI/2021/Maerz_2021/III_vera.html

MBWK SH (Ministerium für Bildung, Wissenschaft und Kultur des Landes Schleswig-Holstein). (2021c). *LERNCHANCEN:SH. Programm für die Sommerferien.* Pressemitteilung vom 06.05.2021. https://www.schleswig-holstein.de/DE/Landesregierung/III/Presse/PI/2021/Corona/Mai_2021/III_lernchancen_SH.html

MBWK SH (Ministerium für Bildung, Wissenschaft und Kultur des Landes Schleswig-Holstein). (2021d). *Rahmenkonzept Schuljahr 2021/22: Lernen aus der Pandemie.* Stand: 15.06.2021. https://www.schleswig-holstein.de/DE/landesregierung/themen/gesundheit-verbraucherschutz/coronavirus/Bildung-Kultur/Schulen/_documents/Schuljahr21_22/rahmenkonzept_sj21_22_lang.pdf?__blob=publicationFile&v=3

MBWK SH (Ministerium für Bildung, Wissenschaft und Kultur des Landes Schleswig-Holstein). (2022a). *Neue Regeln für Abschlussprüfungen und Klassenarbeiten ESA, MSA und Abitur – Erleichterungen für die Prüfungen im Schuljahr 2021/22.* Stand: 10.01.2022. https://www.schleswig-holstein.de/DE/landesregierung/themen/gesundheit-verbraucherschutz/coronavirus/Bildung-Kultur/Schulen/_documents/Schuljahr21_22/abschlusspruefungen2022.html

MBWK SH (Ministerium für Bildung, Wissenschaft und Kultur des Landes Schleswig-Holstein). (2022b). *Manuskript der Landtagsrede der Ministerin Karin Prien zu den TOP 21, 31, 32 der 141. Sitzung des Schleswig-Holsteinischen Landtages.* https://www.schleswig-holstein.de/DE/landesregierung/ministerien-behoerden/III/Presse/PI/2022/Februar/III_Landtagsrede.html

Schleswig-Holsteinischer Landtag. (2021a). *Plenarprotokoll der 122. Sitzung des Schleswig-Holsteinischen Landtages am 17.06.2021.* Plenarprotokoll 19/122. https://www.landtag.ltsh.de/export/sites/ltsh/infothek/wahl19/plenum/plenprot/2021/19-122_06-21.pdf

Schleswig-Holsteinischer Landtag. (2021b). *Bereitstellung von Finanzmitteln für die Umsetzung des Bund-Länder- „Aktionsprogramms Aufholen nach Corona für Kinder und Jugendliche" für die Jahre 2021 und 2022. Schreiben des Ministeriums für Bildung, Wissenschaft und Kultur an den Vorsitzenden des Finanzausschusses des Schleswig-Holsteinischen Landtages.* Umdruck 19/5933. https://www.landtag.ltsh.de/infothek/wahl19/umdrucke/05900/umdruck-19-05933.pdf

9.2.16 Thüringen

AfBJS (Ausschuss für Bildung, Jugend und Sport des Thüringer Landtages). (2021a). *Ergebnisprotokoll (zugleich Beschlussprotokoll) der gemeinsamen Beratung mit dem federführenden Ausschuss für Soziales, Arbeit, Gesundheit und Gleichstellung gemäß § 81 Abs. 1 Satz 2 GO – öffentliche Sitzung – 21. Sitzung des Ausschusses für Bildung, Jugend und Sport am 22.01.2021.* Nr. 7/21. https://parldok.thueringer-landtag.de/ParlDok/dokument/80177/21_sitzung_des_ausschusses_fuer_bildung_jugend_und_sport_gemeinsame_beratung_mit_der_18_sitzung_des_federfuehrenden_ausschuss_fuer_soziales_arbeit_ges.pdf

AfBJS (Ausschuss für Bildung, Jugend und Sport des Thüringer Landtages). (2021b). *Ergebnisprotokoll (zugleich Beschlussprotokoll) des öffentlichen Sitzungsteils (Videokonferenz) der 23. Sitzung des Ausschusses für Bildung, Jugend und Sport am 10.02.2021.* Nr. 7/23. https://parldok.thueringer-landtag.de/ParlDok/dokument/80945/23_sitzung_ausschuss_fuer_bildung_jugend_und_sport.pdf

AfBJS (Ausschuss für Bildung, Jugend und Sport des Thüringer Landtages). (2021c). *Ergebnisprotokoll (zugleich Beschlussprotokoll) des öffentlichen Sitzungsteils der 28. Sitzung des Ausschusses für Bildung, Jugend und Sport am 26.03.2021.* Nr. 7/28. https://parldok.thueringer-landtag.de/ParlDok/dokument/81811/28_sitzung_ausschuss_fuer_bildung_jugend_und_sport_gemeinsame_beratung_mit_dem_federfuehrenden_ausschusses_fuer_soziales_arbeit_gesundheit_und_gleichs.pdf

AfBJS (Ausschuss für Bildung, Jugend und Sport des Thüringer Landtages). (2021d). *Ergebnisprotokoll (zugleich Beschlussprotokoll) der 32. Sitzung des Ausschusses für Bildung,*

Jugend und Sport am 27.05.2021. Nr. 7/32. https://parldok.thueringer-landtag.de/Parl-Dok/dokument/83209/32_sitzung_ausschuss_fuer_bildung_jugend_und_sport.pdf

Freistaat Thüringen. (2021). Erste Verordnung zur Änderung der Thüringer Verordnung zur Abmilderung der Folgen der Corona-Pandemie im Schulbereich vom 2. März 2021. *Gesetzes- und Verordnungsblatt für den Freistaat Thüringen*, Nr. 8/2021, 162–168. https://parldok.thueringer-landtag.de/ParlDok/dokument/80641/gesetz_und_verord-nungsblatt_nr_8_2021.pdf

Freistaat Thüringen. (2022). Thüringer Verordnung zur Abmilderung der Folgen der Corona-Pandemie im Schulbereich vom 4. März 2022. ThürAbmildSchulVO. *Gesetzes- und Verordnungsblatt für den Freistaat Thüringen*, Nr. 9/2022, 179–186. https://parldok.thueringer-landtag.de/ParlDok/dokument/86054/gesetz_und_verordnungs-blatt_nr_9_2022.pdf

Studierendenwerk Thüringen. (2021). *Studierende für Ferienkurse gesucht.* https://www.stw-thueringen.de/news/studierende-für-ferienkurse-gesucht.html

ThILLM (Thüringer Institut für Lehrerfortbildung, Lehrplanentwicklung und Medien). (2021). *Ergebnisse der Befragung zu den bildungsunterstützenden Ferienkursen 2021.* https://staerken-unterstuetzen-abholen.thueringen.de/fileadmin/schule/aufho-len/2021-11-17_Evaluation_Ferienkurse.pdf

Thüringer Landtag. (2021a). *Pandemiebewältigung in der Bildung – chancengerechten Zugang zu außerschulischen Lern- und Förderangeboten ermöglichen. Antrag der Fraktion der FDP vom 03.03.2021.* Drucksache 7/2786. https://parldok.thueringer-landtag.de/Parl-Dok/dokument/80189/pandemiebewaeltigung_in_der_bildung_chancengerechten_zu-gang_zu_ausserschulischen_lern_und_foerderangeboten_ermoeglichen.pdf

Thüringer Landtag. (2021b). *Plenarprotokoll der 45. Sitzung des Thüringer Landtags vom 06.05.2021.* Nr. 7/45. https://parldok.thueringer-landtag.de/ParlDok/doku-ment/81321/45_plenarsitzung_auswaertige_sitzung_im_parksaal_der_arena_erfurt.pdf

Thüringer Landtag. (2021c). *Zu erwartende Kosten für das Nachholen coronabedingter Lern-rückstände in Thüringen. Kleine Anfrage der Abgeordneten Hoffmann (AfD) und Ant-wort des Thüringer Ministeriums für Bildung, Jugend und Sport vom 06.05.2021.* Drucksache 7/3299. https://parldok.thueringer-landtag.de/ParlDok/dokument/81594/zu_erwartende_kosten_fuer_das_nachholen_coronabedingter_lernrueckstaende_in_thueringen.pdf

Thüringer Landtag. (2021d). *Erhöhte Zahl von Schulabbrechern in der Corona-Krise? Kleine Anfrage der Abgeordneten Hoffmann (AfD) und Antwort des Thüringer Ministeriums für Bildung, Jugend und Sport vom 28.05.2021.* Drucksache 7/3446. https://parldok.thue-ringer-landtag.de/ParlDok/dokument/81768/erhoehte_zahl_von_schulabbrechern_in_der_corona_krise.pdf

Thüringer Landtag. (2021e). *Das Thüringer Bildungswesen stärken – Schlussfolgerungen der Corona-Monate umsetzen. Antrag der Fraktionen DIE LINKE, der SPD und BÜNDNIS 90/DIE GRÜNEN vom 14.07.2021.* Drucksache 7/3731. https://parldok.thueringer-land-tag.de/ParlDok/dokument/82455/das_thueringer_bildungswesen_staerken_schlussfol-gerungen_der_corona_monate_umsetzen.pdf

Thüringer Landtag. (2021f). *Lernlücken schließen – Bildungschancen wahren – Aus der Co-rona-Krise lernen – Schule der Zukunft jetzt auf den Weg bringen. Alternativantrag der Fraktion der CDU zu dem Antrag der Fraktionen DIE LINKE, der SPD und BÜND-NIS 90/DIE GRÜNEN – Drucksache 7/3731 – Das Thüringer Bildungswesen stärken – Schlussfolgerungen der Corona-Monate umsetzen vom 15.09.2021.* Drucksache 7/4090. https://parldok.thueringer-landtag.de/ParlDok/dokument/83192/das_thueringer_bil-dungswesen_staerken_schlussfolgerungen_der_corona_monate_umsetzen_lernlue-cken_schliessen_bildungschancen_wahren_aus_der_corona_krise.pdf

Thüringer Landtag. (2021g). *Lernstandserhebungen in Thüringen. Mündliche Anfrage des Abgeordneten Jankowski (AfD) vom 15.09.2021.* Drucksache 7/4088. https://parldok.thueringer-landtag.de/ParlDok/dokument/83191/lernstandserhebungen_in_thueringen.pdf

Thüringer Landtag. (2021h). *Bildungsunterstützende Ferienkurse an Thüringer Schulen und Kindergärten. Kleine Anfrage des Abgeordneten Tischner (CDU) und Antwort des Thüringer Ministeriums für Bildung, Jugend und Sport vom 17.09.2021.* Drucksache 7/4128. https://parldok.thueringer-landtag.de/ParlDok/dokument/83325/bildungsunterstuetzende_ferienkurse_an_thueringer_schulen_und_kindergaerten.pdf

Thüringer Landtag. (2021i). *Plenarprotokoll der 58. Sitzung des Thüringer Landtags am 23.09.2021.* Nr. 7/58. https://parldok.thueringer-landtag.de/ParlDok/dokument/83317/58_plenarsitzung_arbeitsfassung.pdf

Thüringer Landtag. (2021j). *Selbstverantwortung der Schulen respektieren und fördern – Erfahrungen aus der Corona-Pandemie für Modernisierung des Schulwesens nutzen. Alternativantrag der Parlamentarischen Gruppe der FDP zu dem Antrag der Fraktionen DIE LINKE, der SPD und BÜNDNIS 90/DIE GRÜNEN – Drucksache 7/3731 – Das Thüringer Bildungswesen stärken – Schlussfolgerungen der Corona-Monate umsetzen vom 12.10.2021.* Drucksache 7/4194. https://parldok.thueringer-landtag.de/ParlDok/dokument/83558/das_thueringer_bildungswesen_staerken_schlussfolgerungen_der_corona_monate_umsetzen_selbstverantwortung_der_schulen_respektieren_und_foerdern_erfahrun.pdf

Thüringer Landtag. (2021k). *Plenarprotokoll der 64. Sitzung des Thüringer Landtags am 28.11.2021.* Nr. 7/64. https://parldok.thueringer-landtag.de/ParlDok/dokument/84180/64_plenarsitzung_arbeitsfassung.pdf

Thüringer Landtag. (2021l). *Plenarprotokoll der 65. Sitzung des Thüringer Landtags am 19.11.2021.* Nr. 7/65. https://parldok.thueringer-landtag.de/ParlDok/dokument/84192/65_plenarsitzung_arbeitsfassung.pdf

Thüringer Landtag. (2021m). *Sommerprogramm und bildungsunterstützende Ferienkurse. Antwort der Landesregierung vom 19.11.2021 zu Frage 1 der Mündlichen Anfrage der Abgeordneten Baum (FDP) – Drucksache 7/4110 – gemäß § 91 Abs. 4 GO.* Drucksache 7/4426. https://parldok.thueringer-landtag.de/ParlDok/dokument/84154/sommerprogramm_und_bildungsunterstuetzende_ferienkurse.pdf

Thüringer Landtag. (2021n). *Bildungsunterstützende Ferienkurse an Thüringer Schulen und Kindergärten – nachgefragt. Kleine Anfrage des Abgeordneten Tischner (CDU) und Antwort des Thüringer Ministeriums für Bildung, Jugend und Sport vom 29.11.2021.* Drucksache 7/4480. https://parldok.thueringer-landtag.de/ParlDok/dokument/84355/bildungsunterstuetzende_ferienkurse_an_thueringer_schulen_und_kindergaerten_nachgefragt.pdf

TMBJS (Thüringer Ministerium für Bildung, Jugend und Sport). (o. J.a). *Bildungsunterstützende Ferienkurse in den Sommerferien 2021 – eine Bilanz.* https://staerken-unterstuetzen-abholen.thueringen.de

TMBJS (Thüringer Ministerium für Bildung, Jugend und Sport). (o. J.b). *Feststellungen zur Lernentwicklung und zur Ermittlung von Lernständen im Rahmen der pädagogischen Diagnostik.* https://staerken-unterstuetzen-abholen.thueringen.de/kognitive-foerderung/lernstandsanalysen

TMBJS (Thüringer Ministerium für Bildung, Jugend und Sport). (o. J.c). *Kinder in die Sportvereine.* https://staerken-unterstuetzen-abholen.thueringen.de/koerperlich-motorische-foerderung/kinder-in-die-sportvereine

TMBJS (Thüringer Ministerium für Bildung, Jugend und Sport). (o. J.d). *Klassenfahrten mit pädagogischen Angeboten. Aufenthalte in Schullandheimen oder Jugendbildungseinrichtungen.* https://staerken-unterstuetzen-abholen.thueringen.de/sozial-emotionale-foerderung/klassenfahrten

TMBJS (Thüringer Ministerium für Bildung, Jugend und Sport). (o. J.e). *Kooperation KITA-Schule-Sportverein.* https://staerken-unterstuetzen-abholen.thueringen.de/kognitive-foerderung/kita-schule-sportverein

TMBJS (Thüringer Ministerium für Bildung, Jugend und Sport). (o. J.f). *Landesaktionsprogramm „Stärken – Unterstützen – Abholen" für Kinder und Jugendliche nach Corona.* https://staerken-unterstuetzen-abholen.thueringen.de

TMBJS (Thüringer Ministerium für Bildung, Jugend und Sport). (o. J.g). *Lern-Schecks für kommerzielle Angebote.* https://staerken-unterstuetzen-abholen.thueringen.de/kognitive-foerderung/lern-schecks

TMBJS (Thüringer Ministerium für Bildung, Jugend und Sport). (o. J.h). *Zusätzliche Unterrichtsstunden.* https://staerken-unterstuetzen-abholen.thueringen.de/sozial-emotionale-foerderung/zusaetzliche-unterrichtsstunden

TMBJS (Thüringer Ministerium für Bildung, Jugend und Sport). (o. J.i). *Statistisches Informationssystem.* https://www.schulstatistik-thueringen.de/

TMBJS (Thüringer Ministerium für Bildung, Jugend und Sport). (2021a). Durchführungsbestimmungen zur Umsetzung des Schulbudgets. Verwaltungsvorschrift des Thüringer Ministeriums für Bildung, Jugend und Sport vom 8. Januar 2021. *Amtsblatt des Thüringer Ministeriums für Bildung, Jugend und Sport,* 1/2021, 2–7. https://bildung.thueringen.de/fileadmin/ministerium/amtsblatt/Amtsblatt_1_2021.pdf

TMBJS (Thüringer Ministerium für Bildung, Jugend und Sport). (2021b). *Runder Tisch „Bildung unter Pandemiebedingungen" tagt erstmals. Minister Holter: Wichtiger Austausch mit Praxis.* Mitteilung vom 14.01.2021 https://bildung.thueringen.de/aktuell/runder-tisch-bildung-unter-pandemiebedingungen-tagt-erstmals

TMBJS (Thüringer Ministerium für Bildung, Jugend und Sport). (2021c). *Festlegungen und Informationen des Thüringer Ministeriums für Bildung, Jugend und Sport zur Durchführung zentraler Abschlussprüfungen, Leistungsfeststellungen, von Prüfungen zum Erwerb von Sprachzertifikaten sowie Kompetenztests im Schuljahr 2020/21 vom 05.03.2021.* https://bildung.thueringen.de/fileadmin/schule/schulwesen/2021-02-09_Festlegungen_Pruefungen_2020-2021.pdf

TMBJS (Thüringer Ministerium für Bildung, Jugend und Sport). (2021d). *Leitfaden zum Umgang mit heterogenen Lernständen infolge der Corona-Pandemie vom 30.04.2021.* https://bildung.thueringen.de/fileadmin/2021/2021-04-30_Leitfaden_Lernrueckstaende.pdf

TMBJS (Thüringer Ministerium für Bildung, Jugend und Sport). (2021e). *Minister Holter gibt Startschuss für Bildungsunterstützende Ferienkurse.* Mitteilung vom 11.05.2021. https://bildung.thueringen.de/aktuell/minister-holter-gibt-startschuss-fuer-bildungsunterstuetzende-ferienkurse

TMBJS (Thüringer Ministerium für Bildung, Jugend und Sport). (2021f). *Bildungsunterstützende Ferienkurse an den staatlichen Grundschulen sowie den Thüringer Gemeinschaftsschulen mit Primarbereich.* Schreiben der Staatssekretärin an die Schulleitungen der Thüringer staatlichen Grundschulen sowie die Thüringer Gemeinschaftsschulen mit Primarbereich vom 11.05.2021. https://bildung.thueringen.de/fileadmin/ministerium/organisation/hauptpersonalrat/28859_20210511_114032_21-05-11_Ferienkurse-Schreiben_an_die_GS.pdf

TMBJS (Thüringer Ministerium für Bildung, Jugend und Sport). (2021g). *Bildungsunterstützende Ferienkurse an den weiterführenden allgemeinbildenden staatlichen Schulen.* Schreiben der Staatssekretärin an die Schulleitungen der weiterführenden allgemeinbildenden staatlichen Schulen vom 11.05.2021. https://bildung.thueringen.de/fileadmin/ministerium/organisation/hauptpersonalrat/28859_20210511_111723_21-05-11_Ferienkurse-Schreiben_an_die_abS.pdf

TMBJS (Thüringer Ministerium für Bildung, Jugend und Sport). (2021h). *Umgang mit heterogenen Lernständen infolge der Corona-Pandemie.* Mitteilung vom 12.05.2021. https://bildung.thueringen.de/aktuell/umgang-mit-heterogenen-lernstaenden-infolge-der-corona-pandemie

TMBJS (Thüringer Ministerium für Bildung, Jugend und Sport). (2021i). *Thüringen ermöglicht über 1.000 Kindern Ferienfreizeiten in Programmen der Kinder- und Jugendhilfe.* Mitteilung vom 26.07.2021. https://bildung.thueringen.de/aktuell/thueringen-ermoeglicht-ueber-1000-kindern-ferienfreizeiten-in-programmen-der-kinder-und-jugendhilfe

TMBJS (Thüringer Ministerium für Bildung, Jugend und Sport). (2021j). *Informationen zum Schuljahr 2021/2022 vom 01.09.2021.* https://bildung.thueringen.de/fileadmin/2021/2021-09-01_Handout_Schuljahrbeginn_2021-22.pdf

TMBJS (Thüringer Ministerium für Bildung, Jugend und Sport). (2021k). *Schuljahr 2021/2022. Bildung wird wieder im Vordergrund stehen.* Schreiben des Ministers an die Eltern schulpflichtiger Kinder und die Schülerinnen und Schüler in Thüringen vom 02.09.2021. https://bildung.thueringen.de/fileadmin/2021/Elternbrief_Schuljahr_2021-22_Bildungsminister_Helmut_Holter.pdf

TMBJS (Thüringer Ministerium für Bildung, Jugend und Sport). (2021l). *Thüringen beginnt mit schrittweiser Umsetzung des Landesprogramms „Stärken – Unterstützen – Abholen". Das Thüringer Bildungsministerium erarbeitet derzeit die nächsten Schritte zur Umsetzung des Landesprogramms „Stärken – Unterstützen – Abholen".* Mitteilung vom 21.10.2021. https://bildung.thueringen.de/aktuell/landesaktionsprogramms-staerken-unterstuetzen-abholen

TMBJS (Thüringer Ministerium für Bildung, Jugend und Sport). (2021m). Verwaltungsvorschrift des Thüringer Ministeriums für Bildung, Jugend und Sport (TMBJS) zur Umsetzung des Aktionsprogramms des Bundes „Aufholen nach Corona für Kinder und Jugendliche" für die Jahre 2021 und 2022 vom 26.11.2021. *Amtsblatt des Thüringer Ministeriums für Bildung, Jugend und Sport, 12/2021,* 2–7. https://bildung.thueringen.de/fileadmin/ministerium/amtsblatt/2021/Amtsblatt_12_2021.pdf

TMBJS (Thüringer Ministerium für Bildung, Jugend und Sport). (2022a). Verwaltungsvorschrift des Thüringer Ministeriums für Bildung, Jugend und Sport vom 7. Januar 2022: Durchführungsbestimmungen zur Umsetzung des Schulbudgets. *Amtsblatt des Thüringer Ministeriums für Bildung, Jugend und Sport, 1/2022,* 3–8. https://bildung.thueringen.de/fileadmin/ministerium/amtsblatt/2022/Amtsblatt_1_2022.pdf

TMBJS (Thüringer Ministerium für Bildung, Jugend und Sport). (2022b). *Thüringen schafft auch 2022 Erleichterungen bei den Abschlussprüfungen an allgemeinbildenden Schulen. Thüringens Bildungsminister Helmut Holter hat heute den Bildungsausschuss des Thüringer Landtags über die aktuellen Planungen zu Abschlussprüfungen im Schuljahr 2021/22 und zu weiteren vorgesehenen pandemiebedingten Erleichterungen informiert.* Mitteilung vom 21.01.2022. https://bildung.thueringen.de/aktuell/erleichterungen-bei-den-abschlusspruefungen

TMBJS (Thüringer Ministerium für Bildung, Jugend und Sport). (2022c). *Landesaktionsprogramm „Stärken Unterstützen Abholen" tritt an Schulen in die Umsetzungsphase. Plangemäß beginnt an den Thüringer Schulen nach den Winterferien zum zweiten Schulhalbjahr 2021/22 die Umsetzungsphase des Landesaktionsprogramms „Stärken Unterstützen Abholen" für Kinder und Jugendliche nach Corona.* Mitteilung vom 11.02.2022. https://bildung.thueringen.de/aktuell/landesaktionsprogramm-staerken-unterstuetzen-abholen-startet

TMBJS (Thüringer Ministerium für Bildung, Jugend und Sport). (2022d). *Durchführung zentraler Abschlussprüfungen, Leistungsfeststellungen, von Prüfungen zum Erwerb von Sprachzertifikaten sowie von Kompetenztests im Schuljahr 2021/22.* Festlegung vom 11.03.2022. https://bildung.thueringen.de/fileadmin/schule/schulwesen/schulrecht/2022-03-11_Festlegungen_Pruefungen_2021-2022.pdf

TMBJS (Thüringer Ministerium für Bildung, Jugend und Sport). (2022e). *Landessportbund unterstützt Landesaktionsprogramm „Stärken – Unterstützen – Abholen" – Zuwendungsverträge unterzeichnet.* Mitteilung vom 15.03.2022. https://bildung.thueringen.de/aktuell/landessportbund-unterstuetzt-landesaktionsprogramm-staerken-unterstuetzen-abholen-zuwendungsvertraege-unterzeichnet

TMBJS (Thüringer Ministerium für Bildung, Jugend und Sport). (2022f). *Zusammenstellung von Fragen aus den Videosprechstunden zum Landesprogramm „Stärken – Unterstützen – Abholen".* https://staerken-unterstuetzen-abholen.thueringen.de/fileadmin/schule/aufholen/FAQ-Landesaktionsprogramm.pdf

TMBJS (Thüringer Ministerium für Bildung, Jugend und Sport). (2022g). *Leitfaden zum Umgang mit heterogenen Lernständen infolge der Corona-Pandemie.* Stand: 24.03.2022. https://bildung.thueringen.de/fileadmin/bildung/lernrueckstaende/2022-03-24_Leitfaden_Lernrueckstaende.pdf

TMBJS (Thüringer Ministerium für Bildung, Jugend und Sport). (2022h). *Übersicht der kommerziellen Anbieter für Lern-Schecks.* https://staerken-unterstuetzen-abholen.thueringen.de/fileadmin/schule/aufholen/2022-08-12_kommerzielle_Anbieter_Lern-Schecks.pdf

9.3 Medienberichte

Bildungsklick. (2021a). *Landesregierung will mit „Bridge the Gap" helfen, Lernlücken zu schließen* (08.06.2021). https://bildungsklick.de/schule/detail/landesregierung-will-mit-bridge-the-gap-helfen-rasch-lernluecken-bei-schuelern-zu-schliessen

Bildungsklick. (2021b). *Schulische Normalität. Hessen startet im Präsenzunterricht in das neue Schuljahr* (27.08.2021). https://bildungsklick.de/schule/detail/hessen-startet-im-praesenzunterricht-in-das-neue-schuljahr

Bildungsklick. (2021c). *„Lernen mit Rückenwind": Mangel an Zeit und Personal* (03.12.2021). https://bildungsklick.de/schule/detail/vbe-umfrage-zu-lernen-mit-rueckenwind-es-mangelt-an-zeit-und-personal

BR24 (Bayrischer Rundfunk). (2021). *Beeinflussten Verwandtenbesuche im Ausland die Infektionszahlen?* (28.05.2021). https://www.br.de/nachrichten/deutschland-welt/beeinflussten-verwandtenbesuche-im-ausland-die-corona-infektionszahlen,SYbv8u4

Das Deutsche Schulportal. (2021a). *Lernstandserhebung in Hamburg. Bundesweit einmalige Daten zeigen Lernverluste durch Corona* (13.09.2021). https://deutsches-schulportal.de/schule-im-umfeld/bundesweit-einmalige-daten-zeigen-lernverluste-durch-corona/

Das Deutsche Schulportal (2021b). *Lernstandserhebung. Wie in den Bundesländern Lernrückstände erfasst werden.* https://deutsches-schulportal.de/bildungswesen/wie-in-den-bundeslaendern-lernrueckstaende-erfasst-werden

Das Deutsche Schulportal. (2022). *Abitur und MSA 2022: Prüfungen und Notenschnitt* (Stand 27.07.2022). https://deutsches-schulportal.de/bildungswesen/abiturpruefungen-abschlusspruefungen-wie-die-pruefungen-fuer-das-abitur-und-andere-abschluesse-2022-laufen/

Frankfurter Allgemeine Zeitung. (2021a). *„Deutschsommer". Fühlt sich gar nicht wie Schule an* (31.07.2021). https://www.faz.net/aktuell/rhein-main/frankfurt/frankfurter-grundschulen-unterstuetzen-schueler-im-deutschsommer-17460897.html

Frankfurter Allgemeine Zeitung. (2021b). *Trotz Corona. Hessens Abiturienten mit Noten-Rekord* (27.07.2021). https://www.faz.net/aktuell/rhein-main/bester-notendurchschnitt-von-hessischen-abiturienten-17457296.html

Frankfurter Allgemeine Zeitung. (2022). *Milliardengroßer Förderwirrwarr* (19.07.2022).

Frankfurter Rundschau. (2021). *In Hessen sind die Sommerferien zum Lernen da* (20.08.2021). https://www.fr.de/rhein-main/landespolitik/in-hessen-sind-die-sommer-ferien-zum-lernen-da-90933039.html

Giessener Allgemeine. (2021). *Löwenstark gegen Lernrückstände* (18.05.2021). https://www.giessener-allgemeine.de/hessen/loewenstark-gegen-lernrueckstaende-90651541.html

Hessenschau. (2022). *Der Corona-Jahrgang rockt das Hessen-Abi* (27.07.2022). https://www.hessenschau.de/gesellschaft/bester-notenschnitt-der-corona-jahrgang-rockt-das-hessen-abi,bestes-landesabi-corona-100.html

MDR (Mitteldeutscher Rundfunk). (2021a). *Erholung und Spaß statt Nachholen von Lernstoff* (10.07.2021). https://www.mdr.de/nachrichten/deutschland/politik/schule-sommer-nachhilfe-corona-100.html

MDR (Mitteldeutscher Rundfunk). (2021b). *Bundesweite Lernstandserhebung lässt auf sich warten* (29.08.2021). https://www.mdr.de/nachrichten/deutschland/politik/corona-cdu-forderung-lernstandserhebungen-schulen-100.html

MDR (Mitteldeutscher Rundfunk). (2021c). *Sachsen stellt Prüfungserleichterungen für Abschlussklassen in Aussicht* (14.10.2021). https://www.mdr.de/nachrichten/sachsen/pruefungserleichterung-abschluss-klasse-piwarz-100.html

MDR (Mitteldeutscher Rundfunk). (2022). *Aufholprogramm für Schüler in Thüringen startet schleppend* (21.02.2022). https://www.mdr.de/nachrichten/thueringen/corona-schule-nachhilfe-ferien-100.html

News4Teachers. (2021a). *Karliczek: Mindestens jeder fünfte Schüler hat vermutlich dramatische Lernrückstände* (29.03.2021). https://www.news4teachers.de/2021/03/karliczek-mindestens-jeder-fuenfte-schueler-hat-vermutlich-grosse-lernrueckstaende-bund-und-laender-beraten-ueber-nachhilfe-milliarde/

News4Teachers. (2021b). *Ministerium will Schüler fördern, bekommt aber weniger Lehramts-Studierende zusammen als erhofft* (03.07.2021). https://www.news4teachers.de/2021/07/ministerium-will-schueler-foerdern-bekommt-aber-weniger-lehramts-studierende-zu-sammen-als-erhofft/

News4Teachers. (2021c). *GEW zu Aufholprogramm: „Bürokratisch, kompliziert, zu klein – eine Mogelpackung"* (20.09.2021). https://www.news4teachers.de/2021/09/gew-zu-auf-holprogramm-buerokratisch-kompliziert-zu-klein-eine-mogelpackung/

NDR (Norddeutscher Rundfunk). (2021). *Deutlich mehr Klassenwiederholer nach Corona-Schuljahr* (16.06.2021). https://www.ndr.de/nachrichten/mecklenburg-vorpommern/Deutlich-mehr-Klassenwiederholer-nach-Corona-Schuljahr,coronavirus5436.html

NDR (Norddeutscher Rundfunk). (2022). *Rabe: „Zweitbestes Abitur der letzten zehn Jahre in Hamburg"* (06.07.2022). https://www.ndr.de/nachrichten/hamburg/Rabe-Zweitbestes-Abitur-der-letzten-zehn-Jahre-in-Hamburg,abitur526.html

Neue Westfälische. (2022). *Bessere Abi-Noten: Lehrerpräsident spricht von „Entwertung der Abschlüsse"* (15.07.2022). https://www.nw.de/nachrichten/panorama/23307070_Bessere-Abi-Noten-Lehrerpraesident-spricht-von-Entwertung-der-Abschluesse.html

Nordkurier. (2021). *Wegen Corona. Lücke zwischen guten und schlechten Schülern wird größer* (06.11.2021). https://www.nordkurier.de/mecklenburg-vorpommern/luecke-zwi-schen-guten-und-schlechten-schuelern-wird-groesser-0645794111.html

Rhein-Neckar-Zeitung (2022). *Land verlängert Corona-Ausnahmeregeln für 12- bis 17-jährige Schüler (Update)* (10.01.2022). https://www.rnz.de/politik/suedwest_artikel,-baden-wuerttemberg-95-prozent-der-lehrer-sind-gegen-corona-geimpft-update-_arid,616915.html

RND (Redaktionsnetzwerk Deutschland). (2021a). *Corona-Förderprogramme der Länder: So sollen Schüler die Lernrückstände aufholen* (21.06.2021). https://www.rnd.de/beruf-und-bildung/corona-foerderprogramme-so-wollen-die-laender-die-lernrueckstaende-bei-schuelern-aufholen-3WIQN63I6NDRPDPZKEJISWX5HM.html

RND (Redaktionsnetzwerk Deutschland). (2021b). *Ungewöhnlich gute Notendurchschnitte: Was ist das Corona-Abi wirklich wert?* (21.07.2021). https://www.rnd.de/beruf-und-bildung/abitur-waehrend-corona-ueberdurchschnittlich-gute-noten-was-ist-das-corona-abi-wirklich-wert-RSMDMZR37RBZLESW2TQMCZPJLE.html

RND (Redaktionsnetzwerk Deutschland). (2021c). *Studie: Wegen Corona sind 1,5 Milliarden Euro für Schüler-Nachhilfe nötig* (27.03.2021). https://www.rnd.de/wirtschaft/corona-15-milliarden-euro-fur-schuler-nachhilfe-notig-VJ6OO5EHLBC-WDF5CCWPV2WTXXI.html

RP-Online (Rheinische Post). (2021). *Corona-Prüfungen. Immer mehr Abiturienten erzielen die Bestnote 1,0* (09.08.2021). https://rp-online.de/nrw/landespolitik/immer-mehr-nrw-abiturienten-erzielen-die-bestnote-1-0_aid-62051163

Sächsische Zeitung. (2022a). *Piwarz: Pandemie produziert keine verlorene Schülergeneration* (04.04.2022). https://www.saechsische.de/sachsen/piwarz-corona-pandemie-produziert-keine-verlorene-schuelergeneration-5658513.html

Sächsische Zeitung. (2022b). *Abiturnoten in Sachsen so gut wie im Vorjahr* (27.07.2022). https://www.saechsische.de/sachsen/sachsen-abiturnoten-2022-so-gut-wie-im-vorjahr-5734715.html

SHZ (Schleswig-Holsteinische Zeitung). (2021). *Pandemie: Lerneinbußen trotz Schulschließungen in SH moderat* (11.12.2021). https://www.shz.de/deutschland-welt/schleswig-holstein/artikel/lernstand-bei-schuelern-in-sh-trotz-schulschliessungen-fast-stabil-20999951

Spiegel. (2022a). *Die vier Gründe, warum das Corona-Aufholprogramm für Schulen verpuffen könnte. Eine Analyse von Miriam Olbrisch* (09.05.2022). https://www.spiegel.de/panorama/bildung/corona-aufholprogramm-fuer-schulen-viel-geld-wenig-plan-a-3bee9417-359c-4f70-945f-ac7aef5f1d1d

Spiegel. (2022b). *Bildungsministerin Stark-Watzinger bezeichnet Schulschließungen als Fehler* (30.06.2022). https://www.spiegel.de/panorama/bildung/bildungsministerin-bettina-stark-watzinger-schulschliessungen-waren-ein-fehler-a-92346a13-4507-4ecc-aadf-a6bef0389b42

Stimme. (2021). *Steife Brise statt Rückenwind – Kritik an Lernförderung* (08.11.2021). https://www.stimme.de/ueberregional/baden-wuerttemberg/nachrichten/pl/start-mit-hindernissen-kritik-an-foerderprogramm-art-4554350

Süddeutsche Zeitung. (2021). *Werden die Schüler intelligenter – oder das Abitur leichter?* (30.06.2021). https://www.sueddeutsche.de/bayern/bayern-abitur-2021-durchschnitt-corona-1.5337706?reduced=true

Süddeutsche Zeitung. (2022a). *Mehr lernen aus der Pandemie. Ein Kommentar von Paul Munzinger* (27.04.2022). https://www.sueddeutsche.de/meinung/abitur-corona-noten-durchschnitt-bewertung-unterrichtsausfall-1.5573657

Süddeutsche Zeitung. (2022b). *„Eins steht fest: Mathe und ich werden keine Freunde mehr"* (24.06.2022) https://www.sueddeutsche.de/bayern/abitur-bayern-2022-1.5607669

SWR. (2021a). *Lernlücken durch Corona: Lernbrücken in BW weniger gefragt als 2020* (06.08.2021). https://www.swr.de/swraktuell/baden-wuerttemberg/lernbruecken-an-schulen-sommerferien-bw-100.html

SWR. (2021b). *Baden-Württemberg sucht Tausende Helfer gegen Corona-Lernrückstände an Schulen* (08.07.2021). https://www.swr.de/swraktuell/baden-wuerttemberg/lern-rueck-staende-wegen-corona-bw-sucht-tausende-helfer-100.html

SWR. (2021c). *„Geld ist nicht das Problem." Corona-Folgen in BW: Kultusministerin Schopper sorgt sich wegen Lehrermangels* (14.12.2021). https://www.swr.de/swraktuell/baden-wuerttemberg/schopper-sorgt-sich-wegen-lehrermangel-in-bw-100.html

Tagesschau. (2021). *Welche Rolle spielen Besuche bei Verwandten* (25.05.2021). https://www.tagesschau.de/faktenfinder/corona-migration-spahn-101.html

Tagesspiegel. (2022). *Viel Murks beim Corona-Aufholprogramm der Schulen* (04.07.2022). https://www.tagesspiegel.de/wissen/das-laeuft-falsch-in-der-bildungspolitik-viel-murks-beim-corona-aufholprogramm-der-schulen/28476576.html

taz. (2022). *Ein Tropfen auf den heißen Stein* (06.04.2022). https://taz.de/Lernluecken-nach-den-Pandemiejahren/!5843953&s=antragsberechtigte/

Thüringen im Blick. (2021). *Thüringen: 2021 ist der bisher erfolgreichste Abiturjahrgang* (14.07.2021) https://thib24.de/24775/thueringen-2021-ist-der-bisher-erfolgreichste-abiturjahrgang/

Welt. (2022). *Angst vor „Qualitäts-Affront" – Quereinsteiger sollen Dauerlösung werden.* (23.06.2022). https://www.welt.de/politik/deutschland/article239510859/Lehrermangel-Quereinsteiger-sollen-Dauerloesung-werden.html

Weser Kurier. (2012). *Versetzung nicht gefährdet* (18.06.2012). https://www.weser-kurier.de/bremen/versetzung-nicht-gefaehrdet-doc7e3hdz6mic1iq51r1xs

Weser Kurier. (2020). *Bremer Lehrkräfte werden im Umgang mit neuen Tablets fit gemacht* (17.09.2020). https://www.weser-kurier.de/bremen/digitale-fortbildung-tablets-fuer-lehrkraefte-in-bremen-doc7e3cud8nk0mrmcg4dk

Weser Kurier. (2021). *Bildungsdefizite in den Brennpunkten* (21.07.2021). https://www.weser-kurier.de/bremen/in-bremer-brennpunkten-lernen-viele-kinder-nicht-ausreichend-rechnen-doc7gr2a78yoitbinb52o4

WirtschaftsWoche. (2021). *Mattscheibe statt Mathe: Wie Kinder unter Schulschließungen leiden* (20.04.2021). https://www.wiwo.de/politik/deutschland/schulen-im-lockdown-mattscheibe-statt-mathe-wie-kinder-unter-schulschliessungen-leiden/27112156.html?wt_mc=zeitparkett

ZEIT Online. (2021a). *Mut zur Lücke* (24.02.2021a). https://www.zeit.de/2021/09/corona-abitur-2021-rheinland-pfalz-pruefungen-abi-fahrt/komplettansicht

ZEIT Online. (2021b). *Falsche Prämisse, falsches Programm.* Ein Gastbeitrag von Marcel Helbig (07.08.2021). https://www.zeit.de/2021/32/corona-aufholprogramm-schule-bundesregierung-ungleichheit

ZEIT Online. (2021c). *Kein großes Interesse an bezahlter Mehrarbeit bei Lehrern* (27.12.2021). https://www.zeit.de/news/2021-12/27/kein-grosses-interesse-an-bezahlter-mehrarbeit-bei-lehrern

ZEIT Online. (2022). *Aufholprogramm an Schulen überzeugt Verbände bislang nicht* (02.01.2022). https://www.zeit.de/gesellschaft/schule/2022-01/corona-aufholprogramm-schule-kritik

DDS – Die Deutsche Schule
Beiheft 19, S. 335–355
CC BY-NC-ND 4.0 Waxmann 2022
https://doi.org/10.31244/9783830996033.01

Armin Himmelrath

Schulische Aufholprogramme nach Corona – finanzielle Rahmenbedingungen im internationalen Vergleich

Zusammenfassung

Seit über zwei Jahren beeinträchtigt die Corona-Pandemie den Schulalltag. Um deren Folgen aufzufangen, haben die meisten EU-Staaten Aufholprogramme ins Leben gerufen. Beim Vergleich der finanziellen Ausstattung zeigt sich, dass die Länder den notwendigen Umfang dieser Programme offensichtlich sehr unterschiedlich einschätzen. Die Niederlande liegen mit ihren Investitionen im Staatenvergleich einsam an der Spitze, andere Staaten verzichten völlig auf solche Programme. Deutschland rangiert bei diesem EU-weiten Vergleich im hinteren Drittel.
Schlüsselwörter: Aufholprogramme, Coronavirus, COVID-19, Wissenslücken, Bildungsausgaben, Europäische Union, Schulschließungen

School Catch-up Programs after Corona – An International Comparison of Financial Frameworks

Abstract

For more than two years, COVID-19 has affected everyday school life. Most EU countries have launched catch-up programs to deal with the consequences. A comparison of the financial resources shows that the countries obviously assess the necessity of these programs very differently. In a comparison of countries, the Netherlands is the lonely leader with its investments, while other countries do not have such programs at all. Germany ranks in the bottom third in this EU-wide comparison.
Keywords: catch-up programs, recovery programs, Coronavirus, COVID-19, knowledge gaps, education spending, European Union, school closures

Einleitung

Die Corona-Pandemie hatte und hat erhebliche Auswirkungen an den Schulen in Deutschland und Europa. Insbesondere den wiederholten Schulschließungen, die sich alleine im ersten Jahr der Pandemie im globalen Durchschnitt auf 95 Tage mit komplett entfallenem Präsenzunterricht summierten (Unicef, 2021, S. 2; vgl. auch Hale et al., 2021), und dem Ausweichen auf Hybridunterricht und/oder Distanzunterricht werden negative Auswirkungen im Hinblick auf den Wissensstand der Schüler*innen und auf ihre psychische Verfassung attestiert. Dabei ist jedoch noch unklar, wie umfangreich diese Lern- und Kompetenzlücken tatsächlich sind (vgl. British Department of Education, 2021; Helbig, 2021a; OECD et al., 2021). Weitere Befunde deuten darauf hin, dass durch die Corona-bedingten Maßnahmen an Schulen und den zeitweisen Wegfall des Präsenzunterrichts außerdem bestehende soziale Ungleichheiten unter den Schüler*innen verstärkt und einzelne Gruppen durch die Maßnahmen von Beginn an strukturell benachteiligt wurden (vgl. OECD, 2020).

Unter Forschenden und bildungspolitisch Verantwortlichen herrscht zwei Jahre nach Beginn der Pandemie weitgehend Einigkeit darüber, dass es angesichts der Befunde ein einfaches Zurück zum schulischen Status quo vor der Coronakrise nicht geben kann (vgl. BMBF & BMFSFJ, 2021; BMFSFJ, 2022; Helbig, 2021b; OECD et al., 2021; Spiegel, 04.06.2021). Zahlreiche Länder haben daher die Implementierung von Aufholprogrammen (teilweise auch bezeichnet als *recovery programs*, *catch-up programs*) beschlossen oder zumindest angekündigt. Die Bereitstellung von zusätzlichen Finanzmitteln scheint dabei von den Verantwortlichen mit großer Mehrheit als adäquate politisch-administrative Reaktion betrachtet zu werden: 2020 stockten bereits 66 Prozent der OECD-Länder ihre Bildungsausgaben als Reaktion auf die Pandemie auf, 2021 waren es sogar 75 Prozent (OECD, 2021, S. 7). UNESCO und Weltbank verweisen ebenfalls auf die Notwendigkeit zusätzlicher Investitionen in den Bildungsbereich, um die bereits vorher bestehende und durch Covid-19 noch einmal verstärkte „learning poverty crisis" (UNESCO & World Bank Group, 2021, S. 1) zu bewältigen. Zusätzliche Haushaltsausgaben für die Bildung können demnach als Indikator für die Bedeutung dienen, die dem Umgang mit Corona-Folgen im jeweiligen Bildungssystem durch die Politik zugemessen wird.

Die für diese Studie recherchierten Aufholprogramme beziehen sich zum Teil auf mehr oder weniger eng an die Schule gekoppelte Lern-, Ausstattungs- und Unterstützungsangebote, zum Teil aber auch auf außerschulische, soziale sowie sportliche Angebote und andere Freizeitaktivitäten. Eine umfassende Zusammenstellung dieser Programme und ihrer jeweiligen nationalen finanziellen Rahmenbedingungen lag für die Mitgliedsländer der Europäischen Union bisher jedoch nicht vor. Bereits veröffentlichte internationale Vergleiche (Freundl et al., 2021; Sibieta, 2021) hatten zwar die absoluten Summen einzelner nationalstaatlicher Programme erfasst, jedoch nur teilweise die Laufzeiten berücksichtigt und sie bezogen sich auch nur auf ausgewählte europäische Länder. Den bisher umfangreichsten Vergleich erstellten de Witte & Smet (2021), die die zusätzlichen Bildungsausgaben in elf EU-Staaten untersuchten (Belgien, Estland, Finnland, Griechenland, Italien, Litauen, Malta, Niederlande, Portugal, Rumänien und Slowakei). Hier zeigten sich bereits deutliche Unterschiede zwischen den einzelnen Staaten – was die Frage aufwarf, wie sich die Situation in der gesamten EU darstellt.

Bei der hier entstandenen Zusammenstellung ist zu berücksichtigen, dass der Vergleich der Programme unterschiedliche Faktoren berücksichtigen muss. So wäre beispielsweise die alleinige Erhebung der Ausgaben pro Schüler*in nur bedingt aussagekräftig, weil die Kaufkraft in den verglichenen Ländern sehr unterschiedlich ist. Hier bietet sich ein Bezug zum Bruttoinlandsprodukt als kaufkraftbereinigter Vergleich an.

Dass der Begriff „Aufholprogramm" terminologisch aus der Zuschreibung eines Defizits hergeleitet ist, kann durchaus kritisch betrachtet werden. Denn dabei stellt sich grundsätzlich die Frage, welcher Stand des Wissens (oder eben auch Nichtwissens) zum Maßstab dafür gemacht wird, was durch solche Programme erreicht werden soll. Dennoch habe ich mich entschieden, den Begriff hier zu benutzen, weil er tatsächlich die Perspektive vieler Verantwortlicher in Schulen und Ministerien wiederspiegelt, der zufolge die Schüler*innen Defizite angehäuft haben, die es zu beheben gilt. Beispielhaft hierfür ist die Begründung der deutschen Bundesregierung für die Notwendigkeit des Programms in Deutschland: „Kinder und Jugendliche sollen nach der Corona-Pandemie schnell wieder Versäumtes aufholen und nachholen können" (BMFSFJ, 2022, S. 1).

Fragestellung

Diese Studie vergleicht deskriptiv, in welchem finanziellen Umfang die 27 EU-Staaten sowie Großbritannien die Durchführung von Covid-bedingten Aufholprogrammen beschlossen oder angekündigt haben. Drei Fragen stehen dabei im Fokus der Untersuchung:

- Wieviel zusätzliche finanzielle Mittel planen die einzelnen Staaten für Aufholprogramme nach Corona ein?[1]
- Wie hoch sind die zusätzlichen Ausgaben für Aufholprogramme in Bezug auf die sonstigen Bildungsausgaben der einzelnen Staaten?

---

1 Währungsangaben aus Nicht-Euro-Ländern wurden mit den Referenzkursen vom 15.02.2022 der Europäischen Zentralbank (2022) umgerechnet. Der Termin wurde gewählt, weil er vor Beginn des russischen Angriffskriegs auf die Ukraine liegt und damit kriegsbedingte Währungsschwankungen ausgeschlossen werden konnten.

- Lassen sich systematische Unterschiede bei den Ausgaben für die Aufholprogramme im Bezug auf vorherige Bildungsausgaben oder auf die PISA-Platzierung erkennen?

Vorgehen

Zunächst wurde bei allen zuständigen Fachministerien[2] (Stand: Februar 2022) erhoben, ob es ein mit öffentlichen Mitteln finanziertes Aufholprogramm zur Schließung von schulischen Lernlücken nach Corona gibt, mit welcher finanziellen Ausstattung und welcher Laufzeit es angelegt ist und wie groß die Zahl der Schüler*innen im Bildungssystem ist. Parallel wurden weitere Informationen über eine umfassende Onlinerecherche erhoben. Acht Länder lieferten auch auf mehrfache Nachfrage keine Informationen.[3] Hier stützt sich die Datenanalyse auf öffentlich zugängliche, offizielle Angaben sowie in Einzelfällen zusätzlich auf Recherchen von de Witte & Smet (2021) zu elf ausgewählten Ländern. Sofern einzelne Länder keine Angaben zur Zahl der Schüler*innen machten, wurden Daten des europäischen Amts für Statistik herangezogen (Eurostat, 2021a, b, c, d). Aus derselben Quelle stammen die Daten zu den durchschnittlichen öffentlichen Bildungsausgaben der Staaten vor der Coronakrise (Eurostat, 2022b). Zusätzlich wurden inhaltliche Angaben der Staaten zu den von ihnen geplanten Aufholprogrammen ausgewertet, die online verfügbar sind oder auf Anfrage zur Verfügung gestellt wurden.

Ergebnisse

In den Staaten der EU und in Großbritannien summieren sich die bisher angekündigten Zusatzausgaben für Aufholprogramme auf mehr als 25,3 Milliarden Euro.[4] Von diesen Mehrausgaben können – theoretisch – fast 72 Millionen Schüler*innen in Europa profitieren, wobei jedoch klar ist, dass sich die meisten dieser Programme nur

---

2   Angefragt wurden insgesamt 29 Ministerien: alle 27 EU-Mitgliedsstaaten inkl. zweier Ministerien in Belgien (Wallonien und Flandern) sowie das Ministerium im Vereinigten Königreich von Großbritannien. Eine nach Ländern sortierte Zusammenstellung aller verwendeten Quellen findet sich im zweiten Teil des Literaturverzeichnisses.

3   Qualität und Plausibilität der erhaltenen Antworten unterschieden sich in der Stichprobe deutlich. So schickten etwa Großbritannien, die Niederlande oder Luxemburg umfangreiches Informationsmaterial und Links zu ihren jeweiligen Aufholprogrammen und beantworteten auch Nachfragen ausführlich. Acht Länder ließen die Anfragen unbeantwortet, obwohl sie teilweise den Eingang bestätigt und eine Antwort angekündigt hatten: Finnland, Griechenland, Kroatien, Litauen, Malta, Polen, Spanien und Zypern. Ungarn erklärte wiederum, dass es trotz Pandemie keine Leistungsrückstände bei den Kindern und Jugendlichen gegeben habe und ein Aufholprogramm deshalb nicht notwendig sei.

4   Berücksichtigt sind hier alle nationalstaatlichen Programme, nicht jedoch mögliche zusätzliche Aufwendungen von nachrangigen föderalen Struktureinheiten wie etwa den Bundesländern in Deutschland, die außerhalb der nationalstaatlichen Aufholprogramme erfolgen.

Tab. 1: Finanzielle Rahmenbedingungen der Aufholprogramme in den EU-Ländern und
Großbritannien

	Programmsumme	Mehrausgaben pro Jahr/ Schüler*in gegenüber 2019	Zuwachs in % pro Jahr/ Schüler*in gegenüber 2019
Belgien	576.600.000,00 €	136,35 €	1,46
Bulgarien	72.911.340,60 €	52,42 €	2,65
Dänemark	146.327.699,00 €	110,85 €	1,03
Deutschland	2.000.000.000,00 €	93,14 €	1,12
Estland	12.000.000,00 €	76,54 €	1,76
Finnland	180.000.000,00 €	98,75 €	0,97
Frankreich	1.073.000.000,00 €	87,79 €	1,23
Griechenland	453.000.000,00 €	107,18 €	2,90
Großbritannien	5.909.389.360,00 €	221,03 €	2,73
Irland	597.500.000,00 €	169,38 €	2,43
Italien	510.000.000,00 €	68,23 €	1,08
Kroatien	0,00 €	0,00 €	0,00
Lettland	43.800.000,00 €	202,78 €	6,57
Litauen	56.580.000,00 €	79,36 €	2,84
Luxemburg	31.250.000,00 €	173,61 €	0,94
Malta	30.000.000,00 €	260,21 €	4,48
Niederlande	5.800.000.000,00 €	808,61 €	9,17
Österreich	383.500.000,00 €	174,32 €	1,56
Polen	649.258.371,00 €	44,17 €	1,40
Portugal	901.300.000,00 €	188,32 €	3,65
Rumänien	29.572.960,90 €	11,83 €	0,91
Schweden	127.672.850,00 €	87,45 €	0,77
Slowakei	15.888.975,00 €	11,59 €	0,34
Slowenien	8.000.000,00 €	29,75 €	0,55
Spanien	4.751.855.000,00 €	244,25 €	5,05
Tschechien	941.889.510,00 €	109,71 €	2,78
Ungarn	0,00 €	0,00 €	0,00
Zypern	17.268.230,00 €	32,23 €	0,43
Europa gesamt	**25.318.564.296,50 €**	**131,42 €**	**2,17**

Quelle: eigene Recherchen, Eurostat, 2021b, 2022b. Eine ausführliche Tabelle mit den erhobenen Daten findet sich im Anhang.

an ausgewählte Gruppen von Kindern und Jugendlichen richten, denen ein besonderer Förder- und Nachholbedarf zugeschrieben wird. Eine gemeinsame inhaltliche, pädagogische, finanzielle oder bildungspolitische Strategie ist bei den Aufholprogrammen der untersuchten Länder jedoch nicht erkennbar. Die Spannbreite reicht von gar keinen Aufholprogrammen (in Kroatien und Ungarn) bis hin zu finanziell bemerkenswert gut ausgestatteten Programmen (mit weitem Abstand vor allen anderen Staaten in den Niederlanden, aber auch in anderen Ländern). Die Programme unterscheiden sich außerdem bei den angepeilten Zielgruppen ebenso wie beim Stand der Umsetzung: In einigen Ländern gab es erste programmliche Aktivitäten bereits wenige Wochen nach Ausbruch der Pandemie (etwa Litauen, Polen oder Zypern), in anderen werden derzeit noch Daten zu ggf. vorhandenen Lernlücken erhoben, um danach auf Basis der Ergebnisse dieses Monitorings über die Implementierung von Aufholprogrammen zu entscheiden (etwa Slowenien).

Wegen der sehr unterschiedlichen Ausgangslagen und Herangehensweisen, aber auch wegen teilweise erheblicher Unterschiede in der Struktur der Schulsysteme und Förderkonzepte ist ein Vergleich der reinen Programmsummen nur bedingt möglich. National unterschiedlich gehandhabt werden unter anderem die Zuordnung der zusätzlichen finanziellen Ausgaben zu Altersstufen (beispielsweise mit oder ohne den vorschulischen Bereich), die Laufzeit (beispielsweise in Monaten, Jahren oder Schuljahren) oder die Verknüpfung mit Haushaltsmitteln aus anderen Programmen oder aus EU-Zahlungen. Dennoch kann die Höhe der zusätzlichen Ausgaben in den einzelnen Staaten als Indiz und Indikator (vgl. Schubert & Klein, 2016) dafür dienen, welche politische Bedeutung den Bildungssystemen und der Lernsituation der Kinder und Jugendlichen nach zwei Jahren Pandemie beigemessen wird.

Ausgaben pro Schulkind

Beim Blick auf die Pro-Kopf-Ausgaben im Rahmen der Aufholprogramme für die grundsätzlich nutzungsberechtigten Kinder und Jugendlichen zeigen sich dramatische Unterschiede (vgl. Abb. 1). So hat das niederländische Aufholprogramm einen finanziellen Umfang von 5,8 Milliarden Euro für knapp 2,4 Millionen Schüler*innen der Primar- und Sekundarstufe. Unter Berücksichtigung der vorgesehenen Laufzeit ergeben sich damit geplante Mehrausgaben von 808,61 Euro pro Jahr pro Schulkind, derzeit angelegt auf drei Jahre – ein einsamer Spitzenwert innerhalb der EU und mehr als das 3,1-fache der Ausgaben, die Malta als zweitplatziertes Land in dieser Studie pro Kind und Jahr aufwendet (260,21 €) und die wiederum immer noch rund das Doppelte dessen ausmachen, was in der EU und Großbritannien durchschnittlich pro Schüler*in und Jahr für Aufholprogramme ausgegeben wird (131,42 €).

Abb. 1: Mehrausgaben in den Aufholprogrammen pro Jahr und Schüler*in (in Euro)

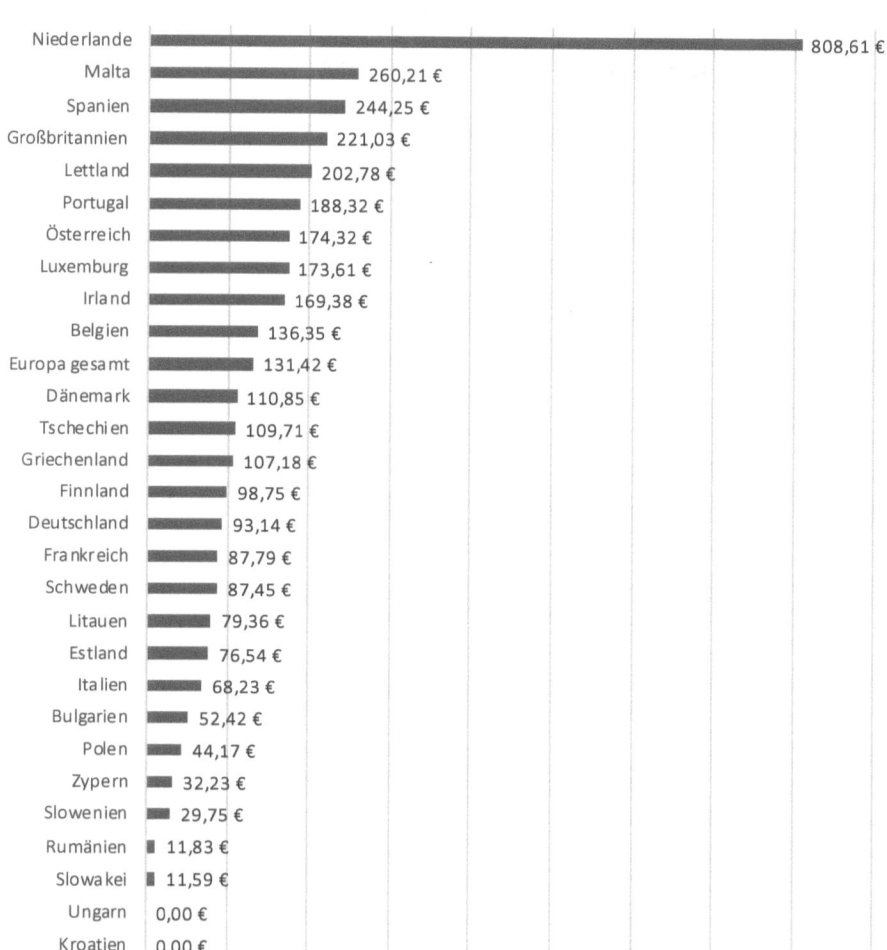

Niederlande	808,61 €
Malta	260,21 €
Spanien	244,25 €
Großbritannien	221,03 €
Lettland	202,78 €
Portugal	188,32 €
Österreich	174,32 €
Luxemburg	173,61 €
Irland	169,38 €
Belgien	136,35 €
Europa gesamt	131,42 €
Dänemark	110,85 €
Tschechien	109,71 €
Griechenland	107,18 €
Finnland	98,75 €
Deutschland	93,14 €
Frankreich	87,79 €
Schweden	87,45 €
Litauen	79,36 €
Estland	76,54 €
Italien	68,23 €
Bulgarien	52,42 €
Polen	44,17 €
Zypern	32,23 €
Slowenien	29,75 €
Rumänien	11,83 €
Slowakei	11,59 €
Ungarn	0,00 €
Kroatien	0,00 €

0,00 € 100,00 € 200,00 € 300,00 € 400,00 € 500,00 € 600,00 € 700,00 € 800,00 € 900,00 €

Quelle: eigene Recherchen. Eine Auflistung der genutzten Quellen für jedes Land findet sich im länderspezifischen Quellenverzeichnis ab S. 350.

Die hier erfolgte Standardisierung anhand der Laufzeiten und damit die Ermittlung der zusätzlichen Ausgaben pro Schulkind und Jahr kann man auch kritisch bewerten: Denn unabhängig davon, wie lange das Aufholprogramm läuft, kommt die festgelegte Summe ja ohnehin bei dem einzelnen Schüler oder der einzelnen Schülerin an. Für diese Studie wurde jedoch die Laufzeit berücksichtigt, um Verzerrungen durch besonders lange Programmlaufzeiten wie beispielsweise in Tschechien (sechs Jahre) auszuschließen.[5] Noch nicht berücksichtigt ist bei der Darstellung in Abbildung 2 die unterschiedliche Kaufkraft in den einzelnen Staaten. Dies erfolgt im nächsten Abschnitt durch Bezugnahme auf das Bruttoinlandsprodukt (BIP).

Nicht ausführlich eingegangen werden kann an dieser Stelle auf den Zeitpunkt, zu dem die einzelnen Länder ihre ersten Maßnahmen zur Schließung potenzieller Wissenslücken bei Kindern und Jugendlichen ergriffen haben. Ein erster Blick auf die vorliegenden Daten zeigt jedoch, dass die absolute oder relative Höhe der Zusatzausgaben nicht mit dem ersten Handlungszeitpunkt in Zusammenhang zu stehen scheint. Auch Länder, die im Ausgabenranking auf einem niedrigeren Platz landen, haben also möglichweise frühzeitig (und früher als andere) Maßnahmen ergriffen. Zu den häufiger anzutreffenden frühen Aktivitäten gehört die Bereitstellung von Endgeräten und digitalen Angeboten. Hier wäre eine ausführlichere Auswertung der Daten wünschenswert.

Ausgaben für Aufholprogramme in Bezug zu öffentlichen Bildungsausgaben

Um zu überprüfen, wie ausgeprägt das Engagement der Staaten bei den Aufholprogrammen im Hinblick auf die Bildungsausgaben vor der Pandemie ist, wurden die jährlichen Ausgaben pro Schüler*in prozentual zu den „Vor-Corona-Ausgaben" in Beziehung gesetzt (vgl. Abb. 2). Im europaweiten Durchschnitt liegt der Ausgabenzuwachs bei 2,17 Prozent. Der Blick auf einzelne Länder offenbart jedoch erhebliche Unterschiede. So zeigt sich, dass auch Staaten mit vergleichsweise niedrigem BIP teilweise ein ausgeprägtes und überdurchschnittliches finanzielles Engagement für die Schüler*innen zeigen. Ein Beispiel ist Bulgarien, dessen zusätzliche Ausgaben mit 52,42 Euro pro Jahr pro Schüler*in zunächst eher niedrig wirken. Bei der Betrachtung des prozentualen Anstiegs zeigt sich allerdings, dass das Land mit seinem aktuellen finanziellen Engagement bei einem Zuwachs von 2,65 Prozent klar vor Staaten mit deutlich höherem BIP wie Luxemburg, Frankreich, Italien, Deutschland oder Dänemark liegt. Auch Tschechien engagiert sich deutlich stärker, als es der Blick auf den reinen Betrag der zusätzlichen Ausgaben pro Jahr und Schüler*in vermuten ließe. Noch stärker ist dieser Effekt beim Aufholprogramm in Griechenland zu beobachten. Dänemark, das beim Schüler*innen-bezogenen Betrag fast exakt gleichauf mit Tschechien und Griechenland liegt, schneidet beim Blick auf den prozentualen Anstieg dagegen erheblich schlechter ab und landet im EU-Vergleich noch hinter Deutschland.

---

5 Die Bewertung kürzer und länger laufender Aufholprogramme aus pädagogischer, schulstrategischer und bildungspolitischer Sicht würde den Rahmen dieser Studie sprengen.

Abb. 2: Ausgabenzuwachs durch Aufholprogramme pro Jahr und Schüler*in (im Vergleich zu 2019)

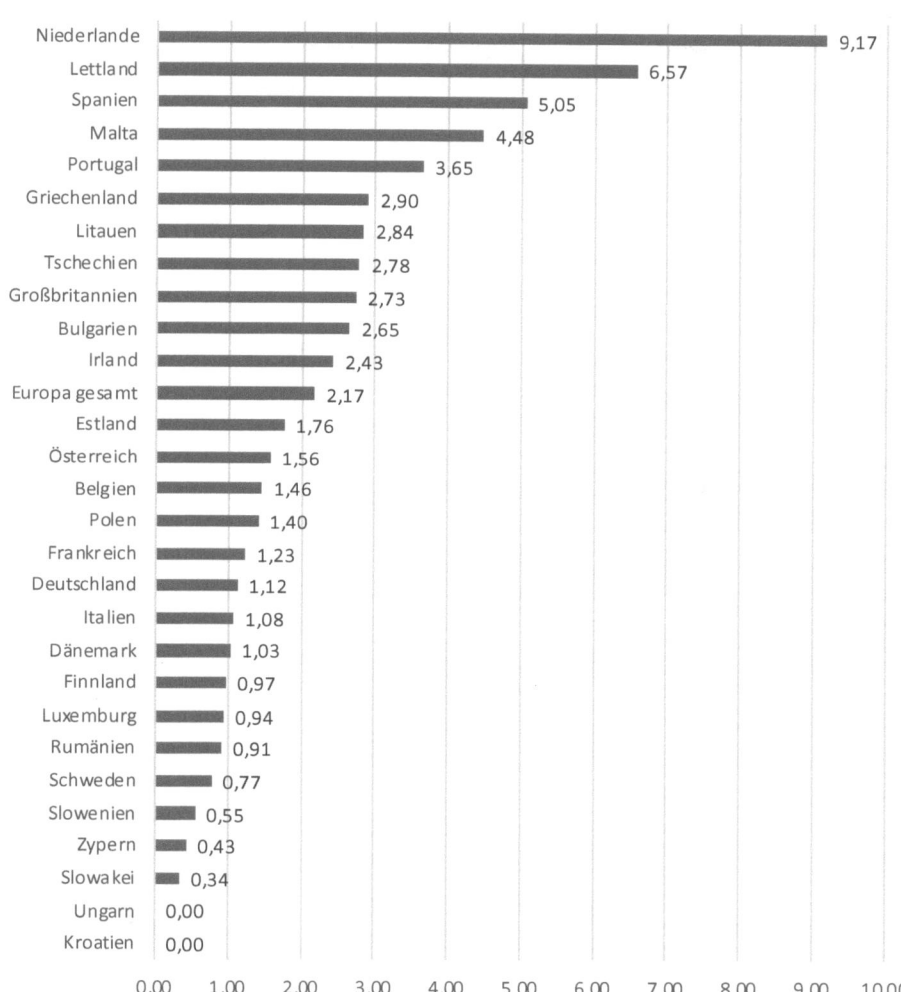

Quelle: eigene Recherchen. Eine Auflistung der genutzten Quellen für jedes Land findet sich im länderspezifischen Quellenverzeichnis ab S. 350.

Im europaweiten Vergleich lassen sich grob fünf Stufen von Engagement unterscheiden: die Niederlande in Stufe I mit einem außergewöhnlichen finanziellen Kraftakt für die Aufholprogramme (vorübergehend plus 9,17 % bei den Bildungsausgaben pro Jahr und Schüler*in); Portugal, Malta, Spanien und Lettland mit überdurchschnittlichem Engagement in Stufe II (ein Plus zwischen 3,65 % und 6,57 %); Staaten mit einem mehr oder weniger durchschnittlichen Ausgabenzuwachs zwischen 1,40 Prozent und 2,9 Prozent in Stufe III; Staaten mit unterdurchschnittlichem Zuwachs (höchstens 1,23 %) in Stufe IV und Länder ohne Aufholprogramme in Stufe V.

Ausrichtung der Aufholprogramme

Die Uneinheitlichkeit der untersuchten 28 Länder im Hinblick auf die angenommene Notwendigkeit und finanzielle Ausstattung der Aufholprogramme nach Corona setzt sich auch bei der inhaltlichen Ausgestaltung fort (vgl. Tab. 2). In Anlehnung an de Witte & Smet (2021), die für die von ihnen untersuchten Staaten eine erste Grobklassifizierung vorgenommen haben, wurden die Programme für diese Studie ebenfalls nach ihrer inhaltlich-strategischen Ausrichtung bewertet. Der Schwerpunkt der zusätzlichen Ausgaben gliedert sich danach im Einzelnen nach

- generell verteilten, nicht zweckgebundenen Mitteln (GEN) – 17 Staaten;
- informationstechnologischer Ausstattung wie Tablets, Laptops, Internetzugängen (IT) – 14 Staaten;
- Investitionen in bessere Infrastruktur, z B. Gebäude oder Mobiliar (INF) – 3 Staaten;
- Schutzausrüstung, Reinigung, Prävention (PRÄ) – 8 Staaten;
- Einstellung zusätzlicher Lehrkräfte oder anderen Personals, Fortbildungen (LK) – 16 Staaten;
- Sommerkurse und andere Zusatzprogramme in den Ferien (SOM) – 15 Staaten;
- Beratung und Coaching für Schüler*innen (SuS) – 18 Staaten;
- Änderungen der Schuljahresstruktur wie Verkürzung der Ferien, Ausweitung des Unterrichtsvolumens (SJ) – 10 Staaten und
- außerschulische Aktivitäten (ASA) – 6 Staaten.

Bei der vorgenommenen Zuordnung handelt es sich um Schwerpunkte, die in den jeweiligen Programmen nach Auskunft der befragten Ministerien gesetzt werden. Dies schließt nicht aus, dass weitere und darüber hinaus gehende Maßnahmen umgesetzt werden. In allen untersuchten Ländern ist dabei eine Bündelung mehrerer Schwerpunkte zu beobachten. Einige Länder, wie unter anderem Estland, die Niederlande oder Schweden, setzen dabei auf eine große Entscheidungsfreiheit der einzelnen Schulen; andere Staaten wie Zypern oder Polen konzentrieren sich dagegen eher auf zentral verwaltete und koordinierte Maßnahmen. Bei vielen Staaten zeigt sich beim Blick auf die Programminhalte, dass Maßnahmen zur Digitalisierung vor allem als Ausrüstung der Schüler*innen, aber auch der Lehrkräfte mit Computern verstanden werden; Schulungen zum Umgang mit digitalen Lehr-und Lernsettings werden dagegen seltener angeboten.

Tab. 2: Schwerpunkte der Aufholprogramme; Länder ohne Programme (Kroatien, Ungarn) sind nicht aufgeführt

	GEN	IT	INF	PRÄ	LK	SOM	SuS	SJ	ASA
Belgien	X	X		X	X	X	X		X
Bulgarien					X	X	X	X	X
Dänemark	X						X	X	
Deutschland	X				X	X	X		X
Estland	X					X	X		
Finnland	X	X				X	X	X	X
Frankreich		X				X			X
Griechenland		X		X	X		X	X	
Großbritannien	X				X	X	X	X	
Irland	X	X	X	X	X				
Italien		X	X	X	X	X			X
Lettland	X	X					X		
Litauen		X			X	X	X		
Luxemburg					X	X			
Malta	X				X	X			
Niederlande	X				X	X			
Österreich	X					X	X	X	
Polen		X		X	X		X	X	
Portugal	X	X		X	X		X	X	
Rumänien	X	X						X	
Schweden	X			X		X	X		
Slowakei	X					X	X	X	
Slowenien	X				X				
Spanien	X	X			X		X		
Tschechien		X					X		
Zypern		X	X	X	X		X		

Anm.: Zu den Abkürzungen vgl. die Auflistung auf S. 344.
Quelle: eigene Darstellung nach de Witte & Smet (2021).

Auffällig ist darüber hinaus, dass zwar das Wohlbefinden der Kinder und Jugendlichen von vielen Staaten als wesentlicher Aspekt der jeweiligen Aufholprogramme genannt wird, dass darunter aber in den meisten Fällen offenkundig ein schulisches Wohlbefinden verstanden wird, bei dem Wissen und Partizipation am Lernprozess im Mittelpunkt stehen: Gerade einmal sechs Staaten beziehen sich in ihren Aufholprogrammen dezidiert auch auf den außerschulischen Bereich, etwa bei Ferienfreizeiten oder in Sport- und anderen Vereinen. Dies stellt hier jedoch ausdrücklich keine Wertung dar, ob das psychische Wohlbefinden sinnvoller innerhalb oder außerhalb des

Schulkontexts angesiedelt wird oder ob eine Mischung aus beiden Bereichen die beste Herangehensweise wäre.

Einordnung der Ergebnisse

Die erheblichen Unterschiede bei der finanziellen Ausgestaltung der Aufholprogramme in den Ländern der EU und in Großbritannien deuten auf eine stark voneinander abweichende Einschätzung der Notwendigkeit zusätzlicher Lehr- und Unterstützungsaktivitäten in den Schulen nach der Coronakrise hin. So erklärte Ungarn explizit[6], dass es keine signifikanten Wissenslücken nach Covid-19 gebe, auch die Prüfungs- und Examensergebnisse vor und während der Pandemie zeigten keine signifikaten Unterschiede. Andere Staaten wie Dänemark oder Estland gehen dagegen ganz selbstverständlich vom Vorhandensein von Wissens- und Lernlücken aus; wieder andere wie Slowenien verweisen auf aktuell noch laufende Datenerhebungen, um den Nachholbedarf überhaupt einschätzen zu können.

Die Vermutung, dass Staaten, die vor 2020 bereits ein finanziell überdurchschnittlich ausgestattetes Schul- und Bildungssystem hatten, in der Krise weniger Aufholbedarf für sich konstatieren als Länder, deren Schulsysteme vor der Pandemie weniger umfangreich finanziert waren, lässt sich beim Blick auf die erhobenen Daten nicht bestätigen. So lagen die Niederlande 2018 bei den öffentlichen Ausgaben für Bildung als Anteil am BIP mit 5,36 Prozent über dem EU-Durchschnitt von 4,76 Prozent (Eurostat, 2022a) und engagieren sich nunmehr beim Aufholprogramm ebenfalls überdurchschnittlich stark. Schweden dagegen, das 2018 mit einem BIP-Anteil der öffentlichen Bildungsausgaben von 7,18 Prozent EU-Spitzenreiter war (Eurostat, 2022a), kommt beim Aufholprogramm nur auf einen prozentualen Zuwachs von 0,77 Prozent (Stufe IV). In Lettland wiederum waren die öffentlichen Bildungsausgaben 2018 unterdurchschnittlich mit 4,25 Prozent des BIP (Eurostat, 2022a), bei den Aufholprogrammen gehört das Land jedoch zur Gruppe der Staaten auf Stufe II.[7]

Auch die Annahme, dass Länder, deren Schulsysteme vor der Krise als überdurchschnittlich leistungsfähig eingestuft wurden, den befürchteten Lernlücken gegenüber aufgeschlossener sind und dass diese Länder daher auch umfangreichere Aufholprogramme beschlossen haben, bestätigt sich nicht – im Gegenteil: Die im EU-Vergleich vorne liegenden Staaten bei den Aufholprogrammen auf den Stufen I und II landeten im letzten PISA-Ranking allesamt nicht in der Spitzengruppe. Die Niederlande

---

6   Mail des zuständigen Ministeriums an den Autor vom 23.02.2022.
7   Für den Zusammenhang zwischen dem Anteil der Bildungsausgaben am BIP 2018 und dem prozentualen Aufwuchs im Rahmen der Aufholprogramme ergibt sich keine bedeutende Korrelation (r = -.087). Für den Zusammenhang zwischen der jeweiligen Landesplatzierung bei PISA 2018 und dem prozentualen Aufwuchs an Bildungsausgaben im Rahmen der Aufholprogramme zeigt sich eine schwach negative Korrelation (rs = -.117).

kamen bei PISA 2018 beim Ranking der Mittelwerte auf Platz 21 aller untersuchten 37 Länder, Lettland auf Platz 24, Spanien gar nur auf Platz 37 (OECD, 2019, S. 19). Umgekehrt zeigte sich, dass die in der PISA-Spitzengruppe unter den ersten Zehn vertretenen Staaten eher zurückhaltend bei der finanziellen Ausgestaltung der Aufholprogramme agieren und mehrheitlich nicht einmal den Durchschnitt der 28 untersuchten Staaten (Ausgabenzuwachs plus 2,17 %) erreichen: Estland (PISA-Platz 1) erhöht die Ausgaben um 1,76 Prozent, Finnland (PISA-Platz 3) um 0,97 Prozent, Irland (PISA-Platz 4) um 2,43 Prozent, Polen (PISA-Platz 6) um 1,40 Prozent, Schweden (PISA-Platz 7) um 0,77 Prozent, Großbritannien (PISA-Platz 10) um 2,73 Prozent. Ob und inwiefern hier kausale Zusammenhänge zwischen der Leistungsfähigkeit des jeweiligen Schulsystems vor der Pandemie und dem Umfang der Aufholprogramme bestehen, bedarf jedoch noch einer genaueren Betrachtung. Eine qualitative Untersuchung der Begründung für die Aufholprogramme in den verschiedenen Ländern könnte hier weitere Hinweise liefern.

Wünschenswert wäre darüber hinaus eine Analyse der förderalen Mehrausgaben der nachrangigen Politik- und Verwaltungsebenen, in Deutschland beispielsweise der Länder, Regierungsbezirke und vergleichbarer Ebenen und der Kommunen. Allerdings erscheint fraglich, ob diese Daten überhaupt zur Verfügung stehen.

Zusammenfassung und Ausblick

Für diese deskriptive Studie wurde untersucht, in welchem Umfang sich die Länder der EU und Großbritannien finanziell für sogenannte Aufholprogramme in Schulen engagieren, deren Ziel es ist, mutmaßlich entstandene Lern- und Wissenslücken zu schließen. Diese Untersuchung konzentriert sich damit auf ein vorübergehendes finanzielles Engagement der untersuchten Staaten. Es handelt sich also ausdrücklich nicht um eine dauerhafte Erhöhung der Bildungsausgaben, wie sie beispielsweise von der Weltbank gefordert wird. Allerdings unterscheidet sich die Laufzeit der Programme erheblich: Sie liegt aktuell zwischen einem und sechs Jahren, wobei einzelne Staaten mitgeteilt haben, über eine finanzielle und zeitliche Ausweitung nachzudenken.

Angesichts der weiter andauernden Pandemiesituation handelt es sich also um eine finanzielle Momentaufnahme, Änderungen sind möglich und erwartbar. An diesem Detail zeigen sich bereits die erheblichen Unterschiede in der Bedeutung, die dem Themenkomplex Schule und Coronafolgen auf nationalstaatlicher Ebene zugemessen wird und die sich in der (Nicht-)Bereitstellung zusätzlicher finanzieller Ressourcen niederschlagen. Weil es sich um einen Vergleich von Nationalstaaten handelt, konnten zudem innerstaatliche Unterschiede bei den Aufholprogrammen – etwa zwischen einzelnen föderalen Körperschaften wie den Bundesländern in Deutschland oder zwischen bestimmten Schulen oder Schüler*innengruppen – nicht thematisiert werden.

Die Ergebnisse zeigen ein hohes Maß an Uneinheitlichkeit im bildungspolitischen Vorgehen angesichts der Pandemiefolgen. Weder Umfang noch Zielsetzung der Programme lassen eine gemeinsame Basis von Daten oder angenommenen bildungspolitischen Wirkmechanismen erkennen. Das verdeutlicht, wie dringend mehr Erkenntnisse der Bildungsforschung gewonnen und zur Basis von bildungspolitischem Handeln gemacht werden müssen.

Literatur und Internetquellen

BMBF (Bundesministerium für Bildung und Forschung) & BMFSFJ (Bundesministerium für Familie, Senioren, Frauen und Jugend). (2021). *Vereinbarung zur Umsetzung des „Aktionsprogramms Aufholen nach Corona für Kinder und Jugendliche" für die Jahre 2021 und 2022 von Bund und Ländern.* https://www.bmfsfj.de/resource/blob/182380/2918d4b1a3f91a682c64e763bfaccf11/aufholpaket-vereinbarung-bund-laender-data.pdf

BMFSFJ (Bundesministerium für Familie, Senioren, Frauen und Jugend). (2022). *Aktionsprogramm „Aufholen nach Corona für Kinder und Jugendliche"* [Pressemitteilung vom 04.01.]. https://www.bmfsfj.de/bmfsfj/themen/corona-pandemie/aufholen-nach-corona

British Department of Education. (Hrsg.). (2021). *Education recovery. Support for early years settings, schools and providers of 16 to 19 education.* Department of Education. https://dera.ioe.ac.uk/38066/1/Education_recovery_support_June-2021.pdf

de Witte, K., & Smet, M. (2021). *Financing Education in the Context of COVID-19.* EENEE Ad-hoc report 3/2021. European Expert Network on Economics of Education. https://eenee.eu/en/news/eenee-publishes-ad-hoc-report-on-financing-education-in-the-context-of-covid-19/

Europäische Zentralbank. (28.02.2022). *Euro foreign exchange reference rates.* European Central Bank. https://www.ecb.europa.eu/stats/policy_and_exchange_rates/euro_reference_exchange_rates/html/index.en.html

Eurostat. (2021a). *Schüler des postsekundären, nicht-tertiären Bereichs nach Ausrichtung des Bildungsprogramms, Geschlecht und Alter.* https://ec.europa.eu/eurostat/databrowser/view/EDUC_UOE_ENRS08/default/table?category=educ.educ_part.educ_uoe_enr.educ_uoe_enrs

Eurostat. (2021b). *Schüler des Primarbereichs nach Geschlecht und Alter.* https://ec.europa.eu/eurostat/databrowser/view/EDUC_UOE_ENRP05/default/table?category=educ.educ_part.educ_uoe_enr.educ_uoe_enrp

Eurostat. (2021c). *Schüler des Sekundarbereichs I nach Ausrichtung des Bildungsprogramms, Geschlecht und Alter.* https://ec.europa.eu/eurostat/databrowser/view/EDUC_UOE_ENRS02/default/table?category=educ.educ_part.educ_uoe_enr.educ_uoe_enrs

Eurostat. (2021d). *Schüler des Sekundarbereichs II nach Ausrichtung des Bildungsprogramms, Geschlecht und Alter.* https://ec.europa.eu/eurostat/databrowser/view/EDUC_UOE_ENRS05/default/table?category=educ.educ_part.educ_uoe_enr.educ_uoe_enrs

Eurostat. (2022a). *Öffentliche Ausgaben für Bildung nach Bildungsbereich und Ausrichtung des Bildungsprogramms. In % des BIP.* https://ec.europa.eu/eurostat/databrowser/view/educ_uoe_fine06/default/table?lang=de

Eurostat. (2022b). *Öffentliche Ausgaben für Bildung pro Schüler/Studierenden basierend auf Vollzeitäquivalenten nach Bildungsbereich und Ausrichtung des Bildungsprogramms.* https://ec.europa.eu/eurostat/databrowser/view/educ_uoe_fine09/default/table?lang=de

Freundl, V., Stiegler, C., & Zierow, L. (2021). Europas Schulen in der Corona-Pandemie – ein Ländervergleich. *ifo Schnelldienst, 12*, 41–50. https://www.ifo.de/publikationen/2021/aufsatz-zeitschrift/europas-schulen-der-corona-pandemie-ein-laendervergleich

Hale, T., Angrist, N., Goldszmidt, R., Kira, B., Petherick, A., Phillips, T., Webster, S., Cameron-Blake, E., Hallas, L., Majumdar, S., & Tatlow, H. (2021). A global panel database of pandemic policies (Oxford COVID-19 Government Response Tracker). *Nature Human Behaviour, 5* (4), 529–538. https://doi.org/10.1038/s41562-021-01079-8

Helbig, M. (2021a). Lernrückstände nach Corona – und wie weiter? Anmerkungen zu den aktuell debattierten bildungspolitischen Maßnahmen zur Schließung von Lernlücken. In D. Fickermann, B. Edelstein, J. Gerick & K. Racherbäumer (Hrsg.), *Schule und Schulpolitik während der Corona-Pandemie: Nichts gelernt?* (DDS – Die Deutsche Schule, 18. Beiheft) (S. 127–146). https://doi.org/10.31244/9783830994589.06

Helbig, M. (2021b). Als hätte es Corona nicht gegeben. *WZBrief Bildung, 43*, 7. https://www.fachportal-paedagogik.de/literatur/vollanzeige.html?FId=1218149

OECD (Organization for Economic Cooperation and Development). (2019). *PISA 2018 Ergebnisse (Band I).* https://read.oecd-ilibrary.org/education/pisa-2018-ergebnisse-band-i_1da50379-de

OECD (Organization for Economic Cooperation and Development). (2020). *The impact of COVID-19 on student equity and inclusion—OECD.* https://read.oecd-ilibrary.org/view/?ref=434_434914-59wd7ekj29&title=The-impact-of-COVID-19-on-student-equity-and-inclusion

OECD (Organization for Economic Cooperation and Development). (2021). *The State of Global Education: 18 Months into the Pandemic | READ online.* https://read.oecd-ilibrary.org/education/the-state-of-global-education_1a23bb23-en

OECD (Organization for Economic Cooperation and Development), UNESCO (United Nations Educational, Scientific and Cultural Organization), The World Bank & Unicef (United Nations International Children's Emergency Fund) (Hrsg.). (2021). *What's next? Lessons on Education Recovery: Findings from a Survey of Ministries of Education amid the COVID-19 Pandemic.* https://unesdoc.unesco.org/ark:/48223/pf0000379117

Schubert, K., & Klein, M. (2016). *Das Politiklexikon: Begriffe, Fakten, Zusammenhänge* (6., akt. und erw. Aufl., Lizenzausgabe für die Bundeszentrale für politische Bildung). Bundeszentrale für politische Bildung.

Sibieta, L. (2021, Juni 18). Comparing education catch-up spending within and outside the UK. *Covid-19 and Education / Policy Analysis.* https://epi.org.uk/publications-and-research/comparing-education-catch-up-spending-within-and-outside-the-uk/

Spiegel (S+). (04.06.2021). *»Aktionsprogramm Aufholen nach Corona«: 200.000 Lehrkräfte, dringend gesucht.* Von S. Fokken & A. Himmelrath. https://www.spiegel.de/panorama/bildung/aktionsprogramm-aufholen-nach-corona-200-000-lehrkraefte-dringend-gesucht-a-4bf6e4c9-0002-0001-0000-000177779153

UNESCO (United Nations Educational, Scientific and Cultural Organization) & World Bank Group. (2021, Februar 22). *EFW: Education finance watch 2021.* UNESCO Digital Library. https://unesdoc.unesco.org/ark:/48223/pf0000375577

Unicef (Hrsg.). (2021). *COVID-19 and School Closures: One year of education disruption.* https://data.unicef.org/resources/one-year-of-covid-19-and-school-closures/

Quellen zu den untersuchten Ländern[8]

Belgien

de Witte, K., & Smet, M. (2021). *Financing Education in the Context of COVID-19*. EENEE Ad-hoc Report 3/2021. European Expert Network on Economics of Education. https://eenee.eu/en/news/eenee-publishes-ad-hoc-report-on-financing-education-in-the-context-of-covid-19/

Vlaams Ministerie van Ouderwijs en Vorming. (2022). *Zomerscholen*. https://onderwijs.vlaanderen.be/nl/zomerscholen

Bulgarien

Ministry of Education and Science. (o. D.). *Executive Agency „Programme Education"*. http://sf.mon.bg/?lang=en (Archiv der Pressemitteilungen)

Dänemark

Børne- og Undervisningsministeriet. (o. D.). *Corona – Gode råd til undervisning*. https://emu.dk/grundskole/corona-gode-raad-til-undervisning

Børne- og Undervisningsministeriet. (2021a). *Øgede frihedsgrader. Folkeskolens frihedsgrader kan bruges til håndtering af faglige udfordringer*. https://emu.dk/grundskole/corona-gode-raad-til-undervisning/oegede-frihedsgrader?b=t5-t3834

Børne- og Undervisningsministeriet. (2021b). *Inspiration til fagligt løft. Få viden om og inspiration til, hvordan I som skole kan styrke elevernes faglige udvikling og motivation*. https://emu.dk/grundskole/corona-gode-raad-til-undervisning/inspiration-til-fagligt-loeft?b=t5-t3834

Børne- og Undervisningsministeriet. (2022a). *Elevtal og inklusionsgrad*. https://www.uvm.dk/statistik/grundskolen/elever/elevtal-i-grundskolen

Børne- og Undervisningsministeriet. (2022b). *Publikationer*. https://www.uvm.dk/publikationer/engelsksprogede

Deutschland

Bundesministerium für Familien, Senioren, Frauen und Jugend. (2022). *Aktionsprogramm „Aufholen nach Corona für Kinder und Jugendliche"*. https://www.bmfsfj.de/bmfsfj/themen/corona-pandemie/aufholen-nach-corona

KMK (Sekretariat der Ständigen Konferenz der Kultusminister der Länder in der Bundesrepublik Deutschland). (2022). *Schüler/-innen, Klassen, Lehrkräfte und Absolvierende der Schulen 2011 bis 2020*. Statistische Veröffentlichungen der Kultusministerkonferenz, Dokumentation Nr. 232. https://www.kmk.org/fileadmin/Dateien/pdf/Statistik/Dokumentationen/Dok_232_SKL_2020.pdf

Estland

Education Estonia. (2022). *Smart Solutions for Education Innovation*. Ministry of Education and Research. https://www.educationestonia.org/ (Archiv der Pressemitteilungen)

---

8 Mit Ausnahme von Finnland, Griechenland, Irland, Malta, Polen, Spanien und Zypern liegen für alle Länder zusätzlich zu den hier angeführten Quellen weitere Informationen aus Mails der zuständigen Ministerien an den Autor vor. Einzelne Länder – insbesondere Bulgarien, Großbritannien, Lettland, Luxemburg, die Niederlande, Portugal, die Slowakei, Slowenien, Tschechien und Ungarn – übermittelten dabei sehr ausführliche Angaben und Einschätzungen zu den Aufholprogrammen und ihren Rahmenbedingungen.

Finnland

Ministry of Education and Culture. (2020). *Government Proposes Additional Funding to Address Impacts of Coronavirus on Culture and Sport Sectors in Its Second Supplementary Budget Proposal.* https://okm.fi/en/-/toisessa-lisatalousarvioesityksessa-ehdotetaan-lisarahaa-koronaviruksen-vaikutuksiin-erityisesti-kulttuurin-ja-liikunnan-toimialoilla

Ministry of Education and Culture. (2021a). *Valtion erityisavustus varhaiskasvatukseen ja esi- ja perusopetukseen koronaviruksen (COVID-19) aiheuttamien poikkeusolojen vaikutusten tasoittamiseksi lukuvuodelle 2020–2021.* https://okm.fi/-/valtion-erityisavustus-varhaiskasvatukseen-ja-esi-ja-perusopetukseen-koronaviruksen-covid-19-aiheuttamien-poikkeusolojen-vaikutusten-tasoittamiseksi-1

Ministry of Education and Culture. (2021b). *Ministers Andersson and Kurvinen: The Government Is Continuing Investment in Competence as Well as Quality and Equity in Education in Its Budget Proposal for 2022.* https://okm.fi/en/-/ministers-andersson-and-kurvinen-the-government-is-continuing-investment-in-competence-as-well-as-quality-and-equity-in-education-in-its-budget-proposal-for-2022-

Ministry of Education and Culture. (2021c). *Now More than Ever, We Must Invest in Education: We Must Ensure the Right of Every Child and Young Person to Learn in All Circumstances and Uphold Their Wellbeing and Ability to Cope.* https://okm.fi/en/-/now-more-than-ever-we-must-invest-in-education-we-must-ensure-the-right-of-every-child-and-young-person-to-learn-in-all-circumstances-and-uphold-their-wellbeing-and-ability-to-cope

Ministry of Education and Culture. (2022d). *Publications.* https://okm.fi/en/publications (Archiv der Pressemitteilungen)

Frankreich

Ministère de l'Éducation nationale et de la Jeunesse. (o. D.). *Plan de relance – des mesures pour l'éducation nationale.* https://www.education.gouv.fr/plan-de-relance-des-mesures-pour-l-education-nationale-306603

Ministère de l'Éducation nationale et de la Jeunesse. (2022a). *Projet de loi de finances 2021.* https://www.education.gouv.fr/projet-de-loi-de-finances-2021-306342#:~:text=Plan%20de%20relance,-Dans%20le%20cadre&text=318%20M%E2%82%AC%20pour%20l,M%E2%82%AC%20pour%20le%20sport

Ministère de l'Éducation nationale et de la Jeunesse. (2022b). *Année scolaire 2022–2023: protocole sanitaire.* https://www.education.gouv.fr/covid19-mesures-pour-les-ecoles-colleges-et-lycees-modalites-pratiques-continuite-pedagogique-et-305467

Griechenland

de Witte, K., & Smet, M. (2021). *Financing Education in the Context of COVID-19.* EENEE Ad-hoc Report 3/2021. https://eenee.eu/en/news/eenee-publishes-ad-hoc-report-on-financing-education-in-the-context-of-covid-19/

Ministry of Education and Religious Affairs. (2022). *News.* https://www.minedu.gov.gr/ (Archiv der Pressemitteilungen)

Großbritannien

Department of Education. (2022a). *Education Recovery Report.* https://www.gov.uk/government/publications/education-recovery-support

Department of Education. (2022b). *Academic Year 2021/22. Schools, Pupils, and Their Characteristics.* https://explore-education-statistics.service.gov.uk/find-statistics/school-pupils-and-their-characteristics

Education Policy Institute. (2021). *Comparing Education Catch-up Spending within and without the UK*. https://epi.org.uk/publications-and-research/comparing-education-catch-up-spending-within-and-outside-the-uk/

Irland

Department of Education. (2022). *Education Statistics*. https://www.gov.ie/en/publication/055810-education-statistics/

Government of Ireland. (2022). *Search for Services or Information*. https://www.gov.ie/en/ (Archiv der Pressemitteilungen)

Italien

Ministerio dell'Istruzione. (2021). *Piano scuola estate 2021*. https://pianoestate.static.istruzione.it/

Ministerio dell'Istruzione. (2022). *Piano Estate: lingue, musica, sport, digitale, arte, laboratori per le competenze. Via libera a un pacchetto da 510 milioni per le attività rivolte a studentesse e studenti. Il Ministro Patrizio Bianchi: "Stiamo costruendo un ponte per il nuovo inizio"*. https://www.miur.gov.it/-/piano-estate-lingue-musica-sport-digitale-arte-laboratori-per-le-competenze-via-libera-a-un-pacchetto-da-510-milioni-per-le-attivita-rivolte-a-student

Kroatien

Ministry of Science and Education. (2022). *Documents*. https://mzo.gov.hr/documents/411 (Archiv der Pressemitteilungen)

Lettland

Ministry of Education and Science. (2022). *News*. https://www.izm.gov.lv/en?utm_source=https%3A%2F%2Fwww.ecosia.org%2F (Archiv der Pressemitteilungen)

Litauen

de Witte, K., & Smet, M. (2021). *Financing Education in the Context of COVID-19*. EENEE Ad-hoc Report 3/2021. https://eenee.eu/en/news/eenee-publishes-ad-hoc-report-on-financing-education-in-the-context-of-covid-19/

Ministry of Education, Science and Sport. (2022). *News*. https://smsm.lrv.lt/en/ (Archiv der Pressemitteilungen)

Luxemburg

Ministère de l'Éducation nationale, de l'Enfance et de la Jeunesse. (2022). *FAQ Summer School 2021*. https://schouldoheem.lu/de/summerschool/faq

Malta

Ministry for Education, Sport, News, Research and Innovation. (2021a). *Gvern għan-Nies: Investiment ta' aktar minn kwart ta' miljun f'uliedna għal Summer Catch-up Sessions*. https://education.gov.mt/en/resources/News/Pages/News%20items/PR211053.aspx

Ministry for Education, Sport, News, Research and Innovation. (2021b). *Il-ftuħ tas-sena skolastika se tara lill-istudenti kollha jieħdu tagħlim fil-klassi*. https://education.gov.mt/en/resources/News/Pages/News%20items/PR211772.aspx

Ministry for Education, Sport, News, Research and Innovation. (2021c). *Malta li rridu għal Uliedna: €800 miljun investiment fl-istudenti u l-edukaturi*. https://education.gov.mt/en/resources/News/Pages/News%20items/PR211920.aspx

Niederlande

De Rijksoverheid. Voor Nederland. (2022). *Extra ondersteuning voor leerlingen met twee jaar verlengd.* Ministerie van Onderwijs, Cultuur en Wetenschap. https://www.rijksoverheid.nl/actueel/nieuws/2022/02/25/extra-ondersteuning-voor-leerlingen-met-twee-jaar-verlengd

Education Endowment Foundation (EEF). (2022). *Teaching and Learning Toolkit.* https://educationendowmentfoundation.org.uk/education-evidence/teaching-learning-toolkit

Ehren, M. (2021). *The Educational Policy Institute Annual Lecture 2021: 'International Comparisons of Education Recovery'.* https://www.youtube.com/watch?v=6YhRCoLeFcY

Ministerie van Onderwijs, Cultuur en Wetenschap. (o. D.) *Nationaal Programma Onderwijs.* www.nponderwijs.nl

Ministerie van Onderwijs, Cultuur en Wetenschap. (o. D.). *OCW in cijfers > Sectoren.* https://www.ocwincijfers.nl/sectoren

Österreich

#weiterlernen. (o. D.). *Gemeinsam digital durch diese Zeit.* Eine Initiative des Bundesministeriums für Bildung, Wissenschaft und Forschung. www.weiterlernen.at

Bundesministerium für Bildung, Wissenschaft und Forschung. (2021a). *Sommerschule.* https://www.bmbwf.gv.at/Themen/schule/zrp/sommerschule.html

Bundesministerium für Bildung, Wissenschaft und Forschung. (2021b). *Pädagogisches Sofortpaket als Unterstützung für Schülerinnen und Schüler.* https://www.bmbwf.gv.at/Themen/schule/beratung/corona/sofortpaket.html

Polen

Ministerstwo Edukacji i Nauki. (2022). *Aktualności.* https://www.gov.pl/web/edukacja-i-nauka/wiadomosci (Archiv der Pressemitteilungen)

Portugal

Direção-Geral de Estatísticas da educação e Ciência. (o. D.). *Estatísticas da educação 2019/2020. Síntese de resultados.* https://www.dgeec.mec.pt/np4/96/%7B$clientServletPath%7D/?newsId=145&fileName=EE2020_Breve_sintese_de_resultados1.pdf

European Commission. (2022). *Welcome to Eurydice.* https://eacea.ec.europa.eu/national-policies/eurydice/content/organisation-education-system-and-its-structure-60_en

Ministério da Educação. (2022). *Notícias.* https://escolamais.dge.mec.pt/ (Archiv der Pressemitteilungen)

Rumänien

Ministry of Education. (2022). *Press Releases.* http://www.edu.ro/ (Archiv der Pressemitteilungen)

Schweden

Prime Minister's Office. (2020). *Strategy in Response to the COVID-19 Pandemic.* https://www.regeringen.se/pressmeddelanden/2021/06/125-miljarder-till-skolan-for-att-hantera-pandemins-effekter--sa-fordelas-pengarna/

Skolverket (Swedish National Agency for Education). (o. D.). *Coronaviruset och covid-19-regler för skolor och förskolor,* https://www.skolverket.se/regler-och-ansvar/coronaviruset-och-covid-19---regler-for-skolor-och-forskolor

Slowakei

Ministry of Education, Science, Research and Sport. (2022). *About the Ministry.* https://www.minedu.sk/about-the-ministry/ (Archiv der Pressemitteilungen)

Slowenien

Ministry of Education, Science and Sport. (2022). *News of the Ministry of Education, Science and Sport.* https://www.gov.si/en/state-authorities/ministries/ministry-of-education-science-and-sport/news/ (Archiv der Pressemitteilungen)

Spanien

Ministerio de Educación y Formación Profesional. (2022). *Actualidad del Ministerio.* https://www.educacionyfp.gob.es/en/portada.html (Archiv der Pressemitteilungen)

Tschechien

Ministry of Education, News and Sports. (2022). *News.* https://www.msmt.cz/?lang=2 (Archiv der Pressemitteilungen)

Ungarn

Ausführliche Angaben / Mail des zuständigen Ministeriums

Zypern

Cyprus Ministry of Education, Sport and Youth. (2022). *Welcome.* https://www.moec.gov.cy/en/ (Archiv der Pressemitteilungen)

Armin Himmelrath, Journalist in Residence am Wissenschaftszentrum Berlin für Sozialforschung (WZB).

E-Mail: armin@himmelrath.de

Korrespondenzadresse: Wissenschaftszentrum Berlin für Sozialforschung, Reichpietschufer 50, 10117 Berlin

Anhang

	SuS-Zahlen 2019 Eurostat	Zahl der SuS Abfrage Eurostat	Programmsumme € Abfrage Recherche de Witte/ Smet	Ausg./S in €	Laufzeit Jahre	Mehrausgaben pro Jahr/S	Anteil Bildungsausgaben am BIP in % (2018) Eurostat	Ausg./Jahr/S 2018 Eurostat	Zuwachs % pro Jahr/S
Belgien	2.078.306	2.114.411	576.600.000,00 €	272,70 €	2	136,35 €	6,29	9.351,30 €	1,46
Bulgarien	738.702	695.403	72.911.340,60 €	104,85 €	2	52,42 €	4,05	1.979,80 €	2,65
Dänemark	989.841	660.000	146.327.699,00 €	221,71 €	2	110,85 €	6,24	10.767,30 €	1,03
Deutschland	10.662.496	10.736.000	2.000.000.000,00 €	186,29 €	2	93,14 €	4,59	8.308,50 €	1,12
Estland	179.482	156.780	12.000.000,00 €	76,54 €	1	76,54 €	k.A.	4.354,40 €	1,76
Finnland	911.394	911.394	180.000.000,00 €	197,50 €	2	98,75 €	5,93	10.196,60 €	0,97
Frankreich	10.450.625	12.223.000	1.073.000.000,00 €	87,79 €	1	87,79 €	5,41	7.136,90 €	1,23
Griechenland	1.408.795	1.408.795	453.000.000,00 €	321,55 €	3	107,18 €	3,60	3.697,30 €	2,90
Großbritannien	11.058.171	8.911.853	5.909.389.360,00 €	663,09 €	3	221,03 €	5,16	8.102,40 €	2,73
Irland	1.040.939	1.175.839	597.500.000,00 €	508,15 €	3	169,38 €	k.A.	6.976,00 €	2,43
Italien	7.475.080	7.475.080	510.000.000,00 €	68,23 €	1	68,23 €	4,26	6.345,70 €	1,08
Kroatien	485.431	485.431	0,00 €	0,00 €	1	0,00 €	k.A.	2.330,90 €	0,00
Lettland	241.785	216.000	43.800.000,00 €	202,78 €	1	202,78 €	4,25	3.087,10 €	6,57
Litauen	356.496	356.496	56.580.000,00 €	158,71 €	2	79,36 €	3,73	2.798,30 €	2,84
Luxemburg	88.631	90.000	31.250.000,00 €	347,22 €	2	173,61 €	3,67	18.470,10 €	0,94
Malta	57.646	57.646	30.000.000,00 €	520,42 €	2	260,21 €	4,64	5.808,60 €	4,48
Niederlande	2.793.687	2.390.947	5.800.000.000,00 €	2.425,82 €	3	808,61 €	5,36	8.822,00 €	9,17
Österreich	1.048.749	1.100.000	383.500.000,00 €	348,64 €	2	174,32 €	5,11	11.145,40 €	1,56
Polen	4.893.164	4.900.000	649.258.371,00 €	132,50 €	3	44,17 €	4,62	3.151,00 €	1,40
Portugal	1.374.890	1.595.312	901.300.000,00 €	564,97 €	3	188,32 €	4,59	5.157,00 €	3,65
Rumänien	2.466.269	2.500.000	29.572.960,90 €	11,83 €	1	11,83 €	2,82	1.297,30 €	0,91
Schweden	1.838.904	1.460.000	127.672.850,00 €	87,45 €	1	87,45 €	7,18	11.324,00 €	0,77
Slowakei	685.676	685.676	15.888.975,00 €	23,17 €	2	11,59 €	3,98	3.387,70 €	0,34
Slowenien	279.198	268.902	8.000.000,00 €	29,75 €	1	29,75 €	4,64	5.441,30 €	0,55
Spanien	6.484.845	6.484.845	4.751.855.000,00 €	732,76 €	3	244,25 €	4,03	4.834,80 €	5,05
Tschechien	1.405.618	1.430.921	941.889.510,00 €	658,24 €	6	109,71 €	4,23	3.944,50 €	2,78
Ungarn	1.232.455	1.200.000	0,00 €	0,00 €	1	0,00 €	4,07	2.308,70 €	0,00
Zypern	113.975	107.143	17.268.230,00 €	161,17 €	5	32,23 €	5,49	7.499,20 €	0,43
Europa gesamt	72.841.250	71.797.874	25.318.564.296,50 €	325,49 €	2,18	131,42 €	4,76	6.646,70 €	2,17

DDS **Die Deutsche Schule** Beiheft
herausgegeben von der Gewerkschaft Erziehung und Wissenschaft

BAND 18

Detlef Fickermann,
Benjamin Edelstein, Julia Gerick,
Kathrin Racherbäumer (Hrsg.)

Schule und Schulpolitik während der Corona-Pandemie: Nichts gelernt?

2021, 176 Seiten, br., 29,90 €,
ISBN 978-3-8309-4458-4
E-Book: Open Access
doi.org/10.31244/9783830994589

Das Buch schließt an das 16. und 17. Beiheft dieser thematischen Reihe zur Schule während der Corona-Pandemie an. Den Schwerpunkt des Beihefts bilden Beiträge zu den Auswirkungen des eingeschränkten Schulbetriebes im zweiten Schulhalbjahr 2019/20: Neben zwei Übersichtsbeiträgen, die nationale und internationale Befunde zu Lernrückständen von Schüler*innen und deren Zusammenhang mit sozioökonomischen Hintergrundmerkmalen zusammentragen, gibt es zwei empirische Beiträge, in denen Ergebnisse aus Längsschnittstudien präsentiert werden. Des Weiteren werden Anregungen für Schulpolitik und Schulforschung zusammengetragen.

WAXMANN

www.waxmann.com
info@waxmann.com

DDS **Die Deutsche Schule** Beiheft
herausgegeben von der Gewerkschaft Erziehung und Wissenschaft

BAND 17

Detlef Fickermann,
Benjamin Edelstein (Hrsg.)

Schule während der Corona-Pandemie

Neue Ergebnisse und Überblick über ein dynamisches Forschungsfeld

2021, 234 Seiten, br., 34,90 €,
ISBN 978-3-8309-4331-0
E-Book: Open Access
doi.org/10.31244/9783830993315

Dieses Beiheft ergänzt das im Juni 2020 erschienene Beiheft „Langsam vermisse ich die Schule ..." – Schule während und nach der Corona-Pandemie" und erweitert die Perspektive: Es werden Forschungsbefunde präsentiert, die zum damaligen Zeitpunkt noch nicht vorlagen. Eine umfassende Dokumentation über das neu entstandene und sehr dynamische Forschungsfeld „Schule und Corona" setzt zudem den Schwerpunkt dieses Heftes. Das Beiheft bietet somit eine breite und schnell zugängliche Informationsgrundlage über Corona-bezogene Forschungsaktivitäten.

WAXMANN
www.waxmann.com
info@waxmann.com

DDS **Die Deutsche Schule** Beiheft
herausgegeben von der Gewerkschaft Erziehung und Wissenschaft

BAND 16

Detlef Fickermann,
Benjamin Edelstein (Hrsg.)

„Langsam vermisse ich die Schule ..."

Schule während und nach der Corona-Pandemie

2020, 230 Seiten, br., 29,90 €,
ISBN 978-3-8309-4231-3
E-Book: Open Access
doi.org/10.31244/9783830992318

Im ersten Teil des Bandes werden Ergebnisse aus Erhebungen im Frühjahr 2020 vorgestellt, die Aufschluss darüber geben, wie Schüler*innen, Eltern und pädagogisches Personal die mit dem Fernunterricht verbundenen Herausforderungen erlebt haben. Die Beiträge des zweiten Teils widmen sich schulischen Problemfeldern. Unter besonderer Berücksichtigung der Ungleichheitsthematik fassen sie kurz den Forschungsstand zu rechtlichen, pädagogischen, didaktischen und anderen Fragen zusammen und leiten daraus Vorschläge ab, wie Schule, Unterricht und Lernen unter den voraussichtlich noch länger andauernden Einschränkungen und darüber hinaus gestaltet werden könnten.

WAXMANN
www.waxmann.com
info@waxmann.com